de Gruyter Studienbuch

Barbara Sandig
Textstilistik des Deutschen

Barbara Sandig

Textstilistik des Deutschen

Walter de Gruyter · Berlin · New York

∞ Gedruckt auf säurefreiem Papier,
das die US-ANSI-Norm über Haltbarkeit erfüllt.

ISBN-13: 978-3-11-018870-7
ISBN-10: 3-11-018870-8

Bibliografische Information Der Deutschen Bibliothek

Die Deutsche Bibliothek verzeichnet diese Publikation in der Deutschen Nationalbibliografie; detaillierte bibliografische Daten sind im Internet über http://dnb.ddb.de abrufbar.

© Copyright 2006 by Walter de Gruyter GmbH & Co. KG, D-10785 Berlin
Dieses Werk einschließlich aller seiner Teile ist urheberrechtlich geschützt. Jede Verwertung außerhalb der engen Grenzen des Urheberrechtsgesetzes ist ohne Zustimmung des Verlages unzulässig und strafbar. Das gilt insbesondere für Vervielfältigungen, Übersetzungen, Mikroverfilmungen und die Einspeicherung und Verarbeitung in elektronischen Systemen.
Printed in Germany
Satz: DTP Johanna Boy, Brennberg
Druck und buchbinderische Verarbeitung: WB-Druck, Rieden/Allgäu
Umschlaggestaltung: Hansbernd Lindemann, Berlin

Vorwort

Wir leben in einer Zeit, in der vielfältige technische Neuerungen neuen Umgang mit Sprache erlauben, z.B. das Herstellen „multimedialer" (Schröder 1993) oder anders ausgedrückt „multimodaler" (Kress/van Leeuwen 1996) Texte. Es ist eine Zeit,
- in der sich dadurch, aber auch durch Veränderungen in der Gesellschaft und mithin in unserer Kultur, die Textmuster ändern und teilweise an Festigkeit verlieren,
- in der auch Themen oder „Diskurse" ihre Exklusivität verlieren und vielfältige Mischungen mit anderen eingehen können,
- in der sich die durch Medien vermittelten Text- und Gesprächsmuster unter ständigem Modernisierungs- und Wettbewerbsdruck befinden,
- in der sich (oft mit gesellschaftlichen Veränderungen) immer neue gesellschaftliche Subgruppierungen und damit sozial relevante Stile herausbilden, bzw. als solche wahrnehmbar werden,
- in der schriftlich und mündlich Verfasstes nicht scharf zu trennen sind, sondern vielfältige Übergänge aufweisen.

All dies ist ein Eldorado für stilistische Beobachtungen, zumal Veränderungen und Differenzierungen die Stile deutlicher erkennen lassen, als wenn sie eine immer gegebene Selbstverständlichkeit sind.

Bei dem Versuch, eine aktualisierte 2. Auflage meiner „Stilistik der deutschen Sprache" von 1986 zu schreiben, kam ich seit dem Beginn 1996/97 immer mehr vom Wege ab: Der zeitliche Abstand war zu groß, auf dem Feld inzwischen zu Vieles geschehen. Geblieben sind als Kapitel 1 die neu verbundenen Kapitel 1.2 und 1.4 von 1986. Das Übrige zielt auf eine Textstilistik des Deutschen, von Spillner (1997, 253) als Desiderat bezeichnet. Bezüge zur Rhetorik konnte ich nur stellenweise andeuten; sie genauer auszuloten wäre sicher ein Gewinn.

Die Stilistik, die sich mit Texten befasst, ist in vielerlei Hinsicht durch traditionelle Denkweisen (Typisierung von Stilelementen, Stilistik als Erbe der Elocutio) geprägt, aber auch behindert. Demgegenüber hat die Gesprächsstilistik einschließlich Soziolinguistik bis hin zur Stadtsprachenforschung und zu sozialen Stilen, auch der Erforschung von mündlicher Kommunikation in Institutionen und feministischer Linguistik, Prosodieforschung und interaktionaler Stilistik, viel deutlichere Fortschritte auf dem Gebiet der Stilistik gemacht. Ich werde ganz überwiegend Schrifttexte zum Thema machen, habe aber versucht, von gesprächsstilistischer Forschung dafür zu profitieren.

Nicht nur inhaltlich, sondern auch technisch ist ein Buch dieser Art eine besondere Herausforderung: von der Änderung der Computertechnik im Laufe der Jahre bis zum gelöschten Kapitel. Dass ich mit all diesem dennoch fertig werden konnte, verdanke ich einerseits dem Interesse Vieler, andererseits vielen guten Helfern, dem beständigen Engagement von Gabriele Gebauer und von Monika Wilden und der Sorgfalt von Andrea Ehrenheim, aber auch Ulla Bohnes mit ihrem guten Rat, und etlichen geschickten Computer-Fans, allen voran Peter Gluting. Der Aufmerksamkeit von Andreas Monz und Gulzari Kudukhova, besonders aber von Stefan Kühtz und Andrea Ehrenheim verdanke ich die Vermeidung manches Fehlers. Anja Schmitt danke ich für die sorgfältige Bearbeitung der Bibliografie. Der Kampf mit dem Fehlerteufel war unendlich: Ich hoffe, dass nicht zu Vieles davon noch bemerkbar ist.

Den ersten Anstoß gab ein Forschungssemester, das mir die Deutsche Forschungs-Gemeinschaft gewährte, weitere reguläre Forschungssemester, die mir die Saarländische Universität bewilligte, waren nötig, um angesichts des Hindernislaufs der aktuellen Tätigkeiten ‚am Buch' bleiben zu können. Inhaltlich wurde das Buch im Wesentlichen 2002/03 beendet; aufgrund einer Reihe von Unbilden kann es jedoch erst jetzt erscheinen.

Viele der bearbeiteten Beispiele wurden mit Studierenden der Universität des Saarlandes bearbeitet, andere verdanke ich den Studierenden, teils weil sie sie als Materialien in Seminarsitzungen einbrachten, teils stammen sie aus Seminar- und Abschlussarbeiten, andere wurden mir nach dem Examen gebracht oder sogar geschickt. Die Beispiele sind zugleich Dokumente der Zeit, in der sie entstanden sind und bearbeitet wurden. Ich würde mir wünschen, dass diejenigen, die das Buch nutzen, sie zunächst selbst zu analysieren versuchen. Manche Phänomene werden an mehreren Stellen in unterschiedlichen Zusammenhängen bearbeitet.

Um den Text nicht mit einer ständigen weiblichen Selbstdarstellung als stilistische Nebenhandlung auszugestalten, verzichte ich fast immer auf entsprechende Doppelformen, mit denen Frauen ‚sichtbar' gemacht würden. Ich habe mich bemüht, die neue Rechtschreibung zu nutzen, das gilt auch für Zitate aus der Sekundärliteratur, nicht aber für die Beispieltexte. Die linguistischen Auffassungen, die für die Beschreibungen genutzt werden, sind jeweils knapp dargestellt, weil das Wissen darum in der Regel nicht gleichmäßig verteilt ist.

Dem Verlag, insbesondere Herrn Dr. Heiko Hartmann, danke ich für Geduld und Verständnis. „Wissenschaft ist ein offenes Abenteuer." (Ernst Peter Fischer im ZDF, 24.4.2002) Weder im Ganzen noch in den Teilkapiteln noch bei den einzelnen Interpretationen geht es um Vollständigkeit. Im Gegenteil: Das Buch soll eine Einladung sein, auf dem Entdeckungsweg weiter zu gehen, sich auf die Sehweisen einzulassen. Mit Erstaunen stelle ich am Ende fest, dass das, was anhand vorliegenden Textmaterials beschrieben wurde, auch für die Textproduktion genutzt werden kann. Und so widme ich es allen, die Nutzen daraus ziehen mögen.

Saarbrücken im Dezember 2005   Barbara Sandig

Inhaltsverzeichnis

0. Stil und Stilbeschreibung 1
   - 0.1 Stil 1
   - 0.2 Stilbeschreibung 3
   - 0.3 Textstilistik 4

1. Stil: Funktionstypen 7
   - 1.1 Ziele und Methoden 7
   - 1.2 Stil als Art der Handlungsdurchführung 9
   - 1.3 Stilkompetenz 10
   - 1.4 Struktur und Funktion 11
   - 1.5 Typen von Stilfunktionen 1: Typen stilistischen Sinns 11
     - 1.5.1 Die Handlung und ihr Inhalt 12
     - 1.5.2 Die Handelnden und ihre Beziehung 13
     - 1.5.3 Handlungsvoraussetzungen: Aspekte der Situation ... 14
     - 1.5.4 Einstellungen/Haltungen 15
     - 1.5.5 Historizität des Stils/Moden 16
     - 1.5.6 Der kulturelle Aspekt von Stil 16
   - 1.6 Stilistischer Sinn unter dem Gesichtspunkt der Funktionstypen 17
     - 1.6.1 Die Grundfunktionen von Stil im Bereich des stilistischen Sinns 19
       - 1.6.1.1 Sozial bedeutsame Schreib- und Redeweisen: Typisierte Stile 20
       - 1.6.1.2 Stil als individuierende Art der Handlungsdurchführung 22
   - 1.7 Stilwirkung 24
   - 1.8 Stilabsicht, Stilrezeption und Stilwirkung 29
     - 1.8.1 Stilabsicht 29
     - 1.8.2 Stilrezeption und Stilwirkung 30
   - 1.9 Typen von Stilfunktionen 2: Typen von Stilwirkungen 34
     - 1.9.1 Verallgemeinerte Stilwirkungen 36
     - 1.9.2 Die speziellen Stilwirkungstypen 37
       - 1.9.2.1 Sprecherbezogene Unterstellungen bei Rezipienten ... 38
       - 1.9.2.2 Rezipientenaspekte 39
       - 1.9.2.3 Handlungsaspekte 41
     - 1.9.3 Zusammenfassung und Folgerungen 43
     - 1.9.4 Die generelle Funktion stilistischer Wirkungen 45
     - 1.9.5 Wie werden Wirkungsausdrücke verwendet? 46

1.10 Zum Zusammenhang von Typen der Stilwirkung
und Typen stilistischen Sinns: Gewichtung
der Funktionstypen 50
1.11 Stilistische Funktionstypen, stilistische Gestalt(en)
und der relationale Charakter von Stil 51

2. Die generelle Stilstruktur 53
   2.1 Merkmalsbündel 54
      2.1.1 Beispiele für Stilgestalten und Methoden
           der Beschreibung 57
      2.1.1.1 Zwei Textmusterstile in einem Text 57
      2.1.1.2 Unauffällige Mischungen von Merkmalsbündeln 58
      2.1.1.3 Füllen von Lückentexten 61
      2.1.1.4 Ausgehen von einem Typ von Stilelement 62
      2.1.2 Die interne Struktur von Merkmalsbündeln 63
      2.1.2.1 Beispiel 67
      2.1.3 Globale Stilmerkmale 69
   2.2 ‚Bedeutsame' Stilstruktur: stilistische Gestalten 69
      2.2.1 Beispiele 76
      2.2.1.1 Das Nacheinander stilistischer Teilgestalten 77
      2.2.1.2 Das Miteinander stilistischer Teilgestalten 77
      2.2.1.3 Das Übereinander stilistischer Teilgestalten 83
   2.3 ‚Bedeutsame' Gestalt in der Verwendung 83
   2.4 Textmuster als funktionsbezogene ganzheitliche Gestalten ... 84

3. Kontexte: Stil ist relational 85
   3.1 Textinterne Relationen 89
      3.1.1 Auf die Handlung bezogene Relationen 89
      3.1.1.1 Einheitlichkeit oder Stilwechsel 89
      3.1.1.2 Durchführung der Handlung relativ zum Textmuster . 91
      3.1.2 Auf das Thema bezogene Relationen 92
      3.1.2.1 Relation von Haupt- und Nebenthema 93
      3.1.2.2 Sequenzierung thematischer Teile 94
      3.1.2.3 Themen und typisierte Stile 95
      3.1.2.4 Thema und Welterfahrung 96
      3.1.2.5 Relation Stilmerkmal/Thema 97
      3.1.2.6 Relation des Einstellungsausdrucks zum Thema 98
      3.1.2.7 Ähnlichkeitsstruktur 101
      3.1.3 Relationen von Handlung und Thema 103
      3.1.3.1 Zusammenspiel von Handlung und Thema 103

		3.1.3.2	Intertextualität	105
		3.1.3.3	Stil als Dekor	109
	3.1.4		Weitere Relationen	113
3.2	Textexterne Relationen			113
	3.2.1		Geäußertes in Relation zu den Handelnden	114
		3.2.1.1	Geäußertes in Relation zu Äußernden	114
		3.2.1.2	Geäußertes in Relation zu Rezipierenden	114
		3.2.1.3	Relationen von Sprechern und Adressaten: Beziehungsgestaltung	116
	3.2.2		Geäußertes in Relationen des situativen Umfelds	119
		3.2.2.1	Relation Geäußertes/Kanal	120
		3.2.2.2	Relation Geäußertes/Textträger	122
		3.2.2.3	Relation Geäußertes/Medium	123
		3.2.2.4	Relation Geäußertes/Situation bzw. Situationstyp	125
		3.2.2.5	Geäußertes in Relation zu Handlungsbereich/ Institution (Beispiel: Institution)	127
		3.2.2.6	Relation Geäußertes/soziales Umfeld	129
		3.2.2.7	Geäußertes in Relation zu historischer Zeit/Moden	131
		3.2.2.8	Relation Geäußertes/kulturelles Umfeld	135
3.3	Zusammenfassung und Beispiel			140
3.4	Stil ist ein Gestaltungsmittel – mit welcher Grundfunktion?			142

4. Textstilistische Handlungsmuster ... 147
   4.1 Allgemeine textstilistische Handlungstypen und Verfahren .. 149
       4.1.1 Allgemeinste stilistische Handlungstypen ... 151
       4.1.2 Einige allgemeine stilistische Verfahren ... 152
           4.1.2.1 Abweichen ... 153
           4.1.2.2 Verdichten ... 157
           4.1.2.3 Muster mischen ... 164
           4.1.2.4 Einheitlich machen und wechseln ... 173
   4.2 Generelle textstilistische Muster ... 175
       4.2.1 Muster zur Herstellung ‚geschlossener' Texte bzw. Textteile ... 177
           4.2.1.1 Anfangs- und Endmarkierung ... 177
           4.2.1.2 Anfangs- oder Endmarkierung ... 181
           4.2.1.3 Herstellung thematischer ‚Geschlossenheit' ... 182
           4.2.1.4 Listen- / Kettenbildung ... 184
       4.2.2 Natürlichkeit, nicht-natürliche Handlungsdurchführung, Natürlichkeitskonflikte und Natürlichkeitsparallelen ... 186
           4.2.2.1 Auf das Wahrnehmungszentrum bezogen ... 191

	4.2.2.2	Der Wahrnehmung des thematisierten Gegenstandes folgend 193
	4.2.2.3	Wie ein Gegenstand wahrgenommen werden soll. 197
	4.2.2.4	Die Sequenzmuster Figur – Grund und Grund – Figur 202
	4.2.3	Kontrastieren, Gegensätze aufbauen.............. 206
	4.2.4	Dialogisieren.................................. 212
	4.2.5	Referieren (und Prädizieren)................... 216
	4.2.6	Ausblick....................................... 222
4.3	Weitere generelle stilistische Handlungsmuster anhand von Beispielbeschreibungen 222	
	4.3.1	Generalisieren................................. 223
	4.3.2	Hervorheben, Information gewichten, Emphase herstellen 225
	4.3.2.1	Hervorheben 225
	4.3.2.2	Information gewichten 231
	4.3.2.3	Emphase herstellen 235
	4.3.3	Herstellen von Zusammenhängen 238
	4.3.4	Spannung erzeugen 243
	4.3.5	Anschaulich machen 245
4.4	Einige komplexe stilistische Handlungsmuster 248	
	4.4.1	Bewerten und Emotionalisieren 249
	4.4.1.1	Bewerten 250
	4.4.1.2	Emotionalisieren 256
	4.4.2	Perspektivieren 260
	4.4.3	Verständlich machen 272
4.5	Typisierte Stile anhand von Beispielen 277	
	4.5.1	Bibelstil...................................... 279
	4.5.2	„Parlando".................................... 280
	4.5.3	Aggressive Stile 281
	4.5.4	Jargons 286
	4.5.5	Verwendung typisierten Stils................... 289
4.6	Stilebenen 290	
	4.6.1	Überneutrale Stilebene 295
	4.6.1.1	‚Feierlichkeit' und Pathos 295
	4.6.1.2	Positive Selbstdarstellung 298
	4.6.1.3	Überschau 300
	4.6.2	Unterneutrale Stilebene 300
	4.6.2.1	Textmuster-Bezüge 302
	4.6.2.2	Individuelle Verwendungen 303
	4.6.2.3	Überschau 304

	4.6.3	Zusammenspiel der drei Ebenen in der Verwendung 304
	4.6.4	Schluss 306

5. **Stil im Text: Textmerkmale und Stil** 307
 5.1 Textmerkmale und Stil 309
 5.2 Merkmalsausprägungen: Unikalität 313
 5.3 Merkmalsausprägungen: Textfunktion 318
  5.3.1 Hinweise für das Erkennen der Textfunktion 318
  5.3.2 Stilistische Abwandlungen des Hinweisens auf die Textfunktion 326
 5.4 Merkmalsausprägungen: Thema 335
  5.4.1 Themenformulierung und ihre stilistische Relevanz . 336
   5.4.1.1 Themenformulierung allgemein 336
   5.4.1.2 Stilistisch relevante Arten von Themenformulierung . 338
  5.4.2 Thema-Aspekte in stilistischer Sicht 340
   5.4.2.1 Grade der Themaorientiertheit 340
   5.4.2.2 Sequenzierung des Themas 342
   5.4.2.3 Typisches Thema vs. Themenverwendung/ Thema und Diskurs 344
   5.4.2.4 Relation Hauptthema – Unterthema – Nebenthema .. 348
   5.4.2.5 Vordergründige/hintergründige Themen 351
   5.4.2.6 Thematische Irreführung 354
   5.4.2.7 Art der Themenentfaltung 357
 5.5 Merkmalsausprägungen: Kohäsion 363
  5.5.1 Kohäsion und Kohärenz 363
  5.5.2 Kohäsionsmittel 365
  5.5.3 Rekurrenz 367
   5.5.3.1 Rein ausdrucksseitige Rekurrenz 368
   5.5.3.2 Ausdrucks- und inhaltsseitige Rekurrenz 372
   5.5.3.3 Inhaltsseitige Rekurrenz 373
  5.5.4 Textmusterstilistische Besonderheiten 375
  5.5.5 Stilistische Kohäsion 381
  5.5.6 Variatio delectat 383
  5.5.7 Überblick 386
 5.6 Merkmalsausprägungen: Kohärenz 387
  5.6.1 Kohärenz 387
  5.6.2 Beispiele für globale Textstrukturierung 391
  5.6.3 Pragmatische Präsuppositionen und Kohärenzbildung 397
  5.6.4 Speziellere Kohärenzbildungshinweise 399

		5.6.5	Stilistische Kohärenz........................... 403

- 5.6.5 Stilistische Kohärenz........................... 403
- 5.6.6 Kohärenz von Sprache und Bild 407
- 5.6.7 Zusammenfassung............................ 411
- 5.7 Merkmalsausprägungen: Situationalität................... 413
  - 5.7.1 Prototypische und situationsgebundene Texte....... 413
  - 5.7.2 Besondere Nutzungen von Situationalitätsaspekten .. 415
  - 5.7.3 Text und Textverwendung 422
- 5.8 Zwischenbilanz....................................... 424
- 5.9 Merkmalsausprägungen: Materialität 425
  - 5.9.1 Kanal, Textträger, Medien...................... 427
    - 5.9.1.1 Kanal................................ 427
    - 5.9.1.2 Textträger........................... 428
    - 5.9.1.3 Die haptische Qualität von Textträgern............ 434
    - 5.9.1.4 Medien............................... 435
  - 5.9.2 Text als begrenzte zweidimensionale Einheit 436
    - 5.9.2.1 Text als begrenzte Einheit 436
    - 5.9.2.2 Text in seiner Zweidimensionalität 439
    - 5.9.2.3 Text als Fläche........................ 446
  - 5.9.3 Visuelle Textgestalt 450
    - 5.9.3.1 Verschiedene Aspekte 450
    - 5.9.3.2 Sprache und Bild: allgemein 452
    - 5.9.3.3 Sprache-Bild-Texte: Beispiele 460
  - 5.9.4 Text als Sequenz 473
    - 5.9.4.1 Eine unerwartete Wendung (machen)............. 478
  - 5.9.5 Ende.. 481
- 5.10 Textmerkmale Kulturalität und Historizität................ 481
  - 5.10.1 Kulturalität 481
  - 5.10.2 Historizität................................. 481
- 5.11 Das Zusammenwirken der Textmerkmale 482
- 5.12 Zusammenfassung: Zur Methode......................... 482
  - 5.12.1 Beispiel Jandl................................ 482
  - 5.12.2 Beispiel Staeck............................... 483
- 5.13 Textmuster als konventionelle Merkmalszusammenhänge ... 485

6. Stil im Text: Textmuster und Stil 487
   - 6.1 Textmusterbeschreibung und Stil 487
     - 6.1.1 Textmusterbeschreibung 488
   - 6.2 Stilistische Relevanzen: Beispiel Glosse 490
     - 6.2.1 Der Handlungstyp 495
     - 6.2.2 Zur Textsorte 497
     - 6.2.3 Beispielanalyse 503

		6.2.4	Weiteres zur Textmusterbeschreibung der Glosse 507

- 6.2.4 Weiteres zur Textmusterbeschreibung der Glosse 507
- 6.2.5 Zur Nutzung stilistischer Verfahren und Handlungsmuster in Glossen 509
- 6.2.6 Verfahren und Muster der Komisierung 512
- 6.3 Grade der Prototypikalität von Textmusterrealisierungen: Heiratsannoncen 513
  - 6.3.1 Beschreibung des Textmusters 513
  - 6.3.2 Grade der Prototypikalität und Stil 515
  - 6.3.3 Textmuster und ihre Realisierung in weiteren Darstellungen 522
- 6.4 Zur Methode 525
- 6.5 Das Modische bzw. Historizität bei Textmustern 525
- 6.6 ‚Natürlicher' Textmusterstil 530

7. Schluss 533
   - 7.1 Überblick 533
   - 7.2 Stil als prototypisches Konzept 535

8. Verzeichnis der Abbildungen 539

9. Literaturverzeichnis 545

10. Sachregister 581

0. Stil und Stilbeschreibung

0.1 Stil

„Es gibt nur Stil, wo es Stile gibt" (Kurz 1985, 4). „Es gibt nur Stile, weil wir das Wort *Stil* haben und mit seiner Hilfe Texte auf bestimmte Weise wahrnehmen" (Abraham 1996, XII), d.h. weil Stil eine sozial relevante Kategorie ist.

Verschiedene Stile zeigen die Experten auf einem Gebiet an, sie zeigen auch an, mit wem man redet und worüber und ob man höflich oder herzlich sein möchte. So ist die Vielfalt der Stile ein Spiegel der Buntheit unseres Lebens. Stil ist variierender Sprachgebrauch, der für die Gemeinschaft bedeutsam ist. Stil ist das WIE, die bedeutsame funktions- und situationsbezogene Variation der Verwendung von Sprache und anderen kommunikativ relevanten Zeichentypen. Außerdem können mit dem Stil zusätzlich Sinnaspekte wie der Ausdruck von Einstellungen realisiert werden. Stil zeigt in der Gemeinschaft relevante Differenzierungen in der Gestaltung von Texten und Gesprächen an: „Stilbildung geschieht fortlaufend, sie entspricht einem beharrlichen Prozess kultureller Arbeit der Beteiligten" (Kallmeyer 2001, 403).

Stile leisten Bedeutsames im Kommunizieren und Interagieren: Sei es, dass man einem Text offizielle oder juristische Geltung verleihen möchte, dass man sich im Text oder Gespräch selbstdarstellen möchte als normbewusst, als witzig, als Experte, als gebildet, als verliebt..., sei es, dass man, um in der Interaktion erfolgreich zu sein, nach einem sozial verfestigten Muster handelt, z.B. bei einer Bewerbung oder einem Kündigungsschreiben, oder dass man Adressaten beeinflussen, über etwas orientieren oder durch Bemühen um Verständlichkeit besonders berücksichtigen, auch mit ihnen ‚auf gleicher Wellenlänge' sein oder aber die Ungleichheit betonen möchte, usw. usw.

Es gibt unterschiedlich enge und weite Stilbegriffe, wobei die engsten sich herleiten aus der Elocutio der Rhetorik. Stil im engen Sinne ist „das Formulative", das Michel (2001, 190) von den textlinguistisch beschreibbaren Aspekten des Textes absetzt; hier sind dann Elemente der linguistischen Beschreibungsebenen inklusive der Stilfiguren zusammengefasst, außer denen der textuellen Beschreibungsebene.

Stil im weiteren Sinne bezieht den „Stil des Textes in seiner Ganzheit" (Koller 2001, 294) mit ein. Stil im weiten Sinne schließlich meint „Textsortenstile" (Fix/Poethe/Yos 2001), wie sie in ihrer konventionellen Gestalt bezogen sind auf gesellschaftliche Handlungsbereiche, und es meint die vollständige Stilinterpretation eines konkreten Textes, bezogen auf seine kommunikativen Gegebenheiten, auch auf die historische Situation; hinzu kommt die Einbeziehung materieller Texteigenschaften.

Diese Stilbegriffe existieren vielfach neben- und ineinander und zeigen die Komplexität des Gegenstandes. Sie reflektieren zugleich das Voranschreiten der Stilbeschreibungen zu einer zunehmenden Komplexität.

In diesem Buch geht es um einen weiten Stilbegriff: Stile in und von Texten, individuelle, ja originelle Stile ebenso wie typische, konventionalisierte Stile, um auffällige Stile, aber auch um weniger auffällige, ja gewohnte Stile. Dabei können, je nach Fragestellung, oft nur Teilaspekte des Ganzen bearbeitet werden. Ein weiter Stilbegriff bedeutet auch: Jede Äußerung hat Stil – in Relation zum Textmuster und zu den Umständen ihrer Verwendung (Kontext und Situation) und mit ihrer gesamten auch materiellen Gestalt (zu Letzterem auch Fix 2001). Die Grundannahme ist schon bei Riesel/Schendels (1975, 6, 15), dass jede Äußerung Stil hat (auch Michel 2001, 19).

Bei Stil geht es immer um unterscheidbare Stile (Carter/Nash 1990). Stile sind variierende Sprachverwendungen und Textgestaltungen, denen relativ zu bestimmten Verwendungszwecken und Verwendungssituationen von den Beteiligten bestimmte sozial und kommunikativ relevante Bedeutungen zugeschrieben werden können (s. Sandig/Selting 1997). Stile sind nicht wie andere Arten der Sprachvariation, etwa Dialekte oder Soziolekte, unter bestimmten Umständen erwartbar, sondern sie können prinzipiell frei gewählt werden und so auch auf die Umstände ihrer Verwendung zurückwirken (Selting 1997, Selting 1999). D.h. überall, wo wir Alternativen haben, überall da ist Stil im Spiel – wenn wir bei den kommunikativen Ressourcen derselben Gemeinschaft bleiben. Dabei reichen die möglichen Alternativen von Eigenschaften des Wortgebrauchs und der neuen Rechtschreibung (*Kuss* gegenüber *Kuß*...) bis zur gesamten Gestaltung von Texten.

Stilherstellen ist ein bedeutsames Gestalten von Kommuniziertem vor dem Hintergrund von Konventionen und Aspekten der gesamten Umstände der Kommunikation. Dadurch soll das Kommunikationsziel möglichst gut erreicht werden. Deshalb ist es wichtig, in einer „ganzheitlich", holistisch verstandenen Stilistik auch diese Hintergründe und Umstände so weit als möglich mit zu beschreiben.

Stilproduzenten können sich an Konventionen halten, aber auch gradweise von diesen abweichen. Derartige Abweichungen können jedoch nur in Relation zu den Konventionen und deren üblicher Gestaltung unter bestimmten Kommunikationsumständen beschrieben werden. Für Stilrezipienten ist es wichtig, im Rahmen ihrer kommunikativen Kompetenz die entsprechenden Konventionen möglichst zu kennen und die Umstände der Kommunikation einzuschätzen. Dabei müssen die Interaktionspartner nicht (immer) in ihren Zielen übereinstimmen.

Eine holistische Stilistik betrachtet auch das Gestaltete selbst unter sehr vielfältigen Aspekten. So werden Texte außer den üblichen Beschreibungen anhand von Lexik, Grammatik, Lautung und Stilfiguren auch z.B. im Hin-

0.2 Stilbeschreibung

blick auf Thema, Textmuster (Textsorten) oder Aspekte ihrer Materialität betrachtet. Vgl. auch Spillner (1997, 246ff.), der von einer „integrativen Stiltheorie" spricht. Methodisch wird deshalb dasselbe Beispiel öfter unter verschiedenen Blickwinkeln beschrieben: So ergibt sich ein reichhaltiges Bild der Komplexität von Gestaltungsmöglichkeiten. Zusätzlich zur kommunikativen Gestalt des Textes ist in der ganzheitlichen Betrachtung zu beachten, was die gesamten Umstände der Verwendung dieser Textgestalt sind.

0.2 Stilbeschreibung

Stil und Stilbeschreibung sind zu unterscheiden (Sandig 1978, Kap. 4.-4.2): Die Stilbeschreibung versucht, mit den Mitteln der Wissenschaft (je nach Beschreibungsinteressen, Theoriegrundlagen und ihren Paradigmen, Konzepten, Methoden) zu klären, was sich als Stilverstehen intuitiv einstellt, und zwar „im Normalfall der alltäglichen Kommunikation **zwanglos einstellt**" (Busse 1992, 49, genereller bezüglich Textverstehen).

Es ist zu unterscheiden zwischen
– den Stilauffassungen der Interagierenden, die sich z.B. in stereotypisierten Beschreibungen und in Bewertungen manifestieren, und
– der wissenschaftlichen Rekonstruktion von Stil(en). Dieser Unterschied wird – allgemeiner betrachtet – z.B. auch betont bei Luckmann (1986) und bei Fiehler (1997).

Das Ziel der Rekonstruktion sollte m.E. sein, dass sie sich möglichst wenig von den Stilauffassungen der Beteiligten entfernt. Damit sind nicht die schulisch geprägten traditionellen Normen gemeint, sondern der alltägliche Umgang mit Stil.

Die Differenz zwischen Text und Stil, die Sanders (2000, 26) konstatiert, zwar mit gegenseitiger Ergänzung, wird also hier zu überwinden versucht: Stil ist Bestandteil von Texten, er ist die Art, wie Texte zu bestimmten kommunikativen Zwecken gestaltet sind. Deshalb liegt es nahe, mögliche Verhältnisse von Text und Stil ins Zentrum zu rücken.

Theoretische Grundlagen ganzheitlich orientierter Beschreibungen sind in diesem Buch die folgenden: Eine Grundlage ist die pragmatisch verstandene Text- und Textmusterlinguistik (vgl. Püschel 2000, 482ff.: „Handlungs-Stilistik"). Außerdem sind **Züge** der ethnomethodologischen Konversationsanalyse eingearbeitet, insofern die Teilnehmerkategorisierungen für Stilfunktionen zum Ausgangspunkt der Modellierung der Typen von Stilfunktionen genommen wurden. Da Wissen verschiedener Art die Voraussetzung von Stilverstehen ist, wie im Folgenden gezeigt werden soll, trägt die Arbeit auch Züge des kognitiven Paradigmas; dies zeigt sich z.B. in der Anwendung der

Prototypentheorie als Metatheorie (vgl. Mangasser-Wahl 2000, Kap. 6.1) für verschiedene Beschreibungsgesichtspunkte, ebenso der Gestalttheorie, auch der Natürlichkeitstheorie.

Schon diese knappe Charakterisierung gibt einen Hinweis darauf, dass eine halbwegs holistische Stilbeschreibung im Rahmen eines einseitigen und damit völlig einheitlichen Theorieansatzes kaum möglich erscheint; erst die Kombination verschiedener Ansätze erscheint mir dazu geeignet. Konzepte und Methoden entsprechen also einer Theorie-Kombination. Zu einem knappen Überblick über Aspekte der Stilbeschreibung s. Sandig/Selting (1997).

Eine ganzheitliche, holistische Stilistik meint, dass Stile unter wechselnden Gesichtspunkten als Ganzheiten, als Gesamt beschrieben werden. Deshalb geht es in dieser Stilistik nicht darum, Stilelemente zu typisieren und zu systematisieren wie z.B. bei Fleischer/Michel/Starke (1993) und bei Plett (2000). Vielmehr werden Stilelemente bzw. Typen von Stilelementen immer in größeren funktionalen Zusammenhängen betrachtet.

Stil ist auch „eine wertende Kategorie" (Sanders 2000, 25): Wir beurteilen als Interaktionsteilnehmer Texte danach, ob und wie sehr sie stilistisch geglückt sind, in welchem Maße sie den Erfordernissen der Situation, des Textmusters, den eigenen Vorlieben entsprechend gelungen sind. Grundsätzliche Werte, die dabei eine Rolle spielen, sind Ästhetik (Fix 1995), Zweckmäßigkeit, Verständlichkeit, Eingängigkeit usw.

Das Ziel dieser Stilistik ist jedoch deskriptiver Art: Textbezogene Stilphänomene sollen so einfach, so umfassend, aber auch dem jeweiligen Tun der Beteiligten so angemessen wie möglich beschrieben werden. Wenn hier gewertet wird, so geschieht dies nicht aufgrund normativer „präskriptiver" Vorstellungen, sondern aufgrund der Beschreibungen: Stile können im Kontext ihre Funktionen besser oder schlechter erfüllen.

0.3 Textstilistik

Stil manifestiert sich im Textganzen wie im „Textdetail" (Püschel 1996, 307); er ist zugleich „globale" und „lokale" Erscheinung (Püschel 1996, 311). Stil ist Teilaspekt von Texten; als solcher trägt er – in bestimmten Hinsichten, s. Kap. 1 – zur Textbedeutung bei.

In diesem Buch geht es zunächst um allgemeine stilistische Grundlagen, aber immer mit Blick auf Text(e): Funktionstypen von Stil in der Kommunikation mittels Texten (Kap. 1), generelle strukturelle Eigenschaften von Stil als Voraussetzung für Stilwahrnehmung (Kap. 2) und textinterne wie auch textexterne Relationen, die stilistisch interpretiert werden (Kap. 3). In Kap. 4 werden Stilganzheiten betrachtet, die auf einer mittleren Beschreibungsebene liegen: einerseits Verbände von Stil-Phänomenen, andererseits meist nicht auf

0.3 Textstilistik

den ganzen Text bezogen. In Kap. 5 wird die Ganzheit von Texten anhand von generellen Textmerkmalen in den Blick genommen und in Kap. 6 spielen Textmuster als konventionelle Vorgaben für das Produzieren und Rezipieren von Texten mit je bestimmter Funktion eine Rolle.

Dabei wird alles, was kommunikativ im Rahmen von Stilfunktionen interpretierbar ist, in einem weiten Stilbegriff relevant, alles was mit Konventionen, auch mit Moden zu tun hat bzw. abweichend darauf bezogen ist: neben Sprachlichem in verschiedensten Hinsichten auch die Materialität (z.B. Typografie oder Symbole, der Situationsbezug, Textlänge, Art des Textträgers, integrierte Bilder, Farben etc. etc.). Es geht also darum, wie ein Text im Hinblick auf seine Verwendung gestaltet ist: was davon stilistisch interpretierbar ist. Damit hebt sich die hier vertretene Auffassung von der Michels (2001, 188) ab, der Stil als „sprachlich-formulative" Texteigenschaften (2001, 190) im „textlinguistischen Rahmen" beschreibt. Hier wird dagegen davon ausgegangen, dass auch gesamttextliche Eigenschaften zum Stil beitragen können (besonders Kap. 5 und 6).

Eine an Hallidays Sprachtheorie orientierte Textstilistik, in der besonders auf die ideologischen Prägungen von Stilen abgehoben wird, bietet Haynes (1989). Textstilistik nach Gläser (1986, 45) befasst sich mit textinternen Strukturen wie der Globalstruktur mit ihrer Untergliederung z.B. in Absätze, Kapitel oder Strophen und mit globaler Kohärenz mittels Leitmotiven, Metaphorik usw. Dagegen hat die Funktionalstilistik nach Riesel/Schendels (1975, 267) für die „Makrostilistik" bereits eine andere Auffassung: „Der (textinterne, B.S.) kompositorische Aufbau eines beliebigen Textes ist vor allem von außerlinguistischen (textexternen, B.S.) Faktoren abhängig: 1) von Inhalt und Zweck der konkreten Mitteilung, vom Verständigungsweg und der Verständigungsart, von der konkreten Redesituation; 2) vom Wesen des Funktionalstils, Gattungs- oder Genrestils, von der Spezifik der Textsorte; 3) vom Individualstil des Verfassers, von der Anpassungsfähigkeit an den Empfänger; 4) von der Epoche und dem Zeitgeschmack." Die darauf folgenden Ausführungen bleiben dann aber bei Aspekten des „kompositorischen Aufbaus" stehen. Nach Michel (1987) stellt eine „tätigkeitsbezogene Textstilistik" den Stil von Textsorten (Textmustern in der hiesigen Terminologie) dar, die auf bestimmte (Typen von) Kommunikationssituationen bezogen sind. Dabei sind die Textsorten als „Modelle" zu sehen (1987, 61), die individuell gefüllt werden, wobei der jeweilige Sachverhalt in eine Reihenfolge und Struktur gebracht wird, mit „Einstellungen" und „Emotionen" versehen, „die Art der sprachlichen Realisierung kommunikativer Handlungsmuster" eine Rolle spielt (als Teilhandlungsmuster) und „pragmatische Informationen (...) der mikrostrukturellen und der makrostrukturellen Erscheinungen der sprachlichen Textgestaltung wichtig sind" (1987, 66f.). Carter/Nash (1990, 10-15) betonen die internen und situationsspezifischen Eigenschaften von

„text conventions", d.h. von Textmustern, die die Erwartungen bei der Textproduktion und Textrezeption steuern und Erwartungsbrüche wahrnehmbar machen. Short (1993, 4377) geht auf „text style" in literarischen und nichtliterarischen Texten ein. Gegenüber diesen Arbeiten ist der Ansatz dieses Buches weiter gefasst. Unter dem Titel „Text und Stil" gibt Püschel (2000) einen ausführlichen Überblick über die Genese und Richtungen dieser Thematik. Außerdem gibt es ein Kapitel über Stil und Text in Tolcsvai Nagys (1996) auf ungarisch geschriebenem Buch über die Stilistik des Ungarischen; s. auch schon Enkvist (1978).

In der englischsprachigen, besonders der britischen Stilistik gibt es die ideologie-kritische Richtung „critical linguistics" (z.B. Weber Hrsg. 1996, Kap. VI), die pragmatisch orientierte Textstilistik (z.B. Weber Hrsg. 1996, Kap. V) und insbesondere die kognitiv linguistische Beschreibung meist literarischer Texte (z.B. Semino/Culpeper Hrsg. 2002, Weber Hrsg. 1996, Kap. VIII). Bei der kognitiv orientierten Textstilistik geht es um Texteigenschaften als Produkt des Textherstellens und besonders als Grundlage für die rezipierende mentale Verarbeitung des Textangebots, d.h. das „text-oriented behaviour" (Steen 2002, 184) wird in die Beschreibung einbezogen. Tolcsvai Nagy (2005) untersucht den Textstil aus kognitiver Sicht: Prozesse der Produktion und Rezeption von kleineren und Text-Einheiten in Kontexten. Diese Arbeit kann hier nicht mehr berücksichtigt werden. Dasselbe gilt für die Arbeit von Stöckl (2004), die konsequent auf Texte bezogen ist, und zwar inklusive Textproduktion und besonders Textrezeption. Das in Arbeit befindliche Handbuch „Rhetorik und Stilistik" (Hrsg. U. Fix, A. Gardt, J. Knape; de Gruyter Verlag) wird u.a. einen Artikel über „Stilistische Phänomene auf der Ebene des Textes" enthalten.

1. Stil: Funktionstypen

1.1 Ziele und Methoden

Es wird ausgegangen von den Gesichtspunkten, unter denen Stil für die linguistisch unverbildeten „Benutzer", die Sprechenden und Schreibenden, eine Rolle spielt. Die Relevanzsetzungen durch die Benutzer werden das Kriterium für die Herausarbeitung stilistischer Funktionstypen oder ‚Bedeutungen' sein. Damit soll nicht ausgegangen werden von formalen Eigenschaften von Stil (zu den Gründen Kap. 2 und 3), sondern von seinen Funktionen für die Kommunizierenden. Die sprachlichen und sonstigen formalen Stileigenschaften werden hier (im ethnomethodologischen Sinn, aber nicht nach ethnomethodologischen Methoden) gesehen als das, was sie für die Benutzer von Stil sind: Phänomene, mit deren Hilfe in Kommunikationskontexten intersubjektiv Sinn vermittelt und interpretiert werden kann (zum ethnomethodologischen Ansatz vgl. z.B. Heritage 1984).

Dieses Ausgehen von den Funktionen soll methodisch geschehen: Es werden Ausdrücke analysiert, mit denen die Benutzer sich über Stil zu verständigen pflegen. Dies sind Ausdrücke wie *guter Stil, Schreibstil, Argumentationsstil, Amtsstil, Telegrammstil, eingängiger Stil* usw. Mit derartigen Ausdrücken wird Stil jeweils in bestimmter Weise funktional spezifiziert. Es handelt sich um charakteristische Propositionen (Aussagegehalte), die die Beteiligten in oft stereotyper Weise versprachlichen. Aus solchen Stereotypen für Stil in der Kommunikationsgemeinschaft ergeben sich Hinweise auf die Art der Relevanz von Stil für die Benutzer.

Im Folgenden werden zwei Typen von Ausdrücken näher betrachtet: 1. Komposita mit *Stil* als Grundwort und einem anderen Bestimmungswort wie bei *Telegrammstil*, 2. Substantivgruppen mit *Stil* als Kern wie bei *eingängiger Stil*. In wenigen Fällen spielt auch *Stil* als Bestimmungswort einer Wortbildung eine Rolle. Gelegentlich ist *Stil* ersetzt durch *Ton, Art, Ausdrucksweise* etc. Außerdem betrachte ich nur stereotype Ausdrücke; individuellere Ausdrucksarten wie *telegrammartiger Stil, Stil beim Argumentieren* lasse ich beiseite. Beiseite gelassen sind auch die stark normativ geprägten Ausdrücke wie *Blähstil* oder *Schreistil*, denn es geht hier nicht um die Rekonstruktion der Stilnorm, sondern um die der Funktion oder Funktionen von Stil allgemein für die kommunikativ Handelnden selbst. Die Stilnorm wird deshalb nur so weit berücksichtigt, als sie aufgrund von Schulbildung weitgehend zum Allgemeinwissen geworden ist.

Die Ausdrücke entstammen einsprachigen Wörterbüchern (Grimm 1941, Bd. 10, Mater [4]1983, Duden 1981, Trübner 1955, Brückner/Sauter 1984, Klappenbach/Steinitz 1976, Bd. 5), den Registern von Stilistiken, der eigenen Sprachbeobachtung und den Bänden „Der öffentliche Sprachgebrauch"

(Deutsche Akademie für Sprache und Dichtung Hrsg., Bd. 1, 2; 1980, 1981). Analysiert werden in diesem Kapitel weit über hundert solcher Ausdrücke, dabei kommt es nicht auf Vollständigkeit an, sondern auf die Art der für die Handelnden relevanten Aspekte. Die Gesichtspunkte, unter denen die so gesammelten Ausdrücke für Propositionen in einen Zusammenhang gebracht werden, sind linguistischer Art: Mit linguistischen Mitteln wird der Zusammenhang rekonstruiert. „Die Umgangssprache hat also gewiss **nicht** das letzte Wort. Im Prinzip kann sie an jeder Stelle ergänzt, verbessert und ersetzt werden. Nur, vergessen wir nicht, sie **hat** das **erste** Wort" (Austin 1977, 20).

Zusammenhänge von Propositionen und deren Versprachlichungen können rekonstruiert werden im Konzept des Wissensrahmens oder *Frame*: z.B. Fillmore (1977), Tannen (1979), Ungerer/Schmid (1996, Kap. 5), Mangasser-Wahl (2000, Kap. 5.2); auch *Schema*: z.B. Kallmeyer/Schütze (1976), oder *Skript*: z.B. den Uyl (1983), Lehnert (1980). Dabei wird ein Wissenskomplex als Zusammenhang von Propositionen und deren Verbalisierungsmöglichkeiten analysiert. Die Propositionen relationieren einfache Einheiten wie Handelnder, Objekt, Aktivität, Voraussetzung... Wichtig ist für die linguistische Verwendung des Konzeptes, dass die konventionellen sprachlichen Ausdrücke für Einheiten und Propositionen dazu gehören (Fillmore 1977, Tannen 1979). Durch die Rekonstruktion des Wissensrahmens ‚Stil' unter dem Gesichtspunkt der Funktion wird versucht, das Wissen der Benutzer über Stil zu erfassen und für die Stilistik zu nutzen.

Wissensrahmen oder Frames sind sprachlich repräsentiert durch Propositionstypen (‚dass Stil eingängig sein kann'), durch Lexeme (wie *eingängig* zu *Stil*), Kollokationen und durch syntaktische Strukturtypen wie *eingängiger Stil*, *Telegrammstil* (Fillmore 1977). Bei Fillmore (1977) finden wir als Beispiel den Wissensrahmen eines ‚Kaufereignisses', bei van Dijk (1977) Institutionsrahmen wie ‚Büro', ‚Kino', bei den Uyl (1983) einen ‚Ereignisablauf'. Wesentlich ist in allen Fällen, dass in den Verbalisierungen nicht das Gesamte erscheint, sondern es werden je spezifische Ausschnitte aktualisiert, die aber aus dem Wissen der Rezipienten vervollständigt werden können: Das Ganze wird perspektivisch dargestellt (Fillmore 1977). Wenn ich beispielsweise sage: *Ich habe das Buch für 20 Mark gekauft*, so ist mitzuverstehen, dass ‚es soviel gekostet hat', dass ‚es in einem Geschäft gekauft' wurde, dass ‚es von einem Verkäufer verkauft' wurde etc. Mit dem Wissensrahmen des ‚Kaufereignisses' können andere verknüpfbar sein wie hier ‚Geschäft', ‚Buchladen', ‚Geld', ‚Werbung', ‚Arbeit' oder ‚Freizeit' usw. Bei der Anwendung des Konzepts Wissensrahmen oder Frame auf Stil wird wichtig sein: 1. Es werden nur Ausschnitte, Gewichtungen im Hinblick auf das Ganze verbalisiert, in die Perspektive genommen, 2. Stil ist in dieser Beschreibung mit anderen Frames zu verknüpfen.

Während sich die genannten Beispiele aufgrund ihrer Anschaulichkeit relativ einfach strukturieren lassen, ist dies für *Stil* schwieriger. Deshalb ist es hier nützlich, linguistische Kategorisierungen zu Hilfe zu nehmen und zu prüfen, welche Arten von Kategorien brauchbar sind. Vgl. auch Sandig (1984) und Sandig (1984b).

Einschränkend muss im Vorhinein bemerkt werden: Das Wissen über Stil variiert in der gesamten Sprachgemeinschaft je nach sozialer Zugehörigkeit (z.B. Steinig 1976), je nach dem Umgang mit Literatur (vgl. Frey 1975, 57ff.), auch nach Generationszugehörigkeit (Frey 1975, van Peer 1983) oder dem Umgang mit Sprache allgemein, z.B. durch Arbeitsteilung oder identitätsmarkierende soziale Stile (z.B. Kallmeyer Hrsg. 1994/1995). Demgemäß ist es angebracht, „unscharfe Ränder" anzunehmen. Auch spielen teilweise linguistisches, literaturwissenschaftliches und normatives Spezialwissen mit herein; hier wird aber versucht, diese unberücksichtigt zu lassen. Es geht also nicht um alle möglichen Differenzierungen des Wissensrahmens in einer umfassenden Beschreibung, sondern darum, was für die Benutzer von Stil in der Regel relevante Aspekte sind.

1.2 Stil als Art der Handlungsdurchführung

Außer sprachlichen Stilen werden im Deutschen eine Vielzahl sozial relevanter Handlungsweisen mit *Stil* benannt: *Stil sich zu kleiden, Führungsstil, Schwimmstil, politischer Stil, Lebensstil, Fahrstil*... Hierbei geht es immer um eine unter mehreren Arten, etwas zu tun, wobei diese unterschiedlichen Arten in der Gemeinschaft bedeutsam sind. Dieser Aspekt ist analog auch für sprachliches Handeln relevant: Bei *Schreibstil, Argumentationsstil* usw. ist immer die Möglichkeit anderer Durchführungen im Blick, z.B. verschiedene Schreibstile oder Schreibstil versus Redestil, spontanes Sprechen usw.

Es bleibt also festzuhalten: Mit *Stil* wird die sozial relevante (bedeutsame) Art der Handlungsdurchführung in die Perspektive genommen. Hier geht es im Folgenden ausschließlich um sprachliche Stile bzw. um Stile, die Sprachliches einschließen, um kommunikative Stile also. In der Regel geht es dabei um ein DURCHFÜHREN vor dem Hintergrund möglicher Alternativen; aber auch ein Fehlen von Alternativen, z.B. bei bestimmten Ritualen oder bei institutionsgebundener Kommunikation schafft Stil (vgl. Fix 1992).

Bei den Handlungen allgemein ist Folgendes ersichtlich: Ein Führungsstil kann autoritär sein oder unautoritär, laissez-faire oder in verschiedener Weise individuell, d.h. es gibt jeweils typische und individuelle Arten der stilistischen Handlungsdurchführung. Dasselbe gilt für die sprachlich-kommunikativen Stile: Ein Schreibstil kann in bestimmter Weise ästhetisch, amtlich, erzählend oder individuell usw. sein.

Es ist festzuhalten: Stile sind sowohl in bestimmten Weisen typisch als „typisierte Stile" (Selting/Hinnenkamp 1989) oder „konventionelle Stile" (Püschel 1996, 323ff.) als auch individuell. Deshalb stellt sich die Frage nach dem Verhältnis von Kompetenz und Performanz in Bezug auf Stil.

1.3 Stilkompetenz

Ein alltagssprachlicher Ausdruck für Stilkompetenz ist *Stilgefühl* (oft allerdings auch normativ verwendet). Über *Stilwirkungen* verständigen sich die Rezipienten von Stilen. (Dazu genauer Kap. 1.9: Dort wird der Wissensrahmen, der die Wirkungen betrifft und eng mit dem hier entworfenen verknüpft ist, rekonstruiert.) Auch *Stilblüte* gehört in den Bereich Stilkompetenz: ein deutlicher Verstoß gegen die Regeln der Stilkompetenz (vgl. Sandig 1981). Es gibt typisierte Stile wie den *Bibelstil, Fachstile, Telegrammstil, Behördenstil* usw. und es gibt stilistische Muster wie *Stilebenen* (vgl. Kap. 4).

Die Ausdrücke *altmodischer* und *moderner Stil* entspringen einem „Gefühl" für die Zeitbedingtheit und Veränderbarkeit von Stilen, auch für das Nebeneinander verschiedener Stilarten zu einer Zeit. Auch *Zeitstil* und *Epochenstil* im alltagssprachlichen Gebrauch sind Hinweise auf den Aspekt der Stilkompetenz.

Festzuhalten ist: Die Benutzer von Stil verfügen über Ausdrücke, die die soziale Relevanz der Stilkompetenz zeigen und sie handeln ihrer Stilkompetenz entsprechend, indem sie stilistische Performanzen beurteilen. Sie haben ein gewisses Bewusstsein der Historizität und der Verschiedenheit von Stilen, besonders bei typisierten Stilen und bei stark individuellen Stilen. Stilblüten werden als Symptom mangelnder Stilkompetenz von Heranwachsenden bzw. von Menschen mit geringer Schulbildung gedeutet; sie können aber auch als Zeichen mangelhafter Performanz gedeutet werden (z.B. der „Hohlspiegel" in „Der Spiegel").

Urteile über Stil sind häufig wertend. Dieses Bewerten geschieht teils unter dem Einfluss der Stilnorm, die durch Stillehren und die Schulen verbreitet ist, teils auch naiv, also nach verschiedenen gruppenspezifisch oder individuell herausgebildeten Wertmaßstäben: *gutes Deutsch, schlechter Stil, eleganter Stil, altmodischer Stil* usw. Dieser Aspekt wird im Wesentlichen beiseite gelassen werden (vgl. Fleischer/Michel 1975; Fleischer/Michel/Starke 1993, 52f.).

1.4 Struktur und Funktion

In der Linguistik werden Einheiten nach ihren Strukturen und Funktionen betrachtet. Es stellt sich die Frage, ob für die Benutzer von Stil diese Unterscheidung Relevanz besitzt. Man findet *Substantivstil, Verbalstil, Variationsstil, bildhafter Stil, metaphorischer Stil*. Diese Ausdrücke sind unter normativem Einfluss bekannt geworden. Die stilistische Textstruktur wird sonst für die Beteiligten wichtiger im Hinblick auf die Wirkungen, die sie – unter bestimmten Voraussetzungen – hervorrufen kann: *unpersönlich, holprig, lebendig...* (s. Kap. 1.9: Stilwirkung).

Der Zusammenhang von Struktur und Funktion wird in folgenden Ausdrücken berücksichtigt: *parodistischer Stil, Individualstil, Märchenstil, ironischer Stil* usw. Eine Parodie hat eine bestimmte stilistische Textstruktur mit dementsprechender stilistischer Textbedeutung, die durch diese Struktur vermittelt wird: die strukturelle Ähnlichkeit zum Originaltext und die inhaltliche Diskrepanz dazu (vgl. Sornig 1976). Diese stilistische Textbedeutung, die aus der Textstruktur relativ zum Originaltext unter bestimmten Voraussetzungen (Kap. 3) interpretiert werden kann, heißt im Folgenden *stilistischer Sinn*. Davon ist die stilistische Wirkung zu unterscheiden: Die Parodie ‚macht nachdenklich', ‚verwirrt', ‚bereitet intellektuelles Vergnügen', wirkt ‚frech', ‚unverfroren', ‚ist gekonnt' usw. Das Beispiel *parodistischer Stil*, ebenso *Individualstil*, zeigt außerdem, dass Stil sich in der Regel auf umfassendere Einheiten als einzelne Äußerungen bezieht (vgl. Tschauder 1980, Püschel 1996).

Es bleibt festzuhalten: Stil ist der Tendenz nach ein Textphänomen, wobei *Text* auch Gespräch(-spassage) einschließt. Es ist zu unterscheiden zwischen stilistischer Textstruktur (genauer dazu Kap. 2) und stilistischen Funktionen. Die stilistischen Funktionen sind zu unterteilen in stilistischen Sinn als ‚Bedeutung' der stilistischen Textstruktur in Relation zu den Gegebenheiten der Verwendung der Textstruktur (s. genauer Kap. 3) und Stilwirkung als Wirkung des stilistischen Sinns bei der Rezeption unter bestimmten kommunikativen Voraussetzungen.

1.5 Typen von Stilfunktionen 1: Typen stilistischen Sinns

Es wurde bereits festgehalten, dass mit *Stil* die sozial bedeutsame Art der sprachlichen bzw. Sprache enthaltenden Handlungsdurchführung gemeint ist. Im Folgenden sollen Einzelaspekte dieses Zusammenhangs betrachtet werden. Eine einfache sprachliche Handlung hat einen spezifischen Handlungscharakter (Illokution) und einen Inhalt (propositionalen Gehalt), auf den sich der Handlungscharakter bezieht. Eine komplexe sprachliche Handlung hat eine Text- oder Gesprächsfunktion, einen sozialen Sinn (Kap. 5 und 6) und in der Regel ein Thema, das im Rahmen der Textfunktion verhandelt wird. Es gibt einen oder mehrere sprachlich Handelnde (Sprecher/Schreiber) und einen oder mehrere Adressaten (oder beliebige Rezipienten); beide stehen in einer Beziehung zueinander. Die einfache oder komplexe Handlung wird unter bestimmten Voraussetzungen, in einer Situation vollzogen, durchgeführt. Es ist zu fragen, ob diese Zusammenhänge auch für die Benutzer von Stilen eine Rolle spielen, was davon für die spezifisch stilistischen Arten der Handlungsdurchführung wichtig wird.

1.5.1 Die Handlung und ihr Inhalt

Erzählstil, Argumentationsstil, Beratungsstil, Verhandlungsstil, Gesprächsstil, Interviewstil, Diskussionsstil usw. beziehen sich auf Handlungstypen und deren Arten der Durchführung: Die Handlungstypen sind untereinander durch verschiedene Stile unterschieden; Stil hat also differenzierende Funktion. Außerdem ist ein privates Gespräch im *Verhandlungsstil* ein privates Gespräch, das ‚wie eine Verhandlung' geführt wird, also von den erwartbaren Durchführungen privater Gespräche abweicht. Auch *Seminarstil, Unterrichtsstil, Vorlesungsstil* können so verwendet werden.

Es ist festzuhalten: Für die Beteiligten ist relevant, dass Handlungen verschiedenen Typs verschiedene Stile aufweisen, sich auch stilistisch unterscheiden. Weiter können Handlungen desselben Typs auf verschiedene Weisen durchgeführt werden; die Arten und Weisen der Durchführung legen stilistischen Sinn nahe, sind interpretierbar.

In den genannten Fällen wird der Inhalt der Handlung, das Thema jeweils aus der Perspektive ausgeblendet. In den folgenden Fällen sind generelle Inhalte jedoch mit einbezogen: *Predigtstil, Gebetsstil, Nachrichtenstil, Gesetzesstil* usw. Hier geht es um erwartbare Arten der Durchführung von Handlungen mit ihren charakteristischen Inhalten.

In sehr viel globalerer Weise werden Handlungstypen und mögliche Inhalte verknüpft bei *literarischer Stil, wissenschaftlicher Stil/Wissenschaftsstil, Fachstil, journalistischer Stil, Feuilletonstil* usw. Hier sind jeweils Handlungs- und Sachverhaltsbereiche, die in einer erwartbaren Spannbreite variieren, zusammengefasst. Man vergleiche diese Ausdrücke mit einigen Funktionalstilen, die im Gefolge der Prager Schule etabliert wurden (z.B. Fix/Poethe/Yos 2001 und Fleischer/Michel 1975, 246ff.): „Stiltyp der Belletristik", „wissenschaftliche Texte", „journalistischer Sprachgebrauch". Dass diese zusammenfassenden Ausdrücke nur eine Möglichkeit der Perspektivierung darstellen, zeigen die bereits erwähnten spezifischeren Handlungsausdrücke.

Kennzeichnend für alle zuletzt genannten Ausdrücke ist die Bindung der Handlungsarten und ihrer Inhalte an Institutionen (*Predigtstil, Nachrich-*

tenstil) oder an umfassendere soziale Gegebenheiten: *literarischer Stil* an den „Literaturbetrieb" mit seinen Institutionen und Handlungstypen, *wissenschaftlicher Stil* an Wissenschaftsinstitutionen verschiedener Art, *journalistischer Stil* an die entsprechenden Medien-Institutionen. D.h. Handlungsarten oder Gruppen von Handlungsarten mit ihren typischen Inhalten und ihren charakteristischen Durchführungsmöglichkeiten sind bedingt durch umfassendere soziale Gegebenheiten und sie sind gleichzeitig repräsentativ für diese; sie garantieren deren Funktionieren (vgl. Bergmann 1981, 11). Eine Bindung an Institutionen ohne Bezug auf charakteristische Inhalte liegt auch vor bei den Ausdrücken *Seminarstil, Vorlesungsstil, Unterrichtsstil*.

Festzuhalten ist: Die stilistischen Durchführungsmöglichkeiten von Handlungstypen (mit oder ohne charakteristische Inhalte) sind gebunden an bestimmte soziale Situationstypen, und sie tragen zur Gestaltung dieser sozialen Situationen bei (vgl. zu Interviews: Uhmann 1989).

Handlungsumstände, typische Voraussetzungen des Handelns, spielen auch in den folgenden Fällen eine Rolle. Stile werden spezifiziert nach den institutionsspezifischen Rollen von kommunikativ Handelnden: *Funktionärsstil* (Mater 1983), *journalistischer Stil, professoraler Stil, pastoraler Stil, Kaufmannsstil* (Trübner 1955). Diese Ausdrücke machen deutlich, dass Sprecher/Schreiber in ihrer institutionsspezifischen Rolle an bestimmte Arten der Handlungsdurchführung gebunden sind, ja dass die Rolle durch die Art der Handlungsdurchführung erst gestaltet wird (z.B. Garfinkel/Sacks 1976, 138). Auch nach der Institution selbst kann der Stil benannt werden: *Behördenstil, Amtsstil/amtlicher Stil, Kanzleistil, Kurialstil* (Mater 1983); nach einem handlungsrelevanten institutionellen Teil benannt sind *Kathederstil* und *Kanzelstil*.

Es ist festzuhalten: Der Beitrag von Stil zur Durchführung institutionsgebundener Handlungen wird in verschiedenen Hinsichten in die Perspektive genommen: im Hinblick auf die Handlung selbst (*Predigtstil*), in Bezug auf die Handlungsrolle (*pastoraler Stil*) und im Blick auf die Institution (*Kanzleistil*), auch mit ihren framerelevanten Teilen (*Kanzelstil*). Gerade hier zeigt sich die Bedeutung des Stils, der Art, „wie es gemacht wird" (Garfinkel/Sacks 1976), für die Aufrechterhaltung bzw. Veränderung der sozialen Ordnung (Weingarten/Sack 1976, 13; Matthes/Schütze 1973; Cicourel 1973, bes. 164ff.: „Rolle als Prozess"; Bergmann 1981).

1.5.2 Die Handelnden und ihre Beziehung

Sprecher/Schreiber können als Individuen in den Blick genommen werden: *Individualstil, Personalstil, persönlicher Stil, Stil eines/des Autors, auctorialer Stil*. Wie die Beispiele zeigen, geschieht dies dann, wenn sie sich in der Art der Handlungsdurchführung partiell und erkennbar absetzen vom konventionell Erwartbaren oder vom Stil anderer Handelnder. Bei erwartbaren Durchführungen oder bei unmerklichen Abwandlungen der Handlungsdurchführung bleiben Schreiber – was den Stil betrifft – aus dem Blick. Wir finden auch den Hinweis auf bestimmte Stilhersteller in folgenden Ausdrücken: *Rilkescher Stil, Goethes Altersstil, Adorno-Stil*, auch Stile von verschiedenen Politikern (wobei jeweils spezielleres Wissen vorauszusetzen ist). In diesen Fällen zeigt die Art der Handlungsdurchführung für die Handelnden charakteristische und für die Rezipienten erkennbare Eigenschaften. Auch bestimmte soziale Gruppen haben, vergleichbar mit Individuen, ihre Gruppenstile (vgl. Kallmeyer Hrsg. 1994/95, Habscheid/Fix Hrsg. 2003), ihre „sozialen Stile" (Kallmeyer 2001, Keim 2001).

Auf bestimmte Adressaten oder Adressatengruppen zielen folgende Ausdrücke: *kindgemäßer Stil, Kinderton, volkstümlicher Stil, Volkston*. In diesen Fällen geht es darum, dass die Handlung im Hinblick auf die (erwartbaren) Rezipienten in einer bestimmten Weise durchgeführt wird.

Schließlich ist die Beziehung zwischen Sprechern/Schreibern und Adressaten bzw. Rezipienten in den Blick genommen bei *höflicher/unhöflicher Stil, freundlicher/unfreundlicher Stil, persönlicher/unpersönlicher Stil*; die Ausdrücke *pastoraler* oder *professoraler Stil* werden verwendet für eine Handlung, die ‚wie von einem Pastor' oder ‚wie von einem Professor' durchgeführt wird, z.B. ein Politiker mit pastoralem Stil. In diesen Fällen wird durch die Art der Handlungsdurchführung die Beziehung zwischen Sprecher/Schreiber und Adressat als in bestimmter Weise gestaltet gesehen.

Es ist festzuhalten: ‚Selbstdarstellung' (als Individuum, Rollenträger (Kap. 1.5.1), Gruppenmitglied), ‚Adressatenberücksichtigung' und ‚Beziehungsgestaltung' sind sozial relevante Typen von Sinn, die durch die Art der Handlungsdurchführung vermittelt werden können, die also über den Stil vermittelt werden.

1.5.3 Handlungsvoraussetzungen: Aspekte der Situation

Die Handlungsvoraussetzungen sind weiter in folgenden Hinsichten wichtig: Bedingungen der Textherstellung bzw. -rezeption spielen eine Rolle für die Art der Handlungsdurchführung. So beziehen sich einige Ausdrücke auf den Unterschied zwischen Sprechen und Schreiben: *Sprechstil, Redestil, Schreibstil*. Hierbei geht es um das Verhältnis, die Relation von schriftlicher und mündlicher Durchführung der Handlung einerseits (*ein druckreifer Redestil*) und um die besondere Art der Handlungsdurchführung andererseits (*ein bühnenreifer Sprechstil*) sowie um die Charakterisierung unterschiedlicher Schreibstile.

Der Kanal der Übermittlung wird wichtig bei *Telegrammstil* (zu *telegrafieren*) und der Textträger bei *Papierstil* (wobei *Papierstil* heute durch den

1.5 Typen von Stilfunktionen 1: Typen stilistischen Sinns

Einfluss der Stilnormer negativ bewertend gebraucht wird). Die den Kanal und den Textträger berücksichtigenden Ausdrücke *Telegrammstil*, *Briefstil* und *Zeitungsstil* beziehen sich zugleich auf die Handlungstypen, die der Übermittlung gemäß durchgeführt sind: BRIEFSCHREIBEN, TELEGRAFIEREN, ZEITUNGSCHREIBEN. Das speziellere Medium schließlich wird benannt mit *Bildzeitungsstil*, *Spiegelstil*.

Festzuhalten bleibt: Auch die kanal- und textträgerbedingten Textherstellungsarten können stilistisch relevant werden, ebenso die speziellen Medien (vgl. Kap. 5: Situationalität).

Fasst man nun die bisher aufgeführten Aspekte zusammen, so ergibt sich das Folgende. Stilistisch relevant können verschiedene Aspekte des Handelns werden: die Art der Durchführung der Handlung selbst (mit oder ohne Inhalt), die Art der Nutzung von Handlungsvoraussetzungen wie Institutionen oder andere gesellschaftliche Handlungsbereiche, Kanal, Textträger und Medium, schließlich die Handelnden: wie Sprecher/Schreiber den Adressaten gegenüber ihre Kommunikation gestalten (bzw. bei Gesprächen: wie beide sie gemeinsam gestalten) und damit auch ihre Beziehung. Die verschiedensten Aspekte des kommunikativen Handelns und seiner Voraussetzungen können also genutzt werden, um die Handlung mit stilistischem Sinn-Angebot anzureichern bzw. stilistischen Sinn rezipierend zu deuten.

1.5.4 Einstellungen/Haltungen

Dazu kommt nun noch ein weiterer Sinntyp, der über die rein kommunikationsbezogenen Funktionen von Stil hinausgeht: Sprecher/Schreiber können über den Stil ihre subjektiven oder die aufgrund von Konventionen erwartbaren Einstellungen oder Haltungen vermitteln: zur Handlung, zum Inhalt der Handlung, zur Sprecher/Schreiber-Rolle, zu Adressaten, zur Beziehung, zur Situation mit ihren Gegebenheiten, zur Institutionsgebundenheit, zum Kanal und Textträger, zum Medium. Dies schlägt sich u.a. in folgenden Ausdrücken nieder: *emotionaler Stil*, *aggressiver Stil*, *witziger Stil*, *scherzhafter Stil*, *sachlicher Stil*, *expressiver Stil*, *lakonischer Stil*, *feierlicher Stil*, *distanzierte Ausdrucksweise*, *steifer Stil* usw. Eine Besonderheit ist in diesem Zusammenhang die Einstellung zur Sprache (vgl. Fix/Poethe/Yos 2001) und anderen Zeichentypen: *ironischer Stil*, *poetischer Stil* usw.

Alle die Ausdrücke, die hier Stil spezifizieren, können auch verwendet werden, um die Stilwirkung zu spezifizieren (s. Kap. 1.9). Es scheint also für die Beteiligten einen engen Zusammenhang zu geben zwischen dem stilistischen Ausdrücken von Einstellungen und den möglichen Stilwirkungen; das Ausdrücken von Einstellungen oder Haltungen wirkt offenbar stark auf die Rezipienten. In der Literatur wird hier häufig von „Interaktionsmodalität" gesprochen (vgl. Schlieben-Lange 1988, Kallmeyer Hrsg. 1994/1995, Bd. 1,

Stichwort *Modalität*). Lüger (1999, 163) betont, dass sich die „Kommunikationsmodalität", wie er es nennt, auf das Textganze oder auf eine längere Passage bezieht, also nicht kleinräumig zu verstehen ist.

1.5.5 Historizität des Stils/Moden

In Kap. 1.3 wurde bereits darauf hingewiesen, dass Zeitbedingtheit oder Zeitgemäßheit für die Benutzer relevante Stileigenschaften sind: *altmodischer, moderner Stil* und *zeitgemäßer Stil, Zeitstil* sprechen dafür. D.h. für die aufgeführten stilistischen Sinn-Typen gibt es spezifische historisch veränderliche Erkennungsmerkmale, strukturelle Texteigenschaften in Relation zur Zeit der aktuellen Benutzer.

1.5.6 Der kulturelle Aspekt von Stil

Hier geht es um Redeweisen, die auf die kulturelle Relevanz von Stil hinweisen, wie *(nicht) die feine englische Art (sein), französisches savoir vivre, saarländisch weltoffen und heimatverbunden, weiblicher Stil*; die *hanseatische Art*, das *Münchner Flair*, der *rheinische Frohsinn*, der *Wiener Schmäh* usw.

In Kap. 1.5.1 war bereits von der Bedeutung von Stil(en) für die Aufrechterhaltung bzw. Veränderung der sozialen Ordnung die Rede: Mit Stilen wird gesellschaftliche Normalität vermittelt und sie lassen konventionelle Spielräume zu (oder gerade nicht). Mit ihnen wird – als Fachstilen, *Behördenstil* oder *Gesetzesstil*, als rituellen Stilen – institutionelle Gültigkeit vermittelt; es werden Werte transportiert wie z.B. durch religiöse oder literarische Stile und es werden Ideologien nebenbei mit ausgedrückt (Fowler 1991); Subkulturen drücken sich in eigenen Stilen, mit einer eigenen Ästhetik aus (Soeffner 1986, Keim 2001, Androutsopoulos 2000). Sprachlich repräsentiert sich eine Kultur in der Art und Zahl der relevanten Textmuster und Gesprächsmuster und den Zusammenhängen zwischen ihnen (vgl. Klein 1991 über politische Textsorten), ebenso der Art ihrer Verwendung (Adamzik 2000: Geltungsmodus und Textsortenvernetzung). D.h. im Rahmen einer anthropologisch orientierten Kulturauffassung sind neben der „materiellen Lebenssicherung" relevant die „soziale Lebensordnung und Interaktionen" und ebenso „ästhetische und wertorientierte Umweltauseinandersetzung (Weltsicht, Weltanschauung, Wertwelt)" (Greverus 1978, 92). Während letzteres in dieser Arbeit implizit bleibt, geht es hier um einen „interaktionistischen Kulturbegriff" (Ingendahl 1991): Kultur wird in Gemeinschaften kommunizierend erworben, aufrechterhalten und verändert, ja Kotthoff (2002, 9) spricht sogar von „Kultur als kommunikativem Konstrukt", das zu geteilten „Interpretationen von Handlungen und Stilmerkmalen" führt (ebda.). Unterschiedliche Stile zeigen kulturrelevante Differenzierungen an, haben sich als solche herausgebildet; sie haben Funktionen für die soziale Ordnung (vgl. Kap. 1.5.1).

Stile lassen sich nicht nur über sprachstilistische Eigenschaften beschreiben, sondern sie sind auch weiterhin kulturell geprägt: über die relevanten Inhalte, Diskurse oder die institutionellen, sozialen usw. Handlungsbereiche, in denen sie verwendbar sind; ebenso die Zeichentypen, die konventionell zusammen mit Sprache verwendet werden: Bilder und Bildtypen, Symbole, Musik, Farben usw. Vgl. die Beschreibung der Punk-Subkultur bei Soeffner (1986) und andere Beispiele bei Fix (1992, 2001). Mit Auer (2000, 58f.):
„– Kultur als Gesamt gemeinsamen Wissens und Glaubens von Mitgliedern einer Gesellschaft,
– Kultur zeigt sich im gemeinsamen symbolischen Handeln und
– Kulturen sind von einander verschiedene, unterscheidbare gesellschaftliche Entwürfe, Konstrukte, einschließlich verschiedenartiger „Subkulturen" und anderer Variationen."

Die Beschreibung vieler Stile verlangt deshalb nach der Erkundung des weiteren kulturellen Kontexts. Beispielsweise kommt die Beschreibung von Werbestilen (Bendel 1998, Adam-Wintjen 1998) nicht ohne die Beschreibung von Hintergründen aus; für die Beschreibung von Teilkulturen mit ihren Stilen ist ein ethnografischer Zugang notwendig (z.B. Schwitalla 1995, Androutsopoulos 2000).

1.6 Stilistischer Sinn unter dem Gesichtspunkt der Funktionstypen

Stil ist also die sozial bedeutsame Art der Durchführung einer kommunikativen Handlung, wobei diese Art der Handlungsdurchführung die Handlung selbst und/oder das Thema als solches indizieren kann, wobei weiter die Handlungsdurchführung erkennbar bezogen sein kann auf die Art der an der Handlung Beteiligten und ihre Beziehung und/oder auf verschiedenartige Handlungsvoraussetzungen wie Kanal, Textträger, Medium, Institution, umfassendere Handlungsbereiche... Durch die Art der Handlungsdurchführung können außerdem Einstellungen/Haltungen zu den verschiedenen Aspekten des Handelns mit ausgedrückt werden. Stile sind bezogen auf ihre historische Zeit und eingebunden in bzw. Ausdruck von (Sub)Kulturen.

Die folgende Darstellung gibt eine zusammenfassende Relationierung der Typen stilistischen Sinns. Mit *Beziehung S/R* ist die Beziehung zwischen Sprecher/Schreiber und Rezipient gemeint.

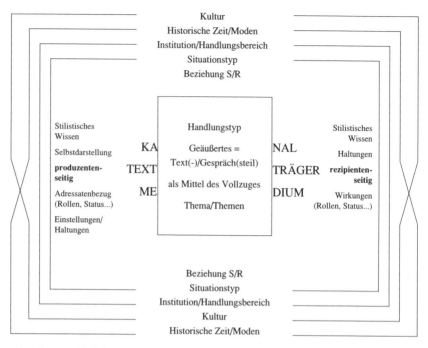

Abb. 1–1 Auf Stil bezogenes Modell der Kommunikation

Diese zusammenfassende Darstellung zeigt, dass mit Stil alle möglichen Aspekte von Kommunikation relevant gemacht werden können: Sie können auf den Stil einwirken, aber umgekehrt kann der Stil auch auf sie einwirken. Alle diese Aspekte können so gestaltet werden, wie sie innerhalb einer (Teil-)Kultur erwartbar sind, in diesem Fall vermitteln die Sprecherschreiber ‚Normalität', ‚das Übliche'. Sie können aber auch – in Relation zur ‚Normalität', vgl. Kap. 3 – gradweise davon abweichend gestaltet sein und so ‚Individualität' oder sogar ‚Originalität' vermitteln. Voraussetzung für derartige Interpretationen ist die entsprechende kommunikative Kompetenz, das stilistische Wissen, die Zugehörigkeit der interpretierenden Rezipienten zur (Teil-)Kultur.

Stile sind historisch veränderbar; sie verändern sich mit der Gesellschaft (vgl. Assmann 1986), und sie sind Ausdruck von Moden. Schließlich sind sie „komplexe Zeichen" einer Kultur (Fix 1992); sie zeigen kulturell relevante Differenzierungen an.

Als „komplexe Zeichen" sind Stile Teil der Stilkompetenz: Sie sind als typisierte Stile geronnene Typen stilistischen Sinns oder verfestigte Zusammenhänge von Typen stilistischen Sinns. Als solche kennzeichnen sie Handlungstypen wie *Telegrammstil*, *Gebetsstil*, Handlungsbereiche wie den des Fachlichen oder Arten des Umgangs mit Sprache wie bei den Stilebenen usw.

Zur Stilkompetenz gehört jedoch auch das individuelle, variable Herstellen von Stilen als Sinnangebote durch abweichende Verwendungen typisierter Stile oder durch individuelle Kombinatorik von Stilelementen – in Relation zum Typ der durchzuführenden Handlung und den weiteren kommunikativen Handlungsumständen.

1.6.1 Die Grundfunktionen von Stil im Bereich des stilistischen Sinns

Für die Beteiligten ist also Stil alles andere als ein bloßes Ornament (wie oft in der Nachfolge der rhetorischen Elocutio angenommen): Er ist ein funktionales System, das auf die verschiedenen Dimensionen des kommunikativen Handelns bezogen ist. Als solches verleiht er den Arten der Handlungsdurchführung typisierend oder individuell differenzierenden sozialen Sinn.

Sozialer Sinn wird mit Hilfe von Phänomenen vermittelt (z.B. Garfinkel/Sacks 1976). Das heißt für die linguistische Stilistik: Stilistischer Sinn wird mit Hilfe bestimmter Struktur-Eigenschaften von Äußerungen bzw. Texten vermittelt, von Äußerungen allerdings, die in Handlungssituationen Verwendung finden; mit letzteren sind Erwartungen gegeben und die Rezeption findet in Relation zu diesen statt (Tolcsvai Nagy 1998; Kap. 3.2).

Die Gesellschaftsmitglieder haben ein Wissen darüber, wie Handlungen konventionell durchgeführt werden, das ging aus den bisherigen Analysen hervor. Es gibt für die sprachlich Handelnden gewisse erwartbare Durchführungen, man weiß und erwartet, „wie es gemacht wird" (Garfinkel/Sacks 1976). Abweichungen von diesen Erwartungen erhalten **in Relation** zum per Konvention Erwartbaren einen Sinn (ausführlicher Kap. 3, auch 6).

Die Beteiligten sagen mit ihren vielen Worten (mit den ausgedrückten Phänomenen im Rahmen von kommunikativen Situationen), was die Handlung ist, wer sie sind, wer der intendierte Adressat ist, was die Situation ist... (z.B. Garfinkel/Sacks 1976). Genau das geschieht durch Stil. Diese Auffassung muss aber ergänzt werden um den Gesichtspunkt der Musterbezogenheit von Kommunikation (Bergmann 1994, 8: „Orientierungsmuster").

Nach Trabant (1979, 570) ist Stil ein „vieldeutiger Terminus"; dies ist er jedoch nur dann, wenn man nur jeweils Teilaspekte von Stil betrachtet: Stil hat, wie gezeigt wurde, vielfältigen Sinn. Worin nun „besteht die **Nützlichkeit** oder sogar **Notwendigkeit** des Terminus *Stil* (...), wenn bei aller Verschiedenheit des Gebrauchs nicht etwas allen Gebrauchsweisen Gemeinsames gemeint wird" (ebda.)? Eben gerade darin, dass vielfältiger Sinn gemeinsamen Zwecken dient: a) sozial relevante Differenzierungen im kommunikativen Gebrauch anzuzeigen und b) abstrakte Handlungstypen oder -muster an die konkreten Intentionen und Gegebenheiten anzupassen, sie sinnvoll aufzufüllen, indem sie durchgeführt werden.

Man kann zwei Grundfunktionen unterscheiden: einerseits das typisierende Durchführen und andererseits das individuierende Durchführen von kommunikativen Handlungen. Wenn van Peer (2001, 40ff.) „Nachahmung" und „Neuerung" als zentrale stilistische Funktionen unterscheidet, so meint er damit einerseits „membershipping", sich als Mitglied einer Gruppe, Tradition... darstellen, und andererseits das individuierende Sich-davon-Unterscheiden; die komplementären Stilfunktionen werden damit im Kontext sozialwissenschaftlicher Forschung gesehen. Vgl. auch das „Opting in" und „Opting out" bezüglich literarischer Traditionen und Gemeinschaften bei Assmann (1986). Hier jedoch ist die Unterscheidung von typisierendem und individuierendem Durchführen abstrakter gemeint: einerseits das Durchführen im Sinne des Üblichen, der anerkannten sozialen Ordnung allgemein, andererseits das Sich-davon-Abheben. Das kann typisierend Membershipping bedeuten, es kann aber auch die übliche Nutzung des Kanals, des Mediums usw. betreffen. Das individuierende Durchführen kann einerseits das konkretisierende Verbleiben im Bereich des Vorgegebenen meinen, van Peers (2001) „Nachahmen" also, wobei ein Handlungstyp, der musterhaft gegeben ist, konkretisierend angewendet wird; es kann aber auch ein Originalisieren sein (vgl. Kap. 5.2: Unikalität).

1.6.1.1 Sozial bedeutsame Schreib- und Redeweisen: Typisierte Stile

Alle die sprachlichen Ausdrücke, die im Kap. 1.5 methodisch genutzt wurden, um Typen stilistischen Sinns herauszuarbeiten, sind Bezeichnungen von **für die Teilnehmer** der Sprachgemeinschaft existierenden Stilen: Deshalb wurden und werden sie benannt. Sie haben sich auf dem Wege von invisible hand-Prozessen (Wimmer mündlich) herausgebildet und werden weiter verwendet, weil sie den sozialen Bedürfnissen in der Gemeinschaft entsprechen, sie werden aber auch kontinuierlich an Veränderungen (wie z.B. bei der „Jugendsprache") oder in anderen Prozessen (z.B. der Bibelstil verschiedener Übersetzungen: Stolt 1983, 2001) angepasst. Man kann sie als solche verwenden oder graduell abweichend damit umgehen (vgl. Kap. 3). Man kann sie im Kontext deutlich machen, aber auch nur leise anklingen lassen.

Typisierte Stile (vgl. Selting/Hinnenkamp 1989) bilden Schwerpunkte bezüglich der stilrelevanten Aspekte der Kommunikation/Interaktion, wie sie in Kap. 1.5 aufgezeigt wurden. Dies zeigt ein Einpassen der Ausdrücke in den in Kap. 1.5 und 1.6 konstruierten Zusammenhang, wobei ich hier in der Darstellung wieder den umfassenden Aspekt der Kultur beiseite lasse.

1.6 Stilistischer Sinn unter dem Gesichtspunkt der Funktionstypen

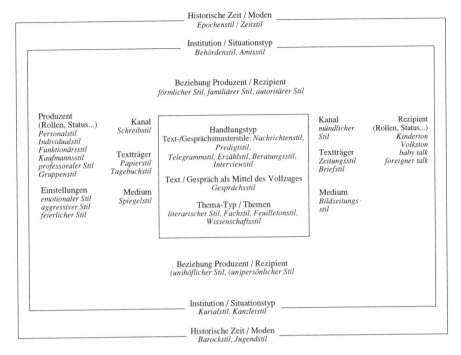

Abb. 1–2 Kommunikationsbezogene Stilcharakterisierungen

Damit sind längst nicht alle Möglichkeiten benannt. Typisierte Stile sind komplexe Ressourcen, die den Mitgliedern der Gemeinschaft zur Verfügung stehen, um gesellschaftlich relevante Aufgaben zu erfüllen: Strukturell und von der Bedeutung her sind sie ganzheitlich organisierte Ressourcen, die Mustercharakter haben (vgl. dazu genauer Kap. 4 und 6; Beispielbeschreibungen in Kap. 4.5).

In diesem Fall ist Stil ein Kompetenzphänomen. Ich möchte hier nur auf die Wichtigkeit dieser Stile hinweisen, zumal sie sehr verschieden sind von der traditionellen Sicht auf Stile als literarische und als individuelle. Sehr wohl sind sie jedoch auch für ‚individuelle' Rede oder Schreibe verwendbar (vgl. Kap. 3; Kap. 4.5.5). Als Konsequenz ergibt sich auch, dass es notwendig ist, zu unterscheiden zwischen **Stil** (als typisiertem Stil oder individuellem Stil eines bestimmten Textes oder Gesprächs) und **Stilverwendung** (vgl. Sandig 1995a, 32): Stilverwendung wird erst deutlich, wenn ein Stil in besondere Relation gesetzt wird zu den verschiedenen Aspekten der Kommunikation (vgl. Kap. 3); wenn er also nicht konventionell verwendet wird. Stile sind prinzipiell variabel einsetzbar, auch wenn sie typisiert sind (Sandig/Selting 1997).

1.6.1.2 Stil als individuierende Art der Handlungsdurchführung

Individuierende stilistische Gestaltung, Individualstil, hat viel Beachtung gefunden, jedoch ohne die Systematik zu erkennen, die dem zugrunde liegt, vgl. Kap. 1.5. Um überhaupt ‚Individuelles' interpretieren zu können, benötigen wir ein Wissen über das Konventionelle, das „Überindividuelle" (Fix 1991) als Bezugspunkt. Dies gilt für Handlungstypen, auch solche, die per Konvention ‚individuell' durchgeführt werden (vgl. Kap. 6.2 zu Glosse), und es gilt für Typen stilistischen Sinns. Unter diesem Gesichtspunkt ist Stil ein Performanzphänomen.

Da Handlungen immer verschieden durchgeführt werden (können), ist immer mit sozial relevanten Arten des DURCHFÜHRENs zu rechnen. Stil ist deshalb nichts Zusätzliches in dem Sinne, dass er weglassbar wäre. Er ist aber wohl als **zusätzlich** zu dem, was mit der Handlung **dieses Typs** vollzogen wird, zu betrachten: Wenn z.B. in einem familiären Gespräch einer der Partner ‚in einem professoralen Stil' spricht, so schneidet er den Handlungstyp *familiäres Gespräch* in bestimmter Weise auf seine Person und/oder Intentionen zu und er gestaltet damit die Beziehung in bestimmter Weise. D.h. der generelle Handlungstyp wird in einer Art durchgeführt, die dem Sprecher im Moment oder generell entspricht. Der Handlungstyp wird so in seiner Realisierung den individuellen Intentionen oder Gepflogenheiten angepasst. Und das heißt: Stil ist das Mittel der Situationsanpassung von Handlungen, das Mittel schlechthin der „Indexikalisierung" von Handlungstypen (Garfinkel 1973; Garfinkel/Sacks 1976). Das gilt auch für die ausgeführten Bereiche der Institutionalität bzw. der Typisiertheit von Stilen bei Handlungstypen: Die Art der Durchführung unterstreicht die Institutionsgebundenheit und zeigt auch die stilistischen Sinn stiftenden Spielräume, die die Institution lässt, oder sie zeigt die Rollen-Gemäßheit oder Rollen-Distanz der Sprecher/Schreiber als Einstellung dazu. Es gilt für die Anpassung von Handlungstypen an verschiedene Kanäle (wie bei schriftlichem vs. mündlichem ERZÄHLEN), an Medien (z.B. die Horoskop-Varianten in „Bildzeitung" und „Stern" in Sandig 1978, auch Bachmann-Stein 2004).

Es bleibt festzuhalten: Stil bezieht sich auf verschiedene Aspekte kommunikativen Handelns – und zwar je nach Fall, wie die analysierten Ausdrücke zeigen, in unterschiedlicher Gewichtung. Deshalb ist er das Mittel der mit variablem Sinn anreichernden Anpassung von Handlungstypen oder -mustern an die konkreten Gegebenheiten („Indexikalisierung"); Anpassungen durch die Art der Durchführung ermöglichen im konkreten Handeln weiteren intersubjektiv erkennbaren Sinn, der zum generell gegebenen Handlungstyp hinzukommt. Es handelt sich um „Indexikalisierungen" abstrakter Schemata, auch solchen, die bereits stilistisch typisiert sind. Deutlich wird dies vor allem in Kap. 6.

1.6 Stilistischer Sinn unter dem Gesichtspunkt der Funktionstypen

Mit dem Stil einer Handlung lassen sich mithin Kommunikations-Situationen auch aktiv gestalten: Stil kann bedingt sein durch erwartbare Vorgaben aufgrund von Konventionen; man kann mit ihm aber auch aktiv einwirken auf die Interpretation der Handlungssituation (Selting 1997, 12).

Stil ist ein Gestaltungsmittel (Selting 1997, 35): einerseits für die stilistisch ‚bedeutsame' Durchführung von Handlungen, die auf Handlungstypen bezogen sind, andererseits für die Interpretation von Aspekten der als handlungsrelevant dargestellten Umstände, der Kommunikationssituation.

Der generelle Zweck von Stil als Performanz-Phänomen ist das Zuschneiden, das Zurechtstutzen von Handlungstypen in der Durchführung für den konkreten Fall und dabei ein erwartbares oder veränderndes Eingehen auf Aspekte der Kommunikationssituation. Die Vielfalt von Stil, die seine Erforschung so sehr erschwert, ist dadurch bedingt, hat darin ihren Sinn.

Festzuhalten ist: Eine Sprachhandlungstheorie ist für die Beschreibung von Stil angemessen, da die Beteiligten Stil in verschiedenen Sprachhandlungsperspektiven Relevanz beimessen, vgl. auch Püschel (2001). Sie muss allerdings um weitere Theorieaspekte erweitert werden (s. Kap. 0.2), wenn wie hier ein weiter Stilbegriff zugrunde gelegt wird.

Es handelt sich bei den bisher besprochenen Fällen von Arten der Handlungsdurchführung um jeweils sozialen Sinn nahe legende Durchführungsmöglichkeiten. Oft gibt es dabei **Alternativen** als konventionelle Möglichkeiten. D.h. was häufig für die Ebene der Stilmittel herausgestellt wird, die sinnerzeugende Wahl zwischen Alternativen, gilt erst recht für die Durchführung der gesamten Handlungen. Es geht also nicht immer nur um die Anpassung des Handlungstyps im konkreten Vollzug, sondern oft auch um die unterschiedlichen konventionellen Möglichkeiten der Realisierung, durch die verschiedener sozialer Sinn hergestellt wird. Darüber hinaus kann, durch das Ausdrücken von Einstellungen oder Haltungen mit Hilfe des Stils, die Handlung nach einem Typ mit verschiedenen Einstellungs-Sinndimensionen angereichert werden.

Die bisherige Darstellung zeigt, dass es nicht gerechtfertigt ist, als die typischen Sinnherstellungen durch Stil vor allem die Einstellungen anzunehmen (Püschel 1982, 1983). Vielmehr können Einstellungen/Haltungen als etwas **Zusätzliches** ausgedrückt werden: In einem emotionalen Stil beispielsweise können Handlungen sehr verschiedenen Typs durchgeführt werden. Die Ausführungen zeigen auch, dass die Annahme, Stilfunktionen seien auf Selbstdarstellung, Adressatenbezug, Beziehungsgestaltung und Ausdruck der Einstellung zur Sprache beschränkt (Fix/Poethe/Yos 2001, 27 und 86), noch zu kurz greift, weshalb dort an anderer Stelle auch Funktionalstile und speziellere Textsortenstile angenommen werden, typisierte Stile also.

Stil kann also als Performanzphänomen in mehrfacher Weise als etwas Zusätzliches gesehen werden. 1. interpretierbarer Sinn, der den abstrakten

Handlungstyp anreichert, indem man ihn auf die konkreten Gegebenheiten des sprachlichen Handelns bezieht, und 2. interpretierbarer Sinn, wenn Einstellungen, Haltungen verschiedener Art zu Aspekten der Handlung ausgedrückt werden, auch z.B. zur Sprache selbst.

Der generelle Zweck dieses Anreicherns eines abstrakten Handlungstyps mit stilistischem Sinn ist folgender: die Handlung auf die konkreten Intentionen zuzuschneiden und dabei auf die konkreten Gegebenheiten zu beziehen. Dadurch soll sie möglichst wirksam gestaltet werden, so dass sie möglichst im Sinn der handelnden Person wirken kann – was aber wegen eigener Intentionen und Voraussetzungen bei den Rezipierenden nicht selbstverständlich ist.

Es ist zu betonen: Für die Beteiligten spielen jeweils schwerpunktartig Teilaspekte von Stil eine Rolle; diese werden mit den analysierten Ausdrücken hervorgehoben. Das Ganze des Kommunikationsframes bildet dabei den Hintergrund; die übrigen Aspekte sind auch vorhanden (indem sie beim Realisieren eines Handlungstyps in konkreter Situation in jedem Fall eine Rolle spielen), sie dominieren aber nicht, sie sind unauffällig.

Ein derartiges Zuschneiden von Handlungstypen auf konkrete Intentionen und Gegebenheiten kann auch mit bereits stilistisch markierten Handlungstypen erfolgen, wenn also ein typisierter Stil für einen Handlungstyp konstitutiv ist.

1.7 Stilwirkung

Eine Stilistik, die nicht nur textbezogen verstanden wird, sondern das Handeln von Handlungsbeteiligten (Sprechern/Schreibern und Rezipienten) mittels Text betrachtet, muss sich auch mit Stilwirkung befassen.

Die Funktion, der spezifische Sinn eines Stils, wird vom Rezipienten hergestellt durch die Interpretation der Äußerungsgestalt, der Stilstruktur in bestimmten Verwendungskontexten (vgl. Kap. 3). Die Funktionszuschreibung orientiert sich an den Typen stilistischer Funktionen, die in der Gemeinschaft relevant sind: Typen stilistischen Sinns und Typen von Stilwirkungen.

Eine linguistische Analyse von Stilwirkung kann nicht sinnvoll an der verlorenen Tradition wieder anknüpfen. Die Berechtigung für die Berücksichtigung des Konzepts Stilwirkung (vgl. Stolt 1984) ist hier die, dass die heutigen Benutzer von Stil typische Stilwirkungen unterscheiden. Es ist zu zeigen, wie für die heutigen Sprachhandelnden Stilwirkung und speziell Arten von Stilwirkungen relevant sind. Dabei geht es wie bei den Stilfunktionen im Bereich stilistischen Sinns um Stilwirkungs-Typen. Stilwirkungen sind ein Aspekt von Stil, der für sich in den Blick geraten kann.

1.7 Stilwirkung

Eine Einschränkung ist hier zu machen: Es geht mir um die Isolierung typischer Wirkungen des Stils, nicht um die Wirkungen, die das Thema, der Inhalt der Handlung, als solches auslöst (vgl. Lausberg [10]1990, 40). Diese Wirkungen sind zu den Handlungs-Konsequenzen zu rechnen. Mit Stilwirkung ist dagegen dasjenige gemeint, was die Art der Äußerung(en), die einzelnen Eigenschaften der Äußerung(en) zur Wirkung der ganzen Handlung beitragen, bei umfassenderen Handlungen auch die Teilhandlungen, die Art der Themenabhandlung etc., die gesamte Art der Handlungsdurchführung also, und zwar immer bezogen auf die Kommunikations-Situation, vgl. Kap. 3.2.

a) Die Stilwirkung unterstützt, verstärkt die Handlungsfolgen und die Wirkung des Handlungsinhalts. Als Beispiel ein Gedicht von Erich Fried, aus: „und Vietnam und" (Berlin: Wagenbach 1966, 33):

(1) *Beim Nachdenken über Vorbilder*

Die uns	
vorleben wollen	Herausstellung/Topikalisierung
wie leicht	zur Herausstellung:
das Sterben ist	Ergänzungssatz (Komplementsatz)
Wenn sie uns	Proelement
vorsterben wollten	Wunschsatz = Bedingungssatz
wie leicht	Ausrufesatz als Hauptsatz
wäre das Leben	= Konklusion

Der Text soll inhaltlich nachdenklich (vgl. die Überschrift), betroffen machen. Die Art der Durchführung mit einer verwickelten Syntax, mit dem Kontrast von *vorleben* und unkonventionell dazu gebildetem *vorsterben* (‚vormachen wie man stirbt' und ‚vorher sterben') erzeugt ein Hängen-bleiben beim Lesen und so ein Nachdenklich-machen: *Beim Nachdenken*. Rückwirkend, aufgrund der beiden Folgezeilen, erhält *vorleben wollen* einen komplexen Sinn: ‚die vorgeben, uns vorzumachen, wie leicht das Sterben ist, und die selbst dabei (paradoxerweise) am Leben bleiben'. Dieses Paradox ist in den Realis gesetzt, es wird als gegeben präsupponiert. Dagegen ist das Folgende als Wunsch(satz) und gleichzeitig als Bedingung(ssatz) formuliert – *wenn sie uns vorsterben wollten* und als Irrealis. Die scheinbare Parallele von *wie leicht das Sterben ist* und *wie leicht wäre das Leben* kontrastiert nicht nur *Leben* und *Sterben* (*Leben* als ‚am Leben sein' gegenüber Sterben), sondern es meint im Textkontext auch die gesamten Lebensumstände; das derart mehrdeutige letzte Wort des Gedichts, *Leben*, weist noch einmal zurück auf das *vorleben* des 1. Teils. So kann man das Gedicht nicht nur von vorn bis hinten lesen, sondern man ‚wird hineingezogen', muss noch mal lesen, wird ‚nachdenklich'. *Vorleben* ist im zweiten Durchgang anders betont: Wie *vorstérben* erhält es nun einen Akzent *vorlében*. Auch *Vorbilder* im Titel erhält vom Ende her eine ‚negative' Bewertung. Diese Wirkung wird unterstützt durch die Syntax: Der Teil im Realis ist zugleich das herausgestellte Subjekt, das *vorleben wollen* nach dem Muster von *vormachen* wird um eine Ergänzung (Komplement) erweitert (syntaktisch unkonventionell wie der Inhalt); das Subjekt wird im Wunschsatz/Konditionalsatz mit dem pronominalen *sie* wieder aufgenommen; auch dieser ist nur Nebensatz; der letzte Teil-Satz ist der Hauptsatz, er teilt auch die ‚Hauptsache' mit (nach dem Muster ‚das Wichtigste am Ende', vgl. Kap. 4.2.2.3). Die spontansprachliche Syntax ermöglicht eine ‚emotionalisierende Wirkung', die außerdem auch der Rhythmus unterstützt, der durch die kurzen Zeilen entsteht. Entsprechend entwickelt sich die Pragmatik des Gedichts: Es ist eine Bewegung von der präsupponierten Behauptung des paradoxen Zustands mit dem paradoxen Wunsch (‚*sie* sollten wollen, uns im Sterben ein Vorbild zu sein'), der sich auf die Beseitigung des Präsupponierten bezieht und gleichzeitig die Bedingung für das Ausgedrückte ist: am Ende das hypothetische Entwerfen eines anderen Zustandes. Man sieht also, wie inhaltliche und mehrfache stilistische Wirkung, sich verstärkend, ineinander greifen.

b) Weiter gibt es viele Arten von „Nebenwirkungen", die mit der Art des Vollzuges der Handlung erreicht werden. Als Beispiel die Beziehungsgestaltung:

(2) A und B suchen einen Parkplatz, A sitzt am Steuer. B FORDERT A AUF, einen bestimmten Parkplatz anzusteuern. Dabei handelt es sich um ein AUFFORDERN „mit beidseitiger Präferenz" (Hindelang 1978):

(2a) *Ich schlage (Ihnen) vor, das Auto dort drüben abzustellen.* VORSCHLAGEN
(2b) *Ich würde (es) dort drüben parken.* RATEN
(2c) *Da (zeigt) ist noch ein Platz!* HINWEISEN
(2d) *Wäre das dort (nicht) ein Platz für uns?* HINWEISEN mit ZWEIFEL bzw. NAHE LEGEN
(2e) *Ich sehe ein Plätzchen.* ANDEUTEN
(2f) *Auch da drüben ist kein winziges Plätzchen zu finden.* IRONISIEREN
(2g) *Da drüben, da können Sie ihn hinstellen.* ZEIGEN + BEHAUPTEN

Diese auch durch verschiedene Syntax gekennzeichneten Handlungsalternativen setzen bzw. bestätigen unterschiedliche Arten von Beziehungen. Diese können verstärkt ausgedrückt werden durch Wahlen lexikalischer Mittel wie *das Auto, den Wagen, die Kiste, den Karren* usw., also Mittel des Referenzausdruckes; durch unterschiedliche Prädikationen: *parken, abstellen, hinstellen, loswerden* usw.; durch ANREDE des Gegenübers oder deren VERMEIDUNG, durch die Wahl von *Sie* oder *Du*, auch dialektales *Ihr*; weiter

1.7 Stilwirkung

Aussprachevariationen oder spontansprachliche Syntax (2g). D.h. jede Nuance kann Wirkung hervorrufen, zumal wenn das Sinnangebot der einzelnen Bestandteile ‚in gleiche Richtung' geht:

(2h) *Ich schlage Ihnen vor, die Kiste dort drüben loszuwerden.*

würde jedenfalls als ‚seltsam' empfunden, da zwei einander ausschließende Beziehungsangebote ausgedrückt wären: ‚Förmliche Distanz' und ‚Nähe'. Einzelne Handlungsalternativen können wieder durch die Formulierung unterschiedlich ausgestaltet werden, so das HINWEISEN als Voraussetzung des AUFFORDERNs:

(2i) *Könn Se die Kiste nich da drübm loswern?*
(2k) *Dort drüben ist eine Parkmöglichkeit.*

In Kontexten werden derartige Wirkungsangebote verstärkt oder auch zurückgenommen: Während im Vergleich der anderen *Parkmöglichkeit* in (2k) eher ‚intellektuell' wirkt, kann es in einem anderen Kontext ‚neutralisiert' sein.

Hier steht die Beziehungsgestaltung im Dienst des intendierten Ziels; aber mit der Art der Handlungsdurchführung wird auch die Beziehung als solche gestaltet. Es ist eine Beziehung vorgegeben, die die Basis des Handlungsvollzuges bildet (Einstellungen und Annahmen von Sprechern über Adressaten); aber diese Beziehung wird auch bestätigt, verändert, vertieft... durch die Art der Handlungsdurchführung. Die Wirkung des stilistischen Sinns der Äußerung kann je nach der Disposition des Rezipienten sehr verschieden sein: von ‚erfreut' bis ‚irritiert', etwa durch Ironie, der Sprecher kann als ‚erheiternd' oder ‚störend' oder gar ‚sonderbar' eingeschätzt werden...

c) Es gibt auch den Fall, dass der Stil ungewöhnliche, ungewohnte Sachverhalte und Handlungen konstituiert und entsprechende Wirkungen hervorrufen kann (aus: Wolfgang Hildesheimer: „Mitteilungen an Max über den Stand der Dinge und anderes". Frankfurt/M. 1983):

(3) *(...) Was gestern noch Hintergedanke war, hat heute Spruchreife, wenn nicht gar Druckreife erreicht und landet morgen beim alten Eisen. Ich rate Dir daher, wie ich es getan habe, Dir gleich ein paar Klafter davon anzuschaffen, am besten mit Rostfreiheit, für deren Aufrechterhaltung der Schrotthändler geradezustehen hat. Achte darauf, dass es nicht zu heiß ist. (...)*

Inhaltlich werden Gegenstände verknüpft, die so nicht zu unseren Frames gehören. Die Mittel sind Pronomina und syntaktische Verknüpfungen, Spiel mit Ausdrucks- und Inhaltsseite der Zeichen (*Spruchreife, Druckreife*; Wörtlichnehmen von Idiomen und deren Vernetzung: *altes Eisen, heißes Eisen*), Veränderung eines Frames in der Abfolge des Textes: *altes Eisen* bekommt man nicht wie Holz in *Klaftern*, wohl aber beim *Schrotthändler*, aber gerade nicht mit einer Garantie der Rostfreiheit (erneute Veränderung des Frames). Auch der RAT (*ich rate Dir daher*) und das ANFÜHREN des eigenen Beispiels in diesem Zusammenhang (*wie ich es getan habe*) ist im Kontext des Vorigen und mit diesem propositionalen Gehalt äußerst zweifelhaft, ebenso die MAHNUNG zur Vorsicht (*Achte darauf*) am Ende. Durch Pronomina, Syntax, semantisches Spiel und pervertierte Sprechakte wird alles verknüpft, eine neuartige Realität (oder nur Einstellung zur Realität?) hergestellt (stilistischer Sinn). Die Wirkung ist stark abhängig von den Einstellungen der Rezipienten: ‚unverständlich'; ‚komisch'; ‚Spaß machend'; ‚irritierend'... Für die Annahme einer ironischen Einstellung des Schreibers zur dargestellten Realität, einer intendierten ironischen Wirkung, spricht Folgendes: Hildesheimer schreibt diese Zeilen in einem Buch, das Max Frisch zum 70. Geburtstag gewidmet ist, und die Stichwörter *Spruchreife* und *Druckreife* legen zusammen eine entsprechende bildliche Inhaltsdimension nahe, die ironisch verdeckt ist: Es geht um die dichterische Produktion... Diese ‚ironische' Wirkung entsteht also nicht aus dem Textausschnitt selbst, sondern unter Einbezug der Kommunikations-Situation, in Relation zu dieser, Kap. 3 und 5: Situationalität), in der der Textausschnitt geäußert wurde.

Zusammenfassend: Eine Stilwirkung kann die Handlung unterstützen und/oder sie mit Nebenwirkungen anreichern. Stilwirkung ist abhängig von der Situation (vgl. Spillner 1980, 83):
– sie ist abhängig von der Situation, in der die Beteiligten sich befinden, vgl. Beispiel b);
– sie ist abhängig von dem Wissen der Rezipienten über die Situation des Sprechers/Schreibers und seines Adressaten, Beispiel c);
– sie ist abhängig von der historischen Situation der Rezipienten: Leser, die das Gedicht von a) in dem Band „und Vietnam und" von 1966 lesen, können es auf die damalige politische Situation beziehen; sie können es auch – etwa Ende der 70er oder am Beginn der 80er Jahre – im Kontext von Wehrdienstverweigerung sehen; in anderen Situationen kann es wieder anders wirken, z.B. ‚generalisierend'. Je nach Situation und Einstellung zu dieser wird das Gedicht anders wirken: ‚betroffen' machen, ‚aufmüpfig' klingen oder nur ‚nachdenklich' machen, und möglicherweise Weiteres;
– schließlich sind deshalb die Einstellungen und Dispositionen der Rezipienten für die bei ihnen eintretende Wirkung wichtig, z.B. ideologische Ausrichtungen, Beispiel a).

1.8 Stilabsicht, Stilrezeption und Stilwirkung

Die stilistische Wirkungsabsicht (Stilabsicht) und die Stilwirkung bedürfen der Kommentierung.

1.8.1 Stilabsicht

Für Handlungsabsichten haben Holly, Kühn und Püschel (1984) zutreffend argumentiert, dass auch mit nicht bewussten Intentionen zu rechnen ist. Dies gilt insbesondere für Stil. Eine für Rezipienten erkennbare Intention braucht Sprechern/Schreibern nicht bewusst zu sein. „Wahl und Verwendung der einzelnen Sprachmittel kann halb automatisch oder sogar völlig automatisch vor sich gehen" (Riesel/Schendels 1975, 16; auch Lerchner 1981, 98). Stil kann sich darüber hinaus als „Symptom" (Bühler 1965, 28) zeigen: Z.B. „zeigt sich" im Therapiegespräch die Distanz von Klienten zu den eigenen Gefühlen so, als wäre die Person ein Opfer eines selbsttätig agierenden Gefühls, einer fremden Macht (*die Angst ist da* gegenüber *ich habe Angst*), in Abtönungen und Vagheit (*irgendwie so ne Angst oder so*, vgl. Baus/Sandig 1985, Kap. 8) und in Generalisierungen (Sandig 1983, *man* statt *ich*). Bei dem Auslösen von Stilwirkungen geht es also um „Bewusstseinsgrade" (Sanders 1977, 35) des Sprechers/Schreibers, bis zu sich unbewusst Äußerndem: Dem, der es wahrnehmen kann, z.B. dem Therapeuten, teilt das Individuum etwas mit, das ihm selbst nicht bewusst ist. *Wirkungsabsicht* ist also für die Stilistik in diesem Sinne zu verstehen: sowohl Bewusstes wie Automatisches und Symptomatisches, das sich im Stil dem Rezipienten zeigt.

Für „kollokutionäre Akte", d.h. das Ausdrücken emotionaler, bewertender u.ä. Einstellungen oder Haltungen durch den Sprecher hat Keller (1977) unterschieden zwischen (absichtlich) „zum Ausdruck bringen" und (unabsichtlich) „zum Ausdruck kommen". Da das Ausdrücken wertender, emotionaler usw. Einstellungen zum Bereich des Stils gehört, kann diese terminologische Unterscheidung hier übernommen werden: Eine Wirkungsabsicht wird zum Ausdruck gebracht oder ein Symptom kommt zum Ausdruck.

Weiter kann die Realisierung stilistischer Wirkungsabsichten mehr oder weniger gut gelingen; es gibt Grade: Man kann nur relativ gut formulieren, man kann sich im Ausdruck vergreifen, nicht die richtige Formulierung (Äußerung für die intendierte Sprachhandlung oder einen Teil davon) finden, eine ungünstige Reihenfolge wählen...; es kommt sogar zu Fehlern bzw. Stilblüten. Eine Wirkungsabsicht wird also mehr oder weniger „geglückt" zum Ausdruck gebracht oder etwas stilistisch Interpretierbares kommt „unwillkürlich" zum Ausdruck.

Im Falle beabsichtigter Wirkung ist es m.E. sinnvoll, auf die Unterscheidung zurückzugreifen, die Luge (1991) bezüglich des Begriffs Perlokution macht: Eine bewusste Stilabsicht ist der **Versuch**, eine Wirkung zu erzielen, aber ob der Effekt, die Wirkung dann tatsächlich bei Rezipienten eintritt, ist deren Sache. Auch Sanders (1988, 75) spricht im Anschluss an von Polenz (²1988) von „Bewirkungsversuch".

Auf Wirkungsabsichten des Anderen kann man aus dem Geäußerten nur **schließen** aufgrund der eigenen Einschätzung der Situation. Es ist zu rechnen mit Unsicherheitsfaktoren wie den Graden des Glückens, auch mit Zufällen beim Ausdrücken von Wirkungsabsichten. Das intersubjektive Herausfinden von stilistischen Wirkungsabsichten ist problematischer als das intersubjektive Unterstellen von Handlungs-Intentionen: Beim Handeln nach einfachen Handlungstypen oder nach Textmustern kann vom propositionalen Gehalt oder Thema der Äußerung in der Handlungssituation (Situation, Sprecher-Hörer-Beziehung, vorherige Handlungen) geschlossen werden auf die intendierte Handlung. Stil ist dabei mehr oder weniger deutlich wahrnehmbar. Mit Stil kann man nicht nur die Handlungsfolgen verstärken, sondern auch Weiteres mitteilen – z.B. die Beziehung beeinflussen. Deshalb muss die Wirkung aufgrund der Situationsvoraussetzungen, der bisherigen Sprecher-Hörer-Beziehung und aufgrund der spezifischen Eigenschaften der Äußerung-in-der-Situation erfasst werden, bei komplexeren Handlungen auch (Teil-)Handlung-in-der-Situation.

1.8.2 Stilrezeption und Stilwirkung

Besonders für literarische Texte, aber längst nicht nur für diese gilt: Wirkung basiert auf der Prozesshaftigkeit der Rezeption: Gross (1994, 44f.) sieht den „Text als Geschehen", es kommt auf „das Erlebnis des Ablaufs" an. Die Wirkung der Leseerfahrung ist Teil des Textsinns. Auch Fish (1975) betont diesen Aspekt, vgl. auch Kap. 5: Situationalität und Formen der Irreführung, auch Kap. 5.9.4: Text als Sequenz.

Wirkungen von Stil methodisch nachzuweisen, ist ein besonderes Problem. Für Stilwirkungen einzelner Turns im Gespräch hat Selting (1997) gezeigt, dass der jeweilige Folgeturn von Gesprächspartnern auf der Interpretation der Vorgängeräußerung basiert und insofern Hinweise auf deren Stilwirkung mit enthält. In anderen Fällen ist man auf Folgehandlungen der Gesprächspartner angewiesen, in denen sie auf den Stil eingehen oder in denen sie die Wirkung einer Äußerung bestätigen. Ein entsprechendes Beispiel habe ich in Sandig (1984a) beschrieben. Ein eindrucksvolles Beispiel gibt auch Hans Ritz in „Die Geschichte vom Rotkäppchen" (11. Aufl., Göttingen: Muriverlag 1993: 88-92): An einer bayerischen Scheunenwand befand sich ein Bild des wortgewaltigen und öfter in Affären verstrickten Politikers Franz Josef Strauß, mit Wolfstatzen im Bett liegend und davor das Rotkäppchen mit einer Sprechblase: *...warum hast Du ein so großes MAUL?* Ritz berichtet

1.8 Stilabsicht, Stilrezeption und Stilwirkung

von Reaktionen auf das Bild des Bayern in der Presse u.a. mit Leserbriefen und mit Berichten über vielfältige Aktivitäten der Behörden und schließlich der schwarzen Übermalung eines Nachts. Stolt (1983, 2001) hat gezeigt, dass die Bibelübersetzungen der 70er Jahre Empörung hervorriefen, weil sie das Numinose des Bibelstils zum Verschwinden brachten; in der Folge kam es zu Revisionen. Bei diesen Beispielen ist der Stil jeweils in eine Relation (Kap. 3) gesetzt, die ihn nicht akzeptabel macht: Bei Sandig (1984a) ist aus der Sicht eines der Beteiligten der Stil eines anderen weder der Situation noch der Rolle angemessen; bei dem Beispiel von Ritz wird Politik, und speziell der Ministerpräsident des Landes, im Gewand eines Märchens glossiert und bei dem letzten Beispiel wurden die Texte der Bibel in die triviale Alltagssprache transponiert, was z.T. sogar lächerlich wirkte (Stolt 2001, 485).

Daran sieht man: Stil als Performanz-Ergebnis, als Wirkendes, ist die Art der Durchführung der Handlung mit ihren internen und externen (auf die globale Situation bezogenen) Eigenschaften. Was wirkt, ist nicht allein die Art der Formulierung (vgl. die Hervorhebung des „Formulativen" bei Fix/Poethe/Yos 2001 und bei Michel 2001), sondern die Formulierungen und weitergehenden Durchführungen (z.B. Bild, Farbe...) in den gesamten kommunikativen Zusammenhängen (vgl. die Kap. 2 und 3).

Wie es Unsicherheiten beim Erkennen der Stilabsicht gibt, so gibt es Risiken in Bezug auf das „Glücken" der beabsichtigten Wirkung. So gehört es zu manchen beabsichtigten Wirkungen, dass Sprecher/Schreiber das mit Rezipienten gemeinsame Wissen (als Voraussetzung des Handelns) richtig einschätzen: Für das Erkennen von Ironie zum Beispiel brauchen Rezipienten ein mit den Sprechern/Schreibern gemeinsames konkretes Wissen über einen oder mehrere Sachverhalte (vgl. Oomen 1983). Zum Erkennen einer Parodie ist die Kenntnis eines bestimmten Textes oder Textmusters die Voraussetzung. Fehlt dieses gemeinsame Wissen oder dessen Präsenz bei Rezipienten, so wird Beabsichtigtes nicht wirksam. Andererseits kann etwas wirksam werden, das dem Sprecher/Schreiber nicht bewusst war, wie am Beispiel des Therapiegesprächs bereits gezeigt wurde. Weitere typische Fälle sind Wirkungen sozialer und dialektaler Unterschiede, z.B. Steinig (1976) über die unterschiedliche Wirkung derselben Erzählungen bei Sprechern verschiedener sozialer Schichten (auch Gumperz 1978). Nicht beabsichtigte Wirkungen treten bei historischem Abstand ein (Thieberger 1983, Sandig 1997a); so kann, was einmal ‚elegant' wirkte, heute ‚geschraubt' oder ‚unnatürlich' wirken. Schließlich kann der Rezipient aufgrund seiner individuellen Lebensgeschichte „überempfindlich" sein, besondere Wirkungen immer wieder empfinden, auch da, wo andere dies nicht mit ihm teilen („neurotisch"). Heute kann dieselbe Äußerung aufgrund verschiedener Vorkenntnisse auf mich anders wirken als vor 10 Jahren, ebenso in einem Kontext anders als in einem anderen.

Grundüberzeugungen, Grundhaltungen oder Dispositionen wie Ideologien, Vorlieben, Art der Bildung, weibliche Perspektive, parteipolitische Präferenz, ästhetische Präferenzen usw. führen dazu, dass Texte mit ihren Stilen entgegen den bewussten oder unbewussten Intentionen der Produzenten rezipiert werden können. Mills (1992) argumentiert z.B., dass viele Texte, deren Anspruch es ist, sich an beide Geschlechter zu richten, nur für männliche Leser geschrieben sind, weil sie die entsprechende Ideologie enthalten. John Fullers Gedicht *Valentine* beispielsweise macht viele Frauen wütend und ist für Männer amüsant:

(4) (...)
    I'd like to find you in the shower
    And chase the soap for half an hour
    I'd like to have you in my power
    And see your eyes dilate (...)

Frauen haben nach Mills die Möglichkeit, das Gedicht aus der Männer-verbündeten Perspektive zu lesen, die das Gedicht nahe legt, oder aus derjenigen weiblichen Perspektive, die das Gedicht beansprucht. In beiden Fällen dürfte die Wirkung Amüsement sein. Dieses wird nach Mills (1992) auch durch das ‚naiv' wirkende Rhythmusmuster gestützt, ein Muster, das für Limericks und Kinderverse genutzt wird. Eine Frauen-verbündete Lesart dagegen setzt die Rolle des „resisting reader" voraus: „The resisting reader decides consciously to misread the poem: to read the poem against the grain of the dominant reading" (1992, 203), als sexistisch eben. Frauen oder Männer können das Gedicht auch als „overhearer" lesen, indem sie nicht die Rollen-Perspektiven einnehmen; aber auch hier ist ein ideologisches Textverständnis nötig.

Dies kann verallgemeinert werden: Z.B. können wir Partei-Äußerungen im Wahlkampf als „resisting readers" lesen, d.h. aus der Verbündetheit mit einer anderen Partei oder als „overheares" mit Distanz zu den Parteien. „Der Rezipient hat sogar die emanzipatorische Wahl, sich für eine völlig andere Rezeptionsweise (beispielsweise für eine ästhetische (Rezeption, B.S.) einer praktisch orientierten Gebrauchsanweisung) zu entscheiden" (Langer 1995, 59). Allerdings geben Texte gewisse Lesarten vor; sie enthalten Hinweise darauf (Mills 1995, 34: „Cues"): Es gibt „dominant readings", die durch die Textstruktur nahe gelegt werden (Mills 1995, 35); sie können durch Rezipierende (in ihren Kontexten) akzeptiert oder verworfen werden (Mills 1995, 35). Vgl. dazu auch Grewenig (2000, 81), wonach die Rezeption „immer durch den Text ‚geführt'" wird, die „dominante" Lesart allerdings. Für poetische Texte betont Widdowson das offene Potenzial des Textes (1992, 115): „What a poem means is what it means to its readers. They make it their own." (ebda.) Aber er betont auch (passim), dass mögliche Interpretationen anhand des Textes begründbar sein sollen.

1.8 Stilabsicht, Stilrezeption und Stilwirkung

Die Textfunktion und spezieller das Textmuster mit seinem sozialen Sinn, sind ganz entscheidend bezüglich der stilistischen Erwartungen. Die hat bereits Baumgärtner (1968) genutzt, als er u.a. folgendes Konkrete Gedicht darbot:

(5) *so*
soundso
geradeso
wieso
sowieso
(...)

Er enthüllte dann, dass es eine Beispielreihe aus einer früheren Auflage von Erich Maters „Rückläufigem Wörterbuch der deutschen Sprache" ist.

Wirkungen von Stil beruhen also auf Überzeugungen und Wertvorstellungen, hinzu kommen das Stilwissen über die Stellung des Stiltyps in der Gemeinschaft und die Bewertung von Stiltypen im individuell angeeigneten Stilsystem des Rezipienten und seine Erwartungen an Situationstyp, Handlungstyp, Kontexttyp und Texttyp; auch der Thementyp ist relevant, vgl. Widdowson (1992, 71 und 115). Mit textmusterspezifischen Rezeptionshaltungen ist zu rechnen, wie Antos (1987a, 14) für die ‚Feierlichkeit' von Grußworten zeigt. Aber es gibt auch die humoristische Rezeptionshaltung, die vom Textmuster unabhängig ist.

Weiter müssen wir mit bestimmten Einstellungen bei der Rezeption rechnen, die von Produzentenseite nicht intendiert sind: Stilblüten (Sandig 1981) gäbe es beispielsweise nicht und Versprecher würden nicht beachtet, wenn ernst Gemeintes nur mit einer ernsten Rezeptionshaltung rezipiert würde. Häufig ist bei Stilblüten eine ‚sexualisierende' oder ‚körperbezogene' Sehweise, die im Kontrast zur Institution Schule oder Amt steht, den bevorzugten Produktions- und Rezeptions-Orten von Stilblüten. Kotthoff (1998) zeigt, dass im Rahmen familiärer Gespräche ‚Ernstes' ‚unernst' rezipiert werden kann, mit entsprechenden Folgen für Selbstdarstellung und Beziehungsgestaltung. Komikangebote werden häufig durch eingestreute Lachpartikeln kontextualisiert; sie können ignoriert oder aufgenommen werden, auch können verschiedene Rezipienten in einer Gruppe verschieden damit umgehen. Das gemeinsame Wissen und Werten ist Voraussetzung für Wirkungen.

Möglichkeiten der spielerischen Rezeption bestimmter Medien (Rundfunk und Fernsehen) zeigen die folgenden Beispiele. 1999 blendet das Erste Programm des Saarländischen Rundfunks regelmäßig ein:

(6) *SR1. WIR sind das Radio.*
Hörer zu Hause antwortet:
Und WIR die Hörer, wenn WIR ausmachn seid IHR gar nix mehr.

Oder ein Beispiel bezüglich Fernsehen:

(7) Moderator: *schön gutn Abend zum HEUtejournal*
    Hörerin: *gutn AHMT herr reitze*

Auf diese Weise gehen Hörende mit einer spielerischen Rezeptionshaltung auf das Angebotene ein: Entweder widersetzen sie sich im Spiel oder sie spielen in der aus Face-to-face-Situationen gewohnten Weise ihren Part, als seien sie nicht mit medialer Kommunikation befasst.

Auf der Rezipienten-Seite ist also Wirkung nicht weniger problematisch als die Absicht auf der Sprecher/Schreiber-Seite. Möhn (1991, 184) stellt der „Produzentenabsicht" geradezu die „Rezipientenabsicht" gegenüber.

Ist die Konsequenz daraus nun, dass Stilwirkung zu heikel, zu individuell ist, dass also Linguisten die Finger davon lassen sollen? Zum ersten geht es nicht immer um historische oder literarische Texte mit ihrem weitgehenden Anspruch auf Individualität (also auch der Wirkung); auch Gebrauchstexte haben Stil und Stilwirkung. Dann gibt es so etwas wie gemeinsames Wissen, auf dessen Grundlage kommuniziert wird und auch Stilwirkungen erkannt werden können – sonst könnte es Scherzformen nicht geben. Weiter ist eine bewusst beabsichtigte Stilwirkung nur so angelegt, dass Mitglieder einer antizipierten sozialen Gruppe oder bestimmte Individuen die Adressaten sind; bei mangelnder Kenntnis der Adressaten entstehen Unsicherheiten bereits bei der Stilabsicht. Und „neurotische" individuelle Abweichungen sind nicht der Regelfall in einer Gemeinschaft; sie können aber bei einer bestimmten Person als Adressat aufgrund einer gemeinsamen Kommunikationsgeschichte in die Wirkungsabsicht einbezogen werden.

1.9 Typen von Stilfunktionen 2: Typen von Stilwirkungen

Hier geht es nicht um ganz besondere, individuelle Wirkungen von Stil. Diese haben ihr Recht (vgl. zum Grundsätzlichen Nowak 1983). Mir geht es im Folgenden um die in der Kommunikationsgemeinschaft intersubjektiv bekannten und deshalb antizipierbaren Arten von Stilwirkungen: um Stilwirkungen, die „typisch" sind, die in dieser Art immer wieder eintreten, über die auch kommuniziert wird. Typen von Stilwirkungen werden also methodisch parallel zu der Analyse von Typen stilistischen Sinns analysiert. Das Ziel, das ich dabei verfolge, ist dies: Ich gehe davon aus, dass die in einer Gemeinschaft sozial, intersubjektiv relevanten Arten von Stilwirkungen sich auch sprachlich in Ausdrücken für diese Wirkungen niederschlagen; sofern solche Wirkungen erkennbar sind, dürften sie auch mitteilbar sein. Dabei sehe ich hier ab von möglichen Koppelungen stilistischer

1.9 Typen von Stilfunktionen 2: Typen von Stilwirkungen

Phänomene mit Stilwirkungen; z.B. wirken Passiv und Nominalisierungen zusammen oft ‚unpersönlich'. Vielmehr geht es im Folgenden um diese Fragen:
1. Wie kann man methodisch unterschiedliche Typen von Stilwirkungen erfassen?
2. Kann man derart erfasste Stilwirkungen systematisieren? Gibt es sinnvolle Zusammenhänge (auch aus der Perspektive der Beteiligten)?
3. Wie werden Wirkungsausdrücke verwendet?

Im Folgenden wird also der Versuch gemacht, typische, stereotype Zuschreibungen von Stilwirkung zu systematisieren. Methodisch wird dabei zunächst wie in Kap. 1.5 vorgegangen: Sprachliche Ausdrücke werden analysiert, mit denen konventionell einem Stil eine Wirkung zugeschrieben wird. Beispiele wie *sonderbarer Stil, Überraschungseffekt, umständlicher Stil, aggressiver Stil* usw. werden gesammelt und gruppiert. Die Propositionen können jedoch sehr variabel ausgedrückt werden. Beispiele sind zu finden in einsprachigen Wörterbüchern, bei der Beachtung des eigenen Sprachgebrauchs und schließlich in Stilistiken (vgl. Kap. 1.5).

Eine zweite Methode: Die Beschäftigung mit Stilwirkung führt dazu, dem Phänomen auch in solcher linguistischer Literatur Beachtung zu schenken, die sich mit dem Stil eines Autors oder mit Stilelementen wie Ironie befasst. Es ist erstaunlich, wie oft Linguisten der verschiedensten Couleur – aufgrund ihrer eigenen Stilkompetenz, nicht aus linguistischen Erwägungen – von Stilwirkungen reden. Ich habe solche Zuschreibungen nach dem Zufallsprinzip gesammelt. Diese Zuschreibungen einer Stilwirkung sind insofern ein wichtiges Material, als im Kontext auch jeweils der Anlass dafür gegeben ist: der Text, der Textausschnitt oder das Stilelement (oft mit Kontext). Derartige Stellen aus linguistischen Arbeiten haben den Vorteil, dass ich überprüfen kann, ob diese Zuschreibung einer Wirkung über diesen Gegenstand für mich nachvollziehbar ist. Ein Beispiel aus Rück (1982, 44): Es geht um „das Phänomen der leeren Verweisung", d.h. der pronominalen Referenz auf referentiell nicht identifizierte Gegenstände: „Mit Hilfe vielfältiger Perspektivierungen wird Konsistenz nicht wie im herkömmlichen Roman gefestigt und ausdifferenziert, sondern demontiert". Dies hat eine „den Leser irritierende Wirkung". Ein Zusammenhang wird hergestellt zwischen einer Äußerungseigenschaft („pronominale Referenz"), dem Ergebnis („Referenz auf nicht referentiell identifizierte Gegenstände") und der Folge (= Wirkung: „irritierende Wirkung").

Das Material, das ich im Folgenden bearbeite, ist mit Hilfe dieser beiden Methoden gesammelt worden. Die dahinter stehenden Fragen sind: Wie reden die Beteiligten über Stilwirkungen, und wie reden Linguisten (als Beteiligte) über Stilwirkungen?

Zunächst ist es wichtig, die Rückwirkungen des Äußerungsresultats (der Äußerung, des Textes) auf Sprecher/Schreiber zu unterscheiden von den Wirkungen auf Rezipienten. Unter Rückwirkung auf den Sprecher/Schreiber verstehe ich folgende Fälle: Er ist *zufrieden* oder *weniger* oder *nicht zufrieden* mit dem Äußerungsresultat, es ist in Relation zu seinen Handlungs-Absichten *gut* oder *weniger gut*, er sucht nach einer neuen oder einer ergänzenden Formulierung usw. Hierher gehören auch die Rückwirkungen eines Teilresultats im Äußerungsprozess, die im spontanen Sprechen zu Selbstkorrekturen führen. Antos (1984) nutzt solche Rückwirkungen beim interaktiven Textherstellen in einer Gruppe methodisch für die Stilanalyse. Rückwirkungen verstehen wir alltäglich nicht unter Stilwirkung. Vielmehr stehen bei dieser die Rezipienten allein im Mittelpunkt.

1.9.1 Verallgemeinerte Stilwirkungen

Die generellste Zuschreibung einer Stilwirkung ist die, von einem Stil oder einem Stilausschnitt zu sagen, er sei *wirkungsvoll* oder *wirksam*. Damit ist nicht gesagt, in welcher Hinsicht wirksam. Gemeint ist bei *wirksam* so etwas wie: ‚das Thema und/oder die Handlung, vielleicht auch eine Einstellung, in der Situation (gut) zur Geltung bringend'. *Wirkungsvoll* gibt dem gegenüber eine deutliche positive Bewertung hinzu: ‚Handlung und Thema gut (bis sehr gut) zur Geltung bringend'. *Wirksam* ist die neutralere Prädikation. Weil die Ausdrücke sich nicht auf speziellere Aspekte der Stilwirkung beziehen, nenne ich sie „verallgemeinerte Stilwirkungen". Der neutralste Ausdruck im Bereich der Stilwirkung ist *angemessen*: D.h. die Stilwirkung entspricht dem, wie Sprecher/Schreiber in der Situation, bei einem Handlungsziel oder/und einem Thema dieser Art stilistisch vorgehen können und/oder sollten und was Rezipienten aufgrund ihres sozialen Wissens erwarten und/oder akzeptieren können. *Angemessen* und *unangemessen* sind die allgemeinen Ausdrücke dafür, wie ein konkreter Stil in Relation zum intersubjektiv Erwartbaren angesichts der Kommunikationsaufgabe zu bewerten ist. Es wird nicht mitgeteilt, in welcher Hinsicht der Stil angemessen ist.

Im Bereich der verallgemeinerten Stilwirkungen haben wir es mit zwei Skalen zu tun:
1. Die Skala *unangemessen, wenig(er) angemessen, angemessen, sehr/ durchaus/überaus/... angemessen* für die Relation konkreter Stil/intersubjektiv Erwartbares.
2. Die Skala *unwirksam, wenig(er) wirksam, wirksam* (mit etwas positiver Wertung) bis hin zum positiv bewerteten *wirkungsvoll*.

Mit dem Einordnen auf einer dieser Skalen wird auf den konkreten Stil einer kommunikativen Handlung Bezug genommen und seine Wirkung in Relation

1.9 Typen von Stilfunktionen 2: Typen von Stilwirkungen 37

zum konkreten Handlungsziel mit seinen konkreten Handlungsumständen eingestuft. Wie bereits die Darstellung der Skalen zeigt, können sie mit Hilfe von Gradpartikeln weiter differenziert und auf die konkreten Bedürfnisse zugeschnitten werden: *besonders wirkungsvoll, außerordentlich wirksam, gänzlich unwirksam* usw. Vgl. auch Kap. 1.9.5b.

Hier wird bereits deutlich, dass Stilwirkung und Stilbewertung kaum zu trennen sind; beschreibende Wirkungsausdrücke sind oft wertend verwendet (vgl. Keller 1977). Auch in der Skaliertheit der Wirkungsausdrücke schlägt sich diese Verwandtschaft nieder (vgl. Stürmer/Oberhauser/Herbig/Sandig 1997). Auch die Skala *angemessen* usw. kann nicht nur beschreibend verwendet werden, sondern je nach Bewertungsmaßstab, z.B. einer sozialen Gruppe, kann sie bewertend verwendet werden und sogar mit verschiedenen gruppenspezifischen Wertungen.

Die verallgemeinerten Wirkungsausdrücke der ersten Skala setzen den konkreten Stil in Relation zu den Grundfunktionen stilistischen Sinns; die Ausdrücke der zweiten Skala sind bezogen auf die generelle Funktion von Stilwirkung (s.u.).

1.9.2 Die spezielleren Stilwirkungstypen

Sprecher/Schreiber, Äußerungsfolge bzw. Text und Rezipient sind Bestandteile des umfassenden Handlungs-Rahmens, der in Kap. 1.5 skizziert wurde: Sie gehören nach dem Wissen der Beteiligten zusammen, wenn es um Stil geht. Beim Reden über Stil können aber Teilaspekte des ganzen Handlungszusammenhangs ausgeblendet werden (vgl. das Reden über stilistische Sinn-Typen, Kap. 1.5). Dabei werden, gleichsam perspektivisch, einzelne Aspekte in den Blick genommen. Der Wirkungsausdruck *erheiternd* ist beispielsweise folgendermaßen zu verwenden: *Das ist ein erheiternder Text; der Text wirkt außerordentlich erheiternd (auf mich)*. Hier ist die Relation Texteigenschaft/ Rezipient in den Blick gekommen. Bei *heiter* als Wirkungsausdruck ist dies anders: *Dieser Text ist heiter* (Texteigenschaft), *Dieser Text ist/wirkt heiter geschrieben* (Rezipient unterstellt dem Sprecher/Schreiber eine Einstellung) und *Dieser Text wirkt heiter (auf mich)* (Relation Texteigenschaft/Rezipient). Ein *auffallender* Stil benennt die Wirkungen von Texteigenschaften lediglich in Bezug auf den Rezipienten; der Stilaspekt *erregt die Aufmerksamkeit* (z.B. Käge 1980, 93) des Rezipienten; die Textstelle selbst (oder der Text) ist *auffällig* (Texteigenschaft).

Bezogen auf Rezipienten lassen sich Gruppen von Stilwirkungen unterscheiden:
a) Welche Intentionen unterstellen Rezipienten Sprechern/Schreibern? Diese Gruppe von Stilwirkungen fasse ich zusammen unter „sprecherbezogene Unterstellungen bei Rezipienten".

b) Welche Aspekte von Rezipienten spielen bei der Stilwirkung eine Rolle („Rezipientenaspekte")?
c) Welche weiteren Handlungsaspekte sind relevant?

Bei der Darstellung kommt es an auf relevante Aspekte, nicht auf Vollständigkeit der angeführten Ausdrücke (vgl. auch Antos 1982, 1ff.). Je nach der Semantik der Adjektive werden bei Verbindungen mit *Text, Stil* usw. verschiedene Teile des gesamten Wirkungsframes aktiviert.

1.9.2.1 Sprecherbezogene Unterstellungen bei Rezipienten

Bei „sprecherbezogenen Unterstellungen" geht es um Einstellungen, um Intentionen und Dispositionen, die Rezipienten aufgrund des Stils und seiner Funktion für die Handlung Sprechern/Schreibern unterstellen können: Aufgrund ihres sozialen Wissens können Rezipienten diese als bei Sprechern/Schreibern vorhanden (gewesen) vermuten. Ein Teil dieser Wirkungsausdrücke stimmt überein mit Antos' „Image-Dimension" der „formulierungskommentierenden Ausdrücke" (1982, 74 und 76).

a) Unterstellte Intentionen und Dispositionen: Unterstellbare Intentionen von Sprechern/Schreibern sind: *provozierend, scherzend, aggressiv, polemisch*... Sowohl für unterstellte Handlungsdispositionen wie für unterstellte Intentionen sind zu verwenden: *höflich, pfiffig, salopp, witzig, raffiniert*... Möglicher Kontext: *Der Sprecher/Schreiber ist/handelt x.*

Als unspezifische Ausdrücke sind für unterstellbare Intentionen und/oder Dispositionen zu finden: *individuell* mit positiver oder neutraler Wertung, *originell* mit positiver Wertung, *eigenwillig* mit neutraler bis leicht negativer Wertung (der Äußernde distanziert sich von dieser Art der Individualität). Mit diesen Wirkungsausdrücken werden Abweichungen vom per Konvention Erwartbaren konstatiert und als mögliche Intention unterstellt (vgl. die rhetorische Kategorie der „Verfremdung", Lausberg [10]1990, 39ff.).

b) Unterstellte Einstellungen von Sprechern/Schreibern: Der mögliche Kontext für die Unterstellung von Einstellungen, Gefühlen bei Sprechern/Schreibern lautet: *Der Schreiber war/ist x.* Der allgemeinste Wirkungsausdruck für Gefühlsunterstellung ist *emotional*, für die Unterstellung der Abwesenheit von Gefühl *unemotional*. Beide können beschreibend wie auch bewertend verwendet werden (je nach dem konkreten Zusammenhang). In diese Skala gehört m.E. auch *expressiv* als stärkerer Ausdruck für eine Gefühlswirkung, *gefühlvoll* für positiv bewertende Unterstellung.

Die unterstellte Abwesenheit von Gefühl wird ganz unspezifisch, neutral bis positiv wertend, ausgedrückt mit *sachlich*; die unterstellte Anwesenheit

1.9 Typen von Stilfunktionen 2: Typen von Stilwirkungen

von Gefühl wird negativ bewertet mit *unsachlich*. *Sachlich* und *emotional* bilden auch die Pole einer weiteren Skala, in der Gefühlsanwesenheit und -abwesenheit beide positiv bzw. neutral bewertet werden.

Ausdrücke für spezifischere Gefühlseinstellungen, die Schreibern unterstellt werden können, sind (vgl. Frey 1975, 45-47): *nüchtern, kühl, albern, sensibel, hochtrabend, träumerisch, melancholisch, heiter...* Offenbar sind hier viele Gefühlsausdrücke verwendbar.

Die Sprechern/Schreibern unterstellte Einstellung zu Handlung und Handlungsinhalt (Art der Themenbehandlung) findet ihren Ausdruck in folgenden Fällen: *Der Autor hat dies x (wirkend) dargestellt: kaschierend, verschleiernd* (Käge 1980, 121; Oomen 1983, 35f. über die Wirkung von Ironie), *persuasiv, distanziert, (un)persönlich* usw.

Mit einer Reihe von Wirkungs-Ausdrücken wird Sprechern/Schreibern unterstellt, die Beziehung zu Rezipienten in bestimmter Weise gestalten zu wollen: *höflich, förmlich, freundlich, unpersönlich, pastoral* und *professoral* („wie ein Pastor oder Professor')...

c) Die Relation Sprecherunterstellung/Texteigenschaft kann man am besten einordnen unter die Rubrik: „Stilwirkung als Ergebnis des Textherstellens durch Sprecher/Schreiber" (als Ergebnis eines Textherstellungs-Prozesses). Als möglichen Kontext kann man bei *gekonnt, gelungen* und *geglückt* finden: *Dieser Stil ist vom Sprecher/Schreiber x (wirkend) gemacht* bzw. *ge-x-t*. Als unspezifische positiv wertende Ausdrücke sind hier *gekonnt, gelungen* und *geglückt* zu finden: *Dieser Stil ist (dem Schreiber) gut gelungen; in einem (durchaus) gekonnten Stil*. Als spezifischere Wirkungsausdrücke finden wir hier: *gewählt* (vgl. Stil als Wahl (Sanders 1988) oder Ergebnis einer Wahl), *sorgfältig, gut/schlecht gemacht, umständlich, ungeschickt, nachlässig, raffiniert, kunstvoll, gekünstelt...*

Wie man sieht, spielen neben Einstellungen der Textproduzenten Handlungsaspekte eine Rolle: Dispositionen, Intentionen und das Durchführen der komplexen Handlung als Textherstellen. Alle diese Ausdrücke können auch verwendet werden in dem Kontext: *Dieser Text ist x geschrieben* (vgl. Kap. 1.9.2.3b). Die Frame-Zusammenhänge sind dabei deutlich.

1.9.2.2 Rezipientenaspekte

a) Hierher gehört analog zu sprecherbezogenen Unterstellungen bei Rezipienten die Bewirkung von Einstellungen, Gefühlen bei den Rezipienten. Als Kontext ist hier zu denken: *Dieser Text/dieses Thema wirkt x auf den Rezipienten*. Dies zeigt, wie schon a) und b) in Kap. 1.9.2.1, dass Rezipientenaspekte nicht isoliert betrachtet werden, sondern immer nur in Relation zu anderen Aspekten des Gesamten.

Bewirken von Einstellungen, Bewertungen, Gefühlen: Emotionale Wirkungen sind z.B. *nüchtern, kühl, albern, sensibel, brechreizerregend, bedrückend, träumerisch, melancholisch* (alle aus Frey 1975, 45ff.), *erheiternd*. Eine Auswahl der hier verwendbaren Gefühlsausdrücke, wie *nüchtern*, kann auch für Sprechern unterstellte Gefühle verwendet werden. Andere wie *bedrückend, brechreizerregend, erheiternd* wären auch für Sprechern/ Schreibern unterstellte Handlungsabsichten zu verwenden.

Hier hat sicher die Wirkungslehre der Rhetorik ihre Folgen in unserer Kultur: Das Movere, Gefühle bei Rezipienten auslösen, war eine der wesentlichen Wirkungsarten (Lausberg [10]1990, 35). Die Unterstellung von Gefühlen bei Sprechern/Schreibern allerdings, die dem Bewirken von Gefühlen korrespondiert, ist erst durch den Hintergrund einer interaktionsbezogenen Theorie herauszuarbeiten.

Zu der Gruppe der Bewirkungen von Einstellungen, Wertungen (Relation Text/Thema – Rezipient) gehören auch die ästhetischen Wirkungen. Mögliche Kontexte dieser Ausdrücke sind: *Der Leser findet diesen Text/dieses Thema x (wirkend) (gestaltet)*. Eine unspezifische Ausdrucksweise in diesem Zusammenhang ist: *Die Art der Abhandlung des Themas gefällt dem Leser (nicht)*. Als generelle Ausdrücke gehören hierher: *schön, unschön*, auch *glänzend*. Speziellere Ausdrücke sind: *kunstvoll, poetisch, lyrisch, klischeehaft, kitschig, lächerlich* (z.B. Frey 1975, 45-47), *billiger Effekt* (Blumenthal 1983, 72), *komischer Effekt* (Blumenthal 1983, 68), *manieriert, schwülstig* (Klappenbach/Steinitz 1976, 3590).

b) Rezeption des Textes durch Rezipienten: Eine ganze Reihe von Wirkungsausdrücken betreffen die Wirkung des Textes auf Rezipienten bei der Text-Rezeption. Als generelle Ausdrücke finden wir *lesbar, unlesbar, leicht/ schwer lesbar*. Hierher gehören auch speziellere Ausdrücke mit möglichen Kontexten wie *Der Text wirkt (bei der Rezeption) x auf Rezipienten/Dieser Text ist (für Rezipienten) x zu lesen: angenehm, vergnüglich, amüsant, unterhaltend, belustigend, spaßig, langweilig, interessant*. Vgl. zu einigen dieser Ausdrücke Lausberg ([10]1990, 35): delectare (delectatio).

c) Art der Aktivierung von Rezipienten: Eine Reihe von Wirkungsausdrücken betrifft die Art der Aktivierung von Rezipienten bei der Rezeption. Es gibt als unspezifische Ausdrücke *auffallend, nachdenklich machend* mit neutraler Wertung, *auffällig* (Braselmann 1981, 178f.) mit neutraler bis negativer Wertung, *eindrucksvoll, einprägsam* mit positiver Wertung. Sachlich haben diese Benennungen ihre Berechtigung darin, dass dieselben Texteigenschaften von verschiedenen Rezipienten bemerkt werden, ihre Bewertung aber oft sehr unterschiedlich ausfällt (z.B. Frey 1975, 45ff.). Als spezifische Ausdrücke im Kontext von *Diese Rede-/Schreibweise x-t/wirkt x auf den/beim Rezipienten* finden wir z.B. *aufmerksam machen* (vgl. Käge 1980, 93), *neugierig machen*,

Spannung erzeugen (beide Rück 1982, 42), *einschläfernd, ermüdend, Interesse weckend, anregend, spannend, fesselnd*. Zu dieser Gruppe gehören auch die Ausdrücke für Störungen von Rezipienten bei der Text-Rezeption durch dessen Qualitäten: *holprig, umständlich, irritierend, verunsichernd* (Rück 1982, 44f.), *desorientierend* (vgl. Fish 1975, 198 für die Wirkungen von Wortstellungen).

1.9.2.3 Handlungsaspekte

Über die bisher betrachteten Aspekte des sprachlichen Handelns (Sprecher/Text/Rezipient und deren Relationen) hinaus werden weitere Handlungsaspekte wichtig, nämlich Inhalte (Thema) sprachlichen Handelns, Eigenschaften der Äußerung(en) und der Situation.

a) Wirkungen der Themengestaltung: Unter Thema (Handlungsinhalt) sind diejenigen Ausschnitte von Sachverhaltskomplexen zu verstehen, die im Text zur Sprache kommen, z.B. in einer bestimmten Perspektive, Reihenfolge o.Ä. (vgl. genauer Kap. 5.4). Die Art der Gestaltung von Sachverhalten im Thema wird mit Wirkungsausdrücken belegt (vgl. teilweise Antos 1982, 75: „Dimension der Sachadäquanz"). *Das Thema ist x bearbeitet/dargestellt* ist der mögliche Kontext für *knapp, gerafft, sparsam, klar, konzis, umständlich, weitschweifig, vage, andeutend, suggestiv, übersichtlich, wohlgeordnet* (Fish 1975, 207), *anschaulich, plastisch, lebendig, trocken, farblos, pointiert, stichwortartig...* Als unspezifischen Ausdruck finden wir hier noch einmal: *angemessen*. Die Fülle dieser Wirkungsausdrücke spricht dafür, dass dies ein für die Beteiligten wichtiger Bereich ist.

b) Wirkungen von Texteigenschaften (Äußerungseigenschaften): Die Kontexte, die hier für Wirkungsausdrücke in Frage kommen, sind: *Dieser Text(teil) ist/wirkt x (geschrieben/gemacht)* bzw. *Diese Äußerung ist/wirkt x*. Der unspezifische Wirkungsausdruck ist hier: *Dieser Text/diese Äußerung wirkt/ist wirksam*. Spezifischere Ausdrücke sind: *poetisch, klar, einfach, knapp, sparsam/ökonomisch, kompliziert, schwerfällig* (Klappenbach/Steinitz 1976, 3590).

Alle diese Ausdrücke können auch in einem anderen Kontext verwendet werden, nämlich für den im Text abgehandelten Sachverhalt, das Thema: *Dieses Thema ist/wirkt x (dargestellt/abgehandelt)*. Der Stil des Textes/der Äußerung ist also aus der Perspektive der Beteiligten nicht allein relevant, wohl aber als der Stil des im Text abgehandelten Themas.

Die bisher aufgeführten Ausdrücke sind beschreibender Art; sie können aber auch bewertend verwendet werden. Die Gruppe der ästhetisch wertenden Ausdrücke gehört teilweise auch hierher, und zwar in Kontexten verwendet wie: *Dieser Text ist x*, im Sinne von ‚Dieser Text ist in seiner Gestaltung x' und *Dieses Thema ist/wirkt* (in der Darstellung) *x*. Hierher gehören Ausdrücke wie *lyrisch, kitschig, kunstvoll, abwechslungsreich* vs. *eintönig* (vgl. Lausberg [10]1990, 40f.: variatio). Als generelle Ausdrücke gehören hierher *gut, schlecht* für unspezifische Bewertungen der Darstellungsart, *schön, unschön* für unspezifische ästhetische Wertung. Ästhetisch wertende Kontexte können, wie schon gezeigt, auch Rezipienten mit in die Perspektive nehmen.

c) Die Erwartbarkeit der Handlungsdurchführung spielt eine Rolle bei *gewohnt/ungewohnt* als unspezifischen Ausdrücken. *Alltäglich, ungewöhnlich, seltsam, eigenartig, sonderbar* und die erstgenannten sind Beispiele für Antos' (1982, 77) „Standortorientierung". Alle diese Ausdrücke können beschreibend und bewertend verwendet werden. Auch *fremdartig, neuartig* gehören in diesen Bereich.

Eine ganze Reihe von Ausdrücken wurde in Kap. 1.5 als Ausdrücke für stilistischen Textsinn zusammengetragen. Z.B. *Amtsstil, Wissenschaftsstil, Predigtstil, Spiegelstil, Zeitungsstil* usw. In diesen Fällen wird die Art der Handlung (mit der thematischen Sachverhaltsgestaltung) konventionell mit bestimmten Texteigenschaften durchgeführt; die stilistischen Texteigenschaften bedeuten also die Handlung mit, sie konnotieren sie auch bei abweichender Stilverwendung. Deshalb werden diese Ausdrücke dann als Wirkungsausdrücke verwendet, wenn die Texteigenschaften in der Situation unerwartete Handlungen oder Handlungsaspekte mitbedeuten: *Dieser Brief klingt geradezu wissenschaftlich*, ein politisches Interview *im Plauderton*, ein politischer Kommentar *im Erzählstil* usw.

Rezipienten haben Erwartungen im Hinblick auf Texteigenschaften, die die Situation (eines Typs, Kap. 3) berücksichtigen oder erst definieren. Z.B. bedingt eine öffentliche Institution andere Stile als der private Kontakt, Schriftlichkeit andere Texteigenschaften als (spontanes) Sprechen, das Medium wird wichtig usw. Abweichungen von diesen Erwartbarkeiten (Konventionen) wirken stilistisch: z.B. wenn jemand *druckreif* spricht, und das auch im privaten Kontakt; ein privater Brief *im Spiegelstil*, d.h. im Stil eines bestimmten Mediums; eine *telegrammstilartige* Rede. Als unspezifische Ausdrücke finden wir hier (situations)*angemessen*, auch *ungewöhnlich, merkwürdig* usw.

Die erwartbare Art der Handlungsdurchführung (mit thematischer Sachverhaltsgestaltung) mit Blick auf die Rezipientengruppe wird vom Beobachterstandpunkt aus bewertet mit *kindgemäß, populär*. Auch dies hat ein Pendant im stilistischen Textsinn. Überall da, wo Erwartung im Spiel ist, werden stilrelevante Aspekte aus der Perspektive von Rezipienten gesehen: Sie wirken in Relation zu ihren Erwartungen, die auf Erfahrung, Konvention beruhen.

d) Der Zeitbezug (Historizität) von Art der Themenabhandlung und Handlungsdurchführung wird wichtig bei folgenden Wirkungsausdrücken: *Zeitge-*

mäß wird als unspezifischer Ausdruck verwendet: *Der Stil dieses Textes ist zeitgemäß*. *Altmodisch* und *modern* geben die Wirkung aus der Perspektive von Rezipienten an (vgl. auch Kap. 1.5). Unabhängig von der Perspektive der Rezipienten sind Wirkungsausdrücke wie *romantisch*, *barock*, die auch im Sinne von ‚relativ romantisch' usw. verwendet werden können.

1.9.3 Zusammenfassung und Folgerungen

a) Alle Aspekte sprachlichen Handelns haben bei der Benennung der Stilwirkungen Relevanz: Text/Äußerung, Situation und Handlung mit Handlungsinhalt (Thema), situationstypische Erwartungen, Dispositionen (Präferenzen) und Einstellungen spielen eine Rolle. Dazu kommt das Bewerten. Aber im Fall der Stilwirkung werden alle diese Komponenten aus der Sicht der Rezipienten, in Relation zu ihnen, wichtig. Dazu die folgende Übersicht:

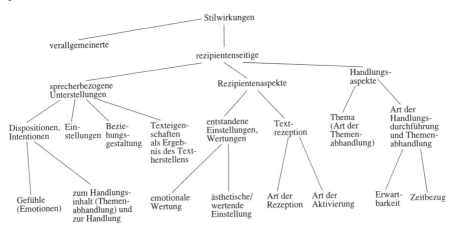

Abb. 1–3 Stilwirkungs-Typen

b) Die Tatsache, dass es neben den spezifischen Wirkungs-Ausdrücken jeweils unspezifische bzw. verallgemeinerte Ausdrücke gibt, spricht dafür, dass die vorgenommene Einteilung aus der Sicht der Beteiligten einige Relevanz besitzt.
– Es gibt „verallgemeinerte Wirkungsausdrücke", die die Perspektive von Sprecher/Schreiber und Rezipient einbeziehen; sie gelten den Funktionen von Stil im Handeln ganz allgemein („Grundfunktionen").
– Wichtig wird das stilistische Textherstellen (mit unterstellbaren Dispositionen, Intentionen... der Textersteller) und sein Ergebnis: der Text mit bestimmten Eigenschaften. Das Textherstellen ist hier aus der Perspektive der Rezipienten gesehen, nicht wie in der Arbeit von Antos (1982) als

Problemlöseprozess in der Sicht der Texthersteller. Durch Letzteres ergibt sich jedoch auch ein methodischer Zugang zum Textherstellen unter dem Gesichtspunkt des Stils. Vgl. Antos (1981): „formulierungskommentierende Ausdrücke als Hinweise auf Formulierungsmaximen."
- Das Rezipieren des Textes als Prozess, als Aktivität der Rezipienten wird wichtig (vgl. Kap. 1.8.2: Gross 1994 und Fish 1975).
- Pendant zu den ausgedrückten Einstellungen, Wertungen, Gefühlen auf der Sprecher/Schreiber-Seite ist das Bewirken von Einstellungen, Wertungen, Gefühlen beim Rezipienten. Als Pendant zum (stilistisch relevanten) Textherstellen ist auf der Rezipientenseite das (stilistische) Textrezipieren wichtig. Spillner (1979, 148) schreibt: „Stileffekte ergeben sich (...) erst in der Interaktion zwischen den im Text kodierten Folgen der durch den Autor getroffenen Auswahl und dem reagierenden Rezipienten." Deshalb ist es nötig, den Rezipientenstandpunkt möglichst auch methodisch zu rekonstruieren. Dabei ist es wichtig, über Riffaterre (1973) und Frey (1975) hinauszugehen; die fruchtbarsten Ansätze in dieser Richtung, die ich kenne, haben Fish (1975), Spillner (1979) und van Peer/Short (1989) gemacht. Vgl. auch neuerdings die „kognitive Stilistik" (Stockwell 2002).
- Eigenschaften verschiedener Art des Textes werden wichtig, wiederum bezogen auf Rezipienten; hierbei ist aber dann der Aspekt des Textrezipierens ausgeblendet.
- Die Art der Themenbehandlung (Handlungsinhalt) und der Handlungsdurchführung sind wichtig, beide auch bezogen auf die kommunikativen Erfahrungen (und infolgedessen: Erwartungen) der Rezipienten. Auch hierfür sind angemessene Beschreibungsmethoden zu entwickeln. Die beste Methode, die ich bisher kenne, ist die „Hintergrundbeschreibung" von Frier (1983; dazu Sandig 1983b): Das jeweils gewählte Textelement wird in Relation zum Erwartbaren, zur Konvention beschrieben, vgl. auch unten Kap. 6.

Schließlich fallen immer wieder die Wertungen auf; diese können je nach Horizont der Rezipienten (Bildung, Alter, Gruppenzugehörigkeit) verschieden ausfallen (vgl. Frey 1975, 45ff., Steinig 1976, 46-49). Wertungen sind also bestimmte (wertende) Perspektiven der Rezipienten auf die Komponenten kommunikativen Handelns. Hier sind auch ästhetische und normative Wertungen anzusiedeln. Wichtig ist auch hier, methodische Zugänge zu finden: z.B. die Arbeiten von Frey (1975), allerdings noch behavioristisch-quantitativ orientiert, und von Steinig (1976); van Peer (1983) arbeitet mit dem seinen Zielen angepassten Osgoodschen Differential.

Die Punkte Erwartung und Wertung zeigen: Handlungen (mit den Eigenschaften ihrer Durchführung) werden in der jeweiligen Handlungssituation eingeschätzt vor dem Hintergrund des sozialen Wissens und der Werte: Auf diese Weise wirken die Handlungen. Zu Ästhetik vgl. Fix (2001a).

c) Der Versuch, Stilwirkungen aus der Sicht der Beteiligten zu systematisieren, zeigte eine Fülle von Gesichtspunkten, die ihrerseits eingebettet sind in die umfassenderen Wissensrahmen ‚Stil' und kommunikatives ‚Handeln', dessen Teilaspekt Stil ist. Die Darstellung konnte aus der Vielfalt der Ausdrücke für Stilwirkungen nur einen Teil erfassen. Dies wirft ein Licht auf die Schwierigkeiten:
– Oft sind Wirkungen von Stil und Inhalt (Thema) nicht zu trennen, zumal dann, wenn der Stil das Inhaltliche unterstützt (vgl. Lausberg [10]1990, 40 im Hinblick auf Verfremdung: Unterschied zwischen „Stoff" und „Verarbeitung") oder wenn die Art der Themenabhandlung stilistisch relevant ist (Kap. 5.4).
– Sowohl die generellen Wirkungs-Ausdrücke wie auch die spezifischen beziehen sich auf eine Reihe von Wirkungsaspekten, die es in ihrem Handlungszusammenhang zu rekonstruieren gilt. Ohne diesen Zusammenhang verschwimmt der gesamte Bereich der Stilwirkung. Man darf davon ausgehen, dass dieser Zusammenhang den Beteiligten in ihrem sozialen Wissen, in ihrer kommunikativen Kompetenz, vorgegeben (wenn auch nicht als gewusst präsent) ist.
– Die Kategorie Wirkung in der Rhetorik (vgl. Dockhorn 1968, 126: movere, delectare, docere) bietet, bei aller Wichtigkeit, die ihr dort zukommt (ebda.), nur einen kleinen Ausschnitt aus dem, was die Beteiligten an Wirkungen kennen.
– Der Aspekt Wirkung hat in der Forschung der DDR (z.B. Schmidt 1971, Richter 1978, Lerchner 1981) einige Beachtung gefunden. Da die theoretischen Grundlagen dort anderer Art waren, soll dies hier nur erwähnt werden.
– Römer hat in einigen Arbeiten (1972, 1973) gezeigt, dass Wirkung (von Sprache) ein problematischer Gegenstand ist; sie ist auf die unterschiedliche Wirkung von Sprachmitteln eingegangen, auf die davon zu unterscheidende Wirkung von Ideen, und auf die verschiedenen Wirkungen bei Gruppenmitgliedern (Römer 1972); nach Römer (1973, 88) wirken die Inhalte, „die Attitüden zu den Dingen und nicht die sprachlichen Formulierungen". Hier wird demgegenüber unterschieden zwischen beiden Arten von Wirkungen.

1.9.4 Die generelle Funktion stilistischer Wirkungen

Die stilistischen „Grundfunktionen" wurden im Zusammenhang des stilistischen Sinns (Kap. 1.5) folgendermaßen dargestellt:

a) Bei typisierten Stilen wirkt deren konventionelle Verwendung ‚gewohnt', ‚vereindeutigend', ‚handlungsunterstützend', z.B. in ihrer institutionellen Geltung, ‚entlastend' bei vorgegebenen Durchführungsmöglichkeiten wie etwa von Todesanzeigen, Kleinanzeigen, Internet-Chats mit Herausbildung von neuen Stilen (Storrer 2001).

b) Durch die mit stilistischem Sinn individuell anreichernde Art der Handlungsdurchführung wird die konkrete Handlung, die auf ein Handlungsmuster bezogen ist, in variabler Weise auf die konkreten Handlungszusammenhänge bezogen.

Als Pendant dazu kann man eine generelle Funktion stilistischer Wirkung annehmen:

– Die Wirkung des Anreicherns mit konventionellem oder individuellem stilistischem Sinn ist es, die Handlung zu unterstützen, indem der Handlungscharakter (Illokution bzw. Textfunktion) und/oder der Handlungsinhalt (Proposition bzw. Thema) auf konventionelle oder abweichende Weise verstärkt wird. Dadurch soll das Erfolgreichsein der Handlung im Sinne der Sprecher/Schreiber gesteuert werden. Die Handlung wird möglichst wirksam vollzogen.

– Die Handlung wird nebenher angereichert mit Sinn und erhält Wirkungen, die entweder tatsächlich weniger relevant sind als die Handlung selbst (z.B. durch die Art der Berücksichtigung des Kanals), die als weniger relevant hingestellt werden (z.B. Ausdrücken wertender Einstellungen) oder die weniger deutlich mitgeteilt werden (wie soziale oder individuelle Identität; Art der Beziehung); es gibt Neben-Wirkungen.

Das stilistisch Mitgeteilte erlaubt also die generelle Wirkung einer Relevanzabstufung gegenüber der durchgeführten Handlung. Dies zeigt sich besonders an Stilblüten, wo im Kontext ganz unvermittelt das bisherige und eigentliche (unterstützende oder zusätzliche) Nebenbei die Handlung dominiert.

1.9.5 Wie werden Wirkungsausdrücke verwendet?

a) Frey (1975, 45ff.) beschreibt die Wirkung derselben Textausschnitte (literarischer Texte mit dem Thema „Wetter und Himmel"): „Die Kommentare pendeln zwischen ‚auffallend, nüchtern, kühl' und ‚bedrückend, monoton, albern' bei Text II; zwischen ‚schön, majestätisch, kunstvoll' und ‚abgedroschen, pompös, brechreizerregend' bei Text VIII; zwischen ‚sensibel, lyrisch, träumerisch' und ‚sentimental, Klischee, Kitsch' bei Text III." Frey stellt die größten Differenzen bei stark gefühlsbetonten Texten fest.

Aber auch bei nichtliterarischen Texten schwanken die Wirkungen erheblich. So habe ich in Sandig (1984a) ein Beispiel analysiert, das auf den einen Rezipienten ‚empörend', ‚peinlich', ‚ungehobelt'... wirkte, auf den anderen

1.9 Typen von Stilfunktionen 2: Typen von Stilwirkungen 47

‚aufmerksam machend', ‚nachdenklich machend'. – Ein anderes Beispiel: Die Arbeit über Metaphern von Keller-Bauer (1984) enthält eine Reihe stilistischer Auffälligkeiten, z.B. S. 3:

(8) *Zuerst nämlich wird angenommen, dass das Verständnis einer Metapher auf Faktenwissen beruht wie etwa, dass Löwen tapfer sind und dass Achill in dieser Eigenschaft Löwen gleicht. Aber wie Löwen sind, ist im Grunde wurscht – sie könnten auch feige sein. Und in der Tat, häufig trifft, was man unter einer Metapher versteht, gar nicht zu auf die wörtlich gemeinten Individuen. (Auch hier muss ich wieder auf später vertrösten.) Das Verständnis einer Metapher basiert auf Annahmen zu diesem Sprachgebrauch und nicht zu Tatsachen in der Welt..."*

Ich empfinde die Ausdrücke *wurscht, muss... vertrösten* als ‚vergnüglich', ‚ausgefallen', ‚pfiffig', aber sie ‚irritieren mich' auch, ‚lenken mich ab' vom Inhalt des Textes auf die Art der Sprachverwendung. Meine Mitarbeiterin meint, der Text sei so besser verständlich; das gilt für mich nicht.

Derselbe Text(ausschnitt) kann also auf verschiedene Rezipienten sehr verschieden wirken. Bei genauerem Hinsehen handelt es sich im Fall von Freys Beispielen um Rezipienten mit verschiedener literarischer Bildung; bei dem Ausschnitt von Keller-Bauer handelt es sich bei den beschriebenen Rezipienten um Zugehörigkeit zu verschiedenen „wissenschaftlichen Generationen".

b) Es gibt eine Reihe spezifischer Verwendungsverfahren, in denen die allgemein verfügbaren Wirkungsausdrücke für den konkreten Zweck differenziert werden: zum Zweck der differenzierten Erfassung der Wirkung eines bestimmten Textes oder Textausschnitts, Stilmittels.

Die systematisch abgrenzbaren Ausdrücke für Stilwirkungen werden in der Praxis nicht so scharf getrennt: So ist *unterhaltend* ‚neutraler' als *vergnüglich*; aber beide gehören zu einer Skala. Bei der Beschreibung von Stilwirkung gibt es nun die Möglichkeit, beide Ausdrücke zusammenzufassen: „Unterhaltung im Sinne intellektuellen Vergnügens" (von Polenz ²1988, Kap. 2.2.2). Durch diese Kombination von im System benachbarten Ausdrücken kann die spezifische Stilwirkung mit Hilfe der vorgefundenen allgemeinen Wirkungsausdrücke möglichst genau erfasst werden.

Ein verwendeter Wirkungs-Ausdruck kann mit Hilfe von Attributen differenziert werden: *intellektuelles Vergnügen, intellektuell vergnügliche Wirkung* oder bei verbaler Verwendung des Ausdrucks für ‚Wirkung' durch entsprechende adverbiale Differenzierungen. Auch hierdurch kann mit den intersubjektiv vorhandenen Mitteln die besondere Wirkung erfasst werden. Das zitierte Beispiel aus von Polenz (²1988) zeigt die Kombination mehrerer Differenzierungsverfahren, hier das Verfahren: Verwendung mehrerer Ausdrücke aus einer Skala und Attribuierung.

Eine weitere Möglichkeit der Erfassung konkreter Stilwirkung ist die Kombination von Ausdrücken, die verschiedene Aspekte in den Blick nehmen, vgl. unter a) das Beispiel aus Keller-Bauer (1984): *vergnüglich, ausgefallen, pfiffig* mit Rezipientenaspekten (*vergnüglich* und *irritierend*), sprecherbezogener Unterstellung (*pfiffig*) und Textaspekt (*ausgefallen*). So wird die Stilwirkung unter mehreren verschiedenen Aspekten und dadurch umfassend, den besonderen Fall berücksichtigend charakterisiert.

Die Beschreibung von Stilwirkung mit *pfiffig, nicht brav* zeigt eine weitere Möglichkeit der Differenzierung: Im Textkontext oder im Gesprächskontext kann ein Wirkungsausdruck weiter expliziert werden, indem etwas hinzugefügt wird.

Ein Wirkungsausdruck kann zu einer Skala entfaltet werden, indem er negiert wird: *angemessen/unangemessen*, und mit Hilfe von Intensitätspartikeln (Zifonun/Hoffmann/Strecker 1997, 56) und anderen Gradausdrücken entsteht eine differenzierte Skala: *einigermaßen angemessen, nicht ganz angemessen, in ganz besonderem Maße angemessen* usw. Die Wirkungsausdrücke stellen also mit ihren Verwendungsweisen ein differenziertes Instrumentarium dar, mit dem der konkrete Fall charakterisiert werden kann.

c) Neben den beschriebenen standardisierten, konventionellen Ausdrücken für Wirkungen gibt es andere ‚individuellere', differenziertere: Der bebilderte Artikel über die Biedenkopfs (Abb. 5.9–20) kann ‚Häme' oder ‚Schadenfreude' hervorrufen, man kann es aber auch als ‚traurig' oder ‚tragisch' empfinden, wenn ein äußerst verdienstvoller und lange hoch angesehener „Landesfürst", der langjährige Ministerpräsident von Sachsen, durch den Anschein der Raffgier in die Schlagzeilen gerät (weil er auf Prozente bei einem Kauf bestanden hat, wo dies nicht üblich ist) und vor allem, wenn dies die Presse veranlasst, die Mitteilung darüber stilistisch kreativ zu gestalten.

d) Wird ein Wirkungsausdruck für sich zugesprochen, ist es unmöglich, auf Texteigenschaften zu schließen, die in einer Situation einem Handlungszweck dienen sollen (vgl. Harras 1983 zur Beschreibung von Handlungen); ‚dieselbe' Wirkung kann unter verschiedenen Umständen mit sehr verschiedenartigen Texten erreicht werden. So hat mich nicht nur das Gedicht von Erich Fried, Beispiel (1), nachdenklich gemacht, sondern auch das folgende Beispiel (aus: Erziehung und Wissenschaft 6/2004, hinteres Deckblatt).

Den Hintergrund dieser Karikatur bildet die Bundespräsidentenwahl, die im Monat vorher stattgefunden hatte. Der Kandidatin Gesine Schwan, die sich sehr positiv präsentierte, wurde aus parteitaktischen Gründen der männliche Bewerber Horst Köhler vorgezogen. Beide Texte, der von Erich Fried und dieser so ganz andere, rufen bei mir auch ‚emotionale' Wirkung hervor, vgl. zu Fried auch Kap. 4, Beispiel (1).

Beim intersubjektiv nachvollziehbaren Reden über Wirkungen ist es deshalb wichtig zu wissen bzw. mitzuteilen, was unter welchen Umständen auf wen wie wirkt; das Wie allein genügt nicht. Es sei denn, man gehört einer

1.9 Typen von Stilfunktionen 2: Typen von Stilwirkungen

Abb. 1–4 Karikatur: Stilwirkung

Kommunikationsgemeinschaft an, in der die Maßstäbe fest begrenzt und wechselseitig bekannt sind.

e) In diesem Buch beschreibe ich Stilwirkungen mit Bezug auf ihre Ursachen z.B. mit *der stilistische Reiz, der stilistische Pfiff...*

1.10 Zum Zusammenhang von Typen der Stilwirkung und Typen stilistischen Sinns: Gewichtung der Funktionstypen

Kanal, Medium und Institution haben Einfluss auf den stilistischen Sinn; bei den Ausdrücken für Stilwirkung spielen sie kaum eine Rolle; generelle Ausdrücke wie *wirksam, angemessen, wirkungsvoll* stehen aber zur Verfügung, um sich im Kontext darauf zu beziehen: *dem x angemessen*; *wirksam/wirkungsvoll im Hinblick auf y* usw.

Das Verhältnis von Sprecher/Schreiber und Rezipient und ihre Beziehung spielt, wie die vielen entsprechenden Wirkungstypen erkennen lassen, eine gewichtigere Rolle bei der Stilwirkung als beim stilistischen Sinn. Dies scheint dafür zu sprechen, dass es sich hierbei um besonders wichtige Funktionsaspekte von Stil handelt (vgl. auch deren Wichtigkeit in soziolinguistischen Arbeiten und solchen zu sozialen Stilen, auch bei Franck 1980; Sandig 1984b, 290). Ebenso erhalten die Handlung und das Thema (Handlungsinhalt) einen besonderen Stellenwert durch die Wichtigkeit von stilistischem Sinn und Stilwirkung für diese. Aus der Rolle, die die Einstellungen sowohl beim stilistischen Sinn wie auch bei der Stilwirkung spielen, geht auch deren Wichtigkeit im Rahmen der Stilfunktionen hervor.

Anhand dieser Überschau lässt sich vermuten, dass einige Funktionstypen für die Sprachteilhaber selbst zentral, andere eher marginal sind. Zu den zentralen Funktionstypen gehören: die Art der Durchführung der Handlung und ihres Inhalts, die Gestaltung der Produzent/Rezipient-Beziehung (und damit auch Selbstdarstellung und Adressatenbezug) und das Ausdrücken von Einstellungen. Eher marginal sind die situationsbezogenen Funktionstypen Kanalbezogenheit, Textträgerbezogenheit, Mediumbezogenheit, Institutionsgemäßheit (soweit nicht schon durch die Beziehungsgestaltung, die Handlungsdurchführung und die Einstellungen abgedeckt).

Bei den Typen stilistischen Sinns spielen das Stilherstellen und Stilrezipieren keine Rolle, wohl aber unter dem Gesichtspunkt der Stilwirkung: Die Art der Handlungsdurchführung ist weniger im Hinblick auf das Ergebnis der Handlung (stilistischer Sinn) wichtig, als im Hinblick auf die Folgen (Stilwirkung).

Diese Befunde sprechen für die Richtigkeit der Annahme der Grundfunktionen von stilistischem Sinn und Stilwirkung: das konventionelle oder individuelle Zurechtmachen einer nach einem Handlungstyp (Handlungsmuster) vollzogenen kommunikativen Handlung für die besonderen Handlungsgegebenheiten (Situation, Handlungsbeteiligte und ihre Beziehung, spezielle Intention, Einstellungen...), um dadurch diese konkrete Handlung beim Adressaten möglichst erfolgreich, wirksam werden zu lassen. Es ist aber möglich – wegen der Vielfalt an mitzuteilendem Nebensinn – dass dies auch nur graduell gelingt.

1.11 Stilistische Funktionstypen, stilistische Gestalt(en) und der relationale Charakter von Stil

Intendierter stilistischer Sinn wird von den Produzenten im Text **angelegt** durch das GESTALTEN von Stil, durch das Herstellen bedeutsamer Stilgestalten. Vgl. zur Stilstruktur und ihrer Gestalthaftigkeit Kap. 2. Bei der Rezeption werden stilistische Gestalten wahrgenommen (ob als solche intendiert oder nicht), wofür stilistisches Wissen der Rezipienten Voraussetzung ist. Die Stilgestalt ist jedoch nur **eine** Grundlage für die Interpretation anhand von Funktionstypen: In welchen textinternen und textexternen Relationen (Kap. 3) sie angeboten wird, ist für die Interpretation entscheidend. D.h. der Stil ist nicht vom Textganzen zu trennen und erfüllt seine Funktion angesichts der Interpretation der gesamten kommunikativen Situation.

2. Die generelle Stilstruktur

„Texte kann man lesen. Ihren ‚Stil' kann man nicht lesen; man muss ihn wahrnehmen" (Abraham 1996, 284). Während bei anderen linguistischen Einheiten mit Zusammenhängen zwischen Ausdrucks- und Inhaltsseite zu rechnen ist, ist dies bei Stil nur bedingt der Fall: „Stil ist (...) keine statische, ein für alle Mal unveränderlich festgelegte Erscheinung an Texten" (Spillner 1984, 69). Der Grund dafür liegt teils in der Rezipientenabhängigkeit von Stilwahrnehmung (Kap. 1.8.2), teils in der Stilstruktur selbst:
– Sie ist verteilt über den Text oder eine Textpassage, Stil wird nebenbei mit ausgedrückt, die ‚Bedeutung' ist deshalb implizit (Sandig 1986, Kap. 1.6.2), allerdings gibt es öfter im Text eine explizite Stützung (Sandig 1986, 171), z.B. bei stilistischer Selbstdarstellung, die explizit gestützt wird durch *ich bin der Meinung / meiner Ansicht nach...*
– Im Text können Elemente als stilistisch sinnvoll interpretiert werden, die ganz offensichtlich nicht als solche intendiert waren: Es gibt Symptome, die unfreiwillig zum Ausdruck kommen (Keller 1977). Auch bei historischem Abstand können Textmerkmale stilistisch interpretiert werden (Sandig 1997a über einen Textausschnitt von Novalis) und dies gilt auch bei regionaler, sozialer... Distanz der Rezipierenden; d.h. hier kommen verschiedene (textexterne) Relationen der Rezipierenden zum Text ins Spiel (s. Kap. 3.2).
– Wie eine im Text wahrgenommene Stilstruktur interpretiert werden kann, liegt an einer Vielzahl textinterner Relationen, vgl. Kap. 3.1.
Dies führt dazu, dass je nach stilistischer Erfahrung und stilistischem Interesse verschiedene Rezipienten Unterschiedliches wahrnehmen.

In diesem Kapitel geht es um allgemeine stilstrukturelle Texteigenschaften: um das Herstellen von wahrnehmbaren Gestalten, denen interpretierend stilistischer Sinn zugesprochen werden kann. Zu Beginn ist zu betonen: Stilistische Qualitäten sind virtuelle Eigenschaften von Texten, die von Rezipierenden nur „rekonstruiert" werden können (Spillner 1984, 69; 1987, 279f.). „Am Text erkennbar sind lediglich die Folgen der einmal erfolgten Auswahl durch den Autor und die Voraussetzung für durch die Leseerwartung determinierte Reaktion des Lesers." (1984, 69) „Die Stilgestalt eines Textes (...) ist das Ergebnis einer ganzheitlichen und perspektivischen Wahrnehmung." (Abraham 1996, 321). D.h. die vielfältigen Relationen (Kap. 3.2), in denen sich Rezipierende befinden, können Einfluss haben auf die Art der Gestaltwahrnehmung bei der Rezeption. Deshalb legt eine bestimmte Struktur eine Interpretation nur nahe: Es gibt Stil nur in Beziehung zu einem interpretierenden Teilnehmer der Kultur" (Auer 1989, 29). „Stil ist als Stil-von-x-Interpretierung-von-y zu verstehen" (ebda.).

Unter diesem Vorbehalt sind die folgenden Darstellungen zu sehen. Unter diesen Vorbehalt ist auch die Charakterisierung von Kallmeyer (2001, 402) zu stellen, der Stil als „Hyperzeichen" versteht: „eine Figur aus unterschiedlichen Ausdrucksformen". Stil ist „Zeichen" (vgl. Fix 1992) in dem üblichen Sinne, dass erst im Kontext, hier: in Kontexten (textintern und textextern), sich ein bestimmter Sinn bei der Rezeption erschließen lässt.

Man kann z.B. mit Rehbein (1983) auch den Musterbegriff verwenden: Muster für den Gestalt-Typ bestehend aus formalen Eigenschaften und deren kommunikativer sozialer Bedeutung vs. Musterrealisierung für die konkrete Ausformung in der Situation mit ihrem konkreten Sinnangebot. Widdowson (1992, 45) spricht bei poetischen Texten von individuellem „coherent pattern" als Interpretationsangebot.

Insgesamt wäre es analog zum Musterbegriff günstig, zwischen Gestalt-Typ als Prototyp (vgl. Kap. 2.2) und konkreter Gestalt bzw. Gestaltung zu unterscheiden: Viele Gestalten – die „benutzten" typisierten Stile s.u. – erkennen wir, weil wir sie in Relation zum uns bekannten Gestalt-Typ wahrnehmen, andere – die „geschaffenen" individuellen Stile – erkennen wir nur im Text und seinen Kontexten.

Bei dem sprecherseitigen Konzept von Stil als Wahl ist mit Levinson (1988) und vielen anderen zu betonen: Auswahlen werden nicht aus dem Gesamten der Sprache und damit verbundener Zeichentypen getroffen, sondern innerhalb begrenzter Rahmen, vgl. auch Carter/Nash (1990, 10).

2.1 Merkmalsbündel

Michel (1988, 293) hat festgestellt: Es „dominiert die Frage nach dem, **was** Stil kommunikativ erzeugt, ohne klar linguistisch sagen zu können, **wie** dies geschieht, d.h. was eigentlich der (sprachliche) Informations**träger** ist." Auch Fix (1995) beklagt diese Situation. Dies gilt allerdings weitgehend für die Beschäftigung mit Schrifttexten, auch literarischen Texten (vgl. aber Spinner 2000, Eroms 2000). In der konversationsanalytisch geprägten Stilistik (vgl. Kotthoff 1989, Hinnenkamp/Selting Hrsg. 1989, Selting/Sandig Hrsg. 1997) hat sich eine Auffassung von genereller Stilstruktur weitgehend durchgesetzt, die die Grundlage für die folgenden Festlegungen darstellt:

(A) Stile sind strukturell gesehen – Ervin-Tripp (1972) folgend – Bündel kookkurrierender (miteinander vorkommender) Merkmale (Selting/Hinnenkamp 1989, Auer 1989, 29, Sandig/Selting 1997, 140).

Ich wähle hier diesen prägnanten Terminus gegenüber „Gesamtheit" von Mitteln (Riesel/Schendels 1975) und Sandig (1986, 130): „Ineinander".

2.1 Merkmalsbündel

Stilistische Merkmale von Schrift-Texten sind im Bereich der Lexik und Syntax zu finden, unter den klassischen Stilmitteln wie Metapher und Parallelismus, bei Lautqualitäten wie Alliteration, Reim oder Rhythmus, aber auch bei Wahlen von Sprechakttypen und Sprechaktsequenzen und ihren Formulierungen und bei der Nutzung von Textmerkmalen (Kap. 5), wie die Wahl der Themenentfaltung (Brinker ⁵2001: deskriptiv sachlich oder bewertend, narrativ, argumentativ...); dazu kommt die Grafie wie derzeit alte oder neue Rechtschreibung oder Formen der Abweichung von einer der Normen, ebenso die typografische Gestaltung des Textes mit Schrifttypen und optischer Gesamtgestalt (Absätze?, Bilder?, Farben?, Grafiken?, Zeichnungen?, grafischer Schmuck?), der Bezug zum Textmuster (Kap. 6) und der Rahmen der Präsentation des Textes. Vgl. Fix (1992, 2001). Wichtig ist dabei, dass alle derartigen Elemente zusammenwirken zu einer wahrnehmbaren sinnhaften Gesamtgestalt (Fix 1996). Kurz: Jedes sprachliche Mittel und Elemente anderer Zeichenschätze sind potenzielle Stilelemente (Fix/Poethe/Yos 2001, 51 und Fix 2001). Ein „Bündel kookkurrierender Merkmale" kann also nur über seine Funktion bestimmt werden: Nur wenn verschiedenartige Textelemente als eine bedeutsame, sinnhafte Gestalt interpretiert werden können, liegt eine Stilstruktur als Merkmalsbündel vor.

Bei Gesprächstexten sind Stilstrukturen z.B. gebildet aus Arten des Sprecherwechsels, der Wortwahl und der syntaktischen Eigenschaften (vgl. Schwitalla 1997), der Sprechaktwahlen und -sequenzen und ihrer Formulierungen, Arten der Themenbehandlung, schnellem oder langsamem Sprechen mit entsprechenden Folgen für die Artikulation (Ervin-Tripp 1972), weiteren prosodischen Strukturen (Selting 1995) und Stimmqualität (männlich/weiblich, jung, alt...); auch Mimik, Gestik, Blickverhalten und Proxemik spielen eine Rolle, weiter die Wahl bestimmter Formulierungsverfahren (Schwitalla 1997, Kap. 7) und gesprächsrhetorischer Verfahren (Kallmeyer Hrsg. 1996), aber auch die Wahl kommunikativer Gattungen oder Muster (Günthner 2000) wie Vorwerfen, Erzählen, Moralisieren. Auch hier ist die bedeutsame Gestalt das Kriterium für strukturelle Relevanz von Phänomenen. Vgl. auch Kotthoff (1991, 132).

(B) Bündel kookkurrierender Merkmale bestehen teils aus Merkmalen derselben Beschreibungsebene, in der Regel aber aus sehr verschiedenartigen Typen von Elementen (Sandig 1986, Kap. 1.6.1: „strukturelle Mehrstufigkeit"). Nach Ervin-Tripp: „horizontale" Relation (1972, 233) vs. „vertikale" Relation (1972, 235).

Selting (z.B. 1995) geht deshalb methodisch so vor, dass sie die Merkmale verschiedener Beschreibungsebenen zunächst jeweils für sich betrachtet, um sie danach zu einer ganzheitlichen Beschreibung zu integrieren. Vgl. auch Herbig (1992), bes. Kap. 5.4. Der Bezug der Struktur zur Gestalt ist auch insofern wichtig, als in Texten und Gesprächen mehrere solche Gestalten

Abb. 2–1a Werbung: zwei Stilgestalten

Abb. 2–1b Werbung: zwei Stilgestalten

einander abwechseln, aber auch auf verschiedene Weisen vermischt, überlagert werden können.

2.1.1 Beispiele für Stilgestalten und Methoden der Beschreibung

2.1.1.1 Zwei Textmusterstile in einem Text

Als Beispiele zwei „Horoskope" einer Werbe-Serie (aus: Saarbrücker Zeitung, 19./20.4.1997, L5 und 20.2.1997, L1). Wir können hier zwei Gestalten erkennen:

a) Horoskopstil (vgl. Bachmann-Stein 2004):
– Die Textfunktion wird – allerdings abweichend – explizit gemacht: HOROCHSKOP.
– Lexik: *die Sterne* (im Horoskop-Kontext), *Uranus Einfluß*; Name eines Tierkreiszeichens: *Fische*; temporale Adverbiale: *jetzt, ab Mitte März*;
– Präsens (im Kontext wirksam);
– Syntax: teilweise kurze Sätze;
– AdressatenANREDE mit *Sie* (im Kontext) und unbestimmte Referenz: *Packen Sie's...*
– Sprechakttypen: AUFFORDERN: *Packen Sie's an den Hörnern; Adieu Tristesse*; VORHERSAGEN: *Enorme Energien werden ab Mitte März mobilisiert. (...) erfüllen sich jetzt Ihre Träume*; RATEN: *Ihr Stil verlangt jetzt (...)*. Andere Sprechakttypen wie WARNEN fehlen, es gibt nur ‚Positives'.
– Spezifische Symbole für die Tierkreiszeichen, hier die Abbildung bestimmter Tiere.
– Thematische Ressourcen: Befindlichkeit, Chancen (finanziell, Liebe, Beruf...)...
– Textexterne Relation als Situationalität (s. Kap. 5.7): Zeitlicher Bezug des Erscheinungsdatums zur Geltungszeit der Vorhersage des jeweiligen Tierkreiszeichens.

b) Werbestil (vgl. Janich 1999):
– Es gibt mehrere Texte im gleichen Stil im Rahmen einer Werbekampagne (Weuthen 1988): Kontinuität der Nutzung einer visuellen Gesamtgestalt.
– Wortspiele: *Ochs* statt *Stier*: Die abweichende, als Appellativum mit *Stier* synonyme Form des Markennamens ist in dieser Mehrdeutigkeit zugleich ein Konnektor (vgl. Rehbein 1983 und hier Kap. 2.1.1.2) zwischen Elementen der beiden Stil-Gestalten; *glanzvoll* ebenfalls.
– Markenname in besonderer Schreibung als Logo; als visuelles Spiel (analog zum Wortspiel) ist das O ‚gehörnt' und ‚gekrönt' durch eine

(gold)gelbe Mondsichel; das Zeichen, das dadurch entsteht, entspricht dem Symbol mit gleicher Form, das auch für das Tierkreiszeichen *Stier* verwendet wird, auch dies zugleich ein Konnektor.
– Positive Wertungen, ebenfalls als Konnektor;
– Nutzung von Farbe: ‚gold'gelb;
– Nutzung von Bildern als Catch-Visuals, hier für Werbung ungewöhnliche Bilder;
– Typografie: ‚feine', ‚vornehme' Schrift, ‚feine' Unterlegung beim Namen des Tierkreiszeichens, auf Mitte angeordnet; ‚feine' Umrandung, einer Goldkette ähnlich;
– Teilhandlungen: ANBIETEN; Adresse ANGEBEN; AUFFORDERUNGshandlungen und RATEN (Konnektoren);
– Kundenansprache, auch diese als Konnektor.

Als Typen stilistischen Sinns und der Wirkung werden interpretierbar: Die Art der Handlungsdurchführung ist ‚originell': in einer spielerischen Interaktionsmodalität, die Wirkung ist ‚heiter, freundlich...'. Die Art der Sachverhaltsdarstellung ist zwar ungewöhnlich, wirkt aber durch die starke, auch visuelle Integration der Textmuster auch ‚passend', denn nahe gelegte Kaufereignisse wie Horoskop-Prognosen liegen in der Zukunft. Damit wird persuasiv (Stöckl 1997: Kap. 4.2) auf die Adressaten gezielt: eine besondere Form der Adressatenberücksichtigung und damit der Beziehungsgestaltung.

2.1.1.2 Unauffällige Mischungen von Merkmalsbündeln

Neben der auffälligen Mischung von Gestalten gibt es sehr viel unscheinbarere. Wie bereits Rehbein (1983) gezeigt hat, bestehen Stile oft nicht aus einem einzigen Merkmalsbündel, sondern aus einer Integration mehrerer. Rehbein spricht hier von *Mustern*. Dabei versteht er *Muster* als im Wissen der Beteiligten vorgegebene „zugrunde liegende" (1983, 23) Zusammenhänge („Musterwissen") mit besonderen „Mitteln ihrer Realisierung" (ebda.): „Die Realisierungsmittel haben einen systematischen Bezug auf das zugrunde liegende Muster" (1983, 24). D.h. an dem Gebrauch der Mittel in einer Situation kann man bei entsprechendem Wissen das zugrunde liegende Muster erkennen. Ein Muster besteht in dem Zusammenhang von Sachverhalts- und/oder Handlungswissen und den dafür in einer Gemeinschaft gewussten kommunikativen Mitteln. Merkmalsbündel sind Kombinationen von Muster-Elementen im Text, die anhand des Musterwissens interpretiert werden können. Merkmalsbündel können jedoch außerdem erst im Text hergestellt werden: vgl. das Beispiel (7) in Kap. 2.2.1.2, bei dem jede neue Zeile beginnt mit *Karl sagt* und *Kaltesophie sagt* bzw. *Ich sage*. Ich zeige diese Sicht zunächst an einem Teil eines der Beispiele von Rehbein (1983, 26) und erprobe sie dann an anderen Fällen:

2.1 Merkmalsbündel

(1) *Teufel und Beelzebub*

In dem Zweifrontenkrieg gegen Inflation und Arbeitslosigkeit erweist sich vor allem die früher als Wunderwaffe gepriesene Politik der Nachfrage-Stimulierung mehr und mehr als wirkungslos.

Die Rechnung, dass eine künstliche Erhöhung der staatlichen und privaten Kaufkraft die Nachfrage anregt, die Produktion ankurbelt und dadurch schließlich die Investitionen und die Zahl der Arbeitsplätze erhöht, geht immer seltener auf.

Statt dessen steigen nur die Preise.

Wer Arbeitslosigkeit mit Inflation bekämpfen will, treibt nicht einmal den Teufel mit Beelzebub aus, sondern muss sich schließlich mit beiden herumschlagen. (...)

Rehbein (1983, 28) zeigt, dass hier dreierlei gemischt ist: Sprachliche Elemente 1. der „politökonomischen Wissensdomäne" wie *Inflation, Kaufkraft, Nachfrage...*, also des thematischen Bereichs des Textes, 2. „Kriegsmetaphorik und die damit verbundene Domäne" (1983, 29) mit *Zweifrontenkrieg, Wunderwaffe, bekämpfen* usw. zum wertenden Aufbereiten des Themas innerhalb eines Zeitungskommentars und schließlich 3. die „Domäne formelhaften Alltagswissens" mit *Teufel und Beelzebub, vor allem, erweist sich als, mehr und mehr* usw., mit denen die Thematik für die Leser deutend verständlich aufbereitet, ihnen nahe gebracht wird. „D.h. es wird mit verschiedenen Repertoires gemeinsamen Vorwissens, das für diese Lesergruppe typisch ist, gearbeitet" (1983, 31).

Die Elemente dieser Muster müssen von Schreibenden nun jeweils miteinander verknüpft werden, Rehbein (1983, 30f.) spricht hier von „Konnektoren". In dem vorliegenden Text ist die Syntax der zentrale Konnektor: Bei *In dem Zweifrontenkrieg gegen Inflation und Arbeitslosigkeit* sind Elemente der ersten Domäne als Attribute in die zweite eingegliedert, bei *die früher als Wunderwaffe gepriesene Politik der Nachfragestimulierung* bildet die erste Domäne die tragende syntaktische Struktur mit *Politik* und die dritte mit *als x gepriesen*; von *Politik* hängt das Attribut *der Nachfragestimulierung* (Domäne 1) ab und von *gepriesen* das Element *als Wunderwaffe* aus Domäne 2. Die Valenz-tragende Konstruktion *erweist sich als* gehört zu Domäne 3 und ist angereichert mit weiteren Elementen daraus: *erweist sich vor allem (...) mehr und mehr als wirkungslos.* Der Komplex um *Politik* ist Subjektsergänzung (Komplement), der Komplex um *Zweifrontenkrieg* ist Angabe (Supplement).

Es gibt auch andere Arten von Konnektoren, vgl. dazu das Beispiel oben in Kap. 2.1.1.1 unter b), Sandig (1989; 1991), auch unten das Kap. 4.1.2.3 über Mustermischungen; *Mustermischungen* benutze ich als Oberbegriff für verschiedene Typen von Relationen wie „Musterkonflikt" (Rehbein 1983, 33ff.) oder in dem Beispiel Abb. 2–1a und 2–1b. Aber es gibt auch die unauffälligen

Mischungen wie Beispiel (1) zeigt, die Fälle von „verträglichen Stilen" (Rehbein 1983), genauer: Merkmalsbündeln, die den Stil bilden.

Eine andere Art der unauffälligen Integration von Merkmalsbündeln zeigt der folgende Ausschnitt aus einem Interview mit dem Untertitel: „Der Medienphilosoph Norbert Bolz über Werbung, Lüge und die Autonomie der Konsumenten" (Tageszeitung, 14.1.2000, 8), hier eine Antwort auf eine Interviewfrage:

> (2a) *Es ist die Fähigkeit des Menschen, sich wider besseres Wissen illusionieren zu können, ähnlich wie man Alkohol oder Drogen zu sich nimmt, um sich ein bisschen zu benebeln. Das ist eine Entlastungstechnik, die man ritualisiert, an die man sich gewöhnt hat.*

Die Redundanz bei *die Fähigkeit (...) zu können* gehört zum Umgangsstandard (vgl. Kap. 4.6.2), ebenso *sich ein bisschen zu benebeln. Wider besseres Wissen* gehört zum Bildungsjargon, ebenso die Katalepse (Zifonun/Hoffmann/Strecker 1997, 571) des finiten Verbs bei *ritualisiert (...) hat*. Fachliches finden wir schließlich bei *sich illusionieren, Entlastungstechnik* und *ritualisiert* in der hier verwendeten Bedeutung. Die übrigen nicht markierten Passagen sind neutraler Standard, vgl. auch Kap. 4.6.3. Die einzelnen Antworten zeigen dabei unterschiedliche Dichte des Gebrauchs von Elementen der einzelnen Muster, wir können auch sagen: typisierter Stile bzw. Stilebenen (Kap. 4). Die Antwort auf die sich anschließende Frage *Sind die Konsumenten dabei noch Herr der Lage?* lautet, hier nun ohne Fachliches:

> (2b) *Insofern, als dass die Leute nicht von der Werbung manipuliert werden. Werbung ist zu offensiv, sie ist eine leicht erkennbare Traumwelt. Kein Mensch in der westlichen Welt ist so naiv, das mit der Wirklichkeit zu verwechseln.*

Durch die Kombination wird hier Folgendes geleistet: Einerseits stellt sich der Interviewte als Akademiker selbst dar (Bildungsjargon), andererseits lockert er für die Adressaten des Interviews seine Rede auf, indem er die neutrale Hochsprache untermischt mit Umgangssprachlichem, außerdem wird dadurch auch die Spontaneität, die Unvorbereitetheit der Rede deutlich, oder zumindest sollen die Leser diesen Eindruck haben. Teils stellt er sich auch als Experte selbst dar. Dabei sind – wie die beiden Beispiele zeigen – die Mischungen unterschiedlich ‚dicht'. Folgende Typen stilistischen Sinns sind interpretierbar: Selbstdarstellung als ‚gebildet' und als Experte, allerdings zurückhaltend, Adressatenberücksichtigung durch fachlich moderate und relativ ‚spontane' Sachverhaltsdarstellung und damit und mit dem Umgangsstandard die Gestaltung einer relativen Nähe-Beziehung; die Beziehung Experte-Laien wird nicht als solche betont, sondern überspielt. Man könnte auch auf eine etwas distanzierte Haltung zur Fachlichkeit schließen.

2.1.1.3 Füllen von Lückentexten

Die Tendenz, stilistische Merkmalsbündel zu benutzen und dem Text so eine stilistische Sinn-Richtung zu geben, zeigt sich bei dem Auffüllen von Lückentexten durch Studierende. Die Methode habe ich von Spillner (1976) entlehnt, der sie mit Studierenden an einem Textausschnitt aus einem historischen Trivialroman erprobte; stilistisch besonders auffällige Elemente sind getilgt:

(3) **Das Millionium**

Immer noch ist die 1 Macke des Menschen sein Streben nach Glück 2 Reichtum, und immer noch ist seine 3 Fähigkeit die Zahlungsfähigkeit. Diese wird bedroht durch offene Rechnungen und 4 Inflation, die alles abwertet, was sich ihr in den Weg stellt. Ihr Geld und meine guten Worte – alles ist inflationär in Umlauf, und deshalb 5 wir nach noch mehr. Da bietet selbst ein ganzes neues Millennium zu wenig, deshalb soll es ab heute Millionium heißen.

»Wer heiratet den Millionär?«, fragt Sat.1, RTL antwortet: »Ich heirate einen Millionär«, und Günter Jauch stellt, 6 die Antwort immer nur »Endemol« 7 kann, die Gegenfrage: »Wer wird Millionär?« Wer aber von den beiden Beckers nun der bessere Scheidungsmillionär ist, bleibt weiter offen. Klar ist 8 nur, dass die ständig 9 , weil im Millionen- 10 heranwachsenden Becker- 11 keine Armen sein werden und bei *O sole mio* nie an 12 Gesang, sondern nur an die erste geschenkte 13 Million denken werden. Da geht's, nach Heine, »famillionär« zu.

Erstaunlich eigentlich, dass sich 14 Schroeder (SPD beziehungsweise RTL) da erst in seiner Neujahrsansprache 15 und 16 verkündete, er habe die Zahl der Arbeitslosen »um mehr als eine Million zurückdrängen können« – obwohl sie in seiner Amtszeit 17 um 300 000 sank. Aber wir wollen nicht 18 sein. Denn: Wer braucht schon Millionen? Ich nicht. Mir fehlen 19 zum Glück.

OLIVER MARIA SCHMITT

Die Ausfüllungen der Lücken weisen bei etlichen Studierenden Tendenzen auf. Eine ‚schlichte' Variante ist dies: 1 *einzige*, 2 *und*, 3 *einzige*, 4 *steigende*, 5 *streben*, 6 *da*, 7 *sein*, 8 *hier*, 9 *–*, 10 *Jahr*, 11 *Kinder*, 12 *den*, 13 *eigene*, 14 *hier* bei Weglassen von *sich*, 15 *hier*, 16 *dort*, 17 *nur*, 18 *so*, 19 *sie*. Demgegenüber sind die Ausfüllungen einer anderen Studentin ‚ausschmückend': 1 *größte*, 2 *und nach*, 3 *geringste*, 4 *steigende*, 5 *streben*, 6 *weswegen*, 7 *lauten*, 8 *bislang*, 9 *beneideten*, 10 *Regen*, 11 *Nachfahren*, 12 *schnöden*, 13 *Scheidungs-*, 14 *Kanzler*, 15 *äußerte*, 16 *laut*, 17 *lediglich*, 18 *undankbar*, 19 *die Worte*. Das Original lautete folgendermaßen, dabei war *Tennisarmen* zu *Armen* verkürzt worden (aus: Die Zeit, 18.1.2002, Beilage Leben, 1), vgl. Abb. 4.3–3:

(3a) **Das Millionium**
Immer noch ist die rührendste Macke des Menschen sein Streben nach Glück respektive Reichtum, und immer noch ist seine großartigste Fähigkeit die Zahlungsfähigkeit. Diese wird bedroht durch offene Rechnungen und die Geißel der Inflation, die alles abwertet, was sich ihr in den Weg stellt. Ihr Geld und meine guten Worte – alles ist

> *inflationär in Umlauf, und deshalb gieren wir nach noch mehr. Da bietet selbst ein ganzes neues Millennium zu wenig, deshalb soll es ab heute Millionium heißen.*
> *»Wer heiratet den Millionär?«, fragt Sat.1, RTL antwortet: »Ich heirate einen Millionär«, und Günter Jauch stellt, obgleich die Antwort immer nur »Endemol« lauten kann, die Gegenfrage: »Wer wird Millionär?« Wer aber von den beiden Beckers nun der bessere Scheidungsmillionär ist, bleibt weiter offen. Klar ist indes nur, dass die ständig bedrohten, weil im Millionenrausch heranwachsenden Becker-Blagen keine Tennisarmen sein werden und bei O sole mio nie an Sologesang, sondern nur an die erste geschenkte Solomillion denken werden. Da geht's, nach Heine, »famillionär« zu.*
> *Erstaunlich eigentlich, dass sich BK Schroeder (SPD beziehungsweise RTL) da erst in seiner Neujahrsansprache mitreißen ließ und also verkündete, er habe die Zahl der Arbeitslosen »um mehr als eine Million zurückdrängen können« – obwohl sie in seiner Amtszeit gerade mal um 300 000 sank. Aber wir wollen nicht kleinlich sein. Denn: Wer braucht schon Millionen? Ich nicht. Mir fehlen Milliarden zum Glück.*
> OLIVER MARIA SCHMITT

2.1.1.4 Ausgehen von einem Typ von Stilelement

Ein schönes Beispiel – exemplarisch für viele – liefert Pérennec (1995): Sie untersucht zunächst einen Typ von Merkmal bei Carl Sternheim, den vorangestellten Genitiv, und hier in einer Erzählung, in der er besonders häufig auftritt. Dabei vergleicht sie – als Methode der Hintergrundbeschreibung – die Vorkommen mit den Beschreibungen von Grammatiken und stellt diesbezüglich teilweise erhebliche formale Abweichungen fest. D.h. der Merkmalstyp weist neben grammatisch regulären Formen in sich eine erstaunliche Variation auf. Danach betrachtet sie diesen Merkmalstyp im Kontext anderer nominaler Merkmale, als Teil eines Merkmalsbündels also: Wegfall des definiten Artikels bei Attributen definiter Nominalgruppe, bei vorangestellten attributiven Infinitiv- und Präpositionalgruppen, bei Endstellung von Subjektgruppen. Dies alles führt zu ‚Straffung' (1995, 448), ‚Akzentuierung' (vgl. 1995, 449), zu einem „dynamischen Rhythmus" (1995, 447), wodurch „äußerst scharfe Konturen" (ebda.) entstehen: „die dem Expressionismus eigene Plastizität des Gegenstandes" (1995, 450).

Methodisch wird von einem durch Form und Häufung salienten (hervorstechenden) Merkmalstyp (74 Vorkommen in einer Erzählung) ausgegangen, dann danach gefragt, was dieser für sich genommen für einen Sinn anbieten kann und schließlich wird danach gefragt, ob es weitere Merkmale grammatischer Art gibt, die derselben Sinn-Tendenz entsprechen. Wir haben es also hier mit einem Merkmalsbündel im Bereich der Grammatik zu tun und man könnte weiter fragen, ob andere Typen von Merkmalen ebenfalls eine Rolle spielen, oder ob verschiedene Wortstellungsphänomene und Artikelellipse allein das Merkmalsbündel ausmachen.

2.1.2 Die interne Struktur von Merkmalsbündeln

(C) Stilmerkmale sind in der Regel nicht gleichwertig, sondern in ihrem Gewicht und ihrer Dichte abgestuft und insofern auch in ihrer Wahrnehmbarkeit.

Es gibt prototypische (dazu generell Kap. 5.1) Elemente, die als Schlüsselsignale einen Stil anzeigen, vgl. Krafft (1997): „Kernmerkmale", Kallmeyer (2001, 403): „Kern- und Leitphänomene", die auch durch Häufigkeit gekennzeichnet sein können; es gibt weniger prototypische, aber immer noch und vor allem in Verbindung mit anderen ähnlich gewichteten Merkmalen charakteristische Elemente; es gibt Elemente, die auch zu anderen Gestalten gehören können, und schließlich gibt es ‚neutrale' Elemente, vgl. auch Kap. 4.6: Stilebenen. (Der Mangel an Abstufung in Hinsicht auf das ‚Gewicht' von Elementen ist bei Jakobsons (1976) Analysen problematisch.) So zeigt in Erich Frieds Gedicht (Beispiel (1) in Kap. 1.7) die Art der Zeiligkeit prototypisch den ‚Gedichtstil' an, auch die Mehrdeutigkeit zeigt in deren Kontext den ‚Gedichtstil' prototypisch an, z.B. die von Konditional- und Wunschsatz bei *Wenn sie uns vorsterben wollten* und von dem zweiten Teil eines Konditionalgefüges und Exklamativsatz (*wie leicht wäre (dann) das Leben*). Die dargestellte Art der Beziehung von Zeiligkeit, Lexik und Syntax ist charakteristisch für ein ‚modernes' Gedicht; Herausstellung gehört auch zu anderen Gestalten; die Überschrift *Beim Nachdenken über Vorbilder* ist beim ersten Lesen eine stilistisch ‚neutrale' Formulierung, erst beim nochmaligen Lesen kann *Nach-* und *Vor-* in Beziehung gesetzt werden, muss aber nicht.

D.h. stilistische Merkmalsbündel haben meist eine prototypische Struktur mit zentralen und weniger zentralen Merkmalen bis hin zu Randmerkmalen und neutralen Elementen, und die Grenzen sind nicht scharf, vgl. Kap. 5.1. Insofern sind sie „dynamisch", d.h. offen für Wandlungen, vgl. Selting (1997, 29ff.; s. auch unten Kap. 2.2 (K)). Auch können sie bei gleicher Mustervorgabe in unterschiedlichen Dichte-Graden realisiert sein, vgl. Kallmeyer (2001, 403, 405) und die Beispiele (2a) und (2b) in Kap. 2.1.1.2.

Eroms (1986) gelangt zu einer funktionalen Differenzierung von Stilelementen, die die stilistische Struktur von Texten bilden: Im Bereich des Wortschatzes (und analog Syntax) unterscheidet er für die Verwendung in Texten:
– Wörter mit „auffälligen Effekten",
– „für bestimmte Texte (unter Textsortenbedingungen, ebda.) passende Wörter",
– „solche, die überall, in allen Texten vorkommen können: Diese lassen sich als neutrale bestimmen".

Damit ergibt sich bei ihm eine „Dreiteilung" in:
– Ausdrucksweisen, die auffällige **Stil*effekte*** hervorrufen,

- solche, die bestimmte **Stil*werte*** ergeben
- und solche, die sich durch **Stil*neutralität*** auszeichnen.

Eroms (1986, 14) führt dies weiter aus: „Stilistische Mittel, die Effekte bewirken, stehen auf der Folie von Stilmitteln, die eine (natürliche) Färbung aufweisen. Diese erzielen Stilwerte. Sie wiederum stehen auf dem Hintergrund der neutralen Mittel." So gelangt Eroms (ebda.) zu einer „Markiertheitsskala":

„Stilneutralität → Stilwerte → Stileffekte"

Abb. 2–2 Markiertheitsskala nach Eroms

M.E. kann die „Markiertheitsskala" noch weiter differenziert sein. – Hier wird bereits deutlich, dass eine Stilstruktur im Hinblick auf Funktionen ein ‚Gemisch' sein kann: In einer Struktur können unterschiedliche Funktionen übermittelt werden, z.B. ‚Texttyp' (Stilwerte) und ‚individuelle Ausgestaltung' (Stileffekte). Allerdings können – wie das Beispiel Abb. 2–1a und Abb. 2–1b zeigt – auch an sich neutrale Elemente im Kontext „Stilwert" erhalten, etwa *Sterne*, die Farbe gelb.

„Dabei ist Stilneutralität, wenn die (...) textuelle Bezugsebene im Auge behalten wird, paradoxerweise selber stilistisch bedingt" (Eroms ebda.). Auch Wahlen nur neutraler Ausdrücke sind demnach stilistisch, indem sie den Text ‚langweilig', ‚stilistisch monoton' machen (ebda). Vor dem Hintergrund neutraler Stilmittel sollen Stilistika „sparsam verwendet" werden, den Text nicht „überwuchern"; nur dann sei eine Balance zwischen Aufwand und Effekt gegeben (Eroms 1986, 11).

(D) Stilistische Struktur entsteht nicht **nur** durch isolierbare Stileigenschaften von Äußerungen und Texten, sondern durch die **Relationen** von Stilmerkmalen untereinander.

Das lässt sich am Beispiel des Liedes „Kein Schwein ruft mich an" von Max Raabe mit seinem „Palastorchester" verdeutlichen: Im Zusammenhang der musikalischen und artikulatorischen Stileigenschaften, die ‚20er Jahre' nahe legen, ‚passt' der Text *Kein Schwein ruft mich an, keine Sau interessiert sich für mich* nicht, es ist kein schwülstiges Liebeslied, und es ist sogar von *Anrufbeantworter* die Rede. Gerade dieser ‚modernisierende' Bruch mit den Erwartungen ‚20er Jahre' einerseits, und die Verknüpfung ‚moderner' Thematik und Umgangsstandard mit der ‚vornehm' wirkenden Präsentation andererseits, macht das ‚Pikante' an dieser Mischung aus – die dann bei den RezipientInnen je nach Geschmack positiv oder negativ bewertete Wirkung erzielen kann.

Neben diesen (textinternen) Relationen der tatsächlichen Stileigenschaften im Text untereinander kann auch gefragt werden, welche Wahlmöglichkeiten es im jeweiligen Kontext geben würde: Wie könnte es z.B. stattdessen ‚neutraler', ‚passender' heißen? Was wären konventionellere und damit erwartbare(re) Formulierungen? Was für Spielräume gibt es an Ort und Stelle und wie ist die tatsächliche stilistische Wahl vor dem Hintergrund der Wahlmöglichkeiten im Kontext einzuschätzen? So könnte der Liedausschnitt *Kein Schwein ruft mich an, keine Sau interessiert sich für mich* ‚neutral' formuliert heißen: *Keiner ruft mich an, niemand interessiert sich für mich*, oder ebenfalls ‚neutral' am Anfang, aber ‚steigernd' und ‚leicht umgangssprachlich': *Niemand ruft mich an, kein Mensch interessiert sich für mich*. Damit wäre allerdings ein erheblicher Teil des Stileffekts (s.o. Eroms 1986) verloren.

(E) Stil wird als Prozess hergestellt und rezipiert. Stilistische Strukturen werden im Text sukzessive aufgebaut und geben so für die Rezeption Hinweise auf eine mögliche Stilqualität; im Gespräch werden Stile in einem gemeinsamen Prozess interaktiv hergestellt und verändert (Selting 1997).

Im Text ist das „Bündel kookkurrierender Merkmale" sukzessive erzeugt, indem „fortführend" (Sandig 1978) stilistische Wahlen vorgenommen sind, die in ähnlicher Richtung für die Rezeption eine stilistische Qualität nahe legen, und zwar in der Regel auf mehreren der stilistisch relevanten Beschreibungsebenen (vgl. Kap. 2.1.1.1). So wird in einem Text eine stilistische Qualität nahe gelegt, indem die Äußerung *Kein Schwein ruft mich an* fortgeführt wird mit *keine Sau interessiert sich für mich*. *Kein Schwein* und *keine Sau* sind beide gleich gebildete Phraseologismen aus Substantiven, die teilweise synonym sind, beide gehören dem Umgangsstandard an und hier besonders der ‚emotionalen' Rede; sie sind rekurrent (Sandig 1978) verwendet, wobei das Letztere ‚intensiver' ist als das Erstere. In beiden Äußerungen nehmen die Ausdrücke die Spitzenstellung ein: FORTFÜHREN von Merkmalen, die in gleicher Richtung eine stilistische Qualität nahe legen, ist ein spezieller Typ der „Textherstellungshandlung" (Antos 1982). Die Fortführung ergibt hier im Beispiel zugleich einen Parallelismus (Dressler 1989), der ebenfalls prozessual erzeugt ist. Die durch diesen entstehende ästhetische Qualität des Textes steht in einem gewissen ‚Spannungsverhältnis' zum unterneutralen Umgangsstandard. D.h. die Relation beider Stilmerkmale ist eine besondere (vgl. Punkt D). Zum Prozessualen des Stils im Schrift-Text gehören auch Stilwechsel in der Sequenz des Textes, wie im Gedicht von Erich Fried von der Überschrift zum Gedichttext (Beisp. (1) in Kap. 1.7).

Für Gespräche ist der Prozesscharakter von Stil in besonderem Maße konstitutiv: Ein Stil muss gemeinsam hergestellt werden (z.b. Uhmann 1989, Selting 1997). Äußerungen werden generell in der Interaktion mit Blick auf die Rezipienten gestaltet (rezipientenspezifischer Zuschnitt) und mit jedem Folgezug interpretiert ein Sprecher die Vorgängeräußerung (Levinson 1983, Kap. 6.2) und nimmt so Einfluss auf das weitere stilistische Geschehen im Gespräch (Selting 1997).

Mit der Etablierung von Stilen und mit Stilwechseln bzw. Nuancierungen erhalten Schrifttexte und Gesprächstexte je spezifische stilistische Konturen.

(F) Eine Stilstruktur mit ihrem konventionellen Sinn (vgl. typisierte Stile) entfaltet diesen nicht immer in derselben Weise: Stile sind in der Verwendung **relational**, ihr Sinn wird in **Relation** (vgl. Kap. 3 und Sandig 2001) zu Erwartungen interpretiert.

Erwartungen sind konventionell gesteuert durch den kulturellen Rahmen, die historische Zeit, den Handlungsbereich/Situationstyp mit der individuellen (Rollen-)Konstellation von Sprecherschreibern und Rezipienten, durch deren etablierte Beziehung; bei der Rezeption sind relevant: bekannte individuelle Gepflogenheiten, die Kenntnis bezüglich des Handlungs- oder Aktivitätstyps, des Themas usw. In der Regel werden Stilstrukturen konventionell, d.h. relativ zu üblichen und erwartbaren Umständen, verwendet und ihr Sinn kann dem entsprechend rezipiert werden. Bei Abweichungen in der Verwendung bringt die Stilstruktur ihre konventionelle Qualität in die neuen Umstände ein, das Sinnangebot an die Rezipierenden beruht dann auf der Relation zwischen den Eigenschaften der Struktur und der Art der Umstände.

Ein Beispiel: In einem familiären Gespräch unter Verwandten oder Freunden kann ich KLAGEN, indem ich sage:

(4) *Kein Schwein ruft mich an, keine Sau interessiert sich für mich.*

Die phraseologischen Negationsformen sind in verschiedenen Graden ‚intensivierte' Formen und zeigen in dieser Doppelung eine starke Emotion an. Ich kann mich also mit diesen Äußerungen als ‚wütend', ‚enttäuscht' usw. SELBSTDARSTELLEN. Wenn jedoch ein Sänger wie Max Raabe dies singt mit einer Musik aus den 20er Jahren, die durch Instrumentierung, Rhythmus, Melodie und nach vorn im Mundraum verlegte Artikulation angezeigt wird, erhält diese ungewöhnliche Kombination etwas ‚Pikantes', das vielleicht nicht jeder goutiert; der Ausdruck *keine Sau* wird geradezu ‚säuselnd' gesungen, von einem im ‚konservativen' schwarzen Anzug, vielleicht sogar im Frack gekleideten Sänger, nicht von einem Popsänger präsentiert.

Dieser Aspekt der Relation von stilistischer Textstruktur, anderen Texteigenschaften und Verwendungskontext wird in der traditionellen Stilistik bewertend als *angemessen / nicht angemessen* thematisiert. Dabei wird jedoch in der Regel nicht thematisiert, dass *angemessen* ein relationaler Ausdruck ist (vgl. Sandig 1981): wem oder was angemessen?

Zusammenfassend kann festgestellt werden: Die Stilstruktur wird gebildet durch Bündel miteinander vorkommender (kookkurrierender) Merkmale, die auf verschiedenen Ebenen der Sprachstruktur und im Bereich parasprachlicher Phänomene bzw. anderer Zeichentypen wie Bild, Gestik oder Musik und Kleidung (vgl. Fix 2001) zu beschreiben sind. Die Merkmale, die eine Stilstruktur konstituieren, sind nicht alle gleichwertig, sondern unterschiedlich zentral bis peripher und unterschiedlich dicht vertreten, sie stehen in verschiedenartigen Relationen zueinander. Bestimmend für das, was als Stilelement zählt, ist die sinnhafte Gestalt (Kap. 2.2), die interpretierend hergestellt wird. Eine Stilstruktur wird in Schrifttexten produzierend und rezipierend schrittweise, als Prozess aufgebaut, in Gesprächs-Texten interaktiv unter den Beteiligten hergestellt, aufrechterhalten, verändert... Die Stilstruktur des Textes bzw. des Gesprächs(-Ausschnitts) legt eine bestimmte **stilistische Text-Qualität** nahe; aber erst im Zusammenhang der Umstände ihrer Verwendung (vgl. Selting/Hinnenkamp 1989, 5) wird den Rezipierenden ein **stilistischer Sinn** nahe gelegt. Dieser wird von den Rezipierenden (vgl. ebda.) **in Abhängigkeit** von deren Wissen, Dispositionen und Interessen als solcher rekonstruiert oder in gewisser Weise verändert. Stilelemente sind nicht objektiv gegeben (Spillner 1995), sondern virtuell und werden in der Rezeption interpretierend als solche gesehen oder auch nicht.

2.1.2.1 Beispiel

Als Folge der internen Gewichtung von Merkmalen, die untereinander relationiert sind (interagieren), und der unterschiedlichen Häufigkeit ihrer Realisierung ergibt sich für die Wahrnehmung von Stilgestalten Folgendes: Die Stilrezeption variiert sehr stark je nach stilistischer Kompetenz (Ausbildung, Generationszugehörigkeit...), wie van Peer (1983) empirisch nachgewiesen hat, damit auch die Stilwirkung. Frey (1980) und Rück (1984) haben ebenfalls mit empirischer Methodik die Wahrnehmung von Stilelementen bearbeitet. Bei beiden Autoren standen die Arbeiten allerdings in einem anderen Forschungskontext: Es ging um die Überprüfung und Verfeinerung der strukturalistisch-behavioristischen Methode von Riffaterre.

Das folgende Beispiel habe ich 26 Studierenden gegeben, mit der Bitte, Auffälliges beim Lesen zu unterstreichen (aus: Die Zeit, 13.9.1996, 1): Sabine Groel hat die Ergebnisse folgendermaßen zusammengefasst:

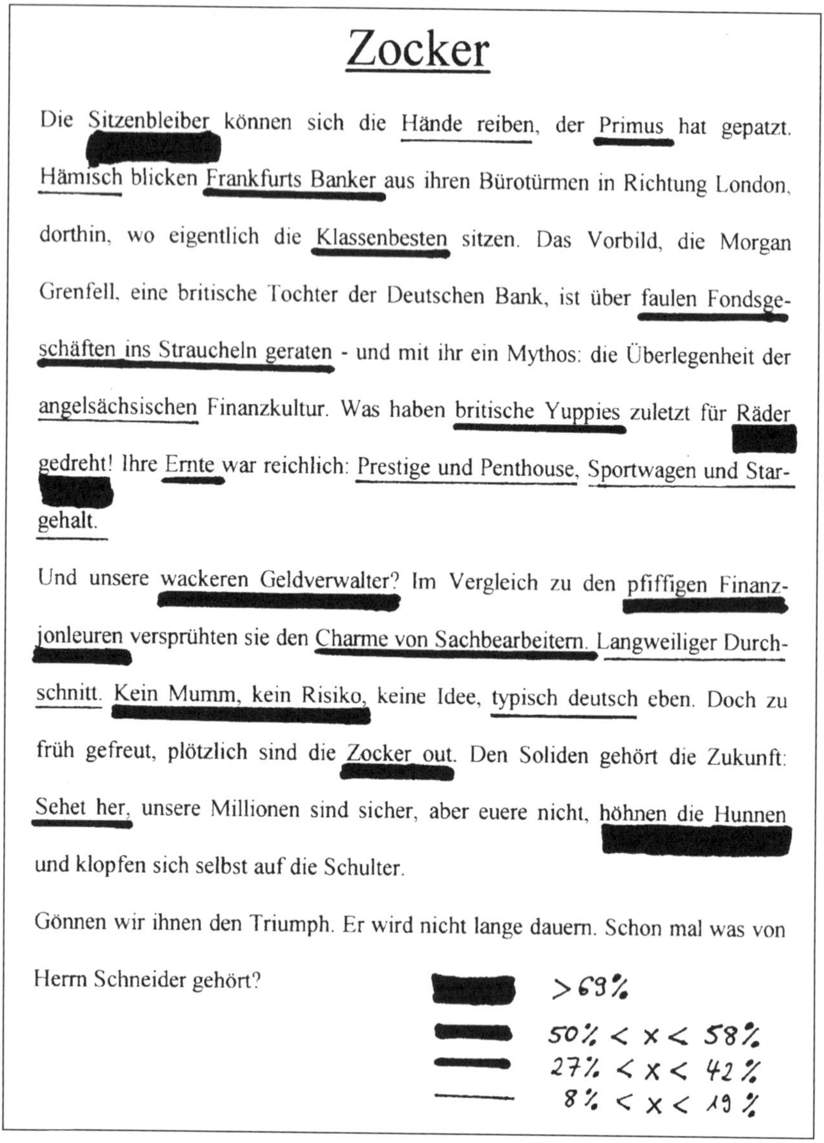

Zocker

Die Sitzenbleiber können sich die Hände reiben, der Primus hat gepatzt. Hämisch blicken Frankfurts Banker aus ihren Bürotürmen in Richtung London, dorthin, wo eigentlich die Klassenbesten sitzen. Das Vorbild, die Morgan Grenfell, eine britische Tochter der Deutschen Bank, ist über faulen Fondsgeschäften ins Straucheln geraten - und mit ihr ein Mythos: die Überlegenheit der angelsächsischen Finanzkultur. Was haben britische Yuppies zuletzt für Räder gedreht! Ihre Ernte war reichlich: Prestige und Penthouse, Sportwagen und Stargehalt. Und unsere wackeren Geldverwalter? Im Vergleich zu den pfiffigen Finanzjonleuren versprühten sie den Charme von Sachbearbeitern. Langweiliger Durchschnitt. Kein Mumm, kein Risiko, keine Idee, typisch deutsch eben. Doch zu früh gefreut, plötzlich sind die Zocker out. Den Soliden gehört die Zukunft: Sehet her, unsere Millionen sind sicher, aber euere nicht, höhnen die Hunnen und klopfen sich selbst auf die Schulter. Gönnen wir ihnen den Triumph. Er wird nicht lange dauern. Schon mal was von Herrn Schneider gehört?

▬ $> 63\%$
▬ $50\% < x < 58\%$
▬ $27\% < x < 42\%$
— $8\% < x < 19\%$

Abb. 2–3 Rezipientenabhängige Grade der Markiertheit im Text

Die Methode gibt nur Aufschluss über unterschiedliche Gewichte von Merkmalen im Durchschnitt der Befragten. Wie bereits Rück (1984) feststellte, werden die größeren Zusammenhänge, die textinternen Kontexte und ihre jeweilige Erstreckung zu wenig erfasst.

2.1.3 Globale Stilmerkmale

Die üblicherweise genannten und in Stilistiken wie Fleischer/Michel/Starke (1993) kategorisierten Stilmerkmale sind zu ergänzen um globale, textbezogene:
- allgemeine stilistische Verfahren und stilistische Handlungsmuster (s. Kap. 4);
- allgemeine textbezogene Verfahren und Muster, die im Rahmen von Textmerkmalen beschrieben werden können (s. Kap. 5);
- Textmuster sind Vorgaben für prototypische globale Textgestalten mit je spezifischer kommunikativer Funktion; sie sind Prototypen, die an die konkreten Zwecke angepasst werden können (Kap. 6). Dabei können Eigenschaften eines Textmusters auch in ein anderes integriert werden, vgl. Kap. 2.1.1.1, Fix (1993) und unten Kap. 4.1.2.3: Mustermischungen.

2.2 ,Bedeutsame' Stilstruktur: stilistische Gestalten

Die Beschreibungen der Beispiele von Kapitel 2.1.1 waren nur möglich, indem bestimmte Bedeutungspotenziale den Elementen von Merkmalsbündeln und insbesondere ihren Kombinationen zugeschrieben wurden.

Bei Kallmeyer (1994, 11) heißt es: „... die linguistische Beschreibung mit ihrem Bestreben, den Gegenstand zu dekomponieren und Einzelaspekte zu systematisieren, läuft immer Gefahr, den ursprünglichen Gegenstand aufzulösen". Dem wird durch eine Auffassung von Stil entgegengewirkt, die den Gestaltbegriff einbezieht (bes. die Arbeiten von M. Selting und U. Fix). Spinner (2000, 232) schreibt: „Mit dem Gestaltbegriff rückt der wahrnehmende Rezipient in den Blick. Er ist es, der die einzelnen Wahrnehmungsdaten zu etwas Ganzheitlichem zusammenfügt." Sein Wissen und seine Fähigkeiten sind entscheidend: Die Fähigkeit, Gestalten wahrzunehmen, beruht auf Erfahrung (vgl. Fitzek/Salber 1996, 2). „Ist nun die Gestalt im wahrgenommenen Objekt selbst gegeben oder wird sie erst vom wahrnehmenden Subjekt erzeugt?" (Spinner 2000, 232). Der Antwort auf die erste Frage galt Kapitel 2.1, die Antwort auf die zweite Frage folgt in diesem Kapitel.

Für die Sprachproduzentenseite spricht Püschel (1985, 11) von einem „Gestaltungsversuch"; dieser kann mehr oder weniger glücken oder als geglückter nicht erkannt werden; Auer (1989, 31) nimmt für Gespräche „stilistisches Gestalten" an, das gemeinsam ausgehandelt werden muss. Stilistische Gestalt (in Kontexten) ist das Ergebnis.

Es muss betont werden, dass der Gestaltbegriff von Stil nicht nur im Zusammenhang mit Literarischem oder Ästhetischem relevant ist (vgl. Fix 1996, 1996b). Er ist generell für die Beschreibung von Stil wichtig, vgl.

Selting (1995, 1997). Fix (1995, 394) schreibt: „Stil ist an Gestalt sichtbar gemachter, also erkennbar sozialer und/oder ästhetischer Sinn." Da das Ästhetische mit unterschiedlichen sozialen und individuellen Wertsetzungen variiert, subsumiere ich es unter dem „sozialen" Sinn. Und *Gestalt* ist immer zu verstehen als Gestalt-in-Kontexten, als Gestalt-in-Relationen (vgl. dazu Kap. 3 und 4.2.2.4 zu Figur/Grund), also nicht nur als das Ergebnis sprachlichen und weitergehend kommunikativen GESTALTENs.

Aus Kapitel 2.1 geht bereits hervor:

(A) Eine Gestalt ist immer eine sinnhafte Gestalt. Sie besteht aus einer Wahrnehmungsgrundlage und einer interpretierbaren Ganzheit.

Feilke (1996, 48-51) betont die „ausdrucksseitige Gestalthaftigkeit"; vgl. auch Püschel (1987), der ausdrucksseitiges GESTALTEN vorrangig betrachtet. Nach Feilke (ebda.) macht die „geordnete Oberfläche" Gestalten „identifizierbar, das heißt vor allem

– über Gruppierungen gleichzeitig präsenter Elemente (zum Beispiel Proxemik **und** Gestik **und** Mimik **und** Ton **und** Position) (vgl. Kap. 2.1: Merkmalsbündel, B.S.) und
– über die relative Position von Elementen in Sequenzen (zum Beispiel phonotaktische, kollokationelle, syntaktische, textuelle, dialogische)", in textinternen Kontexten also.

Die ausdrucksseitige Gestalt wird bei Feilke (1996, 51) „als gestalthaftes ‚pars‘, als Teil also, verstanden, „das stets selbstreferentiell auf das ‚totum‘ (das Ganze, B.S.) seines konventionellen Verwendungszusammenhanges mitverweist." Bei Feilke geht es um typisierte Formen. Die stilistische Ausdrucksgestalt macht so als „Teil" der Gesamtgestalt die stilistische Qualität interpretierbar. Püschel (1987, 145) geht auch auf individuelle Gestaltungen ein: Man will bezüglich der kommunikativen Handlungen und der Adressaten etwas „bewirken", z.B. durch „ORIGINELL oder AUFFÄLLIG usw. MACHEN", d.h. durch ein Angebot von stilistischem Sinn.

Bei Püschel (1987) und Fix (1996) ist ein Changieren zu beobachten zwischen: a) ausdrucks- und inhaltsseitiger Gestalt als Gestaltganzes und b) ausdrucksseitiger Gestalt allein: gestalthafter Teil. Demgegenüber werden bei Püschel (1995, 307) beide Gestaltteile deutlich zusammen gesehen; er spricht von „Gestaltungsmustern" (1995, 315). Auch Fix (1996b) verknüpft den Gestaltbegriff mit dem Musterbegriff für sprachliches Handeln.

(B) Eine Gestalt ist ein gegliedertes Ganzes, ein zusammengesetztes Ganzes (Kainz 1954, 115). Gestalten sind ganzheitliche Präsentationen, die das Gesamte des Textes in seinem Verwendungskontext (textextern) umfassen bzw. die Teilaspekte des Textes

2.2 ,Bedeutsame' Stilstruktur: stilistische Gestalten

in textinternen Kontexten betreffen. D.h. Bündel von Merkmalen werden (zusammen mit neutralen Elementen) als gegliederte Gestalt wahrgenommen.

Antos (2001, 65) beschreibt die „Gestaltungsfunktion der Sprache" folgendermaßen: „die stilistische und rhetorische Gestaltung, die Architektonik der Rede und Schreibe" und die „sprecherische und visuelle Gestaltung der Sprachprodukte". Bei Antos wird Stil also sehr eng gefasst. Hier sind demgegenüber alle diese Aspekte mit unter Stil gefasst (vgl. Kap. 5) und zusätzlich die Art der Verwendung in Kontexten, d.h. z.B. auch, wie die Art der visuellen Gesamtpräsentation angesichts von Sehgewohnheiten in den betreffenden Handlungsbereichen einzuschätzen ist.

(C) Das Ganze ist ,etwas Anderes' als die Summe seiner Teile (Arnheim 1961, 91). „Eine Gestalt kann eine Eigenschaft besitzen, die keine seiner (sic!) Teile besitzt." (Lutzeier 1985, 124).

Dies ist besonders wichtig angesichts der Diskontinuität von Stil (Sandig 1986, Kap. 1.6.1), seiner Verteilung über den Text(ausschnitt) hinweg und zumal über verschiedene Beschreibungsebenen. FORTFÜHREN von Texteigenschaften verschiedener Art mit dem Ergebnis der Einheitlichkeit (vgl. Fix 1996b, 312, 315f.) ist deshalb erforderlich, vgl. Liebert (1992, 18): „Gesetz der guten Fortsetzung". Ein Stil ist gebildet aus kookkurrierenden Merkmalen, aus Merkmalen, die zusammen als Teile einer Gestalt interpretiert werden können.

Ein Gestaltteil, ein Merkmal kann völlig unabhängig davon sein. So hat *ich sage* (vgl. das Beispiel (7) in Kap. 2.2.1.2) für sich genommen keineswegs den Sinn, ,Monotonie' auszudrücken. Oder anders gesagt: „Erst in der Ganzheit erhalten die Teile ihren Sinn." (Kainz 1954, 119).

(D) „Lücken in der Gestalt werden in der Wahrnehmung geschlossen" (Liebert 1992, 18).

Dies ermöglicht erst die Diskontinuität von Stil. Schwitalla (1987, 135) schreibt: „Es genügen ein paar Anspielungen (an Sprechweisen anderer Lebenswelten, B.S.): Wörter, Wendungen, syntaktische Konstruktionen, die man wie Tupfer in die eigene Rede setzt". Beispiele für die Themengestaltung sind Frames, die mühelos anhand weniger Elemente aus dem Wissen ergänzt werden, wie in dem Beispiel (7) von Kap. 2.2.1.2, Z. 48: *Auf dem Marktplatz sind Karussells und Buden aufgeschlagen*, oder für ,Umgangsstandard' Z. 1/2 desselben Beispiels: *Den Zirkelkasten kannste behalten, ich wollte 'n Fußball*.

(E) Die „Elemente, die sich in räumlicher und/oder zeitlicher Nähe befinden, werden eher zur Bildung einer Gestalt herangezogen als Elemente, die räumlich oder zeitlich vergleichsweise weiter entfernt sind." (Liebert 1992, 18).

Dies ist besonders wichtig für Elemente verschiedener Zeichensysteme, die dann durch Layout oder durch spezielle Kohäsions- und Kohärenzmittel zusammengehalten werden müssen (vgl. Sandig 2000a, Kap. 2.3 und unten Kap. 5.6.6). Weiter auseinander liegende Textelemente werden nicht in allen Fällen zur Gestaltbildung herangezogen. Erst das Zusammen-Wahrnehmen kann daraus eine Gestalt machen.

(F) Ein charakteristisches Teil einer Gesamtgestalt kann diese repräsentieren (Feilke 1996, 50f.).

In Werbungen sehen wir öfter nur Augen abgebildet und schließen auf ‚Gesicht' und ‚Mensch' bzw. ‚Mann/Frau'. „Der Ausdruck funktioniert als gestalthaftes ‚pars', das stets selbstreferentiell auf das ‚totum' seines konventionellen Verwendungszusammenhangs mit verweist." (ebda.) *Keine Sau* etwa verweist auf ‚Unterneutrales' (Kap. 4.6.2).

(G) Gestaltteile können unterschiedliches Gewicht haben (Kainz 1954, 117).

Kainz (ebda.) zeigt anhand der Wahrnehmung von Sätzen Folgendes: „Es brauchen nur einzelne entscheidende und vielsagende Ausdrücke (...) gegeben zu sein und wir nehmen von der offenbar werdenden Gestaltfunktion der tragenden Teile das beabsichtigte Ganze vorweg und deuten von hier aus die strukturell und funktional minder wichtigen Teile." Für Stil relevant ist, dass oft Merkmalsbündel aus untereinander ungleichgewichtigen Merkmalen bestehen: Es gibt „Kernmerkmale" (Krafft 1997, Selting 1987) oder „Leitphänomene" (Kallmeyer 2001, 402f.) oder wie in Kap. 2.1: Schlüsselmerkmale. Vgl. auch in Kap. 4.6 die Beschreibung von Stilebenen als Abstufungen.

(H) Stilistische Gestalten können teilweise mit dem Prototypenkonzept beschrieben werden (vgl. zu der Verknüpfung beider Konzepte bei Lakoff: Liebert 1992, 26).

Typisierte Stile sind prototypische Gestalten. Ihre Merkmale tragen untereinander verschiedenes Gewicht (vgl. Kap. 4.5.1: zum Bibelstil: *Siehe* ist das Kernmerkmal, *aber* an 2. Stelle im Satz ist weniger zentral...). Merkmale sind „gradiert" durch unterschiedliche Verwendungs-Dichte (Enkvist 1995) bzw. -Häufigkeit. Merkmale, auch zentrale, müssen nicht verwendet werden, so gibt es in der Bibel viele Stellen ohne *Siehe*. Zu Gewichtung und Gradierung von Merkmalen s. allgemein Mangasser-Wahl (2000, 134f.). Man vergleiche die Gewichtung beim Märchenstil: Kernmerkmale sind *Es war einmal..., Und wenn sie nicht gestorben sind, dann leben sie heute noch / noch heute*. Wie Stolt (1985) festgestellt hat, werden diese Formeln nur in etwa einem Drittel der Fälle verwendet. Charakteristisch, aber nicht zentral, ist die Wiederaufnahmestruktur (s. Kap. 5.5.3: Rekurrenz): *...ein König, der hatte eine Toch-*

ter. Die... Speziell ist die Herausstellung, pronominale Wiederaufnahme mit dem Deiktikum *der*, schrittweise Progression vom Bekannten zum Neuen; Personen-Namen nur in Ausnahmefällen, sonst Rollenbezeichnungen; generell einfacher Satzbau... Randerscheinung sind einfache Prädikate. Neutrale Merkmale sind Artikelformen...

Als Folge davon sind stilistische Gestalten oft nicht klar konturiert und abgegrenzt. Spinner (2000, 232ff.) geht für Epochenstile davon aus, dass wir prototypische Gestalten konstruieren, in Relation zu denen die konkreten Werke rezipiert werden, die „immer nur mehr oder weniger einer solchen prototypischen Vorstellung" entsprechen.

(I) Die Wahrnehmung einer Gestalt geschieht auf einem Hintergrund: Gestalten bestehen aus dem Zusammenhang von „Figur" und „Grund".

„Figur" kann ein merkmalhaftes Stilelement in einer neutralen Umgebung als „Grund" sein, ein in einen Roman eingestreutes Gedicht, ein Stil einer Textpassage nach einem Stilwechsel, mehrere gemischte unterscheidbare Stile (vgl. Abb. 2–1a und 2–1b), schließlich ein ganzer Text als solcher und in seiner Umgebung. Vgl. die Aufstellung einer Fußballmannschaft auf der Sportseite einer Zeitung und Handkes (1969 in „Die Innenwelt der Außenwelt der Innenwelt") berühmte Verwendung eines solchen Textes in seinem Gedichtband. Figur und Grund können also lokal relevant werden, in weiteren Text-Passagen und bezüglich des Textganzen in seinem Kontext.

Langhoff (1980, 19) schreibt: Wahrnehmungsinhalte bilden die „Figur", „während alle anderen Teile den (Hinter-)Grund bilden. Welche Elemente nun jeweils die Figur bilden, ist u.a. abhängig von den Einstellungen, Interessen des Wahrnehmenden, (...) normalerweise wechseln die Einstellungskriterien fortlaufend. Alles, was nicht zur jeweiligen Figur zählt, bildet den Grund." Langhoff betont auch (1980, 20), „dass bei einer Beschreibung der Figur nicht von Grund abstrahiert werden darf – alle Teile des ganzen Feldes stehen in Beziehung und bilden erst in dieser Gesamtheit die Gestalt. Figur und Grund (...) stehen in einem Verhältnis funktionaler Interdependenz (...). Dies bedeutet, dass sich die Figur erst durch ihr Abheben von Grund konstituieren kann." Dies heißt für Stil:
– Merkmalhafte Stilelemente bilden nur mit anderen neutralen zusammen eine Stilgestalt.
– Bei Stilwechsel wird der bisherige Stil zu Grund, der neue Stil zu Figur und zwar auch dann, wenn einer der Stile für sich genommen merkmalhaft und der andere ‚neutral' ist. Beck (2001) hat sehr schön an Reden von Hitler, die auf Tonträgern vorhanden waren, gezeigt, wie dieser den Stil ständig wechselte: ‚beruhigte' Phasen wechseln ab mit ‚aufpeitschenden' Phasen.

Nach Langhoff (1980, 20) ist die Figur-Grund-Relation nicht notwendig ein Entweder-Oder: Es gibt vielmehr die Möglichkeit der graduellen Abstufung: „Je mehr die Figur im Bewusstsein hervortritt, desto mehr tritt der Grund zurück und umgekehrt". Darüber hinaus gibt es auch ein „Mehr-Oder-Weniger", ein „Sowohl-Als-Auch" (ebda.).

(K) Gestalten sind wandelbar: in den Richtungen Vereinheitlichung und Veränderung (Fitzek/Salber 1996, 140ff.).

Dies ist für die Stilistik ein wichtiger Punkt: Es gibt Typisierung und Individuierung als Prozesse (vgl. Assmann 1986). Vgl. auch van Peer (2001: Kap. 3) zu „Nachahmung" und „Neuerung".

(L) „Gestalten können Relationen zu anderen Gestalten eingehen" (Lutzeier 1985, 124).

Dies belegen die Beispiele (6) bis (8) in Kap. 2.2.1, ebenso Abb. 2–1a und 2–1b in Kap. 2.1.1.1 und Beispiele (1), (2a) und (2b) in Kap. 2.1.1.2.

(M) Gleiche ausdrucksseitige Gestaltphänomene erhalten in bestimmten Kontexten eine verschiedene Gestalt-Bedeutung.

Die Beispiele von Kap. 2.1.1.1, Werbung als Horoskope verkleidet, befinden sich nicht innerhalb der Horoskop-Rubrik, deshalb wird ihnen trotz der bevorzugten Wahrnehmung des Bildes ‚auf den ersten Blick' keine Horoskop-Bedeutung zugeordnet werden. Zur Relevanz verschiedenartiger Kontexte vgl. Kap. 3.

(N) Das „Prägnanz-Prinzip" der Gestalt betrifft die Unterscheidbarkeit der Gestalten: Eine deutliche oder ‚gute' Gestalt erhöht die Wahrnehmbarkeit.

Hier ist mit Langhoff (1980, 23) nach den Güte-Kriterien zu fragen. Probleme bei Stil bieten:
– die Abstufungsmöglichkeiten der Figur/Grund-Relation
– die unterschiedliche Gewichtung und graduelle Abstufung der Merkmale
– unterschiedliche Grade der Deutlichkeit von Gestalten, zumal für verschiedene Benutzer, vgl. Kap. 2.1.1.2 zu den unauffälligen Mischungen von Merkmalsbündeln.

Das Prägnanz-Prinzip macht jedoch Sinn für prototypische Gestalten, die die meisten charakteristischen Merkmale in sich vereinen und am weitesten von anderen vergleichbaren Kategorien entfernt sind, vgl. oben Spinner (2000) über Epochenstile oder den Boulevardzeitungsstil gegenüber dem Märchen-

2.2 ‚Bedeutsame' Stilstruktur: stilistische Gestalten

stil oder dem Telegrammstil. Das Prägnanz-Prinzip macht auch Sinn bei originellen Gestalten oder bei Formen des ABRUNDENs von Texten (Kap. 4.2.1). Schließlich macht es Sinn beim Herstellen von deutlichen Gestalten, vgl. zum Beispiel (8) *Bitte ein Bit*, Kap. 2.2.1.3.

Weuthen (1988) beschreibt unterschiedliche Werbestile (der 80er Jahre). Sie schreibt (1988, 27): „Das Prägnanz-Prinzip ist für den Werbestil von grundlegender Bedeutung (...). Unter Prägnanz versteht man, dass der Werbestil sich aus der Diffusität anderer Maßnahmen abhebt. Das Prägnante des Werbestils manifestiert sich im Wesentlichen durch die Merkmale der Kongruenz (Einheitlichkeit, B.S.), Distanz (zu anderen Stilen, B.S) und Originalität." Für Werbestile fügt Weuthen das Konstanzprinzip (1988, 29) hinzu: Konstanz „ist gleichbleibendes Sich-Äußern im Rahmen eines einmal konzipierten (...) Marken- bzw. Firmenstils" (Zitat ebda. aus R. Berger, Psychologie des Marken- oder Firmenbildes 1963, 108). D.h. es werden Gestalt-Typen geschaffen, die wie typisierte Stile als solche wiedererkennbar sind, die Wahrnehmung erleichtern, gelernt werden (Weuthen 1988, 30f.).

Schöne Beispiele bot die „Frankfurter Allgemeine Zeitung" mit einer Werbekampagne seit ca. 1996: Das seit langem bekannte Logo zeigt eine Person hinter geöffneter Zeitung mit übereinander geschlagenen Beinen, dazu den Slogan: *Dahinter steckt immer ein kluger Kopf.* Dieser Slogan ist in kleiner Schrift und in eckigen Klammern links oben im Bild eingefügt. Das Logo wurde im Bild abgewandelt: Auf Fotos, die nicht nach Werbung aussahen, war wie auf einem Suchbild eine menschliche Zeitungsleser-Gestalt in fast gleicher Körperhaltung abgebildet; es wurden also Prägnanzprinzip und Konstanzprinzip mit Neuem, Interesseweckendem, d.h. Originalität optimal verbunden.

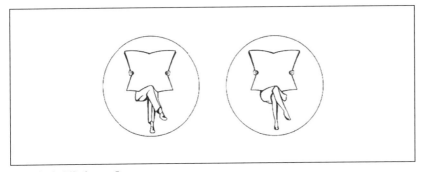

Abb. 2–4a Werbung: Logo

76   2. Die generelle Stilstruktur

Abb. 2–4b Werbekarte: Vorderseite

Das Foto zeigt Erdnuss-Waggons mit der Aufschrift *Peanuts*, links unter dem Bild steht: *Hilmar Kopper, Banker.* Dies spielt witzig an auf die Pleite eines Baulöwen, durch die die Großbank, deren Chef Kopper war, Milliarden verloren hatte; Kopper hatte dies als *Peanuts* bezeichnet. Es spielt also an auf einen aktuellen Diskurs, Kap. 5.4.2.3, der den Zeitungslesern zur Zeit der Werbung geläufig war.

2.2.1 Beispiele

Stilistische Gesamtgestalten können aus mehreren relationierten Teilgestalten gebildet sein. Ich unterscheide:
– nacheinander
– miteinander
– übereinander

Beim Nacheinander ist eine Teilgestalt beendet, wenn die nächste beginnt. Beim Miteinander überlagern sich die Teilgestalten, können dabei unterschiedliche Ausdehnung haben. Beim Übereinander haben sie dieselbe Ausdehnung, sind aber als verschiedene Teilgestalten wahrnehmbar; es ist eine Art Sandwich.

2.2.1.1 Das Nacheinander stilistischer Teilgestalten

Aus einem Werbeprospekt der Polstermöbelfabrik C. Flasche und Söhne, Rehlingen, Sommer 1997, neben der Abbildung eines Sofas:

(6) *AMANDINE. Sehr französisch, sehr aufwendisch, sehr günstisch.*
    Länge 185 cm.

Die Beschreibung beginnt mit der Nennung des Modell-Namens. Durch Versalien ist diese erste Teilgestalt herausgehoben. Syntaktisch gesehen ist es eine separate Einheit, ein freier Thematisierungsausdruck (Zifonun/Hoffmann/Strecker 1997, 520ff.), der auch eine eigene rhythmische Gestalt (x̀xx́) aufweist, bzw. ̀xxx́x. Der Name kann aufgrund seiner lautlichen Struktur ‚französisch' konnotieren. Dies wird durch die folgende Teilgestalt bestätigt und verstärkt: Diese besteht aus einer Dreierstruktur (Kap. 4.2.2.3), die als Parallelismen von Syntagmen ausgebildet ist. Die parallel gesetzten Adjektive enden (als Wortbildungen gesehen) alle auf -*isch*, wobei nur das erste regulär gebildet ist, die beiden anderen sind ABWEICHEND (Kap. 4.1.2.1) gebildet. Die beiden letzten Adjektive sind gradierte Wertausdrücke, *(sehr) französisch* wird in diesem Kontext auch zum Wertwort. Die Abweichung bei *aufwendisch* und *günstisch* geschieht mit einer Lautverschriftung (Lehné 2002), die eine „semantisch-graphische" VERDICHTUNG bewirkt: Im Kontext von *französisch* bedeutet sie ‚die Art, wie Franzosen oft deutsche Wörter aussprechen'. Diese ganze Teilgestalt ergibt ein Sinnangebot ‚sehr französisch', also ‚sehr positiv'. Der beabsichtigte stilistische Sinn wird hier zusätzlich durch Explizitmachen (*französisch*) gesichert. Die Maßangabe am Ende des Textes ist rein beschreibend und bildet inhaltlich und formal eine wieder andersartige Gestalt. Indem jedoch in allen drei Teilgestalten nur Syntagmen mit prädizierender, auf die Abbildung des Sofas bezogener Funktion verwendet werden, ‚passt alles zusammen' in einer zwar in sich gegliederten, aber doch globalen Gesamtgestalt.

Es kann auch fließende Übergänge zwischen Teilgestalten geben: So beginnen Abb. 2–1a und 2–1b mit der Wahrnehmung von ‚Horoskop' durch das auffällige Bild; auch der Textanfang ist ‚horoskopartig'. Danach geht der Text in Werbung über und endet damit. Die Überschrift stellt ein ‚Miteinander' dar: HOROCHSKOP.

2.2.1.2 Das Miteinander stilistischer Teilgestalten

Hier ein Beispiel aus Helga M. Novaks autobiografischem Roman „Die Eisheiligen" (Frankfurt, 1979, zitiert nach der Taschenbuchausgabe 1989, 177f.): Die erzählende Ich-Figur der Autobiografie befindet sich im Gespräch mit den Stiefeltern Karl und Kaltesophie; die Szene spielt am Konfirmationstag der Tochter und wird nicht weiter eingeleitet. Das ganze Buch besteht aus kurzen Teilgestalten im Nacheinander wie hier bis Z. 46 und ab Z. 48.

(7) *Ich sage: Den Zirkelkasten kannste behalten, ich wollte 'n Fußball.*
Karl sagt: Wir haben lange überlegt und uns dann für den Zirkelkasten entschieden, weil vielleicht dort deine Fähigkeiten
5 *liegen später.*
Kaltesophie sagt: Einen Fußball als Mädchen.
Ich sage: Ich hätte auch 'n Handball genommen.
Kaltesophie sagt: Was denn nun, entweder oder.
Ich sage: Wär mir egal, wenn ich bloß hätte Völkerball spielen
10 *können.*
Karl sagt: Der Zirkelkasten hat dasselbe gekostet wie ein Fußball, in West, und irgendwann hattest du doch um einen Zirkelkasten gebeten.
Ich sage: Na, ich freu mich ja auch.
15 *Karl sagt: Man kann nicht alles haben, nicht alles auf einmal, meine ich.*
Ich sage: Wieso nich?
Kaltesophie sagt: Alles hübsch nacheinander.
Karl sagt: Sieh doch, wie schön die kleinen Geräte in ihrem
20 *Samtbett liegen. Wahrscheinlich hat keine in deiner Klasse solchen Zirkelkasten.*
Ich sage: Manche haben beides.
Karl sagt: Aber du eben nicht, du wirst es schon noch lernen.
Kaltesophie sagt: Dich zu bescheiden, verdiene erst mal dein
25 *Brot selber.*
Ich sage: Ich habe genug Taschen und Gürtel gehäkelt, die reichen für mein Brot.
Kaltesophie sagt: In West, betone ich nochmals.
Ich sage: Jedenfalls hätte ich lieber 'n Ball gehabt.
30 *Kaltesophie sagt: Raus raaaauuuus jetzt!*
Ich sage: Ich geh jetzt gleich. Wo is meine Uhr?
Kaltesophie sagt: Du meinst die Uhr von Concordia. Die paßt gar nicht zu Dir.
Ich sage: Mir gefälltse un mir gehörtse un ich hängse mir um.
35 *Kaltesophie sagt: Aber zum Kaffee bist du wieder drinnen.*
Ich sage: Kannste dir selber reinwürgen, den Kuchen und den Kaffee und die Sahne – in West.
Karl sagt: Immer das letzte Wort, selbst heute an ihrem eigenen Festtag.
40 *Kaltesophie sagt: Wir wurden damals mit vierzehn erwachsen und gleich in die Lehre gesteckt.*
Ich sage: Jaaaajaaaa.
Kaltespohie sagt: Da hieß es früh raus.
Karl sagt: Achgott, lange schlafen tut sie ja nicht.
45 *Kaltespohie sagt: Wäre besser, sie schliefe länger. Dann stellt sie nichts an.*

2.2 ‚Bedeutsame' Stilstruktur: stilistische Gestalten 79

Auf dem Marktplatz sind Karussels und Buden aufgeschlagen.
Wir lassen die Einsegnungsgesellschaft bei ihrem Kaffee sitzen
50 *und fahren Pferdekarussell und schreien wie Indianer.*
Wir krauchen unter das hölzerne Gestell des Kettenkarussells,
wir suchen nach verlorenem Geld, das den Kindern oft durch
die Bretter rutscht.
Wir werfen mit Stoffbällen auf Konservendosen: ich gewinne
55 *ein großes Bild zum Aufhängen, die Jungfrau Maria mit dem*
Kind und ihr zu Füßen zwei Engel, die sich auf ihre Ellbogen
stützen.
Wir fahren Kettenkarussell und drehen die Ketten, an denen
die Sitze hängen, umeinander.
60 *Wir schleichen uns in einen Wohnwagen, und da springt ein*
Schäferhund aus einer Ecke, stellt sich auf und beißt mir in die
Schulter. Mich überfällt dieselbe rasende Wut wie damals in
Güstrow, als mir Uz seine Vorderzähne in die Augenbraue
gehauen hat. Reinhold wischt mir das Blut vom Arm und ist
65 *dagegen, daß ich den Hund vergifte.*

Zur ersten Teilgestalt Z. 1 – 46:

a) Abweichend von Stilkonventionen, die Variation verlangen, werden bis Z. 46 die direkten Reden der Figuren syntaktisch, lexikalisch und in der Wortstellung WIEDERHOLEND eingeleitet, also mit einem rekurrenten Merkmal, nur die Namen der Figuren wechseln. Die Parallelismen werden auch typografisch angezeigt. Sie leiten jeweils eine neue Zeile ein, stehen also untereinander. So entsteht die Wirkung der ‚Monotonie', von ‚immer wieder dasselbe': Durch die Rekurrenz des Merkmals wird eine bedeutsame Gestalt geschaffen.

b) Die direkte Rede der Figuren hingegen bildet eine andersartige Gestalt: Dominant ist verschrifteter Umgangsstandard mit ‚neutralen' Redeteilen wie in Z. 3f. Karl: *Wir haben lange überlegt und uns dann für den Zirkelkasten entschieden.* Diese sind gemischt mit Umgangsstandard, also Unterneutralem, vgl. Kap. 4.6.2. Es gibt die schriftliche Wiedergabe von Lautung wie bei phonetischer Längung: Kaltesophie: *raaauuuus* (Z. 30), Ich: *Jaaaajaaaa* (Z. 42), vgl. Dittgen (1989, 134ff.): „Lautverschriftung", auch Fleischer/Michel/Starke (1993, 234); auch lautliche Kürzungen *ich freu mich*, **un** für *und*, *Wo is meine Uhr?* (Z. 31) und Verschleifungen: *mir gefälltse un mir gehörtse, kannste* mit Vokalabschwächungen am Ende.

Bei der Syntax gibt es umgangssprachliche Nachträge: Karl: *weil vielleicht dort deine Fähigkeiten liegen später* (Z. 4f.), Ich: *Kannstse dir selber reinwürgen, den Kuchen...* (Z. 36), Nulltopik (Ellipse des Pronomens am Satzanfang): *Wär mit egal* (Z. 9), Ellipse des expletiven *es*: *Wäre besser, sie schliefe länger* (Z. 45), hier zusätzlich mit Umgangsstandard-Parataxe gegenüber der schriftsprachlichen Hypotaxe mit *wenn*-Nebensatz. Ellipsen: *Immer das letzte Wort* (Z. 38), *Wieso nich?* (Z. 17), Verknüpfungsprädikat mit *tun* in: *lange schlafen tut sie ja nicht* (Z. 44) gegenüber neutralem *Sie schläft ja wirklich nicht lange.* Syntaktische Solidarität, indem die Folgesprecherin die Satzstruktur komplettiert, die der vorherige Redner begonnen hat (Z. 23-24): Karl: *du wirst es schon noch lernen.* Kaltesophie: *Dich zu bescheiden...*

Lexik: Hier finden wir Lexeme aus dem ‚unterneutralen' Bereich (Ludwig 1991, vgl. Kap. 4.6.2): *reinwürgen* (Z. 36), *Achgott* (Z. 44), *wir wurden... in die Lehre* **gesteckt** (Z. 40f.), Abtönungs- und andere Partikeln: ***Na**, ich freu mich **ja** auch* (Z. 14), *wenn ich **bloß** hätte Völkerball spielen können* (Z. 9f.), ***Jedenfalls** hätte ich lieber 'n Ball gehabt* (Z. 29), *Raus* (Z. 30) für neutrales *Geh hinaus!*

Äußerungstypen für Sprechakttypen: *Einen Fußball als Mädchen* (Z. 6) und *Immer das letzte Wort* (Z. 38) als Äußerungsformen für VORWERFEN; NORMIERENDE Äußerungen: *entweder oder* (Z. 8), *Man kann nicht alles haben* (Z. 15), *Alles hübsch nacheinander* (Z. 18); AUFFORDERUNGS-Äußerungen: *Raus* bzw. WÜTEND AUFFORDERN: *raaaauuuus jetzt!*; vages ABWEHREN: *Was denn nun* (Z. 8).

All dies zusammen ergibt eine relative Gestalt des Umgangsstandards, der spontanen und mündlichen Rede, die in ihrer stilistischen Verwendung (Riesel 1964, 33) eine „ungezwungene, bequeme und entspannte Gesamthaltung bezeichnet", „Lockerheit" (Riesel 1964, 64), ebenso z.B. „Emotionalität und subjektive Bewertung" (Riesel 1964, 65); sie ist auf den „privaten Umgang" (Riesel 1964, 45) beschränkt. Hier im Beispiel ist ihre Verwendung allerdings durchsetzt mit Standardsprachlichem: *Ich hätte auch 'n Handball genommen* (Z. 7) gegenüber *Ich hätt auch 'n Handball genomm.*

c) In diese Gestalt ist eine andere eingemischt: *In West* wird von jeder Figur einmal geäußert (Z. 12, 28, 37). Es ist ein prototypisches Merkmal, das mit „kultureller Einzigartigkeit" die Rede von Ostberlinern bzw. von Bewohnern der sowjetisch besetzten Zone nach dem Krieg bei der Referenz auf Westwährung anzeigt, kontextualisiert. Damit wird die historisch relevante Perspektive angezeigt, die die Figuren in diesem Roman einnehmen, der am Kriegsende in Ostberlin spielt. Durch die relative Häufigkeit der Verwendung wird es besonders relevant gemacht, als ‚Merkmal für' verdeutlicht.

Das Miteinander der Gestalten relativer Umgangsstandard, ‚Monotonie' und ‚Ostperspektive' legt eine komplexe Gestalt nahe: Das Milieu, in dem die Figuren sich bewegen, wird dargestellt, in der Sachverhaltsdarstellung dieser Szene kontextualisiert. Damit werden hier auch Vorgehensweisen spontaner Gespräche literarisch nachgebildet.

Innerhalb dieser komplexen Gestalt nun gibt es aber noch weitere Differenzierungen: Zur Rede der Tochter (*ich*), aber nicht der Stiefeltern gehört

2.2 ‚Bedeutsame' Stilstruktur: stilistische Gestalten

die lautliche Verschleifung von Wörtern (*gefälltse* Z. 34, *wollte ‚n Fußball* Z. 1f., *kannste* Z. 36), außerdem die Elision der Verschlusslaute bei *nich* (Z. 17) und *is* (Z. 31) und die *e*-Apokope bei *freu* (Z. 14) und *wär* (Z. 9). Der Unterschied wird besonders bei der Wiedergabe derselben Wörter deutlich: *Einen Fußball* (Z. 6: Kaltesophie), vs. *‚n Handball* (Z. 7: Ich) oder *Wieso nich?* (Z. 17: Ich) vs. *Aber du eben nicht* (Z. 23: Karl).

Auf diese Weise sind die Elternfiguren einerseits und die Ich-Figur der Tochter andererseits gegeneinander abgesetzt. Es entsteht ein Kontrast: Gestalten, die sich mit wenigen Merkmalen deutlich abheben von der sonst gemeinsamen Gestalt des Umgangsstandards mit ‚Monotonie' und ‚Ostperspektive'. Unterstützt wird dieser Kontrast allerdings auch durch die Sprechakttypen der Eltern: NORMIEREN, VORWERFEN, AUFFORDERN, ABWEHREN einerseits und das häufige WIDERSPRECHEN der Tochter andererseits. Auch hier findet sich also ein Zusammenspiel von Stilmerkmalen verschiedener Beschreibungsebenen.

Die Stiefelternfiguren sprechen also in ihren direkten Reden lautlich normorientiert und ihr Reden ist von den Sprechakten her explizit oder implizit NORMIEREND: Dies ist als eine Gestalt ‚normative Elternrede' interpretierbar. Damit kontrastiert die lautlich und durch ihre Sprechakte ‚nicht-normorientierte' Rede der Tochterfigur.

Man sieht: Es gibt eine die Figuren-Reden übergreifende Gestalt, die mit dem durchgehenden Parallelismus der Redeeinleitungen, mit typischen Merkmalen des Umgangsstandards und mit einem für ‚Ostperspektive' prototypischen Merkmal konstituiert wird. Darüber hinaus werden die Reden der halbwüchsigen *ich*-Figur und der Stiefeltern durch je spezifische Gestalten gegeneinander abgesetzt. Die ‚Zusammengehörigkeit' der Stiefeltern (bei Differenzierung der Rede der Individuen) wird durch die syntaktische Solidarität zwischen den Redebeiträgen deutlich (Z. 23f.: Karl:*...du wirst es schon noch lernen.* Kaltesophie: *Dich zu bescheiden...*), außerdem durch den Pronomengebrauch: Mit *selbst heute an ihrem eigenen Festtag* (Z. 38f.) wendet sich die Figur Karl nur an Kaltesophie, spricht über die anwesende Tochterfigur.

Der relativ unscheinbare Ausschnitt eines literarischen Texts enthält so, angezeigt durch prototypische Merkmale bzw. durch Merkmalsbündel, eine Vielschichtigkeit unterscheidbarer Gestalten. Das Ineinander und Gegeneinander verschiedener Gestalten wirkt bei dem ersten Textteil zusammen zu einer komplexen Gesamtgestalt. In der beschriebenen Textpassage werden gemäß Blumenthals (1983) Unterscheidung (anhand von Stilelementen):

a) Elemente konventioneller Gestalten **benutzt**: Reden aus Ostperspektive, zeitbedingt, also auch ein Merkmal der ‚Historizität', und Umgangsstandard als ‚Sprache der Nähe' (Koch/Oesterreicher 1985) in graduell verschiedenen Ausprägungen.

b) Daneben wird aber auch Stil erst hergestellt, es werden Gestalten über die rekurrente, die ‚dichte' Verwendung von verschiedenen Merkmalen, also Bündel kookkurrierender Merkmale, **geschaffen**. So die größere ‚Spontaneität' der Rede der Tochterfigur und die ‚Monotonie' der Redeeinleitungen.

Zur zweiten Teilgestalt Z. 47 – 65:

Auch in der anschließenden Textpassage – mit einer anderen Gesamtgestalt – gibt es eine Reihe von Parallelismen, die immer mit *wir* beginnen und in denen das Prädikat im Präsens unmittelbar folgt. Die Parallelität ist durch das Schriftbild (jeweils Beginn einer Zeile) als weiteres Merkmal deutlich angezeigt. Die Gestalt, die hier geschaffen wird, wird durch die Tatsache nahe gelegt, dass nach den parallelen Einleitungen syntaktische und lexikalische Variation herrscht: Es werden knapp, ‚Schlag auf Schlag' einzelne Aktivitäten als Episoden aneinander gereiht. Der Rahmen für diese Art der Darstellung wird durch die erste davon verschiedene Äußerung geboten: *Auf dem Marktplatz sind Karussells und Buden aufgeschlagen.* Man sieht hier: Dasselbe Merkmal, der Parallelismus, wird im Kontext eines anderen Merkmalbündels zum Ausdruck einer ganz anderen Gestalt. Die so thematisierten Sachverhalte können in textinterner Relation (Kap. 3) einen stilistischen Sinn erhalten von ‚Abwechslung' (gegenüber der vorherigen Figur der ‚Monotonie'), ‚Tempo' und ‚Aktion' (durch die Handlungsverben).

Der erste Textausschnitt und der zweite, der im Roman durch eine Leerzeile abgesetzt ist, bilden zwei ganz verschiedene Gestalten. Diese sind – auch als DIALOGISIERENDE (Kap. 4.2.4) vs. monologisierende Darstellungen – deutlich gegeneinander gesetzt. Indem die Autorin den Stil immer wieder wechselt, schafft sie am Ende einer Passage den Grund für die Figur des Stils der neuen Passage und so immer fort (vgl. Kap. 2.2.1.1).

Vergleicht man die Zuschreibungen, Interpretationen der strukturell vermittelten Stilgestalten mit den in Kap. 1 herausgearbeiteten Typen stilistischen Sinns, so ergibt sich Folgendes:
- ‚Monotonie' bzw. ‚Abwechslungsreichtum', ‚Tempo' und ‚Aktion' sind Spezifizierungen der ‚Art der Sachverhaltsdarstellung', ebenso DIALOGISIEREN vs. Monologisieren. Als Teil dieser Sachverhaltsdarstellung durch die Autorin wird weiter vermittelt:
- ‚Historizität', spezifiziert als Reden über Geld in der ehemaligen sowjetisch besetzten Zone;
- ‚Situations'-Darstellung, wie sie vergleichbar in spontanen Gesprächen geschieht, als graduell ‚familiär';
- Darstellung von ‚Selbstdarstellung' der Figuren als aufeinander bezogene Rollenträger bzw. Individuen und damit

- Darstellung von ‚Beziehungsgestaltung' als ‚schwierig', ‚disharmonisch'...
- kanalbezogen durch die mit ‚Schriftlichkeit' durchsetzte verschriftete Form des Umgangsstandards in der Darstellung der Autorin.

D.h. es sind Spezifizierungen der generellen Typen stilistischen Sinns, die durch stilistische Gestalten geleistet werden, hier im Beispiel auch vielfältig durch die Autorin darstellend nachgebildet.

2.2.1.3 Das Übereinander stilistischer Teilgestalten

An besonders kurzen Texten wie Werbeslogans lässt sich zeigen, dass bei ‚geglückten' Fällen mehrere unterscheidbare Teilgestalten auf verschiedenen Beschreibungsebenen „übereinander" gelagert sind:

(8)   *Bitte ein Bit*

1. Auffallend ist die Silbenwiederholung, als ausdrucksseitige Teil-Gestalt. Dadurch wird ein spezieller Zusammenhang zwischen beiden Elementen HERGESTELLT (Kap. 4.3.3).
2. Beide Elemente tragen Akzente. Dadurch entsteht eine symmetrische rhythmische Struktur: x́x x́.
3. Die Art der Akzente führt zu einer ‚geschlossenen' Struktur / \; diese ist ähnlich mit einer charakteristischen Emphasekontur, z.B. Altmann (1987, 41ff.) über Exklamativsätze.
4. Syntaktisch liegt eine Ellipse vor, eine Form der unterneutralen ‚alltäglichen' Sprache, der ‚Sprache der Nähe' (Koch/Oesterreicher 1985).
5. Dadurch beschränkt sich die Äußerung auf das Rhema, Thema ist erspart.
6. Die Äußerung ist typisch für eine bestimmte Situation als „Grund"; der Slogan als „Figur" gibt dafür eine komplette Formulierungshilfe vor, alternative Formulierungen sollen möglichst ausgeschlossen sein.

Auch bei Gedichten wie Goethes „Wandrers Nachtlied" lässt sich Vergleichbares zeigen (Abb. 5.6–2). Derartige übereinander gelagerte Teil-Gestalten sind ein besonderer Fall von VERDICHTEN (Kap. 4.1.2.2).

2.3 ‚Bedeutsame' Gestalt in der Verwendung

Manche Stilgestalten sind ‚in sich' bereits bedeutsam, nämlich wenn es um typisierte Stile, Stilebenen (Kap. 4.6) oder um Textmusterstile (Kap. 6) usw. geht. Der entscheidende Sinn jedoch – in Relation zum Wissen – wird interpretiert in textinternen Relationen (Kap. 3.1) und in Relationen zur (textexternen) Situation der Rezipierenden (Kap. 3.2). Das Beispiel (7) in Kap. 2.2.1.2 belegt dies m.E. sehr gut.

Stil ist ein auf verschiedene Aspekte der Kommunikation zielendes „Gestaltungsmittel" (vgl. Selting 1997), wobei meist mehrere Teilgestalten textintern untereinander relationiert sind (vgl. Kap. 2.2.1.1 bis 2.2.1.3, auch die Beispiele in Kap. 2.1.1.1 und 2.1.1.2). Stilistischer Sinn und Stilwirkung sind nach den Gestalt-Wahrnehmungen jedoch erst in Relation zur Verwendung (Kap. 3) interpretierbar.

2.4 Textmuster als funktionsbezogene ganzheitliche Gestalten

Hier soll nur kurz darauf hingewiesen werden, dass Textmuster ganzheitliche Gestalten sind, die allerdings je nach der Art des sozialen Sinns mehr oder weniger variabel sind. Bei starker Variabilität gibt es Schlüsselmerkmale wie Markenname (und Logo) bei der Werbeanzeige, oder Pointe und Rubrik-Kontext bei Glossen. Vgl. genauer Kap. 6. Oft gibt es Textmusterstile, die das Textmuster von anderen abheben, vgl. die Textmusterstile in Kap. 2.1.1.1.

3. Kontexte: Stil ist relational

Oft treten Stile bzw. Stileigenschaften erst im methodischen Vergleich von Texten oder Textaspekten wie Thema deutlich zu Tage, werden als solche wahrnehmbar gemacht. VERGLEICHEN ist deshalb, wie Fix (1991) argumentiert, eine ganz wichtige Methode der Stilbeschreibung.

In diesem Kapitel jedoch geht es um Relationen, die bei der Interpretation einer Äußerung, eines Textes, eines Gesprächsabschnitts... durch die Rezipierenden selbst relevant sind. Die Betonung des relationalen Charakters von Stil ist zugleich ein Korrektiv dafür, dass Stil heute meist nur als in besonderer Weise ‚geformte', gestaltete Sprachverwendung verstanden wird. Auch strukturell ganz unscheinbare Äußerungen können ‚in Relation' besonderen Stilwert erhalten (vgl. Sandig 1986, 100, am Beispiel von Brechts *Was ein Kind gesagt bekommt*).

Auf den Produzenten fokussiert, aber in derselben Tendenz liegend, finden wir dies bereits in der Rhetorik: „Das *Verhältnis* (Hervorhebung: B.S.) der Rede oder des Textes zu den außersprachlichen Bedingungen und Gegebenheiten ist das oberste, allem vorausliegende und in allem wirksame Maß für einen Autor" (Ueding 1986, 16); d.h. für die Art der Durchführung seiner Handlung. Hierzu gehören nach Ueding (1986, 16f.) die Art der Adressaten und der Produzenten, auch Ort und Zeit, weiter „der Rang, den das Thema im Wertsystem des Publikums einnimmt" (1986, 17) und die Art der Einstellung zum Thema, z.B. sachlich oder emotional.

In unterschiedlichen Werken zur Stilistik wird der relationale Charakter von Stil betont, z.B. in Tannen (1984, 3f.), Spillner (1984, 69), Levinson (1988, 162): „an inherently comparative concept", Hinnenkamp/Selting (1989, 6), Wellmann (1993), Tolcsvai Nagy (1996, mit einem Kapitel über den relationalen Charakter von Stil), Spillner (1997), de Beaugrande (1997, 296): „A style or a text-type is an array of weighted constraints for relating what you say to what you know about a topic and to whom you are interacting with and why". Carter/Nash (1990, 27) schreiben: „Style as a concept is relational, that is relative to both context and convention."

Neben expliziten Hinweisen steckt die Auffassung von der Relationiertheit des Stils implizit auch in der Abweichungsstilistik (relativ zu einer wie immer zu beschreibenden Norm) sowie in der methodischen Ermittlung von Ausdrucks-Alternativen (in der Sprache, passend zum Kontext) oder auch durch Paraphrasieren (vgl. von Polenz ²1988), generell im Vergleichen (Fix 1991, Spillner 1997) als Methode. Auch die traditionelle Rede von der Angemessenheit bzw. Unangemessenheit eines Stils enthält implizit eine Relation: *Was ist wem oder was angemessen?*; dahinter stehen die jeweiligen Wertvorstellungen normativer oder auch ästhetischer Art einer Gemeinschaft, einer Institution, einer Zeit..., heute auch auf den Zweck und/oder die Adressaten der Interaktion bezogene Wertvorstellungen. Es stellt sich deshalb die Frage, in welcher Hinsicht oder in welchen Hinsichten Stil relational ist. Da dieser Aspekt in der Literatur bisher nicht systematisch bearbeitet wurde (vgl. Sandig 2001), stelle ich ihn hier ausführlich dar.

Verwendungen typisierter Stile und auch individuell hergestellte Stil-Gestalten „kontextualisieren" (Auer 1986, Auer/di Luzio 1992) bestimmte intersubjektive Interpretationen, d.h. sie legen sie den Rezipierenden nahe, sofern diese das entsprechende stilistische Wissen haben; Interpretationen entstehen also relativ zu deren Wissen. Bei der Schaffung individueller Stil-Gestalten wird die Handlung als solche und/oder das Thema als solches individuiert; sie werden also relativ zum nicht-individuellen Vollzug des Handlungs- oder Themen-Typs interpretiert.

Gemäß Kapitel 2 besteht Stil aus einer charakteristischen Struktur: Diese entsteht aus einer begrenzten Menge kookkurrierender Merkmale, die zusammen als Gestalt interpretierbar sind. Diese Gestalt (oder der Gestalt-Komplex) hat eine Funktion: Sie ist bedeutsam, interpretierbar, relativ zu entsprechendem stilistischem Wissen (Kap. 1). Dies reicht jedoch nicht aus für die Beschreibung von Stil. Es lässt z.B. die Frage offen, wieso dieselbe Gestalt oder derselbe Typ von Gestalt für sehr verschiedenen stilistischen Sinn eingesetzt werden kann: Stilistischer Sinn eines (Teil-)Textes kann erst interpretiert werden, wenn die bedeutsame Stilgestalt in Relation zu stilrelevanten Aspekten der Interaktion gesehen wird. Die Frage ist deshalb, was für Typen von Relationen bei der Interpretation einer Stilgestalt im Spiel sind.

Es geht um Relationen, die einerseits textintern und andererseits textextern in der Interaktion relevant werden. Grob kann man sie zunächst unterteilen in:
1. textintern auf die Handlung bezogen, die mittels welcher Texteigenschaften, welcher Themengestaltung usw. vollzogen wird;
2. textextern auf die mit dem Text Handelnden bzw. die im Gespräch Interagierenden bezogen;
3. textextern auf die Handlungsumstände bezogen: Situationstyp wie Handlungsbereich oder Institution, aber auch Kanal mit Textträger und speziellem Medium;
4. textextern auf das soziokulturelle Umfeld bezogen: soziales Umfeld, Region, (Sub-)Kultur, historische Zeit.

Die Interagierenden haben auf Grund ihrer kommunikativen Erfahrungen stilistisches Wissen erworben und dieses bildet die Voraussetzung dafür, dass derartige Relationen relevant werden können (vgl. den kognitiven Zugang zu Stil von Tolcsvai Nagy 1998).

Die vorgeschlagene Modellierung umfasst das gesamte kommunikative Geschehen; der Einfachheit der Darstellung halber ist Interaktion nicht eigens mit modelliert. Im Kapitel 5 „Stil im Text" wird der innere Bereich genauer betrachtet; im Kapitel 6 „Textmuster und Stil" werden mit dem Textmustermodell ganzheitliche konventionelle Zusammenhänge in Bezug auf das kommunikative Geschehen dargestellt. Systematisierend können die hier in Kap. 3 relevanten Relationen mit dem in Abb. 1–1 gegebenen Kommunikationsmodell dargestellt werden. Die „globalen Rahmungen" (Schmitt 1993, 336) für die Produktion und Interpretation interaktiver Ereignisse werden hierdurch beschreibbar (vgl. auch Deppermann/Spranz-Fogasy 2001). Rahmungen dieser Art werden teils als Konventionen übernommen, teils aber auch aktiv in Relation zu den Konventionen gesetzt (vgl. Selting 1997, 12).

In Kapitel 1 wurde bereits gezeigt, dass stilistischer Sinn, die ‚Bedeutung' von Stil, geprägt ist durch sehr verschiedene Schwerpunktsetzungen bezüglich der Aspekte der Interaktion. Es wird zu zeigen sein, dass dieselben Aspekte relevant werden, wenn Geäußertes mit einer bedeutsamen Stilgestalt **in einer Interaktion** interpretiert wird, d.h. relativ zu den verschiedenartigen Aspekten und Umständen bei der Interaktion.

Für die Interpretierenden (Adressaten, sonstige Rezipienten) ist es wichtig, dass sie das Wissen haben, um typisierte Stile zu erkennen und – in Relation dazu – auch individuelle Stile. Zentral erscheint mir insbesondere, dass sie erstens die Situation anhand eines sozialen und/oder individuellen Modells interpretieren, und zweitens das, was in dieser so interpretierten Situation geschieht, anhand eines Textmusters interpretieren und die Thematik anhand ihrer Wissensmuster (Frames, ihres Schema-Wissens) einordnen. Alle derartigen Wissensbestände sind sowohl sozial als auch individuell, als individuelle auf dem Wege von Generalisierung, Abstraktion und Dekontextualisierung erworben (van Dijk 1997, 190). „Language users not only form or update models of events or situations they communicate **about**, but also of the **communicative event** in which they **participate**." (van Dijk 1997, 192f.) Individuelle Kontextmodelle haben soziale Pendants; **in** der Kommunikation gilt: „Context models are episodic, personal and hence subjective **interpretations** and **experiences** of the communicative event or context." (1997, 194) Sie sind bei Interaktionsteilnehmenden aufgrund verschiedener Ziele, Perspektiven, Wissensbestände und Meinungen über die laufende Interaktion verschieden und ändern sich innerhalb dieser ständig (ebda.). Kontextmodelle sind komplex (1997, 202f.) und wirken in den Interaktionen als „a fully fledged naive theory of communication and interaction" (1997, 203, dort hervorgehoben). Die in ihnen enthaltenen Gesichtspunkte können im konkreten Fall unterschiedlich relevant (gemacht) sein: „self-representations of speakers and their own beliefs, wishes, purposes, goals and interests, other-representations of similar properties of recipients, social relations, institutional constraints, knowledge of genres, (individual, B.S.) opinions and (social, B.S.) attitudes about decency, privacy, appropriateness, and so on"

(1997, 202f.). Die Ähnlichkeit mit den Kategorien meiner Rekonstruktion der Relationen dürfte deutlich sein, stillschweigend vorausgesetzt ist bei van Dijk der (sub)kulturelle Rahmen. Nach van Dijk (1997, 198ff.) haben Kontext-Modelle Einfluss auf und können beeinflusst werden durch alle Eigenschaften von Texten bzw. Gesprächen, von den globalen Strukturierungen bis hin zum Layout bzw. der Intonation.

Hinzuzufügen ist m.E., dass individuelle Situationen (Kontexte) nicht immer unserem jeweiligen Kontext-Modell in allen Punkten entsprechen. Es gibt prototypische Realisierungen, aber auch gradweise weniger typische. Auch die Orientierung über diese Relation geht in die Interpretationen bzw. die Aktivitäten und die Art ihrer Durchführung ein. Generell ist sicher vorauszusetzen, dass Kontext-Modelle Ganzheiten sind, konstituiert durch unterschiedliche Auswahlen generell kommunikationsrelevanter Gesichtspunkte, die bei van Dijk eher analytisch gesehen werden. Ein Beispiel für ein soziales Modell aus der Perspektive der Klienten dürfte der ‚Arztbesuch' sein oder individuell ‚der Besuch bei einem bestimmten Arzt'. Ganzheiten dieser Art sind auf Prototypen bezogen, die als Referenzpunkte gelten: „By reference point is meant a stimulus or model that other items are seen or judged „in relation to"..." (Rosch 1983, 74). Die Beurteilung der konkreten Situation erfolgt anhand des Wissens um den Prototypen, der auch die Erwartungen steuert, sowohl bei Produzenten als auch bei Rezipienten.

Die konventionsgegebenen Erwartungen bezüglich Situationstypen, Handlungstypen, Medien, Handlungs-Rollen, Themen als Diskursen etc. sind entstanden aufgrund von Häufigkeitserfahrungen, von hervorstechenden bzw. charakteristischen Merkmalen („cue validity"), von hochgradiger Familienähnlichkeit verschiedener Fälle und von stärkster Unterschiedenheit einer Merkmalsfiguration zu Mitgliedern benachbarter Kategorien (Mangasser-Wahl 2000, 21): „immer wenn es um die Klassifizierung einzelner Mitglieder geht, dient der Prototyp als Vergleichsbasis bzw. Bezugpunkt, um über die Mitgliedschaft zu entscheiden („matching to prototype" Rosch 1977, 36)". Für die Stilistik muss betont werden, dass die Grade der Übereinstimmung bzw. der Entfernung von Prototypen stilistisch bedeutsam sind, mit anderen Worten: die Art der Relation zu den Prototypen, die die Erwartungen steuern. Die jeweilige Art der Relation von prototypgegebenen Erwartungen und konkreter Realisierung ist beim Produzieren intendiert und wird beim Rezipieren interpretiert, je nach den Kenntnissen der Beteiligten.

Stile können genutzt werden, um Kontexte ad hoc zu verändern – dies wird in der Gesprächsanalyse betont, z.B. Selting (1997); sie können aber auch dazu genutzt werden, Kontextmodelle dauerhaft zu verändern, wie es z.B. Goheen (2001) nachweist.

Zusammenfassend ist also zu betonen: Für Handlungstypen, Thementypen, für Typen des kommunikativen Umfelds wie Handlungs-Rollen und

Rollen-Konstellationen, Situationstypen sowie das weitere soziokulturelle Umfeld verfügen wir in unserem Wissen über Modelle oder Muster. Diese sind als Ganzheiten – mit individuellen Variationsbreiten – bei den Beteiligten verfügbar und als Prototypen zu verstehen, mit möglichen Abstufungen bei der Realisierung.

Für die einzelnen Darstellungen gehe ich so vor: Zunächst werden textinterne Relationen besprochen, die Handlung und Thema betreffen, danach textexterne auf Produzenten, Rezipienten und ihre Beziehung bezogene und schließlich diejenigen, die ebenfalls textextern vielfältige Aspekte des situativen Umfeldes betreffen. In diesem Kapitel geht es also um Relationen vielfältiger Art; auf Textmuster als Prototypen und die Art ihrer Realisierung wird näher eingegangen in Kapitel 6.

In diesem 3. Kapitel gehe ich – bedingt durch die Literaturlage – teilweise auch auf Gesprächsstile ein, während sonst der Schwerpunkt dieses Buches auf Schrifttexten bzw. visueller Textwahrnehmung liegt.

3.1 Textinterne Relationen

3.1.1 Auf die Handlung bezogene Relationen

3.1.1.1 Einheitlichkeit oder Stilwechsel

Hier geht es zunächst darum, ob der Text (oder das Gespräch) einheitlichen Stil aufweist, oder ob der Stil im Verlauf geändert wird. Im Falle der Änderung stehen bisheriger Stil und neu etablierter (bzw. im Gespräch ratifizierter) Stil in Relation zueinander: Welcher Art ist diese Relation, wie ist sie zu interpretieren? Ist der Wechsel aufgrund der bekannten Konventionen vorhersehbar? Was zeigt der Wechsel an? Insofern gilt z.B. für Gespräche (Selting 1994, 404): „Speech styles are dynamic, relational phenomena that cannot be defined as fixed static entities (...). In constituting and altering speech styles, speakers orient themselves to the styles that have been used in the prior units (...). A switch or shift (als verschiedene Arten der Relationsherstellung, B.S.) of styles is signalled by a sudden or gradual increase or decrease of style-constitutive cues **in relation to the prior units.** (...) the choice and alter(n)ation of speech styles has social and interactive meaning". Selting zeigt derartige Wechsel am Beispiel des Erzählens, dessen Höhepunkt durch Stilwechsel für die Adressaten deutlich gemacht wird oder dessen Höhepunkte verdeutlicht werden. Auch die stilisierende Imitation ‚fremder' Stimmen in Witzen (Kotthoff 1997) oder in Beschwerdeerzählungen (Günthner 2000) wirkt relativ zu den eigenen Stilen der Erzählenden. Lalouschek (1999) gibt (in anderem Zusammenhang) Beispiele dafür, dass eine Frau im Fernsehinterview zunächst Standard spricht und dann im Fall emotionaler Beteiligung „unwillkürlich" Substandard-Merkmale benutzt (1998, 13). Transkriptionszeichen: *wär'* steigende Intonation; *denkt*, gleich bleibende Intonation; *Angst*. fallende Intonation; *dann:* Dehnung; *mhm* fallende-steigende Intonation als bestätigendes Hörersignal; – Pause 0,5 sec.:

> (1) Moderator: mhm
> Betroffene: *ob ich einverstanden wär' eine Gewebeprobeentnahme*
>   *und dann: kam so immer mehr Angst.*   *hamma*
> Moderator: mhm
> Betroffene: *denkt, ach:' irgendwie – ist doch net so wies du gemant hast*

In Schrifttexten sind Stilwechsel häufig konventionalisierte Mittel zum Anzeigen unterschiedlicher Teilhandlungen, wie z.B. bei Zeitungsnachrichten von der Schlagzeile zum eigentlichen Text oder beim Kochrezept von der auch grafisch hervorgehobenen Überschrift zum grafisch abgesetzten Zutatenteil mit ausschließlichem Nominalstil und zum Anweisungsteil mit Infinitiven als unpersönlichem Imperativ. Für den „Tagesspruch" einer Tageszeitung hat Weber (1993) ein charakteristisches Muster herausgearbeitet. Es besteht aus zwei Teilen: 1. einem Zitat, das in der Regel mündlich konzipiert ist, und 2. der Angabe von Sprecher und Situation, die als komplexe Nominalgruppe bzw. Reihung von Nominalgruppen prototypisch schriftlich konzipiert sind: „Mündlicher und schriftlicher Sprachstil stehen prototypisch einander gegenüber" (1993, 199). Witzig sind derartige Tagessprüche entweder als solche oder, in Ergänzung zu Weber, durch das Zusammenspiel, die Relation beider Teile:

> (2) *Das ist ein Bagatelle-Gutachten.*
> *Der Nehrener Arzt Dr. Ulrich Ziegler über das Gutachten des Battelle-Instituts*
> *zum Sondermüllager*   (Weber 1993, 197)

Das folgende Beispiel (aus: Klaus Mackowiak, Grammatisches Telefon Aachen, in: Mitteilungen des deutschen Germanistenverbandes 41/1994, H. 3, S. 61, zum Verhältnis von Sprachwissenschaft und Öffentlichkeit) zeigt zunächst einen (angekündigten) Wechsel vom Monolog zum Dialog aber auch in den Substandard und innerhalb des Dialogs wieder mehrere Wechsel der Varietäten: Die Substandard-Varietät ist konventionell mit der Schriftlichkeit nicht verträglich, sie steht in einer Relation der Spannung zu ihr, sie ist aber hier dem geäußerten Inhalt, also dem Thema und dem Berichten über die telefonische Vermittlung als Kanal (s.u.) in besonderer Weise angemessen.

> (3) Lohnend ist jedenfalls die Tätigkeit in der Sprachberatung, vor allem dann, wenn man sich nicht allein gelassen fühlen muß im Labyrinth von Schrift und Sprache, sondern immer wieder hilfreiche Tipps aus dem Plenum die Forschung befruchten, wie folgender Dialog am Grammatischen Telefon eindrucksvoll belegt:

3.1 Textinterne Relationen

> *"Et gibt doch soviele Wörters mit ‚s' am Schluss, ne?"* – *"Ja, zum BeispielPreis"* – *"Nee, dat mein ich nich; ich mein sonn ‚s', dat fast jedes Wort irgenswie hat, so wie ‚Mutters Auto'."* – *"Ich verstehe, Sie meinen das Genitiv-s."* – *"Meinswegn, aber ich weiß getz, wo dat von kommt."* – *"Ja?"* – *"Dat iss nämmich bloß die Faulheit vonne Leute: eingslich heißt dat nämmich ja ‚Mutter sein Auto', aber wegn die Faulheit lassense dat ‚ein' von ‚sein' einfach wech, un so kriegenwo ers ‚Mutters Auto'."*

Intendierte Stilwechsel werden häufig, wo sie nicht erwartbar sind, z.B. innerhalb eines Redebeitrages, als solche mit eigens dafür in der Sprache vorhandenen Ausdrücken markiert; diese legen auch die Art der intendierten Interpretation fest und damit implizit auch die Art der Relation zum Bisherigen: *drastisch formuliert, salopp gesagt, um es einmal hochtrabend auszudrücken, christdemokratisch ausgedrückt* oder *mit den Worten des Dichters* (Hagemann 1997, 174ff.). Damit wird zugleich mit ausgedrückt, dass das Bisherige nicht in dem explizierten Sinne zu verstehen war. Während in diesen Fällen der Wechsel angekündigt wird, wird das Muster ‚eine unerwartete Wendung machen' gern genutzt, um stilistische Wirkungen zu erzielen, vgl. hier Beispiel (2) und Kap. 5.9.4.1. In Kap. 4.1.2.4 geht es um das generelle stilistische Verfahren, das Einheitlichkeit oder Wechsel zur Folge hat.

3.1.1.2 Durchführung der Handlung relativ zum Textmuster

Eine Handlung kann maximal mit allen möglichen fakultativen Merkmalen oder minimal, beschränkt auf den obligatorischen Kern, durchgeführt werden (vgl. Kap. 6.3). Teilhandlungen werden auch in Handlungen eines Musters eingesetzt, ohne dass sie zu den obligatorischen oder fakultativen Teilhandlungen des Musters gehören. So beginnen Gebrauchsanleitungen oft mit Werbung, die den Käufer des Gegenstandes in seiner Kaufentscheidung noch einmal bestätigen soll: *Sie haben sich für den* (sehr positive Bewertung) *Gegenstand entschieden.* Oder: *Zunächst einmal vielen Dank für Ihr Vertrauen in den Namen Canon.* Diese Teilhandlung ist typisch geworden: Obwohl sie mit der „Logik" des Textmusters Gebrauchsanleitung nichts zu tun hat, gehört sie doch in die weiteren gesellschaftlichen Handlungszusammenhänge, innerhalb derer dieses Textmuster verwendet wird.

Ganz anders wirken Nutzungen von Teilhandlungen, die in eine andere „Welt" als die des Textmusters gehören, allerdings gibt es hier Grade: Fix (1993) zeigt am Beispiel des Werbetexts „Märchen vom hässlichen Dieselein", wie zwei einander fremde Textmuster gemischt (vgl. Kap. 4.1.2.3) werden. Sie kommt zu folgendem Schluss: „Das Textmuster ‚Märchen' (...) eignet sich erstaunlich (relativ zur Erwartung bei der Rezeption, B.S.) gut für die Übermittlung von Werbebotschaften" (1993, 127), wegen seiner „Alles-wird-gut-Botschaft", als „Wunschtraummärchen", bei dem unerfüllbare Wünsche in Erfüllung gehen, und wegen der Verwobenheit von fiktiver und realer

Welt. Anders bei der unerwarteten Relationierung der Werbung für einen ausgesprochen seriösen Kultur-Fernsehsender (*arte*) mit trivialen Alltagsgegenständen in einer Werbekampagne; z.b. zeigt das Bild eine Plastikpackung mit gebrauchsfertigem Salat (Zeitmagazin, 24.9.1998, 39) und u.a. folgenden Aufschriften auf dieser Packung:

> (4) *Nachrichten*
> *knackige Informationen, die sich gewaschen haben.*
> *(...)*
> *TÄGLICH FRISCH*
> *Zutaten von 19.50 – 20.15 Uhr in unveränderlichen Gewichtsanteilen: Aktuelles,*
> *News von morgen, Kultur.*

usw. Hier wird die Werbehandlung untermischt (Mustermischung: Sandig 1989) mit Informationen ganz anderer Art, sprachlich hergestellt mit mehrdeutig verwendeten Lexemen und Phraseologismen. Eine nochmals andersartige Relation stellt die folgende Gegenwerbung in der ausgeprägten visuellen Textgestalt (s. Kap. 5.3.1) der Werbung dar. Feine (1997) bringt Beispiele wie das folgende, das ein Werbefoto eines Pkw zeigt, klein überschrieben mit *keine Anzeige* (1997, 73). Im Text heißt es u.a.:

> (5) *Durch die Frontscheibe dieses wahrhaft großen Automobils können Sie dem Großstadtdschungel ruhig ins Auge sehen. Wenn die anderen draußen im Chaos nach Luft und Platz ringen, behalten Sie entspannt die Übersicht – draußen die Klimakatastrophe, drinnen die Klimaanlage. (...)*
> *Rover. Einfach atemberaubend.*

Dass hier das WERBEN als KRITISIEREN und WARNEN zu verstehen ist, ist bedingt durch die Art der Propositionen, die Art der Thematisierung im Rahmen der Handlung: Hier wird die Relation von positivem und negativem Bewerten durch Mehrdeutigkeit zu verstehen gegeben: *wahrhaft groß, atemberaubend*, aber auch durch den KONTRASTIERENDEN Parallelismus: *draußen die Klimakatastrophe, drinnen die Klimaanlage*, mit dem der Kontrast hervorgehoben wird. Weiteres zu Textmusterrealisierungen in Relation zum Textmuster in Kap. 6 und im hiesigen Zusammenhang speziell Kap. 3.1.3.

3.1.2 Auf das Thema bezogene Relationen

Das Thema als Handlungsinhalt steht in Relation zur Handlung; es gibt bei Handlungsmustern/Textmustern per Konvention erwartbare Relationen. Fragen sind: entspricht das Thema und die Art seiner Abhandlung dem Handlungsmuster oder gibt es eine besondere Art der Relationierung (vgl. Kap. 3.1.3)? Wie wird das Thema intern sequenziert, mit welchen Relationen zwischen den thematischen Teilen? Wird das Thema in konventioneller („angemessener") Weise versprachlicht, wenn nicht, was wird damit erreicht? usw.

3.1 Textinterne Relationen 93

Hier einige Beispiele, ohne jeglichen Anspruch auf Vollständigkeit. Vgl. zu Thema auch Kap. 5.4.

3.1.2.1 Relation von Haupt- und Nebenthema

Eine Glosse in der Rubrik „Politik" einer Zeitung lässt ein politisches Thema erwarten. Beim folgenden Text ist jedoch der größte Teil anderer Art (aus: Die Zeit, 12.2.1998, 2):

(6) **Haushalt**

Nichts ist tragischer als das Banale. Zum Beispiel: Alle Menschen müssen sterben, alle Menschen müssen immer wieder mal, und, vor allem, alle Menschen müssen immer und immer wieder ihre Sachen aufräumen.

Aufräumen! Der Klang des Wortes rührt an ein Kindertrauma. Wenn es doch Heinzelmännchen gäbe! Gibt es, und zwar in den Niederlanden. Dort kann der im Chaos verzweifelnde Mensch eine „Haushalts-Organisations-Agentur" anrufen, und Frau Anne-Lies van Overbeek macht sich auf den Weg. Die resolute Dame wird ein bis zwei Tage die Peitsche schwingen und Befehle erteilen: So, das kommt hierhin, und das da kommt gefälligst dahin. Danach ist alles ordentlich.

Rommel opruimen *heißt das Ganze, also: Kram aufräumen. Anne-Lies, wir brauchen Dich! Nicht nur zu Hause, wo die jahrelange Akkumulation der Dinge und noch dazu die Mülltrennung das Leben kompliziert gemacht haben; nicht nur im papierlosen Büro (bittern Auflachens), in dem ein böser Geist unausgesetzt alles Geschriebene oder aus dem Netz Gesogene ausdruckt; nein: Wir brauchen Dich in Bonn.*

In den Parteien, im Bundestag, im Bundesrat, überall, und ganz besonders als Domina in Theo Waigels Haushalt. ***Zum Rommel opruimen.*** GvR

Das Nebenthema der politischen Glosse ‚Ordnung bzw. Unordnung im Privathaushalt' dominiert den Text über 3 Absätze. Eine als ‚unernst' aufzufassende Einleitung aufgrund des doppelten Wechsels vom Ernsten zum Trivialen (*Nichts ist tragischer als – das Banale; Alle Menschen müssen sterben, alle Menschen müssen – immer wieder mal.*) rahmt auch das Folgende als ‚unernste' Interaktionsmodalität. Die Mehrdeutigkeit von *Haushalt* sorgt hier für die Relationierung beider Thementeile. Das eigentliche Thema wird erst im letzten Absatz abgehandelt, nach einem allmählichen thematischen Übergang im 3. Absatz. Der stilistische Reiz besteht hier darin, dass das eigentliche Thema in Relation zum mengenmäßig überwiegenden Nebenthema nur kurz abgehandelt wird und dass es analog (d.h. in besonderer Relation) zum Nebenthema von den Rezipierenden aufzufüllen ist. Beide Teilthemen werden zudem „garniert" und so zusätzlich verklammert mit dem Domina-Frame, auf den mit *die Peitsche schwingen* angespielt und dann mit *Domina* explizit hingewiesen wird. Vgl. genauer Kap. 5.4.2.4 und 5.4.2.5.

3.1.2.2 Sequenzierung thematischer Teile

Die Art, wie thematische Teile aufeinander folgen, z.B. Information, Kommentar usw. kann auch stilistisch besonders genutzt werden, wie im folgenden Zeitungsbericht mit der Überschrift *Bonner Tabubruch: Gürtellinie keine Grenze mehr* (Saarbrücker Zeitung, 17.11.1998, 3; die Namen sind von mir ausgelassen):

> (7) *In der zurückliegenden Bundestagswoche haben die privaten Indiskretionen eine fragwürdige Qualität erreicht. „Herr (...), der ja ein ausgesprochener Spezialist für das partnerschaftliche Zusammenleben von Mann und Frau ist ...". Diesen Satz schleuderte die SPD-Finanzexpertin (...) dem ehemaligen CDU-Verkehrsminister im Plenum entgegen. Formal gesehen eine harmlose Bemerkung. Doch geht sie im wahrsten Sinne des Wortes unter die Gürtellinie, wenn man Gerüchten Glauben schenken mag, die dem Schwaben homosexuelle Neigungen unterstellen. Das Bundestagsprotokoll verzeichnet nach der Redepassage von (...) ein entsetztes „Oh" aus der Unionsfraktion. Und auch in den Reihen der SPD hält man die Äußerung hinter vorgehaltener Hand „für verunglückt". (...)*

In dem Kommentar zu Beginn des Absatzes wird die Leserschaft auf *private Indiskretionen* vorbereitet, was folgt, ist jedoch eine ‚harmlos' wirkende Äußerung, die dann jedoch mit *schleuderte entgegen* kommentiert und in der Folge explizit als *harmlose Bemerkung* interpretiert wird, gefolgt von einem KONTRASTIERENDEN *Doch* mit weiterer Interpretation als ‚skandalös', bis endlich der Interpretationskontext gegeben wird, der die kommentierenden Interpretationen verstehbar macht. Es werden denn auch die verbalen Reaktionen aus den Politiker-Parteiungen beschrieben. Die Lesenden selbst (vgl. Kap. 3.2.1.2) können entscheiden, ob sie sich diesen Interpretationen anschließen wollen oder können, deren institutioneller Rahmen zu Beginn (*Bundestagswoche*) und nach der inkriminierenden Äußerung (*im Plenum*) ausdrücklich gesetzt wird (vgl. Kap. 3.2.2.4). Die Art der Darbietung der Informationen in der Sequenz des Textes (in sequenzieller Relationierung) macht hier das besondere Stilistische aus.

Bei ‚harmonischer' Interaktion sind in den Gesprächen Themenverschiebungen und Themenwechsel von den Rezipienten jeweils zu „ratifizieren" (vgl. Levinson 1983, Kap. 6.2). Unvermittelter Themenwechsel ist in Relation dazu ein Zeichen von „Ich-Zentriertheit" (Sandig 1983), von Machtausübung in institutionellen Arbeitsgesprächen (A.P. Müller 1997) oder von ÜBERGEHEN (Poro 1999, Lalouschek 1999). Themenwechsel ohne Möglichkeit der Ratifizierung durch die InteraktionspartnerInnen deutet auf thematische Kontrolle hin, auf ‚dominanten' Stil (Samel 2000). Zu Text als Sequenz siehe auch Kap. 5.9.4.

3.1 Textinterne Relationen　　　　　　　　　　　　　　　　　　　　　　　95

3.1.2.3 Themen und typisierte Stile

Themen bzw. Typen von Themen (dazu genauer Kap. 5.4) werden konventionell oft mit charakteristischen Redeweisen, typisierten Stilen, versprachlicht: Fachthemen mit Fachstilen (vgl. Sandig 1997), Märchen im Märchenstil usw. Auch bekannte Themen erhalten durch die Relation von erwarteter und tatsächlicher Formulierung einen besonderen Reiz. So wird aus *Der Struwwelpeter. Lustige Geschichten und drollige Bilder* im Saarland (Fassung von Edith Braun in: Walter Sauer Hrsg. 1996: Der Mundart Struwwelpeter, Heidelberg: Winter, 127ff.; *òò* steht für langes offenes o):

(8)　*De Saarbrigger Schdruwwelpeeder. Luschdische Schdiggelscher unn glòòre Bilder.*

Auch ein bekanntes politisches Thema erhält durch einen anderen Stil einen neuartigen Reiz. So hat die „Saarbrücker Zeitung" vom 29.12.1999, Seite 3 unter der Rubrik „Themen des Tages" ein Foto von Altbundeskanzler Kohl abgebildet, dazu eine Karikatur, die ihn als Märchenonkel mit dem deutschen Michel (d.h. einem parlamentarischen Untersuchungsausschuss) zeigt: *...und wenn du brav bist, les ich morgen wieder vor!* aus den Amtszeit-Memoiren. In derselben Ausgabe gibt es einen Bericht zum gesetzlich problematischen Handeln von Kohl bezüglich der Parteienfinanzierung und dessen juristischen Folgen, einen Bericht über eine Umfrage zu Wahlchancen seiner Partei und dazwischen (in Relation dazu) einen Artikel:

(9)　***Wie der mächtige König Kohl seinen Ruhm ruinierte***

　　Ein Märchen von Niedergang und Neuanfang – Die Moral von der ‚Geschicht': Auch noch so große Macht hält ewig nicht

　　(...) Zeit (...), ein Märchen zu erzählen: das Märchen vom König Kohl, der so groß war und so mächtig und so lange auf seinem Thron saß, dass man sich das Leben seiner Untertanen ohne ihn gar nicht mehr vorstellen konnte. Richtig festgefressen hatte er sich an der Macht. Was er sagte, das wurde getan. Seit Jahren schon wagte niemand mehr, ihm zu widersprechen. Ratschläge, auch der klügsten Leute, schlug er in den Wind.

　　Wie jeder König, so hatte auch dieser Gefolgsleute, denen er hier und da, wenn sie eifrig genug für die gemeinsame Sache gestritten hatten, heimlich eine Belohnung zukommen ließ. Das verstieß zwar gegen die Regeln der Gleichheit und der Offenheit. Doch es trug dazu bei, dass für ihn und seine Anhänger alles so blieb, wie es war. Der Erfolg schien dem König recht zu geben. Deshalb hatte es sich so eingebürgert, dass nur er bestimmte, was erlaubt und was verboten sei. Die meisten seiner Vasallen, wenngleich murrend, beugten sich seinem Willen, beugten sich nicht zuletzt deshalb, weil der König in seiner persönlichen Lebensführung über jeden Zweifel erhaben, weil er darin redlich und bescheiden war. Unbescheiden war er nur in seinem Verhältnis zur Macht. Wer immer sich gegen ihn auflehnte, der sah sich am Ende ausgestoßen und vereinsamt. Von ihnen also, diesen Gedemütigten, die ihm – wie die Knappen Heiner und Lothar – einen schmerzlichen Absturz verdankten, gab es bald viele. Zum Beispiel auch den Knappen Kurt, der erst lange nach seiner Verbannung im fernen Sachsen eine Zuflucht fand.

Doch niemand weinte den vom Hofe Vertriebenen nach. So sehr überstrahlte der König alle anderen. Hatte er in den Jahren seiner Herrschaft doch vieles zum Guten gewendet (...)

Die Art der Relation von eigentlichem Thema und stilistischer Verarbeitung ist bedeutsam für den interpretierbaren stilistischen Sinn. Hier erlaubt der Märchenstil eine zusammenfassende Überzeichnung und dadurch eine Pointierung im Hinblick auf Moralisches.

3.1.2.4 Thema und Welterfahrung

Groß (1994, 26) betont, dass die Weltreferenz in der Literatur in Relation zum normalen Weltwissen aufgrund von Welterfahrung wirkt. D.h. die Art der im Text konstruierten Realität wirkt in Relation zur für die Lesenden ‚normalen' konstruierten Realität. Dies gilt z.B. auch für „witzige Fiktionalisierungen" (Kotthoff 1998, 34ff.) im Gespräch: Ausgangspunkt ist „geteiltes Hintergrundwissen" (1998, 37), wobei „die Ablösung von der Realität schrittweise bewerkstelligt" (1998, 38) wird und jeweils gemeinsam getragen werden muss: „Man zeigt sich gegenseitig sein Wissen (... in einem Wissensbereich, B.S.) und auch seine (...) Haltung dazu, ohne explizite Einschätzungen abzugeben" (1998, 37). In Schrifttexten kann sofort das Thema in Richtung einer ungewöhnlichen Interaktionsmodalität gesteuert werden, wie Beispiel (9) mit der Überschrift zeigt.

Lalouschek (1999) zeigt anhand der Analyse einer Gesundheitssendung zum Thema Brustkrebs, dass der Moderator das Thema der Sendung einseitig auf das medizinisch Machbare fokussiert, dass aber andere Aspekte des Themas, wie das Problem der weiblichen Identität und die Emotionen der Betroffenen weitgehend ausgespart bleiben, indem der Moderator thematisch steuert. Damit geht der Moderator persuasiv vor: Hoffmann (1996) argumentiert, dass persuasive Texte im Interesse der Sprachhandelnden thematisch so gestaltet werden, dass dadurch verändernd in die Lebenswelt der Adressaten eingegriffen wird. Bezogen auf das Beispiel von Lalouschek: Die Betroffenen sollen an die medizinische Machbarkeit glauben, Anderes als irrelevant ausblenden. – Vgl. auch im Folgenden das Beispiel (14); die Welterfahrung ist im Frame-Wissen sedimentiert.

3.1.2.5 Relation Stilmerkmal/Thema

Das Übliche ist eine Mischung verschiedenartiger Stilmerkmale, d.h. von solchen unterschiedlicher Beschreibungsebenen, die zu einer charakteristischen Stilstruktur zusammen wirken und in Relation zum Thema (und der Handlung) stehen. Es gibt jedoch auch den Fall auffälliger Häufung, Wiederholung mit besonderer Relation zum Thema.

Iterationen von Stilmerkmalen können darin bestehen, dass entweder ein bestimmtes Stilmerkmal zu einer Selektion von Themenbestandteilen führt oder auch ein Typ von Stilmerkmal. Jandl hat etwa in *Ottos mops hopst* ausschließlich Silben mit *o*-Vokal gewählt, die dann sequenziell arrangiert werden, z.T. auch mit Repetitionen (Ernst Jandl, 1988: Ottos mops hopst. Gedichte. Ravensburg: Maier, S. 5):

(10) *ottos mops trotzt*
otto: fort mops fort
ottos mops hopst fort
otto: soso

otto holt koks
otto holt obst
otto horcht
otto: mops mops
otto hofft

ottos mops klopft
otto: komm mops komm
ottos mops kotzt
otto: ogottogott

Dieselbe Methode der Themenkonstruktion durch lautliche Restriktion hat Jegensdorf (1987) angewendet, der mit Schülern Gedichte erarbeitet hat wie *Ulfs Wumm, Elkes Esel, Annas Aal, Willis Spitz*. Häufungen von Phraseologismen als Typ von Stilmerkmal werden gern genutzt, um ein Thema in ‚unernster' Interaktionsmodalität herzustellen (Saarbrücker Zeitung, 8.8.2003, A2, zur Zeit einer extremen Hitzewelle):

(11) **Sonnentisch am Arbeitsstich**
von Alexandra Raetzer

Die Hitze macht mir schwer zu schwitzen. Merkwürdige Worte und seltsame Satzkonstruktionen drohen da aus der Feder zu fliegen, denn die Konzertation gerät völlig aus den Dübeln, was einen gerade als Journalistin leicht in die Patrouille bringen kann. Da muss man sich schon mal am Riemen beißen und die Zähne zusammenreißen! Denn sonst geht schnell was in die Dose (...)

Ganz anders die folgende Hommage von Annely Rothkegel zum 60. Geburtstag von Gertrud Gréciano, wo die Phraseologismen wörtlich genommen sind:

(12) *Phraseologie: Remotivierung*

*Aus ner Mücke ward ein Elefant,
der sagte im Porzellanladen, die Hand
könne er sehen vor Augen nicht
das käme von „gedrängter Wochenübersicht".
(...)*

3.1.2.6 Relation des Einstellungsausdrucks zum Thema

In Zeitungsnachrichten erwarten wir den Ausdruck ‚sachlich-neutraler' Einstellung. Dies kann jedoch aufgegeben werden, dann sind Informations- und Meinungs-Text nicht mehr getrennt. (Dass in hard news-Überschriften häufig bewertet und sogar emotionalisiert wird, hat Oberhauser 1993 nachgewiesen.) – Ein Artikel in der (links orientierten) „Tageszeitung" (11.12.2001, 10) war mit folgenden Schlagzeilen überschrieben:

(13) **Stoiber nett zu Schily**
... und umgekehrt. Der Minister erhält einen bayerischen Orden – und schreibt das Zuwanderungsgesetz a bissl um.

Der Ausdruck *nett* gehört in die ‚private' Rede, nicht zu politischen Themen. Hier wird er verwendet, um ‚ironische Distanz' auszudrücken: ‚Der konservative bayerische Ministerpräsident und der SPD-Bundesminister nähern sich einander an'. Auch *a bissl* gehört nicht zum Ausdrücken politischer Themen. Mit dem ‚bayerischen' *a bissl* wird ‚ironisch' präzisiert: ‚schreibt dafür das Zuwanderungsgesetz im Sinne von Stoiber etwas um'. Während es hier um ‚kritische' Distanz als Einstellung geht, legt der folgende Textausschnitt eine ‚unterhaltsame', ‚spielerische' Distanz zum Thematisierten nahe (aus: „Der Salonlöwe" in: Der Tagesspiegel, 5.5.2002, 11). Es geht um eine Ausstellung auf Schloss Britz, die Fürst Pückler und Frauen, die mit ihm in Verbindung standen, zeigt; hier der erste Absatz:

(14) *„Oh! Vincenza, Engel des Himmels, Seele meines Lebens, was hast Du aus mir gemacht – wo fände ich die Worte, um Dir den Zustand meiner Seele auszumalen?" Ja, wo nur, durchlauchtigster Fürst Pückler? Zum Beispiel in Ihrer gesammelten Damenkorrespondenz, in der sich auch die „Concepte alter Liebesbriefe" finden. Gerne griffen Sie darauf zurück, warum auch sollte man ein erfolgreiches Billetdoux nicht wiederverwenden? Vorzugsweise, so lesen wir, bedienten Sie sich dann des Französischen, es schmeichele sich sanfter und beschwörender ins Ohr, da hatten Sie wohl Recht. Auch versteckten Sie Ihre amourösen Epistel gern in üppigen Blumensträußen, bei Bedarf ergänzt durch ein goldenes Ringlein als bewährter Schlüssel zum Herzen der Frau. Respekt, Durchlaucht, Respekt!*

In diesem ersten Absatz des Textes wird DIALOGISIERT, indem die Person, die neben der Ausstellung das Thema des Textes bildet, spielerisch angeredet wird. Dabei wird mit *Liebesbriefe* ein Frame eröffnet, auf den bezogen die

3.1 Textinterne Relationen

Unterschiede zu unseren heutigen Vorstellungen thematisiert werden, auch durch die variierenden Wiederaufnahmeausdrücke gekennzeichnet: *Billetdoux, amouröse Epistel*. Später im Text heißt es, *dass viele der Briefliebschaften Papier blieben, galante Fingerübungen eines routinierten Kavaliers, als Gesellschaftsspiel gemeint und auch so aufgenommen*. Damit wird im Nachhinein die Passage des ersten Absatzes in ein anderes Licht gerückt: freundlich distanzierte Ironie als Einstellungsausdruck.

Weiter ist auch eine ‚engagierte' und zugleich ‚parteilich-persuasive' Einstellung zu einem Thema möglich (Werbebrief eines Bundestagsabgeordneten im Bundestagswahlkampf 2002 – siehe Abb. 3-1).

Der Text beginnt mit einer positiven Gestaltung der Beziehung zu den Adressaten. In den letzten fünf Zeilen dominieren die positive Selbstdarstellung und der Versuch, die Beziehung positiv zu EMOTIONALISIEREN: *unsere Streitkräfte; Ihr Vertrauen zu schenken; mit aller Kraft und Leidenschaft; Herzlichst* (in Relation zum distanzierten Beginn: *Sehr geehrter Herr...*). Mit diesem Rahmen im Text wird also versucht, eine positive emotionale Einstellung als Beziehungsgestaltung zu erreichen. Im übrigen Text wird zunächst – gemäß der „Regeln" des Wahlkampfes – der politische Gegner massiv abgewertet, bevor in vier Absätzen die Selbstaufwertung der eigenen Partei erfolgt: Mit einer sehr schlichten Syntax werden außerordentlich viele komprimierte Ausdrücke geboten (vgl. Kap. 4.1.2.2). Z.B. sind im Zusammenhang von Wahl-VERSPRECHEN Präsuppositionen mittels Attribuierungen, Negationsartikeln (*kein*) und Präpositionalisierungen ausgedrückt, so im vierten Absatz: ***bessere** Betreuungsangebote für Kinder; **Ein bezahlbares** Gesundheitssystem – **keine** Zwei-Klassen-Medizin. **Für uns** steht der Patient im Mittelpunkt*. Hierdurch wird der politische Gegner implizit abgewertet. Im fünften Absatz steht „*Null Toleranz*" gegenüber *Verbrechen* im unmittelbaren Kontext von *Zuwanderung* und *Integration*, womit suggeriert wird, dass Zuwanderung dazu führt, dass *alle Menschen* sich in Deutschland nicht sicher fühlen.

Es gibt globale Stilhaltungen: Interaktionsmodalitäten wie Scherz/Humor, Feierlichkeit, betonte Sachlichkeit oder betonter Ernst. Sie prägen ganze Texte oder Textpassagen. Sie sind per Konvention an Handlungsmuster/Textmuster gebunden. Bezüglich der Themen sind sie variabler einsetzbar. So kann ein Thema ironisch oder witzig abgehandelt werden, aber auch sachlich oder betont ernst. Beispiele für Ironie und insgesamt ‚unernste' Interaktionsmodalität finden sich z.B. in Kap. 6.2.

DR. KARL A. LAMERS

Mitglied des Deutschen Bundestages
Kreisvorsitzender der CDU Heidelberg

Dr. Karl A. Lamers – Adlerstraße 1/5 - 69123 Heidelberg

Herrn

Heidelberg, Neckar

Heidelberg

Persönliche Referenten
Christiane Schreck
Matthias Lang
Adlerstraße 1/5
69123 Heidelberg
Tel.: 06221-16 23 16
Fax: 06221-2 52 36
eMail: karl-a.lamers@wk.bundestag
http://www.karl-lamers.de
Heidelberg, den 2002-09-09

Sehr geehrter Herr

am 22. September ist Bundestagswahl. An diesem Tag stellen Sie als Wähler die Weichen für die Zukunft Deutschlands. Die letzten vier Jahre unter Rot-Grün haben unserem Land massiv geschadet: vier Millionen Arbeitslose, drei Millionen Sozialhilfeempfänger, Zehntausende Insolvenzen, Schlusslicht beim Wirtschaftswachstum in der EU.

Die Botschaft der CDU/CSU für den 22. September lautet: „Zeit für Taten". Wir werden die Voraussetzungen für einen kraftvollen Aufschwung und mehr Arbeitsplätze schaffen. Dafür bürgen Edmund Stoiber und Lothar Späth. Eine spürbare Steuersenkung lässt dem Arbeitnehmer mehr Geld für seine Arbeitsleistung in der Tasche und entlastet den Beschäftigungsmotor Mittelstand. Mit unseren neuen „400-Euro-Jobs" – keine Steuern für die Arbeitnehmer, 20 % Pauschalsteuer für den Arbeitgeber – lassen wir unsere bewährte, von Rot-Grün abgeschaffte „630-Mark-Regelung" noch attraktiver wieder aufleben.

Wir werden Ausbildung, Wissenschaft und Forschung – Grundvoraussetzungen für eine erfolgreiche Volkswirtschaft – auf die Überholspur bringen.

Daneben wollen wir die Familien mit einem Familiengeld und besseren Betreuungsangeboten für Kinder fördern. Ein bezahlbares Gesundheitssystem – keine Zwei-Klassen-Medizin. Für uns steht der Patient im Mittelpunkt. Eine solide Rentenreform wird einen gesicherten Lebensabend nach einem arbeitsreichen Leben garantieren.

Weiterhin muss die Zuwanderung begrenzt und gesteuert werden. Eine Integration der Zugewanderten lässt sich nur über die Beherrschung der deutschen Sprache und die Akzeptanz deutscher Gesetze, Traditionen und Werte erreichen. Außerdem „Null Toleranz" gegenüber Verbrechen: Alle Menschen müssen sich in Deutschland sicher fühlen – volle Unterstützung für Polizei und Justiz. Schließlich liegt mir als Verteidigungspolitiker die Bundeswehr am Herzen. Unsere Streitkräfte dürfen nicht „kaputt gespart" werden.

Ich bitte Sie, mir bei der Wahl am 22. September 2002 mit Ihrer Erststimme Ihr Vertrauen zu schenken. Gerne möchte ich mit aller Kraft und Leidenschaft Ihre Interessen und die Anliegen unserer Region in Berlin vertreten.

Herzlichst

Dr. Karl A. Lamers MdB

Abb. 3–1 Wahlwerbebrief

3.1.2.7 Ähnlichkeitsstruktur

In diesen Fällen werden stilistische Merkmale aus dem thematisierten Frame genommen, um das Thema stilistisch ‚interessant' zu gestalten: Es besteht eine ‚besondere' Relation zwischen Thema und Stilmerkmal(en). Wenn jemand sich z.B. langsam von einem komplizierten Beinbruch erholt, kann man ihm wünschen, *bald wieder vollständig „auf die Beine zu kommen".* D.h. man nutzt für das Thematisieren einen Ausdruck, der aus dem Frame des Themas stammt, und sei es, wie im vorliegenden Beispiel, einen metaphorisch verfestigten idiomatischen Ausdruck, der dadurch remotiviert wird. – In einem linguistischen Buch über Phraseologie (Lüger 1999, 11) kann es vorkommen, dass ein Phraseologismus verwendet wird, der nicht aus dem fachlichen Bereich, sondern aus der Allgemeinsprache stammt:

(15a) *Auch wenn die Grenzen zu „freien" Wortverbindungen manchmal fließend sind, wäre es insgesamt sicher verfehlt, auf ‚Festigkeit' bzw. ‚relative Festigkeit' als Unterscheidungsmerkmal generell zu verzichten; dies hieße in der Tat, um es einmal phraseologisch auszudrücken, das Kind mit dem Bade auszuschütten.*

In demselben Buch beschreibt der Verfasser den Gebrauch von Phraseologismen in Theodor Fontanes Roman „Der Stechlin". Konsequent endet er sein Buch mit einem Fontanezitat, das zum geflügelten Wort geworden ist:

(15b) *(...) Eine angemessene Behandlung dieser Fragenkomplexe bliebe einer separaten Darstellung vorbehalten und wäre in der Tat, um noch einmal Fontane zu Wort kommen zu lassen, „ein weites Feld".*

Die Ähnlichkeitsstruktur ist also in diesem Buch im Sinne einer thematischen „Rahmung" akzeptabel. – In Sandig (1986, 211) gebe ich ein Beispiel für paradoxes Argumentieren als Werbung für ein Buch eben über Argumentationsparadoxe, weitere Beispiele ebda., Kap. 1.5.3 und 2.1.2.3. Über einen ganzen Text verstreut finden wir Elemente des Körperframes in ‚unernst' eigentlicher und in uneigentlicher Verwendung in Beispiel (7) *Fingerzeig* in Kap. 6.2. Die Verwendungen der Ähnlichkeitsstruktur können also sehr verschieden sein. – Hier noch eine Filmkritik teils „im Stil" des zu beschreibenden Films, teils beschreibend, aber auch ironisch: *Heimatfilm, Polit-Thriller...* (treff regional 216/1999, 8) (siehe Abb. 3-2).

Sekundärthematische Themenentfaltung (Kap. 5.4.2.1) ist ein Sonderfall von Ähnlichkeitsstruktur: Dort wird ein Framemerkmal oder auch mehrere durch die Art der materiellen Darstellung beim Lesen „erfahrbar" gemacht.

Vorsicht: Flachland-Komiker Werner hat wieder die Hühnerfußkappe übergestülpt und kachelt volles Rohr zur nächsten Bölkstoff-Station.   Foto: Constantin

„Werner – Volles Rooäää!!! Fäkalstau in Knöllerup" von Gerhard Hahn

Schraddel, kachel, rülps

Plopp! Jetzt knallen sie wieder – die knubbeligen Bügelflaschen mit dem Bölkstoff drin und aus den Lautsprechern dröhnt die Mucke: „Mit Karacho ohne Tacho, volles Rohr und Straße frei!" Deutschlands am heftigsten rülpsender Zweiradfahrer hat wieder die Hühnerfußkappe übergestülpt und schraddelt mit seiner Schüssel durch die Gegend. Diesmal geht's ums nackte Überleben. Baulöwe Günzelsen bedroht das Wohnviertel von Werner und seinen Freunden. Setzt sogar rechtsradikale Dumpfbacken ein. Ein Heimatfilm also. Ein Actionstreifen sowieso (kachel, kachel!) – fast schon ein Polit-Thriller (mit Baggerklau und Benzinbombe). Spaß beiseite! Nur keine Angst: „Geändert hat sich nichts", geben die Macher zu. Der dritte „Werner"-Film ist beinhart nach der Masche gestrickt: Das muss kacheln. Vor allem an der Kinokasse. Fünf Millionen Besucher wollten das letzte Abenteuer aus dem Land der hemmungslosen Bölkstofftrinker sehen – die Messlatte liegt also hoch. Und auch diesmal wollen sich Brösel & Co. eine goldene Leinwand ans Scheunentor nageln – mindestens! Die Fans können den Fäkalstau kaum erwarten. Und alle anderen? Die warten sicher auf einen Verriss – oder wenigstens auf eine seriöse Filmkritik zum neuen „Werner". Nicht mit uns.   THOMAS REINHARDT

▶ Deutschland 1999, 75 Min.; Regie: Gerhard Hahn; Buch: Rötger und Andi Feldmann; Musik: Harry Schnitzler, Jens Busch.

Abb. 3–2 Filmrezension

3.1.3 Relationen von Handlung und Thema

Da das Thema im Rahmen der Handlung interpretiert wird, sind diesbezügliche Relationen ebenfalls stilistisch relevant.

3.1.3.1 Zusammenspiel von Handlung und Thema

Stilistisch interessant sind hier Relationen, die so auf der Basis der Konventionen nicht erwartbar sind. Im Feuilletonteil der „Zeit" vom 15.3.2000, S. 64, fand sich folgender Text:

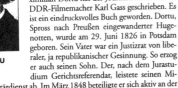

Ein Preuße gegen Preußen

Die Biografie des deutschen Freiheitskämpfers Max Dortu

MAX DORTU

Endlich. Die Lebensbeschreibung eines jungen vergessenen Revolutionärs – 151 Jahre nach seiner Erschießung an der Friedhofsmauer in Freiburg-Wiehre. Dort starb er am 31. Juli 1849: Johann Ludwig Maximilian Dortu aus Potsdam im Alter von 23 Jahren, zum Tode verurteilt wegen Hochverrats von der siegreichen preußischen Militärjustiz nach der zaghaften südwestdeutschen Revolution von 1849. Preußische Militärs hatten in Baden damals die dünnen Wurzeln freiheitlicher Demokratie in unserem Land brutal entfernt.

Diese materialreiche erste Biografie des Maximilian Dortu hat der Journalist und frühere DDR-Filmemacher Karl Gass geschrieben. Es ist ein eindrucksvolles Buch geworden. Dortu, Spross nach Preußen eingewanderter Hugenotten, wurde am 29. Juni 1826 in Potsdam geboren. Sein Vater war ein Justizrat von liberaler, ja republikanischer Gesinnung. So erzog er auch seinen Sohn. Dieser, nach dem Jurastudium Gerichtsreferendar, leistete seinen Militärdienst ab. Im März 1848 beteiligte er sich aktiv an der Revolution in Berlin. Er ist der Mann, der den Prinzen Wilhelm und nachmaligen deutschen Kaiser Wilhelm I. aufs Trefflichste als „Kartätschenprinzen" charakterisierte.

Dortu kommt wegen Beleidigung des Prinzen drei Monate in Haft. Als der König im November den März militärisch ausradiert, bleibt Dortu kompromisslos auf der Seite der Freiheit. Er flieht nach Paris, wo er einige seiner Mitrevolutionäre wieder trifft. Er will nach Italien, um Garibaldi beizustehen. Wäre er nur bei diesem Plan geblieben! Aber als er von dem badischen Aufstand hört, reist er sofort nach Karlsruhe und wird Offizier der Revolutionsarmee. Wie man ihn am Ende fasst, ist nicht bekannt. In Freiburg kommt es zum Hochverratsprozess. Sein Vater, der zur Rettung herbeieilt, wird gar nicht erst vorgelassen, darf dann kurz den Sohn im Freiburger Gefängnis sprechen.

Max Dortu, Kommandeur eines revolutionären Bataillons, wird von einem preußischen Erschießungskommando – als Erster von 27 badischen Revolutionären – erschossen. Er lässt sich ruhig und aufrecht töten: „Zielt gut, Brüder!" Seine Eltern zahlten der Stadt Freiburg 1000 Gulden für das Grabmal in der Wiehre und ließen sich später bei ihrem Sohn bestatten.

Wenn das Wort Held nicht so abgenutzt wäre, könnte man Dortu ohne Zögern so nennen. Er war im Wortsinn ein Vorkämpfer unserer heutigen Demokratie. Ein gebildeter, umgänglicher, konsequenter Republikaner aus der preußischen Oberschicht. Er taucht in den Schriften von Karl Varnhagen von Ense, Theodor Fontane, Ludwig Feuerbach und wenigen anderen auf, dann versinkt er in Vergessenheit – im Deutschen Reich unter Preußens Stiefel vom Regime systematisch *vergessen gemacht*.

Beides sollte möglich sein, schreibt Karl Gass in seinem lesenswerten Buch: „das unumstößliche Preußenjahr – und in all diesem monarchistischen Spektakel ein bescheidener republikanischer Dortu-Tag".

HANNO KÜHNERT

● **Karl Gass: Zielt gut, Brüder!**
Das kurze Leben des Max Dortu; Märkischer Verlag, Wilhelmshorst; 2000; 180 S., 24,80 DM

Abb. 3–3 Buchrezension

Aufgrund der wahrnehmbaren Textgestalt (Kap. 5.3.1) handelt es sich um eine Buchrezension: Der Untertitel und die Angabe der Buchdaten am Ende sprechen dafür. Ebenso: *Diese materialreiche erste Biografie*; *Es ist ein eindrucksvolles Buch geworden*; *in seinem lesenswerten Buch*. Von der Textfunktion her ist dieses BEWERTEN des Buches konstitutiv, ebenso aber auch das INFORMIEREN über das Buch, damit die Leser die Bewertung nachvollziehen können. Das BEWERTEN beschränkt sich jedoch auf die gerade wiedergegebenen Passagen, der Rest ist INFORMIEREN bzw. BEWERTEN im Zusammenhang mit Thema selbst. – Über das Leben von Max Dortu werden wir in den ersten beiden Absätzen INFORMIERT: Hier wird zusammenfassend über ihn aus der Rückschau BERICHTET (deskriptive Themenentfaltung im Rahmen der Textfunktion; vgl. Kap. 5.4.2.7). Und nach dem zweiten Absatz könnte das INFORMIEREN enden; die drei folgenden Absätze könnten entfallen, es wäre trotzdem eine vollgültige Rezension.

In den Absätzen 3 bis 5 wird uns das Leben des Dortu – und damit das Buch über ihn – ‚nahe gebracht': Dies geschieht ganz überwiegend im Präsens – der Autor wechselt hier zur narrativen Themenentfaltung. Den Übergang bildet am Ende des zweiten Absatzes: *er ist der Mann, der den Prinzen Wilhelm und nachmaligen deutschen Kaiser Wilhelm I. aufs Trefflichste als „Kartätschenprinzen" charakterisierte.* Hier bereits findet sich das für das Erzählen charakteristische ZITIEREN (direkte Rede) und das BEWERTEN durch den Erzähler: *aufs Trefflichste.* Zum Erzählen passt im dritten Absatz auch die Art der Formulierung: *Als der König im November den März militärisch ausradiert*, mit dem emotionalisierenden KONTRASTIEREN einer Zeitangabe mit einem metonymischen Referenzausdruck, wobei mitgemeint ist, dass die Märzrevolution nur für kurze Zeit erfolgreich war.

Ebenso finden wir die emotionale Anteilnahme beim Erzählen mit dem irrealen Wunschsatz: *Wäre er nur bei diesem Plan geblieben!*, auch eine zitierte direkte Rede (*Zielt gut, Brüder!*), die zugleich den Kontext gibt, mit dem der Buchtitel expliziert wird. Im fünften Absatz BEWERTET der Autor der Rezension den Gegenstand der Biografie als *Held* – wieder konform mit der erzählenden Themenentfaltung.

Warum gibt der Autor dem Buchinhalt ein derartiges Gewicht? Zunächst ist es ein Feuilletontext. Haupt-Thema ist von daher nicht das Buch selbst, sondern sein Inhalt: das Leben von Max Dortu. Im Zusammenhang mit diesem gibt es ein Nebenthema: Preußen. Der Haupttitel der Rezension lässt sogar annehmen, dass es gleichwertig mit dem Leben von Dortu sein könnte: *Ein Preuße gegen Preußen.* Durch den Text verteilt finden wir eine Reihe negativer Bewertungen über Preußen: *Preußische Militärs hatten in Baden damals die dünnen Wurzeln freiheitlicher Demokratie in unserem Land brutal entfernt* und: *als der König im November den März militärisch ausradiert; dann versinkt er in Vergessenheit – im Deutschen Reich unter Preußens Stiefel vom Regime systematisch **vergessen gemacht**.* In allen diesen Passagen fällt auf, dass sie metaphorisch GESTALTET sind: Die Bewertung wird hier EMOTIONALISIERT. Deshalb ist anzunehmen, dass hier die negative Kehrseite Preußens mit thematisiert wird – als Beitrag nicht nur des Buches, sondern auch dieser Buchbesprechung zum Preußenjahr, d.h. in Relation der Buchrezension zu einem Aspekt der Äußerungssituation (vgl. Kap. 3.2.2.4).

3.1 Textinterne Relationen 105

Außerdem ist die Relation von Handlung und Thema auch im Rahmen der Rubrik „Feuilleton" des Mediums zu sehen (vgl. Kap. 3.2.2.3).

3.1.3.2 Intertextualität

Hier geht es um „referentielle" Intertextualität. Mit Holthuis (1993) unterscheiden Fix/Poethe/Yos (2001) zwischen „typologischer" und „referentieller" Intertextualität. Erstere meint den Bezug eines Textes zu seinem Texttyp oder Textmuster, letztere den Bezug eines Textes zu einem individuellen anderen Text. Dieser letztere Untertyp von Intertextualität ist hier besonders gemeint; um die Art des Textmusterbezugs eines Textes geht es – anders als bei Fix (2000) – im Kap. 6, um „diskursive" Intertextualität (Bußmann 2002) in Kap. 5.4.2.3.

Referentielle Intertextualität bezeichnet eine Relation individueller Texte (mit Handlung und Thema) untereinander, d.h. die Text-Text-Beziehung nach Fix (2000): Dabei wird auf das Wissen der Rezipierenden bezüglich eines bestimmten Textes angespielt (vgl. auch Fix 2000, 450).

Je nachdem, welcher Art die Relation (vgl. dazu die Beiträge in Klein/Fix Hrsg. 1997) ist, hat das Auswirkungen auf die erzielbare Wirkung. Einige Beispiele: Eine Zigarettenmarke wirbt 1998 auf einer Werbewand mit hell-grünem Untergrund und der Werbeschlagzeile: *Die grüne Wand der Sympathie;* damit wird angespielt auf den früheren Werbeslogan der Dresdner Bank: *Das grüne Band der Sympathie* bzw. *Mit dem grünen Band der Sympathie*. Dieselbe Zigarettenmarke wirbt im selben Jahr auf schwarzem Grund mit einer zerknautschten Zigarettenpackung und der Werbeschlagzeile *Morning has broken*. Wer das Lied kennt, dem diese Zeile entnommen ist, dem stellt sich zur Werbung die Melodie ein und gegebenenfalls der weitere Liedtext. Rößler (1997, 241ff.) zeigt für Zeitungstexte, dass entweder die „volle formale Identität" oder die „partielle formale Identität" bei der Übernahme konkreter Textelemente und -strukturen aus einem anderen Text den Lesern Hinweise für das Verstehen gibt.

Die stilistische Qualität wird durch den Grad der ‚Nähe' oder ‚Entfernung' der relationierten Texte in der Erfahrungswelt der Rezipienten nahe gelegt. Relative Ferne ist beim folgenden Beispiel zu beobachten: So lässt die Formulierung *Der Fischer und seine Frau* eine hochsprachliche Version des niederdeutschen Märchens erwarten. Steht dies allerdings auf den Politikseiten einer Zeitung (Relation zum Medium) unter dem Foto eines Politikers namens *Fischer*, so bekommt die Formulierung einen besonderen Reiz: So am 16.11.1998 in der „Saarbrücker Zeitung", S. 2, unter einem Foto vom ersten Bundespresseball nach dem Regierungswechsel, auf dem der noch neue Außenminister Fischer zum ersten Mal mit seiner (neuen) Frau in der Öffentlichkeit auftrat. Die bekannte Themenformulierung gehört zu einem Textmuster, das mit dem Zeitungsmedium und besonders den politikbezogenen Textmustern unverträglich ist, und sie verbalisiert ein für die Leserschaft neues Thema als besondere Art der Relation. Fix (2000) betont die Rolle der Intertextualität in Sachtexten, wogegen in der Sekundärliteratur häufig der literarische Wert zu einseitig betont wird. Zu Wissenschaftstexten vgl. ausführlich Jakobs (1999).

Ein Roman, in dem intertextuelle Beziehungen zu vielfältigen literarischen Texten auch thematisch eine Rolle spielen, ist Ulla Hahns „Das verborgene Wort" (2001): Die Protagonistin bezieht ihr Wissen über die Welt vielfach aus der Literatur und die Autorin konfrontiert immer wieder das Erleben und Denken der Figur mit dem angelesenen Wissen und setzt so den Lesern vertraute Passagen aus der Literatur in neuartige Kontexte. – Das folgende Beispiel stammt aus einem Essay (***Das dritte Kind. Ihr Kinderlein kommet? Von wegen!***, Die Zeit, 19.12.2001, Literaturbeilage, 41); hier der Textanfang:

> (16) *Weihnachtszeit, Erstgeborenenzeit, Zeit des epochalen Einzelkindes:* ***zu Bethlehem geboren, in Windeln gewickelt, der Friedensfürst****. Ohne Anspruch auf Kindergeld und Sozialhilfe zwar. (...) Doch was für ein Kind!* ***Vom Himmel*** *geschneit. Fern jener demografisch besorgten Zeiten geboren, in denen Geburten mit dem Blick auf Rentenversorgung und Expertenschwund statistisch als nützlich, ja notwendig angesehen werden. In denen auf der Nordhalbkugel jede* ***der Kindlein wehren*** *kann. Jesus von Nazareth: Einzelkind, immerhin. Unterhalb des heutigen statistischen Mittelwerts. 1,4 Geburten pro Gebärfähiger. (...)*

In diesem Text gibt es Anspielungen auf Weihnachtslieder (*Ihr Kinderlein kommet, Zu Bethlehem geboren, Vom Himmel hoch da komm ich her*), auf die biblische Weihnachtsgeschichte (*in Windeln gewickelt*), auf eine traditionelle Charakterisierung (Periphrase) des Jesus von Nazareth (*der Friedefürst*); außerdem auf das Matthäus-Evangelium, Matth. 19, 14: *Lasset die Kindlein und wehret ihnen nicht zu mir kommen*. Von dieser Passage sind nur zwei charakteristische Elemente erhalten, hier mit dem ‚altertümelnden', zum Bibelstil passenden vorangestellten Genitiv verknüpft: *der Kindlein wehren*. Durch diese abgewandelte intertextuelle Anspielung sind zugleich die zwei an sich unverträglichen Frames (vgl. Mustermischung, Kap. 4.1.2.3) biblische Weihnachtsgeschichte und Demografie, auch über das gemeinsame Element *Geburt*, verknüpft. In diesem letzten Fall und ebenso bei *Ihr Kinderlein kommet* liegt eine stilistisch bedingte referentielle Intertextualität vor: Die Ausdrücke *kommet* und *wehret* sind im Kontext des jeweiligen Frames anders zu interpretieren als hier im Text; die ‚Brücke' bildet die jeweilige Ausdrucksseite der Lexeme, vgl. dazu das folgende Beispiel.

Wie Stilelemente generell nur virtuell im Text angelegt sind und erst durch das Erkennen durch Rezipierende realisiert werden (Spillner 1995 u.ö.), so

3.1 Textinterne Relationen   107

gilt dies für referentielle intertextuelle Beziehungen: So können nach Holthuis (1993, 31) „intertextuelle Qualitäten zwar vom Text motiviert werden (...), aber vollzogen werden (sie) in der Interaktion zwischen Text und Leser, seinen Kenntnismengen und Rezeptionserwartungen"; sie müssen „vom Leser als solche erkannt und verarbeitet werden".
Ein Beispiel aus dem Bereich der Politik: Im Vorwahlkampf des Wahljahres 2002 erschienen ein Großflächen-Plakat und Anzeigen mit dem Konterfei des beliebten ehemaligen Bundespräsidenten Herzog (Abbildung Saarbrücker Zeitung, 18.4.2002, A3):

Abb. 3–4 Politische Werbung

Das berühmt gewordene Diktum von Herzog aus dem Jahre 1997, *durch Deutschland* müsse *ein Ruck gehen*, wird hier in einer andersartigen Situation wieder verwendet (vgl. Kap. 5.7.3: Text und Textverwendung). Dadurch wird (pragmatisch) präsupponiert, es habe im Jahr 2002 noch keinen Ruck gegeben, sondern der 1997 beklagte Reformstau bestehe noch. Die Zeitung nun kritisiert diese verdeckte Wahlkampfäußerung mit der auffällig formulierten Schlagzeile: *Ruck, zuck ist Wahlkampf* und der Unterzeile: *Werbekampagne gegen Pessimismus – Experte vermutet verdeckte Stimmungsmache.* Wir haben es hier also mit zwei verschiedenen Arten von Text-Text-Beziehungen bzw. referentieller Intertextualität zu tun:
a) inhaltliche, thematische bei dem Plakattext, wobei die Form als Zitat erhalten ist;
b) rein stilistische in der Zeitung, indem mit *Ruck zuck* auf den abgebildeten Plakattext ANGESPIELT wird.

Es sind also – vermittelt über Eigenschaften der Ausdrucksseite – zu unterscheiden:
1. thematische (inhaltliche) referentielle Intertextualität
2. stilistische referentielle Intertextualität, die dem Ausschmücken, Interessant- und Farbigmachen etc. des Textes dient, im Beispiel auch der impliziten Kritik, im Beispiel (17) der positiven Bewertung.

Rein stilistische referentielle Intertextualität besteht darin, dass lediglich ein ausdrucksseitiger Anklang an einen anderen Text eine Rolle spielt, ‚Bekanntheit' der Formulierung also, nicht aber der dazugehörige Inhalt, das Thema. Für Phraseologismen und weitere Formeln wurde diese Möglichkeit bereits bei Spillner (1983) und Hartmut Schmidt (1998) beschrieben. Ein weiteres Beispiel dazu: Als die deutsche Frauen-Fußball-Nationalmannschaft das Halbfinale der Weltmeisterschaft erreicht (und damit die Favoritinnen aus den USA „entthront") hatte, brachte die „Saarbrücker Zeitung" (7.10.2003) auf der Sportseite folgendes Foto: Eine deutsche Spielerin dominierend im Kampf gegen zwei US-amerikanische. Die Bildunterschrift lautete:

(17) *Die Kraft und die Herrlichkeit. Birgit Prinz setzt sich dynamisch gegen die Amerikanerinnen Bivens (links) und Reddick durch.*

Das Ende des Vaterunsers, *denn dein ist die Kraft und die Herrlichkeit in Ewigkeit, Amen*, hat nichts mit dem gesamten Inhalt zu tun. Die Anspielung ist lediglich ausdrucksseitig und damit rein stilistisch, nicht thematisch.

Es ist zu unterscheiden, im Rahmen welches Textmusters mit seinen Konventionen die Intertextualität stattfindet. Weiter ist zu unterscheiden, ob es sich um festgeprägte Texte handelt (Liedtext, Slogan) oder um Bezüge zwischen in irgendeiner Form ‚benachbarten' Texten. Dazwischen gibt es Grade des Übergangs, vgl. Hartmut Schmidts (1998) „Traditionen des Formulierens": Ausgehend von einem Film- oder Romantitel, auch von einem berühmt gewordenen Diktum. Vgl. auch Kap. 4.1.2.3: Mustermischungen.

3.1.3.3 Stil als Dekor

Wann Stil (oder ein Stilaspekt) ein ATTRAKTIV MACHENDER Zusatz ist und wann unmittelbar funktional für die Darstellung, lässt sich nur in Relation zum Thema und/oder zum Handlungstyp mit seinem konventionellen Kontext-Modell entscheiden. So hat im Beispiel (6) *Haushalt* (Kap. 3.1.2.1) das pikante Domina-Teilthema keine andere Funktion als die, den Text um einen ‚interessanten' Gesichtspunkt anzureichern, der für das Thema mit seinen beiden Teilthemen als solchen nicht funktional ist. Bezogen auf das Textmuster Glosse ist er aber sehr wohl funktional, insofern als hier ‚unernst' und ‚humorig' die verschiedensten Themen unterhaltsam gemischt werden können (vgl. Kap. 6.2). Außerdem werden die anderen Teilthemen durch dieses weitere miteinander verknüpft. Ein anderes Beispiel: „Die Zeit" warb für sich selbst mit einer Anzeige, die ein großes Foto zeigte, auf dem ein erwachsener Mann einem Mädchen Schießunterricht gab. Dieser Dekor war völlig misslungen, wie eine Fülle von Protest-Leserbriefen zeigte.

„Die Zeit" warb aber auch mit einer mehrseitigen Broschüre, die aus mehreren abgeschlossenen Artikeln, auch von Redakteuren, bestand; die typografische Text-Gestalt entsprach genau den typischen Text-Gestalten des Mediums „Die Zeit" (vgl. Kap. 5.9.1.4). In diesem Fall entsteht eine „Ähnlichkeitsstruktur" (s. Kap. 3.1.2.7): Die Werbebroschüre ist in Hinsicht auf die Typografie und die Qualität der Artikel (als „Kostproben") ähnlich dem beworbenen Produkt, es ist also kein bloßer Dekor. Eine Form der Handlungsdurchführung und Thematisierung stellt das „Textdesign" dar (vgl. Bucher 1996). Diese Form der Präsentation besteht darin, dass ein längerer Zeitungsbericht (wie er früher in Zeitungen und Zeitschriften üblich war) aufgespalten wird in mehrere selbstständige Texte mit verschiedenen Funktionen. Diese geben den Lesern je nach Tiefe des Interesses ein unterschiedlich umfangreiches Angebot der Information: Grafiken, Bilder mit Unterschrift, Interview, Bericht, Kommentar, Hintergrundinformation: Lilienthal (1998, 113) unterscheidet „drei typische Formen der Clusterbildung": 1. Segmentierung bezüglich des Themas, 2. bezüglich der „Darstellungsformen" (Textmuster) und 3. „perspektivische Segmentierung", d.h. z.B. Pro- und Kontra-Artikel, (mehrere) Interviews zum selben Thema usw. Wird diese Art der Handlungsdurchführung allerdings verwendet, um für (Lacroix-)Saucen in Dosen zu werben, wird sie zum bloßen Dekor, vgl. Abb. 5.9–31, und zwar hier sowohl bezüglich des Themas wie des Handlungstyps. Dieser Text war als Streifband-Zeitung bei Martina Mangasser-Wahl ins Haus gekommen, auch dies ein bloßer Dekor.

Dekor kann auch grafisch und/oder bildlich realisiert werden. Ein Beispiel für die Verwendung eines Textmusters als Dekor ist der Bildwitz, der im Wirtschaftsteil der „Frankfurter Allgemeinen Zeitung" (29.10.1999, 19) in die „Unternehmensnachrichten" eingeschoben ist:

Abb. 3–5 Bildwitz als Dekor

Beispiele sind weiter verzierte Initialen als typografischer Dekor: Ein Artikel in der „Zeit" (29.12.1999, 15ff.) beschäftigt sich mit dem Jahreswechsel vor hundert Jahren; er ist überschrieben mit: *Das große Versprechen. Silvester 1899 – mit Kaisertreuen, Rompilgern, walisischen Bergarbeitern und Pariser Salonlöwen unterwegs in das neue Jahrhundert.* Die einzelnen Teilkapitel, die in der Unterüberschrift thematisch angekündigt werden, beginnen jeweils mit dem entsprechenden fetter gedruckten Ortsnamen als Zwischenüberschrift; sie sind aber zusätzlich markiert durch die Verwendung von dekorativen Initialen. Die Form der Initialen ist nicht zufällig gewählt,

3.1 Textinterne Relationen　　　　　　　　　　　　　　　　　　　　　111

sondern im Sinne einer Ähnlichkeitsstruktur (Kap. 3.1.2.7) passend zum Teilthema: die ‚deutsche' Fraktur für *Berlin*, die Antiqua für *Rom*, elegante Jugendstil-Antiqua für *Paris* und eine sehr traditionell (‚englisch'?) wirkende Schrift für *Wales*:

Abb. 3–6 Initialen

Die Verschiedenheit dieser Initialen zeigt außerdem die Stile der Zeit, über die berichtet wird; sie wirken in ihrer Form auch in Relation zur schlichten Antiqua des Zeitungsartikels selbst (vgl. Kap. 3.2.2.3). Es handelt sich hier zwar um Dekor, insofern als diese Schmuckelemente gegenüber den Informationen zusätzlich sind, aber selbst dieser hat gewisse Funktionen, ist motiviert, hier über thematische Angemessenheit mit Hilfe der Ähnlichkeitsstruktur und als (traditionelles) Mittel der typografischen Textgliederung. Die Verteilung der Verwendung von Fraktur und Antiqua entspricht außerdem deren traditionellen ‚Bedeutungen': Fraktur für ‚deutsch' und ‚konservativ', Antiqua für ‚romanisch', ‚international', ‚progressiv' (vgl. von Polenz 1996).

HÖRBUCH

Musik des Sprechens

Ein Schnarren, Flöten, Kreischen, ein Ächzen, Knarzen und Jubilieren. Endlich ist er wieder da: Fritz Kortner. Wenigstens mit seiner unvergleichlichen, unvergessbaren Stimme. Kortner, der König der Sprache, als König Lear.

Eine Entdeckung für Theater-, Schauspiel-, Hörbuch-Freunde, nein: für alle, die nicht vergessen haben, welchen geistigen Aderlass ein blödes Vaterland wie das unsere vor einem halben Jahrhundert veranstaltet hat.

Da geifert der Kritiker des *Angriff* am Weihnachtsabend 1932: „Deutsches Theater: ein jüdischer Saustall ... Kortner ist so ziemlich der schmierigste und übelste jüdische Typ, der je auf einer deutschen Bühne gestanden hat."

67 Jahre später kriecht das deutsche Theater, geistig und sprachlich heruntergekommen, zu einem Schauspiel- und Sprech-Meister unserer Sprach- und Darstellungskunst zurück, um nur die Grundlagen eines einst großen Hand- (und Mund-)Werks, eines ehrlichen Gewerbes, wieder zu erlangen.

Man denkt, Wolfgang Schwiedrziks neue CD-Edition *Vertriebene deutsch/jüdische Schauspieler* sei ein Tribut an die Vergangenheit – und merkt: Hier geht es um die (oft) elende Gegenwart der Sprech-Bühne auf deutscher Szene, ja, um die Zukunft des Theaters unserer Sprache überhaupt. Das macht den Rang dieser Publikation aus.

Der Herausgeber, lange Jahre selbst im Theater zu Haus, beklagt (durchaus selbstkritisch) den „unbeschreiblichen Verfall handwerklichen Könnens". Zwar wurden, mit Körperspiel, gestischen Signalen, neue Ausdrucksbereiche gewonnen. Das waren Protest-Aktionen gegen das falsche Pathos des noch lang nachwirkenden Propaganda-Stils der Nazis.

Ein Ereignis dieser ersten Publikation der CD-Edition *Vertriebene deutsch/jüdische Schauspieler* ist deshalb die hier zum ersten Mal, in Auszügen, veröffentlichte Vorlesung des Regisseurs Peter Stein vor zwei Jahren an der Berliner Hochschule der Künste. Schöneres, Genaueres kann man über die Kunst des Schauspieler-Regisseurs nicht erfahren: „Dass man den sprachlichen Ausdruck nur dann voll entfalten kann, wenn vorher geklärt ist, was der Körper tut ... Die Sprachbehandlung: das ist etwas, was heute gar nicht mehr vorkommt. Haben Sie irgendwo mal gehört oder gelesen, dass bei einem Schauspieler berichtet wird, wie er spricht?"

Und aus Klaus Völkers Buch über Kortner (1987) gehört hierher der Versuch, den Zauber dieses Schauspielers einzufangen: „Kortner gewinnt aus der Glut seiner geistigen Besessenheit die wesentlichsten künstlerischen Wirkungen. Seine klar durchdachte Beziehung zur Sprache gestattet ihm, das Wort bis auf den letzten anschaulichen und gedanklichen Gehalt auszuschöpfen." (Alfred Braun)

Wie sich deutsche Sprech- und Darstellungskunst verstümmelt, als sie Künstler wie Kortner aus dem Land getrieben hat. So gern hätte Kortner den Lear gespielt: „Solange die physische Kraft hat, ihn zu spielen, fehlt einem die Reife. Erlangt man sie, versagt die Kraft", klagt er. Doch 1958 hat er, unter der Regie von Wilhelm Semmelroth, wenigstens eine Hörspiel-Fassung eingespielt, mit – man glaubt es kaum – Maria Becker, Joana Maria Gorvin, Hilde Mikulicz, Karl Maria Schley, Walter Richter, Bernhard Minetti, Norbert Kappen ...

Große Kunst – die wahr macht, was der Herausgeber, zu Recht, als „Musik des Sprechens" preist, was Kortners Schüler, Peter Stein, so hochhält: „Kortner, der Jude, wollte ein deutscher Schauspieler sein, der in der deutschen Sprache zu Hause ist. Es gab bei ihm eine geradezu obsessionelle Zuwendung zur deutschen Sprache, wie sie nur von jemandem entwickelt werden, der außerhalb steht."

ROLF MICHAELIS

● „König Lear – Fritz Kortner"
CD-Edition „Vertriebene deutsch/jüdische Schauspieler"; Edition Mnemosyne, Carl Beck-Straße 29; 69151 Neckargemünd; 2 CDs; 158 Minuten; 45,– DM

Abb. 3–7 Hörbuch-Ankündigung

Weitere Beispiele für Dekor sind Bild-Zusätze, die der Unterhaltung der Leser dienen, wie bei den Besprechungen in einer ständig wiederkehrenden Rubrik *Hörbuch* der „Zeit" (hier: vom 29.12.1999, 54), innerhalb des Literatur-Blattes. Zur Orientierung der Leser ist der Artikel mit dem entsprechenden Oberbegriff ausgestattet, der als weiterer Dekor fast linksbündig auf einem Strich gelagert ist, wobei aber zwei kleine graue parallele Balken am linken

Rand des Artikels auch jeweils die Senkrechte betonen. Der Leser-orientierende Oberbegriff *Hörbuch* wird durch die ungewöhnliche Illustration in seine Bestandteile segmentiert wieder aufgenommen: Gegenüber der expliziten Kategorisierung der Texte als auf „Hörbücher" bezogene Rezensionen ist der Bild-Zusatz ein überflüssiger Dekor, der zusätzlich diese Teilrubrik des Literaturteils als solche kennzeichnet. Umgekehrt kann das immer wiederkehrende und aufgrund unserer Sehgewohnheiten zuerst wahrgenommene Bild für die Leser auch die Orientierung erleichtern.

Was für Bilder wie im Rahmen einer Textfunktion als Dekor eingesetzt werden, ist stark zeitabhängig (vgl. Kap. 3.2.2.7). So wurden in Kochbüchern um die Wende vom 19. zum 20. Jahrhundert verschnörkelte Zierleisten verwendet, auch Abbildungen von Zwergen als der Hausfrau hilfreiche Heinzelmännchen. 100 Jahre später haben üppige Fotos kaum vergleichbare Funktionen.

3.1.4 Weitere Relationen

Die bisher aufgeführten Typen von Relationen sind um mindestens die folgenden zu ergänzen. Aus dem Bereich Typografie ist z.B. die Relation der verwendeten Schrifttypen untereinander relevant, vgl. etwa Abb. 3–12, bei der die Schrifttypen harmonieren. Demgegenüber ist eine Diskrepanz bezüglich der konventionellen Verwendungen der Schrifttypen festzustellen bei Abb. 4.1–5. Schrifttypen haben konventionell verschiedene Funktionen und Auswirkungen (Konnotationen, die daraus entstanden sind, vgl. zu Abb. 3–6). Die Beispiele zeigen auch Relationen der Schriftarten zum Thema, Abb. 3–12 auch zum Handlungstyp, dem Textmuster Trivialroman.

Weiter sind die Relationen von sprachlichem Textanteil und verwendeten Bildern relevant: die Art des Bildes oder der Bilder, die „Modalität" von Bildern nach Kress/van Leeuwen (1996), d.h. der Grad des Realitätsbezugs, der Geltungsanspruch, auch die Platzierung der Bilder in Relation zum Text, das Layout eben. Vgl. dazu insbesondere Kap. 5.9.3.

3.2 Textexterne Relationen

Das Kapitel 3.1 bezog sich mit textinternen Relationen auf den inneren Rahmen des Kommunikationsmodells von Kap. 1. Dabei waren die Grenzen zu den äußeren Rahmungen nicht immer streng zu ziehen. In diesem Kapitel gehe ich zunächst auf Relationen ein, die den Text und die mit ihm Handelnden betreffen und ebenso auf Relationen der kommunikativ Handeln untereinander. Danach werden verschiedene Aspekte des situativen Umfelds thematisiert.

3.2.1 Geäußertes in Relation zu den Handelnden

Das stilistische Wissen der Beteiligten ist in allen Aspekten dieses Kapitels 3 die Grundlage der Produktion und der Interpretation. Hier soll nun besonders der Personenbezug des Geäußerten fokussiert werden.

3.2.1.1 Geäußertes in Relation zu Äußernden

Typisierte Stile (s. Kap. 4.5) werden von den einzelnen Sprechern einer Gemeinschaft als individuelles Mustersystem (Tolcsvai Nagy 1998) angeeignet. Die Äußerungen erfolgen relativ zu diesem Mustersystem und gegebenenfalls relativ zum graduell davon verschiedenen Mustersystem der umfassenderen Gemeinschaft. (Und sie werden auch relativ zu einem solchen Mustersystem rezipiert: Kap. 3.2.1.2). Ein „Individualstil" wird relativ zu einem bestimmten Individuum gesehen, das sich in seinem Stil bzw. in seinen Stilen von der oder den konventionellen Redeweise(n) der Gemeinschaft unterscheidet. Wenn mir z.B. ein Kollege einen dienstlichen Brief schreibt mit der Anrede *Sehr verehrte Frau Kollegin!*, so werde ich ihn als ‚älteren' Kollegen typisierend identifizieren, verabschiedet er sich zusätzlich mit *Ihr Ihnen sehr ergebener* + Name, so verbinde ich dies (im Kontext der Anrede) mit dieser Person als Individuum, das auf mich ‚förmlich' im Sinne einer Kultur wirkt, in der es Frauen z.B. noch kaum als Professorinnen (und damit als Kolleginnen) gab. Als weitergehende Wirkung werde ich entsprechende Handlungen (nicht nur stilistische!) mir gegenüber erwarten. – Eine besondere Art der Relation stellt die „Rollendistanz" dar: Eine Person äußert sich in einem anderen Stil, als es die Rolle erwarten lässt.

Tannen (1984) zeigt, anhand von Merkmalen und variierenden Merkmalskombinationen, wie bei verschiedenen sozial relevanten Redeweisen der Mitglieder einer Gruppe im Gespräch individuelle Profile zu erkennen sind. Ciliberti (1993, 6) führt aus: „language producers are limited by pre-established social and cultural constraints, but they still take part in interaction actively and capably, and are therefore able to produce unforeseen outcomes which are attributable to them as individuals". Sie zeigt dies am Beispiel zweier Angestellter im Buchladen, die relativ verschieden mit den Klienten umgehen, und sie arbeitet rollentypische Gemeinsamkeiten und individuelle Unterschiede heraus.

3.2.1.2 Geäußertes in Relation zu Rezipierenden

Hier ist zunächst zu unterscheiden zwischen Einfachadressierung und Mehrfachadressierung (Kühn 1995): Dieselbe Äußerung oder Äußerungsfolge wird von verschiedenen Adressaten jeweils mit (teilweise) verschiedenem

3.2 Textexterne Relationen

stilistischem Sinn interpretiert. Clark/Carlson (1982) zeigen an Sprechakten wie AUFFORDERN, das an einen Adressaten gerichtet ist, dass gleichzeitig andere Adressaten darüber INFORMIERT werden können. RATSCHLÄGE beispielsweise werden in politischen Kommentaren an Politiker gegeben, die Leser der Kommentare werden gleichzeitig darüber INFORMIERT. Generell werden Gespräche im Fernsehen vor einem und für ein Publikum geführt (Holly/Kühn/Püschel 1986).

Die Relation der Handelnden und ihrer Rollen einerseits wie auch andererseits der Inhalt der Äußerung bzw. Äußerungssequenz in Relation dazu ist ausschlaggebend für die Interpretation. Stempel (1976) z.B. beschreibt ironisches Nachäffen in Dreierkonstellationen mit Ironie-Opfer und Ironie-Publikum.

Es ist außerdem zu unterscheiden zwischen den intendierten Adressaten bzw. dem Publikum (vgl. Wellmann 1993, 21f.), das beim Schreiben/Sprechen vorschwebte, und anderen Rezipierenden. Spillner (1997, 211) unterscheidet für die literaturwissenschaftliche Stilanalyse: „Entweder sie geht von den Stilreaktionen des heutigen Lesers aus oder sie rekonstruiert den zeitgenössischen bzw. intendierten Leser". Dies gilt natürlich auch für Gebrauchstexte früherer Zeiten: Sie sind zu beschreiben „u.a. mit Hilfe von Wörterbüchern, Grammatiken, zeitgenössischen Stilistiken" (ebda.), aber nach Spillner auch mit Hilfe von Wissen über die soziale und geschichtliche Situation der Gesellschaft. So zeigt Adam-Wintjen (1998), dass Werbung im Jahr 1947 sich von den Erfahrungen mit der NS-Propaganda absetzte z.B. durch INFORMIEREN und EINGEHEN auf die antizipierten Bedürfnisse der Adressatinnen, beispielsweise mit ‚Höflichkeit' oder ‚Privatheit' (Kinder/Familie). Auch typografisch suchte man nach neuen „Sehgewohnheiten".

Generell betont Spillner (1997, 211), „dass ein virtuelles Textmerkmal nur dann Stilqualität erlangen kann, wenn es im Rezeptionsvorgang vom Leser/Hörer bemerkt und durch seine Reaktion aktualisiert wird. Nach dieser Auffassung ist Stil also eine dynamische Kategorie, die historischen Veränderungen unterworfen ist und bei der Lektüre jeweils bis zu einem gewissen Grad unterschiedlich aktualisiert werden kann. Stil ist nicht statisch, ein für allemal invariabel im Text kodiert, sondern veränderlich und in jedem Rezeptionsprozess prinzipiell je anders rekonstruierbar. Dabei ist auch mit der Möglichkeit zu rechnen, dass im Text kodierte virtuelle Stilelemente bei der Lektüre nicht bemerkt und somit nicht in ihrem stilistischen Sinn rekonstruiert werden". Vgl. auch Spillner (1984, 69 und hier Kap. 1.8.2 zu Stilrezeption generell). Texte können durch den zeitlichen Abstand (vgl. Kap. 3.2.2.7) für die Rezipierenden auch Stilmerkmale erhalten, die sie für Zeitgenossen der Textentstehung nicht hatten und die vom Autor oder der Autorin nicht als solche intendiert waren. Das gilt z.B. für um die Jahrhundertwende zum 20. Jahrhundert offenbar geläufige Überschriften in Kochbüchern wie

Forelle blau zu kochen oder den Konjunktivgebrauch für unpersönliche Aufforderungen: *man schneide die Zwiebeln klein* (vgl. Sandig 1996b). Auch Tolcsvai Nagy betont (1998): Der Stil des konkreten Textes wird rezipientenseitig „konstruiert" anhand des (individuell variablen) Wissens von Stiltypen sowie des konventionsgebundenen Wissens und der Erwartung bezüglich Situationstyp, Handlungstyp etc.

Auch unterschiedliche soziale Hintergründe von Äußernden und Rezipierenden (vgl. Kap. 3.2.2.6) können zu stilistischen „Konstruktionen" führen, die als solche nicht intendiert waren: Alters-Differenzen, sozialer Status, regionale Herkunft, Geschlecht usw. als Symptome. Stöckl (1997, 46) betont neben der Situations- und Wissens-Abhängigkeit auch die Einstellungs-Abhängigkeit von Stilwirkungen: Eine Äußerung z.B. über Veränderungen in der Gesellschaft wie *Ich beobachte mit wachsender Sorge...* wird von einem ‚konservativen' Rezipienten anders aufgenommen als von einem ‚linken' Rezipienten, vgl. genauer Kap. 1.8.2.

In der Konversationsanalyse wird betont, dass die Folgezüge der Rezipienten deren Interpretation des Vorherigen einschließen: Mit ihnen werden z.B. Stile ratifiziert oder verändert (z.B. Levinson 1983, Kap. 6.2); Selting (1997) nutzt dies methodisch für den Nachweis von Stilwirkungen.

3.2.1.3 Relationen von Sprechern und Adressaten: Beziehungsgestaltung

Wir wissen, dass wir Briefe anders gestalten, je nachdem, wer unser Adressat ist. So kommt es in institutionellen Zusammenhängen vor, dass ein Rollenträger mit zwei Brief-Anreden bedacht wird, zuerst mit der offiziellen, danach mit der privaten:

(18) *Sehr geehrte Frau Präsidentin, liebe Margret,*

Zeitungen und Zeitschriften werden so gestaltet, dass möglichst ein „consensus" zwischen den Blattmachern und den Adressaten besteht (Fowler 1991). Die Grundlage liegt in einer ausgeprägten „Präferenz für Übereinstimmung" (Levinson 1983, Kap. 6.2), die anhand von Gesprächen beobachtet wurde.

Für Gespräche wurde der rezipientenspezifische Zuschnitt auf Seiten der Sprechenden betont (Sacks/Schegloff/Jefferson 1974); dieser kann aber graduell verschieden ausgeprägt sein (Franck 1984, 127). So gleichen sich in der Regel Dialektsprecher graduell an Hochsprache-Sprecher als Gesprächspartner an – es sei denn, sie möchten die Differenz betonen, eine Distanzbeziehung herstellen; umgekehrt versuchen Ärzte oder Ärztinnen häufig, sich dem Dialekt ihrer Klienten ein Stück weit anzupassen – wenn sie nicht dazu unfähig sind und/oder ihre Expertenrolle herausstellen. Offenbar gibt es eine Präferenz für gleichartige Rede unter Interaktionspartnern, z.B. hebt Tannen

3.2 Textexterne Relationen

(1984) den gleichartigen „Rhythmus", das gleichartige Tempo als wichtig für ein Gespräch hervor, in dem die Beteiligten sich wohl fühlen. Dies gilt aber auch für den Gebrauch von Varietäten und ihren Abstufungen oder anderen stilistisch relevanten Merkmalsbündeln.

Die unterschiedlichen Anpassungen an Rezipienten zeigt auch der folgende Ausschnitt aus einem Gespräch zwischen Großmutter G und Enkelin E (Aufnahme Birgit Emig. Transkriptionszeichen: Unterstreichungen für Überlappungen, Sternchen für kurze Pause, ↑ für steigende Intonation, *gell"* für auffällige Betonung, *sa:d* für auffällige Dehnung):

```
77 G: un do bin ich rinn sa:d ich Herr Dokder ich hab ein problem ich bilde mir ei:n ich hätt nen
78 G. schlaganfall gehabt doch                                    ja
79 E.       # och gö:"#      da hasch=es schon selwer gegla:bt gell↑   do hasch=es schon
   K:           #BEDAUERND#

80 E: selwer gegla:bt gell" daß        ei na: weil du sa:sch ich bill=es merr in     do
81 G:                # es war a:ch enner#                                            mh
   K:               #PROTESTIEREND#

82 E: hasch=e jo schon selwer gegla:bd daß es net wohr war                       jo
83 G:                                  ei ja ei daß    e #Eva es war" jo ebbes# awwer
   K:                                                  #BESTÄTIGEND    #

84 G: was das wußt ich net                 un jetzt bin jo jetzt erscht bei meinem
85 E:     ei nä: (...) is jo ganz klar wenn dann jeder sa:d eh   es stimmt net

86 G: dokdor die woch an die reih komm wegen einem termin↑  un da hann ich gesa:d Herr Dokder
87 E:                                                       jo

88 G: ich war oben beim demm arzt er hat zu mir gesa:d er * gibt ihnen das schriftlich wie=s
89 G. mit meim kopp is * die aue" die ohre" un do de kopp
```

Abb. 3–8 Erzählung im Dialekt

Großmutter und Enkelin sprechen miteinander rheinpfälzischen Dialekt; aber in ihrer Erzählung gibt die Großmutter ihre direkte Rede mit den Ärzten so wieder, dass sie näher an der Hochsprache gestaltet ist. Also selbst beim Erzählen wird der rezipientenspezifische Zuschnitt als Art der stilistischen Gestaltung der Rollen-Relation mit gestaltet.

Thimm (1998) referiert die „Speech accomodation theory", gemäß der zu unterschiedlichen Zwecken und in unterschiedlichen Kontexten entweder eine Annäherung („Konvergenz") oder eine Abgrenzung („Divergenz") in Bezug auf die Stile des Kommunikationspartners gesucht wird (1998, 50-53). Sie betont dabei den Einfluss von Partnerhypothesen, auch solchen, die durch Stereotype geleitet sind: Konvergenz und Divergenz werden nach Thimm in Kontexten „interaktional ausgehandelt" (1998, 56). Es kann in Interaktionen dann auch zu einer ‚patronisierenden und herablassenden' (Thimm 1998, 56) „Überakkomodation" kommen, aber auch zu „Unterakkomodation" (1998, 60) mit jeweils typischen übergreifenden Strategien.

Anhand der Analyse gemischtgeschlechtlicher Fernsehdiskussionen zeigt Gräßel (1991, 304f.) für „öffentliche Kommunikationssituationen" bei Männern sechs Merkmale eines „eher dominanten Sprachstils" auf, bei Frauen sechzehn Merkmale, von denen „kein einziges (...) einem eher dominanten Sprachverhalten, also Mitteln der Gesprächskontrolle zugeschrieben werden" kann. Gräßel stellt (1991, 314) „eine geschlechtsspezifische Arbeitsteilung auch in Gesprächen" als besondere Art der Relation fest, da „Männer überwiegend Merkmale eines dominanten Sprachverhaltens zeigen, Frauen überwiegend Merkmale eines nicht-dominanten Sprachstils, indem sie mehr Formen der Abschwächung gebrauchen und mehr Beiträge zur Gesprächsarbeit leisten."

Ciliberti (1993) arbeitet heraus, dass ein Sprecher sowohl den kulturellen und sozialen Regeln und Konventionen folgen kann als auch sich individuell dazu verhalten: „Individuals' interactive styles are (...) constituted by a combination of characteristics learned by interacting with others – that is, of a socio-cultural nature (...) – and of idiosyncratic traits." (1993, 6f.). Interaktionspartner nun können dies ratifizieren oder dagegen angehen (ebda.); dies nennt die Autorin „relational level of analysis", aber bereits beim Sprechen selbst sind mehrere Relationen im Spiel: zwischen den Personen, zur sozialen und kulturellen Umgebung.

Brünner (1997) untersucht Telefongespräche eines EDV-Service-Leisters mit seinen Kunden bzw. Kundinnen. Nach der Erarbeitung eines interaktiven Musters für diese Gespräche zeigt Brünner, dass derselbe Berater die Kunden anhand deren Selbstdarstellung als Experten oder Laien einschätzt und darauf hin unterschiedliche Stile wählt, das interaktive Muster also verschieden füllt; die Beziehung wird jeweils unterschiedlich gestaltet: als Experten-Laien- oder als Experten-Experten-Beziehung.

Moosmüller (1999) weist anhand eines Experiments nach, dass die Stimme derselben Frau sowohl von der Grundfrequenz wie von den sonstigen Charakteristika her sich völlig ändert, je nach der Rollen-Konstellation: Als „Organisatorin in Clubbings" stellt sie sich im Interview selbst dar „als emanzipierte, unabhängige Frau" (1999, 88) – in diesem Fall ist die Stimme wesentlich tiefer und weist eine „für eine Frauenstimme relativ niedrige Stimmgrundfrequenz" auf (ebda.), relativ also zu unseren Hörgewohnheiten; es ist ein sprachliches Mittel der Abgrenzung (1999, 89). Als dieselbe Person spielerisch die Rolle einer Bäuerin einnimmt, ist „die Stimmgrundfrequenz wesentlich höher" (ebda); hiermit wird sozio-pragmatisch die traditionelle emotionale Abhängigkeit dargestellt, selbst bei der Rolle als Gast auf dem Bauernhof. „Der Einsatz der sprachlichen Mittel ist abhängig von einem dynamischen interaktiven Prozess der ständigen Abschätzung der eigenen Position sowie der Position der anderen." (ebda.)

3.2.2 Geäußertes in Relationen des situativen Umfelds

S.J. Schmidt (1973, 104ff.) nimmt für Kommunikationsakte „komplexe Voraussetzungssituationen" an. Zu diesen gehören „alle spezifischen Bedingungen, Beschränkungen und Bestimmungen, unter denen Kommunikationspartner in Kommunikationsprozessen stehen" (1973, 104), wie Rolle oder Status der Beteiligten, deren Text- und Weltkenntnisse, Wirklichkeitsmodelle usw., persönliche Kompetenzen und Dispositionen. Derartige „Situationsmodelle" (van Dijk 1997, vgl. auch Kap. 3) sind (nach Schmidt, ebda.) virtuell; konkrete Annahmen innerhalb von Kommunikationsakten nennt Schmidt „Situationspräsuppositionen".

Das situative Umfeld, in dem der Text (oder das Gespräch) von den Handelnden durchgeführt wird, ist zu differenzieren: Zunächst ist grob zwischen unterschiedlichen technischen Kanälen für visuelle oder auditive Übertragung oder beides zu unterscheiden (van Dijk 1980, 158). Innerhalb der Kanäle sind für den visuellen Kanal bestimmte „Textträger" (ebda.) zu differenzieren wie Zeitung, Aufkleber, Buch, Zettel, Plakatwand, behauener Stein... Verschiedene Textträger wie etwa die Zeitung bilden weiter verschiedene Medien aus: z.B. Boulevardzeitung, regionale oder überregionale Zeitung mit bestimmtem Profil bzw. bestimmte Zeitungen, die den Rezipierenden aufgrund ihres Namens und erwartbarer Tendenz bekannt sind. *Medium* wird üblicherweise für Kanal und Textträger verwendet (vgl. ebda.), hier besteht aber Bedarf zu differenzieren (vgl. auch Kap. 5.7). Kanäle, Textträger und Medien werden in bestimmten Situationstypen, innerhalb von Handlungsbereichen oder auch von Institutionen genutzt; dies lässt dann konventionell gewisse Stile erwarten (eine Schülerzeitung enthält in der Regel andere Stile als eine offizielle).

In Gesprächen lassen gewisse Rollen-Konstellationen von Gesprächspartnern in einem Situationstyp oder Handlungsbereich/einer Institution per Konvention Stile erwarten. Was zählt, ist aber das, was die Interagierenden gemeinsam relevant machen: Handlungsrahmen werden mittels „Stilen als Kontextualisierungshinweisen" (Selting 1995) aktiv als solche gesetzt (Selting 1997). Auch Rollen und ihre Konstellationen werden erst als solche stilistisch gestaltet (Uhmann 1989). Dabei können die Beteiligten den konventionsgegebenen Erwartungen folgen, sie können aber auch die Situation in anderer Weise ‚definieren', indem sie sie stilistisch, aber auch handlungsmäßig, thematisch... ausgestalten.

Situative Umfelder sind auch sozial, regional, historisch und kulturell geprägt: D.h. sie lassen jeweils bestimmte Bandbreiten von Stilen erwarten.

Für alle diese Teilaspekte des situativen Umfelds gibt es Konventionen, in Relation zu denen Kommunikationen und Interaktionen gestaltet werden: den Konventionen folgend oder zu einem gewissen Grad als von ihnen intentional abweichend interpretiert, gegebenenfalls auch als Symptom gedeutet.

3.2.2.1 Relation Geäußertes/Kanal

Die Schreibtechnik-Kanäle lassen Schriftlichkeit als stilistische Grundhaltung erwarten. Koch/Oesterreicher (1985) haben jedoch darauf aufmerksam gemacht, dass zwischen „konzeptioneller" und „medialer" Mündlichkeit und Schriftlichkeit zu unterscheiden ist: Mündliche bzw. schriftliche Sprachformen sind nicht auf die Verwendung im entsprechenden Kanal beschränkt, sondern können relativ dazu variieren. Der stilistische Reiz von Glossen, die im Dialekt geschrieben sind oder Dialekt-Einsprengsel enthalten, liegt in der besonderen Relation von Geäußertem und visuellem Kanal (zusätzlich oft der Art des Mediums). Als Beispiel eine Kurzrezension aus den Literatur-Seiten der „Zeit" (10.12.1998, 59), hier Dialektales in der Schriftlichkeit mit Zügen „konzeptioneller Mündlichkeit":

(19) **Unter Eechen**

Erwin Strittmatter: Der Laden; AtV 5420, Aufbau Verlag, Berlin 1998; 1496 S., Abb., 49,90 DM

Nun sind alle schwer ergriffen. Die Fernsehzuschauer, die Fernsehkritiker, überhaupt jeder, der mit dem Projekt zu tun hatte.

*Drei Folgen **Der Laden** im Ersten. Vorher Themenabend bei Arte. War ja auch sehr schön. Meckert keiner. Nicht mal Erwin Strittmatter, und der fand weiß Gott an vielem was auszusetzen. Jetzt ruht er „unter Eechen" und hat es nicht mehr erlebt, wie seine Familiensaga zur Prime time lief.*

Jo Baiers Film war gut. Erwin Strittmatters Trilogie war besser. Daran darf man erinnern, ohne die Begeisterung darüber schmälern zu wollen, daß es offensichtlich sogar möglich ist, dreimal neunzig Minuten lang auf pausenlosen Einsatz von Hubschraubern, Pumpguns und Werbung für Dallmayr-Kaffee zu verzichten. Aber was ist das gegen 1500 Seiten Strittmatter? Angefangen ganz vorne, erster Teil: „In Grauschteen, von wo wir herkommen, war alles anders ...". Bis, ja genau, dritter Teil: „ENDE". Und dazwischen wird die Welt beäugt, sich gewundert, eingemischt und reichlich Illusionen gemacht. Sich geärgert und, allerdings eher selten, auch mal bedenkenlos gefreut am Zustand der Verhältnisse in Bossdom und drum herum. Wenn es hapert mit dem Erzählfluß, heißt es eben Zeitchen vergeht. Und wieder ist Großmutter ein Stückchen kleiner, Großvater ein bißchen verstockter beziehungsweise irgend jemand ein wenig mehr so geworden, wie es das Leben von ihm gewollt hat. Oder er vom Leben, Strittmatters Dialektikbegriff schwankt angesichts solcher Fragen zwischen Marx und Laotse wie Mutter Matt beim Abwiegen ihrer Gewürzgurken. Soll sie zum hundertsten Mal anschreiben oder endlich kassieren?

3.2 Textexterne Relationen

> Mögen muß man Strittmatter nicht. Fragt gegen Ende hin Referent Persipan, der über die entscheidenden Lebensmittelrationen gebietet, den Parteifreund in angemessen strengem Tonfall: Was schreiben Sie? Ich hoffe, einen Roman, gibt der zurück. In der Spur welchen Vorgängers? will Referent Persipan noch wissen. Antwort: Nach Möglichkeit in keiner.
>
> Wie gesagt: Mögen muß man Strittmatter nicht. Aber lesen. Und zwar in der neuen Taschenbuchausgabe, herausgegeben zum Film.
>
> JÖRG ALBRECHT

Diese Rezension mischt (schon im Titel) dialektale Redeweise im Originalton des vorgestellten Autors Strittmatter (auch *Zeitchen vergeht*) mit der schriftsprachlichen Ausdrucksweise des Rezensenten, vor allem in den Satzgefügen, und mit der Sprache der „Leute", der Fernsehzuschauer (*War ja auch sehr schön. Meckert keiner.*). Mit dem ‚zugestehenden' *auch* mischt sich hier allerdings wieder der Rezensent ein, der sich teilweise auch anpasst an die Sprache des Gegenstands (als besondere Art der Relation: s. Ähnlichkeitsstruktur), z.B. durch Lexik und Wortstellung: *Wenn es hapert mit dem Erzählfluss* oder durch den Gebrauch der Formel und der ‚gliedernden' Interpunktion: *Wie gesagt: Mögen muß man Strittmatter nicht. Aber lesen. Und zwar...* Hier sind also in Relation zu dem, was der Kanal (und das Medium) erwartbar macht, gleich mehrere Stimmen zu verzeichnen (vgl. Kap. 5.6 Kohärenz: Polyphonie).

Eine andersartige Nutzung des technischen Kanals für stilistisch bedeutsame Relationierung findet sich z.B. in einer Annonce der „Zeit" (24.9.1998, 11, kurz vor der Bundestagswahl am 27.9.1998):

www.wahlstreet.de

Steigen Sie ein – jetzt!

Erfahren Sie heute, wer die Wahl gewinnt!

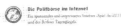
Die Politbörse im Internet

kaufen Sie sich eine Partei

Abb. 3–9 www.wahlstreet.de

Derartiges kennt man zu dieser Zeit (als weitere Relation: Kap. 3.2.2.7) als Internet-Adresse, ebenso das Schriftbild vom Computer-Bildschirm her. Auf ein Internet-Spiel vor der Bundestagswahl von 1998 wird mit einem Wortspiel (*Wahlstreet*) aufmerksam gemacht, das ‚Wahl' und ‚Börse' mischt, und zusätzlich mit einem Wort-grafischen Spiel (*Wahl$treet*) in Druckschrift. Auch die Zwischenüberschriften und die „Kaufaufforderung" am Ende dieser Werbeanzeige sind in der Computerschrift wiedergegeben. Als Hintergrund dient ein (blasses und hier in der Wiedergabe getilgtes) Bild wohl des Gebäudes der Wallstreet-Börse. – Konzeptionell mündlich und medial schriftlich ist die folgende Kontaktanzeige aus: Fit for Fun 2/2000, Beilage Single-Magazin:

> (20) *Düsseldorf/Umgebung: Ehrlich, ich schreib zum ersten Mal so'ne Anzeige. Jetzt haben schon meine Freunde gesagt, ich brauch endlich ein Mädel! (20-26) und jetzt sitz ich hier mit dem Kram. Dabei seh ich doch gar nicht so schlecht aus. (25/189/89) dunkelblond, blaue Augen, sportlich, gepflegtes Äußeres. Hä? Du hast schon geschrieben, oder was? (mit Bild) Du hast geschrieben! Das ist ja einfach.*

Die Anzeige enthält als Partnerinbeschreibung nur eine Altersangabe: *(20-26)*, sonst alles Relevante. Die Selbstdarstellung erfolgt über den mündlich ‚spontan', ‚interaktiv'... wirkenden Stil und über die Ich-Zentrierung (vgl. Sandig 1983: ich-zentrierter vs. du-zentrierter Partnerbezug): Auch das, was hier über das *Du* prädiziert wird, ist auf das *Ich* bezogen, nämlich das Aufnehmen des Wunsches nach Kontakt durch eine Partnerin. Die DIALOGISIERENDE Art der Gestaltung soll wohl einer möglichen Partnerin nahe legen, das Gespräch fortzusetzen. S. zu Kanal auch Kap. 5.9.1.1.

3.2.2.2 Relation Geäußertes/Textträger

In Wohnvierteln mit „Tempo 30" oder als Forderung von „Tempo 30" durch die Anlieger einer Straße sieht man gelegentlich Serien von Schildern, die von Kindern gestaltet wurden: Sie tragen bunte Aufschriften wie *30, Anna 3 Jahre; 30, Dirk 5 Jahre,* die zusätzlich bunt verziert sind. Mit diesen improvisierten „Straßenschildern" appellieren Kinder an Autofahrer, ihnen die Straße auch zum Spielen zu lassen. Oder andere nicht-behördliche Straßenschilder appellieren an die Verantwortlichen, erträgliche Lösungen für Verkehrsprobleme zu schaffen: *30.000 Autos täglich sind zuviel. Uns stinkts.* usw. Hier wirkt die Botschaft deshalb, weil die Differenz (Relation) zu Textträgern und Wortlauten offizieller Straßenschilder den Wissens-Hintergrund bildet.

Der Reiz von Graffiti besteht neben der visuellen Gestalt, den unkonventionellen Techniken und der inhaltlichen ‚Botschaft' darin, dass hier ein Objekt als Textträger gewählt ist, das konventionell nicht als solches dient. Fix (1996) hat gezeigt, dass im Rahmen der „Wilden Semiose" ein Romananfang – hier von Kafkas „Der Prozeß" – auf anderen Textträgern als dem Buch und in einer für andere Medien typischen Gestaltung präsentiert werden kann: Zunächst handschriftlich als Manuskriptblatt des Autors, dann in der optischen Präsentation der „Bildzeitung", als Schallplattenhülle, als Graffito auf einer gekachelten Toilettenwand, als Werbeanzeige, als Collage-Wandbild. Hier wird also ein bekannter Text jeweils neu auf einem unerwarteten

3.2 Textexterne Relationen

Textträger (und gegebenenfalls auf ein bestimmtes Medium bezogen) präsentiert. Weiteres zu Textträger s. Kap. 5.9.1.2.

3.2.2.3 Relation Geäußertes/Medium

Das Buch als Textträger ist zu differenzieren in bestimmte Medien wie Roman, Kochbuch, Schulbuch, Wörterbuch usw. An Kochbücher stellen wir in Bezug auf Formate bestimmte durchschnittliche Erwartungen. Extrem große oder kleine Formate legen besonderen Sinn nahe (vgl. Kap. 5.9: Materialität), beispielsweise ein Kochbuch mit folgenden Maßen: 5,9 cm Höhe, 5,5 cm Breite und 1,2 cm Dicke; wenn dieses Kochbuch *Kochen mit dem kleinen Kniff* heißt, ist die beabsichtigte Relation von Buchgröße und Thema offensichtlich (s. Ähnlichkeitsstruktur). Sauer (1998, 221) gibt ein Beispiel aus einer Werbung für Bordeaux-Wein im „Spiegel": *Für alle, die gern in den Spiegel gucken*, wobei die Doppeldeutigkeit von *in den Spiegel gucken* erst in Relation zum Medium entsteht; der Sinn ist eine besondere Art der Adressatenberücksichtigung.

Ein „Zeitmagazin" (14.3.1995) war als „Special" dem Thema Mode gewidmet. Auch die ständige kulinarische Kolumne dieses Mediums, die stilistisch dem Medium entspricht, wurde diesem Thema stilistisch angepasst:

(21) *Wolfram Siebeck*

Schlanke Filets in style anglais.

Was trägt man diese Saison in der Küche? Leicht ins Petrolgrün changierende Linsen vielleicht, naturfarbene Nudeln oder schwarze Trüffelspäne auf Spiegelei. (...) Für das festliche Abendessen schreibt Frau Mode den **style anglais** *vor. Rosa- und rotgebratenes Fleisch ist wieder im Kommen, der Rinderwahnsinn* **démodé**.

Modebewußte Konsumenten haben ihre Metzger, wo sie Fleisch von natürlich aufgezogenen Tieren kaufen können. Die sind eher klassisch geschnitten. Im Mittelpunkt steht nach wie vor das Filet, aber auch das Steak mit dem weißen Fettrand. **Saignant** *und* **à point** *sind die Renner der Saison,* **bien cuit** *ist kaum noch gefragt. (...)*

Hier wird also zusätzlich zum Medium die Relation zum aktuellen globalen Thema des Mediums relevant (s. Ähnlichkeitsstruktur).

Ein wieder anderer Fall liegt vor, wenn die grafische und/oder inhaltliche Gestaltung eines Exemplars eines bestimmten Mediums abweichend auf einem anderen Textträger verwendet wird, z.B. eine Glückwunschkarte zur Hochzeit in der für die „Bildzeitung" typischen grafischen, bildlichen und textlichen Präsentation:

Abb. 3–10 Glückwunschkarte zur Hochzeit

3.2 Textexterne Relationen

Nicht nur die typografische Gestaltung, sondern auch Inhalte sind stilistisch der „Bildzeitung" angeglichen: Die achtmal einfach und einmal dreifach verwendeten Ausrufezeichen bewirken eine „Exklamatorisierung" der Schlagzeilen (Büscher 1996, 172f.). Außerdem ist das relevante Thema ‚Liebe und Ehe' in mehreren Teiltexten mit Überschrift und Text dargeboten, wobei jeweils bestimmte thematische Teilaspekte dominieren. Die Teilthemen bestimmen auch den „Namen" der Zeitung (*Love*) und die Dachzeile der 1. Seite (*Hochzeit + Hochzeit + ...*). Auch der Aspekt, dass die „Bildzeitung" Lebenshilfe leistet (Büscher 1996), kommt hier nicht zu kurz. Buchers (1996) Konzept des „Textdesign" wird hier also originell variiert: Statt längerer und komplexer Zeitungsartikel besteht heute in Tages- und Wochenzeitungen die Tendenz, die Artikel in kleinere jeweils selbstständige Texte mit unterschiedlichen Teilfunktionen aufzuspalten.

Wie das vorherige Beispiel zeigt, etabliert ein Medium einen erwartbaren Stil (mit Variationsbreite) als „Referenzstil" (vgl. das folgende Unterkapitel 3.2.2.4 und Selting 1989, 203). Abweichungen von diesem Mediums-Stil sind wirksam nach dem Grad und der Art der Abweichung (Zeitmagazin, 21.11.1997, 6). Die zugehörige Rubrik-Überschrift *Was wir einmal vermissen werden* ist aus Platzgründen hier nicht mit abgebildet (siehe Abb. 3-11).

Das Versagen im Elch(-Schleuder)-Test bescherte dem zuerst hoch gelobten A-Klasse-Auto einer renommierten Autofirma eine Menge Häme. Die Glosse nutzt den subkulturellen Mantafahrer-Stil mit seiner Fülle von vorgefertigten Formeln, speziellen Lexemen und syntaktischen Strukturen. Aber vom Referenzstil der Zeitschrift für ein auch ästhetisch gebildetes Publikum scheint doch (über spezifische eingestreute Merkmale) noch einiges durch: der Relativsatz am Beginn, Bildungssprache wie *etablierte sich, Version, Imageverlust* und das Präteritum *fuhren*.

3.2.2.4 Relation Geäußertes/Situation bzw. Situationstyp

Am Beginn eines Gesprächs handeln die Interagierenden einen „Referenzstil" aus (Selting 1989, 203), ebenso wählt man beim Schreiben einen solchen. Dieser Stil gibt erwartbare Variationsbreiten vor, deutliche Stilvariationen hingegen signalisieren unterschiedliche „Interaktionsrahmen und -modalitäten", „die in Relation zum Referenzstil jeweils unterschiedliche Interpretationsschemata nahe legen" (ebda.). Die Relation zum Referenzstil ist also für die Interpretation relevant.

Referenzstile können dabei selbst unkonventionell, d.h. auf die gerade Interagierenden beschränkt sein, sie sind aber in der Regel an konventionsbedingten Erwartungen bezüglich des Situationstyps orientiert: Nach Schlobinski/Kohl/Ludewigt (1993, 210) greifen z.B. „die Jugendlichen verstärkt auf einen umgangssprachlichen Stil zurück, wenn die Situation durch

A-KLASSE hieß die Gurke, mit der sich ein Stuttgarter Autohersteller überraschend im dahindümpelnden Manta-Markt etablierte. Die Bräute fuhren voll drauf ab. Nix mehr bloß Kavalierstart. Gummi geben und ab dafür – konntste nach 'm Herbst 98 total vergessen, Alter. Überschlag aus 'm Stand oder bei 15 km/h war angesagt. Total normal. Für Weicheier gab's dann 'ne Version mit Stützrädern anne Türen und auf 'm Dach. Nicht richtig cool, aber o.k. Gab dann irgendwie 'nen Imageverlust oder so. 2002 mußten die wohl wegen der Kiste dichtmachen. Aber super Schleuder, echt.

Abb. 3–11 Was wir einmal vermissen werden: A-Klasse

Erwachsene mitstrukturiert wird und der Rahmen bestimmte Verhaltens- und Sprachanforderungen stellt (...). Wird die Situation hingegen von Jugendlichen weitgehend selbst definiert und ist eine lebhafte emotionale Atmosphäre vorhanden, sind die Grundvoraussetzungen für kreative Sprachspiele geschaffen (...). Dieses ‚situativ-emotionale Setting' (als den Referenzstil bestimmend, B.S.) ist entscheidend für die Entwicklung und Ausgestaltung verschiedener Sprachstile (...mit) flexiblen Stil- und Ebenenwechseln, (...) vielfältigen Stilbasteleien und (...) einem Spiel mit Begriffen und Symbolen" (ebda.). Hier spielen Situationstyp und Selbstdarstellung, aber auch rezipientenspezifischer Zuschnitt der Sprechenden zusammen, insgesamt jeweils die gemeinsame Beziehung in der Gruppe.

Generell werden Situationen durch die Art der Aktivitäten der Interaktions-Beteiligten **hergestellt**; es gilt: „not merely dialogue happens to occur in a certain institutional setting but (...) through various details of their respective institutional identities, roles and tasks in that setting, that is that participants' institutional identities and roles are procedurally relevant for their talk" (Drew/Sorjonen 1997, 111); vgl. auch Selting (1997, 12): ein Situations-Kontext, der gegeben ist, definiert zwar einen Stil (oder mehrere Stile) vor, macht Stil(e) erwartbar; der gewählte Stil kann aber auch den Kontext verändern, er „definiert" dann den Kontext, stellt ihn her. Tatsächlich gewählte Stile stehen also in unterschiedlicher Weise in Relation zu dem, was ein Situationstyp oder eine Institution an Stil(en) erwartbar macht. Dasselbe gilt für Schrifttexte und für multimodale Texte. – Zur Relevanz des Merkmals Situationalität in Schrift-Kontexten vgl. genauer Kap. 5.7 und zur Situationseinbindung als Indikator der Textfunktion Kap. 5.3.1e.

3.2.2.5 Geäußertes in Relation zu Handlungsbereich/Institution (Beispiel: Institution)

In Handlungsbereichen wie öffentlich oder privat (Brinker ⁵2001, Kap. 5.4.2) bzw. Institutionen gibt es relevante Handlungs- und Interaktionsmuster (auch mit Relationen zwischen diesen, vgl. Adamzik 2000, Kap. 3.3: Textnetze) mit ihren konventionellen Gestaltungsweisen. In Relation zu diesen sind z.B. „Nebenkommunikationen" (vgl. Baurmann/Cherubim/Rehbock Hrsg. 1981) zu sehen, die parallel zum institutionsrelevanten Handeln ablaufen, wie „Schwätzen", Briefchenschreiben oder Hausaufgaben-Austauschen während des Schulunterrichts. Für „Schwätzen" hat Rehbock (1981) verschiedene Typen der Relation zur „Hauptkommunikation" des lehrerbezogenen Unterrichts unterschieden: Außer Nebenkommunikationen, die das unterrichtsbezogene Verständnis sichern und solchen, die das Zuhören nicht stören, interessieren hier vor allem solche, die „hörerrollendistanziert" sind und unterschiedliche Funktionen der Entlastung (1981, 63) bei einseitig kognitiv ausgerichteter Tätigkeit haben: „Interaktions- und Beziehungsfunktion" (1981, 65) in der Gruppe; kreativ-expressive Funktion (1981, 67) wie das Mischen der eigenen und der Zielsprache: *I möchte need a cArd* oder ausgehend von *Dover* ein *you are rEAlly dOOf*; die identitätssichernde Funktion schließlich (1981, 69f.) besteht darin, dass Themen (wie Musikgruppen) eingebracht werden, die den Schülern am Herzen liegen.

Andere Aktivitäten sind den Pausen vorbehalten oder andersartigen Unterbrechungen wie private Gespräche innerhalb der Institution oder auch Klatsch oder Witze. Der Umgangsstandard oder (meist gemeinsames) Dialektsprechen hat hier seinen Platz zum Zweck der Beziehungsgestaltung. Institutionsrelevante Gespräche werden nicht selten auch mit ‚Privatem' ein- oder ausgeleitet (vgl. Drew/Sorjonen 1997, 93f.), wobei das Private durchaus auch einen „institutional flavor" (1997, 94) erhalten kann. Institutionsrelevante Rede wird in der Regel innerhalb charakteristischer physischer Settings vollzogen, aber sie ist „not restricted to such locations. Thus places not usually considered ‚institutional', for example, a private home, may well become the setting/arena for institutional or workrelated interactions" (Drew/Sorjonen 1997, 92). Das physische Setting ist für viele institutionelle Handlungstypen wichtig und prägt die ‚Atmosphäre' der Interaktion: der sakrale Raum, der Gerichtsraum, das Dienstzimmer. Auch hier kann die Relation verändert werden: Eine Sprechstunde auf dem Bahnhof oder im Café hat eine andere Atmosphäre als die im Dienstzimmer oder gar ein Prüfungsgespräch in einer Privatwohnung, wenn der Prüfer krank geworden ist. Hier werden die besonderen Umstände in der Regel zu Beginn thematisiert (vgl. Gülich 1981, 427) und hier ist es besonders wichtig, die sozialen Kategorien der Beteiligten durch das Durchführen kategorienspezifischer Aktivitäten zu etablieren (vgl. für die Etablierung der unterschiedlichen Gesprächsrollen von Interviewer und Interviewten am Interviewbeginn: Uhmann 1989). – Paul zeigt (1989, 173), dass der Vollzug institutioneller Handlungstypen wie kirchlicher Rituale durch „Regieanweisungen" gesichert wird, z.B.:

(22a) *Wir beginnen unseren Gottesdienst - ... indem wir miteinander das Vaterunser sprechen' und uns dazu erheben, ...Vaterunser*

oder auch durch „Ausgleichshandlungen" bei Veränderungen gegenüber dem üblichen rituellen Vollzug (1989, 175):

(22b) *(...) wie Sie wissen sind - für diesen Gottesdienst heute besonders .*
Kinder <u>eingeladen</u> worden . Kinder die .. in der letzten Woche zum ersten Mal . in die Schule gegangen sind, (...) und nach diesen hochsprachlichen Äußerungen mit Aspekten des Umgangsstandard zu den Kindern gewendet:
. n wegen euch hamer also heute . den Gottesdienst . (...) n bißchen umgestellt, . (...)

In diesem Zusammenhang ist zu erwähnen, dass institutionsrelevante Rede nicht einförmig, gleichförmig ist, sondern sie ist in sich abgestuft nach Teilaktivitäten: Es gibt für die Institution zentrale oder prototypische Aktivitätstypen; neben „institutionsspezifischen" und anderen unspezifischen Interaktionsschemata sind auch „dysfunktionale Interaktionsschemata" (Gülich 1981, 443ff.) nachzuweisen, die in institutionsrelevante Aktivitätstypen eingestreut sind.

Für alltägliche Handlungsmuster sind in Institutionen spezifische Varianten ausgeprägt (vgl. Ehlich/Rehbein 1986). Dies gilt auch für Schrifttexte. So ist ein Glückwunschschreiben zum Geburtstag vom Dekan meiner Fakultät anders gestaltet als eines aus meinem Freundeskreis. Auch hat sich in der Universität eine besondere Art von „Geburtstagsgeschenken" zu „runden" Geburtstagen herausgebildet: die Laudatio (Zimmermann 1993).

3.2.2.6 Relation Geäußertes/soziales Umfeld

Innerhalb sozialer Gruppen oder Milieus sind bestimmte Variationsbreiten „sozialer Stile" erwartbar: für das wechselseitige Anzeigen der gemeinsamen Gruppenzugehörigkeit (z.B. Keim 1995a), für die gruppeninterne Differenzierung (Dittmar 1989) wie auch für die Abgrenzung von Individuen oder von anderen Gruppen (Schwitalla 1994b). Im Mannheimer Stadtsprachenprojekt werden z.B. von Keim (1995a) die vielfältigen Stile einer Gruppe und deren Funktionen für die Gruppe aufgezeigt, von Kallmeyer (1995) in ihrem generellen sozialen Wert interpretiert. Z.B. werden Personen gleicher Herkunft, die sich in Relation zu den Sprechern als etwas ‚Besseres', als ‚vornehm' geben, durch die Verwendung hyperkorrekter Standardformen in ‚geziertem' Ton karikiert (Keim 1995a, 349f.: ← langsamer als bisher, → schneller, ↑ Intonation steigt, " auffällige Betonung, < lauter, * kurze Pause):

(23) ← ach wa"s tas macht doch nüschts nücht ↑ der sprücht doch so hochteutsch → <
        die sin doch so vo"rnehm *

Ein anderes Beispiel in diesem Kontext sind Verwendungen von Jugendsprache-Formen durch Rundfunkmoderatoren in Jugendsendungen (Nowottnick 1989): Hier ist eine ‚Nähe'-Beziehung angestrebt, aber es kann – im öffentlichen Handlungsbereich – leicht als ‚Anbiederung' wirken. Neuland (1987) und Schwitalla (1988) haben gezeigt, dass Jugendliche mit den Redeweisen ihrer sozialen Umgebungen experimentieren; sie nutzen sie für „Stilbasteleien" (Neuland 1987), verfügen aber auch über situativ differenzierte eigene Redeweisen (Schlobinski/Kohl/Ludewigt 1993), die je nach Gruppe mehr oder weniger differieren. Neuland (1987, 67) weist darauf hin, dass der übrige soziokulturelle semiotische Kontext wie „Moden, Freizeitbeschäftigungen und Verhaltensrituale" mit zur Beschreibung von Sprachstilen von Jugendlichen gehört, als Teilaspekt von „Lebensstilen". „Gesellschaftliche Verhältnisse werden vielschichtig in Jugendsprachen gespiegelt und gegengespiegelt", wobei mit Letzterem eine absichtliche Verfälschung gemeint sein kann, etwa bei Schreibungen von Fremdwörtern wie *tschecken* oder *Trabbel* (Neuland 1987, 76). Jugendliche setzen sich in Relationen zu der sie umgebenden „Welt", als Ausdruck eigener Normen und Werte (Schlobinski/Schmid 1996, 217).

Auch die Relation Frauen – Männer im Gespräch gehört hierher: Kotthoff (1992) hat gezeigt, dass in Fernsehsendungen häufig Gesprächskonstellationen hergestellt werden, die gängige Stereotype über Frauen und Männer bestätigen: Frauen werden tendenziell als Betroffene eingeladen, Männer als Experten. Baron (1998, 196) zeigt anhand von Diskussionen bei Tagungen, Kolloquien und Gastvorträgen die „freiwillige Selbstkontrolle" von Wissenschaftlerinnen, die „zeitlich und inhaltlich weniger Raum einnehmen und Resonanz finden als ihre männlichen „peers"". Auch die Analyse von Antje Schmidt (1998) bestätigt die Selbstbeschränkung von Frauen bezüglich Redeinitiativen und eingenommener Redezeit in gemischten Gruppen.

Aufgrund von Erwartungsrahmen, die durch die Geschlechtertypisierungen gegeben sind, können „ähnliche Verhaltensweisen beim Mann z.B. sympathisch und bei der Frau unsympathisch gefunden werden" (Kotthoff 1993, 93). Z.B. wird bei Männern konfrontatives Gesprächsverhalten positiv bewertet, bei Frauen dagegen ein explorativ abwägender Gesprächsstil (1993, 92f.); beide Stile (als verkürzende Idealisierungen) werden über das „Doing Gender" im Gespräch aktiv erzeugt; Kotthoff (1989) zeigt auch anhand von Argumentationen, dass es unterschiedliche Stilpräferenzen bei Frauen und Männern gibt. Anhand von Seminarsitzungen untersucht Schmidt (1998) zunächst die typischen Stile von Teilnehmerinnen und Teilnehmern (vgl. Samel 2000) mit Differenzierungen, die auf den institutionsgebundenen Handlungstyp Seminargespräch zurückzuführen sind (Schmidt 1998, 101-103). In Relation zu den typischen Stilen untersucht sie in einem zweiten Schritt „überdurchschnittlich aktive Studentinnen" (1998, 103ff.), deren Verhalten mit dem von Studenten durchaus vergleichbar ist (1998, 136), dieses aber nicht kopiert, sondern eine eigene Mischung darstellt; sie werden jedoch „im Vergleich zu Studenten tendenziell untergeordnet" (1998, 115) wahrgenommen.

Slembek (1999) zeigt, dass Frauenstimmen in der Öffentlichkeit in Relation zu Männerstimmen wahrgenommen werden: Öffentliche Normalstimme ist (heute) die Männerstimme. Die Normallage der Frauenstimmen liegt in einem tonalen Bereich, der bezüglich der Männerstimme der emotionale, also öffentlich irrelevante Bereich ist. Wenn Männer ‚bedeutsam' reden, reduzieren sie ihre stimmliche Spannbreite; wenn Frauen ‚Bedeutsamkeit' herstellen wollen, vergrößern sie den Stimmumfang. Auf der Basis der an Männerstimmen gewohnten Hörmuster (in Relation dazu) wirken Frauen dadurch doppelt ‚irrelevant' bzw. ‚hysterisch' etc.

Als schriftliche Beispiele können in diesem Kap. 3 noch einmal Beispiel (20) und Abb. 3–11 herangezogen werden: Redeweisen aus einem ‚fremden' sozialen Umfeld dienen u.a. der Unterhaltung, dem Amüsement, auch der Distanzierung (Umgangsstandard in Beisp. (19)) und auch der Dialekt als Zeichen der Authentizität (Beisp. (19)).

3.2.2.7 Geäußertes in Relation zu historischer Zeit/Moden

Wellmann (1993) weist darauf hin, dass historische Texte in Relation zur „Sprache der Zeit" gesehen werden sollten: „Ist es ein üblicher („usueller") Ausdruck der Zeit gewesen? Oder ist es ein Neologismus...?" (1993, 15, ohne Sperrungen). Über die Frage nach den Wortbedeutungen einer Zeit kommt auch die Frage der „Gegenstandsreferenz" ins Spiel (1993, 16), um den „epochalen ‚Sprachfallen'" durch Fehlinterpretationen aus heutiger Sicht (Weiss 1997) zu entgehen.

Versteht man Sprache „als ‚Lebensform' (nach Wittgenstein, B.S.) historischer Epochen" (Linke 1998, 142), so geht es auch um „Stilisierungen von Kommunikation" und um Textmuster als für eine Zeit „zeichenhafte" „sprachliche Gestalten" (1998, 140f.). Diese sind im Zusammenhang mit „Daten und Fakten historischer Situationen" zu sehen, aber auch mit den „gesellschaftlichen Bedürfnissen und kollektiven Wunschbildern einer Gesellschaft" (1998, 151). Dabei ist es für die Interpretation auch relevant, wie jemand sich zu diesen Konventionen der Zeit verhielt, ob konform damit oder distanziert dazu: ob er „opting in" betrieb oder „opting out" (Assmann 1986). Für den Zusammenhang von Geäußertem, historischer Zeit und gesellschaftlichem Umfeld zeigt Assmann (1986) bezogen auf das 18. Jh. in England: „Soziale Sichtbarkeit lässt sich auf unterschiedlichen Wegen erreichen, sowohl durch den Anschluß an eine Gruppe („opting in") als auch durch Austritt aus einer Gruppe („opting out"). Beides sind stilträchtige Kategorien. Beim Anschluss bedeutet Stil einen Prestigewert, der eine soziale Identität profiliert, beim Austritt bedeutet Stil einen Persönlichkeitswert, der eine individuelle Identität profiliert" (1986, 128). Allerdings: „Stil ist angewiesen auf soziale Akzeptanz" (1986, 141); ist diese gegeben, kann es bei „opting out" auch zu Stilwandel kommen. Zu einer anderen Zeit kann „opting out" auch kollektiv geschehen und Subkulturen begründen (vgl. zu Punk: Soeffner 1986).

Stilwandel beruht auf der Sicht von Stilen in zeitlicher Relationierung. Aber in der Regel sind weitere Relationen zusätzlich im Spiel: das Thema (z.B. Spinner 1997) oder das Individualstilistische eines Autors und „gattungsstilistische" Beobachtungen, d.h. auf das Handlungsmuster (s.o. Kap. 3.1.1.2) bezogen (zu beiden: Koller 1997, 160ff., zu letzterem auch Sandig 1996a), auch bezogen auf die Epoche (Koller 1997, 166ff.), den Wandel von Textträgern oder den sozialen Wandel (Linke 1998 über Höflichkeit im 17./18. Jahrhundert als Wechsel von ständischer zu bürgerlicher Höflichkeit) usw.

Lerchner (1995, 111) definiert Stilwandel als „synchronisch oder metachronisch beschreibbaren Verlust oder Gewinn pragmatischer („perlokutiver") Markiertheit von dem stilistisch handelnden Subjekt auf einer Zeitebene jeweils verfügbaren sprachlichen oder (anderen) semiotischen Instrumentarien, bezogen auf deren sozial durchschnittlichen Gebrauch in spezifischen Organisationsformen von Kommunikation (bzw. kommunikativer Interaktion)", d.h. Relationen von Markiertem bzw. Unmarkiertem mit ihren zeit- und verwendungsbedingten sozialen Wertigkeiten.

Die eigene zeitbedingte Perspektive der Interpreten auf historische Texte und Kommunikationsgepflogenheiten ist nie ganz auszuschließen und durchaus auch gerechtfertigt (Sandig 1997a). Auch durch diese Art der Relation entsteht stilistischer Sinn (s. Kap. 3.2.1.2).

Zwei Beschreibungen von Werbung (Bendel 1998 und Adam-Wintjen 1998) zeigen den Wandel der Selbstdarstellung der Hersteller bzw. Vertreiber von Werbegegenständen und der Gestaltung der Beziehung zu den Adressaten. Für die Selbstdarstellungen weist Bendel (1998, 90) auf, dass im Rahmen der für Werbung konstitutiven Texthandlung Produktbeschreibung die Hersteller lobend erwähnt werden, teils durch Angabe ihrer Titel, Beisp. (24), teils durch Eigenlob (1998,181), Beisp. (25):

(24) *Die Predigt / welche (...) gehalten worden, von Ihro Wohlehrwürden Hrn. Decano und Antistes Eberhard Köchlin / Pfarrer in der St. Johann=Kirch in Schaffhausen* (Jahr 1734),

(25) *mit allerley, von seinem mit großem Fleiß selbst erzogenen Kuchel und Blumen=Gartensämen (...)* (Jahr 1790).

Dies ist möglich, weil die Werbungen wie Mitteilungen von Dritten geboten wurden. – Explizite Selbstdarstellung und zusätzliche Beziehungsgestaltung stellt Adam-Wintjen für die Hersteller im Jahr 1947 fest (1998, 88ff.): das Alter der Firma (*altbewährt*) oder ihre Bekanntheit (*weltbekannt*) dienen der Selbstdarstellung, die emotionale Beziehung der Verbraucher zum Produkt wird explizit gemacht mit *beliebt, treuer Freund; Vertrauen* „ist gleichsam ein Schlüsselwort" (1998, 97). Oder es heißt: *Bitte, lassen Sie uns da* (bei einem Standard-Problem der Zeit) *Ihr Helfer sein* (1998, 101). Dieses Beispiel zeigt die direkte Kundenansprache und ein *wir* mit unklarer Referenz (ebda.).

In einem Werbekochbuch aus den 50er Jahren ist das Vorwort noch unterschrieben mit *Ihr getreuer Underberg*. Demgegenüber ist die Werbung heute fast völlig anonymisiert (Bendel 1998), auch aufgrund der Tatsache, dass Hersteller heute oft mehrere Konkurrenzmarken betreiben. Beziehungsgestaltung wird heute in der Werbung fast durchgehend implizit betrieben: durch den Unterhaltungswert, auch den Wiedererkennungswert (z.B. über Anspielungen auf bekannte Muster: Spillner 1983) und durch „Fangbilder" (Römer 1968) mit der Darstellung von emotionalem Nebennutzen. Früher wurden am Beginn im Rahmen der konstitutiven Texthandlung „explizit mitteilen" die Empfänger direkt angesprochen (Bendel 1998, 106) und zwar

3.2 Textexterne Relationen

teils spezifizierend, aber teils auch die Beziehung pflegend (Bendel 1998, 55f.; Hervorhebungen: B.S.):

(26a) *Den **Herren** Liebhabern dienet hiermit zur **freundlichen** Nachricht, daß (...)* (Jahr 1705)

(26b) *Lieutenant Hs. Georg Kesselring, Badwirth in Rüschlikon, avertiret das **ehrende** Publicum, wie daß er intentioniert (...)* (Jahr 1761)

Während Selbstdarstellung und Beziehungsgestaltung durch allgemeine Entwicklungs-Tendenzen im 18. Jahrhundert zu Individualität und Höflichkeit zu erklären sind (Bendel 1998, 181, 183ff.), gibt es aber auch Tendenzen, über die Bendel schreibt (1998, 181f.): Es „bleiben sprachliche Veränderungen, die nicht zu erklären sind. Es gibt keinen Grund, warum in der Schweiz lieber ohne (die sonst konstitutive, B.S.) ‚explizite Mitteilung' inseriert wird, Auktionen zunehmend in passiven statt modalen Formulierungen ausgeschrieben werden, keinen, weshalb die Satzgefüge zunehmend aufgelöst werden und die Nominalisierungen zunehmen. (...) Ein kleiner Rest von Sprachgeschichte muss vorläufig unter den Stichworten „Eigendynamik" und „Mode" verbucht werden."

Eine Form der Beziehungsgestaltung, nämlich Höflichkeitsbezeugungen von Männern gegenüber Frauen, oder besser von Herren gegenüber Damen wirkt heute antiquiert. Denn sie ist Ausdruck der in den 50er Jahren des 20. Jahrhunderts noch weithin auch gesetzlich festgeschriebenen Ungleichheit von Frau und Mann, auch der Normen, die speziell für Frauen galten. Das Kochbuch von Clemens Wilmenrod, dem berühmten ersten Fernsehkoch der 50er Jahre, gibt hierfür gute Beispiele („Clemens Wilmenrod bittet zu Tisch", Hoffmann und Campe, Hamburg, 3. Auflage 1956). So beginnt das Vorwort mit:

(27a) *Verehrter Leser, reizende Leserin!*

Der Vorrang „des Lesers", der zu dieser Zeit das Kochen der Frau überlässt, ist schon durch diese Sequenz der beiden Anreden deutlich. Nochmals deutlicher in den folgenden Fällen:

(27b) *(...) Was aber wäre nun eigentlich im Vorwort zu schreiben? Nun mein lieber, sehr verehrter Leser, gottlob nur wenig (...)*

Hier ist die Frau noch in zeittypischer Weise subsumiert unter die männliche Form und damit aus heutiger Sicht ‚nicht sichtbar'. Noch deutlicher ist die folgende Sequenz:

(27c) *Sie können sich denken, verehrter Leser, und auch Sie reizende Leserin, dass es für mich beglückend sein muss, Sie nicht nur zu den erfolgreichen „Nachkochern" zu zählen, sondern auch zu meinen Lesern.*

Mit *verehrter Leser* gestaltet der Schreiber die Beziehung zu seinem Leser, bei *reizende Leserin* wird dies zwar auch (*und auch Sie*) bezweckt, aber es wird zugleich präsupponiert, dass die Leserin ‚reizend' ist oder sein soll, sein sollte. D.h. die soziale Norm des damaligen Frauenbildes wird implizit mit gegeben. Der mündliche ‚Ton' des Fernsehkochs wird hier mit der Leseransprache in die Schriftlichkeit transportiert (vgl. Kap. 3.2.2.1), ebenso das Anekdoten-Erzählen zur Überbrückung von Kochzeiten während des Vor-Kochens (S. 10):

(28) *Sehr charmant fand ich die Idee einer Dame aus Köln, von ihrer Weltreise hin und wieder eine Karte mit Rezept zu schicken. So vermochte ich als leidenschaftlich Reisender ihre Fahrt um den Globus genau zu verfolgen. Als sie wieder in Köln war, habe ich sie besucht. Und was soll ich Ihnen sagen, es wurde ein ganz reizender Abend...*

Auch hier findet sich implizit die Norm bezüglich Frauen (*charmant, reizend*), allerdings ‚verschoben' verwendet im Sinne von von Polenz (^{2}1988): *charmante Idee, reizender Abend*. Mit den drei Punkten am Ende der Passage darf man durchaus seine Phantasie schweifen lassen: implizite Selbstdarstellung des Autors. Hinzu kommt ein weiteres Mittel der Selbstdarstellung: Überneutrales wie *vermochte ich zu ..., um den Globus* wird eingestreut (vgl. Kap. 4.6.1). – Auch bei den Rezepten selbst werden vielfältig Kommentare eingefügt, so auf S. 12:

(29) *SAUERKRAUTROULADEN à la DOÑA LISA*
Am Tisch einer zarten, stillen, jungen Frau, die in Freundeskreisen Doña Lisa genannt wurde, stieß ich auf die Sauerkrautroulade, ein überaus liebenswürdiges, typisch bürgerliches Gericht (...)

Würde man heute ein Gericht *liebenswürdig* nennen? Ich glaube nein; es handelt sich um die Verschiebung (vgl. zum „Subjektschub" von Polenz ^{2}1988) von der Produzentin auf das Produkt; wie bei den Attribuierungen der Frau als *zart, still, jung* handelt es sich um die Einschreibung der Norm in den Text, oder anders ausgedrückt die Einschreibung von Ideologie in den Text (vgl. Fowler 1991) als Unterform des Einstellungsausdrucks. Stil dient damit auch der Festschreibung von Normen und Ideologien. Im zeitlichen Abstand ist dies deutlicher erkennbar als für die Zeitgenossen. Das Mittel ist hier meist die Attribuierung, aber auch die explizite Prädizierung (*fand charmant* im Beispiel 28).

Stolt (1999) zeigt, dass Luthers Humor in den Briefen an seine Frau neben verschiedenen Arten und Motivierungen der Kategorisierung der Adressatin und des Selbst vor allem zwei Quellen hat: einmal die Abwandlung des zeitgenössischen Briefmusters mit seinen umständlichen Anrede- und Verabschiedungsformeln (vgl. unten Kap. 6.3.3c) und zum anderen die auf der antiken Rhetorik beruhende Unterscheidung in Wortwitz (besonders mit der Mehrdeutigkeit aber auch Allegorie, Metapher, Ironie) und den ‚witzigeren' Sachwitz. D.h. auch Humor ist historisch geprägt.

3.2.2.8 Relation Geäußertes/kulturelles Umfeld

„Die holistische Totalität der Umwelt (ist) zu differenzieren nach Maßgabe zweckgebundener, den Verkehrsformen der je besonderen Lebenswelt der Gruppe entsprechenden Notwendigkeiten" (Coulmas 1977, 63), wobei diese per Konvention eingespielt und damit veränderlich ist. Dadurch wird vorgegeben: „Wer darf wen wann an welchem Ort in Gegenwart wessen durch die Durchführung welcher Handlung als Partner welches sprachlichen Interaktionsmusters in Anspruch nehmen?" (Coulmas 1977, 71) Es bestehen auch – je nach der Art der Lebenswelt mehr oder weniger – Möglichkeiten, intentional von kulturellen Vorgaben abzuweichen. Die Art der intentionalen Abweichung wird in Relation zur kulturellen Vorgabe, die auch Stilistisches enthält, interpretiert. Schmitt (1993, 336, 349) betont die Bedeutung kulturspezifischen Hintergrundwissens und darauf beruhender „globaler Rahmungen" (1993, 336) für die Produktion und Interpretation interaktiver Ereignisse. Bereits Coulmas (1977, 60ff.) geht auf die „Abhängigkeit des Verstehens von der Teilnahme an der Kultur" ein. Tannen (1984) zeigt sehr schön die unterschiedlichen Interpretationen desselben sprachlichen Verhaltens im gemeinsamen Gespräch bei Ostküsten- und Westküsten-SprecherInnen in den USA: „By the same token, the use of strategies and consequent devices that are not understood or expected creates a sense of dissonance ..." (1984, 150). Anhand von kulturabhängig unterschiedlichen Merkmalskombinationen („patterns or co-occurrence expectations" 1984, 145) wie feiner/grober Humor, langsames/ schnelles Tempo auch beim Turn-Anschluss, Zurückhaltung/Engagement und unterschiedlichem Erzählverhalten argumentiert Tannen (1984, 150): „the similarity of such devices makes for rhythmically smooth interaction. Both the rhythmic synchrony and the construction of shared meaning create the satisfying sense of harmony that often accompanies conversation among people who share social, ethnic, geographic, or class background". Das erklärt dann auch „the trauma of cross-cultural communication" (1984, 152). Tiittula (1995) beispielsweise geht ein auf verschiedene kulturbedingte Wertungen von Redeweisen Deutscher und Finnen anhand von Interviews mit Geschäftsleuten aus beiden Kulturbereichen in interkulturellen Kontaktsituationen und in Geschäftsbriefen. Vgl. auch Tiittula (1997) zu konfliktvermeidendem Stil in finnischen Fernsehdiskussionen vs. konfliktorientiertem Stil (besonders von Männern: Kotthoff 1993) in deutschen Sendungen.

Die Kulturbedingtheit von Stilen zeigt auch Kühn (2000) anhand des Vergleichs von Vorworten zu Lehrbüchern bzw. Standardwerken aus der

Zeit der DDR und aus der BRD. Aus der Sicht des jeweils anderen Systems wirken die Textmusterrealisierungen also in Relation zu den eigenen kulturbedingten Erwartungen. Während die Autoren der BRD-Vorworte die eigenen Ergebnisse vorwegnehmend relativieren und einschränken, finden sich in DDR-Vorworten Aufforderungen und Forderungen bezüglich des Gebrauchs. Erstere sind subjektiv formuliert und dadurch leserfreundlich, während letztere durch Formeln „oft autoritär und unpersönlich" (Kühn 2000, 428) wirken. Als generelle kulturelle Hintergründe mögen hier gelten: Im Wissenschaftsbetrieb der BRD sind überwiegend Einzelforscher und auch bei Gemeinschaftspublikationen Individuen relevant, wissenschaftliche Ergebnisse gelten mit Popper (1966) immer nur bis auf Widerruf; im Wissenschaftsbetrieb der DDR war vielfach ein *Autorenkollektiv* als Buchautor benannt, das Individuum sollte weniger hervortreten, außerdem bestand das Bemühen um Einigung bzgl. wissenschaftlicher Positionen – analog zur politischen Position. In der DDR war es auch üblich und erwartbar, aber nicht obligatorisch, eine „bekenntnishafte Ideologiedarstellung" (Kühn 2000, 422) einzuflechten:

(30) *Der vorliegende Sammelband entstand aufgrund der Anforderungen, die an die Sprachwissenschaft im Zuge des Ausbaus des Sozialismus von der Partei der Arbeiterklasse gestellt werden.* (ebda.)

„Der Anpassungsgrad an diese Form sprachlicher Konventionen war breit gefächert" (ebda.), zumal ihr Vorhandensein das Publizieren erleichterte (ebda.). In Relation zu (30) zeigt das folgende Beispiel einen sehr viel stärkeren Ausbau dieses Aspekts:

(31) *Die Lösung der großen Aufgaben, die die weitere Gestaltung der entwickelten sozialistischen Gesellschaft und die Schaffung grundlegender Voraussetzungen für den allmählichen Übergang zum Kommunismus stellen, verlangt eine generelle Verbesserung der Kommunikationsbefähigung aller Mitglieder der Gesellschaft. Eine hohe Sprachkultur gehört zu den Voraussetzungen für die aktive und effektive Teilnahme der sozialistischen Persönlichkeit an der gesellschaftlichen Produktion, dem geistigkulturellen Leben und der sozialistischen Demokratie.* (Kühn 2000, 421)

Wiederum in Relation dazu war es auch möglich, gänzlich auf ein derartiges Bekenntnis zu verzichten, wie Kühn an Beispielen von Gotthard Lerchner zeigt.

Relevant ist also einerseits die Relation zwischen Kulturen und andererseits die Relation innerhalb einer Kultur mit Wahlen bestimmter Positionen auf gegebenen Skalen stilistischer Möglichkeiten. Von heute aus gesehen wirken die DDR-Vorworte zusätzlich als Zeugnisse einer bestimmten historischen Zeit. Dieses Beispiel zeigt auch, dass die Analyse von Sprachstilistischem nicht genügt, um Derartiges zu erfassen: Neben Sprachhandlungs-

3.2 Textexterne Relationen

typen wie hier das AUSKUNFT GEBEN über die politische Einstellung sind auch Propositionstypen relevant und damit thematische Aspekte – hier ein Teilthema aus dem politischen Diskurs, das mit der sonstigen Thematik des Werks oft nicht verbunden war (vgl. Kap. 5.4.2.3: Diskurs).

Kulturen verändern sich in der Zeit mit dem Wandel der Gesellschaft. „Wenn (...) alle Stilerscheinungen einer Zeit semiotisch zusammengehören, dann liegt es nahe, (...) sie untereinander in irgendeinem regelhaften und, mit Blick auf die Produzenten und Rezipienten solcher Zeichen, in einem Funktionszusammenhang im Rahmen einer Kommunikationskultur (...) zu sehen. Der literarische bzw. sprachliche Stilwert der formal gleichen Textsorte, Gattung, Stilfigur oder sonstigen Stereotypen bestimmt sich eben signifikant anders je nach Epoche (Zeitebene), in der diese Verwendung finden" (Lerchner 1995, 99). Einen Beleg für einen Wandel gibt Fix (1990), indem sie zeigt, wie am Ende der DDR mit ihrer phantasielosen und drögen ritualisierten Öffentlichkeitssprache (Fix 1994) sich in Relation dazu die Phantasie bahnbrach: Die „Losungen" wurden kreativ umgeformt.

Betten zeigt (z.B. 1998), dass ein Wandel unter bestimmten kulturellen Bedingungen auch ausbleiben kann: Jüdische Emigranten, die in den 30er Jahren des 20. Jahrhunderts nach Palästina gingen, haben sich in einem völlig anderen kulturellen Umfeld die an der Literatursprache orientierte deutsche Sprechsprache der 20er Jahre erhalten, und zwar auch dann, wenn sie zu einer vertiefenden schulischen oder gar akademischen Ausbildung keine Gelegenheit mehr hatten: Es ist „in jeder Situation ein quasi druckreifes, auf uns fast gestochen wirkendes Deutsch" (1998, 133) mit weit ausgebauten und korrekt zu Ende geführten Satzperioden.

Kulturgeprägte Stile bestehen nicht nur in bestimmten Rede- oder Schreibweisen, sondern zum relevanten Merkmalsbündel gehören auch typisierte Inhalte, Diskurse und der Rückgriff auf in einer Kultur als vorhanden unterstellbares Wissen. Hier möchte ich ein triviales Beispiel geben, das wohl einer bestimmten Frauen-Kultur in unserem Land entstammt, einem Bereich, in dem auch entsprechende Frauen-Zeitschriften gelesen werden (ca. 1995).

Es handelt sich um eine Werbeanzeige, die auf S. 79 am Ende des vorherigen Roman-Heftes der Bastei-Reihe abgedruckt ist (siehe Abb. 3–12). Sie besteht aus drei Teilen:

Der erste, auch optisch gestaltete, fällt auf durch die Schrifttypen: Der Name der Autorin wird durch eine abgewandelte Frakturschrift dargestellt, wodurch ‚Tradition', ‚Bekanntheit seit langem', ‚Bewährtheit'... mit vermittelt werden. Diese Schrift ist zusammen mit einem Rosenornament (Symbol der Liebe) und einem Schleifen-Ornament (traditionelles Accessoire der Frau) zu einem Rahmen geformt: Dieser flach-ovale Rahmen bedeutet – zusätzlich durch seine Symmetrie – ebenfalls traditionelle Werte mit. In diesem Rahmen steht in fetter Serifen-Antiqua der Titel des Trivialromans, auch hier

Abb. 3–12 Werbung für einen Trivialroman

gegenüber der serifenlosen Antiqua die traditionellere Typografie. Dieser Titel ist im Vergleich zum heutigen Standard mit Pathos ausgedrückt: durch die Metapher *geht* und durch die Global-Referenz *das Glück* bei *ins Glück*. Auch *Roman um das bewegte Schicksal* ist pathetisch ausgedrückt.

Der zweite Teil des Gesamttextes ist ein Erzähltext, bei dem jedoch nur die Orientierung gegeben wird und die beginnende Komplikation. Die übrigen Erzähl-Teile sind ausgespart. Dieser Teil enthält (wie auch der erste Teil) nun die üblichen Stilmittel des trivialliterarischen Stils: bewertungsrelevante Attribute wie *lange Zeit, junge Frau, großer Auftrag, viel Geld, in enger Verbindung*, außerdem werden Phraseologismen genutzt, die zugleich emotionalem BEWERTEN dienen: *sich mühsam durchs Leben schlagen müs-*

sen, zur Last legen, ins Unglück stürzen, ebenso KONTRASTIERENDE emotionsthematisierende Ausdrücke (Fiehler 1990) wie *Glück* vs. *Unglück*. Auch bewertend und emotional konnotierte Ausdrücke wie *Heimat* und *Schicksal* finden sich. Die Personen werden mit vollem Namen eingeführt, danach aber wird mit dem Vornamen auf sie referiert, um ‚Nähe' zu ihnen herzustellen. Dem dient auch der Beginn mit Perfekt und danach die Dominanz des Präsens. Die Syntax ist relativ einfach, sie enthält bei untergeordneten Strukturen fast nur Rechtsverzweigungen. Durch Satzzeichen werden der zweite und dritte Teil ‚bewegt' gestaltet.

Die Sequenz, in der die Inhalte geboten werden, spiegelt das ‚bewegte Schicksal' wider: Der Titel lässt ein Happyend erwarten, dann jedoch beginnt der Text mit Negativem: *Lange Zeit hat sich Lissa Bernd mühsam durchs Leben schlagen müssen*. Es folgt ein Wechsel zum Positiven: *Dann aber...* und danach noch einmal ein Wechsel zum Negativen: *Aber bevor er diesen Entschluß verwirklichen kann, stellt sich heraus...* Außerdem gibt es im Text eine Sequenz von *Diebstahl, ins Unglück stürzen* und schließlich im dritten Teil *ungeklärtes Verbrechen*; durch diese Steigerung der Ausdrücke für ‚Beeinträchtigung' von Menschen wird Spannung erzeugt, Neugier geweckt. Eine solche inhaltlich ‚spannende' Darstellung findet sich auch bei *ein Glückstag für die junge Frau:*, wobei wir die positive und EMOTIONALISIERENDE Bewertung erfahren, bevor die Gründe dafür dargelegt werden: *Sie erhält einen großen Auftrag, der ihr viel Geld einbringt, und sie lernt Rudolf Sehring kennen*. Diese Formulierung enthält – durch die Syntax verdeckt – eine Dreierstruktur. Dadurch wird traditionell implizit mit ausgedrückt: ‚Es ist das Ganze', hier im Kontext ‚das vollkommene Glück' (vgl. Sandig 1996b, 288f.).

Die Inhalte nun gehören auch zum kulturgeprägten Stil: Lissa wird andeutend nach einem ‚Bild' gezeichnet, das eine kulturell verfestigte Gesamtbewertung darstellt (vgl. Sandig 1979, 148f.); in Anlehnung an die Wissenstypen nach Ehlich/Rehbein (1977, 51-54) wird das ‚Bild' als ein im Wissen verfügbarer Zusammenhang von Propositionen gesehen, bei dem in gleicher Richtung gewertet wird. Die Frau ist jung, sie hat ein mühsames Leben, sie ist fleißig und tüchtig und dadurch letztlich erfolgreich, sie ist selbstverständlich unschuldig, schuldlos in einen Schlamassel verwickelt, vermutlich ist sie hübsch bis schön und vielleicht auch zart usw. Welches ‚Bild' wird vom Mann gezeichnet? Er ist wohlhabend, zupackend, denn er will einen Diebstahl aufklären, er ist ein Mann von Entschlusskraft, wobei er die Entschlüsse *reifen* lässt, er verwirklicht Entschlüsse, er ist der Heimat seiner Väter verbunden usw., d.h. er ist der schon etwas ältere, solide, handlungsfähige Mann, ein Stück von einem Helden. Die Kombination beider Bilder ergibt einen gewissen Kontrast und entspricht dem bekannten Kontrast zwischen Arm und Reich, speziell arme Frau und reicher Mann. Oder anders ausgedrückt: Aschenputtel und der Prinz oder die vielen entsprechenden Geschichten aus der Regenbogenpresse.

Hinzu kommen mehrere Topoi: ‚das ungeklärte Verbrechen', mit der Maxime (ebenfalls nach Ehlich/Rehbein 1977): ‚Ein Verbrechen ist aufzuklären'; ‚die junge, *aufkeimende* Liebe', die gefährdet ist, mit ihrem Potenzial an Romantik; ‚das Auf und Ab des Lebens' als *bewegtes Schicksal* wird im Text durch den Wechsel von Negativ-Positiv-Negativ... auch ikonisch abgebildet, dazu die Sentenz ‚Für jeden kommt einmal das Glück', hier im Beispieltext durch die Modalisierung verdeutlicht: *Dann aber kommt auch einmal ein Glückstag für die junge Frau.* Man sieht hier, wie bereits in der Werbung mit kulturell voraussetzbarem Wissen gearbeitet wird: mit ‚Bildern', hier auf der Basis von Stereotypen, Topoi, Sentenzen. Alles dies fügt sich mit den sprachlichen Merkmalen des Trivialroman-Stils zu einem komplexen, kulturgeprägten Stil zusammen: Die LeserInnen können Bekanntes im neuen Arrangement erwarten.

Der dritte Text-Teil enthält ausführliche Adressaten-Ansprache, auch hier in der traditionellen Form *liebe Leser*; es wird massiv BEWERTET, empfohlen und schließlich wird der Bewertungsmaßstab offen gelegt und die *überaus* positive Einstufung des empfohlenen Gegenstandes wird den LeserInnen ermöglicht: *Band 97* als Beweis für die *überaus beliebte Bastei-Reihe*, Hedwig Courths-Mahler als bekannt gute Schriftstellerin, eine *spannende Geschichte* (eben schon durch die Art der Präsentation im zweiten Teil), ein Kontrast zwischen *ungeklärtem Verbrechen* und *junger Liebe* (was Spannung garantiert), leicht zugänglich und innerhalb einer Woche (*achtzig Seiten*) gut zu bewältigen, wegen großer Schrift auch leicht zu lesen. Dieser Bewertungsmaßstab ist ebenfalls auf eine bestimmte Klientel abgestimmt, auf einen Teilbereich der gesamten Kultur.

3.3 Zusammenfassung und Beispiel

Das Zusammenspiel der Relationen zeigt auch noch ein Beispiel von Gerhard Schröder als Bundeskanzler am 24.2.1999 am Ende einer Ansprache zum Haushalt im Deutschen Bundestag:

> (32) *Verehrte Opposition. Bellen Sie ruhig, die Karawane zieht weiter.*

In der Beziehungs-Relation von Mitgliedern der Regierung und der Opposition ist es ungewöhnlich, eine ERWIDERUNG mit *verehrte Opposition* zu beginnen. Die nächste Äußerung: *Bellen Sie ruhig* QUALIFIZIERT die Opposition metaphorisch AB, indem deren lautstarkes ZWISCHENRUFEN als *Bellen* bezeichnet wird, und implizit wird die Opposition dadurch als

3.3 Zusammenfassung und Beispiel

‚Hunde' (*Wadenbeißer* u.Ä.) QUALIFIZIERT. Den Hintergrund bildet die sprachliche Formel: *Die Hunde bellen, die Karawane zieht weiter*, ‚auch wenn sich jemand aufregt, es geht weiter wie bisher'. Gleichzeitig wird der Opposition das *Bellen* ironisch ERLAUBT durch die Verwendung des Imperativs mit *ruhig*. In textinterner Relation dazu erscheint jetzt die ANREDE *Verehrte Opposition* als vorheriges ‚ABDÄMPFEN', wie dies öfter am Beginn negativer Bewertungen von geäußerten Adressaten-Meinungen geschieht (vgl. die Einleitung durch *mit Verlaub*). Die letzte Äußerung, *die Karawane zieht weiter*, QUALIFIZIERT die ‚bellende' Opposition in Relation dazu als die belanglosen lautstarken Hunde, die den Gang der Dinge nicht aufhalten kann. So weit die internen Relationen der thematischen und handlungsmäßigen Sequenzierung.

Die Situation ist durch den Rahmen der parlamentarischen Debatte und durch die Beziehung von Regierungsparteien und Oppositionsparteien charakterisiert. Außerdem war zum Zeitpunkt der Äußerung („Zeitpragmatik" nach Nord 1988) vor genau einer Woche Aschermittwoch, und viele haben noch das Kölner Karnevalslied mit dem Refrain im Ohr: *Die Karawane zieht weiter, de Sultan hat Durscht* .... Relativ zu seinen Amtsvorgängern (und den dadurch aufgebauten Erwartungen) hat dieser (noch neue) Bundeskanzler im Karneval (1999) sich selbst als jemand dargestellt, der den Scherz liebt und beherrscht, und als jemand, der durch Humor der Situation die Schärfe nehmen kann. Ob eine derartige Relation mit interpretiert wird, hängt allerdings vom jeweiligen episodischen Wissen der Rezipierenden ab.

Grundsätzlich können alle kommunikationsrelevanten Aspekte relational genutzt werden. Die Beispiele zeigen, dass oft ein einziger Aspekt der Kommunikation für die Relationierung relevant gemacht wird, öfter aber auch mehrere im Zusammenspiel. Ein komplexes Beispiel wird analysiert in Sandig (2000a).

Wenn die Kommunikation (als Text oder Gespräch) den Konventionen folgt, sind diese Relationen zwar gegeben, aber unauffällig. Bei Abweichungen von den konventionsgegebenen Erwartungen oder von durch den unmittelbaren Kotext oder Gesprächs-Kontext aufgebauten Erwartungen an die Fortsetzung wird der relationale Charakter des Stils besonders relevant für die Interpretation, er wird auffällig. D.h. die grundlegendste Relation, die in diesem Bereich wichtig wird, ist das stilistische und kommunikative Wissen der Beteiligten, vor allem auch der Rezipierenden: Relativ zu diesem Wissen und den damit gegebenen Grundeinstellungen (Vorlieben, Geschmack, Ästhetik, vgl. zu letzterem Fix 1995) werden die Äußerungen in ihren Ko- und Kontexten und mit Bezug auf die Gegebenheiten der Kommunikation interpretiert.

Im Rahmen der Tätigkeitstheorie, in der ein Text als von einem Produzenten Gestaltetes und auf einen Rezipienten Wirkendes gesehen wird, unterscheidet Fix (1988) verschiedene Ausprägungen von Adäquatheit: Neben sprachlicher Adäquatheit („regeladäquat") und „ästhetischer" Adäquatheit gibt es die „situative" Adäquatheit mit beispielsweise folgenden „Teiladäquatheiten": „inhaltsadäquat", d.h. auf das Thema bezogen, „musteradäquat", d.h. auf den Handlungstyp bezogen, „spracheradäquat" und „höreradäquat"; „medienadäquat" und „kanaladäquat". Andere Teiladäquatheiten kommen hinzu wie „intentionsadäquat" und „erwartungsadäquat". Hier werden also unter dem Terminus der Adäquatheit verschiedene Arten der Relationierung unterschieden.

Aus dem Dargestellten folgt: Beschreibungen der strukturellen Seite von Stilen als Bündel kookkurrierender (in der Regel) verschiedenartiger Merkmale mit interpretierbarer Gestaltqualität und dementsprechender ‚Bedeutung' reichen für die Ermittlung des stilistischen Sinns nicht aus: Erst durch die Verknüpfung der (bedeutsamen) Struktureigenschaften und deren textinterner Relationen mit den Eigenschaften der kommunikativen oder interaktiven Rahmung entsteht die Interpretationsgrundlage, die den stilistischen Sinn erarbeiten lässt. Gestalthafte Struktur **in Relation** zur gesamten Kommunikation oder Interaktion mit ihrem weiteren Umfeld stellt die Herausforderung zur Interpretation an die Adressaten bzw. Rezipienten relativ zu deren Wissen dar.

Stil ist also in mehrfacher Weise implizit (vgl. Stöckl 1997, 37):
– durch die Gestalthaftigkeit der Struktur, die in der Regel durch das Zusammenspiel verschiedener Zeichen interpretiert werden kann (die strukturelle Mehrstufigkeit, Sandig 1986, Kap. 1.6), aber auch durch das Zusammenspiel verschiedener Zeichentypen (Sprache, Typografie, Farbe, Bild...)
– durch die textinternen und textexternen Relationen, in denen die Stilgestalt steht bzw. gesehen wird.

3.4 Stil ist ein Gestaltungsmittel – mit welcher Grundfunktion?

Stile sind Mittel gesellschaftlich (und damit auch kulturell) relevanter Differenzierungen von Kommunikation:
– Mit Stilen individuieren Sprecher/Schreiber ihre Sprachhandlungen, indem diese für den konkreten Zweck zugeschnitten werden; sie verleihen damit diesen Sprachhandlungen stilistischen Sinn. Dieser ist durch den Bezug auf Typen stilistischen Sinns als solcher interpretierbar.
– Sprecher/Schreiber gestalten mit typisierten Stilen oder mit globalen Stilhaltungen (Interaktionsmodalitäten) Sprachhandlungen als solche mit, wenn sie die Stile konventionell verwenden, d.h. sie kontextualisieren damit ihre Sprachhandlungen in ihrem jeweiligen sozialen und kommunikativen Wert.

- Mit Stilen werden kommunikative Ereignisse intern gestaltet und sie können eine differenzierte interne Kontur erhalten.
- Stile stehen in vielfältigen Relationen zu den Gegebenheiten der konkreten Interaktion, wie sie im Kommunikationsmodell dargestellt werden können. Die spezifische, individuierende oder typisierende Sinnkonstitution einer verwendeten Stilgestalt kommt erst in Relation zu Interaktionsaspekten zum Tragen; sie wird durch die Rezipierenden geleistet.

D.h. durch Stil können die Interagierenden ihre Aktivitäten in mehrfacher Weise mit gestalten: intern differenziert oder nicht differenziert, als typisierte, als individuierte oder mit Übergängen zwischen diesen Polen. – Es besteht ein dreifacher Bezug zu den im Kommunikationsmodell modellierten Kommunikationsaspekten:
1. Die Typen stilistischen Sinns sind systematisch auf die relevanten Aspekte der Interaktion bezogen; sie bedeuten Aspekte der Interaktion mit.
2. Typisierte Stile stehen als auf Aspekte der Kommunikation bezogene konventionelle Vorgaben für gesellschaftlich relevante Gestaltungen von Interaktionen bzw. von Teil-Aspekten zur Verfügung.
3. Die **Verwendung** von typisierten Stilen wie auch von individuell komponierten und interpretierbaren Merkmalsbündeln trägt erst **in Relation** zu Aspekten der jeweils konkreten Kommunikation zum Interpretationsangebot bezüglich des stilistischen Sinns bei.

Damit ist Stil ein Gestaltungsmittel (vgl. Selting 1997), das Texte und Gespräche mit Sinn anreichert, der auf Aspekte der gegebenen Kommunikation zielt; er bietet zugleich Möglichkeiten der konventionellen (sozial anerkannten) wie der individuellen Gestaltung, auch von Graden zwischen diesen Polen. Der oft betonte „pragmatische" Charakter von Stil lässt sich somit gleich dreifach nachweisen.

Voraussetzung ist das stilistische Wissen, die stilistische Kompetenz der Beteiligten: Nur so können Merkmalsbündel als Ausdrucksformen für bedeutsame Gestalten in den Text oder das Gespräch eingebracht bzw. interpretierend erkannt werden. Deswegen spricht Spillner (1984, 69) auch von der „virtuellen Qualität" von Stil. Stilistischer Sinn einer konkreten Kommunikationshandlung, einer Gesprächspassage, eines Textes oder Textteils ist aus der strukturellen Gestalt (als Merkmalsbündel) erst ableitbar, wenn diese aufgrund stilistischen Wissens und allgemeinen Sprachhandlungswissens als stilistisch bedeutsame Gestalt **und** in Relation zu den konkreten kommunikativen Gegebenheiten gesehen wird.

Es stellt sich die Frage, wie diese dreifache Relevanz von Kommunikations- und damit auch Interaktionsaspekten für Stil zu erklären ist. Mit George Lakoffs (1987) kognitiver Linguistik-Auffassung gehe ich davon aus, dass Kommunizierende und ihre AdressatInnen als Interagierende körperlich und geistig präsent sind: „meaningful thought and reason essentially concern the nature of the organism doing the thinking – including the nature of its body, its interactions in its environment, its social character, and so on" (Lakoff 1987, XVI). Typisierungen (Sinn-Typen, typisierte Stile, Typen von gesamten Kommunikations- und Interaktions-Umfeldern) sind die Voraussetzung dafür: „Without the ability to categorize we could not function at all, either in the physical world or in our social and intellectual lives" (Lakoff 1987, 6). Mit den dargestellten drei interagierenden Stil-Systemen positionieren sich die Kommunizierenden gegenüber allen kommunikativ und interaktiv relevanten Aspekten, natürlich auch gegenüber den Adressaten. Auch diese haben ihre Position, oder sie nehmen aktiv eine Position ein, interpretieren das Angebotene auf ihre Weise. Dies geschieht ständig, so lange die Interaktion läuft, denn jede Äußerung hat Stil!

Stil wird also nahe gelegt und interpretierbar durch:
– Erkennen gestalthafter Struktur (Merkmalsbündel);
– Interpretieren bedeutsamer Gestalt (als Funktion dieser typisierten oder individuellen Struktur);
– Relationieren dieser strukturierten und bedeutsamen Gestalt(en) mit textinternen und textexternen Aspekten der laufenden Interaktion;
– Erarbeiten des auf Typisierungen beruhenden stilistischen Sinns und Erkennen von Stilwirkung anhand aller dieser Teilaspekte.

Wir können also Stufen der Interpretation unterscheiden. Diese Komplexität macht stilistische Gegebenheiten schwer beschreibbar, aber auch mehrfach interpretierbar. Auch Stilwirkungen entstehen erst aufgrund dieses Zusammenspiels.

Wir nehmen Situationen aufgrund unserer Kenntnis von Situationstypen als ganze wahr: in ihrer Typik oder in ihrer auf den Typ bezogenen graduellen Besonderheit. Darauf stimmen wir das stilistische GESTALTEN unserer Kommunikation ab: relativ zu den gesamten Kommunikationsgegebenheiten und gleichzeitig relativ zu unseren konkreten Zielen in diesen. Dabei können einzelne Aspekte der Kommunikationsgegebenheiten relevant gemacht werden oder aber im Hintergrund der Aufmerksamkeit bleiben.

Ebenso wird bei der Text- und Stilrezeption das Gesamte der Kommunikationsgegebenheiten – als Hinter-Grund – wahrgenommen und das Kommunizierte in Relation dazu interpretiert, und zwar je nach unserem Wissen und unserer Text- und Stilkompetenz. Auch hier können durch das Kommunikations-Angebot einzelne Aspekte in den Vordergrund treten, andere oder aber die gesamte Situation im Hintergrund der Aufmerksamkeit bleiben.

Damit ist Stil ein Gestaltungsmittel (Selting 1997), das immer vorhanden ist – gleichgültig, ob im Vordergrund oder im Hintergrund der Aufmerksamkeit der Beteiligten: Mit diesem Gestaltungsmittel verorten, positionieren sich die Kommunizierenden relativ zum gesamten kommunikativen oder interaktiven Geschehen als komplexer, holistischer Einheit. Es ist prinzipiell unabhängig von Aktivitätstypen/Textmustern und den anderen Aspekten der Interaktion (Sandig/Selting 1997), wenngleich es auch vielfach – als typisierte Stile für konventionalisierte Kommunikations- und Interaktionsanlässe – verfestigt ist.

Eine holistische Stilistik erlaubt sowohl die Beschreibung gestalthafter Merkmalsbündel, darunter auch typisierter Stile, als auch die Darstellung des textinternen und textexternen Gesamtrahmens, innerhalb dessen bedeutsame Stilstrukturen interpretierbar sind.

4. Textstilistische Handlungsmuster

In den folgenden Kapiteln 4 bis 6 geht es um unterschiedliche Aspekte (produktiver und rezeptiver) stilistischer Kompetenz: In diesem Kapitel werden exemplarisch typische stilistische Teilhandlungen von Texten und einige generelle stilbildende Verfahren behandelt, im Kapitel 5 allgemein textbezogene Stilaspekte und in 6 auf Textmuster bezogene Aspekte. Etliches, was im Folgenden beschrieben wird, steht in einer langen rhetorischen Tradition. Auf diese kann hier nur sporadisch hingewiesen werden.

Unter *(text)stilistischen Handlungsmustern* verstehe ich stilrelevante Teilhandlungstypen für Texte wie EMOTIONALISIEREN, GENERALISIEREN, auch ÄSTHETISIEREN (Fix 2001a), KOMISIEREN (Kap. 6.2.6) usw. Da sie in verschiedensten Texten genutzt werden können, sind die Elemente bzw. Verfahren, die für das Ausdrücken zur Verfügung stehen, sehr variabel: Sie entfalten ihr Potenzial erst im jeweiligen textuellen Rahmen, nämlich dem des sozialen Sinns des Textmusters, relativ zum Thema und im Rahmen der übrigen kommunikativen Gegebenheiten.

Stilistische Handlungsmuster sind für also Muster für das Durchführen stilrelevanter Teilhandlungen, für die eine große Bandbreite stilistischer Merkmale zur Verfügung steht; aus diesen wird für den konkreten Fall dann im Rahmen der relevanten textinternen und textexternen Relationen (Kap. 3) jeweils ein charakteristisches Merkmalsbündel ausgewählt. Die stilistischen Handlungsmuster sind Vorgaben für stilistische Textherstellungshandlungen unterschiedlichen Allgemeinheitsgrades bzw. unterschiedlicher Spezifizität und Komplexität. Einfache stilistische Verfahren dienen dazu, im Rahmen von stilistischen Handlungsmustern Anwendung zu finden.

Textstilistische Handlungsmuster sind Muster für Stilproduktion und interpretierende Stilrezeption. Dem Musterbegriff (z.B. Rehbein 1983) entsprechend handelt es sich um ein Zusammenspiel von Merkmalen, die alle zusammen in Richtung einer Interpretation weisen. Oder umgekehrt: Ein Typ stilistisch relevanten Handelns wie EMOTIONALISIEREN oder HERVORHEBEN ist verknüpft mit einem Inventar oder Repertoire von Merkmalen, das als Ressource, als Potenzial für die Realisierung des Musters zur Verfügung steht. Der Terminus *Stilmuster*, der u.a. gleich verwendet wird, wird aber zusätzlich für andere musterhafte Aspekte von Stil gebraucht (Fix 1991, 55, Fix/Poethe/Yos 2001, 36f., Michel 2001).

Aus dem Inventar oder Repertoire wird bei der Realisierung eines Textes ausgewählt (Stil als Wahl!): Dadurch entsteht ein Merkmalsbündel (Kap. 2), das eine entsprechende Interpretation nahe legen kann. Und das heißt: verschiedene Texte weisen teils verschiedene, teils sich nur partiell überschneidende Realisierungen des Musters auf.

Das Handeln nach einem stilistischen Handlungsmuster wird innerhalb größerer Textpassagen/ganzer Texte FORTGEFÜHRT, indem immer wieder unterschiedliche oder auch gleiche Merkmale aus dem Repertoire ausgewählt werden. Auf diese Weise verbinden sich die Merkmalsbedeutungen über die einzelnen Teilhandlungen des Textes hinweg zu einem umfassenden Ganzen (Pfeil für *indem*). Ein Beispiel für EMOTIONALISIEREN von Erich Fried (aus: „und Vietnam und", 1996, Berlin: Wagenbach, 33):

(1) *Beim Nachdenken über Vorbilder*

Die uns
vorleben wollen

wie leicht
das Sterben ist

Wenn sie uns
vorsterben wollten

wie leicht
wäre das Leben

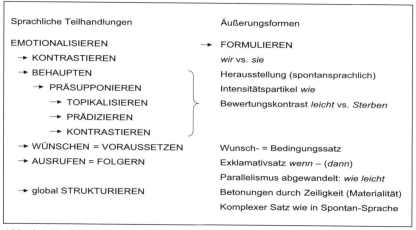

Abb. 4–1 Verfahren des Emotionalisierens am Beispiel

Die rechte Kolumne zeigt die einzelnen Elemente, die hier gewählt wurden, um zu EMOTIONALISIEREN. Sie sind jedes für sich Teil des umfassenderen Musters. Jedes ist auch für das Ausdrücken anderer Muster einsetzbar. – Stilistische Handlungsmuster wie EMOTIONALISIEREN sind also Teilhandlungstypen, mittels derer im Text Hinweise eingebracht werden, die rezipierend als ganzheitliche Gestalt interpretiert werden (können).

Demgegenüber sind Stilzüge (Michel 2001, 79ff.) Verbindungen, „Vermittlungsinstanzen" (Fix/Poethe/Yos 2001, 34f.) zwischen dem Textganzen und den Stilelementen: Zusammenhänge von Stilelementen. Sie werden semantisch bestimmt und sind m.e. eine interpretative Kategorie: *sachlich, folgerichtig, abstrakt, dicht* usw. Häufig werden sie als Skalen dargestellt (Fix/Poethe/Yos 2001, 53): *knapp – breit; klar – verschwommen; gegliedert – ungegliedert...* Auffallend ist, dass Stilzüge überwiegend mit Ausdrücken benannt werden, die auch bewertend gebraucht werden können, vgl. dazu auch die auf Handlungsaspekte bezogenen Ausdrücke für Stilwirkungen (Kap. 1.9.2.3). Demgegenüber sind textstilistische Handlungsmuster eine Beschreibungskategorie, die die stilistische Kompetenz (produktiv und rezeptiv) einbezieht, allerdings ebenfalls zwischen dem Ganzen des Texts und seinen einzelnen stilistischen Merkmalen angesiedelt.

In diesem Kapitel werden auch einige allgemeine Verfahren zur Herstellung von Stilelementen besprochen, wie ABWEICHEN, oder zur Herstellung von Stilen, wie Muster MISCHEN. Verfahren legen zunächst keine stilistische Handlungsbedeutung nahe; ihre Verwendung führt in den jeweiligen Kontexten zu vielfältigen Angeboten stilistischen Sinns. Demgegenüber legt die Verwendung textstilistischer Handlungsmuster als solche bereits graduell weniger oder mehr an stilistischem Sinn nahe: ‚der Reihe nach', HERSTELLEN von Zusammenhängen, PERSPEKTIVIEREN... Wichtig ist, dass ausgedrückte Stilelemente als Elemente eines textstilistischen Handlungsmusters erkannt werden können, dass ihnen die Musterbedeutung zugeschrieben werden kann (vgl. Rehbein 1983), dass sie also einen Bezug zum zugrunde liegenden Muster erkennen lassen (ebda.).

Außer charakteristischen stilistisch relevanten Mustern können alle Sprachvarietäten des Deutschen mit stilistischer Funktion außerhalb ihres konventionellen Anwendungsbereichs **verwendet** werden: Dialekte, Soziolekte, Austriazismen oder Helvetismen, Fachliches usw., ja sogar fremdsprachige Elemente (Braselmann 1981).

4.1 Allgemeine textstilistische Handlungstypen und Verfahren

Kommunikative Handlungen werden auf verschiedene Weise vollzogen: mit stilistischem Sinn DURCHGEFÜHRT. Was heißt DURCHFÜHREN? Es ist ein Typ von Textherstellungshandlung, der als Nebenhandlung die eigentliche Handlung mit ihrer Textfunktion, ihrem sozialen Sinn (s. Kap. 5 und 6) begleitet. Die Textfunktion wird derartig mit stilistischem Sinn angereichert, dass dieser die Handlung komplexer macht oder als solche unterstützt und so möglichst erfolgreich werden lässt; es wird der Versuch gemacht, bei der

Rezeption aufgrund des (auch nur graduellen) Erkennens eine Stilwirkung zu erzielen.

Das DURCHFÜHREN einer Handlung mit stilrelevanten Eigenschaften bedeutet nun nicht nur das sprachliche FORMULIEREN mittels lautlich-rhythmischer Eigenschaften, Wortwahl, Syntax und Stilfiguren; es bedeutet auch das Nutzen von Sprechakttypen und auch anderer kommunikativer Zeichen wie Farbe, Bild, Typografie, Typen von Textträgern wie Verkehrsschilder, Gedenksteine... Es bedeutet schließlich auch: Wie ist die Handlung in Relation zu ihrer erwartbaren Durchführung GESTALTET, konventionell oder ‚besonders'? Wie verhält sich das Thema zur Handlung, wie werden wir über beide orientiert? Welche weiteren materiell relevanten Eigenschaften wurden bei der Handlungsdurchführung GEWÄHLT? Wie ‚passt' die Handlung (und/oder ihr Thema) in den Kontext, in die Situation mit den Interagierenden usw. D.h. im Konzept des DURCHFÜHRENs ist die gesamte Textgestaltung in ihren kommunikativen Verwendungs-Relationen eingeschlossen (vgl. Spillners 1996, 246 „integrative" Stiltheorie).

Damit unterscheidet sich diese Auffassung von der bei Michel (2001, bes. 188). Dort wird ein „textuelles Ebenenmodell" als textlinguistische Basis der Beschreibung angenommen, und erst innerhalb dieses Rahmens steht die Stilanalyse als Beschreibung des **Sprach**stils, auch bei Fix/Poethe/Yos (2001) liegt ein besonderes Gewicht auf dem „Formulativen".

Eine Überschau über allgemeinste stilistische Handlungstypen gibt die folgende Struktur; Pfeil für *indem*. In den Klammern sind die Kapitel dieses Buches angegeben:

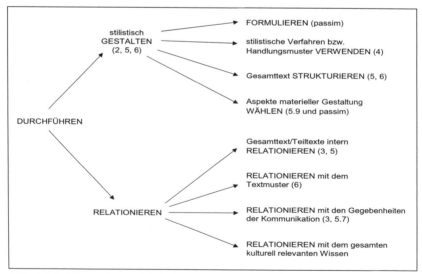

Abb. 4.1–1 Allgemeinste stilistische Handlungstypen (Überschau)

4.1.1 Allgemeinste stilistische Handlungstypen

Bündel kookkurrierender Merkmale mit einem möglichen stilistischen Sinn werden im Text hergestellt durch die Textherstellungshandlung (Antos 1982) des FORTFÜHRENs. Püschel (1991, 54f.) spricht auch von „Stilherstellungshandlungen". FORTFÜHREN als generelles Stilmuster wird bei Püschel (2000, 483-485) beschrieben. Es geht um Wahlen von Stilelementen, die als Teile immer desselben Merkmalsbündels wahrgenommen werden können. Nach Püschel (2000, 482f.) sind verschiedene Fortführungsmuster wichtig für die stilistische Gestaltung eines gesamten Textes, der nach einem Textmuster realisiert wird, wie auch für zusammenhängende Textpassagen.

M.E. ist hier zu unterscheiden zwischen ausdrucksseitigem FORTFÜHREN, das zu „stilistischer Kohäsion" führt (vgl. Kap. 5.5) und inhaltsseitigem FORTFÜHREN, das zu „stilistischer Kohärenz" führt (Kap. 5.6). Beispiel für ausdrucksseitiges FORTFÜHREN ist WIEDERHOLEN z.B. von Lautfolgen wie bei *Bitte ein Bit* oder der Elemente einer Wortfamilie; für ausdrucks- und inhaltsseitiges FORTFÜHREN ist WIEDERHOLEN desselben Wortes oder VARIIEREN ein Beispiel; für inhaltsseitiges FORTFÜHREN allein stehen verschiedenartige Elemente, die zusammen zu einem stilistisch bedeutsamen Merkmalsbündel gehören, wie z.B. Elemente des Bibelstils (s. Kap. 4.5.1) oder z.B. Abb. 4–1 zum EMOTIONALISIEREN. Inhaltsseitiges, auf Funktionen bezogenes FORTFÜHREN ist konstitutiv für Stile, vgl. Kap. 2.1.1 das mehrfache Anwenden von verschiedenartigen Elementen von Merkmalsbündeln und das Mischen von Elementen verschiedener Muster. Ausdrucksseitiges FORTFÜHREN ist markiert, ausdrucks- und inhaltsseitiges ebenfalls, inhaltsseitiges FORTFÜHREN kann markiert sein, muss es aber nicht.

FORTFÜHREN geschieht, indem konventionalisierte stilistische Muster angewendet und/oder indem wahrnehmbare stilistische Gestalten durch spezielle stilistische Verfahren hergestellt werden. Auf diese Weise wird der Text stilistisch GESTALTET (Püschel 1987). Eine als Gestalt wahrgenommene Form hat eine Bedeutung: Etwas als Gestalt wahrnehmen heißt zugleich es als in bestimmter Weise bedeutsame Gestalt wahrnehmen (vgl. Kap. 2.2). Dabei spielt aber auch eine Rolle, in welchen Relationen, d.h. vor welchen textinternen und/oder textexternen Hintergründen die Gestalt wahrgenommen wird (Kap. 3), wie sie RELATIONIERT ist.

GESTALTEN ist **der** stilistische Handlungstyp schlechthin (Püschel 1987, 143); er wird mit jeweils ganz verschiedenen Merkmalsbündeln realisiert, aber sprachliche und mit anderen kommunikativen Mitteln hergestellte materielle Merkmalsfigurationen sind zu seiner Realisierung notwendig. Texte oder Textpassagen können sehr verschieden GESTALTET werden.

Eine Gestalt als Ergebnis des GESTALTENs (Fix 1996a) steht in verschiedenen Relationen: Wie ist das Thema gestaltet, wie die gesamte Handlung, gibt es dazu Selbstdarstellung auf Schreiberseite und wenn wie, gibt es Ausdruck von Einstellungen und welcher Art, wie ,passen' die erkennbaren Teilgestalten in die Verwendungssituation mit Handlungsbeteiligten, Situationstyp etc. etc.?

Dieses Gestaltetsein-in-Relation(en) hat zum Ergebnis, dass der Text UNIKALISIERT (Fix 1991) ist: TYPISIERT oder INDIVIDUALISIERT oder gar ORIGINALISIERT (Kap. 5.2). „*Unikalität* ist Ausdruck für das notwendig Einzigartige einer *jeden* kommunikativen Leistung. Der subjektive Faktor *des Sprachverhaltens an sich* wird damit erfasst. (...) Individualisieren ist Ausdruck für das – nicht notwendige – Kreative und Innovative (...)" (Fix 1991a, 302).

Es gibt also eine Reihe sehr allgemeiner stilistischer Handlungstypen, die untereinander zusammenhängen.

4.1.2 Einige allgemeine stilistische Verfahren

Zu *stilistischen Verfahren* zähle ich formale Merkmale, die im Text verschiedenste Funktionen erhalten können, mit denen also nicht bereits im Rahmen der Stilkompetenz eine begrenzte Bandbreite von Funktionen oder gar eine einzige Funktion verbunden ist. Der Blick ist hier auf die Formseite des Stils gerichtet (vgl. Sandig 1986: „Techniken"). Es gibt einfache Verfahren wie z.B. die einzelnen in Kap. 4.1.2.1 aufgeführten formalen Möglichkeiten des ABWEICHENs. Und es gibt komplexe Verfahren wie eben das ABWEICHEN mit verschiedenen einfachen Verfahren, auf verschiedenen Sprachbeschreibungsebenen. Um diese geht es vorrangig in diesem Kapitel.

Stilistische Strukturtypen werden durch stilstrukturbildende Verfahren hergestellt. Die Elemente, die durch ein solches Verfahren gebildet sind, werden mit stilneutraleren Elementen gemischt, oft auch mit Elementen anderer Strukturtypen, oder mit stilistisch anderweitig merkmalhaften Elementen wie den traditionellen Stilfiguren oder stilistisch merkmalhaften Lexemen oder Satzkonstruktionen.

Da die Bündel kookkurrierender Merkmale sich in der Regel über die verschiedenen Beschreibungsebenen des Textes hinweg erstrecken, liegt es nahe, dass die strukturbildenden Verfahren ebenfalls auf verschiedenen Ebenen beschrieben werden können. Für die Verfahren WIEDERHOLEN und VARIIEREN im unmittelbaren Textkontext mit ihren möglichen typischen Funktionen hat Besch (1989) eine ausführliche, die Sprachebenen übergreifende Beschreibung vorgelegt.

Dass die hier dargestellten Verfahren an bestimmte kanalbedingte Vorgaben gebunden sind, wird deutlich an Folgendem: Im Internet entstehen bei besonderen Kommunikations-Formen eigene Verfahren zum Herstellen von Stilen (vgl. Günthner/Schmidt 2002, Storrer 2001 über Internet-Chats).

4.1.2.1 Abweichen

ABWEICHEN dient dazu, die Aufmerksamkeit auf das Besondere zu lenken (Püschel 1985, 9). Es wird bei Püschel (1985) aufgrund dieser Funktion als generelles stilistisches Handlungsmuster beschrieben, Fix/Poethe/Yos (2001) widmen diesem Verfahren die Kapitel 4.2 bis 4.4 ihres Buches. Ich zähle es hier als *Verfahren*, weil mit dem ABWEICHEN sehr verschiedene Funktionen ausgedrückt werden können; es ist nicht in dem Sinne ein stilistisches Handlungsmuster, dass es eine Funktion oder Funktionstendenz nahe legen würde, wie etwa das HERVORHEBEN oder das VERSTÄNDLICH-MACHEN. ABWEICHEN kann genutzt werden, um stilistische Handlungsmuster dieser Art zu realisieren.

Es ist davon auszugehen, dass Abweichungen intentional hergestellt werden, dass es sich also nicht um Fehler handelt (vgl. Sandig 1986, Kap. 1.3.8 und Fix/Poethe/Yos 2001, Kap. 4.4). Der Unterschied liegt darin, dass Abweichungen sich in die interpretierbaren Merkmale von Gestalten einfügen, während durch Fehler Störungen entstehen – die als Stilblüten dann durchaus auch entsprechend interpretiert werden können, aber deutlich anders als intendiert (Sandig 1981). Vgl. zum Folgenden auch die Beispiele in Fix/Poethe/Yos (2001, 192-198).

a) Grafische Abweichungen sind z.B. *Profi(t)-Spieler*, von einem hochverdienenden Fußballstar gesagt, *schreIBMaschinen* mit interner Großschreibung (vgl. Sandig 1986, 137ff.) oder *Hai Quality*, die Werbeschlagzeile einer Bierwerbung (Karlsberg) im Jahr 2000, bei der das Bild einen Hai zeigte, der sich unter Wasser an einem Bierkasten zu schaffen machte (hier auch eine Abweichung von gängigen Sachverhaltsschemata auf der Bildebene). Vgl. zu grafischen Eigenschaften von Werbung Lehné (2002).

b) Lautliche Abweichung (mit semantischen Folgen) zeigt z.B. ein Witz aus Kotthoff (1997, 155-157), wonach ein Fabrikportier den Namen des Firmenchefs *Neckermann* nur als *Nackermann* aussprechen kann – er wird nach mehrmaliger Verfehlung gegenüber dem Chef des Hauses gefeuert: *ganz genau des selbe wie beiHEHE QualleHEHE*. Im folgenden Beispiel (2) wird *schwächst* abweichend zu *schwachst*.

c) Morphologische Abweichung nutzt Christian Morgenstern in seinem Gedicht *Lieb ohne Worte* (Gesammelte Werke in einem Band, München: Piper, 1966, 302):

(2) *Mich erfüllt Liebestoben zu dir!*
ich bin deinst,
als ob einst
wir vereinigst.

Sei du meinst!
Komm Liebchenstche zu mir –
ich vergehste sonst
sehnsuchtsgepeinigst.

Achst, achst, schwachst schwachst arms Wortleinstche, was? – –

Genug denn, auch du, auch du liebsest.
Fühls, fühls ganzst ohne Worte: sei Meinstlein!
Ich sehne dich sprachlosestest.

Das Superlativ-Morphem *-(e)st* wird mit Wortarten anderer Art verbunden (*deinst, vergehste, achst*) oder redupliziert (*sprachlosestest*) und mit dem Kose-Suffix *-che(n)* oder *-lein* verknüpft: *Liebchenstche*; in der 3. „Strophe" werden solche Formen auch wiederholt. All dies sind abweichende Ausdrücke für das *Liebestoben*. – In der Werbung werden Wörter jenseits der Regeln des Deutschen gebildet wie z.B. *unkaputtbar*, das jedoch die Eigenschaften einer festen Plastikflasche sehr ‚ökonomisch' konzeptualisiert. Ich kann auch einen Kollegen als *Unkollegen* bezeichnen, wenn ich trotz aller Bemühung nicht mit ihm auskomme.

d) Für semantische Abweichung ist Metaphorik seit eh und je bekannt, z.B.

(3a)   *... wie ein Gemeinwesen zu **zimmern** wäre, in dem Kinder zur Welt kommen.*
(Die Zeit, 19.12.2001, Literaturbeilage, 41)

e) Syntaktische Abweichungen sind z.B. Anakoluthe wie der folgende (aus einem Interview mit Wolf Biermann, 15.11.2001, Saarbrücker Zeitung, C5):

(4)   *Ich dachte, **der Biermann**, der ich ja am Anfang gar nicht war, der ich erst wurde, **den** gibt es nun nicht mehr.*

Auch elliptische Sätze, deren ausdrucksseitige Form problemlos ergänzt werden kann, gehören zu den Abweichungen im Bereich der Syntax:

(3b)   *Weihnachtszeit, Erstgeborenenzeit, Zeit des epochalen Einzelkindes: zu Bethlehem geboren, in Windeln gewickelt, der Friedefürst (...)*
(Die Zeit, 19.12.2001, Literaturbeilage, 41).

Auch die Nutzung der Prädikatsvalenz aus einem anderen Satzmuster, als dem des verwendeten Prädikats, gehört zu syntaktischen Abweichungen. Aus einer Erzählung über die Weihnachtsgans, die am Leben bleibt (Die Zeit, 19.12.2001, Literaturbeilage, 43):

(5)   *Peter, dem Jüngsten, schnattert sie gar so ans Herz, dass er sie heimlich mit in sein Bettchen nimmt (...)*

4.1 Allgemeine textstilistische Handlungstypen und Verfahren 155

Schnattern ist einwertig, wird hier aber konstruiert wie ‚sie wächst ihm ans Herz', was zu folgender Bedeutung der Abweichung führt: ‚mit ihrem Schnattern wächst sie ihm ans Herz'. Beide letztere Formen der Abweichung sind zugleich Formen der Verdichtung.

f) Pragmatische Abweichungen bilden z.B. ironische Verwendungen von Sprechakten: Wenn jemand unaufmerksam war und mit *Guten Morgen* ermahnt wird, oder wenn ein Mitglied meiner Familie zu mir sagt: *Aber Frau Professor!* Auch Gleichzeitighandlungen, bei denen zwei verschiedene Illokutionen mit derselben Formulierung versprachlicht werden, gehören in diesen Bereich, z.B. der Werbeslogan für ein Kindernahrungsmittel: *Alete – Alles Gute für Ihr Kind*. Einerseits wird mit der Wunschformel ein WUNSCH ausgedrückt, andererseits WERTEND BEHAUPTET ‚wir haben alles Gute...', ‚dies ist alles Gute' o.Ä. Vgl. dazu auch Sandig (1989a, 139). – Bezogen auf die Sprechaktsequenz gibt es ebenfalls Abweichungen: Oft wird durch die Vorgängeräußerung die Präferenz für eine Folge-Illokution relevant gemacht; diese muss aber nicht gewählt werden. Fix (1996a) zeigt eine Serie von derartigen Abweichungen am Beispiel von Loriots Dialog „Das Ei", die sie mit Hilfe von Verletzungen allgemeiner Konversationsmaximen beschreibt:

(6) *Das Ehepaar sitzt am Frühstückstisch. Der Ehemann hat sein Ei geöffnet und beginnt nach einer längeren Denkpause das Gespräch.*
ER: *Berta!*
SIE: *Ja...*
ER: *Das Ei ist hart!*
SIE: *(schweigt)*
ER: *Das Ei ist hart!*
SIE: *Ich habe es gehört...*
ER: *Wie lange hat das Ei denn gekocht...*
SIE: *Zu viel Eier sind gar nicht gesund...*
(...)
Loriot, Szenen einer Ehe in Wort und Bild, Zürich 1986

g) Graduelles ABWEICHEN bezüglich eines Textmusters wird genauer in Kap. 6.3.2 beschrieben; Textmustermischung hat z.B. Fix (1993: *Das Märchen vom hässlichen Dieselein*) beschrieben, ebenso Sandig (1989, 146-148) und Sandig (1986, Kap. 2.1). Schließlich ist die ungewöhnliche Verwendung von Textmusterstilen und sprachlichen Varietäten hier zu nennen, z.B. in *Rotkäppchen auf Amtsdeutsch* von Thaddäus Troll (vgl. Sandig 1986, 110f.).

h) Typografische Abweichung thematisiert van Peer (1993): Er weist zunächst auf poetische Verszeilen, auf Strophen und Leerzeilen als Begrenzung hin, die gegenüber dem üblichen Text-Schriftbild abweichen, und davon wiederum weichen die Arrangements von Dada oder Konkreter Poesie ab: „there must be a fine tuning of, on the one hand (...) typographic qualities (of the text, B.S.), and on the other hand the semantic/thematic structure of the text". Vgl. die beiden letzten Texte (Beisp. (60) und (61)) in Kap. 4.2.3: KONTRASTIEREN. Das Beispiel entstammt der „Saarbrücker Zeitung" vom 1./2.6.2002; sowohl die Frakturschrift und ihre relative Größe als auch die Art der gewählten Antiqua weichen vom Üblichen ab und ‚passen' aber zum Inhalt der Anzeige.

> Er ist von uns gegangen...
>
> # Gerd Kuhn
>
> ## Individualist und Schöngeist
>
> * 28. Jan. 1917 † 26. Mai 2002
>
> 66113 Saarbrücken, Ahrstraße 20
>
> Um einen ganz besonderen
> Menschen trauern:
>
> Peter und Maria Kuhn
> Cornelia Kuhn und Heinz Jakob
> Edith Even
> sowie Angehörige und Freunde
>
> Auf Wunsch des Verstorbenen findet
> die Beisetzung in der Kieler Bucht auf
> See statt, wo vor 7 Jahren auch seine
> Frau Irmgard bestattet wurde.
>
> Beerdigungsinstitut: Peter Schneider,
> Bergstraße 19, 66115 Saarbrücken

Abb. 4.1–2 Typografische Abweichung

4.1 Allgemeine textstilistische Handlungstypen und Verfahren 157

i) Ein Spezialfall des Musters ABWEICHEN ist z.B. das stilistische Handlungsmuster ‚Eine unerwartete Wendung machen' (s. Kap. 5.9.4.1). ABWEICHEN entsteht in diesem Fall textintern durch die bisher in der Textwelt aufgebauten Fortsetzungserwartungen.

k) Weiter kann man auch ABWEICHEN von den Erwartungen bezüglich des Stils, die durch ein Thema, einen Situationstyp, eine Rollenkonstellation usw. gegeben sind (vgl. Kap. 3). Selting (2001,5) schreibt: Die „Mitglieder von Kommunikationsgemeinschaften (bilden) im Laufe ihrer kommunikativen Sozialisation Erwartungen aus über die Erwartbarkeit bestimmter Stile in bestimmten Kommunikationskontexten. Diese fungieren als Normalformerwartung, von der jedoch zum Zwecke der Nahelegung bestimmter Bedeutungen und Interpretationen jederzeit abgewichen werden kann."

l) Außerdem spielt die Relation von allgemeinem Sprach- bzw. Sprachhandlungswissen und dem im Text Realisierten eine Rolle. Abweichungen verschiedener Art, die als regelhaft beschreibbar sind und sprachspielerischen Zwecken dienen, also dem Herstellen einer ‚unernsten' Interaktionsmodalität, hat Dittgen (1989) beschrieben. Püschel (1985, 17) führt außerdem folgende mögliche Funktionen des ABWEICHENs auf: ‚individuell', ‚originell', ‚ökonomisch machen'; ‚verständlich, lesbar und anschaulich machen'; ‚lebendig machen/auflockern', ‚auffällig, interessant machen', außerdem ‚uneinheitlich machen' als ganz generelle Wirkungsmöglichkeit einer Abweichung.

4.1.2.2 Verdichten

Ein äußerst vielgestaltiger Typ von Verfahren ist das VERDICHTEN; viel Sinn wird durch wenig Ausgedrücktes möglich gemacht. Viele der dargestellten Formen des ABWEICHENs sind zugleich stilistische Verdichtungsmöglichkeiten. Auch Mustermischungen (Kap. 4.1.2.3) sind vielfach Möglichkeiten des Verdichtens. Blumenthal (1983) zeigt anhand einer auf strukturalistischen Vorstellungen beruhenden Konzeption unterschiedliche Möglichkeiten „semantischer Dichte", wozu auch viele klassische Stilfiguren rechnen. Er unterscheidet zwischen in der Sprache vorgegebenen („benutzten") und im Kontext „geschaffenen" Fällen semantischer Dichte. Dittgen (1989) hat in ihrem Buch über „Regeln für Abweichungen" ein Kapitel „Verdichtungen" (S. 62-86) mit den Untertypen „semantisch-lexikalische Verdichtungen" (*Null Bock auf Ziegen* u.Ä.), „semantisch-thematische Verdichtungen" (*Löwenbräu nimmt kräftigen Schluck* usw.), „semantisch-grafische Verdichtungen", bei denen mit Hilfe der Typografie, der Schriftart die Bedeutung unterstrichen wird (*großes JA mit kleinem nein*) oder F_A*LLOBST* oder

(7) **Der Luft**   (8) *STAAT§ANWÄLTE*
    geht die   küsst man nicht.
    Lft au

Aber auch die übrigen von Dittgen erarbeiteten Typen von Regeln (oder Verfahren) dienen dem VERDICHTEN: Inkompatibilitäten, Mehrdeutigkeiten, Zusammenziehungen, Phraseologismus-Abwandlungen und Lautverschriftungen. Diese Teil-Verfahren können wiederum – wie Dittgen (1989) an Zeitungsüberschriften, Titeln, Werbeschlagzeilen und -slogans und an Wandsprüchen zeigt – zweigliedrig, dreigliedrig oder sogar viergliedrig kombiniert werden.

Auch weniger spektakuläre sprachliche Formen können dem VERDICHTEN dienen. So hat von Polenz (1980, 145-150) vier Typen komprimierter Aussagen bzw. „nicht-expliziten" Ausdrucks unterschieden. Das Kriterium ist dabei, dass explizit oder implizit auf einen Gegenstand referiert wird, über den dann etwas prädiziert wird, eine Proposition also. Methodisch kann die Bedeutung durch explizite Paraphrasen (ebda.) erläutert werden. Ich zeige dies am folgenden Beispiel, dem ersten Absatz eines Essays von Elisabeth von Thadden (in: Die Zeit, 19.12.2001, Literaturbeilage, 41):

(9) **Das dritte Kind**
    Ihr Kinderlein kommet? Von wegen

Weihnachtszeit, Erstgeborenenzeit, Zeit des epochalen Einzelkindes: zu Bethlehem geboren, in Windeln gewickelt, der Friedefürst.
5   *Ohne Anspruch auf Kindergeld oder Sozialhilfe zwar. Auch ohne Geschwister, im engeren Sinn des Worts. Doch was für ein Kind! Vom Himmel geschneit. Fern jener demografisch besorgten Zeiten geboren, in denen Geburten mit dem Blick auf Rentenversorgung*
10 *und Expertenschwund statistisch als nützlich, ja notwendig angesehen werden. In denen auf der Nordhalbkugel jede der Kindlein wehren kann. Jesus von Nazareth: Einzelkind, immerhin. Unterhalb des heutigen statistischen*
15 *Mittelwerts. 1,4 Geburten pro Gebärfähiger, das reicht aber nicht, volkswirtschaftlich gesehen, langfristig verstanden.*

a) Elliptischer Ausdruck

Die ersten drei Zeilen sind gänzlich elliptisch, zunächst fehlt ausdrucksseitig (Klein 1993) das Prädikat: *Weihnachtszeit ist Erstgeborenenzeit...*, danach der Referenzausdruck und das Verbum finitum: *Es wurde zu Bethlehem geboren...* und wieder der Referenzausdruck und das Prädikat: *Es ist/war der Friedefürst.* Auch in Zeile 7 und 8 sind Referenzausdruck und finites Verb erspart, in Zeile 13 das Prädikat.

b) Verdichteter/komprimierter Ausdruck
Hier finden sich Substantivierungen mit ihrer jeweiligen Valenz; die Valenzstellen sind semantisch und syntaktisch mitgemeint: ‚Jemand hat keinen Anspruch auf Kindergeld' (Z. 4). Außerdem weitere Wortbildungen wie *Kindergeld* (Z. 4) oder *Gebärfähige* (Z. 15) und *Expertenschwund* (Z. 10), die expliziert werden können. Auch Attribuierungen zählen hinzu: *Zeit des epochalen Einzelkindes* (Z. 1/2); *jene demografisch besorgten Zeiten* (Z. 7/8). Weiter gehören Präpositionalisierungen hierher: *Ohne Anspruch...* (Z. 4), *fern jener demografisch besorgten Zeiten* (Z. 7/8). Hinzuzufügen sind Adverbiale (Supplemente), mit denen die Prädikation weiter differenziert wird: ***statistisch*** *als nützlich (...) angesehen werden* (Z. 10f.) oder Z. 16f.: *volkswirtschaftlich gesehen, langfristig verstanden* als komplexes Adverbiale, das einem Nebensatz entsprechen würde.

c) Uneigentlicher/verschobener Ausdruck
Hierzu zählen metaphorische Ausdrücke (*Vom Himmel geschneit,* Z. 7), Metonymie, Periphrase (*Zeit des epochalen Einzelkindes,* Z. 1/2), Ironie (*der Kindlein wehren,* Z. 12), indirekte Sprechakte, aber auch Passiv (*als nützlich, ja notwendig angesehen werden,* Z. 10f.) und Subjektschub (*jene demografisch besorgten Zeiten,* Z. 7/8).

d) Mitmeinender/impliziter Ausdruck
Der Friedefürst (Z. 3) impliziert, dass andere Fürsten keine Friedefürsten waren/sind, *ohne Anspruch auf Kindergeld* (Z. 4), dass es heute diesen Anspruch gibt...

e) Anhand des Beispieltextes sind zusätzlich zu den bei von Polenz (1980) unterschiedenen weitere Verfahren hinzuzufügen wie Satzzeichengebrauch. *Jesus von Nazareth: Einzelkind, immerhin* (Z. 13/14), wodurch die Teilprädikationen untereinander getrennt und vom Referenzausdruck abgehoben werden. Auch der Punkt wird dafür genutzt: Z. 4-6 und Z. 7f., Z. 11f.

f) Setzungen als unvollständige Sätze im Kontext gehören ebenfalls hierher: *Unterhalb des heutigen statistischen Mittelwerts.* (Z. 14f.) Ein „freies Thema" (Zifonun/Hoffmann/Strecker 1997) findet sich in Zeile 13: *Jesus von Nazareth.* Außerdem Z. 15f.: *1,4 Geburten pro Gebärfähiger, das reicht aber nicht.*

g) Dem VERDICHTEN dient auch die intertextuelle Anspielung auf das Bibelwort: *Lasset die Kindlein zu mir kommen und wehret ihnen nicht,* ebenso die Überschrift und *zu Bethlehem geboren* als Anspielung auf den Beginn je eines Weihnachtsliedes. Weiter enthält der Text mit *in Windeln gewickelt* eine weitere intertextuelle Anspielung auf die Weihnachtsgeschichte der Bibel (vgl. Kap. 3.1.3.2: Intertextualität).

Man sieht an diesem Beispiel eine große Fülle an komprimierten Aussagen; je nach Kombination der Mittel können sehr verschiedene Wirkungen erzielt werden.

h) Mehrdeutige Äußerungen (vgl. Kap. 4.1.2.1f.) werden gern in der Werbung genutzt, um knapp möglichst Vieles auszudrücken. Die Firma Maret wirbt in einem Werbeprospekt mit der Werbeschlagzeile:

(10) *Hol'z bei Maret*

Damit wird einerseits eine INFORMATION GEGEBEN: ‚Holz gibt es / kauft man / ... bei Maret', anderseits wird das in den 90ern des 20. Jahrhunderts werbetypische Synonym *holen* verwendet, mit dem persuasiv zum *kaufen* AUFGEFORDERT wird: *Holen* klingt ‚harmloser', ist euphemistisch, weil es nicht zum Kauf-Frame gehört. Mit *holen* wird nur ein Gesichtspunkt (Lutzeier 1985) von *kaufen* bezeichnet, das Geldausgeben ist ausgeblendet. Diese zweite Illokutionsrolle, AUFFORDERN zum Kaufen, wird durch das Mittel der ungewöhnlichen Segmentierung (grafische Abweichung, Kap. 4.1.2.1a) erreicht; und *z* wird ohnehin öfter als stimmhaftes *s* realisiert, zumal im Saarland, wo diese Reklame im Jahr 2000 verbreitet wurde.

(11) *Tui. Sie haben es sich verdient. Schöne Ferien.*
      Stern 9/1996

Schöne Ferien kann sowohl als Nachtrag, als syntaktisches Objekt (Komplement) verstanden werden, im zweiten Teil mit *es* statt mit *sie* formuliert, als auch als WUNSCHformel. Außerdem wird der Firmenname durch die Stellung als „freies Thema" besonders HERVORGEHOBEN.

i) Grafisches VERDICHTEN: Aus einem Leserbrief (Der Spiegel, 20.11.2000) zum Thema „Leitkultur in Deutschland":

(12) *Schalte ich die Sportschau ein, sehe ich „meinen" Verein mit einer*
      multikulturellen Mannschaft. Die sind (nicht immer) Spitze! (...)

Durch die grafische Gestaltung mit den Klammern im Satz wird Platz gespart: den Anforderungen an Leserbriefe entsprechend, damit sie veröffentlicht werden. Die letzte Äußerung bedeutet so etwas wie: ‚Die sind für mich oft Spitze und manchmal aber auch nicht'. Die gewählte Formulierung ist demgegenüber ‚flüssiger', ‚griffiger' und kreativer zugleich; zudem kann dadurch EMOTIONALISIERT werden. Auch semantische Diskrepanzen können durch

4.1 Allgemeine textstilistische Handlungstypen und Verfahren 161

dieses grafische Stilmittel besonders stark herausgearbeitet werden: So heißt es in einer Heiratsannonce (Die Zeit, 29.1.1993, 77):

(13) *Ich bin ein paar Jahre älter, männlich, begeisterungsfähig, (zuver)lässig, erfolgreich, akademisch freiberuflich und habe außer Jeans auch einen Smoking.*

In *(zuver)lässig* sind zwei einander teilweise widersprechende Bedeutungen vereint: ‚lässig aber doch zuverlässig', ‚zuverlässig aber nicht brav'. Auf semantische Opposition deutet bei gleichem stilistischem Verfahren der folgende Aufsatztitel von G. Gréciano (in: M. Pérennec und M.-H. Pérennec Hrsg. 1995: Untersuchungen zur Textkohärenz, Cahiers d'Etudes Germaniques 27, 93-103):

(14) *Phraseologische Text(in)kohärenz.*

Der Artikel beschäftigt sich jedoch mit einem Sowohl-als-auch. Das Sowohl-als-auch ist auch im Spiel bei *StudentInnen*.

k) Semantisches VERDICHTEN zeigt Beispiel (13): Mit den Bezeichnungen für Kleidungsstücke, *Jeans* und *Smoking* werden diejenigen ‚Freizeit'-Frames eröffnet, zu denen diese Bekleidungsstücke üblicherweise gehören.

l) Remotivierte und phraseologische Bedeutung eines mehrwortigen Ausdrucks im Bildkontext bietet das folgende Beispiel: Eine Plakatwerbung (1998/99) zeigt ein volles Bierglas und die Bierflasche (Parkbräu), der Text lautet lediglich: *Hin und weg*. Damit ist der Referenzakt bildlich vollzogen, der Prädikationsakt sprachlich; Text und Bild ergänzen einander wechselseitig (vgl. Kap. 5.9.3). Hier wird die Experten- und/oder Adressaten-Rede „inszeniert" (Sauer 1998, 69ff.), mit dem allgemeinen Sprachwissen über diesen alltagssprachlichen, emotional wertenden Ausdruck wird ein Sprachspiel betrieben (Sauer 1998) und im Verwendungskontext wird ein Wortspiel (Sauer 1998) daraus: Die Äußerung *Hin und weg* ist mehrdeutig: ‚eben wird das volle Glas *hin*gestellt *und* schon ist es *weg*, deshalb ist man/bin ich *hin und weg* davon'. Das VERDICHTEN kann also nicht nur durch sprachliche Eigenschaften erzeugt werden, sondern auch durch den Zusammenhang von Sprache und Bild. Im konkreten Fall werden Wirkungen wie ‚Aufmerksammachen', ‚Unterhalten', ‚Positivbewerten' des Werbegegenstandes und (danach) die ‚Stimulierung' der Gedächtnisleistung allesamt durch die minimale Äußerung im Bildkontext erreicht, ein Zusammenspiel persuasiver Teilaspekte (Stöckl 1997, Kap. 5).

m) Eine Methode zur Beschreibung vedichteter Texte stammt von P. von Polenz (1980, ²1988, Kap. 5). Die „satzsemantische Textanalyse" beschreibt das Zwischen-den-Zeilen-Lesen: Von Polenz geht (verkürzt beschrieben) davon aus, dass Texte Vieles „zwischen den Zeilen" bedeuten und mitbedeuten. Er arbeitet mit einer erweiterten Sprechakttheorie: Sprechakte („Sprecherhandlungen") und geäußerte Sätze stehen in einem vielfältigen Verhältnis. Deshalb geht von Polenz von „Satzinhalten", d.h. von Propositionen aus, die sehr verschieden versprachlicht sein können. Jedem Satzinhalt bzw. jeder Proposition wird interpretierend eine Illokution zugeordnet. Jede Proposition mit ihrer Illokution steht im Kontext anderer und vor allem im Kontext eines Gesamt-Textes mit seiner globalen Charakteristik, seinen „wesentlichen Texthandlungen". Die Sprechaktuntergliederung im Anschluss an Searle wird deshalb erweitert (von Polenz 1980, 140ff.):

Im Rahmen des Referenzaktes wird die „Größenbestimmung" (Quantifizierung) zusätzlich unterschieden: Z.B. mit *Menschen* kann auf *alle Menschen* referiert werden, die es überhaupt gibt (*Menschen gehen aufrecht*), oder auf einige: *Sie hat Menschen geholfen, die...* Dazu kommt bei von Polenz die propositionale Einstellung („Sprechereinstellung"). Diese wird für die Stilistik nur relevant, wenn die Sprechereinstellung nicht schon an die Illokution gebunden ist: z.B. bei *Das ist **schon** ein großer Unterschied* vs. *Das ist **in der Tat** ein großer Unterschied*. Hier wird einmal etwas ZUGEGEBEN oder EINGERÄUMT, zum anderen etwas pointierend HERVORGEHOBEN. Als Drittes ergänzt von Polenz die Sprechaktbeschreibung um die Herausarbeitung „sozialer und psychischer Beziehung". Wer sagt: *Das ist **wirklich** ein großer Unterschied* drückt inhaltlich etwa die gleiche propositionale Einstellung aus wie jemand, der *in der Tat* wählt. Letzterer GIBT sich aber zusätzlich als jemand ZU ERKENNEN, der bildungssprachlich bzw. rhetorisch pointiert mit Sprache umzugehen weiß, mit Folgen für die Beziehungsgestaltung.

Einzelne Äußerungen bzw. kleinere Einheiten mit komplexerem Inhalt können (wie unter a) bis d) bereits gezeigt) alltagssprachlich mit ihren Implikationen paraphrasiert werden. Sprechakte in Texten sind grundsätzlich an Kontexte gebunden und als solche zu interpretieren:
1. Es gibt ein allgemeines oder spezielles Vorwissen, das zu explizieren ist, z.B. bezüglich der Handlungsbeteiligten und ihrer Beziehungen.
2. Den globalen Kontext bildet das Textmuster (von Polenz' „wesentliche Texthandlungen").
3. Dazu kommt die lokale Einbindung des Sprechakts.

Zwischen den wesentlichen Texthandlungen und den einzelnen Teilhandlungen des Textes stehen die „Haupthandlungen"; diese bilden eine Sequenz, deren Elemente durch *und dann* verknüpft sind. Wesentliche Texthandlungen können vollzogen werden, „indem" einzelne Haupthandlungen vollzogen werden; oft werden sie aber mit komplexeren Handlungen durchgeführt. Haupthandlungen wiederum werden durchgeführt, „indem" Unterhandlungen geäußert werden. Haupt- und Unterhandlungen können vollzogen werden,

4.1 Allgemeine textstilistische Handlungstypen und Verfahren 163

„wobei" nebenher und zusätzlich Nebenhandlungen vollzogen werden; →
steht für „indem":

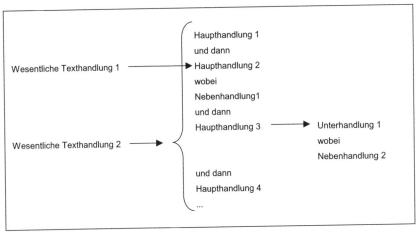

Abb. 4.1–3 Modell satzsemantischer Textanalyse

Diese vereinfachende Abbildung soll so verstanden werden, dass die wesentliche Texthandlung 1 direkt durch die Haupthandlung 2 vollzogen wird, wogegen die wesentliche Texthandlung 2 vollzogen wird, indem alle Haupthandlungen mit ihren Unter- und Nebenhandlungen vollzogen werden.

Dies alles zusammen fließt dann in die „Textverlaufsanalyse" ein, die vereinfachend an folgendem Beispiel gezeigt wird (aus: Der Spiegel, 29.3.1999, 8, Leserbriefe). Der Leserbrief reagiert auf einen Titelbeitrag zum Rücktritt von Oskar Lafontaine nach 150 Tagen Regierungszeit als Bundesfinanzminister und als SPD-Parteivorsitzender: „Lafontaines Rücktritt – Schröders zweite Chance".

(15) *Man sollte der Wirtschaft den Preis für 150*
 Tage beste Oppositionspolitik überreichen.
 PADERBORN   KLAUS RECKEFUSS

Die wesentliche Texthandlung eines Leserbriefs ist das DEBATTIEREN, d.h. bewertend STELLUNGNEHMEN zu Berichtetem oder zu Presse-Erzeugnissen als solchen oder das ERGÄNZEN von Berichtetem (vgl. Bucher 1986, 165), außerdem das STELLUNGNEHMEN zu einem anderen Leserbrief. Hier ist das Erstere der Fall.

Der Schreiber NIMMT STELLUNG zum Thema, als wesentliche Texthandlung,
 indem er VORSCHLÄGT (*man sollte*) als Haupthandlung,

wobei er PRÄSUPPONIERT (*die Wirtschaft* habe *den Preis* verdient) als Nebenhandlung,

wobei er PRÄSUPPONIERT (*Oppositionspolitik* sei eigentlich Sache der Opposition),

wobei er MITMEINT (*die Wirtschaft* sei mit *bester Oppositionspolitik* wesentlich ‚besser' als die Opposition gewesen),

wobei er MITMEINT (die bisherige Regierungszeit der neuen Regierung, der Lafontaine angehörte, habe *150 Tage* gedauert),

wobei der Schreiber mit dieser komplexen und sparsamen Formulierung sich als gewitzt, pfiffig... SELBSTDARSTELLT,

wobei er gleichzeitig seine distanzierte Haltung oder EINSTELLUNG zur Opposition und zur Wirtschaft AUSDRÜCKT.

Durch die Fülle der Nebenhandlungen, die als mit *wobei* angeschlossen interpretiert werden können, erhält das VORSCHLAGEN als Ganzes eine ironische Qualität, es ist ein IRONISCHES VORSCHLAGEN. Darüber hinaus trägt die Relation (vgl. Kap. 3) dieses Textes zum thematischen Kontext „Lafontaines Rücktritt" dazu bei, dass mitverstanden wird: ‚Diese Oppositionsrolle der Wirtschaft wurde ermöglicht durch Lafontaines Finanzpolitik.' Man sieht, dass derart komplexe Verhältnisse mit der Sprechaktbeschreibung allein nicht erfasst werden können. Aber gerade sie sind stilistisch relevant (vgl. auch die exemplarische Beschreibung in von Polenz ²1988, Kap. 5).

VERDICHTEN ist auch zentral für das stilistische Handlungsmuster ÖKONOMISCH DARSTELLEN.

4.1.2.3 Muster mischen

Stile kommen meist durch die Mischung mehrerer Merkmalsbündel zustande. Dabei sind derartige Mischungen häufig völlig unauffällig (vgl. Kap. 2: Stilstruktur); sie können aber auch für besondere stilistische Sinn-Angebote genutzt werden.

Bei den auffälligen Mustermischungen handelt es sich um textinterne Relationen (vgl. Kap. 3.1). Dabei ist zu unterscheiden zwischen:

1. Was wird gemischt? Welche Arten von Mustern werden gemischt: Satzmuster, Handlungsmuster, Wissensmuster (Frames), stilistische Handlungsmuster (z.B. Stilebenen), Textmuster (z.B. Fix 1993, 1997, 1999), Schrifttypen (Abb. 4.1–2)? Art der gemischten Elemente: Werden Elemente gleicher linguistischer Beschreibungsebene gemischt oder Elemente verschiedener Art (vgl. Sandig 1989a)? Werden Elemente gemischt, die konventionell zu verschiedenen stilistischen Handlungsmustern gehören? Und in welcher Relation stehen diese konventionell: Sind sie verträglich, oder liegen sie

4.1 Allgemeine textstilistische Handlungstypen und Verfahren 165

mehr oder weniger weit auseinander? Vgl. die Beschreibung der Mischung zweier Textmusterstile in Kap. 2.1.1.1.

2. Wie wird gemischt? Welche Konnektoren (Rehbein 1983) werden genutzt? Z.B. syntaktische Verknüpfung, Wortbildung, Polysemie von Lexemen, referentielle Mehrdeutigkeit, illokutive Mehrdeutigkeit, Wörtlichnehmen bei gleichzeitiger übertragener Bedeutung, Koordination (vgl. Rehbein 1983, Sandig 1989a). Art der formalen Relation, die zwischen den gemischten Elementen besteht (vgl. Sandig 1991): Folgen die Elemente aufeinander mit einfachem Wechsel oder gibt es mehrfache Wechsel, d.h. Verflechtungen? Oder sind sie enger verzahnt und wenn ja, wie: Parallelisierung punktuell oder über längere Passagen? Usw.

3. Was ist das Ergebnis der Mischung? Musterimplementierung als vorübergehendes Umschwenken (Rehbein 1983), Musterkonflikt (Rehbein 1983, z.B. bei Parodien); Textmustermontage (Fix 1999) als Sequenz mehrerer Textmuster, die deutlich einem Funktionszusammenhang angehören; ,eine unerwartete Wendung machen' als plötzlicher Musterwechsel (vgl. Kap. 5.9.1.4); Musterbrechung (Sandig 1991, 133f.), z.B. bei *Verseelsorgung* oder *Nervenunheilanstalt*, wo durch Wortzusammenziehung (Dittgen 1989) Elemente zweier unverträglicher Frames gemischt werden; Mustereinbettung, z.B. ein Gedicht innerhalb eines Romans; Mustereinflechtung (Sandig 1991, 138ff.), indem kontinuierlich Elemente eines Musters wieder aufgenommen werden, z.B. bei Ingeborg Bachmanns Gedicht „Reklame" oder in Raymond Queneaus „Regenbogen" (aus: Stilübungen 1961, 17): In eine Erzählung sind die Farben des Regenbogens als syntaktische Attribute nach und nach eingeflochten:

(16) *Eines Tages befand ich mich auf der Plattform eines violetten Autobusses. Ein recht lächerlicher junger Mann stand dort: indigofarbener Hals, Kordel am Hut. Plötzlich verwahrte er sich gegen einen blauen Herrn (...)*

Weiter gibt es den Mustermix (Sandig 1991), ein assoziatives Hüpfen von einem Frame (Wissensmuster) zum nächsten. Parallelisierung von Mustern liegt vor bei der „Ähnlichkeitsstruktur": Ein thematisch genutztes Wissensmuster wird wiederholt als stilistisches Muster, wenn z.B. ein Buch über einen Festtagsschmaus *grundköstlich* genannt wird und die abschließende Bewertung *Wohl bekomms!* heißt, vgl. das Beispiel (14), eine Buchbesprechung, im Kap. 5.6.5 zu stilistischer Kohärenz und Kap. 3.1.2.7. Schließlich Musterandeutung als Anspielung auf ein Muster. Vgl. Sandig (1989, 1991).

4. Was sind die Funktionen von Mustermischung? Dabei spielt die konventionelle Verträglichkeit der Merkmalsbündel ebenso eine Rolle (vgl. Punkt 1.) wie die Art von deren interner Relationierung (vgl. Punkt 2.). Es gibt

nun Funktionen wie VERDECKEN („Musterimplementierung" nach Rehbein 1983), KONTRASTIEREN, INTENSIVIEREN, AUSDRÜCKEN von Einstellungen; AUFMERKSAM MACHEN, ÖKONOMISCH DARSTELLEN; sich SELBST DARSTELLEN, ÄSTHETISIEREN, EMOTIONALISIEREN und schließlich (Fix 1997, 106) als „generelle Funktion": ETABLIEREN neuartiger Sehweisen.
Bei der Frage nach der Art der gemischten Elemente (vgl. Punkt 1.) ist weiter zu unterscheiden:

a) Ist die Mustermischung rein sprachlicher Art wie bei *Der Donners-talk im ZDF*, womit im Jahr 2002 für zwei aufeinander folgende Talkshows geworben wurde, oder *Site-Seeing-Tour*, wo *Sight-Seeing-Tour* und *Web-Site* gemischt werden (Audimax 2-3/2001, 24). Hier werden jeweils zwei Lexeme und damit verschiedene Frames oder Wissensmuster miteinander gemischt auf Basis von Wortbildungsregeln und lautlichen Ähnlichkeiten („Zusammenziehungen" nach Dittgen 1989). – Ein Beispiel beschreibt Victor Klemperer (1949), in: LTI. Notizbuch eines Philologen, Berlin: Akademie (247f.):

(17) *„(...) das Höchste und Charakteristischste der nazistischen Sprachkunst liegt nicht in (...) getrennter Buchführung für Gebildete und Ungebildete, auch nicht bloß darin, dass man der Menge mit ein paar gelehrten Brocken imponiert. Sondern die eigentliche Leistung, und in ihr ist Goebbels unerreichter Meister, besteht in der skrupellosen Mischung der heterogenen Stilelemente – nein, Mischung trifft nicht völlig zu – , in den schroffst antithetischen Sprüngen vom Gelehrten zum Proletenhaften, vom Nüchternen zum Ton des Predigers, vom kalt Rationalen zur Rührseligkeit der männlich verhaltenen Träne, von Fontanescher Schlichtheit, von Berlinischer Ruppigkeit zum Pathos des Gottesstreiters und Propheten."*

Oft werden Frames genutzt wie im folgenden Fall, einem Gelegenheitsgedicht von Ludwig Harig, am 29./30.6.2002 auf der „Kultur"-Seite der „Saarbrücker Zeitung"; am 30.6. war das Endspiel der Fußballweltmeisterschaft in Japan, in das die deutsche Nationalmannschaft wider Erwarten gelangt war (vgl. Kap. 5.7.1 zu Situationalität):

(18) *Ror Wolf zum 70. Geburtstag*

Mal ist's ein Pass, mal eine Flanke,
dem Tor voraus geht ein Gedanke.
Ein andermal geht es synchron
in schöner Antizipation.
Mal auf dem Berg, mal in dem Tale,
am Sonntag stehn wir im Finale.
Im Spiele kommt der Mensch ans Ziel:
Das Leben ist ein Fußballspiel.
Ein gutes Spiel sei Dir verhießen
und Tore beim Elfmeterschießen!

4.1 Allgemeine textstilistische Handlungstypen und Verfahren

Elemente des Fußballframes samt dem Oberbegriff *Spiel* werden hier metaphorisch genutzt. Außer der Nutzung des situativ aktuellen Fußballframes kann weiterer stilistischer Sinn vielleicht darin liegen, dass Ror Wolf ein Fußballfan wäre, oder dass er sogar etwas geschrieben hätte, das damit zusammenhängt... – eine besondere Form der Adressatenberücksichtigung. Ein anderes Beispiel ist in Kap. 4.2.1.3 der letzte Absatz des Textes (11) *Düfte*:

> (19) (...) Die **Duft**spuren der Wohlgerüche hat Manuela von Perfall bis in die Antike zurückverfolgt. Entstanden ist ein **olfaktorisches** Bilder- und Geschichtsbuch voller **parfümgeschwängerter** Anekdoten. Von Kleopatras **wohlriechenden** Verführungskünsten bis zur Zukunftsvision eines digitalisierten Duft-Chips.   ub
> Beilage LebensArt, Saarbrücker Zeitung, 20.10.1993, 17

Die Mustermischung ist hier eine besondere: Parfüms sind das Thema des Textes und dieses wird zusätzlich mit Elementen desselben Frames stilistisch gestaltet; vgl. Sandig (1986, Kap. 2.1.2.3): „Ähnlichkeitsstruktur", auch die dortigen Beispiele, s. auch hier Kap. 3.1.2.7.

Die Mischung von Frames (Mustermischung) kann in verschiedenen Interaktionsmodalitäten erfolgen: ‚ernsthaft' wie hier oder auch wie im Gedicht für Ror Wolf spielerisch, ‚unernst' oder sogar fehlerhaft (Stilblüte). Die Art der Wirkung wird hervorgerufen durch das Textmuster, dem der Text angehört, und durch die spezifische Kombination wie im folgenden Beispiel (Saarbrücker Zeitung, 26.1.1995, 1). Siehe Abb. 4.1–4.

Hier entsteht durch die Mischung die Wortbildung *Sofaschluß*, für die im Kontext eine metaphorische Interpretation ausgeschlossen ist. In die geläufige Wortbildung *Winterschlußverkauf*, abgekürzt *WSV*, sind nicht nur die Teile des Kurzworts *WSV* durch typografische Hervorhebung hineingeschrieben, als Blickfang mit extra großen Buchstaben, sondern auch die Bezeichnung des Gegenstands, um den es in der Werbung geht: *Sofa*. Dadurch entsteht auch die Sequenz *WinterSofa*, mit der dann im Text weiter gearbeitet wird: *Was ist denn ein Wintersofa?* Von hier aus werden ‚der Reihe nach' die Bezeichnungen der anderen Jahreszeiten mit *Sofa* gemischt, ‚durchprobiert'. Durch diese ‚ungewöhnlichen' Mischungen, die ergänzt werden durch eine ‚unerwartete' Wendung, s. Kap. 5.9.4.1, wird hingewiesen auf etwas ‚Ungewöhnliches': *unseren ersten Winterschlußverkauf*; die unernste Interaktionsmodalität der Themen- und Handlungsgestaltung bildet in ihrer Besonderheit den „Grund" (s. Kap. 4.2.2.4) für diese intendierte „Figur". Die Sequenz lautet bezogen auf den gesamten Werbetext: „Figur" (Überschrift) „Grund" (Fragen und Beantwortung) „Figur" (*Unseren ersten Winterschlußverkauf...*) „Grund" (*Ja, so sind wir zu Ihnen*); lokal wird jeder dieser ‚neuen' Aspekte als „Figur" vor dem Bisherigen als „Grund" verstanden (Kap. 2.2; 4.2.2.4).

Anzeige

WinterSofaschlußVerkauf!
Ab 30.1.

Jetzt fragen Sie sich vermutlich: Was ist denn ein Wintersofa? Und was unterscheidet es von einem Frühjahrs-, Sommer- oder gar Herbstsofa? Um ehrlich zu sein: gar nichts. Unseren ersten Winterschlußverkauf machen wir nämlich nur, um Ihnen mit dem einen oder anderen Schnäppchen eine Freude zu bereiten. Ja, so sind wir zu Ihnen!

Der gutgepolsterte Maßschneider

C. Flasche & Söhne
A8, Ausfahrt Rehlingen-Saar
Tel. (06835) 92 120

Abb. 4.1-4 WinterSofaschlußVerkauf!

b) Sprache und Elemente anderer Zeichensysteme werden gemischt (z.B. Musik oder Notationsweisen von Musik...). Besonders aktuell sind hier die Mischungen von Schrifttypen und von Sprache und Bild. Dabei können auch Bilder für sich Mustermischungen darstellen.

Das Bild (Abb. 4.1-5 aus: Der Spiegel, 27.8.2001, Titelblatt) stellt eine mehrfache Bild-Mischung dar: Eine Schwimmbadszene zeigt den damaligen Verteidigungsminister der Bundesrepublik Deutschland mit seiner adeligen Lebenspartnerin; die Szene selbst war – wie im Inneren des „Spiegel" gezeigt wird – auf dem Titelblatt einer Illustrierten mit dem Einverständnis der Fotografierten abgebildet. Sie ist nun in das Innere eines Stahlhelms einmontiert, passend zum Militärframe, zu dem auch *Verteidigungsminister* gehört. Der Stahlhelm ist ‚dekoriert' mit einem Bild behelmter Soldaten und mit einem Button aus der Zeit der Hippie-Bewegung: *MAKE LOVE NOT WAR*.

Sprache-Bild-Mustermischungen setzen Folgendes voraus (Stegu 2000, 319): „Bilder werden in (Sprach-)Textumgebungen „textualisiert", und die relativ genaue Auseinandersetzung mit ihnen – eine viel genauere jedenfalls

4.1 Allgemeine textstilistische Handlungstypen und Verfahren 169

Abb. 4.1–5 „Spiegel"-Titel: Rudolf der Eroberer

als mit der meist irrelevanten zufälligen Umgebung – ähnelt in Vielem Lektüre- bzw. Sprachrezeptionsprozessen. Die Besonderheit von in Sprachtexten eingebetteten Bildern liegt m. E. gerade darin, dass sie sowohl Eigenschaften von außersprachlicher Wirklichkeit als auch von Texten haben bzw. ihnen solche sinnvoll zugesprochen werden können. (...) Das Besondere an Bildern ist, dass sie sowohl Texte als auch Nicht-Texte sind." Vgl. dazu auch Stöckl (2001).

Bei Sprache-Bild-Mustermischungen sind wieder weitere Unterscheidungen zu machen:

170   4. Textstilistische Handlungsmuster

Betrifft die Mischung vorwiegend den sprachlichen Anteil? Ein Beispiel aus Stern 4/2000, 11:

Abb. 4.1–6 „Stern": Prominenten in den Mund geschoben

Um die referentiellen Bezüge herzustellen, benötigen die Bildbetrachter aktuelles Wissen. Außerdem kann man mit *die erste grüne Pflanze* eher auf eine Frau als auf einen Mann referieren: Die neue Ministerin gehört der Partei der „Grünen" an. Wie sonst auch häufig bei Mustermischungen wird hier mit Doppeldeutigkeit gearbeitet, und dies gleich doppelt: *Hackfleisch machen aus jemandem* hat neben der phraseologischen Bedeutung einen zusätzlichen Frame-Zusammenhang zu ‚Landwirtschaft' mit der BSE-Rindfleisch-Krise, die die Ursache für den Wechsel von Frau Künast ins Ministeramt des damals noch Landwirtschaftsministerium genannten Ministeriums war.

Betrifft die Mischung weitere Zeichenqualitäten wie die Typografie, Farbe oder die Grafie? In Abb. 4.1–5 sind verschiedene Schrifttypen gemischt: *Rudolf der Eroberer* in einem mehr ‚emotional' wirkenden Schrifttyp wie oft auf den Titeln von Trivialromanen, die Zeilen darunter in Versalien in einer ‚sachlichen' schnörkellosen Schrift. Außerdem sind diese Zeilen in (Feld-?)Grau gehalten, *der Eroberer* ist in Rot gegeben, der ‚Farbe der Liebe', *Rudolf* in Schwarz.

Betrifft die Mischung das Verhältnis von Sprache und Bild? *Rudolf der Eroberer* mischt das Muster *Wilhelm der Eroberer* mit dem Privaten: Der Abgebildete wird nur mit seinem Vornamen genannt. Dabei gehört *Eroberer* in den Militärframe, aber in roter Schrift wird es auch doppeldeutig: der ‚Eroberer' einer Frau. Zu dieser Interpretation gibt auch die Schrift Anlass: Es ist – im Unterschied zur Schrift der Unterzeile und des Zeitschriftennamens – eine verspielte, dem ‚Romantischen' angemessene Schrift, die Helden von Groschenromanen heißen nicht selten *Rudolf*. Möglicherweise spielt dies auch auf die Illustrierte „Bunte" an, die den Bildbericht über Scharpings Privatleben gebracht hatte.

Auch die Unterüberschrift des Bildes mischt Sprachliches: *Bedingt abwehrbereit* kann die Truppe sein, aber nicht der zuständige Minister, wie es über diesen prädiziert wird. Hierdurch wird einerseits nochmals auf das private Verhältnis angespielt, andererseits auf die Tatsache, dass zu der Zeit, als der Minister Urlaub im Ausland machte, im Land die Diskussion darüber stattfand, ob deutsche Soldaten im Ausland, und hier speziell in Mazedonien, eingesetzt werden sollten, was dann auch geschah. Außerdem wird mit *Bedingt abwehrbereit* intertextuell auf einen früheren Artikel mit diesem Titel im „Spiegel" von 1962 angespielt; es ging um Franz Josef Strauß als Verteidigungsminister, was dem „Spiegel"-Chef Rudolf Augstein Monate im Gefängnis einbrachte („Spiegelaffaire").

Die Anstößigkeit des (Schwimmbad-)Fotos ist in Relation (Zeitpragmatik, Kap. 3.2.2.7 und: Situationalität, Kap. 5.7) zu diesem Hintergrund zu sehen. Im Bild wird dies augenfällig gemacht durch die Art der bildlichen Mustermischung: Was bildlich gemischt KONTRASTIERT, bedeutet etwa:

‚Während es um den Einsatz der Soldaten geht, gibt sich der zuständige Minister der Liebe hin': kommentiert mit *MAKE LOVE NOT WAR*. Der sprachliche und der bildliche Anteil stellen in sich jeweils vielfältige Mustermischungen dar; als Gesamtmischung entspricht das Ganze einem Text, mit dem EMOTIONALISIERT scharfe Kritik geübt wird.

In diesem Beispiel sind also nicht nur verschiedene Zeichentypen gemischt: Sprache, Farbe, Bild, Typografie, sondern innerhalb dieser Zeichentypen gibt es wieder Mischungen, angefangen von Sprachenmischung Deutsch/Englisch bis hin zu Bildmischungen und zu dreierlei Schrifttypen in je verschiedenen Farben. Der Button *Make love not war* ist außerdem versehen mit dem Symbol der Antikriegsbewegung.

Eine weitere sehr komplexe Mischung von Bild-Bild und Sprache-Bild zeigt das folgende Beispiel von Loriot (aus: H. Guratzsch Hrsg. 1991: Von Callot bis Loriot, Stuttgart: Hatje, 171):

Abb. 4.1–7 Hauptsache mein Portrait wird wirklich ähnlich, Herr Picasso (Loriot)

In ein Foto, das Picasso bei der Arbeit zeigt, ist auf der Stelle des Gemäldes, an dem Picasso arbeitet, eine typisch Loriotsche Knollennasenfigur einmontiert. Es ist der Typ der altmodischen Dame mit Handschuhen, Täschchen, Hütchen, pelzverbrämtem Mantel. D.h. von der Bildtechnik her liegt bereits eine Mischung vor: Foto und karikierende Zeichnung. Aber auch vom Inhalt des Bildes her: Zwei sehr verschiedene Figuren, ein fotografierter, berühmter Maler und eine gezeichnete Figur vom Typ Karikatur werden in ein Verhältnis zueinander gesetzt. Nach Kress/van Leeuwen (1996) steht konventionell links die ‚bekannte' Figur und rechts das bildlich ‚Neue', hier auch durch die Größenverhältnisse (salience, ebda.) betont.

Die bildliche „Interaktion" der Figuren sieht nun so aus, dass Picasso, der auch Plastiken geschaffen hat, die gezeichnete Figur wie eine Plastik behandelt: Er steckt seinen Pinsel, gleichsam maßnehmend, durch ihren Kopf hindurch. Die gezeichnete Figur ‚reagiert' wie auf ein Kitzeln. Wem Picasso „ein Begriff" ist, für den ist plausibel, dass dieser sich mit einer Knollennasenfigur nicht ernsthaft, sondern nur scherzend auseinandersetzen kann. Diese Figur interagiert außerdem wie ein lebender Mensch mit Picasso: *Hauptsache, mein Portrait wird wirklich ähnlich, Herr Picasso* heißt die Bild-Unterzeile. In der Mischung von Sprache und Bild erhält diese Äußerung den besonderen Witz:
1. Man weiß, dass der ältere Picasso keine Porträts malte und schon gar keine alten Damen als Bildanlass nahm. (Relation des Thematisierten zum Wissen, vgl. Kap. 3.1.2.4).
2. Ein ‚Porträt' ist das einer lebenden Person; eine Knollennasenfigur kann man nicht porträtieren (Frame-Wissen).

Auf einer Metaebene setzt sich Loriot (mit seinem Erzeugnis) auf witzige Weise in ein Verhältnis zu einem der größten Maler des 20. Jahrhunderts. Die Diskrepanz zwischen Wichtigem, hier: kulturell Hochwertigem, und Nebensächlichem, kulturell geringer Wertigem, das unerwartet relevant gemacht wird, hat Kotthoff (1997) als kennzeichnend für Humor herausgestellt.

4.1.2.4 Einheitlich machen und wechseln

Auf das Verfahren einheitlicher Wahlen von Stilelementen verschiedenster Art bin ich in Sandig (1986, 114-122) ausführlich eingegangen. In der Konversationsanalyse spielt dieser Gesichtspunkt eine besondere Rolle: Aktivitätstypen werden durch Stile angezeigt, „kontextualisiert" (Auer 1986, 1992); sie werden damit nicht explizit angekündigt, sondern können durchaus durch Stilwechsel allein angezeigt werden, damit sie für den weiteren Verlauf der Interaktion „ratifiziert", d.h. wechselseitig als geltend angenommen werden können. Umfangreichere Sprecherbeiträge werden auch intern durch Passagen gleichbleibenden Stils und durch Stilwechsel konturiert; sie erhalten so eine komplexe Gesamtgestalt. Selting (1995) hat dies anhand des Zusammenspiels von Parametern der Prosodie, der lexikalischen und der syntaktischen Wahlen gezeigt. Dies gilt auch für Schrifttexte. Die Beschreibung ist dabei auf andere Arten linguistischer Einheiten zu erweitern.

Einheitlichkeit entsteht durch FORTFÜHREN stilistisch gestaltbildender Mittel, so dass dieses FORTFÜHREN zur Interpretation des stilistischen Sinns beitragen kann. Wird ein Typ von Äußerungsakt fortführend verwendet, prägt er den Textstil, wie hier zu zeigen ist (Die Zeit, 25.5.2000, 1):

(20) **Luxus**

Nach dem Besuch im Supermarkt den Einkaufswagen mit der Münze nicht zur Kasse zurückschieben, sondern auf dem Parkplatz stehen lassen. Ganz souverän ins Auto steigen, langsam davonfahren, in den Rückspiegel gucken: wie sie da plötzlich alle angerannt kommen. Das ist bestes Pay-TV, für eine Mark.

Oder von Pfandflaschen zu Dosen wechseln. Und dann zack, zack, ab in die graue Tonne. Mit Batterien, Nudelresten, Jogurtbechern. Mal loslassen. Wie gut das tut.

Oder Bahnfahrkarten im Zug lösen. Den Schaffner umständlich hantieren sehen mit dem Ticketmaschinchen. Ihm einen großen Schein geben. Sein Stirnrunzeln, sein erfolgloses Rühren im Portemonnaie, sein Verschwinden. Den Geiz, den Neid der Mitreisenden auskosten. Die sich eine halbe Stunde vor dem Schalter ärgern, statt im Abteil fünf Mark mehr zu bezahlen. Die noch nie in aller Ruhe eine Banane gegessen haben, während sie ihr Wechselgeld gerne erwarten.

Die Einkaufswagenzurückschieber, Gelbesackbenutzer und Amschalterbezahler, die sind völlig in Ordnung. Aber sie sind unfähig zum Genuss. Eher bringen sie ihr Geld an der Börse durch, als sich jeden Tag einen kleinen Luxus zu erlauben.

ULRICH STOCK

Die infinitivische Äußerungsform der ersten drei Absätze ist dem nur prädikativen „inneren Sprechen" (Wygotskij 1971, Kap. 7) nahe. In den drei ersten Absätzen werden zusammenhängend drei verschiedene Frames angedeutet, wobei allerdings die schreibende Person sich SELBSTDARSTELLT als ‚unangepasst', als nicht den durch den Frame vorgegebenen Normen gemäß handelnd. Und über den infinitivischen Stil wird auch nahe gelegt, dass dies durchaus Genuss bereitet: Durch diese Äußerungsform wird gleichzeitig ein ‚Sich-Vorstellen', ‚Möglichkeiten-Aufzeigen' und ‚leicht Anweisendes' ausgedrückt; es ist eine charakteristische Äußerungsform für Motti. Ergänzt wird dieser Stil durch den Stakkato-Stil: aneinander gereihte kurze syntaktische Einheiten, teils durch Komma, teils durch Punkt abgetrennt. Auch fortgeführtes Umgangssprachliches passt dazu, z.B. mit dem Nachtrag: *Das ist bestes Pay-TV, für eine Mark*, oder das onomatopoetische *zack, zack* und der Exklamativsatz *Wie gut das tut*.

Es gibt einige asyndetische Reihungen, jeweils als Dreierfigur ausgestattet: *Ganz souverän ins Auto steigen, langsam davon fahren, in den Rückspiegel gucken.* Hier wird die Reihenfolge der Infinitive zusätzlich zum Ausdrücken eines ‚Nacheinander' verwendet. In dieser Struktur sind mehrere stilistisch fortgeführte Stilelemente zusammengeführt. Denn es gibt weitere asyndetisch verbundene Dreierfiguren: *Mit Batterien, Nudelresten, Jogurtbechern.* In dieser Dreierfigur sind innerhalb des Müllframes exemplarisch Müll-Elemente genannt, die jedes für sich getrennt entsorgt werden sollten. Auch im dritten Absatz gibt es eine Dreierfigur: *Sein Stirnrunzeln, sein erfolgloses Rühren im Portemonnaie, sein Verschwinden.* Hier wird ein ‚Nacheinander' von Aktivitäten durch diese Sequenz dargestellt, übrigens mit substantivierten Infinitiven ausgedrückt. Auch im vierten Absatz finden wir eine Dreierfigur, aber jetzt mit einer andersartigen Füllung: syndetisch gereiht und mit Substantiven vom sprachspielenden Typ *Warmduscher*. Auch hier finden wir Umgangssprachliches: Die Herausstellung (Linksversetzung) bei *Die Einkaufswagenzurückschieber, Gelbesackbenutzer und Amschalterbezahler, die sind völlig in Ordnung.* Mit *sind völlig in Ordnung* wird neben der positiven Bewertung auch mitgemeint: ‚sie halten pedantisch Ordnung', d.h. die positive Bewertung ist ironisch gemeint.

Während sich nur am Ende des ersten und zweiten Absatzes je ein Verbalsatz findet, besteht der vierte gänzlich daraus. Insofern erfolgt hier ein deutlicher Stilwechsel, allerdings auch mit Übergängen: durch Dreierstruktur am Beginn und Umgangssprachliches. Auch thematisch erfolgt hier ein Wechsel: Von der Beschreibung der Einzelfälle in den Absätzen 1-3, die mit den komplexen Wortbildungen am Beginn des 4. Absatzes zusammengefasst werden, zu einer abschließenden Wertung; außerdem wird der Text mit *kleinen Luxus* als Rückgriff auf die Überschrift *Luxus* auch „sprachlich abgerundet" (vgl. Kap. 4.2.1.1b).

Mit Blick auf Kap. 2.2 (I) handelt es sich beim Stilwechsel um eine Veränderung der an sich dynamischen (Fitzek/Salber 1996) Relation von „Figur" und „Grund": Der bisherige Stil („Figur") wird zum „Grund", vor dem sich der neue als „Figur" abhebt.

4.2 Generelle textstilistische Muster

Generelle textstilistische Muster sind solche, die nicht für sich bereits einen Untertyp stilistischen Sinns nahe legen wie z.B. EMOTIONALISIEREN im Funktionstyp des Einstellungsausdrucks. Vielmehr sind die hier zu beschreibenden Muster mehr formaler Art: Sie sind variabel einsetzbar und legen einen bestimmten (Unter-)Typ von stilistischem Sinn nur in einem bestimmten Kontext nahe.

Es gibt Textmuster, deren Ausgestaltung durch Teil-Handlungen relativ offen ist, wie z.B. Werbetexte, Feuilletontexte, Glossen (vgl. Kap. 6.2) oder literarische Texte. Besonders bei diesen sind generelle Muster der Handlungsdurchführung nützlich: Sie sind sozusagen Vorgaben für kreatives Schreiben. Aber auch bei anderen Textmustern sind viele Teilaufgaben nicht festgelegt, so dass auf solche generellen Muster zurückgegriffen werden kann. Außerdem sind Textmuster oft durch eine spezifische Konfiguration solch genereller Muster entstanden (z.B. Sandig 1987, 133: Richtigstellungen bestehen in ihrem Sequenzmuster aus den allgemeineren Mustern ‚Anfang – Mitte – (Ende)' und ‚Voraussetzung – Folgen').

An der Nahtstelle von Handlungsdurchführung und Themengestaltung sind solche Teilhandlungen anzusiedeln, mit denen das Thema gestaltet wird: „Grundformen der Themenentfaltung" (Brinker [5]2001) wie Argumentieren, Beschreiben, Erzählen, die selbst Handlungsmuster sind; außerdem speziellere Muster der Handlungs- und/oder Themendarstellung, die im Folgenden behandelt werden.

Muster dieser Art sind zwar generelle Textherstellungsmuster, aber insofern sie auch stilistisch eingesetzt werden können, gehören sie in diesen Zusammenhang: Sie können gewählt werden oder auch nicht; der relationale Charakter von Stil wirkt sich also auch hier aus. Sie dienen z.B. dazu, dass der Text und die durch ihn ausgedrückte Handlung mit dem dargestellten Thema ‚geordnet' oder ‚geschlossen' erscheint, ‚verständlich' ist, als ‚sorgfältig gemacht' wirkt usw. Es kann aber z.B. auch eine ‚Schein-Ordnung' oder ‚Schein-Geschlossenheit' damit erreicht werden (s.u.).

Bei den einzelnen Mustern, die ich vorschlage, gehe ich auch auf strukturelle Analogien auf niedrigeren Beschreibungsebenen des Sprachsystems ein, auf denen prototypische Stilelemente oder Bildungsgrundlagen für Stilelemente (Blumenthal 1983, Besch 1989, Dittgen 1989) anzusiedeln sind. Den Hintergrund bildet die Auffassung, dass z.B. die Hierarchie der Elemente im Satz eine Analogie bei der Hierarchie der Teilhandlungen im Text findet (z.B. von Polenz [2]1988) und dass den Wortstellungsregeln im Satz auch analog gewisse Sequenzierungsregeln im Text entsprechen. Besonders einleuchtend sind solche Analogien dann, wenn die analogen Stilelemente der niedrigeren Beschreibungsebene genutzt werden, um auf Text- oder Teiltextebene den analogen textbezogenen stilistischen Sinn herzustellen. Michel (1988, 303) deutet an, „der stilistisch-prozedurale Charakter der Textorganisation" könne so „beschrieben werden, und zwar von kleinsten, elementaren Gestaltungs-„Techniken" an einzelnen Textstellen bis hin zu übergreifenden Gestaltungs-„Prinzipien" des jeweiligen Ganztextes". Er kritisiert, dass eine Beschreibung stilstruktureller „Techniken" unbefriedigend sei, „sofern sie nicht auf ein System funktionaler Kategorien der Sinnkonstituierung bezogen werden können" (ebda.). Meine Ansicht ist es jedoch, dass derartige Muster vielfältig

4.2 Generelle textstilistische Muster 177

verwendet werden können und ihre spezielle Funktion (und Interpretation) jeweils erst im Kontext der Realisierung eines Textmusters, also der konkreten Handlung erhalten; dadurch können aus dem System stilistischer Funktionstypen durch ein und dieselbe Technik (oder hier: Verfahren) bzw. durch dasselbe Muster ganz verschiedene Stilfunktionen zum Tragen kommen. Mit anderen Worten: Angesichts des derzeitigen Wissensstandes plädiere ich für eine Trennung von Mustern mit ihren zugehörigen Techniken oder Verfahren, die Sinn**potenziale** haben, einerseits und stilistischen Funktionstypen andererseits. Denn beide werden nie pur aufeinander bezogen verwendet, sondern immer nur im Rahmen von Texten (die auf Textfunktionen bzw. Textmuster bezogen sind); zu diesen tragen diese generellen textstilistischen Muster bei, in Relation zu deren Konventionen und aktuellen Verwendungssituationen. Innerhalb dieser entfalten sie je verschiedenen stilistischen Sinn.

Es gibt textstilistische Muster, die mit so vielfältigen Sprachmitteln realisiert werden können, dass zur Beschreibung einzelne Techniken oder Verfahren nicht herangezogen werden können (z.B. ‚vom Allgemeinen zum Besonderen'), zu anderen Mustern jedoch können alternativ verwendbare Techniken oder Verfahren angegeben werden.

4.2.1 Muster zur Herstellung ‚geschlossener' Texte bzw. Textteile

Der Textanfang ist in der Regel markiert; Überschriften und Initial-Buchstaben und andersartige typografische Hervorhebung trennen Texte bzw. Textteile von anderen ab. Texte können durch Qualitäten des Textanfangs und des Textendes ‚geschlossen' erscheinen, als deutlich abgerundete Gestalt. Der Text kann auch als ganzer intern so durchstrukturiert sein, dass er den Eindruck einer ‚Ganzheit' oder ‚Vollständigkeit' hervorruft. Schließlich kann auch das Ende besonders markiert sein, z.B. durch eine Pointe. All dies sind Mittel, die neben der üblichen mehr oder weniger relevanzandeutenden Anfangsmarkierung die Wahrnehmung der ‚Abgeschlossenheit' des Textes und damit der relativen ‚Vollständigkeit' der Handlung, die mit ihm vollzogen wird, auch der Themenabhandlung, erleichtern. Auer (1989, 45) weist darauf hin, dass Rahmungssignale am Anfang „wichtiger, häufiger und unvermeidlicher sind als am Ende".

4.2.1.1 Anfangs- und Endmarkierung

a) Rothkegel (1993) hat im Zusammenhang von Buchankündigungen darauf aufmerksam gemacht, dass diese in der Regel am Anfang und am Ende „gerahmt" werden durch „subsidiäre", für die Durchführung nicht wesentliche, sondern unterstützende Handlungen; sie spricht von „linkem Rahmen" für den Textanfang und „rechtem Rahmen" für das Textende. Wenn z.B.

eine Autowerbung mit der Werbe-Schlagzeile beginnt: *Der Kombi ist auch nicht mehr das, was er mal war* (Volvo, Die Zeit, 21./22.5.1993, 5) und endet mit *Was sagt man dazu!* (Beisp. (14) in Kap. 4.2.1.4), so ist deutlich, dass die eigentliche Werbebotschaft (die im Text dazwischen ausgebreitet wird) von diesen Sprachhandlungen nur gerahmt wird: Die Behauptung der Werbe-Schlagzeile soll NEUGIERIG MACHEN, die Formel am Ende soll eine positive Bewertung BEKRÄFTIGEN. Dass rahmende Handlungen oft nur scheinbar subsidiär sind, habe ich in Sandig (1996b) gezeigt: Die zitierte Werbeschlagzeile enthält bereits das wichtigste Neue, ist aber erst vom Ende her interpretierbar; es wird damit angekündigt, dass entscheidende Neuerungen vorgenommen wurden. Ein weiteres Beispiel (aus Zeitmagazin, 6.1.1995, 3):

> (1) *Manche mögen's heiß...*
> (Abbildung eines dem der Monroe ähnlichen Kopfes)
> *Und einige bevorzugen Blondinen. Immer mehr anspruchsvolle Gaumen entdecken indessen das goldene Aroma von*
> **Darjeeling Tee**
> *aus kontrolliert ökologischem Anbau**
> • *In drei der besten Teegärten der Welt wird Schwarztee garantiert ökologisch erzeugt.*
> • *Fair bezahlte Arbeitsplätze schaffen Erosionsschutz im dicht bevölkerten Nordindien.*
> *So manche große Leidenschaft beginnt mit einer überraschenden Bekanntschaft.*
> Coupon

Die Werbeschlagzeile des Anfangs und die erste Textzeile mit ihren intertextuellen Anspielungen auf Monroe-Filme sind kaum auf den folgenden Text bezogen: *Blondinen – golden, heiß – Tee*, diese Zusammenhänge muss man suchen. Die letzte Äußerung vor dem Coupon soll dann doppeldeutig sein, führt aber vor allem die Anfangsäußerung thematisch weiter. Hier wirkt die Rahmenbildung ‚effekthaschend' und ‚aufgesetzt', sie ist sehr wenig integriert.

b) Eine andere Art der Rahmung möchte ich hiervon terminologisch absetzen (vgl. Sandig 1996b): Es gibt den Fall, dass ein Text mit denselben Sprachformen begonnen und beendet wird. Ich nenne diesen Fall „sprachliches ABRUNDEN". So beginnt und endet der Text *Superunwort* (Kap. 4.2.4, Beisp. (63)) mit derselben Ad-hoc-Wortbildung; sie dient als Überschrift und Pointe am Schluss.

Ein Sportkommentar nutzt die Auffälligkeit von Phraseologismen zur sprachlichen Abrundung, wobei auch im Mittelteil des Textes dieselbe Formulierung noch einmal auftaucht:

4.2 Generelle textstilistische Muster

(2) *In die Pflicht genommen*
(...) Als (...) der letzte aus dem DDR-Männer-Sextett in die WM-Pflicht genommen wurde, war es Sonntagnachmittag. (...) die internationalen Turn-„Gewaltigen" sind nun erst recht in die Pflicht genommen. (Berliner Zeitung, 17.10.1989, 6)

Die Werbung für ein Cabriolet nutzt die sprachliche Abrundung gleich doppelt:

(3) *Da **macht** der Regen **einen Bogen**. Auch ohne Dach kann **Fahrspaß** grenzenlos sein. (...) **Machen** Sie doch einfach mal **einen Bogen** um ihr eigenes Auto und gönnen Sie sich den ersten von 366 Tagen **Spaß** im Jahr (...)*

Auch Teiltexte können sprachlich abgerundet werden wie in der folgenden Heiratsannonce:

(4) *Frauen sind furchtbar*
Entweder klammern sie oder sie pflegen nach einer
Beziehungskatastrophe ihre Bindungsscheu (...)
Wie gesagt: Frauen sind furchtbar.
Oder gibt es Ausnahmen? Chiffre (Die Zeit, 21.5.1993)

c) Thematisch-propositionale Abrundung wird dadurch erreicht, dass zwischen den Inhalten der Äußerungen des Textanfangs und des Textendes eine besondere Beziehung besteht: Vgl. dazu das Gedicht von Bertolt Brecht (Gedichte VIII 1965, 128):

(5) *Was ein Kind gesagt bekommt*

Der liebe Gott sieht alles.
Man spart für den Fall des Falles.
Die werden nichts, die nichts taugen.
Schmökern ist schlecht für die Augen.
(...)
Kartoffeln sind gesund.
Ein Kind hält den Mund.

Was ein Kind gesagt bekommt ... Ein Kind hält den Mund: Zwischen diesen Zeilen stehen typische Äußerungen, die „ein Kind gesagt bekommt". Bei der Anfangs- und Schlusszeile ist der Referenzakt derselbe, mit der identischen Formulierung des Referenzausdrucks (sprachliche Abrundung); die Prädikationen sind komplementär aufeinander bezogen, runden also thematisch ab.

Während die Rahmenbildung durch subsidiäre Handlungen den Text langsam beginnen und ausklingen lässt, betont die sprachliche Abrundung seine Grenzen („der Kreis schließt sich') und die thematische Abrundung ihre (relative) Vollständigkeit.

d) Erzeugung von ‚Geschlossenheit' mittels anderer Zeichentypen bei schriftlichen und mündlichen Texten: Schrifttexte sind in der Regel durch die Typografie optisch abgerundet, indem zwischen ihnen Freiräume sind. Kleinanzeigen und Reklamen können speziell umrandet sein, bei Geburts-, Heirats- und Todesanzeigen, auch bei Trauerbriefen sind verschiedenartige Umrandungen konventionell (*Trauerrand*).

Texte werden auch lautlich und rhythmisch abgerundet; beim Lesen wirkt sich das in unterscheidbarem ‚innerem Sprechen' aus. Eine symmetrische rhythmische Gestalt bildet die frühere Werbeschlagzeile des Zweiten Deutschen Fernsehens: *Mit dem Zwéiten Èrster sein, xxxxxxxx,* oder der Werbeslogan der Bierfirma „Bitburger" *Bitte ein Bit.* In diesen Aspekten berührt sich das Bilden ‚geschlossener' Formen mit ‚natürlichen' Textbildungsformen (Kap. 4.2.2): Texte sind (als Handlung und Thema) in sich abgeschlossen (genug), und sie können als solche auch noch zusätzlich präsentiert werden (Zusatzhandlung).

Globale rhythmische Gestaltung und Gestaltschließung gibt es auch bei komplexeren Texten. Ein Beispiel aus Selting (1992, 246f.) in vereinfachter Schreibung und Darstellung. Die Intonationskontur wird mehrfach beschrieben: R (--) für über die mit den Klammern bezeichnete Passage hin ansteigende („Rising") Stimme, F (--) für entsprechend abfallende („Falling") Stimme. Für innerhalb dieser Passagen hervorgehobene Akzentsilben werden steigende / und fallende \ Akzente unterschieden; Großschreibung zeigt die größere Stimmstärke der Akzentsilben an (Selting 1992, 234), Doppelpunkt bedeutet Vokallängung. Die Sprecherin spricht zunächst in steigender (R) und dann in fallender (F) Intonationskontur, die Erzählung bildet eine intonatorische Gesamtgestalt mit RRFF:

```
(6)   wenn die dich ABhörn dann HÖRN die ob du rauchs (...)
              R ( /              \              )
      aso MEIN: hausarz hat soFORT gemerkt daß ich rauche .
         R ( /                  \                        )
           der hat mich ABgehört un hat gesagt RAUchen sie
      F [ F (            /                /          )
          meint ich JAA   meint er JA   HÖRT man
          F (      / )  F (       \ )  ( \      ) ]
```

Steigende Kontur bedeutet die allgemeine Einbindung der Erzählung in den Gesamtkontext des Gesprächs über Arztbesuche und Rauchen (*wenn die dich ABhörn...*), ebenso das „Abstract" der Erzählung **MEIN:** *hausarz hat so****FORT*** *gemerkt daß ich rauche.* Fallend wird dann die ganze übrige Erzählung wiedergegeben. Zusammen mit den Akzentsilben ergibt sich folgende

Gesamtgestalt: R (/\/\) F (///\\). Damit wird die Erzählung intonatorisch als abgeschlossene Ganzheit präsentiert.

4.2.1.2 Anfangs- oder Endmarkierung

a) Besondere Anfangsmarkierung bieten neben der üblichen Anfangsmarkierung von Texten z.b. zunächst unverständliche Werbeschlagzeilen, Titel von Romanen, die nicht sofort interpretierbar sind, oder Überschriften von Zeitungskommentaren, wenn sie ‚rätselhaft' sind. Besondere Anfangsmarkierungen ergeben auch typografisch anders gestaltete Initialen, fettgedruckte Passagen, Lead-Texte usw.

b) Besondere Endmarkierung wird durch Pointen geleistet wie dies bei Glossen (Kap. 6.2) konstitutiv ist, vgl. auch unten die Beispiele (10) *Champagnerkosmetik* und (12) *Brille* (beide Kap. 4.2.1.3). Eine andere Form der Endmarkierung ist ein rhythmisches ‚Ausklingen' wie im Gedicht *Was ein Kind gesagt bekommt*:

(5a) *Kartoffeln sind gesund.*
  Ein Kind hält den Mund.

Die vorletzte Zeile mit ihren sechs Silben alterniert unbetonte (x) und betonte (x́ bzw. x̀) Silben, dem bisherigen Rhythmus des Gedichtes folgend, die Zeile kann aber auch mit zwei Betonungsstellen gelesen werden x́xxxx́; die 5 Silben der letzten Zeile enthalten nur zwei betonte Silben, die zudem lautlich korrespondieren (K<u>ind</u> – M<u>und</u>), was gegenüber der vorherigen Zeile eine ‚Verlangsamung' bedeutet; die Vokalfolge i-u ist außerdem ‚natürlich abfallend' (vgl. Kap. 4.2.2). Dass dies nicht nur für literarische Texte gilt, zeigt eine Heiratsannonce:

(7) *Warum nicht mal eine Liebesgeschichte erleben à la Courths-Mahler?*
  So 40, weltweit. (Die Zeit, 13.12.1990)

Der Text ‚klingt rhythmisch aus' mit *So 40* xx́x, *weltweit* x̀x̀. Bei *weltweit* alliterieren nicht nur die Anfangs- und Endkonsonanten der beiden Silben, sondern die Lautstruktur entspricht dem von Ross (1980) festgestellten Muster ‚natürlicher' Vokalfolge, kurz – lang (vgl. Kap. 4.2.2): e-ei, wie sie vielfach in phraseologischen Verbindungen üblich ist. Dies trifft auch auf das Goethegedicht *Über allen Gipfeln...* zu (s. Kap. 5.6.2), mit *Warte nur, balde / Ruhest du auch*: u-au, hier kommt noch als Abfolge hinzu: wenige Konsonanten – mehr oder gewichtigere Konsonanten: d-ch. Vgl. auch Kap. 4.2.2.

4.2.1.3 Herstellung thematischer ‚Geschlossenheit'

Eine besondere Erzeugung von thematischer ‚Geschlossenheit' geschieht durch Dreierstrukturen. Sie gehören besonders zu ‚einfachen Formen' wie Märchen oder Witzen als Textmustern (Jolles 1930, ^{4}1972). Schittek (1991, 101) hat die Dreierfigur als „Grundmuster" von Rätseln und kulturbedingten Themen herausgearbeitet:

(8) *Vorne wie eine Gabel,*
In der Mitte wie ein Fass
Das Hinterst wie ein Besen
Was ist das? (ebda.)

Eine besondere Form der Dreierstruktur wiederum ist die Sequenz These-Antithese-Synthese: Hier nutzt man für die Dreierstruktur in ihren beiden ersten Teilen zugleich das KONTRASTIEREN (Kap. 4.2.3); die Zahlen sind eingefügt:

(9) *Viele **sogenannte** Sportwagen stoßen schnell an die Grenzen der Physik: Sie sind* (1) ***zu schwer für** sportliche Fahrleistungen, ihr Fahrwerk* (2) *verträgt keine hohe Querbeschleunigung und* (3) *die **zu klein dimensionierten** Bremsen überhitzen schnell.*

Ganz anders beim Porsche Turbo-Look Cabriolet. Seine 184 kW (250 PS) bewältigen mühelos alle Fahrsituationen; (1) *Fahrwerk,* (2) *Räder und* (3) *Bremsen sind rennerprobt: sie stammen vom 911 Turbo.*

Wenn Sie also einen ganzen Sportwagen und keine halben Sachen erleben wollen, faxen Sie uns unter...
(Porsche Carrera, Der Spiegel, 28.6.1993)

Auch die Synthese im 3. Absatz arbeitet zusätzlich mit dem Muster KONTRASTIEREN, wofür die Doppeldeutigkeit des negativen Bewertungsausdrucks *keine halben Sachen* genutzt wird. Außerdem wird hier das ‚natürliche' (s. Kap. 4.2.2) Muster ‚vom Positiven zum Negativen' genutzt: *einen ganzen Sportwagen und keine halben Sachen* (s. ebda.), nachdem der Text vorher ‚vom Negativen zum Positiven' entfaltet wurde.

(10) **Champagnerkosmetik**
Prickelndes Vergnügen verspricht eine neue Körper- und Gesichtspflegeserie, die ein Schweizer Kosmetikunternehmen unter dem Namen „Crazy – My Style of Living" auf den Markt gebracht hat. Bis zu 20 Prozent des Wassers, Basisträger für die hochwertigen Wirkstoffe einer Creme, wurden durch Champagner ersetzt. Das Luxusgetränk beinhaltet unter anderem elf Mineralstoffe, acht natürliche Säuren sowie sieben Vitamine, alles Nährstoffe, die einer Haut gut tun. Neben all den kosmetischen Effekten habe Champagner auch eine beruhigende Wirkung.

4,2 Generelle textstilistische Muster

> *Übrigens: Ernsthaften Widerspruch soll es nur von der französischen Champagner-Industrie gegeben haben. Diese Leute halten mehr davon, wenn die Frauen das edle Tröpfchen trinken, anstatt es sich's (sic!) ins Gesicht zu cremen. Aber man kann ja beides tun.*
> ub
> (Beilage LebensArt, Saarbrücker Zeitung, 20.10.1993, 17)

In diesem Text wird der Kontrast durch *übrigens* überspielt und erst danach semantisch mit *Widerspruch* realisiert: Dies ist nicht die Kontrastierung der Autorin ub, sondern die anderer. Deshalb schlägt sie am Ende eine Synthese vor, diesmal mit *aber* wieder anders angedeutet als inhaltlich weitergeführt; die Kürze dieser Synthese macht sie zur Pointe.

Oft allerdings werden Dreierstrukturen genutzt und dann auch überspielt durch Einbetten in andere Strukturen oder durch Hinzufügen weiterer Textteile und auch durch gleichzeitige Nutzung anderer Muster:

(11) **Düfte**

> *Mode und Duft, das muss ein starkes Gespann ergeben. Paul Poiret, der revolutionäre französische Couturier der Jahrhundertwende, erkannte dies und führte die beiden großen und galanten Luxuskünste Frankreichs zusammen: Als Modediktator seiner Zeit zwang und zwängt (sic!) er Frauen in die sogenannten „Humpelröcke", sinnlich und suggestiv sollte auch der Duft sein, der sie einhüllt. Seiner kleinen Tochter widmete er seine neue Duftkreation ‚Rose de la Rosine', das erste Parfüm eines Couturiers überhaupt.*
>
> *Fast alle, die nach ihm die modische Szene bestimmten, haben diese Alliance beibehalten. Coco Chanel ebnete mit ihren Kleider-Kreationen den Frauen den Weg in die zwanglose Körperfreiheit. Ihr ‚Chanel No 5' setzte nicht weniger neue Maßstäbe: Erstmals wurde eine abstrakte Duft-Schöpfung aus circa 80 hochkonzentrierten synthetischen Grundstoffen zusammengesetzt, eine Revolution in der Kunst der Parfümerie.*
>
> *Auch viele der Designer der Jetztzeit fahren parallel zu ihrem Mode-Weg eine eigene Duft-Schiene. Der Hanseatin Jil Sander gelang 1980 mit ‚Woman Pure' der größte Durchbruch auf dem Deutschen Markt und Wolfgang Joop, gebürtiger Potsdamer, feierte die deutsche Wiedervereinigung mit seinem neuesten Duft ‚Berlin'.*
>
> *Die Duftspuren der Wohlgerüche hat Manuela von Perfall bis in die Antike zurückverfolgt. Entstanden ist ein olfaktorisches Bilder- und Geschichtsbuch voller parfümgeschwängerter Anekdoten. Von Kleopatras wohlriechenden Verführungskünsten bis zur Zukunftsvision eines digitalisierten Duft-Chips.*
> ub
> (Beilage LebensArt, Saarbrücker Zeitung, 20.10.1993, 17)

Hier werden uns zunächst drei Beispiele für den Zusammenhang von *Mode und Duft* gegeben; zugleich in ‚natürlicher' Weise (Kap. 4.2.2) ‚zeitlich geordnet' von der Jahrhundertwende bis zur Jetztzeit. Danach wechselt das Muster zur Buchrezension und es wechselt auch der Stil: Metaphern aus dem Bereich ‚Duft' werden hier zum Bewerten verwendet (Ähnlichkeitsstruktur).

Vom Textende her erscheinen die Beispiele des ersten Teils als Beispiele aus dem Buch. – Im folgenden Text sind ebenfalls drei Beispiele vom Ende her in eine andere Struktur eingebettet:

(12) **Brille**

Zwei Bügel, ein Nasensteg, zwei Brillengläser und sechs Minischrauben: Noch nicht einmal acht Gramm wiegt die Kunststoff-Ausführung eines ebenso puristischen wie modischen Trendsetters für Brillenträger aus dem Hause Rodenstock. Trotz ungewöhnlicher Leichtigkeit ist dieses raffinierte, ästhetische Nichts vollkommen alltagstauglich.

Massiven Eindruck kann man hingegen mit einer der Architekturbrillen von Karl Lagerfeld machen: Dunkle UV-Schutzgläser werden wie Fenster von Rahmen aus grünem Marmor oder grauem Granit eingefasst. Die 2000 Sammlerstücke sind allerdings nur optisch schwergewichtig, denn das Material ist hochwertiger leichter Kunststoff.

Wer sich ein edles Schmuckstück auf die Nase setzen will, kann es mit den gold- oder platinveredelten Gestellen von Cartier tun. Es gibt sie in runder, viereckiger und ovaler Form.

Wem das noch nicht genug ist, dem bleibt noch die rosarote Brille, durch die man den Rest der Welt betrachten kann. ub
(Beilage LebensArt, Saarbrücker Zeitung, 20.10.1993, 17)

Gegenüber den beiden ersten KONTRASTIERTEN Beispielen erscheint das *edle Schmuckstück* als inhaltliche Steigerung. Dies wird dann explizit noch einmal gesteigert mit *wem das noch nicht genug ist*. Wie in der Klimax dem Muster ‚Steigern' gefolgt wird (Kap. 4.2.2.3), wird hier ebenfalls ein Muster ‚Steigern, Überbieten' angewendet. Darauf folgt in diesem Text eine unerwartete Wendung (Kap. 5.9.4.1) mit dem Wörtlichnehmen des Phraseologismus *rosarote Brille*. Mit dieser Pointe am Ende wechselt zugleich die Darstellung zur ‚unernsten' Interaktionsmodalität, allerdings schon vorbereitet durch die leise Ironie bei *Schmuckstück auf die Nase setzen*. – Durch die Verwendung von Dreierstrukturen wird hier jeweils der Eindruck der ‚Repräsentativität' der Beispiele erzeugt.

4.2.1.4 Listen- / Kettenbildung

Einen Eindruck der ‚Geordnetheit' und ‚Geschlossenheit' vermitteln sprachliche Listenstrukturen, zumal in der Verwendung als Dreierstruktur. Auf die Relevanz von Listen haben u.a. aufmerksam gemacht: Lausberg ([10]1990), Atkinson (1984) für Politikerrede und Rothkegel (1993, 132ff.) am Beispiel der Themengestaltung von Buchankündigungen unter dem Terminus „Kettenbildung". Hier werden „natürliche" Ordnungen genutzt (Abfolge: *erst/ anfangs, dann/anschließend/schließt an, zum Schluss/abschließend/schließ-*

4.2 Generelle textstilistische Muster

lich), z.B. für die Beschreibung der Abfolge von Kapiteln eines Buches; die „natürliche" Reihe muss aber bei einem anders gearteten Gegenstand nicht eine solche Reihenfolge abbilden, sondern kann einfach zum internen stilistisch relevanten ‚Ordnen' des Themas genutzt werden.

Eine andere Form der Kettenbildung ist die durch Nummerierung (Rothkegel 1993, 133ff.). Bei Buchankündigungstexten kann hierdurch in ‚natürlicher' Weise die Kapitelabfolge zur Themenstrukturierung genutzt werden (aus: Rothkegel 1993, 133):

(13) *Das **erste** Kapitel ist der Biografie und der künstlerischen Entwicklung Shaws gewidmet, das **zweite** charakterisiert seinen Fabiamismus und seine Ideologiekritik, im **dritten** werden sein Verhältnis zum Christentum und seine Life-Force-Religion beleuchtet. Kapitel **vier** behandelt Shaws Ideendramen und seine dramatische Theorie, während das **letzte** Kapitel Shaws Metabiologie der ‚Creative Evolution' erörtert.*

Die Reihe wird ‚abgeschlossen' mit *letzte* und durch eine Äußerung, die scheinbar ‚kontrastierend' mit *während* angeschlossen ist. Das ‚Schließen' der an sich offenen Zahlenreihe wird also doppelt angezeigt. Auch hier kann bei anders gearteten Gegenständen die Zahlenreihe ‚nicht natürlich' verwendet werden, zur Unterscheidung verschiedener Unterpunkte des Themas:

(14) *Der Kombi ist auch nicht mehr das, was er mal war.* (Werbeschlagzeile)
*Jetzt können Sie Ihre Meinung zum Kombi gleich **dreimal** revidieren.*
***Erstens** in puncto Ausstattung. Der neue Volvo 850 Kombi kommt schon serienmäßig mit Airbag, ABS, integriertem Kindersitz, SIPS-Seitenaufprallschutz, automatischen Gurtstraffern, 3-Punkt-Gurten auf allen 5 Sitzen.*
***Zweitens** in puncto Fahrdynamik. Im neuen Volvo 850 Kombi müssen Sie sich schon mal durch einen Blick nach hinten vergewissern, dass Sie tatsächlich in einem Kombi sitzen. Der neue Vorderradantrieb und das 5-Zylinder-Triebwerk sorgen für reinstes Fahrvergnügen. Als GLE mit 103 kW (140 PS) und als GLT mit 20 Ventilen und 125 kW (170 PS).*
***Zum Schluss** wäre da noch der Preis. Der neue Volvo 850 kostet nicht mehr als die Limousine. Was sagt man dazu!* (Volvo, Die Zeit, 21./22.5.1993, 5)

Interessant ist hier, dass zwischen die drei Themenschwerpunkte ein weiteres Teilthema eingestreut ist (*Als GLE mit 103 kW (140 PS) und...*), das aber nicht als solches markiert ist: Der Dreierstruktur wird stattdessen der Vorzug gegeben, auch hier mit deutlichem Abschluss der Liste.

Die Gleichrangigkeit von solchen Listenelementen kann auch – wiederum das Schließen der Liste anzeigend – durch den Phraseologismus *last (but) not least* angekündigt werden. Rothkegel (1993, 136ff.) weist auch auf Kettenbildung „durch Positionsangabe" hin, die durch verbale bzw. präpositionale Verknüpfungen geleistet wird: *beginnen mit; übergehen zu; führen von – über – zu; mit – über – (bis hin) zu.* Hier wird das Schließen der Liste durch ein Prädikat und/oder präpositional angezeigt. Schließlich ist hier die alphabetische Reihenfolge zu erwähnen, mit der gleichrangige Gegenstände ‚geordnet' dargestellt werden; wird das gesamte Alphabet verwendet, wie in der Feuilletonbeilage „LebensArt" (Saarbrücker Zeitung, 20.10.1993, 17ff.), mit dem Lead-Text (Beisp. (34) in Kap. 4.2.2.3b) „Von A bis Z" (S. 17), so wird dadurch der Eindruck relativer ‚Vollständigkeit' und ‚Abgrenzung' der Themenbehandlung erweckt: Es gibt Texte über Austern, **Brille**, Champagnerkosmetik, **Düfte**, Essig bis hin zu Uhren, Vespa, **W**alking und **Z**en Garten.

Holly/Kühn/Püschel (1986, 116) weisen darauf hin, dass Listen in der Politikerrede auch stilistisch genutzt werden: „Am einfachsten ist die Methode der AUFZÄHLUNG: *erstens, zweitens* usw. Dabei folgt nicht immer *zweitens*, und es ist auch nicht immer gewährleistet, dass tatsächlich eine homogene Struktur der Äußerung vorliegt, aber es entsteht der Eindruck von geordneter Argumentation. Dazu gibt es viele Varianten (...)."

4.2.2 Natürlichkeit, nicht-natürliche Handlungsdurchführung, Natürlichkeitskonflikte und Natürlichkeitsparallelen

Natürlichkeit bedeutet einen Beschreibungsansatz, der den Menschen mit seinen produktiven und rezeptiven Fähigkeiten, seinen Wahrnehmungen in den Mittelpunkt stellt. Der Ansatz entstammt der Morphologie und Phonologie und wurde von Dressler (1989) auf Textlinguistik und Stilistik übertragen, von Auer (1989) auf Stilistik. In der Phonologie/Phonetik geht es um möglichst leichte Artikulation, in der Morphologie und bei komplexeren Spracheinheiten um Erleichterungen der Wahrnehmung durch Rezipienten; Erleichterungen bei der Textproduktion sind auch möglich, gerade mit den hier zu beschreibenden Mustern. Heute ist diese Sichtweise in die kognitive Linguistik einzuordnen (z.B. Sandig in Vorb.).

Was sprecherseitig erleichtert, kann für Adressaten eine Erschwernis bedeuten (Auer 1989, 27): Es kann zu Natürlichkeitskonflikten kommen. Wer z.B. die Aussprache von *eigentlich* im Duden Aussprachewörterbuch von 1990 sucht, findet das aufgrund der verschiedenen Artikulationsstellen der Konsonanten ‚nicht natürliche' /aigntliç/, im Umgangsstandard wird es jedoch gradweise ‚natürlicher' ausgesprochen als /aiŋkliç/ oder sogar /aiŋkiç/ neben regionalen Varianten wie /aiçntliç/. Von einem prominenten Sprecher hörte ich im Rundfunk /aintliç/. Auer (1989, 50f.) stellt denn auch für den Umgangsstandard größere Natürlichkeit fest als für die gesprochene Hochsprache und selbst diese wird teilweise entlastet. Was artikulatorisch natürlicher ist, ist in diesem Fall dann aber morphologisch betrachtet weniger natürlich, weil nicht mehr durchsichtig in der Struktur. Natürlichkeit finden wir auch in der Syntax, etwa beim Reden ‚vom Ich zum Du' (s.u. Kap. 4.2.2.1) beim Nachtrag:

4.2 Generelle textstilistische Muster

(15) *Die hat mich drauf aufmerksam gemacht, die Sybille.*
(16) *Ich hab den Dings getroffen, den Horst.*

Oder beim Formulieren eines Sprechakts mittels zweier intonatorischer und syntaktischer Einheiten für Teilakte des propositionalen Aktes:

(17) *Pass auf! Das Tischtuch!*

Prädikations- und Referenzakt sind hier getrennt. Auch die illokutionäre Rolle kann für sich formuliert werden:

(18a) *Ich muss Dich was fragen. Du kennst doch den X. Wann hast du denn den zum letzten Mal gesehen?*

Die zweite dieser Äußerungen dient der Referenz auf *X* unter Verweis auf gemeinsames Vorwissen. Erst die letzte Äußerung gilt der Prädikation bezüglich des *X*. Gegenüber der einfachen Frage

(18b) *Wann hast du denn den X zum letzten Mal gesehen?*

erhält die umfangreichere Formulierung mehr ‚Gewicht', auch dies ein Aspekt der Natürlichkeit: ‚mehr Sprachmaterial – mehr Gewicht'. – Diese Ausdrucksformen können jedoch auch in der Hochsprache stilistisch genutzt werden:

(19) *Achtung – Klassik!* (Fernsehsendung mit Justus Frantz)

Natürlichkeitskonflikte sind auch auf anderen Ebenen der Sprachbeschreibung zu beobachten, allerdings auch Natürlichkeitsparallelen. Im Folgenden wird besonders auf Aspekte von ‚Natürlichkeit' bei Schrifttexten geachtet, d.h. es wird vorrangig die Rezipientenseite betrachtet: die Interpretierbarkeit und Wirksamkeit der Texte.

Mayerthaler (1980, 27) stellt das menschliche Wahrnehmungszentrum folgendermaßen dar: „Der (prototypische) Sprecher präsupponiert sich mit seinen Eigenschaften (...), insbesondere versteht er sich als PERSON; qua Person steht er an der Spitze der Belebtheitshierarchie und selbstredend ist er HUMAN. Der Sprecher koinzidiert mit der ERSTEN PERSON und da er normalerweise nicht im Chor spricht, kommt ihm im unmarkierten Fall die Kategorie SINGULAR zu. Der Sprecher lebt in der realen Welt (INDIKATIV) (...). POSITIV ist schließlich all das, was im perzeptiven Raum des Sprechers liegt bzw. zumindest auf den Wahrnehmungsraum des Sprechers zuführt (...)", negativ das Entsprechende. Der Sprecher ist das Zentrum der Natürlichkeit – und analog der Rezipient seinerseits.

Dieses betrifft zunächst Gegebenheiten des Sprachsystems: deiktische Formen wie *ich*, *du* oder *das* und *da* sind kürzer und natürlicher als die aufwändigeren, aber nicht an die unmittelbare Wahrnehmung gebundenen symbolischen Formen, z.B. Nominalgruppen; ‚positive' Formen sind kürzer und natürlicher als ‚negierte': *schön* vs. *unschön/nicht schön*; die ‚negierten' sind demgegenüber ‚markiert'. Präsens ist weniger markiert als Präteritum oder Perfekt (*ich kaufe* vs. *ich kaufte / habe gekauft*); Singular ist mit weniger Sprachaufwand gebildet als Plural (*Bild* vs. *Bilder*). In allen markierten Fällen wird ein Mehr an Bedeutung durch ein Mehr an Ton repräsentiert, „je mehr Ton, desto mehr Bedeutung" (Ross 1980, 48). Dies gilt z.B. auch bei Adjektiven für den Komparativ (*größer*) und den Superlativ (*der größte*) bzw. Elativ (*am größten*) in Relation zum Positiv (*groß*). Wenn eine Person sich selbst als *wir* (gegenüber dem singularischen *ich*) bezeichnet, so ist dies ‚nicht natürlich', sondern markiert und insofern auch stilistisch wirksam, ebenso, wenn sie den Höflichkeitsplural *Sie* wählt oder den Konjunktiv.

Für phraseologische Verfestigungen von Wortfolgen hat Ross (1980, 48) die „Ich-vor-allem-Regel" aufgestellt: ‚Ausdrücke für Nähe vor Ausdrücken für Distanz': *ich und du* (mit der als ‚höflich' markierten Umkehrung *du und ich*), *dies und das, ich oder Nichtich, von hier nach dort*; Ausdrücke für Erwachsene stehen vor Ausdrücken für Nichterwachsene: *Mutter und Kind, Väter und Söhne*; Ausdrücke für männliche Lebewesen stehen vor Ausdrücken für weibliche Lebewesen: *Adam und Eva, Brüder und Schwestern, Mann und Frau*; die nichtnatürliche, markierte Form ist hier wieder eine Höflichkeitsform: *Meine Damen und Herren!* oder eine die Frauen besonders beachtende ‚moderne' Form: *die Wählerinnen und Wähler*. Ross (ebda.) schreibt dazu: „Dies alles deutet darauf hin, dass dieses Ich ein männlicher erwachsener Mensch ist, der sich in Hinsicht auf Raum und Zeit am Sprechereignis befindet."

Zur Natürlichkeit gehören offenbar auch rhythmische Phänomene wie die „rhythmische Alternanz zwischen hervorgehobenen (Primär- und Sekundärakzent tragenden) und nicht hervorgehobenen Silben" (Auer 1989, 31). Deshalb „tendieren Sprachen dazu, einerseits längere Senkungen ohne dazwischen liegende Hervorhebung, andererseits zwei oder mehr benachbarte Hervorhebungen zu vermeiden" (ebda.). So heißt es in der Sprache *jahrelang*, bei Hölderlin in einer Zeile der 3. Strophe von „Hyperions Schicksalslied" (Sämtliche Werke, Hrsg. Friedrich Beißner, Frankfurt/M.: Insel, Aufl. 1965, 192) aber *Jáhr làng ins Ungewisse hinab*: Durch eine ungewöhnliche Nachbarschaft der hervorgehobenen Silben wird die ‚Länge der Zeit' auch lautlich wahrnehmbar gemacht. Oder im spontanen Gespräch kann man hören: *das dauert JAHre* oder sogar *JAH:RE:*. Mehr Ton erzeugt mehr Bedeutung (Versalien für größere Lautstärke und Doppelpunkte für Vokallängung): ‚Das dauert Jahre, und das ist viel / das dauert viele, viele Jahre' usw.

4.2 Generelle textstilistische Muster

In der Syntax ist das „Gesetz der wachsenden Glieder" bekannt (kürzere Formen z.B. in Koordinationen nach vorn, längere nach hinten): Ein Beispiel ist im ersten Absatz der Porsche Carrera-Reklame (Beisp. (9), Kap. 4.2.1.3) zu finden. Dies hat auch ein phonisches Pendant: Ross (1980, 46) stellt einen „grundlegenden Kontrast" bei phraseologisch gebundenen Wortsequenzen fest: „Kurz – lang": Das erste Wort ist „durch geringere Silbenzahl, geringere Vokallänge, geringere Konsonantenzahl im An- und im Auslaut, vordere und höhere Vokale, gekennzeichnet (...) als das Zweitwort" (ebda. und 40ff.); z.B. *bei Wind und Wetter, mit Ach und Krach, zwei- oder dreihundert* usw.

Bei ‚Natürlichkeit' als Beschreibungsansatz sind für Text und Stil auch die semiotischen Zeichentypen Index (vor allem deiktische Ausdrücke wie *die, ich*) und besonders das Ikon relevant (vor allem als „Diagramm" (Dressler 1989) – eine Unterscheidung, auf die ich hier nicht weiter eingehe). Beim Ikon kommt es an auf die Ähnlichkeit oder Analogie zwischen Zeichen- und Textqualitäten einerseits und der bezeichneten oder ausgedrückten Art der Wahrnehmung (oder kognitiven Verarbeitung, Auer 1989) von Gegebenheiten in der Welt andererseits. Ein Zeichen ist nur für Zeichenbenutzer ikonisch (Mayerthaler 1980, 19), und Kloepfer (1975, 103) betont nach Eco, dass ein ikonisches Zeichen nicht der benannten Gegenstandsklasse selbst analog ist, sondern analog „dem Wahrnehmungsmodell" der Gegenstandsklasse: *Kuckuck* oder *coucou* als onomatopoetisches Zeichen „imitiert unsere Vorstellung vom Ruf eines Kuckucks", und die Ausdrucksseite ist „begrenzt durch das jeweilige Phonemsystem" (ebda.). Man muss hinzufügen, dass der Ruf des Tiers dasjenige ist, was für unsere Wahrnehmung eine besonders hervorstechende, „saliente" Eigenschaft ist, ähnlich beruhen die kindersprachlichen Ausdrücke *Wauwau, Muhkuh* oder *Kikerikihahn* auf den wahrnehmbaren „Rufen" der Tiere, aber diese sind nur jeweils eine, wenn auch markante Eigenschaft.

Ikonische Zeichenverwendung erleichtert die Wahrnehmung und Verarbeitung, indexikalische Zeichenverwendung bedeutet weniger Aufwand für die Sprachproduktion (Auer 1989, 47). Ikonische Eigenschaften von Handlungsdurchführungen sind jedoch nicht an die Verwendung konventionalisierter ikonischer Zeichen in der Sprache gebunden; ikonischer Sinn, als Analogie von Textqualitäten zu unserer Wahrnehmung der verbalisierten Handlungen oder Sachverhalte, kann auch durch Textqualitäten ad hoc hergestellt werden, z.B. in Jandls Gedicht (aus: Laut und Luise, Olten 1966, 47):

(20) *lichtung*

   manche meinen
   lechts und rinks
   kann man nicht
   velwechsern.
   werch ein illtum!

Aber auch in nichtliterarischen Texten können ikonische Qualitäten hergestellt werden: In einem „Zeitmagazin" gab es einen Artikel über Kaugummi. Dazu ein Bild mit einem extra groß aufgeblasenen Bubble Gum mit der Unterschrift:

(21) *Groß, größer, am gröööößten – und gleich macht's peng.*

Hier wird die Klimax mit den ein-, zwei- und dreisilbigen Formen eines Adjektivs genutzt, außerdem eine ungewöhnliche, abweichende grafische Längung, danach der Wechsel des Rhythmus zu einsilbigen Ausdrücken. Die Klimax als traditionelle Stilfigur ist also eine geronnene Natürlichkeitsform.

Die ‚Eingängigkeit' von Sprichwörtern oder Slogans beruht oft darauf, dass sie in mehrfacher Weise natürlich sind, dass sie Natürlichkeitsparallelen aufweisen:

(22) *Wer Wind sät, wird Sturm ernten.*

Das Sprichwort ist doppelt metaphorisch: *Wind/Sturm, sät/ernten*, wobei jeweils die ‚kurz vor lang'-Regel berücksichtigt ist: *Wind* hat einen höheren Vokal und weniger Konsonanten, *Sturm* einen hinteren Vokal und mehr Konsonanten; *sät* und *ernten* sind einsilbig vs. zweisilbig. Die Ungewöhnlichkeit der Sequenzen *Wind sät* und *Sturm ernten* wird durch Abfolgen je zweier hervorgehobener Silben auch intonatorisch dargestellt. Der Teil-Parallelismus (Dressler 1989) *Wind sät* (...) *Sturm ernten* stellt den ‚Zusammenhang' der beiden Propositionen auf natürliche Weise dar, auch die Abfolge der Propositionen folgt der ‚natürlichen' Sequenz *säen-ernten* s. Kap. 4.2.2.2a. (Außerdem ist hier mit der *Wer-der*-Form ein Format für Moral-Äußerungen gewählt: Ayaß 1999).

Bei Slogans kommt gegenüber diesen mehrfachen Natürlichkeitsparallelen öfter auch ein Natürlichkeitskonflikt zum Tragen, der dem Text den stilistischen Pfiff gibt (zu *Mit dem Zweiten Erster sein* s. Sandig 1995a, 48):

(23) *Bitte ein Bit!*

Die lautliche Parallele drückt einen ‚natürlichen Zusammenhang' aus. Die Abfolge *Ein Bit bitte* wäre nach der Regel ‚kurz vor lang' natürlicher, der Slogan ist also demgegenüber ‚unnatürlich'. Die gewählte Reihenfolge hervorgehobener und unbetonter Silben x́xx́ ergibt offenbar eine ‚geschlossenere' rhythmische Struktur als xx́x́ (s. Kap. 4.2.1.1d). Außerdem steht so das wichtigste neue Element, das entscheidende Rhema-Element, in ‚natürlicher' Weise am Schluss.

Es ist nicht erstaunlich, wenn auch andere Natürlichkeits-Gegebenheiten, die sich in der Sprache sedimentiert haben, bei stilistischer Textgestaltung

4.2 Generelle textstilistische Muster 191

zum Tragen kommen. Ich formuliere dafür Sequenzmuster, da es sich um musterhafte Vorgaben für Sprachverwendungen in Texten handelt. Unter den Sequenzmustern, die Texte ‚natürlich' machen, unterscheide ich:
– Auf das Wahrnehmungszentrum bezogen
– Der Wahrnehmung des thematisierten Gegenstandes folgend
– Wie ein Gegenstand wahrgenommen werden soll
– Die Sequenzmuster Figur – Grund und Grund – Figur

Dabei ist zu betonen, dass alle diese Muster (wie auch die onomatopoetischen Lexeme, s.o.) in gewisser Weise kulturspezifisch überformt sind. Insgesamt wird hier die Tatsache stilistisch genutzt, dass Texte als Sequenz dargeboten und rezipiert werden. Vgl. zum Folgenden auch Nöth (1993) und insgesamt Küper (Hrsg. 1993).

4.2.2.1 Auf das Wahrnehmungszentrum bezogen

Die „Ich-vor-allem-Regel" (Ross 1980) ist Grundlage für eine Reihe von Sequenzierungsmustern in Texten: ‚auf das Wahrnehmungszentrum bezogene' Sequenzierungsmuster.

a) ‚Vom Wahrnehmungszentrum aus' kann das Thema entfaltet werden. Ein Beispiel bietet der Text *Düfte* (Beisp. (11) in Kap. 4.2.1.3, letzter Absatz):

(24) *Die Duftspuren der Wohlgerüche hat Manuela von Perfall **bis** in die Antike* ***zurück****verfolgt. Entstanden ist ein olfaktorisches Bilder- und Geschichtsbuch voller parfümgeschwängerter Anekdoten. Von Kleopatras wohlriechenden Verführungskünsten bis zur **Zukunfts**vision eines digitalisierten Duft-Chips.*

Hier wird das ‚Zurück-von-hier-aus' deutlich angesprochen, der ‚Blick-in-die Zukunft' ist weniger deutlich formuliert. Zu diesem Muster kommt hier ein anderes, das damit konfligiert, ‚der zeitlichen Reihenfolge nach' (s. Kap. 4.2.2.2a: *Von Kleopatra (...) bis zur Zukunftsvision (...)*). Außerdem liegen hier – abweichend von Natürlichkeit – ‚verschobene' Attribute vor (vgl. von Polenz ²1988): „Subjektschub" kann in dieser Weise weitergeschrieben werden, denn eigentlich bedeuten die Ausdrücke ‚Bilderbuch über Olfaktorisches' und ‚Anekdoten über Parfüm'.

b) ‚Erst positiv dann negativ': „Der Sprecher macht sich (...) ein positives Bild von sich" (Mayerthaler 1980, 27). Dem entsprechen phraseologisch verfestigte Sequenzen wie *recht oder schlecht*, *pro und kontra* aber auch Sequenzen wie *Sieger und Verlierer*, die außerdem alle der kurz-vor-lang-Regel folgen. Die Abfolge von Teilhandlungen in *Pro-Kontra*-Texten lautet durchgehend: erst die *Pro*-Stellungnahme, dann die *Kontra*-Stellungnahme. In Zeitschriften wie „Bunte" oder „Tango" werden Trends angegeben mit *IN* (zuerst) und *OUT* (danach).

c) ‚Vom Bekannten zum Neuen': In der Wortstellung des deutschen Satzes (vgl. Dressler 1989, Auer 1989, 44) stehen Themaelemente tendenziell vor Rhemaelementen, Pronomina vor Nominalgruppen (auch ‚kurz vor lang'). Auch für die Formulierung von Themen ist dieses Sequenzierungsmuster brauchbar:

(25) *Essig*
Wer seinen Salat liebt und auch andere Speisen niveauvoll verfeinern möchte, der wird nur beste Zutaten verwenden. Dazu gehört mindestens ein hochwertiger Essig, und keineswegs solche, auf die nur der Ausspruch „sauer macht lustig" zutrifft. Denn Essig ist nicht gleich Essig. Kenner kaufen daher gern die delikaten Weinessige aus Frankreich oder italienische „Kreszenzen" mit Namen Aceto balsamico.

Neu hinzugekommen sind in den letzten Jahren die erlesenen Weinessige, die Georg Wiedemann zusammen mit seiner charmanten Frau Johanna im pfälzischen Venningen (bei Edenkoben) herstellt und vertreibt (...)
Saarbrücker Zeitung, 20.10.1993, 17, Beilage LebensArt

Zuerst wird das bereits Bekannte dargestellt: *Kenner kaufen...* Das Neue ist am Beginn des zweiten Absatzes deutlich, d.h. ‚nicht natürlich' mit einem Rhema-Ausdruck an der Satzspitze angezeigt: *Neu hinzugekommen,* der Thema-Ausdruck *in den letzten Jahren* ist ins Satzinnere verschoben. Es besteht ein Natürlichkeitskonflikt zwischen der Absatzstruktur des Textes und der Wortstellung im ersten Satz des zweiten Absatzes.

d) ‚Von oben nach unten': Da der Kopf als unser Wahrnehmungszentrum ‚oben' ist, ist eine ‚natürliche' Reihenfolge bei der Themensequenzierung ‚von oben nach unten'. Phraseologisch verfestigte Formen belegen dies: *jemanden von oben bis unten mustern, von Kopf bis Fuß ein Gentlemen, ich bin von Kopf bis Fuß auf Liebe eingestellt.* Nach Küper (1981) bezeichnet *drunter und drüber* gerade die Unordnung. Barockgedichte, die sonst sprachlich oft wenig ‚natürlich' sind, folgen bei der Darstellung von Personen gern dieser Reihenfolge. Z.B. werden in einem Gedicht von Georg Rudolf Weckherlin in fünf Strophen nacheinander Körpereigenschaften einer Frau besungen: *zarte haar, ein glatte stirn, es seind süße blick, ein vöste brust, ein zarte hand.* Die sechste Strophe lautet: *Wie selig bin ich doch, O haar, stirn, blick, brust, hand, So köstlich, freindlich, klar, anmutig und beglicket!* (A. Schöne Hrsg., Die deutsche Literatur: Texte und Zeugnisse, München: Beck 1963, Bd. 3, 807f.).

e) ‚Von vorne nach hinten': Das Rätsel *Die Kuh* in (Beisp. (8) in Kap. 4.2.1.3) ist nach diesem Prinzip angelegt: *Vorne..., In der Mitte..., Das Hinterst...* Auch bei Bildbeschreibungen ist die Sequenz ‚Vordergrund – Hintergrund' verbreitet. Hier verbindet sich das Sequenzierungsmuster mit der gestaltpsy-

4.2 Generelle textstilistische Muster   193

chologisch relevanten Abfolge Figur/Grund (vgl. Auer 1989, Dressler 1989, auch Kap. 4.2.2.4).

f) Van Dijk (1977, 103) geht noch ein auf die Sequenz ‚Besitzer – Besitztum'.

4.2.2.2 Der Wahrnehmung des thematisierten Gegenstandes folgend

‚Der Wahrnehmung des thematisierten Gegenstandes (im weitesten Sinne) folgend' ist ein Prinzip, das einer weiteren Reihe von Sequenzierungsmustern zugrunde liegt (vgl. van Dijk 1977, 97ff.). Werden etwa Listen genutzt, um z.B. die Reihenfolge der Kapitel eines Buches nachbildend zu beschreiben, so liegt eine natürliche Sequenzierung vor, die der intendierten Wahrnehmung des thematisierten Gegenstands folgt (s. Kap. 4.2.1.4, Beisp. (13)).

a) Zeitliche Abfolgen werden dem Ordo naturalis nach dargestellt, z.B. in Alltagserzählungen. Im Text *Düfte* (Beisp. (11) Kap. 4.2.1.3) werden der Reihenfolge nach ‚von der Jahrhundertwende bis heute' drei Beispiele für Parfümkreationen von Couturiers gegeben. Am Ende heißt es:

(26) *Von Kleopatras wohlriechenden Verführungskünsten* **bis zur** *Zukunftsvision eines digitalisierten Duft-Chips.*

Das Sequenzierungsmuster war auch konstitutiv bei dem Textmuster *Zeitsprung*, das im „Zeitmagazin" eine Zeit lang zu finden war. Z.B. wurde am 1.4.1994 ein Zeitsprungtext präsentiert, der sich unter dem Titel *Der Bestseller* zunächst mit dem 1894 erschienenen „Wörterbuch der klinischen Kunstausdrücke" von Otto Dornblüth befasste und dann den Bogen spannte bis zur damals aktuellen 257. Auflage des Nachfolge-Werkes: Pschyrembels „Klinisches Wörterbuch".

Bei den Sequenzierungsmustern *bisher – jetzt* oder *früher – heute* bzw. metonymisch verschoben: *gestern – heute* liegen Natürlichkeitsparallelen vor mit dem Grundprinzip ‚vom Wahrnehmungszentrum aus'. Diese Muster können außerdem mit dem Muster KONTRASTIEREN (Kap. 4.2.3) verknüpft werden.

b) Auch die räumliche Sequenz spielt eine Rolle: Enkvist (1981) zeigt an Reiseführern, wie textmusterspezifisch die Äußerungen der Texte sehr häufig mit Adverbien beginnen. Ein Beispiel über Cordoba:

(27a) **Durch die Puerta del Perdón** *(das Tor der Gnade) tritt man in den mit Orangenbäumen und Palmen bestandenen malerischen Patio de los Naranjos (‚Orangenhof'), wo die vom Islam vorgeschriebenen Waschungen vorgenommen wurden.*

> *Durch die 1531 im Mudéjarstil ausgeschmückte* **Puerta de las Palmas** *betritt man gewöhnlich das Innere der Mezquita-Catedral, den Gebetsraum der Moschee. (...)*
> **Bei der Puerta de las Palmas und zwischen den** *nach Mekka gerichteten* **Mihrábs** *(Gebetsnischen) hat man das farbenschöne, reich geschnitzte Balkenwerk der alten Moschee wieder freigelegt.*
> Baedekers Reiseführer Spanien, Ostfildern, 5. Aufl. 1992, 287f.

Enkvist (1981, 101) schreibt dazu, dass der Leser von einem Ort zum anderen ‚geführt' wird, wobei ihm jeweils ‚gezeigt' wird, wohin er schauen soll, bevor er erfährt, was er anschauen soll. „The text becomes an icon of experience" (1981, 102). Das Beispiel zeigt auch, dass hier keinerlei natürliches 1:1 zwischen Äußerung und Proposition besteht, dass der Reiseführer also in dieser Hinsicht ‚nicht natürlich ist': *Durch die Puerta del Perdón betritt man den (mit Orangenbäumen und Palmen bestandenen)$_1$ (malerischen)$_2$ (Patio de los Naranjos)$_3$ (‚Orangenhof')$_4$,(wo die (vom Islam vorgeschriebenen)$_5$ Waschungen vorgenommen wurden)$_6$.* Neben der ‚natürlich' organisierten Information werden sechs weitere z.T. gleichrangige, z.T. aber auch gestuft aufeinander bezogene Propositionen ausgedrückt. Gerade wegen dieses Mangels an Natürlichkeit ist es wichtig, die globalen Informationen ‚natürlich' auszudrücken (vgl. auch die Beispiele im Folgenden).

c) ‚Von außen nach innen' ist ein weiteres Sequenzierungsmuster. So folgt der Reiseführer diesem Muster (Baedecker ^{5}1992 über die Mezquita-Catedral in Cordoba, 285f.):

> (27b) *Das gesamte Bauwerk wird von einer zinnengekrönten Außenmauer (9-20 m hoch) umgeben, aus der zahllose Strebepfeiler turmartig heraustreten. Der Haupteingang an der Nordseite ist die Puerta del Perdón (...).*
> *Durch die Puerta del Perdón tritt man in den (...) Patio de los Naranjos (...).*
> *Durch die 1531 im Mudéjarstil ausgeschmückte Puerta de las Palmas betritt man gewöhnlich das Innere der Mezquita-Catedral (...).*

Ullmer-Ehrich (1979) zeigt, dass Wohnraumbeschreibungen standardmäßig an der Eingangstür beginnen. Ein anderes Beispiel:

> (28) *Austern*
> *(...)*
> *Austern halten eisern dicht, deshalb ist es für Ungeübte einfacher, einen Tresor als eine Auster zu knacken, eine Schwerarbeit, die leider vor dem Genuss steht.*
> Saarbrücker Zeitung, 20.10.1993, 17, Beilage LebensArt

Am Ende der Passage verschränkt sich das Muster mit dem weiteren Muster:

4.2 Generelle textstilistische Muster

d) ‚Erst die Voraussetzung, dann die Folgen' wird hier thematisch sequenziert: *...eine Schwerarbeit, die leider vor dem Genuss steht.* Für Richtigstellungen habe ich die textmusterspezifische Verfestigung dieses Sequenzierungsmusters in Sandig (1987) dargestellt. Kochrezepte geben erst die *Zutaten* an, dann wird schrittweise das Vorgehen in seinem Nacheinander angeleitet. Enkvist (1981) weist darauf hin, dass in Kochrezepten Wortstellungen als Voraussetzung – Folge zu interpretieren sind:

(29) *In einer Kasserole wird alles zum Kochen gebracht.*

Dies ist zu interpretieren als ‚Nehmen Sie erst x und tun Sie dann y'. – Eine Kosmetikwerbung ist schwer verständlich, wenn es heißt

(30) *Antwort bei Falten.*

Denn die Reihenfolge ist nicht natürlich; natürlicher wäre:

(30a) *Bei Falten die Antwort:* oder noch eher
(30b) *Falten? Die Antwort:* vgl. *Brille: Fielmann*

e) ‚Vom Ganzen zu den Teilen' lautet ein weiteres Sequenzierungsmuster (Lötscher 1991, 90f.); dieses Muster ist nicht immer scharf zu trennen von ‚das Wichtigste zuerst' (s. Kap. 4.2.2.3b). Rothkegel (1993, 149) führt „Konnexion durch Spezifizierung" auf, wobei z.B. Klasse – Subklasse möglich ist, so bei Buchankündigungen die Sequenz *Thema – Themenschwerpunkt* oder die Teil-von-Relation wie bei *Thema – Teilthema.* Hierher gehören auch über das Ganze orientierende Äußerungen wie *Dabei werden drei Wege beschritten* am Anfang einer Passage. Aus Möller (^{5}1986, 70) im Zusammenhang von „Übersichtlichkeit":

(31) *(...) wird die Sprache als Zeichensystem **unter zweierlei Gesichtspunkten** betrachtet, **einerseits** darauf hin, daß die Sprache etwas darstellt, **andererseits** darauf hin, was sie darstellt. (...)*

Oder im Text *Essig* (Beisp. (25), Kap. 4.2.2.1c) heißt es:

(25a) *So werden allerfeinste Essige nach altem Verfahren hergestellt – aus exzellenten **Weinqualitäten, wie** Spät- und Auslesen, Beeren- und Trockenbeerenauslesen, ja sogar Eisweine sind dabei.*

Der Reiseführer nutzt dieses Sequenzmuster ebenfalls:

(32) *Durch die 1531 im Mudéjarstil ausgeschmückte Puerta de las Palmas betritt man gewöhnlich das Innere der Mezquita-Catedral, den Gebetsraum der Moschee. Dieser außerordentlich eindrucksvolle **Raum** ist nur 11,5m hoch und bildet einen im*

*Halbdunkel endlos erscheinenden Wald von Säulen, deren Perspektive sich bei jedem Schritt verschiebt. Der **Raumeindruck** ist überraschend und einzigartig. Ein Teil der insgesamt 856 freistehenden **Säulen**, die in der Längsrichtung durch weiß-rote Hufeisenbogen verbunden sind, stammt aus antiken Gebäuden und christlichen Kirchen. Das **Material** ist Marmor, Jaspis und Porphyr. (...)*

Die ‚nicht natürliche' Reihenfolge der Darstellung wird demgegenüber im Beispiel *Brille* (Beisp. (12) in Kap. 4.2.1.3) vorgezogen; der Text beginnt mit:

(33) *Zwei Bügel, ein Nasensteg, zwei Brillengläser und sechs Minischrauben: Noch nicht einmal acht Gramm wiegt die Kunststoffausführung (...)*

Hier wird zwar der Gegenstandsbereich mit *Brille* in der Überschrift angegeben (‚vom Ganzen zu den Teilen'), aber der Text selbst beginnt mit der umgekehrten Reihenfolge ‚von den Teilen zum Ganzen'. Damit soll ikonisch wohl auch die Art der Wahrnehmung des Gegenstands individuell versprachlicht werden. Zudem wird hier doppelt nach der Maxime ‚das Wichtigste zuerst' (vgl. Kap. 4.2.2.3b) vorgegangen: Die visuellen Eigenschaften werden als Reihung von Syntagmen vorangestellt verbalisiert, danach folgt die Spitzenstellung im Satz mit: *Noch nicht einmal acht Gramm wiegt...*, hervorgehoben durch den Grad- oder Fokusausdruck *noch nicht einmal*. – Das Rätsel *Die Kuh* (Beisp. (8), Kap. 4.2.1.3) ist gerade deshalb rätselhaft, weil von den über Vergleiche formulierten Teilen her das Ganze zu erraten ist.

f) ‚Schrittweises Präzisieren' gehört ebenfalls in diesen Zusammenhang. Ein Beispiel ist ebenfalls im Text des Reiseführers, Beisp. (32), zu finden: *Wald von Säulen – insgesamt 856 freistehenden Säulen*.

g) ‚Erst die Ursache, dann die Wirkung' wird zusätzlich zur Darstellung anderer Reihenfolgen im letzten Teil des bereits zitierten Absatzes befolgt:

(28a) *Austern*
(...) Doch wer dann einmal die nahrhafte Schwabbelmasse aus der Perlmuttschale geschlürft, dann gekaut (sonst rotiert sie wie ein Stein im Magen) hat, kann lebenslang süchtig werden.
ub

h) ‚Vom Allgemeinen zum Besonderen' (van Dijk 1977, 103) ist ein Sequenzierungsmuster, das der Reiseführer systematisch anwendet: Zu einem Ort wird erst *Lage und Allgemeines* beschrieben, danach die *Geschichte*, schließlich die einzelnen *Sehenswürdigkeiten*.

i) Van Dijk (1977, 103) führt noch auf: ‚Menge – Untermenge – Elemente', ‚gross –klein'.

4.2.2.3 Wie ein Gegenstand wahrgenommen werden soll

‚Wie etwas wahrgenommen werden soll', kann durch die Sequenzierung im Text vorgeprägt werden, vgl. Küper (1981): „So wie es der Darstellende gesehen haben will":

a) Die ‚soziale Hierarchie' wird sequenzierend abgebildet, z.B. als ‚konventionelle Hierarchie' durch die verfestigte Abfolge *Männer und Frauen* (vgl. Ross 1980) aber auch durch die Abfolgen bei öffentlichen Begrüßungsansprachen: *Herr Ministerpräsident, Herr Minister, meine Damen und Herren, liebe Freunde* (vgl. Auer 1989, 52). Dieses Muster konfligiert mit der Ich-vor-allem-Regel: Das ‚Nächste' kommt in diesem Fall zum Schluss. (Außerdem wird nach der Regel ‚mehr Ton, mehr Bedeutung' der Grad der Wichtigkeit durch die jeweilige Menge des Sprachmaterials der Benennung ikonisch abgebildet (*Ministerpräsident – Minister*)). Vorworte (z.B. von Dissertationen) folgen beim Dank häufig auch dem Muster der sozialen Hierarchisierung. Hier ist aber auch das Muster des ‚Steigerns' möglich.

b) ‚Das Wichtigste zuerst' ist ein damit verwandtes Sequenzierungsmuster, das geeignet ist, die Wahrnehmung zu leiten (vgl. Küper 1981, 159, Lötscher 1991, 91f.). Pirazzini (2002, Kap. 2.4.2) weist darauf hin, dass dieses Muster bereits seit der Antike für Argumentationen charakteristisch ist. Nach Levinson (1990, 314) ist das Thema eines Telefongesprächs dasjenige, das den Anlass des Gesprächs bildet, und deshalb wird es als erstes behandelt. In Zeitungstexten wird dem ebenfalls entsprochen durch Schlagzeilenbildung und durch grafisch besonders hervorgehobene Lead-Texte. So hat die schon öfter benutzte Beilage „LebensArt" (Saarbrücker Zeitung, 20.10.1993, 17ff.) einen Lead-Text *Von A bis Z*, der dunkel unterlegt und oben in der Mitte der ersten Seite direkt unter der Beilagenüberschrift platziert ist.

> (34) *Von A bis Z*
> *Die Amerikaner nennen es Lifestyle. Die Franzosen leben und lieben ihr Savoir vivre. Wir verstehen darunter Lebensart. Doch welche Maßstäbe legt man an, um das zu messen, was in diesen Worthülsen steckt.*
>
> *„Die Kunst, nach der eigenen Fasson glücklich zu werden." Das ist wohl die grundlegende Basis für jenes gewisse Lebensgefühl. (...)*

Ganz zu Anfang wird das Thema ‚LebensArt' erläutert durch die Angabe der Synonyme dreier Sprachen, unter Nutzung der jeweiligen Konnotationen; dies geschieht in mehrfacher Weise ‚natürlich': Der dreifache Parallelismus zeigt die inhaltliche ‚Parallele' an (vgl. Dressler 1989), es geht jeweils von einem Thema-Ausdruck, dem Bekannten, zum Neuen (s. Kap. 4.2.2.1c). Zugleich wird die Dreierfigur genutzt (vgl. Kap. 4.2.1.3). Die ‚natürlichste' Reihenfolge wäre ‚von nah nach fern', nämlich vom Wahrnehmungszentrum aus gesehen (s.o. Kap. 4.2.2.1a), hier aber wird die umgekehrte Reihenfolge gewählt: ‚auf das Wahrnehmungszentrum zu'. Dadurch entsteht zusätzlich eine Antiklimax (s.u., c) durch den abnehmenden Silben-Umfang (5-3-1) der Ausdrücke *Amerikaner, Franzosen, wir,* und dies bewirkt, dass auf dem *wir* eine besondere Betonung liegt. Danach wird ‚Lebensart' auch thematisch ausgearbeitet, und hier wieder durch das Verbalisieren einer inhaltlichen Quintessenz zu Beginn.

Die zweite Werbeschlagzeile der mehrseitigen Audi-Werbung (Beispiel (54) in Kap. 4.2.3) enthält einen Lead-Teil:

(35) *Audi A8*
Der Quantensprung
Ganz selten in der Geschichte des Automobils verschob eines die Wertmaßstäbe so wie dieses.
Die Zeit, 3.5.1994, 15

Außerdem wird hier ‚das Wichtigste zuerst' mit *Der Quantensprung* metaphorisch benannt, danach inhaltlich ausgeführt (‚schrittweises Präzisieren').

Groeben (1982) betont den Wert von orientierenden „Vorstrukturierungen" für die Verständlichkeit. Bei der mündlichen Erzählung über das Rauchen (s. Beispiel (6) in Kap. 4.2.1.1d) bildet die zweite Zeile ein Abstract, wie häufig bei spontanen Erzählungen (Labov/Waletzky 1967): **MEIN**: *hausarz hat so***FORT** *gemerkt, dass ich rauche.*

Als Stilelemente, mit denen dieses Sequenzierungsmuster befolgt werden kann, stehen z.B. zur Verfügung: Linksversetzung (*Mode und Duft, das muss ein starkes Gespann ergeben,* Beispiel (11) *Düfte*), außerdem Spitzenstellung eines Rhemaelements in der Position vor dem finiten Verb: *Prickelndes Vergnügen verspricht eine neue Körper- und Gesichtspflegeserie, die (...)* im Beispiel (10) *Champagnerkosmetik* (Kap. 4.2.1.1) und *Neu hinzugekommen sind in den letzten Jahren die erlesenen Weinessige, die (...)* im Beispiel (25) *Essig*. ‚Das Wichtigste zuerst' kann so dazu dienen, mehrere Rhemaelemente im Satz getrennt zu stellen, wie die beiden letzten Beispiele zeigen, es kann aber auch konfligieren mit dem Sequenzmuster ‚vom Bekannten zum Neuen' (s.o. Kap. 4.2.2.1c).

(36) *Über das Recht auf Ästhetik*
Wir verfügen über immer mehr Freizeit, aber wir haben dafür auch mehr Arbeit und mehr Engagement einzubringen – und auch unsere Fahrzeuge haben diesen neuen Anforderungen zu genügen.

Der Xedos 6 ist eines dieser Automobile, die sich mit einer wohlüberlegten Mischung aus Zuverlässigkeit, Laufruhe, Komfort und einem variablen Raumangebot auf diese Neuorientierung eingestellt haben.

4.2 Generelle textstilistische Muster

Allerdings enthielt unser Anforderungskatalog noch einen weiteren Punkt: ein gutes Design. Denn wer mehr Zeit in seinem Automobil verbringt, der hat auch das Recht auf mehr Ästhetik. Der Xedos 6 ist eben eine Limousine der besonderen Art.
Zeitmagazin, 5.2.1993

Hier wird zuerst das Neue als Wichtigstes in der Werbeschlagzeile verbalisiert und typografisch hervorgehoben; im Text geht es dann vom Bekannten zum Neuen. – Bei den Mustern, die Dietz (1995) für Titel wissenschaftlicher Fachtexte herausgearbeitet hat, finden sich auch solche, die auf Natürlichkeitsprinzipien beruhen. So gibt es ‚das Wichtigste zuerst' bei Titelformulierungen durch Koordination mit *und* und mit anaphorischem Verweis durch Possessiv-Artikel auf das erste Konjunkt (Dietz 1995, 63):

(37a) *Das Heimweh und seine Bezeichnung im Romanischen*
(37b) *Kognitive Wertstrukturen und ihre Veränderung und Beeinflussung*

Dietz schreibt dazu ebda.: „Die in den Augen des Verfassers wichtigste thematische Information (...) wird (...) am Titelanfang platziert und somit optimal in den Fokus der Aufmerksamkeit gestellt." In vielen Fällen sind die so gebildeten Titel zugleich nach dem Natürlichkeits-Muster ‚erst kurz, dann lang' gebildet.

c) ‚Das Wichtigere mit dem größeren Sprachaufwand' ist ein weiteres Muster natürlicher Handlungsdurchführung, vgl. ‚mehr Ton – mehr Bedeutung': In der gesprochenen Sprache werden wechselnde Lautstärken und Akzente genutzt. In der Transkription wird ‚lauter' verschriftlicht durch VERSALIEN oder **VERSALIEN**, auch Vokallängungen werden verwendet wie bei *to:tschick* oder **TO:TSCHICK** oder *TO::TSCHICK*, auch Rhythmisierungen (vgl. das Beispiel (55) im Kap. 4.2.3) dienen dazu oder Tonsprünge *to↑TAL ↓SCHMUDdelig* und spezifische Intonationskonturen (Günthner 1999).

In der Schriftsprache (wie auch bei diesen Verschriftlichungen gesprochener Sprache in Anlehnung an Selting z.B. 1992) werden Hervorhebungen im Schriftbild genutzt wie größere Schrift, Versalien, Fettdruck, Sperrungen, Unterstreichungen in Relation zur Normalform der Schrift. Im Beispiel (36) *Über das Recht auf Ästhetik* wird im letzten Absatz mit derselben Textmenge auf das Neue, die ästhetische Form des Autos, eingegangen, der im Absatz zuvor die Beschreibung gängiger ‚Werte' von Autos gewidmet wird: ‚das Wichtigere mit mehr Text darstellen'.

Im lexikalischen Bereich gibt es hier die Möglichkeit, die ‚gewichtigere' Wortform zu wählen, wenn mehrere Alternativen zur Verfügung stehen: Die Sachverhaltsdarstellung erhält so (vgl. ‚mehr Ton – mehr Bedeutung') mehr ‚Gewicht'. So heißt es in Werbungen für teurere Autos nicht *Auto* sondern *Automobil* (vgl. im Beispiel (36) den 2. und 3. Absatz) oder *Limousine* (ebda., letzter Absatz). Statt *nie* kann man sagen *niemals*, mit wahlweise einfacher oder verstärkter Betonung, *níemàls,* oder schließlich *nimmermehr,* und statt *nein* oder *nicht* kann man wählen *mitnichten.* Das Beispiel (63) *Superunwort* in Kap. 4.2.4 zeigt auch sehr schön, wie Wortbildungen genutzt werden, um ‚größere Wichtigkeit' thematisch herzustellen, gerade auch im Kontext der einfachen Lexeme: *wie oft, wie superoft*; *zum Unwort des Jahres vorschlagen (...) zum Superunwort.*

Syntaktisch geschieht dieses schrittweise ‚Wichtigermachen' durch Koordinationen *wie oft, wie superoft* (im selben Textbeispiel (63)); auch sonst sind Koordinationen zum thematischen Hochstufen geeignet:

(38) *(...) Paul Poiret (...) führte die beiden **großen und galanten** Luxuskünste Frankreichs zusammen: Als Modediktator seiner Zeit **zwang und zwängt** (sic!) er Frauen in die sogenannten „Humpelröcke", **sinnlich und suggestiv** sollte auch der Duft sein, der sie einhüllt.*
Saarbrücker Zeitung, 20.10.1993, 17, Beilage LebensArt

Bei diesem Beispiel fällt auf, dass es zusätzlich mit Alliteration arbeitet, ein Mittel, um einen ‚natürlichen Zusammenhang' nahe zu legen. Vgl. dazu auch das Kapitel 12 in Möller (^{5}1986) „Drang zur Fülle".

Die Klimax ist ein Stilmittel, steigende Wichtigkeit ‚natürlich' mit steigendem Sprachaufwand darzustellen (Dressler 1989, Auer 1989), z.B. aus dem Text (63) *Superunwort* (Kap. 4.2.4):

(39) *super Themen, super Niveau, super Alternativen, möglicherweise sogar super Ergebnisse*

In der Klimax verbindet sich das inhaltliche ‚Wichtigermachen' mit der Natürlichkeit des Rhythmus, die im „Gesetz der wachsenden Glieder" ausgedrückt wurde. Vgl. auch Beispiel (25) *Essig*:

(25b) *... aus exzellenten Weinqualitäten wie Spät- und Auslesen, Beeren- und Trockenbeerenauslesen...*

In der Regel besteht eine Klimax aus einer Dreierstruktur (s. Kap. 4.2.1.3) mit dem Wichtigsten als letztem Glied. – Ein Beispiel aus einer Bundestagsdebatte (Anke Fuchs, SPD, zum Verbrechensbekämpfungsgesetz, 20.5.1994, Übertragung: ZDF, Verschriftung: Silke Eckel):

(40) *(...) das ganze* (Zwischenrufe) *gesetzgebungsverfahren ist ge äh äh äh ge geprägt von eile hektik torschlußpanik (...)*

Aus einer Heiratsannonce:

4.2 Generelle textstilistische Muster

(41) *Irgendwo steht er an eine Bar gelehnt, groß, dunkel, unheimlich attraktiv. Plötzlich sieht er eine Frau, groß, dunkel, verführerisch anziehend (...)*
Die Zeit, 13.12.1990

In diesen beiden Beispielen wird langsam ‚gesteigert', im ersten durch ‚schrittweises Präzisieren', Reformulieren; im zweiten durch ‚zunehmende Wichtigkeit'. – Die Verbalisierung eines Prozesses bietet die Klimax *groß, größer, am gröööößten* (Beispiel (21) in Kap. 4.2.2). Die Antiklimax kann sich verbinden mit der Herstellung einer ‚geschlossenen' (s. Kap. 4.2.1.1d) rhythmischen Figur im Werbeslogan:

(42) *Quadratisch praktisch gut*

Im folgenden Beispiel verbindet sich die Klimax mit den Mustern ‚unernste Themenentfaltung' und ‚vom Positiven zum Negativen':

(43) **Sofa-Intelligenztest**
Lesen Sie diese Anzeige langsam durch und bleiben Sie ganz locker. Wenn Sie danach den unwiderstehlichen Drang verspüren, sich bei uns ein Sofa auszusuchen, sind Sie klug, gescheit und äußerst clever. Wenn Sie jedoch denken: blöde Werbung! dann haben Sie auch recht. Allerdings lernen Sie dann keines unserer Sofas kennen, und das ist weder klug, gescheit und schon gar nicht clever.
Saarbrücker Zeitung, 3.1.1995, 1

Hier wird die Klimax lediglich wegen des ästhetischen Effekts benutzt: Ihre Elemente sind Synonyme, die nach dem Prinzip ‚mehr Ton – mehr Bedeutung' sequenziert sind; das letzte Element wird jeweils mit einem intensivierenden Ausdruck angereichert. Zum Effekt gehört hier auch die ‚variierende Wiederholung' (vgl. Besch 1989): Dieselben Lexeme werden bei der zweiten Verwendung negiert. – Für die Gestaltung eines ganzen Werbetextes wird das Muster im folgenden Fall genutzt, unterstützt durch die semantisch expliziten Ausdrücke *Steigerung* und *höchste Stufe*:

(44) *Zu Cognac gibt es eine Steigerung:* **Château de Cognac** *(Werbeschlagzeile)*
Denn auf Château de Cognac, dem Wahrzeichen von Cognac, ist die Cognac-Kultur zu Hause. Das zeigt sich bei der unverändert-klassischen Herstellungsweise wie bei der jahrhundertealten Form der Schlosskaraffe. Und so ist Otard eben mehr als Fine Champagne. Otard ist Cognac au Château de Cognac. Die höchste Stufe des Genießens.
Zeitmagazin, 10.12.1993

Auch *Schlosskaraffe* folgt dem Muster ‚mehr Ton – mehr Bedeutung'. Zusätzlich wird der Text sprachlich abgerundet (s.o. Kap. 4.2.1.1b): Der Werbeschlagzeile mit *Cognac* und *Château de Cognac* korrespondiert in der vorletzten Äußerung: *Cognac au Château de Cognac*; thematisch-propositional (s. Kap. 4.2.1.1c) wird der Text gerundet durch den Zusammenhang von *Steigerung* in der Werbeschlagzeile mit *höchste Stufe* in der letzten Äußerung. Die sorgfältige Abrundung des Textes geschieht hier zusätzlich durch eine Art Chiasmus: *eine Steigerung. Château de Cognac* am Beginn und *Cognac au Château de Cognac. Die höchste Stufe.* Zwischen dem ‚Wichtigsten' des Beginns und dem des Endes gibt es sowohl semantisch als auch von der Menge des Wortmaterials her noch eine ‚Steigerung'.

d) ‚Das Wichtigste am Schluss' ist ebenfalls bereits in der antiken Rhetorik relevant (vgl. Pirazzini 2002, Kap. 2.4.2). So endet der Text (36) *Über das Recht auf Ästhetik* mit einer Art Schlussfolgerung: *Der Xedos 6 ist **eben** eine Limousine der besonderen Art.* Auch der Text „Austern", Beispiel (28a) in Kap. 4.2.2.2g, endet mit dem ‚Wichtigsten': *kann lebenslang süchtig werden.* ‚Das Wichtigste am Schluss' wird z.B. bei der Verwendung von Obertitel und Untertitel bei Büchern musterhaft so gestaltet (Dietz 1995, 124): Der Obertitel enthält eine rätselhafte Formulierung, der Untertitel die inhaltliche und formale Charakterisierung des Textes. Dietz zählt diese Muster zu den fünf häufigsten Mustern für zweiteilige Titel. Beispiele (1995, 135f.):

(45a) *Andrei und das Untier – Sechs Lektionen Informatik*

(45b) *Fluchtlinien. Philosophische Essays*

Hierher gehört auch die in der Linguistik geläufige Titelform, bei der eine Äußerung bzw. ein Äußerungsteil aus dem Material in die Oberzeile gesetzt wird:

(46) *„Nur noch 65.000 Tiefflugstunden".*
Eine linguistische Beschreibung des Handlungspotentials von hard news-Überschriften in deutschen Tageszeitungen
(Oberhauser 1993)

e) Schließlich, auch dies bereits in der Antike als Muster festgehalten (Pirazzini 2002, Kap. 2.4.2), gibt es eine Verteilung des ‚Wichtigsten' auf Anfang und Ende. Im Kleinen finden wir dies im Satz bei Linksversetzung (Herausstellung) und bei Verschiebungen von Rhema-Elementen ins Vorfeld, wodurch Betonungsstellen am Beginn und am Ende des Satzes genutzt werden.

4.2.2.4 Die Sequenzmuster Figur – Grund und Grund – Figur

In diesem Kapitel geht es nicht um das allgemeine Verhältnis von Figur und Grund, vgl. dazu Kap. 2.2(I), sondern um generelle Sequenzmuster in der

Abfolge von Figur und Grund, bezogen auf das Textthema, in der Themenhierarchie.

Eine Gestalt (Kap. 2) wird erkennbar vor einem Hintergrund, deshalb ist u.a. das Vergleichen eine wichtige Methode (Fix 1991), hier als „innertextueller Vergleich" (1991, 148ff.).

Im Vordergrund („Figur") stehen bevorzugte Wahrnehmungsinhalte, vgl. das „Foregrounding" der Prager Schule, das sich abhebt vom Erwartbaren, Unmarkierten, „Automatization". Dabei ist jedoch der „Grund" insofern Teil der Gestalt, als diese sich erst von diesem neutralen Hintergrund abhebt: Beide sind interdependent (Langhoff 1980); die unmarkierten oder wenig markierten Elemente gehören also mit zum Stil.

Figur und Grund können deshalb auch wechseln, es kommt zu Kippfiguren. Vgl. Kap. 5.9.4.1: ‚eine unerwartete Wendung machen'. So gab es im Frühjahr 1997 Plakat-Werbungen für die „Bildzeitung", die die bildzeitungstypische typografische Gestalt für eine derartige Kippfigur nutzten:

Im Straßenbild (vgl. Situationalität, Kap. 5.7.2) wurde die auf Bewegung beruhende gestufte Wahrnehmung genutzt, um vor dem vermeintlichen Grund zunächst die fettgedruckte Gestalt zu interpretieren, beim näheren Hinsehen wurde diese – uminterpretiert – in eine neue Gestalt integriert.

Auch die Apokoinu-Konstruktion, bei der ein Syntagma zu zwei verschiedenen Konstruktionen gehört (eine Form des VERDICHTENs), kann für eine Kippfigur genutzt werden. Eine Radiowerbung von 1997, die einen nackten Männerkörper mit einem Radio vor der ‚interessanten' Stelle zeigt:

(48) *Hören Sie –*
bei uns
gibt's nichts zu sehen

Hier wird mit der typografischen Gestaltung eine andere Segmentierung nahe gelegt als mit der grafischen, dem Gedankenstrich: Auf diese Weise werden zwei syntaktische Gestalten partiell übereinander geblendet. – Die Figur-Grund-Relation ist also nicht notwendig ein Entweder-Oder: Es gibt die „Möglichkeit der graduellen Abstufung", auch ein „Mehr-Oder-Weniger" und ein „Sowohl-Als-Auch" (Langhoff 1980, 20).

Die Muster ‚das Wichtigste zuerst' und ‚das Wichtigere mit dem größeren Sprachaufwand' sind in der ersten von zwei Werbeschlagzeilen gleichzeitig befolgt, als Hinweis auf die relevante „Figur"; der „Grund" folgt mit *Anstatt...*:

(49) *Es gibt jetzt ein Automobil, das in der Spitzenklasse neue Wege geht. Anstatt alten zu folgen.*
Audi-Werbung, Die Zeit, 3.5.1994, 15

Dabei wird der Text auch ‚nicht natürlich': Die Regel kurz-vor-lang ist nicht befolgt. Natürlichkeit ist einerseits Voraussetzung für Verständlichkeit; aber da gut verständliche Texte auch ein gewisses Maß an kognitiver Dissonanz enthalten sollen (Groeben 1982), damit wir uns damit auseinandersetzen müssen, sind gewisse Natürlichkeitskonflikte eine gute Voraussetzung für stilistisch ‚interessante' usw. Textgestaltung. Mit *neu* und *alt* wird zusätzlich KONTRASTIERT. Dasselbe Sequenzmuster zeigt der folgende Ausschnitt:

(50) *Bürger, die das Duale System und die gelbe Wert-Tonne nutzen, achten bewusster auf überflüssige Verpackungen als jene, die auf die Sammel-Gefäße des Dualen Systems verzichten.*
Werbung für „Der grüne Punkt", Die Zeit, 12.6.1992

Auch in dieser Werbung wird die „Figur" am Anfang mit mehr verbalem Aufwand realisiert (*Bürger, die... achten bewusster auf überflüssige Verpackungen*), der intendierte „Grund" ist auch daran zu erkennen, dass auf die Vergleichsgruppe mit einem Pronomen referiert wird, das im deiktischen System zum „Fernbereich" gehört: *jene, die* wird ‚in den Hintergrund geschoben'.

Die Figur-Grund-Sequenz ist eine Möglichkeit des KONTRASTIERENs; sie kann so genutzt werden. Auch die Sequenz Grund – Figur kann, muss aber nicht sich mit dem KONTRASTIEREN verbinden. – Das folgende Beispiel entstammt einer literarischen Rezension:

(51) *(...) Bleibt nur eins zu fragen. Wie ist ein Buch wie „Mitte" möglich? Wie kann es geschehen, dass ein Autor, der 1985 für sein Debüt „Die Bürgschaft" und nachfolgend für die Erzählungen „Die Nase" und „Schmutz" von vielen nicht dummen Leuten gelobt wurde, dass ein Autor, der jetzt in „Mitte" tatsächlich 88 Seiten lang literarischen Geschmack und wirkliche Ausdruckskraft beweist – in seiner eingefügten Übersetzung der empfindsam-kritischen „Reise durch mein Zimmer" von Xavier de Maistre aus dem Jahre 1794 – , wie ist es möglich, dass dieser Autor, wenn er heutzutage sich selbst etwas ausdenkt, einen solchen Bieder-, Stumpf- und Schwachsinn verzapft?*
Frankfurter Rundschau, 3.2.1995, 18

Erst werden die (bekannten) positiven Leistungen des Autors lang und breit herausgehoben, allerdings eingeleitet mit *Wie kann es geschehen*, und vor diesem „Grund" folgt mit *wie ist es möglich* die „Figur", stilistisch besonders durch die Dreierfigur und Klimax HERVORGEHOBEN. Der Kontrast von „Grund" und „Figur" wird durch drei rhetorische Fragen, die in der Formulierung variieren, etwas überspielt. In diesem und im folgenden Beispiel hat die Sequenz ,vom Positiven zum Negativen' wohl auch die Wirkung: ,Man wünschte sich das Positive, das Negative ist umso enttäuschender, umso schlimmer'. – Aus einem Beitrag des Literaturwissenschaftlers Gerhard Sauder „Die Goethe-Eiche. Weimar und Buchenwald" aus „magazin Forschung", Universität des Saarlandes 1/1994:

(52) „*Hier ist gut sein!*", *hatte einst Goethe ausgerufen, als er auf das Tal der Unstrut mit vielen Dörfern und kleinen Städten hinabblickte. Gern verweilte er an dieser Stelle „mit dem Rücken nach den Eichen zu, so dass wir während dem Frühstück die weite Aussicht über das halbe Thüringen vor Augen hatten". Eben dort, am Nordhang des Ettersberges, wurde rund hundert Jahre später das Konzentrationslager Buchenwald errichtet. Als dafür große Waldflächen gerodet wurden, blieb nur ein Baum, der unter Naturschutz stand, auf dem Gelände stehen: die sogenannte Goethe-Eiche (...)*

Als Natürlichkeitsparallele folgt die Darstellung der ,zeitlichen Reihenfolge' (Kap. 4.2.2.2a). – Die Sequenz Grund – Figur ist konstitutiv für Textmuster wie Dissertationen: Erst muss die Literaturlage dargestellt werden, dann darf das Eigene folgen. Figur und Grund können also lokal betrachtet werden, wie bei den Beispielen (47a/b) und (48), aber auch bezogen auf den ganzen Text oder eine Textpassage, wie die Beispiele (51) und (52) zeigen. Bei den Beispielen (49) bis (52) ist mithin „Figur" das thematisch als relevant Intendierte, „Grund" dasjenige, wovon es sich abhebt.

Die Reihenfolge ,vom Negativen zum Positiven' wird bei Möller (^{5}1986, 119ff.) bezogen auf Sätze als Einheiten und im Kapitel 18 „Vorausnahme des Negierten" beschrieben: Wir finden oft die Sequenz *nicht – sondern*, aber sie ist nur „die gebräuchlichste Erscheinungsweise" (^{5}1986, 120), andere Formen wie *neben* sind ebenfalls möglich (^{5}1986, 121) – was aber dann nicht mehr zu Möllers Überschrift passt. Möller (^{5}1986, 119) schreibt dazu: „Für den Empfänger schafft der Formulierende (sicher unbewusst) eine winzige Spannungssituation: Da das negierte Moment nichts Abwegiges und Undenkbares darstellt, blitzt im Empfänger die Erwartung auf: „wenn das nicht, was denn dann?"; und das Darauffolgende gewinnt durch den Kontrast Gewicht und Geltung." Hiermit wird die Wirkung der Sequenz Grund – Figur sehr gut beschrieben.

4.2.3 Kontrastieren, Gegensätze aufbauen

KONTRASTIEREN ist bereits in Lausbergs (^{10}1990) literarischer Rhetorik beschrieben. Michel (1988, 303) spricht in diesem Zusammenhang von „Entgegensetzen" von Sätzen als „stilistischer Operation" (302); Hoffmann (1987) nennt Entgegensetzen ein „Stilverfahren". Bei Blumenthal (1983) gehört das KONTRASTIEREN („Opposition") zu den prinzipiellen Möglichkeiten des „Benutzens" sprachlich vorgegebener Kontraste sowie des „Herstellens" von Kontrasten, die nicht bereits in der Sprache vorgegeben sind. Schittek (1991, 91ff.) stellt unter den „Bauformen" für Rätsel „zweigliedrige antithetische" fest, z.B. *Im Sommer ein Bettelmann, im Winter ein Herr* (Der Ofen). Auch Atkinson (1984) weist auf die Nützlichkeit von Kontrastierungen für politische Reden hin. Rothkegel (1993, 140ff.) beschreibt Beispiele für verschiedene Arten lokaler Themenbildung durch „Alterität". Reiners (1943 u.ö.) zeigt an literarischen Beispielen (688-693), dass die „Antithese" (und der Chiasmus 692f.) nicht nur eine Stilfigur zur stilistischen Verknüpfung von Propositionen ist, sondern auch das Aufbauprinzip von Absätzen und Texten sein kann: „Die Antithese verhilft dann zu einem festen Knochengerüst und zu einprägsamen Formulierungen (691), und er fügt hinzu (692): „Freilich pflegen solche Begriffspaare (wie naive und sentimentalische Dichtung, aus Reiners, B.S.) die Welt in einer Art Schwarzweißmalerei stark zu vereinfachen" (692).

Dies kann der Fall sein, je nach der Art des Konstrastierten, es muss aber nicht. Ein Beispiel für Schwarzweißmalerei aus der „Bildzeitung" (19.2.1994, 1) im Zusammenhang der Berichterstattung über die Winter-Olympiade 1994:

(53) *Warum kann eine böse Frau so schön tanzen?*
Unter dieser Überschrift vier Fotos mit der Bildunterschrift:
Alle schauen zu: Tonya Harding (23) beim Eislauftraining in Lillehammer. Die „Eishexe" tanzt wie ein Engel und spricht: „Gott hilf mir, ich will das Gold."

Der Text selbst mit den typographischen Hervorhebungen und vielen, hier nicht wiedergegebenen Absätzen:
*Wie eine Fee schwebt sie übers Eis. Rein und schön, göttlich vollendet. Kann in diesem Körper das Böse stecken? Oh ja. Die Amerikanerin **Tonya Harding** hat einen schrecklichen Beinamen: „**Die Eishexe**". Weil sie im Verdacht steht, am Attentat auf ihre Rivalin beteiligt zu sein. **Weil Freunde, Liebhaber und Ehemann soviel Böses enthüllen**. Ihren kalten Ehrgeiz, ihre gefühllose Sucht nach Männern. Einen zwang sie im Auto auf die Knie, um ihr einen Heiratsantrag zu machen. Dann sagte sie „nein". **Jetzt tanzt sie auf dem Olympia-Eis von Lillehammer**. Wir schauen zu, bewundern ihre Bewegungen. **Der Kopf sagt: Halt, das Böse kann doch nicht so schön tanzen**. Tanz ist doch Harmonie – und die ist schön. **Nein, der Tanz ist auch verrucht**. Salome tanzte verrucht und wunderbar, während ihre Gedanken voller Gift waren. Sie ertanzte sich, wie wir wissen, den Kopf von Johannes dem Täufer. **Ist das Schöne nur so schön, weil es auch verrucht ist?***

Zunächst werden die Frame-Elemente *böse Frau – Hexe*, hexenhafte Rede (*ich will das Gold*), *soviel Böses, kalter Ehrgeiz, gefühllose Sucht, das Böse* einerseits kontrastiert mit als ‚positiv' geltenden Frame-Elementen: *wie ein Engel, wie eine Fee, rein und schön, göttlich vollendet, Harmonie* und immer wieder *schön*. Die so anhand des Märchenwissens aufgebauten „herangetragenen" (Kap. 5.4.2.3) Frames verstärken die Kontrastierung, die schon in der Überschrift angelegt ist; eine weitere ‚Verstärkung' des Kontrasts erfolgt durch die Generalisierung *das Böse* vs. *Harmonie – und die ist schön*. KONTRASTIERT wird auch *kann (...) so schön tanzen* (Überschrift) mit *kann doch nicht so schön tanzen* im Text. Der aufgebaute Kontrast wird danach fallengelassen, er wird ‚vermittelt' über die Verwendung ebenfalls „herangetragenen" enzyklopädischen Ereignis-Wissens: *Nein, der Tanz ist* **auch** *verrucht. Salome tanzte verrucht* **und** *wunderbar...* Der Text entlässt uns am Ende mit einer rhetorischen Frage danach, ob generell die Kontrasteigenschaften zusammengehören. Dies zeigt besonders deutlich, dass hier das KONTRASTIEREN als ‚Masche' eingesetzt wurde; dasselbe gilt für das Muster „Sowohl-positiv-als-auch-negativ'. An inhaltlich Neuem bietet der Text lediglich die kurze Passage, in der es um *Böses enthüllen* geht, alles Übrige ist stilistische Aufarbeitung (vgl. zu diesem Beispiel auch DIALOGISIEREN, Kap. 4.2.4).

Die Werbeschlagzeile für ein Bekleidungs-Versandhaus *(...) schön durch Geiz* nutzt auch den Kontrast. Doch hier wirkt der Kontrast nur ‚auf den ersten Blick'; *Schönheit* und *Geiz* gehören konventionell zu verschiedenen Frames: Geiz ‚ist hässlich' und/oder ‚macht hässlich'. Auf den zweiten Blick ist *Geiz* in diesem ‚positiv wertenden' Handlungsmuster umzuinterpretieren in ‚sehr große Sparsamkeit', was einem Bedeutungselement von *Geiz* entspricht. Das KONTRASTIEREN ist hier beim ersten Lesen zugleich eine Befolgung des Musters ‚eine unerwartete Wendung machen' (Kap. 5.9.4.1). Das Bild der Werbung stellt zugleich eine gewisse Analogie zur Werbeschlagzeile dar: Die gezeigte Dame geizt nicht mit ihren Reizen, sondern mit deren Verhüllung. – Ein Beispiel, wo das KONTRASTIEREN nicht zu Schwarzweißmalerei führt:

(54a) „*Es gibt jetzt ein Automobil, das in der Spitzenklasse neue Wege geht. Anstatt alten zu folgen.*" Audi-Werbung in: Die Zeit, 3.5.1994, 15: Werbeschlagzeile auf der Vorderseite einer dreiseitigen Werbung

In diesem Fall wird zugleich (Gleichzeitighandlung) mit Hilfe der Antonyme *neu/alt* kontrastiert und ‚natürlichen' Textbildungsmustern gefolgt. Hierdurch sind die beiden Teile der Kontrastierung als ‚ungleichgewichtig' dargestellt; das ‚Wichtigere kommt zuerst' (Kap. 4.2.2.3b) und ist auch durch die Textmenge als ‚gewichtiger' dargestellt. Die eigentliche Werbung über zwei Seiten hinweg beginnt mit einer weiteren BEWERTENDEN Werbeschlagzeile und einer Art BEWERTENDEM Abstract in Fettdruck:

(54b) *Audi A8*
Der Quantensprung
Ganz selten in der Geschichte des Automobils verschob eines die Wertmaßstäbe so wie dieses.

Danach wird das KONTRASTIEREN wiederaufgenommen:

(54c) *Bisher musste man sich höchste Qualität schwer erkaufen. Spitzenklassekomfort und -sicherheit, so schien es, erforderte immer auch Spitzenklassegewicht, entsprechende Trägheit und Behäbigkeit. Was noch viel schwerer wiegt: Die Verbrauchs- und Emissionswerte stiegen mit der Übergewichtigkeit ebenso wie die kritische öffentliche Einschätzung. Der Audi A8 startet einen neuen Abschnitt in der Entwicklungsgeschichte des Automobils. Mit der revolutionären Aluminiumtechnologie Audi Space Frame ASF ist es beim A8 zum ersten Mal gelungen, eine sehr großzügig bemessene und äußerst komfortabel ausgestattete Luxuslimousine zu bauen, die nicht schwerer ist als ein Mittelklassewagen – mit entsprechend geringen Verbrauchs- und Emissionswerten (...)*

Zwischen die KONTRASTIERTEN Teile (die hier zugleich dem impliziten Vergleichen mit anderen Werbegegenständen dienen) ist eine Variation des BEWERTENDEN Lead-Teils geschoben: *Der Audi A8 startet einen neuen Abschnitt in der Entwicklungsgeschichte des Automobils.* Der erste Teil der Kontrastierung arbeitet mit bewertenden Ausdrücken und mit Doppeldeutigkeiten (*schwer erkaufen, Spitzenklassegewicht, Was noch viel schwerer wiegt, Übergewichtigkeit* und dem Zeugma bei *steigen*); die Doppeldeutigkeit drückt hier ein ‚Dilemma' aus. Danach kann im zweiten Teil der Kontrastierung eindeutig gewertet werden, wobei ein wichtiger Teilaspekt wörtlich kontrastiert wird: Über *Verbrauchs- und Emissionswerte* wird in Teil 1 der Kontrastierung gesagt, dass sie *steigen*, in Teil 2, dass sie *entsprechend gering* sind. Die Kontrastierung wird hier also jeweils durch andere Textteile unterbrochen, und sie wird durch die besondere stilistische Ausarbeitung in Teil 1 ‚interessant' gemacht. Der Stilwechsel zur ‚Eindeutigkeit' des BEWERTENs in Teil 2 unterstützt die Kontrastierung, ebenso die Ausdrücke *bisher* und *neu* und die Tempora (vorwiegend Präteritum in Teil 1 vs. Perfekt und Präsens in Teil 2), vgl. dazu das Muster ‚bisher-jetzt', Kap. 4.2.2.2a zur zeitlichen Abfolge, das hier abgewandelt ist: zugleich ‚auf das Wahrnehmungszentrum bezogen' (Kap. 4.2.2.1a).

Bei Erzählungen ist ein Erwartungsbruch in der erzählten Geschichte konstitutiv; er sorgt dafür, dass die Geschichte ‚erzählenswert' ist (Quasthoff 1980). Deshalb wird häufig bei Erzählungen der Unterschied zwischen der Darstellung der Anfangssituation (bzw. Darstellung der Erwartung durch

4.2 Generelle textstilistische Muster

einen Handlungsbeteiligten) und der nach dem Erwartungsbruch veränderten Situation KONTRASTIEREND herausgearbeitet (aus Sandig/Selting 1997, 150f., vereinfachte Schreibung, (.) für geringe Pause):

(55) Mia: *die: is: (.) toTAL SCHMUDdelig immer so RUMgelaufen*
[...]
DANN isse n halbes Jahr nach FRANKreich gegangen(.)
KAM
WIEder
TO:T
SCHICK [...]

Hier wird der semantische Kontrast auch durch die Gleichzeitigkeit sehr verschiedenartiger Mittel realisiert: mit den ‚intensivierten' Ausdrücken *total schmuddelig* vs. *totschick*, und dies wird unterstützt durch Veränderungen der Syntax von vollständigen Verbalsätzen zu Ellipsen, durch die Silbenbetonung (versal und versal-fett) und Silbenlängung (:) für die Anzeige des Höhepunkts der Erzählung und durch die veränderte rhythmische Strukturierung des Höhepunkts, die durch die Art der Zeilenschreibung angedeutet wird. Die jeweilige Vielfalt der unterschiedlichen Mittel führt zu deutlich verschiedenen Merkmalsbündeln, ganzheitlichen Gestalten, die hier einander entgegengesetzt sind. – Einen anderen Einsatz des KONTRASTIERENs zeigt das folgende Beispiel:

(56a) **Brille**
Zwei Bügel, ein Nasensteg, zwei Brillengläser und sechs Minischrauben: Noch nicht einmal acht Gramm wiegt die Kunststoff-Ausführung eines ebenso puristischen wie modischen Trendsetters für Brillenträger aus dem Hause Rodenstock. Trotz ungewöhnlicher Leichtigkeit ist dieses raffinierte, ästhetische Nichts vollkommen alltagstauglich.

Massiven Eindruck kann man hingegen mit einer der Architekturbrillen von Karl Lagerfeld machen: Dunkle UV-Schutzgläser werden wie Fenster von Rahmen aus grünem Marmor oder grauem Granit eingefasst. Die 2000 Sammlerstücke sind allerdings nur optisch schwergewichtig, denn das Material ist hochwertiger leichter Kunststoff. (...)
Saarbrücker Zeitung, 20.10.1993, 17, Beilage LebensArt

Hier wird im ersten Absatz die Sachverhaltsdarstellung so gestaltet, dass verschiedene Gegenstandseigenschaften als KONTRASTIEREND erscheinen: ***Trotz*** *ungewöhnlicher Leichtigkeit... vollkommen alltagstauglich*; die Intensivierungsausdrücke *ungewöhnlich* und *vollkommen* verstärken dabei den Kontrast. Dieselbe Verwendung des Musters KONTRASTIEREN zeigt der folgende Absatz: *aus grünem Marmor oder grauem Granit (...)* ***allerdings*** *nur optisch* ***schwer****gewichtig (...)* ***leichter*** *Kunststoff*.

In anderer Funktion wird KONTRASTIEREN im selben Text eingesetzt: Die Aufgabe, mehrere verschiedenartige Gegenstände nacheinander im Text zu beschreiben, wird so gelöst, dass die zweite Gegenstandsdarstellung in Kontrast gesetzt wird zur ersten: *dieses raffinierte ästhetische Nichts (...) Massiven Eindruck kann man hingegen (...)*; die Wortstellung am Beginn des zweiten Absatzes unterstützt den mit *hingegen* auch lexikalisch ausgedrückten Kontrast. D.h. hier dient der Kontrast der thematischen Verknüpfung.

Auch das Muster These-Antithese-Synthese lebt in seinen beiden ersten Teilen vom Kontrast. Hier verschränken sich also die Muster KONTRASTIEREN und Dreierstruktur (s. Kap. 4.2.1.3). – Der Text „Brille" wird in einem dritten Absatz weitergeführt mit

(56b) *Wer sich ein edles Schmuckstück auf die Nase setzen will, kann es mit den gold- oder platinveredelten Gestellen von Cartier tun. (...)*

Hier wird ein Kontrast aufgebaut zwischen dem Ausdruck für den Referenzakt (*edles Schmuckstück*) und dem für den Prädikationsakt (*sich auf die Nase setzen*); die Art der Wortfolge ‚wertvoll in Ausdrucksweise und Bedeutung' und ‚trivial/alltäglich in Ausdrucksweise und Bedeutung' sorgt dafür, dass dies als ‚kontrastierend' wahrgenommen wird; dadurch wird bei der Darstellung für eine gewisse Distanz, Ironie gesorgt. Ähnlich ist der Kontrast bei einem Werbeslogan durch die Wortfolge hergestellt:

(57) *Aus Deutschlands feinem Saftladen* (Merziger Säfte, 90erJahre)

Das Lexem *Saftladen* ist negativ bewertend und umgangssprachlich; im Kontext des positiv BEWERTENDEN *fein* und von *Saft* wird es dann reinterpretiert als ‚Laden für Säfte'. – Bei

(58) *Pechstein im Glück*
(Trierischer Volksfreund, 26.2.1994)

schließlich ist das KONTRASTIEREN völlig unabhängig vom dargestellten Sachverhalt eingesetzt; die Schlagzeile nutzt einen auch appellativen Anteil des Eigennamens, um aufmerksam zu machen. Ähnlich heißt es über eine Sportlerin in der Schlagzeile:

(59) *Julia mag Süßes, gibt Gegnern Saures*
(Saarbrücker Zeitung, 15.12.1994, 10)

Der Phraseologismus erlaubt in seiner wörtlichen, remotivierten Bedeutung die stilistisch wirksame Kontrastierung.

Reiners (1943 u.ö., 689) generalisiert zu stark, wenn er schreibt: „Erst der Kontrast lässt die Eigenart einer Sache scharf hervortreten". Die Funktionen

4.2 Generelle textstilistische Muster

des KONTRASTIERENs sind verschieden: Pointieren bei den Gegenstandsdarstellungen im Text (56a) *Brille* und bei der Ereignisdarstellung in der Erzählung; reihendes Aufzählen (56a), pointierendes Vergleichen zum Zweck des BEWERTENs: *Audi* (54), Ironisieren (56b), Herausarbeiten des Erzählhöhepunkts, EMOTIONALISIEREN durch das Aktivieren von Frames, die Aufmerksamkeit wecken durch das Interessantmachen der Darstellung (die Schlagzeilenbeispiele und die Werbeschlagzeile *schön durch Geiz*). Allein diese Beispiele deuten die Vielfalt des Funktionspotenzials von KONTRASTIEREN an.

Die sprachlichen Mittel und Handlungsmöglichkeiten des KONTRASTIERENs sind vielfältig: Präpositionen (*trotz*), Adverbien (*hingegen, jedoch, allerdings*), Antonyme (*schön/böse* von Personen gesagt, *schwergewichtig* vs. *leicht*); Elemente einander ausschließender Frames (*Hexe* vs. *Engel* oder *(gute) Fee*), Wortstellung im Satz, Stilebene des Ausdrucks (*edles Schmuckstück* ‚hochsprachlich' vs. *sich auf die Nase setzen* ‚umgangssprachlich'), Herstellen von Doppeldeutigkeiten (Audi-Reklame), beim Eigennamen (*Pechstein*), bei Phraseologismen (*gibt Saures*); KONTRASTIEREN von Referenz- und Prädikationsausdruck (*eine böse Frau so schön tanzen, Pechstein im Glück*). Schließlich werden Stilwechsel (Audi-Reklame) genutzt und Wechsel von Intonation, Rhythmus und Syntax (mündliche Erzählung). D.h. es können verschiedene stilistische Teilgestalten kontrastierend aufeinander folgen.

Selbst die Typografie kann zum KONTRASTIEREN verwendet werden, z.B. Eugen Gomringers Stück Konkrete Poesie (aus: eugen gomringer: worte sind schatten. die konstellationen 1951-1968. Reinbek: Rowohlt 1969, 29). Von der üblichen Regelmäßigkeit der Wortzwischenräume ist hier abgewichen:

(60) das schwarze geheimnis
    ist   hier
    hier   ist
    das schwarze geheimnis

Deiktischer Ausdruck, Wortsemantik und Wortarrangement auf der Fläche bilden hier einen Kontrast, oder der Schrifttyp und die Strichstärke können mit der Wortsemantik KONTRASTIEREN wie bei Gerhard Rühm (aus: Vollert 1999, 105):

(61) **zart**
zart
zart
zart
zart
zart
zart
zart
zart
zart *hart*
zart
zart
zart
zart
zart
zart
zart
zart
zart
zart

Auf diese Weise wird jeweils die Materialität der Sprache und das Sprachmaterial zum Thema gemacht. Vgl. auch Kap. 5.9.

4.2.4 Dialogisieren

Ein Muster, das genutzt werden kann, um monologische komplexe Handlungen ‚lebendig‘, ‚interessant‘, evtl. auch ‚emotional‘ oder ‚leicht lesbar‘ zu machen, ist das DIALOGISIEREN. Je nach dem Textmuster, das realisiert ist, sind die Wirkungen verschieden. Den Hintergrund dieses Musters bildet die Beobachtung von Koch/Oesterreicher (1985), dass Mündlichkeit und Schriftlichkeit nur die extremen Pole eines Kontinuums darstellen. Das DIALOGISIEREN innerhalb monologischer Texte ist auf diesem Kontinuum unterschiedlich anzusiedeln. Pirazzini (2002) weist auf das DIALOGISIEREN beim Argumentieren seit der Antike hin, vgl. auch Lausberg (^{10}1990, § 432).

4.2 Generelle textstilistische Muster

DIALOGISIEREN mit „Stimmenimitation" wird im mündlichen Erzählen wichtig für die „Vergegenwärtigung" der erzählten Ereignisse oder Handlungen vor und während des Erzählhöhepunkts (Kotthoff 1997); es wird aber auch umfangreicher eingesetzt, um zu ‚dramatisieren', ‚interessant zu erzählen' usw. In diesem Falle ist das DIALOGISIEREN funktional, insofern es den Adressaten erlaubt, sich in die erzählte Situation auch perspektivisch (Quasthoff 1987), aus der Perspektive erzählter Personen und der erzählten Zeit, hineinzuversetzen. Günthner (1997) weist auf die „Überlagerung von Stimmen" im mündlichen Erzählen hin, wobei zugleich die imitierte fremde Stimme und die eigene des Erzählers ausgedrückt wird.

Davon zu unterscheiden sind andere Fälle: Eine Autowerbung (Zeitmagazin 21.5.1993) ‚überfällt' den Leser mit der Frage

(62) *Was spricht für einen Mazda?*
    (Abbildung des Werbegegenstands)
    Alle Mazdafahrer.
    Fragen Sie einen!

Dieser Dialog dient als (erweiterte) Werbeschlagzeile. Ein anderes Beispiel, zugleich stellvertretend für eine Tendenz zum DIALOGISIEREN und zur Verwendung spontan gesprochener Sprache in der „Bildzeitung" (vgl. Sandig 1972) ist der Text (53) *Warum kann eine böse Frau...* in Kap. 4.2.3. An Anfang und Ende stehen rhetorische Fragen, die einen Rahmen bilden (Kap. 4.2.1.1), die aber über ihren propositionalen Anteil auch das Thema vorantreiben. Es wird mit direkter Rede gearbeitet, die der Person ‚in den Mund gelegt' wird: *... und spricht: „Gott hilf mir, ich will das Gold."; Dann sagte sie „nein"*; es wird ‚zitiert', wie andere sie nennen: *„die Eishexe"*. Die Rhetorik (Lausberg [10]1990, § 432) nannte das Muster Sermocinatio, es besteht in der Konstruktion der Rede wirklicher Personen als direkte Rede, einschließlich der charakteristischen Redeweisen dieser Personen. Dabei wirkt die Rede auf jeden Fall als ‚wahrscheinlich'; der Charakter der Person(en) wird dadurch verdeutlicht und ebenso der Affekt, der ausgelöst werden soll. Schließlich wird auch in der übrigen Darstellung ‚dialogisch' vorgegangen: *Kann in diesem Körper das Böse stecken? – Oh ja.; Der Kopf sagt: Halt, das Böse kann doch nicht so schön tanzen. Tanz ist doch Harmonie – und die ist schön. – Nein, (...).* Mit Interjektionen (*oh, halt*), Antwortpartikeln (*ja* auf die rhetorische Frage, *nein*), mit der mehrfachen Verwendung der ‚Gegensatz anzeigenden' Abtönungspartikel *doch* und der im Umgangsstandard typischen Sequenz *kann doch nicht (so)* wird hier die Handlung in weit stärkerem Maße dialogisch angereichert als nur durch direkte Rede und Zitate.

Einen anderen Einsatz zeigt das DIALOGISIEREN in folgender Glosse (Die Zeit, 28.10.1994, 1):

(63) **Superunwort**
*Das Unwort des Jahres? Ach liebe Gesellschaft für deutsche Sprache, Unworte fallen einem viele ein: Kerneuropa, Krisenreaktionskräfte, Rotlackiertefaschisten. Alles zum Schütteln. Aber **das** Unwort des Jahres? Das Unwort des Wahljahres? Des Superwahljahres? Des Superwahljahres! Moment mal, das Superwahljahr.*

Wie oft, wie superoft, mussten wir dieses Wort hören, und wie superwenig hat es eingelöst. Neunzehn Wahlen, das ist viel, zugegeben, vielleicht sogar superviel. Aber Superwahlen? Dazu gehören super Themen, super Niveau, super Alternativen, möglicherweise sogar super Ergebnisse. Und was ist? Kohl ist Kanzler, Kinkel Außenminister, Waigel Finanzminister. Man könnte auch sagen: Das Superwahljahr geht, die Krisenreaktionskräfte bleiben.

Nein, super (lat. oben, darüber) war dieses Wahljahr mitnichten. Eher schon sub (lat. unter, darunter). Das Superwahljahr war genaugenommen ein Subwahljahr, ein Supersubwahljahr.

Super ist allerdings, dass es nun vorbei ist. Und dass wir es schnell wieder vergessen werden. In Erinnerung bleiben wird nur das Wort, das wir hiermit zum Unwort des Jahres vorschlagen wollen, zum Superunwort. job

Hier wird mit elliptischen Sätzen wie in einem Gespräch (rhetorisch) gefragt und damit das Thema ‚dynamisierend' vorangetrieben. Auch hier sind Interjektion (*Ach*) und Antwortpartikel (*nein*) verwendet, auch eine Gesprächsformel (*Moment mal*) und Imitieren von Betonung mit Typografie (*das Unwort des Jahres*). Dazu wird hier das ‚Weiterdenken' wie im natürlichen Dialog simuliert, mit Antwortgeben, Infragestellen (*Aber **das** Unwort des Jahres?*); ein Propositionsausdruck (*des Wahljahres? Des Superwahljahres?*) wird schrittweise verändert, ebenso eine Illokution (*des Superwahljahres? Des Superwahljahres!*); mit *Moment mal* wird ‚innegehalten'. Es geht weiter mit der Verwendung von Exklamativsätzen, wobei im Folgenden eine Fülle scheinbarer ‚Selbstkorrekturen' produziert wird, um eine ‚Steigerung' auszudrücken (mit Mitteln der ‚Natürlichkeit', s. Kap. 4.2.2). Außerdem gibt es Linksversetzung: *Neunzehn Wahlen, das ist viel*, ‚Selbstkorrektur' (*das ist viel, zugegeben, vielleicht sogar superviel*) und ‚Umdenken': *Aber Superwahlen?* und die Antwort dazu. Auf die Frage *Und was ist?* wird eine weitere Antwort gegeben und ein Formulierungsvorschlag (*Man könnte auch sagen*), wobei ein schon thematisiertes Unwort wiederaufgenommen wird. Es folgt ein Resümieren (*Nein*) und schrittweises Präzisieren (*Eher schon*) mit erneuter verdoppelter Selbstkorrektur (*genaugenommen ein Subwahljahr, ein Supersubwahljahr*). Auch die Verwendung von *super* (‚sehr positiv') gehört in den mündlichen Umgangsstandard. Sonst ist allerdings im letzten Absatz das DIALOGISIEREN eingestellt bis auf die ‚Selbstkorrektur' auf die Pointe hin: *zum Unwort des Jahres vorschlagen... zum Superunwort*. Der Schrei-

4.2 Generelle textstilistische Muster

ber gibt sich hier die Pose des Nachdenkens, des Um- und Neuformulierens und arbeitet so schrittweise das Thema aus (Lausberg [10]1990, § 432, 3: „als Selbstgespräch (Monolog) oder gedankliche Reflexion").

Das folgende Beispiel zeigt noch einmal eine ganz andere Nutzung des Musters DIALOGISIEREN (Saarbrücker Zeitung, 26.1.1995, 1), vgl. Abb. 4.1–4:

(64) *Ab 30.1.*
WinterSofaschlußVerkauf!
Jetzt fragen Sie sich vermutlich: Was ist denn ein Wintersofa? Und was unterscheidet es von einem Frühjahrs-, Sommer- oder gar Herbstsofa? Um ehrlich zu sein: gar nichts. Unseren ersten Winterschlußverkauf machen wir nämlich nur, um Ihnen mit dem einen oder anderen Schnäppchen eine Freude zu bereiten. Ja, so sind wir zu Ihnen!

Den Lesern werden Fragen in den Mund gelegt, sie werden beantwortet mit einem gesprochen-sprachlichen Phraseologismus (*Um ehrlich zu sein*) und einer Ellipse als Antwort wie im spontanen Sprechen (*gar nichts*), mit dem spontan-sprachlichen *Ja, so sind wir zu Ihnen!* wird der Text abschließend mit einer subsidiären Handlung gerahmt (s. Kap. 4.2.1.1a). Auf diese Weise wird hier das Thema in ‚unernster' Interaktionsmodalität entfaltet.

Das DIALOGISIEREN nutzt in den verschiedenen Handlungsdurchführungen je verschiedene Ausschnitte aus dem Gesamt der Möglichkeiten spontanen Interagierens, wie auch Betten (z.B. 1983) anhand von verschiedenen modernen Dramentexten immer wieder festgestellt hat. So entstehen jeweils verschiedene stilistische Gesamtgestalten, auch durch zusätzliche Mischung mit anderen Mustern. Auch hier ist ein Funktionspotenzial zu verzeichnen: authentisch MACHEN, EMOTIONALISIEREN, Reflexion ANZEIGEN, lebendig MACHEN, GESTALTEN einer Nähebeziehung (Pirazzini 2002, Kap. 2.4.2) usw.

DIALOGISIEREN kann man mit dem Leser wie am Beginn des Textes *Superunwort* oder bei *WinterSofaschlußVerkauf*, wo die Leser direkt angesprochen werden; man kann mit sich selbst als Schreiber DIALOGISIEREN, was dann eine Pose der Nachdenklichkeit, der geistigen Beweglichkeit o.Ä. darstellt (vgl. *Superunwort*); man kann jemand Dritten ansprechen (*Ach liebe Gesellschaft für deutsche Sprache* in Text *Superwort*); man kann weiter einen fiktiven Gesprächspartner einführen, mit dem man einen Dialog simuliert, und man kann dann schließlich Dialogisches mehr oder weniger zitieren bzw. anderen in den Mund legen bis hin zu erlebter Rede.

4.2.5 Referieren (und Prädizieren)

Stilistisch relevant ist es, wie auf einen Text- bzw. Gesprächs-Gegenstand referiert wird und wie bzw. wie oft auch was über ihn prädiziert wird. Arten des Referierens werden in Zifonun/Hoffmann/Strecker (1997) auch *Prozeduren* genannt. Hier geht es vorwiegend um stilistisch markierte Möglichkeiten.

Referenzträger werden üblicherweise zunächst eingeführt, ‚bekannt gemacht': *Es war einmal **ein König**. Der hatte **eine Tochter**.* Danach können die Referenten der Bezugsausdrücke als bekannt vorausgesetzt werden: hier *Der*. Bei modernen Erzählungen, aber auch im Feuilleton von Zeitung, Rundfunk und Fernsehen werden die Rezipienten oft ‚in den Text hineingezogen', indem mit der oder den ersten Äußerung(en) pronominal wie auf jemand Bekannten referiert wird, die Referenz auf den gemeinten Gegenstand wird jedoch erst danach geklärt. Diese stilistisch markierte Form der kataphorischen Wiederaufnahme (Brinker ⁵2001) erzeugt Spannung (vgl. Zifonun/Hoffmann/Strecker 1997, 547): „Die Aufmerksamkeit des Adressaten wird in besonderer Weise auf den thematisierten Ausdruck (als Referenzausdruck, B.S.) gelenkt" (1997, 548), vgl. den Beginn von *Hoffmanns Erzählung* Folge 4: „Kiefer statt Mahagoni" (Die Zeit, 9.11.2000, Beilage Leben, 6):

(65a) *Er feilte und hobelte akribisch jedes Holzstück.* ***Der Tischler****, der den Heizkörper im Flur des Pfarrhauses verkleiden sollte, ließ sich alle Zeit der Welt.*

Durch den bestimmten Artikel bei *der Tischler* wird angezeigt, dass zwischen *er* und diesem Referenzausdruck Referenzidentität bestehen soll. Die Prädikationen *feilte, schliff und hobelte akribisch jedes Holzstück* eröffnen gemeinsam den Frame der Holzverarbeitung, weil derartige Verben dessen Elemente sind. Mit der impliziten Prädikation, die *Der Tischler* außerdem enthält, wird das eigentlich Frame-Relevante erst in der zweiten Äußerung prädiziert. Zifonun/Hoffmann/Strecker (1997) nennen eine derartige Wiederaufnahmeform „markiert" und sprechen von einem „impliziten Rhema" (1997, 540) bzw. von einer „komprimierten Thema-Rhema-Einheit" (1997, 589). Vgl. dazu auch Brinker (⁵2001, Kap. 3.3). – Dieses Referenz-Verfahren wird im folgenden Absatz der Erzählung wiederholt:

(65b) *Pünktlich um sieben Uhr morgens kam er zu seiner Arbeitsstelle und leistete **uns** zunächst Gesellschaft beim Frühstück. Auch Mittags* (sic) *saß er am Küchentisch und ließ sich von **fünf Kindern** die Schulerlebnisse berichten.*

Durch dieses Verfahren wird jeweils zunächst eine Nahperspektive eingenommen, danach gibt der Autor mit einem Blick ‚von außen' einen größeren Horizont. Auch beim Prädizieren verwendet er dieses Verfahren von ‚Nah-

4.2 Generelle textstilistische Muster

einstellung' und darauf folgendem ‚Weitwinkel'-Verfahren; es folgen diese Äußerungen:

(65c) *Seine Kommentare waren „bescheiden". Mit diesem Wort umschrieb mein Vater doofe Sprüche. „Lernste nix, wirste nix" oder „Der liebe Gott belohnt die Fleißigen".*

Üblicherweise wird zuerst referiert und dann darüber prädiziert, damit die Rezipierenden wissen, worum es sich handelt, einen Bezugspunkt, eine Orientierung haben. Im folgenden Beispiel ist die Sequenz systematisch umgedreht (aus einer Musikkritik: *Joe Jackson, Night And Day II*, in der Zeitschrift „Rolling Stone" 12, 2000). Der Einstieg in den Text lautet:

(66a) *In einer besseren Zeit, manche nennen sie die 80er Jahre, bestaunten wir in einer Sendung, die man „Rockpalast" nannte, eine merkwürdige Gestalt: einen blassen Säugling mit langen Gliedmaßen. Der Säugling spielte Klavier und sang dazu, er beherrschte Salsa, Balladen und komische Mischformen, er begeisterte das Publikum, und nach dem Konzert kauften alle die Platte des Säuglings, sie hieß „Night and Day". Ein Star war geboren. Aber ach, die nächste Platte, „Body and Soul", war so verkünstelt, dass der seltsame Schlaks wieder vergessen wurde.*

Hier wird die Referenz auf *die 80er Jahre*, *„Rockpalast"* und *einen blassen Säugling* jeweils erst gegeben, nachdem etwas darüber prädiziert wurde: *in einer besseren Zeit, in einer Sendung, eine merkwürdige Gestalt*, dasselbe bei *die Platte des Säuglings, sie hieß „Night and Day"*. In diesem ganzen ersten Absatz der Musikkritik wird der Name des Musikers nicht erwähnt – was möglich ist, weil er im Titel der Kritik bereits genannt wurde. So können die Lesenden die Art des Referierens genießen: Auf Joe Jackson wird im Text immer wieder mit dem Ausdruck *Säugling* referiert:

(66b) *Mittlerweile ist der Säugling ein junger Greis (...). Im fünften Song ertönt die Kadenz von „Steppin Out", das der Säugling damals im „Rockpalast" spielte, (...).*

Nachdem der volle Name erwähnt wurde, heißt es innerhalb desselben Absatzes: *(...) wer wird Joe kriegen?* Hier zeigt sich die Nutzung des Vornamens *Joe*, wodurch die Distanz verringert wird und damit der ‚Respekt', und so endet die negative Gesamt-Bewertung der Musikkritik auch mit *Armer alter Joe*. Man könnte von daher annehmen, dass auch der Ausdruck *Säugling* diesem Ziel diente, zumal hierdurch eine starke ‚Diskrepanz' zwischen dem Referenzausdruck und dem Referenzgegenstand ‚erwachsene Person' ausgedrückt wird. Im Kontext der Klimax *er spielte Klavier (...), er beherrschte (...), er begeisterte (...), ein Star* wird damit jedoch nur etwas über die *merkwürdige Gestalt* nebenher mitprädiziert, also über ihr Äußeres. Die semantischen Diskrepanzen machen den Text jedoch interessant; dasselbe gilt auch für das KONTRASTIERENDE *ist der* **Säugling** *ein junger* **Greis,** wobei mit *junger Greis* noch ein Oxymoron zum Prädizieren verwendet wird. – Das folgende Beispiel von Schädlich (Versuchte Nähe, 73) stammt aus Zifonun/ Hoffmann/Strecker (1997, 539):

(67) **Himly & Himly**

Herr Himly lässt sich von der Erwägung leiten, dass bei der Partnerwahl nicht nur das Gefühl, sondern auch der Verstand zu Rate gezogen werden soll. **Herr Himly** *besitzt ein Haus mit schönem Garten. Zwei Krückstöcke bewegen* **Herrn Himly** *leidlich fort.*

Herr Himly *ist siebzig.*

Frau Himly *soll nicht älter als fünfzig sein. Sie muss Interesse für Haus und Garten hegen.*

Herr Himly *hat einen erstaunlichen Appetit. Auch trinkt* **er** *gerne Rotwein, in kleinen Schlucken.*

Der Referenzausdruck der Überschrift legt zunächst nahe, dass es sich um eine Firma handelt. Bei der Art der „Themafortführung", die durch „Rekurrenz" immer desselben thematisierenden Ausdrucks erreicht wird, ist festzustellen (ebda.), „dass die Rhemata miteinander wenig zu tun haben, anders als in den Absätzen, wo wir anaphorische Fortführungen finden. Es handelt sich also um einen Kunstgriff des Autors, um stilistisch einen bestimmten Effekt (Separation von Sachverhalten) zu erzeugen" (ebda.). M.E. kommt hinzu, dass hier das Thema entfaltet wird, indem unerwartete Kontraste direkt aneinander gereiht werden: *bei der Partnerwahl nicht nur das Gefühl, sondern auch der Verstand* oder: *ein Haus mit schönem Garten. Zwei Krückstöcke...* oder: *Herr Himly ist siebzig. Frau Himly soll nicht älter als fünfzig sein.* Die Gleichartigkeit der Referenzausdrücke täuscht so über die jeweils unvorhersehbare zweite Prädikation hinweg.

Die Sequenz von Prädikation und Referenz wird gern in Zeitschriften- und Zeitungs-Überschriften genutzt. Abb. 4.2–1 aus dem „Stern", 11, 2000, 25, Rubrik „Leute":

Der Nominalstil der Überschrift *Anschiss für Maggie* eignet sich gut für die Sequenzierung von Prädikations- und Referenzausdruck, dabei präsupponiert die Form zusätzlich, dass jemand einen *Anschiss* gegeben hat. Hier wird mit *Maggie* für das Referieren auf die ehemalige englische Regierungschefin zusätzlich ein ‚Nähe'-Name benutzt; in *die Eiserne Lady* wird mit einem anderen inoffiziellen Namen (Kany 1992) die Referenz wieder aufgenommen. Mit *Britannien* wird ein ‚altmodisch' wirkender Ausdruck gewählt statt *England* oder *Groß-Britannien*. Auch *ihr Gatte* klingt ‚konservativ', ebenso wie *der Herr Gemahl* am Ende. Auf Margret Thatcher wird auch

4.2 Generelle textstilistische Muster

SZENEN EINER EHE
Anschiss für Maggie

Während die Eiserne Lady Britannien regierte, hielt sich ihr Gatte **Sir Dennis Thatcher** immer schön dezent im Hintergrund. Er spielte ausgiebig Golf und trank sich das Leben als „First Husband" hübsch. Doch im Ehealltag gab der millionenschwere Geschäftsmann den Ton an – und das ist bis heute auch so geblieben. Jüngstes Beispiel: Nach einer Party zu Ehren des von den Thatchers wenig geschätzten früheren Premiers Sir Edward Heath bat vergangene Woche ein Maggie Fan um ein Autogramm in die Memoiren von Mrs. Thatcher. Die Lady aber war übellaunig und hatte keine Lust. Da sprach der Gatte ein Machtwort: „Signier jetzt das Scheißbuch, damit wir hier endlich rauskommen, meine Liebe." Maggie kuschte und tat brav, was der Herr Gemahl befahl.

ABGEWATSCHT *Im Privatleben der Thatchers hat Gatte Dennis das Sagen*

Abb. 4.2–1 „Stern": Szenen einer Ehe

noch mit *Mrs. Thatcher* (Rolle der Ehefrau betont) und *die Lady* referiert: Mit *die Lady* wird eine Prädikation verbunden, die man dabei gerade nicht erwartet: *war übellaunig*. Auf die Memoiren der Lady wird schließlich – dem *Gatten* in den Mund gelegt – mit *das Scheißbuch* referiert, womit implizit auch darüber prädiziert wird: ein Kontrast, der bei Lesern dieses Artikels aus der Klatschsparte sicher Vergnügen bewirkt. Zum Schluss wird noch einmal mit *Maggie* referiert; hier im Kontext von *kuschte und tat brav, was ... befahl* mit Konnotationen wie ‚Klein-Maggie' versehen: Durch die Arten des Referierens wird hier die ‚distanzierende' Ironie mitgestaltet.

Die Bildunterschrift *Abgewatscht* zeigt eine Form des Prädizierens mit nur einem nicht finiten Prädikationsausdruck, die auch häufig für Überschriften von Glossen oder Kommentaren gewählt wird (vgl. *Gefehlt*, Beisp. (26) Kap. 5.4.2.4). Die Valenzstellen bleiben implizit erhalten und die Lesenden werden auf den weiteren Kontext verwiesen, um sie selbst interpretierend zu füllen. Das Bild wird zuerst betrachtet, vgl. Stegu (2000, 314): „Experimente haben gezeigt, dass in Bild-Text-Verbindungen Fotos immer zuerst angesehen werden; die Hauptaufmerksamkeit geht dann von den Fotos zu den Unterschriften bzw. zu anderen sprachlichen Textteilen und oft wieder zu den Fotos zurück." Wer also das Ehepaar Thatcher oder zumindest Margret Thatcher bereits auf dem Bild erkennt, fragt sich, was die Prädikation *Abgewatscht* mit den Referenten des Bildes zu tun hat. Wer die Person(en) nicht erkennt, erkennt zumindest ein gepflegtes älteres Paar, mit dem sich die Prädikation *abgewatscht* üblicherweise nicht verträgt. In beiden Fällen wird also Neugier auf den eigentlichen Text möglich gemacht.

Referieren kann man auch mit Anspielungen, die die Mitglieder einer Gemeinschaft auflösen können, wobei sich allerdings für diejenigen, die nicht zu dieser Gemeinschaft gehören oder gehörten, eine andere Interpretation ergibt. Die Beispiele stammen aus: Dietrich Harth: Der Gang in den Keller oder Fünfundzwanzig Jahre Germanistik in Heidelberg. Ein Capriccio (in: ZENO 22/2000, 78-94). Eine nichtdefinite Kennzeichnung verbirgt für Außenstehende die Anspielung, für Insider wird aus der Art der Prädikation deutlich, wer gemeint ist:

> (68a) (...) *links zur Hauptstraße hin ein staubig-blatternarbiges Kellergemach, in dem ein seit langem emeritierter Gelehrter des Hauses bis vor kurzem eine Wagenladung privater Lesestoffe eingelagert hatte* (...) *(S. 78)*

Natürlich sind auch definite Kennzeichnungen ein Mittel der eindeutigen Referenzherstellung (Harth 2000, 92): Sie dienen dann als Periphrase (vgl. Katajewa 1996, 179ff.):

> (68b) (...) *es geht um das, was der einzige, im GS* (Germanistischen Seminar, B.S.) *vorhandene, vollwertige weibliche Professor, was bekanntlich ein Oxymoron ist, als die längst fällige Instituts-Sanierung im Auge hat* (...)

Mit *was bekanntlich ein Oxymoron ist* wird unerwartet eine metasprachliche Prädikation eingeschoben. Das Beispiel zeigt auch die Verwendung eines Abkürzungswortes, das im Kontext des Aufsatztitels leicht aufgelöst werden kann. – Ironie und Sarkasmus schließlich können mit der Art des Referierens mit ausgedrückt werden; hier wird dann zugleich referiert und prädiziert (vgl. auch Kap. 5.5.3.3: „Nebenbeiprädikation"), wie dies häufiger der Fall ist (vgl. Zifonun/Hoffmann/Strecker 1997, 589). Der vorherige Textausschnitt wird ebda. fortgesetzt mit:

> (68c) *Ja, im Auge, denn es sind monatelang die spitzen Blicke des Oxymorons, die* (...) *von morgens bis abends die Palaisflure nach Rädelsführern der roten Horden* (...) *durchforsten* (...)

Hier ist nun der metasprachlich kommentierende Ausdruck *Oxymoron* zum Ausdruck der Referenz auf die Person verschoben (vgl. von Polenz 1980, 148f.). Die ins Groteske gewendete übertreibende Prädikation und die Art der verfremdenden Referenz ‚passen' hier zueinander. Später (S. 93) heißt es dann in Fortsetzung dieser Steigerung ins Groteske mit einer andersartigen Periphrase:

4.2 Generelle textstilistische Muster

(68d) *Ist die Schwarze Köchin da? Jajaja! singt sie da und schwingt den großen Kochknüppel, der durch die Luft saust bis es ganz erbärmlich nach Schweißfuß und krankem Darm riecht. (...)*

Im Kontext des Bisherigen ist die definite Kennzeichnung *die Schwarze Köchin* als Referenzausdruck nur interpretierbar als ‚identisch mit der bisherigen Referenzträgerin'. Der Ton dieser Passage weist Märchenzüge auf und mit der gewählten definiten Kennzeichnung erhält der prädizierende Anteil des Referenzausdrucks eine zusätzliche, kontextgebundene Konnotation ‚Hexe', ‚Teufelin'. *Schwarz* ist sicher außerdem eine Anspielung auf die politische Orientierung der gemeinten Person, die sie selbst immer wieder relevant machte. – Schließlich reicht es vollkommen aus, auf einen Referenten anzuspielen, indem man auf einen Gegenstand oder Sachverhalt referiert, der so charakteristisch ist, dass Insider ihn in einem gegebenen Kontext dem verschwiegenen Referenten zuordnen (S. 82):

(68e) *(...) jenes, einem jeden O durchaus zustehende Privileg einer Liegecouch (...).*

Hier zeigt sich außerdem die Möglichkeit der anonymisierenden oder – je nach Kontext – auch anspielenden Wort- oder Namenabkürzung. So heißt es auf derselben Seite, vor dieser Passage:

(68f) *(...) Gruppenbezeichnungen hie die* Professoren *– da gewöhnliche Menschen, oder eine so rätselhafte Abkürzung (...) wie einerseits* O *und andererseits* NO.

Das mit einer Abkürzung Gemeinte kann dann auch spielerisch offen gelassen werden (S. 81):

(68g) *Auf dem taufrischen Ordner standen nur die Buchstaben* D.u.W., *und obwohl ich den Inhalt nun kenne, weiß ich doch immer noch nicht, was das bedeuten soll. Heißt es* Dauer und Wechsel *oder* Dichtung und Wahrheit, *oder* Deutschtum und Wahnsinn, Dummheit und Weisheit? *Oder verbergen sich hinter der Abkürzung vielleicht die Namen der im Innern des Aktenordners umgenannten Schreiber, Buchhalter, Autoren oder wessen auch immer?*

Eine ausdrucksseitige Variatio erfährt diese Abkürzung dann noch einmal in der Formulierung (S. 81):

(68h) *Chronik GroßDpunktkleinUpunktgroßWpunkt*

Was durch die Abkürzung ausdrucksseitig gerafft, VERDICHTET, wird, wird hier VARIIEREND wieder ausdrucksseitig expandiert und erhält – durch ‚natürliche' Analogie – ‚mehr Gewicht'.

Eine andersartige Motivation des Referierens beschreibt Katajewa (1996): Kommunistische Zeitungen referierten zur Zeit des Kalten Krieges auf westliche Politiker mit spöttischer bis gehässiger Haltung (1996, 181): Sie verwendeten Diminutiva wie *Ronni* für ‚Ronald Reagan' und *Außen-Poldi* für den österreichischen Außenminister Leopold Gratz. Weiter Derivationen *Genscherei* und *Geißlerei*, bezogen auf Aktivitäten der Politiker Hans-Dietrich Genscher (als deutscher Außenminister) und Heiner Geißler (damaliger Minister und Generalsekretär der CDU). *Gekohle* als paronomastisches Wortspiel bezogen auf Helmut Kohl und schließlich Periphrasen: „Franz-Josef Strauß wird als *CSU-Boß, Busenfeind Kohl, Bauernmetzger, Schlachtermeister* u.a. genannt" (1996, 182), wobei mit den beiden letzten Ausdrücken auf seine Herkunft als Metzgerssohn angespielt wird.

4.2.6 Ausblick

Diese Darstellungen können keine Vollständigkeit beanspruchen: Hat man erst einmal diesen Blick auf Texte gewonnen, so bereichert sich das Spektrum der Möglichkeiten ständig. Die Überschneidungen bei der Beschreibung einzelner Texte scheinen darauf hinzuweisen, dass die stilistisch ‚interessanteren' weil ‚reichhaltigeren' Texte alternierend oder oft auch gleichzeitig nach mehreren Mustern hergestellt sind. Aber auch einzelne Muster sind teilweise nicht scharf abgrenzbar: Es gibt Übergänge wie bei der Dreierfigur und These – Antithese – Synthese, die das Muster KONTRASTIEREN für die ersten beiden Musterteile nutzen. Oder das Sequenzmuster ‚früher – jetzt' kann ‚kontrastierend' ausgestaltet werden, es führt ‚auf das Wahrnehmungszentrum zu' und es folgt der ‚natürlichen' Reihenfolge einer Entwicklung.

4.3 Weitere generelle stilistische Handlungsmuster anhand von Beispielbeschreibungen

Die Muster, um die es hier geht, sind spezifischer in dem möglichen stilistischen Sinn, den sie zum Textganzen beitragen, aber ebenfalls sehr flexibel einsetzbar. Dazu gehört z.B. auch das ATTRAKTIV MACHEN (Rothkegel 1982, Sandig 1986, 228ff.). Die Grenzen sind auch hier nicht scharf zu ziehen. Aus dem Gesamt der Muster kann hier nur ein kleiner Teil besprochen werden.

Im Vergleich zu diesen stilistischen Handlungsmustern sind typisierte Stile Ganzheiten mit spezifischer sozialer Bedeutung. Die hier behandelten stilistischen Handlungsmuster sind weniger spezifisch als die typisierten Stile und variabel für verschiedenartige Zwecke einsetzbar; sie können u.a. als Bestandteile typisierter Stile verfestigt sein.

4.3 Weitere generelle stilistische Handlungsmuster anhand von Beispielbeschreibungen

Aus dem Formulierungs-Potenzial eines stilistischen Handlungsmusters wird generell für einen Text (bezogen auf ein bestimmtes Textmuster und für die konkrete Handlung) ausgewählt: Dadurch entsteht ein stilrelevantes Merkmalsbündel. Deshalb können Beispielbeschreibungen jeweils nur Ausschnitte aus dem gesamten Inventar oder Repertoire sichtbar machen. Bei mehreren Beispielen zeigen sich Überschneidungen und Differenzen in der Nutzung von Möglichkeiten aus dem Inventar.

4.3.1 Generalisieren

GENERALISIEREN wird häufig als Einstieg in einen Text genutzt; damit wird ein allgemeiner Rahmen gesetzt, innerhalb dessen dann der konkrete Fall eingeordnet wird. So beginnt ein Kommentar über Verfehlungen im Bereich des Journalismus, aber auch über interne Maßnahmen einer Zeitung dagegen folgendermaßen (Die Zeit, 31.5.2000, 1):

(1) **Spiel mit der Wahrheit – *Was Journalisten nicht dürfen***
Von Thomas Kleine-Brockhoff

Wir Zeitungsmenschen wissen und durchschauen bekanntlich alles und kritisieren deshalb nach Herzenslust – alles und jeden. Nur eines können wir nicht: mit eigenen Fehlleistungen umgehen. Da lavieren wir und schweigen stille. Fehler findet immer nur die Konkurrenz.

Nun hat die **Süddeutsche Zeitung** *ihren Skandal (...).*

Wir haben es also hier mit dem Sequenzmuster Grund – Figur (Kap. 4.2.2.4) zu tun.

Mit GENERALISIEREN kann man außerdem sehr Verschiedenes tun. Man kann z.B. einen ‚Gleichklang' mit dem/den Adressaten herstellen. So etwa ein Thema mit einem Gemeinplatz oder mit einem geflügelten Wort BEENDEN: Aufgrund des unterstellten Einverständnisses gibt es nichts mehr zu sagen (vgl. Drescher 1992, 169). Einverständnis wird auch unterstellt bei *Wer-der*-Äußerungen im Bereich moralischer Rede: „Durch die *Wer-der*-Formulierung generalisiert der Sprecher das bisher Gesagte prägnant in einer formelhaften Wendung und verschärft es zugleich" (Ayaß 1999, 14), bringt es also auf den Punkt. Kategorische Formulierungen dieser Art haben „eine kondensierende und die Sequenz abschließende Qualität" (1999, 15). Wird eine generalisierende Äußerung als Werbeslogan gebraucht, so wird damit den Rezipienten ein Einverständnis suggeriert:

(2) *Kenner kennen keine Kompromisse* (Baumgart 1992, 243: Berentzen).

Andererseits kann man mit GENERALISIEREN auch ein Thema AUSGESTALTEN: Das Generelle kann im Roman zunächst als allgemeiner Erwartungsrahmen etabliert werden, vor dessen Hintergrund das Individuelle seine Wirkung entfaltet (s.o. Grund – Figur). Sybille Knauss nutzt dies häufiger in „Evas Cousine" (2000, hier 76f.). Es geht darum, dass die Kusine von Eva Braun diese auf dem Obersalzberg in Hitlers Berghof besuchen möchte:

(3) *Es war das erste (nicht das letzte Mal) in meinem Leben, dass ich gefilzt wurde. Es ist nichts Schlimmes, nicht wahr? Man packt seinen Koffer aus und packt ihn wieder ein. Es hat sogar etwas Schmeichelhaftes. Die Empörung, die sich einstellt, ist immer gemischt mit dem Gefühl, wichtig zu sein. Da ist jemand, der mich ernst nimmt. Der hinter meiner Fassade nach einem Geheimnis sucht. Der glaubt, da sei etwas.*

Und vielleicht ist es diese heillose Verwirrung, was die Sache so grausam macht. Man möchte lachen: Was glauben Sie eigentlich? Dass ich mit Sprengstoff, mit Waffen, mit Heroin (damals wäre es Morphium gewesen) im Gepäck reise? Trauen Sie mir soviel Abgebrühtheit zu? Und gleichzeitig musst du mit ansehen, wie sie dein Intimstes, Heimlichstes ans Licht zerren. Und so, zwischen beidem und beides erlebend, verlierst du ganz kurz mal deine persönliche Würde. Du lässt dir dabei zusehen, wie du aus der Rolle fällst. Und immer zu spät begreifst du: Das war's, was sie sehen wollten.

Die Männer machten ihre Sache gut, das heißt, sie machten sie gründlich. Sie entrollten meine Seidenstrümpfe, ließen sie als obszöne, lüsterne Schlangen zu Boden gleiten (...)

Begonnen wird die Passage mit einer Frage, die die Lesenden einschließt: *Es ist nichts Schlimmes, nicht wahr?* Auf das GENERALISIERENDE *man*, das die Passage einleitet, und das *immer* folgt ein *mich*, das in diesem Kontext wieder ‚alle', auch die Lesenden meint: *Da ist jemand, der mich ernst nimmt.* Wieder ein *man* im nächsten Absatz und eine imaginierte direkte Rede, wie *man/ich* sich verteidigen würde und schließlich, am Ende der Passage erfolgt der Wechsel zum GENERALISIERENDEN *du*. Die gesamte Passage ist durch das ebenfalls in diesem Kontext ‚verallgemeinernde' Präsens vom umgebenden Präteritum abgegrenzt. Die Erzählung des Einzelfalls wird ebenso wie die Generalisierungs-Passage durch PERSPEKTIVIERENDE Einschübe aus ‚heutiger' Perspektive unterbrochen (s.u. Kap. 4.4.2). Durch diese Art des PERSPEKTIVIERENs wird aus der ‚Rückschau' ‚Distanz' geschaffen: *Es war das erste (nicht das letzte) Mal in meinem Leben, dass ich gefilzt wurde.* Andererseits wird das GENERALISIERENDE ‚Nahebringen' einer Situation mit Aspekten eines Teilthemas gemischt, das man ‚damalige Kultur/allgemeine Kultur der Nazizeit' nennen könnte: Dieses Thema wird hier zur Abrundung der Ereignisdarstellung KONKRETISIEREND verwendet (vgl. auch Kap. 5.4.2.3 zu Themenverwendung). D.h. dieses GENERALISIEREN wird einerseits durch die Darstellung individueller Ereignisse aufgewogen, andererseits werden in beide Passagen Aspekte eines allgemeineren Themas ‚damalige Zeit' KONKRETISIEREND eingeflochten (Einflechten als Typ der Mustermischung, s. Sandig 1991).

4.3.2 Hervorheben, Information gewichten, Emphase herstellen

Die im Folgenden besprochenen Muster hängen insofern zusammen, als teilweise dieselben sprachlichen, grafischen und typografischen Verfahren in unterschiedlichen Zusammenhängen genutzt werden können: Einzelne Merkmale sind polyvalent.

4.3.2.1 Hervorheben

Es werden teilweise – neben anderen – Verfahren gesprochener Sprache, von Umgangsstandard also, genutzt, da in der Face-to-face-Kommunikation vielfach ‚eindringliches' Reden zu beobachten ist. Ein Beispiel aus einem Interview über Wirkungen von Werbung (die Tageszeitung, 14.1.2000, 8). Hier der interviewte Medienphilosoph:

(4a) *Die Möglichkeit autonomer Selbstwahl habe ich immer für faulen Zauber gehalten.*

Hier wird mehrfach hervorgehoben: *autonome Selbstwahl* zeigt mit *autonom* und *Selbstwahl* ähnliche Bedeutungen; diese Redundanz wird als Verstärkung wahrgenommen. Die Spitzenstellung von *Die Möglichkeit autonomer Selbstwahl* dient der besonderen Hervorhebung gegenüber der Thema-Rhema-Abfolge mit: *Ich habe die Möglichkeit autonomer Selbstwahl...* Zugleich gibt diese Wortstellung die Möglichkeit, ans Ende der Äußerung nochmals einen hervorgehobenen Inhalt zu setzen: *immer für faulen Zauber gehalten*. Dieser Teil wird zusätzlich hervorgehoben durch den vollidiomatischen Phraseologismus *fauler Zauber*. Indem mehrere verschiedene Mittel des HERVORHEBENs kookkurrieren, wird ‚hervorhebend' ausgedrückt. Einfache Verwendung eines Merkmals oder Kombination mehrerer bis vieler verschiedener Merkmale zu einem Bündel ergeben die Möglichkeit, unterschiedliche Grade des HERVORHEBENs auszudrücken. – Eine andere wichtige Möglichkeit des HERVORHEBENs ist die metakommunikative Markierung (aus demselben Text):

(4b) *Ich würde aber niemals sagen, dass es eine breite Masse gibt, die der Manipulation unterliegt. Ich würde bei der Werbung immer annehmen, dass die Leute im Durchschnitt ein hohes Level haben, mit Raffinesse, Ironie und auch einer unglaublich hohen Gleichgültigkeit mit Werbung umzugehen.*

Die HERVORHEBENDE explizit performative Einordnung mit negiertem *sagen* im Sinne von BEHAUPTEN ist hier modalisiert und dadurch im Geltungsanspruch auch etwas zurückgenommen, ABGESCHWÄCHT. Durch den leicht variierten Parallelismus von *Ich würde aber (...) sagen, dass* und *Ich würde bei Werbung (...) annehmen, dass* entsteht eine weitere und damit insgesamt stärkere HERVORHEBUNG. Diese wird zusätzlich verstärkt durch die KONTRASTIERUNG von *niemals* und *immer*. Dabei wird durch GENERALISIEREN (*niemals* und *immer*) auch mit Adverbien semantisch HERVORGEHOBEN. Dasselbe Verfahren benutzt der Interviewte mehrfach: So lautet die Äußerung unmittelbar vor Beispiel (a): *Meine Botschaft war nie die Botschaft eines emanzipierten, freiheitlichen Subjekts. Die Möglichkeit der autonomen Selbstwahl habe ich immer für faulen Zauber gehalten.* Hier wird außerdem durch Wiederholung eines Substantivs HERVORGEHOBEN: *Meine Botschaft war nie die Botschaft...,* wo auch möglich wäre: *Meine Botschaft war nie die eines emanzipierten... Subjekts.*

Wenn man *niemals* mit *nie* vergleicht, die inhaltlich synonym sind, so hat *niemals* als zweisilbiges Wort auf ‚natürliche' Weise (s. Kap. 4.2.2.3c) ‚mehr Gewicht' als *nie*, dient also auch dem HERVORHEBEN. Auch das Attribuieren mittels Grad-Partikeln (wie *unglaublich* bei *einer unglaublich hohen Gleichgültigkeit* im Beispiel (4b)) ist ein Mittel in diesem Zusammenhang, ebenso das nachträgliche Erläutern einer Bewertung: *ein hohes Level (...), mit Raffinesse, Ironie und auch einer unglaublich hohen Gleichgültigkeit mit Werbung umzugehen.* Auch die Dreierfigur (*Raffinesse, Ironie (...) Gleichgültigkeit*) wirkt im Kontext in die gleiche Richtung.

Eine weitere generelle Möglichkeit des HERVORHEBENs ist die Portionierung von Information, wie sie in der Umgangssprache häufig vorkommt. Hier gibt es verschiedene Unterformen: *... dass es eine breite Masse gibt, die der Manipulation unterliegt.* Mit gleichem Informationswert könnte es heißen: *dass eine breite Masse der Manipulation unterliegt.* Bei der gewählten Formulierung mit Ausklammerung des Relativsatzes entstehen statt eines einzigen Intonationsgipfels auf *Manipulation* zwei, da auch *breite Masse* betont ist.

Man sieht bei den Ausschnitten aus demselben Text, wie hier sehr verschiedene Formulierungsverfahren verwendet werden, um das Muster HERVORHEBEN fortführend zu realisieren. – In einem Kultur-Kommentar (Saarbrücker Zeitung, 28.10.1999, 14) wird eine andere Mischung von Mitteln des HERVORHEBENs genutzt, Abb. 4.3–1.

Zunächst das Portionieren von Teilinformationen, hier mit verschiedenen Satzzeichen-Verwendungen:

(a) *Enttäuschung wäre ein zu starker Begriff. Weil man ja schließlich nicht verwöhnt ist – durch andere Ministerpräsidenten. Und man zu hoffen gelernt hat. Denn es gilt:*

Kontinuität als neue Kultur-Botschaft
Friedmans Geist, verweht?

— Von CATHRIN ELSS —

Enttäuschung wäre ein zu starker Begriff. Weil man ja schließlich nicht verwöhnt ist — durch andere Ministerpräsidenten. Und man zu hoffen gelernt hat. Denn es gilt: Nicht alles, was in einer Regierungserklärung steht, wird umgesetzt. Aber: Was nicht drin steht, wird mitunter doch getan. Mancher wird also weiter damit rechnen, dass Peter Müller das verwirklicht, wovon sein Freund und Kulturberater Michel Friedman sprach und wovon Müller gestern schwieg: Die Verdoppelung des Kuluretats. Doch seit die Spar-Auflagen des neuen Finanzministers bekannt wurden, sind die Zeiten vorbei, da das Wünschen noch geholfen hat. Aus der Wahlkampf-Traum.

Sprechen wir also seit dem gestrigen Tag von einer doppelten Ernüchterung. Schließlich hat Müller mit der Einbindung des Querdenkers Friedman in sein Team bewusst ganz hohe Erwartungen zu wecken verstanden. Auf intellektuelle Brillanz, Kreativität und Feuer. „Der Geist weht, wo er will", heißt es in Müllers Erklärung wörtlich. Und die Politik hat die Aufgabe, ihn einzufangen. Oder? Aber wohin, bitteschön, wurde Friedmans stürmischer Geist in so kurzer Zeit verweht? Keinen Hauch davon spürte man in der Kultur-Passage. Aufregung? Anregung? Ohne deutliche Akzentuierung reihte Müller hintereinander auf, was schön und gut und richtig ist; es immer schon war. Spitzenkultur, Breitenkultur, Industriekultur — man kennt dies alles nur zu gut, aus den zehn Jahren zuvor. Manchem mag diese parteiübergreifende Konsens- und Kontinuitäts-Botschaft Erleichterung bringen.

Weil sich keine Zäsur abzeichnet. Dabei werden auch Kunst und Künstler durch neue (An)Forderungen „gefördert". Nur ein einziger Begriff hat gezündet: „Kultureller Wettbewerb". Nie gehört. Da lohnt es, genauer nachzufragen. Herr Ministerpräsident, auf zur Debatte.

Abb. 4.3–1 Friedmans Geist, verweht?

Nicht alles, was in einer Regierungserklärung steht, wird umgesetzt. Aber: Was nicht drin steht, wird mitunter doch getan.

Mit *Aber:* wird eine typische Konstruktion gesprochensprachlicher Syntax genutzt, die Operator-Skopus-Struktur (Fiehler/Barden/Elstermann/Kraft 2004, Teil III). Außerdem wird am Textanfang zunächst eine Bewertung formuliert, die dann begründet wird. Auch hier werden Wortstellungsphänomene genutzt wie die Ausklammerung: *Weil man ja schließlich nicht verwöhnt ist – durch andere Ministerpräsidenten.* Hinzu kommt die kataphorische Verwendung von Pronomina: *Denn es gilt: Nicht alles, was...* und noch stärker HERVORHEBEND zwei inhaltlich KONTRASTIERENDE Nebensätze, als Spannungsbogen GESTALTET.

Der folgende Ausschnitt zeigt zwei parallel GESTALTETE aber inhaltlich KONTRASTIERENDE Relativsätze, wieder mit kataphorischer Pronomen-Verwendung und dies gleich doppelt:

(b) *Mancher wird also weiter damit rechnen, dass Peter Müller das verwirklicht, wovon sein Freund und Kulturberater Michel Friedman sprach und wovon Müller gestern schwieg: Die Verdoppelung des Kulturetats.*

In der weiter anschließenden Passage werden zwei propositionskonstituierende (Burger 1998) umgangssprachliche Phraseologismen genutzt, mit denen zugleich HERVORGEHOBEN und EMOTIONALISIERT wird:

(c) *Doch seit die Spar-Auflagen des neuen Finanzministers bekannt wurden, sind die Zeiten vorbei, da das Wünschen noch geholfen hat. Aus der Wahlkampf-Traum.*

In einer späteren Passage wird ein Zitat durch Voranstellen HERVORGEHOBEN:

(d) *„Der Geist weht, wo er will", heißt es in Müllers Erklärung wörtlich. Und die Politik hat die Aufgabe, ihn einzufangen. Oder? Aber wohin, bitteschön, wurde Friedmans stürmischer Geist in so kurzer Zeit verweht? Keinen Hauch davon spürte man in der Kultur-Passage.*

Das metaphorische *weht* des Zitats wird aufgenommen und INTENSIVIEREND durch weitere Metaphern aus demselben Bildspendebereich ausgebaut: Bei *verweht* bleibt die Autorin in derselben Wortfamilie, was den KONTRAST der Bedeutungen HERVORHEBT; KONTRASTIERT wird auch mit *stürmisch* vs. *keinen Hauch* in Satzspitzenstellung. Außerdem wird HERVORGEHOBEN durch das direkt anschließende *Und die Politik hat die Aufgabe, ihn einzufangen*, wobei die Metapher *einzufangen* sich auf das gesamte Zitat bezieht. Weiter werden INSISTIERENDE Ausdrücke der Umgangssprache genutzt: *Oder?* im Sinne von ‚oder etwa nicht?' und das parenthetische *bitteschön* im Rahmen von KRITISCH NACHFRAGEN. Wieder unmittelbar anschließend heißt es mit Setzungen lediglich je eines Substantivs, wieder als kritische NACHFRAGE, jetzt aber extrem verkürzt und dadurch ‚gewichtig' gemacht:

(e) *Aufregung? Anregung? Ohne deutliche Akzentuierung reihte Müller hintereinander auf, was schön und gut und richtig ist; es immer schon war* (Dreierfigur, vorwegnehmende Wertung; Abtrennung durch Satzzeichen). *Spitzenkultur, Breitenkultur, Industriekultur – man kennt dies alles* (Herausstellung der Dreierfigur durch Linksversetzung) *nur zu gut, aus den zehn Jahren zuvor* (Ausklammerung). *Manchem mag diese parteiübergreifende Konsens- und Kontinuitäts-Botschaft* (hervorgehobene Bewertung durch alliterierende Silben) *Erleichterung bringen.*

Der letzte Absatz beginnt mit einer Intensivierung der Hervorhebung, indem ein Nebensatz syntaktisch an den vorherigen Absatz anschließt. Inhaltlich wird jedoch eine Art Kontrast hergestellt: *Kontinuitäts-Botschaft* vs. *keine Zäsur*, wodurch die Negativbewertung HERVORGEHOBEN wird. Die folgende Äußerung, *durch neue (An)Forderungen „gefördert"*, verwendet die ausdrucksseitige Ähnlichkeit (aufgrund der nur scheinbaren Zugehörigkeit zu einer Wortfamilie) als Hervorhebungsmittel; die Anführungsstriche bei „gefördert" dienen ebenfalls dem HERVORHEBEN. In der folgenden Äußerung wird mit *nur ein einziger* eine stark fokussierende Konstruktion verwendet, die gegenüber dem eingipfligen *Nur der Begriff „kultureller Wettbewerb" hat gezündet* wieder zwei Betonungsgipfel erlaubt. Das anschließende *Nie gehört* ist wieder ein EMOTIONALISIERENDER Alltagsphraseologismus, INTENSIVIERT durch die geronnene elliptische Form. Die explizite Anrede und Aufforderung, die als Pointe an die Person gerichtet werden, deren Tun der Text kritisch kommentierte, ist schließlich eine besondere, ungewöhnliche Art der Hervorhebung, zumal auch mehrfach adressiert (Kühn 1995) als Information über die Aufforderung an die Leser gerichtet. Syntaktisch liegt hier wieder ein umgangssprachlicher Konstruktionstyp vor: *Auf zur Debatte*.

Die beiden Beispiele zeigen, dass teils dieselben, teils verschiedene Mittel des HERVORHEBENs zu je einem Bündel von Merkmalen konstruiert werden; dadurch erhalten die Texte ihre jeweilige Individualität.

Eine auch visuell wahrnehmbare Möglichkeit des HERVORHEBENs besteht – neben Anführungsstrichen – in der typografischen Wahl einer anderen Schriftart, in *Kursive*, auch in VERSALIEN o.Ä., vgl. z.B. Turtschi (^{3}1996, 187) und Fix/Poethe/Yos (2001, 91). In Dieter E. Zimmers Sprachglosse Nr. 19 (Die Zeit, 12.5.1999, 4) sind die inkriminierten Ausdrücke durch Kursive herausgestellt:

(5) **Dieter E. Zimmer (19)**
Auf den Balkan würden „Soldatinnen und Soldaten" geschickt; sprach der Verteidigungsminister, und das ist nicht nur korrekt, sondern unumgänglich, hat man sich einmal verboten, die unmovierte Grundform der Berufsbezeichnungen unabhängig von ihrem grammatischen Geschlecht für jene zu halten, die alle meint, Frauen wie Männer, so wie das in weniger erleuchteten Zeiten geschah. Aber wieso eigentlich die *Soldatinnen* vorweg? Die ja hier nicht gerade in der Überzahl sind? Ist das nicht ein Rückfall in ebenjene unerleuchteten Zeiten, als die Männer den Frauen ihre Mißachtung bekundeten, indem sie ihnen den Vortritt ließen? Und wenn es um Gleichheit bis in die Sprache geht – wie verträgt sich die mit dem Satz, es würden „Kinder oder Frauen" bevorzugt ausgeflogen? Zählt also die Flüchtlingsnot eines Mannes weniger? Und wie es ist hiermit: „Man darf im Europa des beginnenden 20. Jahrhunderts nicht zulassen, daß Menschen nur deshalb umgebracht werden, weil sie einer anderen Volksgruppe angehören." *Nur?* Aus anderen Gründen dürften sie also? Die korrekte Sprache ist eine schwere Sprache. Dauernd sagt sie nebenbei etwas, was man gar nicht sagen wollte.

Die Äußerungsteile in Kursive und die Zitate werden mit einer Vielzahl von Fragen verknüpft, Fragen, die nicht als rhetorische Fragen zu verstehen sind, sondern als ein AUFWERFEN von Fragen: *Aber wieso eigentlich...?*; *Wenn es um die Gleichheit bis in die Sprache geht – wie verträgt sich die mit dem Satz...?*; *Und wie ist es hiermit:...?* oder ein SCHLUSSFOLGERN in Form einer FRAGE: *Die **ja** hier nicht gerade in der Überzahl sind? Ist das **nicht** ein Rückfall...? Zählt also die Flüchtlingsnot eines Mannes weniger?*; *Aus anderen Gründen dürften sie **also**?* Durch diese Art des INFRAGESTELLENs von Ausdrucksweisen wird im Vergleich zu rhetorischen Fragen stark HERVORGEHOBEN, die Leser werden zum Mit- und Nachdenken gezwungen. Durch die verschiedenen Arten zu FRAGEN erhält der Text zusätzlich zur argumentierenden auch eine graduell DIALOGISIERENDE Themenentfaltung (vgl. Kap. 4.2.4).

HERVORHEBEN mittels Zeichensetzung: So kann der Punkt genutzt werden, um dies zu erreichen, z.B. in einem Werbeslogan (Beispiele aus Baumgart 1992, 101):

(6) *Wilkhahn. Sitzt.*

Durch die Abgrenzung (ebda.) wird ein anderes Tonmuster und damit eine Gewichtung beider Teile erreicht (vgl. zu Tonmuster und Gewichtung Zifonun/Hoffmann/Strecker 1997, Kap. C). Auch mit dem Gedankenstrich kann ‚Nachdruck' erreicht werden (Baumgart 1992, 102f.):

(7) *Wenn's um Geld geht – Sparkasse.*

Der Doppelpunkt kann hier auch genutzt werden, um das darauf Folgende besonders HERVORZUHEBEN.

(8) *Mehr als Licht: Staff.*

Andere grafische Zeichen können ebenfalls für diesen Zweck verwendet werden: *(zuver)lässig* (aus einer Heiratsannonce: Die Zeit, 29.1.1993). Gemeint ist hier: ‚zuverlässig und doch lässig', d.h. nicht zu ‚brav'. Auch Gegensätze können mit demselben grafischen Mittel HERVORGEHOBEN werden; so kann eine psychiatrische Anstalt vom Patienten *Nerven(un)heilanstalt* genannt werden, d.h. VERDICHTEN (Kap. 4.1.2.2) als Möglichkeit des HERVORHEBENs.

4.3.2.2 Information gewichten

L. Hoffmann (1995, 29) führt folgende Gewichtungsverfahren auf: Intonation, „Schriftattribute" wie „Unterstreichung, Sperrung etc.", Wortstellung und lexikalische Einheiten: „Grad- und Negationspartikeln, einige Subjunktoren und Konjunktoren", d.h. Nebensatz und Hauptsatzkonjunktionen. Das höchste Gewicht liegt im Deutschen normalerweise auf dem Satzende (aus: *Hoffmanns Erzählung*, Folge 4: „Kiefer statt Mahagoni", Die Zeit, 9.11.2000, Beilage Leben, 6, s. Abb. 5.6–5):

(9a) *Er feilte, schliff und hobelte **akribisch jedes Holzstück**. Der Tischler, der den Heizkörper im Flur des Pfarrhauses verkleiden sollte, **ließ sich alle Zeit der Welt**.*

In der zweiten Äußerung kommen die Gewichtung unterstützend hinzu: der ‚verzögernde' Einschub eines Relativsatzes und die formale Modifikation des Phraseologismus (Burger 1998, 150f.), indem *ließ sich Zeit* erweitert wird zu *ließ sich alle Zeit der Welt*. Durch diese Erweiterung mittels Quantifikation und Attribut *alle (...) der Welt* erhält der Ausdruck auch eine ‚natürliche' Qualität: die ‚Menge der Zeit' wird durch mehr Wortmaterial (Kap. 4.2.2.3c) ‚vergrößert'. Informationsgewichtend wirken auch Voranstellungen vor das finitive Verb in die Erstposition im Satz: Sie bewirken einen Gewichtungsakzent (aus demselben Text):

(9b) ***Zwei Wochen*** *brauchte er für die kleine Umbauung, und **eine Woche** strich er sie mit weißer Farbe an: »Was gut werden soll, braucht auch seine Zeit«.*

Das stilistische Verfahren wirkt hier mit dem expliziten ‚Ausspruch' des Handwerkers zusammen. Der Text geht weiter mit:

(9c) *Als er schließlich seine Arbeit beendet hatte, nahm er sich einen Tag Zeit, um die kleine Baustelle und sein Werkzeug zu reinigen.*

Hier wird der Phraseologismus *ließ sich Zeit* gesteigert um das ‚aktivere' *nahm sich Zeit*, auch hier erweitert um die Angabe der Zeitmenge, mit der KONTRASTIERT, was im Folgenden prädiziert wird. GEWICHTET wird hier zusätzlich durch die Art der Referenz: Der Ausdruck *Baustelle* wird üblicherweise im Zusammenhang mit dem Straßen- und Hausbau verwendet, hier aber ist er ironisch gemeint: ‚In dieser Zeit hätte man eine richtige Baustelle reinigen können.' – Ein Beispiel mit Nutzung verschiedener Verfahren des GEWICHTENs von Information stellt der folgende Werbeslogan dar:

(10) *Ford. Die tun was!*

Die erste Äußerung besteht nur aus einem einsilbigen Wort, dem Firmennamen. Durch die isolierte Stellung erhält dieser Name eine besondere Gewichtung: Es handelt sich um einen „freien Thematisierungsausdruck" (Zifonun/Hoffmann/Strecker 1997, 520ff.). Diese Form ist „intonatorisch und syntaktisch unabhängig von der folgenden kommunikativen Minimaleinheit" (Zifonun/Hoffmann/Strecker 1997, 520). Das freie Thema besitzt „eine eigene Akzentdomäne" und wird mit steigendem oder fallendem Tonmuster realisiert (ebda.). Damit ist der Firmenname hier besonders gewichtet. Das freie Thema wird regelhaft in der Folgeäußerung mit Anapher, Anadeixis oder einer Nominalgruppe wieder aufgenommen (Zifonun/Hoffmann/Strecker 1997, 521). Ähnlich der Slogan

(11) *Otto find ich gut.*

hier mit Ellipse der Anadeixis, was nur durch die Intonation realisiert wird.
Im Beispiel (10) wird die Anadeixis *Die* gewählt. Dadurch wird – im Unterschied zum Pronomen *sie* – die Aufmerksamkeit in besonderer Weise auf das unmittelbar davor stehende Wort gelenkt, es erhält durch die Anadeixis besonderes Gewicht: „Grundsätzlich ist eine Anadeixis auffällig, wo eine Anapher stehen könnte" (Zifonun/Hoffmann/Strecker 1997, 560). Der Slogan (10) als ganzer besteht aus einer Sequenz von zwei betonten Silben, wobei diese aufeinander folgen – auch dies eine Form besonderer Gewichtung (vgl. Kap. 4.2.2): ‚mehr Sprachmaterial – mehr Gewicht'. Die Sequenz der Vokale in den ersten drei Silben ist offenes *o*, langes *i* und *u*. Es entsteht ein Sprung bezogen auf die Vokalhöhe: *o* ^{i} *u*. Durch diese Kontraste entsteht ebenfalls ‚Gewicht'. Die Vokalsequenz *o-u* und *i-u* entspricht außerdem einem Natürlichkeitsmuster, das Ross (1980) erarbeitet hat. Dem korrespondiert ein Tonmuster mit folgender Tonhöhensequenz: $_2$ ^{3} $_1$ $_1$
Dieses Muster entspricht dem Exklamativ-Tonmuster, wie es Altmann (1987, 41ff.) mit Varianten herausgearbeitet hat: Auf den (relativ) schnellen Anstieg zu einem Intonationsgipfel folgt ein starker Abfall. Äußerungen mit einem derartigen Tonmuster sind besonders stark GEWICHTET, wie dies auch bei Exklamativen generell der Fall ist.
Die Anadeixis erlaubt zugleich, eine Perspektive ‚von außen' einzunehmen, d.h. jemand prädiziert in der zweiten Äußerung über den mittels freiem Thema eingeführten Gegenstand, jemand der nicht für die Firma selbst spricht (*Wir tun was!*), sondern es ist eine Bewertung aus der Perspektive Außenstehender. Mit der umgangssprachlichen Formulierung und dieser Perspektivierung ist es ein Angebot zur wörtlichen Übernahme an jeden potenziellen Käufer eines Ford. Derartige Formulierungen sind in der Werbung gern genutzt: Vgl. ein Bild einer Frau bzw. eines Mannes, mit einem

Blick, der auf die Betrachter gelenkt ist, und der Äußerung *ich rauche gern*, vgl. auch Kap. 4.4.2: PERSPEKTIVIEREN. Zu GEWICHTEN mit Mitteln der Syntax vgl. auch Fleischer/Michel/Starke (1993, 204ff.).

Auch die Katalepse (kataphorisch verwendetes Pronomen) kann genutzt werden, um Information zu GEWICHTEN (Zifonun/Hoffmann/Strecker 1997, 571f.):

(12) *Nur eines können wir nicht: mit eigenen Fehlleistungen umgehen.*
(Die Zeit, 31.5.2000, 1)

Hier wird diese unterstützt durch den Doppelpunkt (Stolt 1988). Auch Gedankenstrich oder Punkt sind geeignet für das Ausdrücken von Informationsgewichtung und selbstverständlich auch Änderungen der Schriftgestalt innerhalb des Textes als Mittel der Typografie, vgl. Kap. 4.3.2.1: HERVORHEBEN.

Alle diese Verfahren (bis auf die Typografie) können auch eingesetzt werden für den Ausdruck von Emphase, vgl. in Kap. 4.3.2.3 die Beschreibung des Beispiels *Die Kalenderin*, Abb. 4.3–2. Bei Emphase sind die Mittel jedoch ‚dichter' eingesetzt (z.B. die dortige Reihung von vier freien Thematisierungsausdrücken mit anschließendem Doppelpunkt).

GEWICHTEN von Information mit unterschiedlichen Mitteln zeigt die folgende Glosse (Die Zeit, 17.11.1995, 1):

(13) **Tugend-TV**
Die Schlagzeilen, die Ulrich Wickert dieser Tage macht, lesen sich wie der Anfang vom Ende einer Erfolgsgeschichte. Deutschlands prominentester Fernsehjournalist ist in einem „internen Werbefilm" einer großen Versicherung aufgetreten. Von seiner Glaubwürdigkeit sollte etwas auf das Geschäft seines Auftraggebers abstrahlen. Statt Politik Policen zu vermitteln – warum nicht, wenn die Provision, wie es heißt, 50.000 Mark beträgt?

Dass dieser goldene Nebenjob ihn in den Ruch der Käuflichkeit brachte, fiel Mr. Tagesthemen erst ein, als sein Publikum, das den Buchhändlern „Das Buch der Tugenden" aus den Händen reißt, laut aufschrie. Sensibilisiert durch Wickerts unermüdliche Anstandskampagne, fragt ihn die Leserschaft nun, ob er Moral & Werte, wenn es um die eigene Person geht, nicht zu sehr als Zahlungsmoral & Marktwert definiert.

Seine Glaubwürdigkeit: Plötzlich ist sie dahin. Sein Mangel wird jetzt zum Mangel der „Tagesthemen". Wie hat Wickert gerade in einem Aufsatz über „Fernsehjournalismus" geschrieben? „Glaubwürdigkeit ist die erste Tugend, die eine Nachrichtensendung erfüllen muss, wenn sie langfristig Erfolg haben will." U.St.

Ich gehe den Text der Reihenfolge nach durch:

1. Absatz: *wie der Anfang vom Ende einer Erfolgsgeschichte* steht am üblicherweise besonders gewichteten Satzende. Die beiden nächsten Äußerungen geben Hintergrundinformation. *Statt Politik Policen*: hier KONTRASTIERT der Inhalt (*statt*) mit der Ähnlichkeit der Lautformen: Es wird ein besonderer Zusammenhang HERGESTELLT, dadurch der Kontrast besonders GEWICHTET. *Statt Politik Policen zu vermitteln –* : Hier haben wir es mit einem komplexen freien „Thematisierungsausdruck" (Zifonun/Hoffmann/Strecker 1997, 520ff.) zu tun; durch die Separierung erhält dieser besonderes Gewicht; – *warum nicht, wenn...*: rhetorische Frage, durch formelhaft gewordene Ellipse VERDICHTET; *die Provision, wie es heißt, 50.000 Mark*: Parenthese zum GEWICHTENDEN Hinausschieben eines erwartbaren Typs von Information.

2. Absatz: *goldener Nebenjob:* inhaltliches KONTRASTIEREN von Nomen und Attribut, metaphorisches Attribut; *-job* vs. *Ruch*: unterneutrales Lexem KONTRASTIERT mit überneutralem (vgl. Kap. 4.6.3). *Mr. Tagesthemen*: inoffizieller Name (Kany 1992), der weit verbreitet ist/war und den journalistischen Rang von Wickert HERVORHEBT; *als sein Publikum, das... laut aufschrie*: Hinausschieben des Prädikats durch einen relativ umfangreichen Attributsatz. *Sensibilisiert...*: umfangreiche adverbiale Partizipialkonstruktion als 1. Satzglied erzeugt Spannung. *Moral & Werte* erhält besonderes Gewicht durch das ABWEICHEND verwendete *&*, das für Firmennamen üblich ist; *wenn es um die eigene Person geht*: aufschiebender adverbialer Nebensatz. *Zahlungsmoral & Marktwert*: VARIIEREN der vorherigen Form mittels präzisierender Wortbildungen, dadurch HERSTELLEN eines Zusammenhangs und eines besonderen Gewichts auf dem inhaltlichen Kontrast von explizitem Anspruch und tatsächlichem Handeln.

3. Absatz: *Seine Glaubwürdigkeit: Plötzlich ist sie dahin*: Erneut ein freier Thematisierungsausdruck, auch als Herausstellung zu deuten, hier zusätzlich mit Doppelpunkt, danach ein betont kurzer Satz. Gegenüber *Plötzlich ist seine Glaubwürdigkeit dahin.* besitzen beide Teile eigene Betonungsstellen, was den inhaltlichen Kontrast verstärkt. *Sein Mangel wird jetzt zum Mangel der „Tagesthemen"*: HERSTELLEN eines Zusammenhangs durch WIEDERHOLEN des Lexems *Mangel*, allerdings in unterschiedlichen Kontexten. *Wie hat Wickert gerade (...) geschrieben?*: Frageform mit kataphorischem Pronomen *wie*, das besonderen Akzent trägt und die Antwort auf die rhetorische Frage ‚hochstuft'; umgangssprachlicher Satzstrukturtyp zum EMOTIONALISIEREN. Abschließend ein Zitat, das auch durch die Wiederholung der Lexeme *Glaubwürdigkeit* und *Tugend* besonderes Gewicht erhält. Bezogen auf den Gesamttext ist es die Pointe und von daher besonders GEWICHTET: durch den ironischen Kontrast zwischen Eigenäußerung der Person und deren inkrimiertem Verhalten.

Man sieht, dass am GEWICHTEN von Informationen eine Fülle einfacherer Verfahren beteiligt ist – natürlich je nach Text in unterschiedlicher Kombination und Dichte.

4.3.2.3 Emphase herstellen

Emphase nutzt u.a. die Möglichkeiten des HERVORHEBENs und des GEWICHTENs von Information. Sie ist eine Sonderform des Ausdrückens von Einstellungen. – In der Glosse *Die Kalenderin* sind einige Formen mündlicher Emphase verwendet. Der formelhaft gewordene elliptische Kommentarsatz *Endlich (ein)mal wieder...* und die elliptische Bewertung mit *Unverschämtheit!*, bei der nur der Bewertungsausdruck geäußert wird, „exklamatorisiert" (Büscher 1996, 172ff.; Fleischer/Michel/Starke 1993, 251: Emphase „durch graphische Kennzeichnung") mit dem Ausrufezeichen als Schriftzeichen für eine Exklamativ-Kontur. *Nur eine Kurzmeldung* ist ein elliptischer Satz mit Beschränkung auf Wesentliches, auf die Prädikation; Schwitalla (1997, 69) beschreibt mündlich produzierte Ellipsen so: „Wenn klar ist, worüber gesprochen wird, dann sprechen wir nur das aus, was eine neue Information liefert." Diese Kurzform ist VERDICHTET und rhythmisch anders strukturiert als die ausführliche Schriftform, vgl. Selting (1994). Beispiel aus: Der Tagesspiegel Berlin, 2.2.1998. Den Text verdanke ich Martin Luchterhand (Abb. 4.3–2).

Darüber hinaus ist eine Fülle schriftlicher Emphase-Verfahren verwendet, die hier abwechslungsreich kookkurrieren: *Längst ruhten die Schwerter* zeigt Emphase-Spitzenstellung des *längst* im Unterschied zur ‚neutralen' Subjekt-Prädikat-Wortstellung; es ist ein pathetisches Bild aus dem Bereich der Kriegsmetaphorik (Baldauf 1997, 213ff.). *Auf flammenden Flugblättern* enthält Alliteration und epitheton ornans. *Wenn weibliche Werktätige* (dreifache Alliteration) *ihren Job mit den Worten „Ich bin Schlosser" beschreiben – und daran nichts, aber auch gar nichts Schlimmes finden:* Der Gedankenstrich als Pausen-Anzeiger dient zur Erzeugung von ‚Spannung'; *nichts, aber auch gar nichts* ist eine formelhafte Negationsverstärkung, indem die Negation wiederholt und bei der Wiederholung expandiert wird (vgl. Besch 1989: Funktion der ‚Intensivierung' von Wiederholung und Variation). *Doch es gibt sie noch, die Kämpferinnen* nutzt den Nachtrag bei kataphorisch verwendetem Pronomen. *Nur eine Kurzmeldung – aber welche emanzipatorische Verve, was für ein Aufbäumen gegen unfaßbare Unterdrückung.* Auf die mündliche elliptische Form folgt wieder ein Gedankenstrich, danach das ‚kontrastierende' *aber*, gefolgt von zwei Exklamativ-Sätzen, die generell dazu dienen, vorausgesetzte (präsupponierte) Sachverhalte „emotional-affektiv" zu bewerten (Fleischer/Michel/Starke 1993, 262f.). Aufgrund des Weltwissens sind beide Formen Paraphrasen voneinander. Ihre unterschiedliche Länge folgt der ‚Natürlichkeits'-Regel von Ross (1980): ‚erst kurz, dann

VON TAG ZU TAG

Die Kalenderin

VON ANNETTE KÖGEL

Längst ruhten die Schwerter im verbalen Geschlechterstreit. ZungenbrecherInnen wie diesen liest man nur noch in einigen wenigen Tageszeitungen, auf flammenden Flugblättern oder Stellenanzeigen. Und das ist auch gut so: Gleichberechtigung macht sich nicht allein an mitunter kryptischer Semantik fest. Selbst frauenbewegte Wessis können inzwischen über die männlichkeitsstrotzenden Berufsbezeichnungen aus alten DDR-Zeiten lächeln: Etwa dann, wenn weibliche Werktätige ihren Job mit den Worten „Ich bin Schlosser" beschreiben – und daran nichts, aber auch gar nichts Schlimmes finden.

Doch es gibt sie noch, die Kämpferinnen. Das beweist eine Notiz in der Mitgliederzeitschrift der Berliner Bildungsgewerkschaft GEW. Nur eine Kurzmeldung – aber welche emanzipatorische Verve, was für ein Aufbäumen gegen unfaßbare Unterdrückung.

„Mädchenkalenderin Luzie" steht dort in der Überschrift, und im Text erfährt die geneigte Leserin, daß man die aktuelle „Taschenkalenderin" für Mädchen und junge Frauen jetzt beim Mädchenzentrum Kreuzberg gegen sechs beziehungsweise zwölf Mark beziehen kann. Endlich einmal wieder eine sinnvolle Vorstoßin.

Der Kalender? Unverschämt! Die Innovation, die Idee, die Anregung, die Initiative: die Zukunft ist weiblich. Nutzt die Rechtschreibreform, um das per Dudin zu untermauern. Als Frauin kann ich diese Initiative nur unterstützinnen.

Abb. 4.3–2 Die Kalenderin

lang'. Diese Äußerung mit ihren drei Propositionen unterschiedlicher Länge und der Trennung durch den Gedankenstrich gibt zugleich ‚natürlich' (vgl. Kap. 4.2.2) abbildend den Inhalt wieder: Elliptisch kurze Äußerung für die Mitteilung des Sachverhalts (*Nur eine Kurzmeldung*) und dann, in Steigerung bezüglich Länge und Satzart, die emotionale Bewertung. Zum Inhalt parallele Ikonisierung ist hier auch ein Verfahren der Emphase-Herstellung. *Der Kalender?* ist eine rhetorische Frage, auch hier in elliptischer Form. *Die Innovation, die Idee, die Aufregung, die Initiative:* Mehrere „freie Thematisierungsausdrücke" (Zifonun/Hoffmann/Strecker 1997, 520 ff.), die Sturm (1998) auch für Schrifttexte feststellt, sind hier versammelt: Die Iterierung und der nachfolgende Doppelpunkt (Stolt 1988) sorgen für Spannungserzeugung, wobei der Doppelpunkt auf eine Wendung im Text vorbereitet. *Nutzt die Rechtschreibreform, um zu...*: Mit einer rhetorischen AUFFORDERUNG wendet sich die Autorin ironisch an ihre LeserInnenschaft.

Da Emphase im Schrifttext heute oft nicht ungebrochen rezipierbar ist (vgl. Ortner 1996 zu Pathos), wird die Emphase aufgelockert: einerseits durch weitere mündlich orientierte Formen wie *Und das ist auch gut so* und die Verwendung von Lexemen wie *Wessis, Job,* andererseits durch ungewohnte Movierungen: *Kalenderin, ZungenbrecherInnen, Vorstoßin, Dudin* bei Lexemen mit maskulinem Genus, die das Genus feminin erhalten. Gegen Ende wird auch damit gewaltig übertrieben, indem ein prototypisch ‚feminin' bedeutendes Lexem zu *Frauin* moviert wird und sogar das Verb *unterstützinnen* erhält die Movierung. Dazu *die geneigte Leserin*: die emphatische captatio benevolentiae der Textanfänge früherer Zeiten erhält hier ebenfalls ein feministisch orientiertes Pendant. Emphase und ironische Übertreibung, auch in *frauenbewegt* als Ad-hoc-Adjektiv-Bildung und *männlichkeitsstrotzend*, spielen in diesem Text zusammen: Emphaseverfahren werden als Mittel der Ironie eingesetzt, als Mittel einer ‚unernsten' Interaktionsmodalität. Hinzu kommt die Relation von ‚Emphase' und dem Thema, für das sie verwendet wird. – Es sind aber auch ganz andere Formen und Nutzungen von Emphase möglich: Die folgende Passage aus einem politischen Kommentar der „Tageszeitung" (4./5.3.2000, 11) trägt die Überschriften:

(14a) *Green Card: Eine Idee des Establishments*
Mach die Gewerkschaften nicht an

Mit *Establishment* wird ein Stigmawort benutzt (Klein 1991), HERVORGEHOBEN als letzter Teil einer elliptischen Äußerung, die durch den Doppelpunkt ‚Spannung' erhält. Die Hauptüberschrift ist eine AUFFORDERUNG oder auch WARNUNG in *Du*-Form und mit umgangssprachlichem *Mach (...) nicht an*, eine Form der Emotionalisierung, wie wir sie öfter in der Boulevardpresse finden.

Im Text selbst geht es darum, der Deutsche Gewerkschaftsbund stehe der „Green Card" skeptisch gegenüber, die einen zeitlich begrenzten Aufenthalt in Deutschland für Computer-Experten aus dem Ausland vorsieht und zwar ohne Klärung des Familiennachzugs, es sei ein „Hire-and-fire-Modell". Die früheren Leistungen des DGB bezüglich der Ausländerpolitik werden mit drei aufeinander folgenden Äußerungen emphatisch betont, in denen typische Emphase-Satzmuster VARIIEREND verwendet werden:

> (14b) *(...) Wenn es jemanden gab, der recht früh fortschrittliche Positionen in der Ausländer- und Einwanderungspolitik vertreten hat, dann war es der DGB. Er war es, der in den 60er Jahren das Prinzip „Gleicher Lohn für gleiche Arbeit" für die „Gastarbeiter" und gegen den Widerstand der Unternehmer durchsetzte. Er und kein anderer engagierte sich für die Integration der Einwanderer in den Betrieben (...).*

Die Emphase besteht hier darin, dass mit besonderen „alltagsrhetorischen" (Sandig 1993) Satzkonstruktionen (phraseologischen Modellbildungen nach Burger 1998, 42f.) auf einen Gegenstand referiert wird: *Wenn es jemanden gibt, der ..., dann ist es x; x ist es, der yt; x und kein anderer yt*. Eine andere Art, Emphase auszudrücken, zeigt der folgende Ausschnitt aus einem Artikel in der „Zeit" von Wolfgang Lechner mit dem Titel: *Das leise Blubbern der Kamele. Sehen lernen. Riechen, hören, schmecken lernen. Mit der Beduinen-Karawane fünf Tage durch Tunesiens Wüste* (16.3.2000, 81).

> (15) *(...) Am ersten Tag in der Wüste ist alles Staunen: die Hitze! Die Weite! Der Wind! Das Kamel, wie es blubbert und furzt! Der Sand! Und abends die Kälte. Wie schnell sie da ist, kaum dass die Sonne hinter dem Horizont verschwindet. Und dann die Dunkelheit! Die Sterne!*

Die Nominalgruppen bestehen z.T. nur aus Artikelform und Substantiv, werden aber grafisch als eigene Informations-Portionen und mit emphatisierendem Ausrufezeichen dargeboten. Monotonie wird vermieden durch einen Attributsatz (*wie es blubbert und furzt!*), der aber auch zum Exklamativsatz changiert, vgl. auch *Wie schnell sie da ist*. Zweimal wird die einfache Nominalgruppe verknüpft mit dem koordinierenden *und* und einem temporalen Adverbiale. Die Passage hebt sich aus dem erzählenden und beschreibenden Kontext heraus.

4.3.3 Herstellen von Zusammenhängen

Bei unernster Interaktionsmodalität, aber auch bei ästhetischer und/oder poetischer Rede, ist das Herstellen unerwarteter Zusammenhänge konstitutiv: Der „Realitätsbezug (ist) deutlich gelockert" (Hartung 1996, 133), es geht um Phantasie, um spielerische Sprachverwendung. Im Zusammenhang der

Beschreibung von Ironie im Gespräch schreibt Hartung (ebda.) dazu: „die Phantasiebetätigung folgt festen Spielregeln, denn das Kohärenzprinzip muss nicht nur eingehalten werden, sondern gilt sogar verschärft: Ziel ist ein „Text" mit möglichst vielfältigen Bezügen (vergleichbar der literarischen Textproduktion) (...); neue Elemente dürfen nur eingeführt werden, wenn ein enger Zusammenhang zu eingeführten Elementen herstellbar ist. (...) Als Prinzip der Verknüpfung dürfen Assoziationen, komplexe Inferenzen, Inkongruenzen und visuelle (bildhafte, B.S.) Relationen dienen." In diesem Zusammenhang spricht Hartung (ebda.) auch von „assoziativer Kohärenz".

Eine Reihe von Formulierungsverfahren im Muster Zusammenhang HERSTELLEN enthält die folgende Glosse (Die Zeit, 18.1.2001, Beilage Leben, 1), Abb. 4.3–3.

Bereits der Titel zeigt eine Art der Formulierung, die geeignet ist für das Zusammenbringen von Disparatem, die „Wortzusammenziehung" (Dittgen 1989, 110ff: „Zusammenziehung") von *Million* und *Millennium*. Sie begegnet uns noch einmal bei *famillionär*, womit hier im Text mitgemeint ist: ‚wenn schon nicht Mitglieder einer intakten Familie, dann wenigstens Millionäre aufgrund der Familienverhältnisse'. Auch Komposita dienen dem HERSTELLEN neuartiger Zusammenhänge: *Scheidungsmillionär, Tennisarmen* (wobei man durch ausdrucksseitige Nähe beim Tennis-Frame an den *Tennisarm* erinnert wird), *Solomillion*.

Formelhaftes aus anderen Frames wird eingebracht und abgewandelt: *Ihr Geld und meine guten Worte*, vgl. *nicht für Geld und gute Worte* als intensivierter Negationsausdruck. Bei *Wer braucht schon Millionen? Ich nicht. Mir fehlen Milliarden zum Glück* wird intertextuell ANSPIELEND ein Schlager aus der Zeit zwischen dem ersten und zweiten Weltkrieg abgewandelt: *Ich brauche keine Millionen. Mir fehlt kein Pfennig zum Glück*, ein Beispiel für referentielle Intertextualität. Schließlich wird die Liedzeile *O sole mio* zwar unverändert verwendet – und überrascht dadurch – aber im Kontext von *Millionen* kann *mio* auch als Abkürzung für *Million(en)* verstanden werden und im Kontext von *Sologesang* und *Solomillion* ist es umzuinterpretieren zu *O Solo mio*.

Koordinatoren werden genutzt, um unerwartete Zusammenhänge herzustellen: *Glück respektive Reichtum, (SPD beziehungsweise RTL)*. – Sprechaktzusammenhänge von FRAGEN, ANTWORTEN, GEGENFRAGE stellen und ANTWORTEN werden HERGESTELLT, wo keine erwartet werden:

(16a) „*Wer heiratet den Millionär?" fragt Sat.1, RTL antwortet: „Ich heirate einen Millionär", und Günter Jauch stellt, obgleich die Antwort immer nur „Endemol" lauten kann, die Gegenfrage: „Wer wird Millionär?"*

DAS WORT DER WOCHE

Das Millionium

Immer noch ist die rührendste Macke des Menschen sein Streben nach Glück respektive Reichtum, und immer noch ist seine großartigste Fähigkeit die Zahlungsfähigkeit. Diese wird bedroht durch offene Rechnungen und die Geißel der Inflation, die alles abwertet, was sich ihr in den Weg stellt. Ihr Geld und meine guten Worte – alles ist inflationär in Umlauf, und deshalb gieren wir nach noch mehr. Da bietet selbst ein ganzes neues Millennium zu wenig, deshalb soll es ab heute Millionium heißen.
»Wer heiratet den Millionär?«, fragt Sat.1, RTL antwortet: »Ich heirate einen Millionär«, und Günter Jauch stellt, obgleich die Antwort immer nur »Endemol« lauten kann, die Gegenfrage: »Wer wird Millionär?« Wer aber von den beiden Beckers nun der bessere Scheidungsmillionär ist, bleibt weiter offen. Klar ist indes nur, dass die ständig bedrohten, weil im Millionenrausch heranwachsenden Becker-Blagen keine Tennisarmen sein werden und bei *O sole mio* nie an Sologesang, sondern nur an die erste geschenkte Solomillion denken werden. Da geht's, nach Heine, »famillionär« zu.
Erstaunlich eigentlich, dass sich BK Schroeder (SPD beziehungsweise RTL) da erst in seiner Neujahrsansprache mitreißen ließ und also verkündete, er habe die Zahl der Arbeitslosen »um mehr als eine Million zurückdrängen können« – obwohl sie in seiner Amtszeit gerade mal um 300 000 sank. Aber wir wollen nicht kleinlich sein. Denn: Wer braucht schon Millionen? Ich nicht. Mir fehlen Milliarden zum Glück.

OLIVER MARIA SCHMITT

Abb. 4.3–3 Das Millionium

4.3 Weitere generelle stilistische Handlungsmuster anhand von Beispielbeschreibungen

Die ersten beiden Sprechaktberichte sind zudem durch einen Chiasmus näher verknüpft; die beiden letzten sind durch Einschub zusätzlich verbunden: In die Kollokation *stellt die Gegenfrage* ist der ANTWORT-Bericht bereits eingeschoben, *Endemol* als die entsprechende Produktionsfirma. Die Pointe des Textes arbeitet mit einer ähnlichen Art zu formulieren: Eine zunächst als rhetorisch zu interpretierende FRAGE des Autors wird ernsthaft und individuell BEANTWORTET: *Wer braucht schon Millionen? Ich nicht,* um damit die ANTWORT, die die Lesenden sich auf die rhetorische Frage geben, nämlich *niemand,* zu personalisieren und schließlich ins Gegenteil zu verkehren (,eine unerwartete Wendung zu machen'): *Mir fehlen Milliarden zum Glück.*

KONTRASTIEREN als generelles Mittel des HERSTELLENs von Zusammenhängen wird außerdem in diesem Text genutzt:

(16b) *Wer **aber** von den beiden Beckers nun der bessere Scheidungsmillionär ist, bleibt weiter offen. Klar ist **indes** nur, dass...*

Der Kontrast wird außerdem VERSTÄRKT, indem die ,gegensätzlichen' Trägerprädikate der Äußerungen wieder in Form eines Chiasmus direkt aufeinander folgen: *bleibt (...) offen. Klar ist (...).*

Ausdrucksseitige Mittel verschiedener Art können also zum HERSTELLEN von Zusammenhängen genutzt werden: paralleler Rhythmus und Reim, auch Parallelismus, Chiasmus und schließlich auch gänzliche oder teilweise Identität der Lautung (*Tennisarm(e)*) bzw. Schreibung (*mio*, auch für ,Million') bei Lexemen. – Assoziatives, unerwartetes HERSTELLEN von Zusammenhängen durch ausdrucksseitige Korrespondenzen zeigen, auch ohne unernste Interaktionsmodalität, die folgenden Beispiele. Als Mittel dient z.B. der Parallelismus (aus: Bild am Sonntag, 5.11.2000, s. auch Beisp. (3) in Kap. 4.4.1.1):

(17a) *Bayern-Power total. Magdeburg vergessen, Dortmund 6:2 gefressen.*

D.h. ,nach einem Sieg über den Dortmunder Fußball-Verein ist die Scharte gegen Magdeburg ausgewetzt'. Der Reim wirkt sich ebenfalls so aus, dass ein ,Zusammenhang' HERGESTELLT wird, ebenso im folgenden Beispiel (aus demselben Text):

(17b) *Tore der Marke Samba, Brazzo-Furioso und ein Doppelpack von Scholl – doll!*

Das folgende Beispiel zeigt eine teilweise lautliche Identität, durch die nahe gelegt wird, *eingemottet* sei das ,passende' Prädikat zu *Motto*:

(18) *„Kraft die bewegt". Nach drei Jahren hat die CSU das Motto – eingemottet.*
 heute journal, Anfang Mai 2001

Auch hier eine ‚unerwartete Wendung', markiert durch eine kleine Pause. Eine Filmkurzkritik lautet – neben einer ausführlicheren auf derselben Seite (Saarbrücker Zeitung, Beilage „treff regional", 8.2.2001):

(19) *Es kracht, es zischt, im Drehbuch steht nischt: der 4. „Highlander".*

Durch den Rhythmus und den Reim wird der inhaltliche Zusammenhang der asyndetisch verbundenen Äußerungsfolge HERGESTELLT und zusätzlich HERVORGEHOBEN: ‚Es gibt nur (noch) billige Effekte, keine ernsthafte Story.' Die umgangssprachliche Form *nischt* für *nichts* lässt in Relation zur sonstigen Schriftform als mitgemeint interpretieren: ‚ist unter Niveau', vgl. Kap. 4.6.2 zum Abwerten mittels Umgangsstandard. Auch die Sequenz von Prädikationen und dem Referenzausdruck am Ende dient hier dem zusätzlichen HERVORHEBEN (vgl. Kap. 4.3.2.1). – Kurzwortbildungen werden für Doppelsinn und dadurch für das HERSTELLEN von Zusammenhängen genutzt (Beispiele aus von Polenz 1999, 366):

(20) *WAAhnsinn!* (zu WAA: Wiederaufbereitungsanlage für Atombrennstäbe)

(21) *Lasst euch nicht BRDigen!* (zur Vereinigung von DDR und BRD im Jahre 1990)

In beiden Fällen wird über den durch das Kurzwort bezeichneten Gegenstand mit dem Wort, in das grafisch die Bezeichnung eingebracht wurde, etwas prädiziert, das so einen ‚unbestreitbaren' Zusammenhang suggeriert. Vgl. auch *schreIBMaschinen* (Sandig 1986, 137). – Für Werbeslogans wird das Verfahren lautlicher Analogisierung gern genutzt: ***Bitte ein Bit!***; ***Das einzig Wahre. Warsteiner.*** Auch Alliterationen und weitergehende Assonanzen können zum HERSTELLEN von Zusammenhängen verwendet werden:

(22) ***Barbar****ossas **r**abenumflogener **B**erg (ist) wieder feste **B**urg des nationalen Kyffhäuserbunds* (vgl. Kap. 6.2, Beisp. (1))

Assoziativ können auch Zusammenhänge hergestellt werden mittels Mehrdeutigkeit. So erhält im Text *Gefehlt* (vgl. Kap. 5.4.1.2d) der Titel sowohl die Bedeutung ‚Fehltritt' als auch ‚Fehler'. Eine andere Art der Mehrdeutigkeit zeigt der folgende Werbeslogan der Pharma-Firma Ratiopharm: *Gute Preise. Gute Besserung.* Im Kontext der ersten Äußerung wird die zweite als Parallelismus dazu verstanden: ‚guter Verlauf der Besserung'. Gleichzeitig wird aber auch die WUNSCHformel *Gute Besserung*, die bei Krankheit geäußert wird, interpretiert. WUNSCH und bewertende BEHAUPTUNG werden ausdrucksseitig in einer einzigen Äußerung VERDICHTET: Sie ‚gehören zusammen'. Im Kontext der Werbung auf dem Ticket-Umschlag der Bundesbahn versteht man zusätzlich ‚Gute Reise' mit – ein Zusammenhang, der durch die Verwendungssituation HERGESTELLT wird.

4.3.4 Spannung erzeugen

Spannung wird in Texten global aufgebaut, etwa durch das Hinarbeiten auf eine Pointe bei Witz, Erzählung, Glosse. Es gibt aber auch eine Reihe stilistischer Verfahren, die lokal dafür geeignet sind. Ein Verfahren, das auch zum GEWICHTEN von Information und zum HERVORHEBEN geeignet ist, ist die kataphorische Wiederaufnahme:

(23) *Man hat **ihn** einen Magier der Sprache genannt – und einen überschätzten Literatur-Kunstgewerbler. Einen heroischen Nihilisten – und einen christlichen Warner des Abendlandes. Er ist als Wegbereiter des Nationalismus angeklagt – und als Verteidiger von Freiheit und Individualismus gepriesen worden.* **Ernst Jünger**, *Einzelgänger und Außenseiter, ist ein bis heute nicht restlos geklärter „Fall" neuerer Literatur geblieben...* (aus: Hamburger Abendblatt 14.4.1977, nach Brinker ^{5}2001, 35, Beisp. 15).

Einige weitere Verfahren zeigt das folgende Beispiel (Die Zeit, 7.12.2000, Wirtschaftsteil, 26) Abb. 4.3–4.

Oft ist die Überschrift dazu geeignet, Neugier und damit Spannung zu erwecken. Hier wird mit *Offline-Banking* ad hoc ein Gegenbegriff zum gängigen *Online-Banking* gebildet. Andere Überschriften (vgl. (18) *Gefehlt*, Kap. 5.4.1.2d) sind mehrdeutig oder unverständlich ((19)*Verschnarcht*, ebda.) und machen dadurch neugierig auf den Text.

Ein anderes stilistisches Verfahren in diesem Rahmen ist das VORWEG-BEWERTEN: Zunächst wird die Bewertung formuliert, dann auf dasjenige referiert, was so bewertet wird. Der Text beginnt mit *Dieser Bill*, einer Form des Exklamativs, hier mit dem Demonstrativartikel als deiktischer Form. Die Bewertung geht in Richtung ‚Verwunderungsausdruck' und ‚negativ', womit EMOTIONALISIERT wird. Der zweite Absatz beginnt – ebenso umgangssprachlich – mit *Denkste.* für den Ausdruck von ‚Fehleinschätzung'. In der Mitte des letzten Absatzes heißt es schließlich: *Der einstige Pionier des Online-Banking ist daher schon weiter*, wodurch eine Positivbewertung gegeben wird.

Das OFFENLASSEN der Referenz ist ebenfalls ein Mittel der Spannungsherstellung. Hier wird das Rätsel sofort aufgelöst: Auf *Dieser Bill.* (Welcher?) folgt sofort: *Da hatte Microsoft-Chef Gates...*, und auch im 3. Absatz wird die definite Kennzeichnung *Der einstige Pionier des Online-Banking* umgehend durch den Namen der Person verdeutlicht.

Ein weiteres Verfahren ist das AUSLAGERN eines Referenzausdrucks an das Ende der Äußerung, zuvor wird die Position, die dieser einnehmen könnte, mit einem nominalen Prädikationsausdruck gefüllt (zunächst am Beginn des 2. Absatzes, dann im 3. Absatz):

Offline-Banking

Dieser Bill. Da hatte Microsoft-Chef Gates (ein Pulloverträger, ausgerechnet!) das baldige Ableben des feinen Bankgewerbes (Nadelstreifen! Tradition! Diskretion!) prophezeit – und schon waren die Herren des Geldes um eine Vision reicher. *„Banking is necessary, banks are not"*, sagte Gates. Frei übersetzt: Niemand wird künftig noch eine Bankfiliale brauchen, weil es ja das Internet gibt. Ein Klick, und die Aktie ist gekauft. Zwei Klicks, und fertig ist die Baufinanzierung. Drei Klicks, vier Klicks, fünf oder sechs – alles ein Klacks. So dachten auch die Strategen der neuen Internet-Banken, die sich aufmachten, die alten Geldhäuser zu ärgern.

Denkste. Offensichtlich hat man ob der ganzen Online-Euphorie eine Winzigkeit vergessen: die Kunden. Von 1000 Website-Besuchern tätigen an guten Tagen gerade mal 15 einen Abschluss, hat die Unternehmensberatung Bain & Company herausgefunden. Der große Rest läuft lieber in die Filiale. Reine Online-Banken gewinnen keine neuen Kunden, sondern jagen sich die wenigen, die sie haben, gegenseitig ab.

Woran das liegt, hat die Branchenbibel *Euromoney* aufgedeckt: Eine der „20 Sünden des Internet-Banking" sei es, zu glauben, das Netz reiche als alleiniger Vertriebsweg aus. Im Klartext heißt das: Wer Aktien kauft, will nicht nur online handeln, sondern auch offline, in einer Filiale. Damit man dem netten Bankberater persönlich die Meinung sagen kann, wenn sein „todsicherer Tipp" daneben lag – und nicht zu Hause frustriert den PC anbrüllen muss. Der einstige Pionier des Online-Banking ist daher schon weiter: Charles Schwab, Marktführer in den Vereinigten Staaten, hat ein neues Geschäftsfeld entdeckt: Filialen. Mehr als 350 besitzt er, Tendenz steigend. Auch in Deutschland dürfte Schwab bald aktiv werden. Vielleicht in den Zweigstellen, die die Deutsche Bank geschlossen hat?

MARC BROST

Abb. 4.3–4 Offline-Banking

(a) *Offensichtlich hat man ob der ganzen Online-Euphorie eine Winzigkeit vergessen: die Kunden.*

(b) *Charles Schwab, Marktführer* (des Online-Banking, B.S.) *in den Vereinigten Staaten, hat ein neues Geschäftsfeld entdeckt: Filialen.*

Der ‚unernsten' Interaktionsmodalität des Textes entsprechend sind die vorher gegebenen Prädikationen ironisch gemeint, was aber erst deutlich wird, wenn die Referenz geklärt ist: Dann erst ist eine ironische Interpretation möglich. In anderen Texten funktioniert das Verfahren auch ohne Ironie.
– Ein gern genutztes Verfahren ist auch das Einschieben von komplexen Ausdrücken zwischen Referenz- und Prädikationsausdruck: als Parenthese, als Attributsatz bzw. -sätze, als Adverbiale. Hier ein Beispiel mit koordinierten Attributsätzen (aus: Die Zeit, 29.1.2004, Feuilleton). Die Überschriften des Textes lauten *Ewige Abi-Party. Das Saarbrücker Nachwuchsfilmfestival wird 25 Jahre alt. Eine kleine Gratulation. Von Katja Nicodemus*. Der Text beginnt mit:

(24) *Okay, es ist nicht ganz einfach, sich vorzustellen,* **dass diese Stadt,** *die wie eine vergessene Murmel in einem düsteren Talkessel an der deutsch-französischen Grenze liegt und von einer abgrundtief hässlichen Stadtautobahn durchschnitten wird,* **der Nabel der Welt sein kann.**

„Das Prinzip Spannung" wird von Fill (2003) als umfassendes kulturelles Phänomen mit einer Vielfalt von Verfahren und Aspekten beschrieben.

4.3.5 Anschaulich machen

Anschaulichkeit ist u.a. ein Mittel der Verständlichkeit, aber es dient z.B. auch der Unterhaltsamkeit, dem gemeinschaftlichen Bewerten im Klatsch (Bergmann 1987) oder im Scherzen (Kotthoff 1998) und anderem. – Wagner (2000, 421) charakterisiert das ANSCHAULICH MACHEN als „gleichzeitig (...) ästhetische, sinnliche, intellektuelle und kommunikative Potenzen von Kommunikationsbeiträgen (...), als ein globales stilistisches Phänomen". – Ein Beispiel aus dem Lokalteil (S. L7) der Saarbrücker Zeitung vom 5.5.2000:

(25) *Die Sprachlosigkeit an der Kassenschlange*
Keiner weiß, wie das Ding heißt
– VON CHRISTOPH SCHEUERMANN –
Gestern im Supermarkt: An meiner Kassenschlange dauerte es – wie immer – am längsten. Entweder klirrt jemandem das ganze Kleingeld auf den Boden, oder das Karten-Lesekästchen mit der schwarzen Ringelschnur ist kaputt. In diesem Fall war es Wein: Der Preis auf der Flasche fehlte. Die Kassiererin, die auch noch Frau Lahm hieß, telefonierte daraufhin im Markt herum. Und zwar ewig.

> *Um die Wartezeit sinnvoll zu nutzen, fing ich an, meine Siebensachen auf das Ruckelband zu legen, hinter die Kakaogetränk-Tüten und die fleischig-roten Folienwürste des Ehepaares vor mir. Es fehlte aber etwas – dazwischen. „Schiebt bitte jemand das Trennklötzchen nach hinten?" fragte ich die Schlange. Stille. Köpfe drehten sich zu mir um. Eine leise Stimme: „Was bitte?" Trennklötzchen?*
>
> *Ich wunderte mich: Ist das Wort „Trennklötzchen" etwa unbekannt? (...)*

Im weiteren Text geht es um Recherchen bezüglich der Bezeichnung des bekannten Gegenstandes. Der Text beginnt mit einer Beispiel-Erzählung; nach einer knappen VERDICHTETEN Orientierung über die Zeitrelation (*Gestern im Supermarkt:*) wird die Ausgangssituation GENERALISIEREND beschrieben (vgl. Grund – Figur, Kap. 4.2.2.4): *Entweder* **klirrt** *jemandem das ganze Kleingeld auf den Boden...* ist durch den Gebrauch des einwertigen Verbs *klirren* mit dem Wertigkeitsmuster von *fallen* VERDICHTET und dadurch ANSCHAULICHER gemacht. Überwiegend durch Attribute wird hier weiter VERANSCHAULICHT: *das Karten-Lesekästchen mit der schwarzen Ringelschnur; die auch noch Frau Lahm hieß; die fleischig-roten Folienwürste des Ehepaares vor mir; eine leise Stimme.* Hinzu kommen Komposita, die auf sehr hohe ‚Genauigkeit' der Sachverhaltsdarstellung zielen: *Karten-Lesekästchen, Ringelschnur, meine Siebensachen, Ruckelband, Kakaogetränk-Tüten* usw. Dies geht über das ‚treffende Wort' der normativen Stilistik weit hinaus. Wie für die Detaillierungsphase des Erzählens vielfach beschrieben, gehört direkte Rede zum veranschaulichenden Vergegenwärtigen beim Erzählen. Hier auch nach *Ich wunderte mich.* Weiter kommen hinzu: Pars pro toto mit *Köpfe drehten sich zu mir um. Eine leise Stimme* und als VERDICHTETER Ausdruck, als Totum pro parte: *fragte ich die Schlange.* Weiter wird dies unterstützt durch den Gedankenstrich bei: *Es fehlte aber etwas – dazwischen,* der zusätzlich, VERDICHTEND, die „Sprachlücke", wie es später im Text heißt, ikonisch analogisierend verdeutlicht.

Diese Fülle von Elementen des ANSCHAULICH MACHENs wird ähnlich in trivialer Literatur verwendet, folgt also einer bestimmten Art von Ästhetik (Wagner 2000), ist ‚eingängig', ‚unterhaltsam', vgl. dazu Klein (1996, 1997). Es wird hier allerdings kompensiert durch eine variationsreiche Syntax, in der längere und komplexere Einheiten mit kurzen bis sehr kurzen (*Stille.*) abwechseln. – Insgesamt dient auch das BEISPIEL GEBEN, die Beispielerzählung dem ANSCHAULICH MACHEN, wie dies seit der Antike für die Rhetorik der Argumentation thematisiert wird.

Anschaulichkeit wird jedoch nicht nur durch Ausdrucksfülle hergestellt, sondern sie kann gerade auch durch Sparsamkeit des Ausdrucks für Konkretes erreicht werden, wobei dann jedoch bei der Rezeption die angedeuteten Frames aufgefüllt werden müssen. Vgl. aus dem Beispiel (20) *Luxus* in Kap. 4.1.2.4:

(26) *(...) Oder Bahnfahrkarten im Zug lösen. Den Schaffner umständlich hantieren sehen mit dem Ticketmaschinchen. Ihm einen großen Schein geben. Sein Stirnrunzeln, sein erfolgloses Rühren im Portemonnaie, sein Verschwinden (...)*

Fix (2001b, 18ff.) unterscheidet drei Arten von Anschaulichkeit; sie werden hier ergänzt durch die Unterscheidungen von Brünner/Gülich (2002):
1. „Anschaulichkeit durch Wortbedeutung", indem „Wörter mit ‚starker' Bedeutung verwendet werden" (2001b, 19), d.h. Wörter mit spezifischer Bedeutung von den Rändern eines Wortfeldes wie *schlurfen, trippeln, latschen* gegenüber *gehen, laufen*, vgl. im Beispiel (25) die Wortbildungen, aber im syntaktischen Bereich auch die Attribute und die Valenzübertragung bei *klirren*. Vgl. auch Brünner/Gülich (2002) über die Verfahren des ANSCHAULICH MACHENs in der Experten-Laien-Kommunikation.
2. „Anschaulichkeit durch die Form" durch den Gebrauch von onomatopoetischen Wörtern (*Kuckuck, Klirr...*) und von ikonischer Textgestaltung: „Ikonisierungen, d.h. Verbildlichungen, können auf allen Ebenen der Sprache stattfinden" (Fix 2001b, 19). Aus dem obigen Beispiel: *Es fehlte aber etwas – dazwischen.* und *Stille*. Ein Beispiel für einen ganzen Text ist Jandls *lichtung*, vgl. Beisp. (20) in Kap. 4.2.2.
3. „Anschaulichkeit durch (...) Übertragung" (Fix 2001b, 19) bei Metaphorik. Abstrakte Inhalte werden „assoziativ" (2001b, 21) versprachlicht, und im Anschluss an Lakoff/Johnson (1980) kann man sagen, dass abstrakte Inhalte durch – dort Alltags- – Metaphern im Lichte von Konkretem versprachlicht werden. – Hier ist auch das Bilden von Analogien (Kap. 5.6.4d) zu nennen. Mit beiden Formen wird über einen durch REFERIEREN geklärten Gegenstand oder Sachverhalt VERANSCHAULICHEND prädiziert. Vgl. auch Brünner/Gülich (2002, 23 u.ö.); die Autorinnen zählen auch das VERGLEICHEN hinzu.
4. Mit Brünner/Gülich (2002) ist das ERZÄHLEN als komplexeres Verfahren hinzuzufügen, vgl. Beispiel (25).
5. Als weitere komplexere Verfahren führen Brünner/Gülich (2002, 23) die „Konkretisierungen" an, mit denen beispielhaft etwas beschrieben wird, und „Szenarios": „der verbale Entwurf einer vorgestellten, contrafaktischen Situation, wobei Ereignisse und Handlungen (...) verbal geschildert und mehr oder weniger ausgemalt werden" (ebda.).
6. Schließlich führen sie (ebda.) Visuelles auf: „Filme, Bilder, Schemazeichnungen, Tabellen u.Ä., aber auch Gestik", die „zur Unterstützung des verbalen Vermittlungsprozesses eingesetzt" werden.

Bilder (vgl. Eroms 2000) werden in der Presse und im Fernsehen vielfach genutzt, um Texte ANSCHAULICH zu MACHEN. Dabei müssen die Bilder, wie im folgenden Fall (aus Saarbrücker Zeitung, 26.10.1999, 13) nicht unbedingt mit dem berichteten Ereignis übereinstimmen; sie müssen nur dazu ‚passen'.

Sorgenvolle Mienen Abgeschirmt und fast geheimnisumwittert traf sich dieser Tage ein erlauchter Kreis der königlichen Familie (im Foto die Queen und der Thronfolger, Prinz Charles) im Buckingham Palast zum Gipfeltreffen. Man macht sich Sorgen um das Ansehen der königlichen Familie in Schottland. Auch der geschäftstüchtige Prinz Edward sorgt für Unruhe. FOTO: DPA

Krisengipfel bei der Queen

Sorgen um die aufmüpfigen Schotten und den „Ruhestörer der Royals", Prinz Edward

Ziehen sich die aufmüpfigen Schotten von der Monarchie zurück? Die sierten, daß sich die Königin zu wenig sehen lasse. Ein paar Nächte in ihrem schottischen Mark pro Zuhörer, dort Vorstellung seines Buches „Crown and Country" (Krone und

Abb. 4.3–5 Bildliche Anschaulichkeit

4.4 Einige komplexe stilistische Handlungsmuster

Unter komplexen stilistischen Handlungsmustern verstehe ich solche, bei denen auch auf komplexe Einheiten und Muster, nicht nur auf einfache Elemente und Verfahren zurückgegriffen wird. Zu dieser Gruppe von stilistischen Handlungsmustern gehören solche, die sehr komplex sind, wie VERSTÄNDLICH MACHEN, BEWERTEN, PERSPEKTIVIEREN usw. Sie verbinden sich mit den verschiedensten Texten und Textmustern, mit Gesprächsstilen

4.4 Einige komplexe stilistische Handlungsmuster

etc. und erhalten da jeweils verschiedene Ausprägung. Auch hier können nur wenige stilistische Handlungsmuster exemplarisch bearbeitet werden.

Die Komplexität dieser stilistischen Handlungsmuster entsteht u.a. dadurch, dass in ihnen einfachere Muster integriert sein können, z.B. (→ für *indem*):

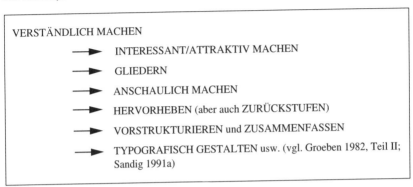

Abb. 4.4–1 Verständlich machen

Für BEWERTEN ist u.a. INTENSIVIEREN relevant. Beim PERSPEKTIVIEREN spielt z.B. das HERVORHEBEN eine Rolle (*aus meiner Sicht; **ich für meine Person** ...*), aber auch das DISTANZIEREN, das direkte oder indirekte ZITIEREN usw.

Hoffmann (1996, 303) beschreibt das komplexe Muster PERSUASIV MACHEN durch SIMPLIFIZIEREN, ENTKONKRETISIEREN, VERBILDLICHEN usw., insgesamt durch verschiedenste „Techniken" (Verfahren), die wiederum dafür einsetzbar sind. Das Ziel von Persuasion ist rhetorisch elaboriertes Handeln (1996, 297), mit dem Sprecher/Schreiber ihre Adressaten in deren eigenem Interesse zu beeinflussen suchen (ebda.), indem sie die „Welt" für die Adressaten umdeuten (1996, 300), sie so zeigen, „wie sie in der Öffentlichkeit erscheinen soll" (1996, 301). Man versucht, „auf eine bestimmte Art und Weise in die Lebenswelt des Adressaten einzugreifen" und dadurch erfolgsorientiert zu handeln (ebda.).

4.4.1 Bewerten und Emotionalisieren

BEWERTET wird zu einem bestimmten Zweck auf der Grundlage bestimmter Werte und Wertmaßstäbe (Ripfel 1987), im Rahmen bestimmter Textmuster, für bestimmte Adressaten(gruppen), vgl. Stürmer/Oberhauser/Herbig/Sandig (1997). – BEWERTEN und EMOTIONALISIEREN hängen insofern zusammen, als das Letztere ein ‚gesteigertes' Bewerten ist: Es schließt ein

,Erleben' des Bewertens ein (Fiehler 1990). Beide dienen dem Ausdrücken von Einstellungen/Haltungen.

4.4.1.1 Bewerten

BEWERTEN in Texten ist vielfältig und komplex (vgl. Sandig 2004). Es geht hier nicht um Bewertungen wie *Der Kaffee ist gut* oder *Die Arbeit ist noch befriedigend*. BEWERTEN mit rein stilistischen Mitteln nennt Stegert (1993, 201) „implizites Bewerten". Er gibt (ebda.) folgendes Beispiel:

(1) *Mittlerweile hat die Frau den Mann endlich erjagt (in einer Tokioter Spielhalle) und eilends verschleppt zu einem Kräuterheiligen ins Gebirg, woselbst ihm Aug und Herz geweitet werden.* (Über den Film von Wim Wenders: „Bis ans Ende der Welt", Stuttgarter Zeitung, 12.9.1991)

„Altertümliche sprachliche Mittel" (Stegert ebda.) wie *Gebirg* und *Aug* neben *eilends* und *woselbst* drücken hier die ‚distanzierte', ironische Bewertungs-Haltung aus, aber auch die Prädikate: Eine Frau *erjagt* und *verschleppt* einen Mann – wir kennen den Topos mit umgekehrten Rollen – und das Herz wird *geweitet*, als ließe man einen Schuh, der zu eng ist, weiten; diese Art der Bewertungs-Bildlichkeit der Metapher zeugt ebenfalls von ‚Distanz'. Auch die Abfolge von *Tokioter Spielhalle* und *Kräuterheiligen* lässt eine ‚distanzierte' Bewertungs-Haltung mitverstehen.

Im Grundgesetz der Bundesrepublik Deutschland heißt es in Art. 3 (Gleichheit vor dem Gesetz, Abs.2) noch 1982 lediglich:

(2a) *Männer und Frauen sind gleichberechtigt.*

Die Sequenz *Männer und Frauen* ist zu diesem Zeitpunkt phraseologisch verfestigt und folgt der von Ross (1980, 48) festgestellten Ich-vor-allem-Regel: „Ausdrücke für männliche Lebewesen stehen vor Ausdrücken für weibliche Lebewesen: dt. *Mann und Frau*, (...) *Adam und Eva*". (ebda.). Ross schreibt (ebda.) weiter: „Dies alles deutet darauf hin, dass dieses Ich ein männlicher Mensch ist". D.h. zu diesem Zeitpunkt wird Gleichberechtigung im Grundgesetz zwar behauptet, aber sprachlich noch nicht konsequent praktiziert. Die Auflage von 2001 hat folgende Äußerung als Zusatz erhalten:

(2b) *Der Staat fördert die tatsächliche Durchsetzung der Gleichberechtigung von Frauen und Männern und wirkt auf die Beseitigung bestehender Nachteile hin.*

Hier ist die phraseologische Qualität der ersten Äußerung deutlich aufgehoben, indem VARIIERT wird: *von Frauen und Männern*. Hier wirkt sich also das Bemühen um das Sichtbarmachen von Frauen in der Sprache aus. Das Verfahren des VARIIERENs im Textkontext wird hier also genutzt, um stereotype Bewertungen zu relativieren.

4.4 Einige komplexe stilistische Handlungsmuster

a) Bewertungsmanagement: Bewertungen werden oft nicht neutral ausgedrückt, sondern sie werden für die Adressaten in besonderer Weise aufbereitet: Durch „Bewertungsmanagement" (Stürmer/Oberhauser/Herbig/Sandig 1997, Sandig 1996) werden sie in besonderer Weise adressatenbezogen ausgedrückt: ein Spezialfall der Adressatenberücksichtigung. Teilweise werden Bewertungen durch Emotionalisierung VERSTÄRKT, zumal emotionales Bewerten Erleben einschließt (Fiehler 1990), d.h. es wird auch den Rezipierenden nahe gelegt. Insgesamt sind VERSTÄRKEN und ABSCHWÄCHEN Mittel des Bewertungsmanagements. Ein Beispiel aus „Bild am Sonntag", 5.11.2000:

(3) *Bayern-Power total. Magdeburg vergessen, Dortmund 6:2 gefressen. Und wie! Die Münchner mit dem höchsten Saison-Sieg. Gnadenlos nutzen sie die Fehler der Katastrophen-Abwehr vor dem machtlosen BVB-Keeper Jens Lehmann aus. Tore der Marke Samba, Brazzo-Furioso und ein Doppelpack von Scholl – doll!*

Kurze Bayern-BVB-Historie: 31 Spiele, davon 18 Siege, 7 Remis, 6 Niederlagen aus der Sicht der Gastgeber. Immerhin: Die letzte Heimschlappe stammt aus dem Oktober 1991. Ein 0:3 zum dramatischen Debüt von Trainer Sören Lerby.

Lang ist's her. Wenn da nicht die Achterbahnfahrt für den Bayern-Express seit Ende September gewesen wäre: Niederlagen gegen Rostock, Cottbus, Stuttgart. Es loderte, es brannte. (...)

Der Stil besteht hier aus einer Mischung überwiegend nominaler Strukturen, von denen einige durchaus für Schlagzeilen geeignet wären: *Bayern-Power total; (Die) Münchner* **mit** *dem höchsten Saison-Sieg*. Außerdem gibt es umgangssprachliche Äußerungsformen (*Und wie! Lang ist's her*), und Modellbildungen (Burger 1998, 42f.) mit Äußerungscharakter: *Wenn da nicht x* (negativ bewertet) *gewesen wäre*. ‚Starke' Bewertungen werden genutzt wie *total, höchster (...) Sieg, gnadenlos*; Bewertungen werden auch durch Wortbildungen VERSTÄRKEND verbalisiert: *Bayern-Power, Katastrophen-Abwehr* und vor allem durch Metaphern: *gefressen, Tore der Marke Samba...*, auch durch die Kombination zweier Metaphern zu einem ‚Bild' gesteigert: *die Achterbahnfahrt für den Bayern-Express*. Ergänzt wird dieser emotionalisierend bewertende Stil weiter durch wertende Elemente des Fußball-Jargons: wie *Doppelpack* für ‚zwei Tore' und *Heimschlappe*, es wird sogar Zusammenhänge HERSTELLEND gereimt (*vergessen – gefressen; Scholl – doll!*) und mit Parallelismen gearbeitet: *Es loderte, es brannte*, wobei hier zwei metaphorische Elemente wie in einer Klimax genutzt werden. Innertextuell (Fix 1991) wird KONTRASTIERT mit der eingeschobenen *Bayern-BVB-Historie*, die stilistisch weniger ‚dicht' gestaltet ist; bewertet wird hier u.a. auch mit beschreibenden Elementen, die die Leser aufgrund ihres Wissens bewertend verstehen. Vgl. auch, allerdings ohne Betonung des BEWERTENs, Braun (1998), und generell zum emotionalisierenden Stil der

„Bildzeitung" auch Büscher (1996). Der Text wird hier also deutlich für eine bestimmte Leserschaft aufbereitet.

Ramge (1994) hat gezeigt, dass in Zeitungskommentaren auf zweierlei Weise bewertet wird: einerseits explizit durch das KOMMENTIEREN selbst mit seinen Bestandteilen THEMATISIEREN und BEWERTEN oder DEUTEN, andererseits durch „gutes" Schreiben, durch einen „gekonnten, anspruchsvollen Text" (1994, 111f.). Er nennt diese „textstrukturelle Bewertung" mittels „Eloquenz" und „möglichst guter Präsentation" „sekundäres Bewerten" (1994, 111-113). D.h. Bewertungsmanagement erfolgt über den Stil; dies dient in Kommentaren allerdings nicht nur der Aufbereitung für die Leser, sondern auch der Selbstdarstellung als schreibkompetent (Ramge/Schuster 1999).

Eine Laudatio (Zimmermann 1993) beispielsweise kommt nicht ohne umfassendes Bewertungsmanagement aus: Hier geht es einerseits um ‚vorsichtige', ‚zurückhaltende' Selbstdarstellung des Laudators: durch eine captatio benevolentiae und die Betonung der Unfähigkeit, der Aufgabe gerecht zu werden (1993, 77ff.); konstitutiv ist aber auch der Ausdruck der Freude bezüglich der Aufgabe als Einstellungsausdruck. Das stilgerechte LOBEN des Laureaten erfolgt im Rahmen eines Feier-Rituals: Der Text ist sorgsam aufgebaut, oft auch gerahmt (1993, 81ff.), z.B. durch Zitate. Eine ‚wohlwollende' Sprechereinstellung ist konstitutiv (1993, 137) und ein Ton der Überhöhung, der zugleich ‚unterhaltsam' und ‚heiter' aber auch ‚ernst' ist und so ‚Feierlichkeit' und ‚heitere Geselligkeit' als Interaktionsmodalität erzeugt: Eine Institution feiert damit zugleich aus einem gegebenen Anlass ihre Werte. Expressive Sprachhandlungen wie FREUDE AUSDRÜCKEN und BEGLÜCKWÜNSCHEN werden ergänzt durch Erzählungen und Argumentationen im gehobenen Stil, bei dem auch eine sorgfältig gewählte Bildlichkeit charakteristisch ist, vorzugsweise Metaphern aus dem Bereich des ‚Sakralen' und der ‚Liebe', aber auch ‚Gipfel', ‚Himmelskörper', ‚Licht/Glanz' sind besonders geeignet, um Positivbewertungen bewertungsmanagend in diesem ritualisierten Rahmen auszudrücken (1993, 162, 125ff.).

b) Bewertende Bewegung: Analog zu Klein/von Stutterheims (1987, 1992) „referentieller Bewegung" kann man die Sequenz des BEWERTENs im Text als „bewertende Bewegung" betrachten. Ich analysiere den folgenden Text unter dem Gesichtspunkt des Maßstabsbewertens, s. Sandig (2004): Beim Maßstabsbewerten wird ein Gegenstand, ein Sachverhalt, eine Handlung etc. anhand eines Maßstabs bewertet. Maßstäbe sind individuelle oder soziale Normen, Wissenskomplexe. Diese sind an Zwecken orientiert, die der Gegenstand usw. erfüllen soll. Sie bestehen aus Wertkriterien bzw. Bewertungsaspekten, d.h. Gegenstandseigenschaften, die für den Bewertungszweck relevant sind. Diese sind skaliert mit positivem und negativem Pol, wobei ein Bereich dieser Skala als Sollwert ausgezeichnet ist. Je nach dem Bewertungs-

4.4 Einige komplexe stilistische Handlungsmuster

zweck tragen die Bewertungsaspekte oder Wertkriterien unterschiedliches Gewicht. Bezüglich jedes Bewertungsaspekts bzw. Wertkriteriums wird der konkret zu bewertende Gegenstand auf der zugehörigen Skala eingeordnet und diese Ergebnisse werden abschließend untereinander gewichtet.

Das folgende Beispiel zeichnet sich dadurch aus, dass die Interagierenden verschiedene Zwecke verfolgen: Sie bewerten verschiedene Bewertungsgegenstände und folglich auch verschiedene Bewertungsaspekte. Der Interviewer will die Interviewte wohl PROVOZIEREN, AUFS GLATTEIS FÜHREN, diese will sich selbst möglichst positiv, d.h. ‚gewitzt', ‚schlagfertig' o.Ä. SELBST DARSTELLEN. Auf diese Weise erhält das Gespräch immer wieder eine neue Wendung (aus: Stern, November 1997):

SAGEN SIE MAL, FRAU SCHWARZER...
...warum loben Sie Harald Schmidt?

Grimme-Preis, Goldener Löwe, Bambi, Telestar – Harald Schmidt kann sich vor Ehrungen nicht mehr retten. Jetzt bekommt der Late-Night-Star auch noch den »Medienpreis für Sprachkultur« der Gesellschaft für deutsche Sprache. Bei der Verleihung am 9. Mai 1998 in Wiesbaden hält »Emma«-Herausgeberin Alice Schwarzer die Laudatio.

STERN: Fällt es Ihnen schwer, den Frauenfeind Schmidt zu loben?
ALICE SCHWARZER: Nein, sonst täte ich es ja nicht.
STERN: Dann ist Dirty Harry also ein Vorbild für Männer?
SCHWARZER: Er kriegt diesen Preis nicht für besondere Frauenfreundlichkeit, sondern für seinen besonders pointierten Umgang mit Sprache.

STERN: Was finden Sie persönlich lobenswert an ihm?
SCHWARZER: Sein Talent für den gerade in Deutschland so raren Nonsens und seinen schwarzen Humor.
STERN: Dessen Schärfe Sie sicher auch selbst schon zu spüren bekommen haben. Fanden Sie das lustig?

Schwärmt für Schmidts Schnauze:»Emma«-Chefin Alice Schwarzer

SCHWARZER: Und ob! Die Frage mit den Witzen ist aber nie, ob sie gemein sind. Die Frage ist nur: Sind sie wirklich witzig? Wenn ja, sind sie immer auch entlarvend und damit nie reaktionär.
STERN: In der Jury dieses Preises sitzen nur Männer. Sind Sie bei der Verleihung die Quotenfrau?
SCHWARZER: Wohl kaum. Aber ich bin sicherlich die unerwartetste Lobrednerin - und von daher eine komische Idee.
STERN: Halten Sie Harald Schmitt für einen Macho?
SCHWARZER: Es ist quasi unmöglich heutzutage, einen vom Machotum wirklich freien Mann zu finden. Ich vermute, Schmidt steht in der Skala des Männlichkeitswahns im weitverbreiteten Mittelfeld.

Abb. 4.4–2 Sagen Sie mal, Frau Schwarzer...

LOBEN ist ein zentraler Typ des Bewertungshandelns. Die Überschrift fragt nach den Gründen (Bewertungsaspekten mit Einordnungsergebnissen bzw.

positiven Wertkriterien), warum das Bewertungssubjekt Alice Schwarzer (prominente Journalistin und Feministin, Herausgeberin der Zeitschrift „Emma") den Bewertungsgegenstand Harald Schmidt zu „loben" bereit ist, d.h. eine Laudatio zu halten.

Unter dem Bild steht *Schwärmt für Schmidts Schnauze: „Emma"-Chefin Alice Schwarzer.* Im Stil des „Stern" wird hier pointierend die Thema-Rhema-Abfolge umgekehrt; man kann dies auch so lesen, dass das Bild (das zuerst wahrgenommen wird) als Referenzausdruck dient und darüber verbal prädiziert wird, danach erfolgt ‚auf alle Fälle' noch einmal explizit die Identifizierung der abgebildeten Person durch den Namen mit Verbalisierung ihrer gesellschaftlichen Position.

Schwärmt für Schmidts Schnauze: In dieser Prädikation werden alliterierend zwei scheinbar gegensätzliche Konzepte (*schwärmt für* und das negativ konnotierte *Schnauze*, wenn es von Personen gesagt wird) miteinander verknüpft; *Schmidts Schnauze* spielt – wohl nur ausdrucksseitig (vgl. Spillner 1983) – an auf *Schmidt Schnauze*, den Spitznamen des früheren Bundeskanzlers Helmut Schmidt, als er noch schlichter Parlamentarier war. Im Rahmen dieser rein stilistischen Intertextualität, die auf einen Diskurs bezogen ist (vgl. Kap. 3.1.3.2 und 5.4.2.3) erhält *Schmidts Schnauze* auch eine ‚positive' Mitbedeutung. *Schwärmen für* ist ein graduell sehr ‚positives' emotionales Bewerten, insofern wird hier ein Kontrast nicht nur hergestellt, sondern hochgestuft, denn manche Leser dürften wissen (Zeitpragmatik), dass Harald Schmidt sich öffentlich über Alice Schwarzer lustig gemacht, sie geradezu verhöhnt hat.

Hier wird deutlich, dass der „Stern" (sein Autor) ein zweites Bewertungssubjekt ist, das als Bewertungsgegenstand die Beziehung zwischen Alice Schwarzer und Harald Schmidt hat. Der Text „lebt" nun von der Spannung dieser beiden verquickten Bewertungshandlungen: Alice Schwarzer bewertet Harald Schmidt und der Textautor bewertet beide im Verhältnis zueinander. Da Bewertungsmaßstäbe zu Bewertungszwecken in Handlungskontexten genutzt werden, konfligieren im Text zweierlei Maßstäbe; dies macht ihn ‚interessant'.

Der Text selbst beginnt mit einer Einleitung, die die Voraussetzungs-Situation des Interviews wiedergibt: Unter dem Wertkriterium Ehrungen werden vier Ehrungen, die die Leserschaft als ‚hochkarätig' kennt, ironisch prädizierend eingebunden mit *Harald Schmidt kann sich vor Ehrungen nicht mehr retten.* Die Syntax mit der Aufzählung am Anfang unterstützt dies: Die Sequenz der freien Thema-Ausdrücke *Grimme-Preis, Goldener Löwe, Bambi, Telestar* ist nicht erwartbar, zumal Harald Schmidt immer wieder gegen den „guten Geschmack", d.h. gängige Wertmaßstäbe, verstoßen hat. *Jetzt bekommt der Late-Night-Star auch noch den „Medienpreis für Sprachkultur" der Gesellschaft für deutsche Sprache.* Mit *Star* wird Schmidt positiv

4.4 Einige komplexe stilistische Handlungsmuster

gewertet, unter dem Wertkriterium *Ehrungen* wird eine weitere (*auch noch*) positiv zu bewertende Eigenschaft prädiziert. Da mit *auch noch* häufig negativ bewertet wird, ist hier durchaus auch eine Ironie des Autors interpretierbar. Über diese letzte Äußerung stellt der Autor des Textes den Zusammenhang mit Alice Schwarzer her: Sie wird die Laudatorin bei der Verleihung dieser Ehrung sein.

Nun beginnt das verschriftete Interview als prototypische Form des DIALOGISIERENs: Die Fragen des „Stern" beziehen sich auf diese Laudatio (*loben*); dabei wird nicht auf die bereits genannten positiven Eigenschaften eingegangen, sondern auf ein negatives Wertkriterium, von dem er nahe legt, dass es aus der Sicht der Feministin Alice Schwarzer als besonders bewertet angenommen werden muss: *den Frauenfeind Schmidt*; darauf bezieht sich dann auch die Unterstellung einer Bewertung des Bewertungssubjekts Alice Schwarzer: *Fällt es Ihnen schwer... zu loben?* Schwarzer verneint die Unterstellung (*Nein*) und begründet dies damit, dass sie Schmidt (als Bewertungsgegenstand) würdigen wird, d.h. das negative Wertkriterium ‚Frauenfeind' ist für ihr jetziges und zukünftiges Bewertungshandeln irrelevant; es betrifft den Bewertungsgegenstand der Beziehung zwischen Schwarzer und Schmidt.

Der „Stern"-Autor nimmt seinen Bewertungsaspekt (Machotum: *Frauenfeind*) mit dem saloppen Referenzausdruck *Dirty Harry* wieder auf und folgert (*also*), dass Machotum für Alice Schwarzer etwas Gutes sei: *also ein Vorbild für Männer?* Schwarzer wird nun explizit, indem sie im Zusammenhang der Preiswürdigkeit von Schmidt klarstellt, dass die Mann-Frau-Beziehung hier ein irrelevanter Bewertungsaspekt ist: *Er kriegt diesen Preis nicht für besondere Frauenfeindlichkeit*. Mit *besondere* stuft sie hoch, übertreibt ironisch. Nun führt sie das aus der Sicht der Laudatorin gewichtigste Wertkriterium ein (Wertmaßstäbe sind auf Bewertungs-Zwecke bezogen!): *sondern für seinen besonders pointierten Umgang mit Sprache*.

Der „Stern" fragt nun nach dem für Schwarzer selbst wichtigen bzw. dem gewichtigsten Wertkriterium/Bewertungsaspekt: *Was finden Sie persönlich lobenswert an ihm?* Schwarzer antwortet hier mit der Fokussierung (*gerade*) des Bezugsbereichs (*in Deutschland*, vgl. Zhong 1995) und benennt die Wertkriterien *Talent (...) für Nonsens und schwarzen Humor*, wobei *Nonsens* positiv qualifiziert wird mit *rar* und zusätzlich emotionalisiert mit der deiktischen Partikel *so*, die das für Emotionsmanifestationen konstitutive Erleben anzeigt (vgl. Fiehler 1990).

Der „Stern" bezieht – mit syntaktischer Solidarität einen Relativsatz anschließend – nun Alice Schwarzer als Bewertungsobjekt von Schmidt (als Bewertungssubjekt) mit ein, indem er die subjektive Bewertung erfragt: *Fanden Sie das lustig?* Schwarzer antwortet überraschend mit *Und ob!*, wieder bezogen auf ihren Bewertungsmaßstab und den Bewertungsgegenstand Schmidt, allerdings implizit; sie bleibt bei den Wertkriterien ‚Talent für Nonsens und Humor', nämlich *Witze* und fügt in diesem Zusammenhang ein skaliertes positives Wertkriterium für Witze ein: *wirklich witzig*, d.h. *entlarvend* (+) vs. *reaktionär* (-).

Der Bewertungsgegenstand der Beziehung zwischen Schwarzer und Schmidt wird unter dem Aspekt der Mann-Frau-Beziehung vom „Stern" nun etwas verschoben wieder aufgenommen, diesmal bezogen auf die Jury und die Preisverleihung. Auch hier wehrt Schwarzer ab. Sie interpretiert die vorgebrachte ambivalente Bewertung *Quotenfrau* (je nach Kontext positiv oder negativ bewertet) im Rahmen der Fragestellung, ob sie eine angemessene Laudatorin sei: *die unerwartetste Lobrednerin – und von daher eine komische Idee.*

Der „Stern" fragt abschließend erneut im Hinblick auf die Mann-Frau-Beziehung: *Halten Sie Harald Schmidt für einen Macho?* Schwarzer wendet diese Frage zunächst ins Allgemeine und etabliert so eine generelle Macho-Bewertungsskala für Männer: *Es ist quasi unmöglich heutzutage, einen vom Machotum wirklich freien Mann zu finden.* Auf dieser Skala ordnet sie Schmidt ein: *Ich vermute, Schmidt steht in der Skala des Männlichkeitswahns im weiterverbreiteten Mittelfeld*, damit bezieht sie implizit auch den (vermutlich männlichen) Frager auf die Skala.

Schwarzer kann sich in diesem Gespräch als ‚querdenkend', ‚schlagfertig' und auch ‚rational' SELBST DARSTELLEN; mit dem Stil ihrer Antworten lässt sie zugleich erwarten, dass sie die geeignete Lobrednerin sein wird. – Die bewertende Bewegung des Textes ist hier deshalb stilistisch relevant, weil sowohl der Bewertungsgegenstand ständig verschoben wird und damit auch die Bewertungssubjekte als auch die relevanten Bewertungsaspekte/ Wertkriterien.

Im Bereich des Zusammenhangs von BEWERTEN und Stil gibt es also viel zu entdecken, vgl. Sandig (1979, 1993, 1996 und 2004).

4.4.1.2 Emotionalisieren

EMOTIONALISIEREN ist eine Sonderform des BEWERTENs, die Erleben einschließt (Fiehler 1990). Für die Beschreibung emotionaler Stile nimmt Foolen (1997, 21f.) folgende Beschreibungsebenen an: Phonologie (besd. Intonation), Morphologie (z.B. Diminutive), Lexik (Flüche, Wörter der Zuwendung und Kränkung), Interjektionen und Partikeln, Syntax (besd. expressive Satztypen), expressive Sprechakttypen. Drescher (1997) schreibt in Kap. 4.2: „Typisch für das emotionale Ausdrucksverhalten ist (...) seine hohe Signalisierungsredundanz", d.h. Gefühle werden simultan und meist komplementär auf mehreren Kommunikationswegen übermittelt: Mimik, Körperhaltung und Gesten, sprachliche Stile. „Aus diesem Zusammenspiel erklärt sich die hohe Komplexität des emotionalen Ausdrucksverhaltens,

4.4 Einige komplexe stilistische Handlungsmuster

das insgesamt den Charakter einer Gestalt hat. Die Sprache ist dabei nur ein allerdings zentrales Medium." Sie betont in diesem Zusammenhang den holistischen Charakter emotionalen Ausdrucksverhaltens, ein Hinweis auf das von Fiehler (1990) betonte Erleben beim Ausdrücken von Emotion. Drescher (1997, Kap. 4.3ff.) zeigt eine „Funktionsvielfalt" auf: neben dem BEWERTEN auch SUBJEKTIVIEREN (wegen des von Fiehler 1990 betonten Erlebenscharakters), INTENSIVIEREN (Fiehler 1990 zeigt unterschiedliche Grade auf) und ANSCHAULICH MACHEN. Als generelle Funktion nennt Drescher (1997, Kap. 5.1) die „Einladung an den / die Partner ‚zum affektiven Mitschwingen'", die „affektive Synchronisation der Interaktanten".

Fiehler (1990, 113ff.) unterscheidet verschiedene Grade der Direktheit beim verbalen Ausdrücken von Emotion: a) das Ausdrücken von Emotionen (nicht Thematisieren) durch Interjektionen, emotionale Bewertungen, Ausrufe- und Wunschsätze, Stimmqualität und Atmen, Stöhnen, Seufzen...; b) das Thematisieren von Emotionen mittels begrifflicher Benennungen (*Gefühl, Freude...*), Emotionsbeschreibungen mittels Formeln (*ich fühle mich (wie) x ...*) oder Metaphern (*es kocht in mir, ich hänge durch*), Beschreibung emotionsrelevanter Sachverhalte (*ich muss ins Krankenhaus*) und schließlich Beschreibung der Umstände eines Erlebens (*Es verschlug mir die Sprache*). Hinzu kommen Formen des INTENSIVIERENs (*total, unheimlich, überhaupt nicht...*) und des KONTRASTIERENs, adressatenbezogene Abschwächungen (*eigentlich, schon*) und sprecherbezogene Deixis mit *so* und die deiktischen Artikelformen *der* und *dieser,* jeweils mit emotionsrelevantem nominalem Ausdruck. Umgangsstandard als ‚Sprache der Nähe' (Koch/Oesterreicher 1985) ist relevant.

Allein hieraus ergibt sich eine Vielfalt stilistischer Variationsmöglichkeiten. Wie anhand von Beispiel (1) in Kap. 4 und Abb. 4–1, dem Gedicht von Erich Fried, gezeigt wurde, wurde dort EMOTIONALISIERT durch HERVORHEBEN (vgl. Kap. 4.3.2.1), durch Nutzen von Umgangsstandard im Schrifttext, d.h. durch Elemente der unterneutralen Stilebene (vgl. Kap. 4.6.2), durch KONTRASTIEREN (*wir* vs. *sie*), durch VERDICHTEN (Kap. 4.1.2): illokutive Mehrdeutigkeit einer Satzkonstruktion und durch Mittel der Emphase (Kap. 4.3.2.3).

Ein Beispiel aus Grewenig (2000, 76), aus dem „Jahresrückblick auf das Jahr 1997" des Journalisten und Medienstars Böhme zum Thema „Stahlarbeiter protestieren" bezüglich der Fusion von Krupp und Thyssen. Die „Effektdramaturgie" (Grewenig 2000, 69) nutzt das EMOTIONALISIEREN: Der sogenannte „Infoblock I" lautet folgendermaßen (= für unmittelbaren Anschluss, (.) und (-) für Minipausen unterscheidbarer Länge, Versalien für betonte Silben), siehe S. 259.

Abb. 4.4–3 Böller

4.4 Einige komplexe stilistische Handlungsmuster 259

(4) 1 B: *an der ruhr (-) haben streikende kumpel (.) eine perVERse*
    2   *kapitalistenmahlzeit verhindert.*
    3   *dass der KLEIne, (-)*
    4   *in diesem fall krupp,*
    5   *den großen,*
    6   *in diesem fall thyssen, (-)*
    7   *mit=hilfe von BANKkrediten frühstückt.*
    8   *die frühstückseier zerschellten an den konzernpforten.*
    9   *der UNfriendly take over fand NIcht statt.*

Mit der markierten Intonation wird Wichtigeres HERVORGEHOBEN. Zu Beginn in Z. 1 wird mit Umgangsstandard die Redeweise ‚der Leute' aufgenommen. *Kapitalist* ist als stark negativ bewerteter Ausdruck, noch VERSTÄRKT durch *perVERse* und durch die Einbindung in eine Wortbildung, die den metaphorischen Bildbereich der Passage des umgangssprachlichen *Frühstückens* eröffnet. Die Referenz auf die Firmen wird durch vorangestelltes KONTRASTIEREN und Erläutern VERANSCHAULICHT (*der KLEIne (...) den großen*). Am Ende der Passage steht ein komplexes anschauliches Bild: *Die Frühstückseier zerschellten an den Konzernpforten*: Die eigentliche Mitteilung bildet die letzte Zeile, hier prosodisch KONTRASTIERT.

    In der „Bildzeitung" erschien der folgende Sprache-Bild-Text (aus: Bildzeitung, 27.12.2001, 1). Hier wird die von Drescher (1997, Kap. 4) für gesprochensprachliches Material betonte „Mehrkanaligkeit" auch im Schrifttext genutzt, Abb. 4.4–3.

    Das Bild selbst ist ein „Surrogat-Bild" (Doelker [2]1999): Es steht wie die Bilder von Potentaten, von Popgrößen, des Papstes, von Heiligen oder von Playmates für die Person selbst, als Stellvertreter. Hier wird den Lesern (und Leserinnen) eine Sexyfrau dargeboten: nach Kress/van Leeuwen (1996) zugleich als „Offer" zum Anblicken des seitwärts gebogenen Körpers und als kontaktaufnehmendes, aufforderndes „Demand", da wir direkt angesehen werden. Je nach Disposition der Rezipierenden löst bereits dieses Bild Emotionen aus; Bilder und Emotionen liegen insofern nahe beieinander, als beide in der rechten Hirnhälfte verarbeitet werden (Kroeber-Riel 1996), im Unterschied zur Sprache, die primär in der linken Hirnhälfte verarbeitet wird.

    Der sprachliche Teil des Gesamttextes bezieht das Bild zunächst – in seiner expliziten Version – auf die Zeit des Erscheinens vor Silvester, mit intertextueller Anspielung auf den Buch-Titel *Nicht ohne meine Tochter*; ohne das Bild könnte er fast als darauf beschränkt interpretiert werden. Dabei enthalten die durch das Präfix bzw. Bestimmungswort INTENSIVIERTEN Wortbildungen *Ur-Luder* und *Lieblings-Knallbonbon* bereits ambivalente emotionalisierende Wertungen. Zusammen mit dem Bild jedoch erhält der sprachliche Anteil noch eine weitere sexualisierende Interpretation, die je nach Disposition bei der Rezeption Emotionen auslöst wie Verachtung oder

Aversion der Zeitung gegenüber, Spaß an der bezüglich der Relation von Bild und Situationalität (Kap. 5.7) ‚gelungenen' Formulierung und/oder sexuelle Stimulierung und vielleicht noch Anderes.

Sprach-Texte werden häufig durch Bildverwendungen EMOTIONALISIERT: Beispiele sind die Catch-Visuals der Werbung; ein anderes Beispiel ist Abb. 5.9–20: eine Meldung über die Biedenkopfs, die durch ein montiertes Bild emotionalisiert wird. – Emotionales Argumentieren wird bei Fiehler (1993) und bei Herbig/Sandig (1994) bearbeitet.

Für hard news-Überschriften in Tageszeitungen hat Oberhauser (1993, 217-229) nachgewiesen, dass dort nicht nur eine Fülle von Bewertungen zu finden ist: Er zeigt eine Vielfalt von Verfahren zum EMOTIONALISIEREN auf. Emotionalität ist demgegenüber eher in Schlagzeilen der Boulevardpresse zu erwarten. Büscher (1996) beschreibt für die „Bildzeitung" verschiedene Verfahren zur emotionalen Aktivierung der Rezipienten, insbesondere die Anreicherung von Themen mit Bezügen zu Tod und Krankheiten. Er erklärt dies im Rahmen der Leserbindung: Leser werden emotional verunsichert und bekommen gleichzeitig Orientierung, Lebenshilfe. Voss (1999) untersucht neben verschiedensten sprachlichen Verfahren (Morphosyntax und Interpunktion, Lexik sowie traditionelle Stilmittel) die „narrative Inszenierung" redaktioneller Beiträge, d.h. die narrative Themenentfaltung der Beispiele, die auf emotional bewertende Anteilnahme zielt.

4.4.2 Perspektivieren

Im Folgenden gebe ich einige Beispiele, um die Verschiedenartigkeit des PERSPEKTIVIERENs zu zeigen, weitere Beispiele und Unterscheidungen in Sandig (1996), Hartung (1997) und Keim (1996, bes. 192-196).

Unter ‚Perspektive' ist Folgendes zu verstehen (vgl. Sandig 1996, Graumann 1993): Eine Person nimmt zu einem Zeitpunkt einen Gegenstand (im weitesten Sinne: Sachverhalt, Person, Ereignis, konkreten Gegenstand) wahr, und zwar nicht als ganzen, sondern nur in einem oder mehreren Aspekten; das „Wahrnehmen" kann ein ‚optisches, akustisches, gedankliches o.Ä. Wahrnehmen' sein, aber auch ein ‚Bewerten', Argumentieren für eine „Position", Erinnern usw. Diese Teilwahrnehmung verbalisiert die Person für Adressaten im Rahmen einer sprachlichen Handlung. ‚Perspektive' ist ein dynamisches Konzept: Perspektiven werden „gesetzt", d.h. sie können eingenommen werden, sich verändern, gewechselt werden; man kann sich in Perspektiven anderer versetzen (bezüglich der Origo und ihrer „Versetzung" schon Bühler ²1965), man kann denselben Gegenstand aus verschiedenen Perspektiven betrachten, zu verschiedenen Zeiten oder auch gleichzeitig. Man kann die eigene Perspektive einnehmen, aber auch eine Fremdperspektive, man kann auch **aus** einer Perspektive sprechen oder **über** sie.

4.4 Einige komplexe stilistische Handlungsmuster 261

Perspektivierungen sind vielfach in der Sprache vorgegeben, so metaphorische Konzepte wie *oben/unten* für die soziale Hierarchie, die generelle Wortstellungsregel für das Mittelfeld im deutschen Satz, nach der [+ belebt] vor [- belebt] steht, vgl. insgesamt die Grammatik von Welke (2002) und zu grammatischen Verfahren des PERSPEKTIVIERENs Fleischer/Michel/Starke (1993, Kap. 2.3.6). Dieses generelle menschliche Wahrnehmen ist jedoch für die Stilistik nur dann relevant, wenn derartige Sprachmittel mit anderen perspektivanzeigenden Ausdrücken zusammen verwendet werden, kookkurrieren und so eine ‚perspektivanzeigende' Gestalt bilden. Stilistisch relevant sind die Fälle, in denen mehrere verschiedene oder auch einzelne eingeschränkte Sichten auf einen Gegenstand ausgedrückt werden. Wie Graumann (1993) betont, ist Perspektivität immer potenzielle Multiperspektivität. Deshalb sind für das stilistische Interesse folgende Fragen relevant:
1. Wie deutlich werden Perspektiven ausgedrückt: mit welchem Grad der Explizitheit oder Implizitheit?
2. Werden im Text mehrere Perspektiven ausgedrückt und wenn ja: In welcher Relation stehen sie zueinander?

Der folgende Textausschnitt, den ich Anderegg (2000) verdanke, zeigt mehrere Verfahren der Perspektivierung im monologischen Text (aus: Max Frisch, Montauk, Frankfurt/M.: Suhrkamp, 14):

(5) *HUDSON:*
ein paar feiste Möwen auf der Mole, Wiedersehen mit der öligen Spiegelung im Wasser. Ein veralteter Dampfer liegt noch immer am Anker; Ketten mit Bärten aus Tang. Einmal ein Helikopter. Es ist windig, das schwarze Wasser klatscht gegen die Mole, deren Gehölz vor zwei Jahren schon morsch gewesen ist. Ein großer weißer Frachter, der vermutlich am nächsten Tag auslaufen wird, liegt ruhig und unbeweglich, STATENDAM, eine holländische Flagge im Wind. Rückwärts die alte Hochstraße, die zur Zeit in Reparatur ist. Die kleine düstere Bar, wo sie Billard spielen, gibt es auch noch; BLUE RIBBON, die Lichtschrift rot wie Limonade in der Dämmerung. Westwärts findet gerade ein schleimiger Sonnenuntergang statt; ein langer schwarzer Frachter davor. Ein paar Leute auf der Mole, Müßiggänger wie ich. Ein junger Schwarzer mit Fahrrad fährt Slalom. Ein Paar, das umschlungen auf der äußersten Planke sitzt als Schattenriß. Ein Alter mit Hund. Ein anderer Hund ohne Herr. Die langen dicken Taue aus Hanf. Eine Bierdose, die im Wind zu rollen beginnt.

1. Das perspektivierende *ich* ist nur einmal erwähnt: *Müßiggänger wie ich.* Es ist aber im vorherigen Kontext des Textausschnitts bereits eingeführt.
2. Auf temporale Deixis durch Tempusformen bzw. deiktische Ausdrücke wird hier fast ganz verzichtet: Es gibt nur eine Perfektform *morsch gewesen ist,* und eine Futurform: *Ein großer weißer Frachter, der vermutlich am nächsten Tag auslaufen wird, (…).* Dafür wird aber ‚zeitliche Tiefe'

mit anderen Ausdrücken hergestellt: *noch immer, vor zwei Jahren schon, gibt es noch.* Das alles ist bezogen auf das Präsens als Ausdruck des ‚Jetzt' (*liegt (...) am Anker*) und das darauf bezogene implizite ‚Jetzt' bei den Nominalgruppen (*Ketten mit Bärten aus Tang*) und die adverbiale Verdeutlichung der ‚Gegenwart' des perspektivierenden Ich: *findet gerade ein (...) Sonnenuntergang statt.*

3. Außerdem gibt es eine Raumperspektive mit *davor/dahinter* und *vorn/ hinten*, bezogen auf eine perspektivierende Person. *(...) Sonnenuntergang (...), ein langer schwarzer Frachter davor. Ein Paar (...) als Schattenriss. Rückwärts die alte Hochstraße.*
4. Das Wissen der perspektivierenden Person führt dazu, dass einige Elemente als bekannt eingeführt werden: *Wiedersehen mit **der** öligen Spiegelung im Wasser*; *Rückwärts **die** alte Hochstraße (...)*; ***Die** kleine düstere Bar (...)*; ***Die** langen dicken Taue aus Hanf.* Daneben gibt es ein *vermutlich* und *Wiedersehen mit; noch immer...*
5. Gegenstände und Sachverhalte, die aus der Perspektive des perspektivierenden Subjekts als ‚neu' präsent wahrgenommen werden, werden mit ‚unbestimmten' Artikelformen eingeführt: *Ein Alter mit Hund. Ein anderer Hund ohne Herr.*
6. Der Text enthält eine Fülle von Nominalsätzen, mit denen ‚Aktualität' angezeigt wird. Vgl. diese Form als typisch für Zeitungsschlagzeilen (Sandig 1971): *ein paar feiste Möwen auf der Mole, Wiedersehen mit der öligen Spiegelung im Wasser.* Diese Formen können das Dargestellte auch als einmalig kennzeichnen: *Einmal ein Helikopter.* Sie dienen auch dazu, das Wahrnehmen durch eine Person wie im „inneren Sprechen" (vgl. Wygotskij 1971, Kap. 7) auszudrücken: Es reicht die jeweilige Prädikation, unabhängig davon, ob ein kompletter Satz ausgedrückt wird oder nicht. Diese Nominalsätze sind im Kontext wohl als ‚punktuelle', jeweils ‚aktuelle', aber wechselnde Wahrnehmungen der perspektivierenden Person zu verstehen.
7. Der Textausschnitt beruht durchgehend auf beschreibender („deskriptiver", Brinker [5]2001) Themenentfaltung im engen Sinne. Auch *feiste Möwen* und *düstere Bar* verstehe ich in diesem Kontext nicht-wertender Wahrnehmung als für Deskription verwendet; es kommt nur auf den deskriptiven Bedeutungsanteil der Adjektive an. Nur *findet gerade ein schleimiger Sonnenuntergang statt* scheint mir durch die Bewertung der perspektivierenden Person gefiltert: *schleimig* im Zusammenhang mit *Sonnenuntergang* beschreibt einerseits, andererseits drückt es in diesem Kontext eine negative Bewertung aus. *Ein Sonnenuntergang findet statt* drückt die rein beschreibende Distanz der wahrnehmenden Person aus. Vermutlich soll sichergestellt werden, dass die Leser nicht einer Klischeevorstellung von ‚Sonnenuntergang' folgen.

4.4 Einige komplexe stilistische Handlungsmuster 263

Das Beispiel zeigt, wie durch eine Fülle verschiedenartiger Perspektivierungs-Merkmale ein ganzheitlicher Stil geprägt wird: Das gesamte deiktische System mit Person-, Raum- und Zeitdeixis ist relevant, aber auch andere Aspekte, bezogen auf ein Wahrnehmungszentrum: bekannt/neu, inneres Sprechen, Einstellungen/Haltungen wie ‚Distanziertheit', Wertungen. Andere mögliche Aspekte bei Darstellung derselben Szene sind ausgeblendet, z.B. Emotionen.

Ein sehr anderes Beispiel: Am 14.9.2001 stand im Feuilleton der „Frankfurter Allgemeinen Zeitung" (S. 49) folgendes Gedicht des Autors Charles Simic. Aus dem Amerikanischen von Hans Magnus Enzensberger:

(6) **Krieg**

Der zittrige Finger einer Frau
fährt die Verlustliste entlang
am Abend des ersten Schnees.

Das Haus ist kalt und die Liste ist
lang.

Es stehen all unsre Namen darauf.

In den beiden ersten ‚Versen' wird eine Außenperspektive eingenommen, der Autor geht mit deskriptiver Themenentfaltung (Brinker [5]2001) vor, als Lesende sind wir ‚distanziert' gegenüber einer Fremdperspektive, die nur angedeutet ist. Mit der letzten Zeile jedoch erfolgt ein unvermittelter Schwenk zur Eigenperspektive, auch der Lesenden. Im Rahmen der Situationalität, der Zeitpragmatik – drei Tage nach dem Anschlag vom 11.9.2001 auf das World Trade Center in New York – erhält das Gedicht einen aktuellen Sinn: ‚Nicht nur fremde Frauen bleiben *zittrig* in der Kälte mit einer Verlustliste zurück, sondern ganz plötzlich kann es uns alle treffen' und in Zeiten eines aktuellen Krieges bekommt es eine ganz generelle Bedeutung: ‚Ein Krieg lässt sich nicht (mehr) begrenzen, sondern kann jeden von uns treffen'. – Bei dem folgenden Beispiel, Abb. 4.4–4, gehen wir von der eigenen Perspektive aus (Stern, 4.1.2001, letzte Innenseite).

Bei der Rezeption betrachten wir zunächst aus unserer eigenen Perspektive das Schwarz-weiß-Bild dieser Werbung für das Auto VW Golf: Ein ‚fremdartiges', ‚gepflegt' geschminktes Gesicht blickt uns an, ‚nimmt Kontakt auf' (Kress/van Leeuwen 1996, 121ff.: „Demand" als bildlicher Aufforderungsakt). Mit dem unter dem Bild stehenden Zitat wird die Perspektive gewechselt: Wir werden mit der Perspektive dieser fremden Frau konfrontiert. Dabei meint die erste Äußerung mit, dass es Menschen mit Vorurteilen gegenüber

Abb. 4.4–4 Perspektivieren

4.4 Einige komplexe stilistische Handlungsmuster

Andersfarbigen gibt, und dass wir, die weißen Deutschen, durchaus auch von Vorurteilen Andersfarbiger betroffen sein könnten, so wie dies häufig gegenüber „farbigen" Menschen durch Deutsche geschieht. *Generation Golf* bedeutet in diesem Zusammenhang ‚weltweites Agieren' und ‚Offenheit gegenüber Fremden', auch ‚junge Leute' als Akteure... Während beim vorherigen Beispiel ein Perspektivwechsel von einer ‚distanzierten' zur Eigenperspektive einer sprechenden Person bzw. der Lesenden erfolgt, geht hier der Wechsel von der Eigenperspektive der Rezipierenden zur Eigenperspektive eines ‚Gegenübers'. In beiden Fällen haben wir es mit einer deutlichen „perspektivierenden Bewegung" zu tun, vgl. Sandig (1996, Kap. 6) in Anlehnung an Klein/von Stutterheims (1992) „referentielle Bewegung": Die Perspektive bleibt nicht erhalten, sondern verändert sich.

Eine spezielle Art der Perspektivierung gibt es bei der Zusammenstellung mehrerer Leserbriefe zum selben Thema oder von Pro- und Contra-Meinungen. Hier wird die Perspektivierung durch das Miteinander der Texte, die sich wechselseitig Kontext bieten, durch das Relationieren von Texten also, erzeugt. Eine weitere ähnliche Form sind z.B. die „Worte der Woche" im Politik-Teil der „Zeit" (Abb. 4.4–5): Äußerungen von Personen des öffentlichen Lebens werden zitiert und diese aus dem Kontext genommenen Zitate in kleinerer Schrift ergänzt durch den versal gesetzten Namen der äußernden Person und mit einer Angabe zum Kontext der Äußerung. Diese aus dem Kontext isolierten Äußerungen bilden jede für sich wie in einem Brennspiegel ein Konzentrat von Themen der Woche. Auf diese Weise wird die Perspektivierung noch einmal verstärkt. Außerdem bilden verschiedene Äußerungen zum selben Thema unterschiedliche Perspektiven ab. Im folgenden Beispiel geht es um den Krieg der NATO im Kosovo, deren versehentliche Bombardierung der chinesischen Botschaft in Belgrad und um die innenpolitische Diskussion über von den Serben vertriebene Kosovo-Albaner in Deutschland. Das Beispiel aus der „Zeit" vom 12.5.1999, Seite 4, zeigt, dass neben mehreren solchen Perspektiven unterschiedlicher Zahl zu einem Thema auch Einzelperspektiven dargeboten werden wie als letzte die eines Angeklagten, dem zur Last gelegt wird, zusammen mit Anderen einen Polizisten lebensgefährlich malträtiert und lebenslang geschädigt zu haben; eine optische Trennung zwischen den perspektivierten Themen wird nicht vorgenommen, sondern die Zuordnung bleibt der Interpretation der Leser überlassen.

M.-H. Pérennec (1995a) plädiert zu Recht dafür, das Zusammenspiel mehrerer unterschiedlicher „Stimmen" (vgl. Günthner 1997, 2000, Kotthoff 1997) oder Sprecher bzw. Äußernder (Pérennec 1995a) im Text als Form der Kohärenz zu betrachten: „Zwar ist der Sprecher fast immer derjenige, der ‚ich' sagt, aber es gibt Ausnahmefälle" (1995a, 126) wie z.B. die indirekte Rede: „In solch komplexen Äußerungen weist eine einzige Äußerung zwei Sprecher auf. Wenn außerdem ein Erzähler durch Expressiva (...) oder

WORTE DER WOCHE

„Es ist tragisch, es ist schrecklich. Aber es ist eine Tragödie, ein Unfall."

BILL CLINTON
amerikanischer Präsident, zur Nato-Bombardierung der chinesischen Botschaft in Belgrad

„Wir glauben, daß die breiten Massen, ausgehend von den grundlegenden Interessen der Nation und unter Berücksichtigung der Gesamtsituation, ihre Aktivitäten in guter Ordnung und Übereinstimmung mit dem Gesetz ausführen."

HU JINTAO
stellvertretender chinesischer Ministerpräsident, über die Anti-Nato-Demonstrationen in seinem Land

„Keine Frage, wir sind hier Geiseln."

JAMES SASSER
amerikanischer Botschafter in China, zum selben Thema

„Wenn ein Haus brennt, kann man nicht sagen, erst wenn der Nachbar löscht, lösche ich auch."

CHRISTIAN SCHWARZ-SCHILLING
CDU-Bundestagsabgeordneter, über die Haltung der unionsgeführten Länder zur Aufnahme von Vertriebenen

„Jeder, der im Kosovo Greueltaten verübt hat, wird bestraft. Ich verurteile diese Leute. Als Zeuge einer Gewalttat würde ich den Übeltäter umlegen, und wenn es Serben wären. Ich würde meinen eigenen Sohn erschießen."

ZELJKO „ARKAN" RAZNATOVIĆ
mutmaßlicher serbischer Kriegsverbrecher

„Wenn es modern ist, soziale Sicherheit zu fordern, ohne einen Pfennig dafür aufwenden zu wollen, dann dürfen Sie mich ‚unmodern' schimpfen."

WALTER RIESTER
Bundesarbeitsminister

„Riester kann sich der besonderen Solidarität der SPD-Fraktion gewiß sein."

PETER STRUCK
Vorsitzender der SPD-Bundestagsfraktion

„Wenn wir so weitermachen, werden wir die Rache des kleinen Mannes bitter zu spüren bekommen."

GERHARD SCHRÖDER
Bundeskanzler

„Ich habe spontan gehandelt, aus der Masse heraus. Einfach weil es die anderen auch getan haben."

FRANK RENGER
mutmaßlicher Fußballhooligan, zu seiner Beteiligung an den Ausschreitungen in Lens während der WM 1998

Abb. 4.4–5 Worte der Woche

erlebte Rede oder sonstige Mittel in die Haut seines Helden schlüpft und dessen Worte übernimmt, hat man wiederum ein anderes Phänomen, das die Einheit des sprechenden Subjektes Lügen straft." (ebda.). Pérennec nennt dieses Phänomen *Polyphonie* und stellt für deren Beschreibung fest, dass es notwendig ist, „einerseits die verschiedenen Äußernden zu identifizieren, andererseits auch die linguistischen Strukturen ausfindig zu machen, die eine solche Erscheinung tragen" (1995a, 127).

Als Beispiel für Polyphonie oder Multiperspektivität (s.o.) eine Wahlwerbeanzeige: Der Text ging über die gesamte Seitenlänge in der „Frankfurter Allgemeinen Zeitung", er erschien am 23.9.1998, S. 15, vier Tage vor der Bundestagswahl. Links oben war er klein als ANZEIGE gekennzeichnet, und senkrecht links unten am Rande in ganz kleinen Buchstaben fand sich die Angabe von Name und Adresse des im Sinne des Presserechts Verantwortlichen „V.i.S.d.P.: Michael Droste, Eggelscheidter Str. 60, 40883 Ratingen", daneben erhielten wir in eben derselben winzigen Schrift folgende Auskunft: „So beschreibt eine schweizer Zeitung das programmatische Profil von Gerhard Schröder". Schon von daher ist klar, dass mindestens zwei Stimmen oder Äußernde im Spiel sind. Wie zeigt sich das im Text selbst?

4.4 Einige komplexe stilistische Handlungsmuster

(7)   Schröders
            Wahlprogramm
            bringt bestimmt,
            vielleicht,
            auf jeden Fall,
            aber, obschon,
            dies aber ganz
            sicher. Wir
            bleiben dran

Folgende unterschiedliche Stimmen bzw. Äußernde können unterschieden werden:
- *Schröders Wahlprogramm bringt bestimmt*: kommentierender, wertender Äußerer;
- *bestimmt, vielleicht, auf jeden Fall*: untereinander in dieser Reihenfolge unverträgliche Ausdrücke der propositionalen Einstellung, Schröder ist als Äußerer unterstellt;
- *aber, obschon*: Konjunktoren mit Schröder als unterstelltem Äußerer;
- Weder sind die Einstellungsausdrücke auf Propositionen bezogen, wie dies üblich ist, noch werden mit den Konjunktoren Propositionen verknüpft; hier werden also Kohäsionsmittel (vgl. Kap. 5.5.2) verwendet, ohne dass mit ihnen Kohäsion hergestellt würde. Auf dem Wege der konversationellen Implikatur und der Analogiebildung ist erschließbar: ‚Schröder sagt inhaltlich nichts, er gibt nur mehr oder weniger deutliche Absichtserklärungen; er widerspricht sich selbst.'
- *Dies aber ganz sicher.* Hier sind zwei Äußerer möglich: sowohl Schröder (mit leerer Referenz *dies*) in Fortsetzung des Bisherigen, als auch die kommentierende Stimme des Anfangs (mit gefüllter Referenz, die sich ironisch auf das Vorherige bezieht).
- *Wir bleiben dran.* Hier sind sogar noch mehr Stimmen möglich: die kommentierende Stimme (*dran* an Schröders Reden und Redeweisen), Schröders Stimme (mit *dran* als referenziell leerem Ausdruck); als dritte die der (damals noch) im Amt befindlichen Regierungskoalition als Referenz für *wir* und *dran*: ‚Wir bleiben im Amt' und schließlich als vierte die der inserierenden Person, als Stellvertreter für die Partei bzw. für die Normalbürger: ‚Wir beobachten weiter genau, was Schröder tut'.
- In den Hintergrund gerückt durch die kleine Schrift am Rande ist eine weitere Stimme: „„eine schweizer Zeitung".

Die Überlappung der Stimmen ist dadurch möglich, dass weder die Quelle genau referenziell identifiziert wird (ist sie für die Wahlwerbung erfunden?)

noch das angebliche Zitat als solches markiert wird. Dadurch entstehen unscharfe Grenzen und außerdem Möglichkeiten, Äußerungen bzw. Äußerungsteile mehreren Stimmen zuzuordnen: *dies aber ganz sicher, wir bleiben dran* mit jeweils verschiedener Referenz für *dies, dran* und *wir*. In diesem Falle überlappen also Äußerungen und Äußerungsteile, die verschiedenen Stimmen gleichzeitig zugeschrieben werden können.

Pérennec (1995a) zeigt an Enzensberger-Gedichten, dass auch Sprachspiele für das Herstellen von Polyphonie genutzt werden können: „Wenn die *Irrenwärter* zu *irren Wärtern* werden, dann bedeutet dies eine völlige Umkehrung der normalen Werte"; es entsteht eine „Dissonanz zwischen beiden Stimmen" (1995a, 129). Dies geschieht auch durch Kreuzungen von Wortbildungen, die zerlegt und neu zusammengesetzt werden, wie bei *Sozialvieh* und *Stimmenpartner* für *Sozialpartner* und *Stimmvieh*. „Enzensberger zeigt uns, dass die dominierende Stimme der Normalsprache, des Normalbürgers, eine andere, abweichende Stimme zulässt, die mit demselben Material auskommt wie die erste" (Pérennec 1995a, 130). Dazu kommen semantische Wortspiele wie *blindlinks* oder Spiele mit idiomatischen Wendungen: *Wir beißen geduldig ins frische Gras.* Schließlich der Volksmund und das Zitat: „Die stilistische Wirkung des Zitats hängt davon ab, ob die beiden Stimmen, diejenige des Dichters und die des zitierten Äußernden, zusammen wohlklingen oder Mißtöne ergeben, die den Leser zum Nachdenken auffordern" (Pérennec 199, 132).

Bei der folgenden Glosse (aus: Die Zeit, 8.3.1996, 1) sind in den beiden ersten Absätzen abwechselnd zwei weitere Perspektiven in die Rede des Verfassers integriert:

(8a) **Bei Schröders**

Eigentlich wollte er gar nicht hoch hinaus. Hunde liebte er nicht, aber er musste sich einen anschaffen, nein, gleich drei – große, schöne, starke, schwarze. Er liebte die langen, wehenden Mäntel nicht. Und schon gar nicht wollte er sich dem Sturm an der Küste aussetzen. Aber das machte die Photos so dramatisch. Lächeln, Gerhard. Was hatte er je mit Wolfsburg und gerade mit diesem Auto zu tun, wo er doch Fahrräder so liebte, besonders bei Regen? Gib Gas, Gerhard.

Er wollte doch nur einer von mehreren bleiben, ein Enkel unter anderen, mit dem einen Oberenkel an der Spitze. Weiter, nicht stehenbleiben! Nie wollte er Vorsitzender werden, und auch nicht Kandidat. Er wollte nie sagen, wenn er so würde, wie die in Bonn ihn gerne hätten, dann würde seine Frau sich trennen von ihm. Nie! Er wollte nicht tanzen, das hat er einfach nicht drauf. Er haßt Walzer. Gerhard, dreh dich! Er ist zu ersetzen, sie nicht. Das hat er gesagt. So ist es.

*Doch nun sehen wir die Neue in allen Gazetten. Uns aber interessiert: Wer wird **ihr** Neuer? Zieh dich warm an, SPD.* gho

4.4 Einige komplexe stilistische Handlungsmuster

Die Glosse stammt aus der Zeit der Trennung des späteren Bundeskanzlers Schröder von seiner Frau „Hillu". Aus der Perspektive des Verfassers (Präteritum, *er*) wird die unterstellte Perspektive von Schröder wiedergegeben; die Perspektive seiner Ex-Frau wird durch dem widersprechende Bewertung und durch AUFFORDERN angezeigt:

(8b) **Er**   **Sie**

Eigentlich wollte er gar nicht hoch hinaus. Hunde liebte er nicht, aber er musste sich einen anschaffen, nein, gleich drei –

                                         große, schöne, starke, schwarze.

Er liebte die langen, wehenden Mäntel nicht. Und schon gar nicht wollte er sich dem Sturm der Küste aussetzen. Aber das machte

                                         die Photos so dramatisch. Lächeln, Gerhard.

Was hatte er je mit Wolfsburg und gerade mit diesem Auto zu tun, wo er doch Fahrräder so liebte, besonders bei Regen?

                                         Gib Gas, Gerhard.

Die Perspektive des *Er* wird umfangreicher und im gleichzeitigen Reden des Autors über diese Perspektive ausgedrückt, die von *Ihr* knapper und aus deren Perspektive. Die perspektivierende Bewegung besteht in einem KONTRASTIERENDEN Hin-und-Her. Als weitere Perspektive-anzeigende Ausdrücke finden wir hier die Artikelform *dies* und *so* als ‚emotionales Erleben' ausdrückende Formen der Deixis.

Perspektivenvielfalt wird in Romanen genutzt, um das Geschehen zu konkretisieren, zu verlebendigen. Ein Beispiel aus Sybille Knauss (2000, 316f.): „Evas Cousine", ein Roman, in dem es um die letzten Monate des Hitlerreichs auf dem Obersalzberg geht, aus der Sicht der Kusine von Hitlers Geliebter Eva Braun.

(9)   1   *Er hatte nicht viel Zeit. Aber er erklärte mir rasch, was geschehen war. Göring hatte versucht, den Führer zu entmachten, um sich selbst an seine Stelle zu setzen. Er wollte uns unseren Feinden kampflos überantworten,*

270 4. Textstilistische Handlungsmuster

während der Führer sich ihnen in Berlin tapfer entgegenwarf, um unsere Hauptstadt vor den andrängenden Bolschewisten zu verteidigen. Darum war Göring verhaftet und unter Androhung der Todesstrafe gezwungen worden, auf seine Ämter zu verzichten.

2 Ich dachte kurz an Hugh Carleton Greene, Bruchstücke seiner Sendungen schossen mir durch den Kopf (»eine Clique von Verbrechern«, »kein Erbarmen mit dem eigenen Volk«). Aber Göring würde er bestimmt nicht als unseren Retter betrachten.

3 Später, als all dies Geschichte geworden war, eine andere Welt betreffend, in der wir andere gewesen waren, erfuhr ich erst, was tatsächlich geschehen war: Dass Göring an Hitler die telegrafische Frage gestellt hatte, ob er angesichts von dessen Entschluss, in Berlin zu bleiben und dort, wie es voraussehbar war, zu sterben, sich als seinen Nachfolger betrachten und die Amtsgeschäfte übernehmen solle, wie es ein Gesetz vom 29. Juni 1941 vorsah. Es war eine Frage gewesen, vorsichtig formuliert, mit dem Wunsch schließend, dass Hitler doch noch aus Berlin entkommen möge. Was hätte jemand wie Göring verraten sollen, was nicht längst schon verraten war?

4 Damals, aus der Nähe, begriff ich nichts. Ich begriff nicht, dass auf unserer schwankenden Bühne noch immer die alten Stücke gespielt wurden. Dramen von Verrat und Treue und Rache und Königsmord. Noch deklamierten sie sich durch die alten Konflikte, formierten so die Gefolgschaften neu. Noch schürten Aufwiegler das Feuer der Insubordination. Intriganten spannen Netze, die andere zu Fall brachten. Getreue meldeten sich zur Stelle und boten bereitwillig geschuldete Loyalitäten dar. Anpasser rangen nächtelang um die Entscheidung, auf welche Seite man sich günstigerweise schlug. Speichellecker bückten sich. Halsstarrige blieben halsstarrig. Zurückgesetzte fuhren fort, unter ihren Zurücksetzungen zu leiden. Und, schon gemeinsam im freien Fall, versuchte einer den anderen zu stürzen, wenn es geboten war.

5 Auch ich stand auf dieser schwankenden Bühne. Auch ich, mit einer der Chargen der dritten Ordnung, einem jungen Wachoffizier, in eine Liebeshandlung verstrickt, eine Nebenfigur, ohne Frage reizend anzusehen, die Hauptaktion auf unserer untergeordneten Ebene spiegelnd und kommentierend.

6 Und jetzt?, frage ich etwas blöd.

7 Jetzt bin ich hier für alle Sicherungsmaßnahmen verantwortlich, sagt er. Festnahme aller Verschwörer, Ausgangssperren, Hausdurchsuchungen. Hausdurchsuchungen? Auch am Mooslahner Kopf? Auch dort.

Das Präteritum charakterisiert die globale Perspektive als ‚aus der Rückschau' der erzählten Ich-Figur. Zunächst erfahren wir außerdem die Sicht

4.4 Einige komplexe stilistische Handlungsmuster

eines linientreuen Obersturmbannführers: *unseren Feinden, während der Führer sich ihnen **tapfer** entgegenwarf, Bolschewisten*... Im nächsten Absatz wird die Sicht des damaligen Ichs eingenommen, der Kusine von Eva Braun, die heimlich BBC hört, mit dem Sprecher Hugh Carleton Greene; die beiden Zitate von ihm stellen wieder unterschiedliche Perspektiven dar, folgen hier KONTRASTIEREND direkt aufeinander. Im dritten Absatz die Rückschau auf das damalige Geschehen, mit einem FRAGENDEN Kommentar am Ende, ebenfalls aus der Rückschau. Dann wird erneut im vierten Absatz aus der Damals-Perspektive die begrenzte Sicht der Ich-Figur gekennzeichnet durch Negierung einer GENERALISIERENDEN Beschreibung des Geschehens (vgl. das Beispiel (3) aus demselben Buch in Kap. 4.3.1) und dieses aus der Rückschau (*Damals*) ‚distanzierend' als ‚Theater' interpretiert. Danach wechselt im fünften Absatz die Perspektive *Auch ich* wieder auf das damals aktuelle Geschehen, wieder aus der Rückschau interpretiert als Theaterstück, aber nun nicht mehr GENERALISIEREND, sondern am speziellen Fall orientiert mit Blick von außen (*reizend anzusehen*) auf die Person des damaligen Ich. Mit *Und jetzt?* in (6) wird die Darstellung der damaligen Interaktion weitergeführt, durch die unmittelbare Abfolge der direkten Reden in (7) ‚vergegenwärtigt'. Das *Ich-Jetzt-Hier* der Origo von ‚damals' wird möglich, generell beim Erzählen (vgl. Quasthoff 1987), vgl. (7), und darauf bezogen auch ein *dort* (7). Auch das Präsens historicum (*frage ich, sagt er*) dient diesem ‚Vergegenwärtigen' vergangener Ereignisse: „Deixis am Phantasma" (Bühler ^{2}1965).

In diesem Beispiel wird gewechselt zwischen Reden **aus** einer Perspektive (die direkte Rede), Reden **über** eine Perspektive (*Damals, aus der Nähe, begriff ich nichts*) und einer Mischung beider Perspektiven: *Er wollte* (‚distanzierendes' Präteritum) *uns unseren Feinden kampflos überantworten* (der ‚Ton', der typische Wortlaut von damals). Vgl. dazu Sandig (1996): „Perspektivendoppelung". Bei der Werbung (Abb. 4.4-4) betrachten wir zunächst das Bild **aus** eigener Perspektive und werden dann mit der Rede **aus** der Perspektive der abgebildeten Person konfrontiert.

Die primäre Frage ist: Wer ist die äußernde Person? Oft bildet die schreibende Person (z.B. bei der Glosse) oder ihre Schreiber-Rolle (bei Literatur) die Grundlage; sie kann sich aber auch ‚hinter' den Text zurückziehen. Vom Offenlassen des Referenzbezugs bis zur deutlichen Zuordnung (von Bewertungen, von Sprechakten, auch von sozial geprägten Stilen) reicht die Palette. Das gesamte deiktische System bildet die Grundlage; davon werden aber je nach Fall nur einzelne Teile relevant. Erzählen ist insofern gut geeignet für PERSPEKTIVIEREN, als im Detaillierungsteil aus einer Perspektive erzählt und diese häufig mit Perspektive-anzeigenden Ausdrücken verdeutlicht wird (Quasthoff 1987). Zu Perspektive in literarischen Autobiografien von Frauen vgl. Becker/Sandig (1998).

4.4.3 Verständlich machen

VERSTÄNDLICH MACHEN ist zunächst relativ zum antizipierten Wissen der intendierten Adressaten zu sehen: verständlich für jemanden. Es gibt jedoch allgemeine Verfahren, die dafür genutzt werden können. Vgl. dazu auch Kap. 4.2.1.4 zu Listenbildung, Kap. 4.2.2.2: der Wahrnehmung des thematisierten Gegenstands folgend, d.h. ordo naturalis, Kap. 4.3.2: HERVORHEBEN und Information GEWICHTEN.

VERSTÄNDLICH MACHEN erfasst den gesamten Text in seiner Struktur, insofern Gliederung und innere Ordnung (Langer/Schulz von Thun/Tausch 1974, vgl. auch Kap. 4.2.2.2) ein wichtiger Teilaspekt sind (Groeben 1982, 234ff.). Hinzu kommen (relative) Einfachheit, Kürze/Prägnanz und Attraktivität, insofern sprachliche Monotonie gemieden wird (Langer/Schulz von Thun/Tausch 1974), auch Anschaulichkeit (vgl. oben Kap. 4.3.5). Groeben weist auf die Notwendigkeit eines gewissen Ausmaßes an kognitivem Konflikt (1982, 267ff.) hin, um die Rezipierenden aktiv zu halten. Vgl. auch Sandig (1991a). Adamzik zeigt unter den Termini „grafischer Stil" (1995) und „Makro-Sätze" (2001, 206) eine Tendenz zu übersichtlicher Satzstrukturierung bei Aufzählungen mittels Spiegelstrichen oder Punkten auf, und zählt (2001, 201) im Rahmen von „Syntax der Übersichtlichkeit" auf:
– Parenthesen für Nebeninformationen mit
– Gedankenstrichen oder Klammern
– Zwischentitel
– Bildunterschriften mit „anderen Formen als Verbalsätzen".

„Ein Maximum an Visualisierung finden wir dort, wo komplexe Sachverhalte oder Theorien in grafischer Form präsentiert werden und sprachliche Elemente nur noch hinzutreten bzw. im zweidimensionalen Raum neu angeordnet werden" (2001, 205). Die Sprache ist reduziert auf Nomina zur Benennung von Entitäten und auf Verben, Nomina und Adjektive, um Relationen zwischen den grafisch angeordneten Entitäten zu benennen. „Typischerweise treten solche komprimierten Informationen (...) zu gleichzeitig oder an anderer Stelle als ‚Normaltext' formulierten Ausführungen hinzu" (ebda.); Adamzik spricht in diesem Zusammenhang von „Textverbünden" (ebda.). Ein Beispiel ist die Grafik Abb. 4.4–1. Andererseits können komplexe Sachverhalte auch durch „die Schaffung von Kleinststrukturen" (2001, 207) dargestellt werden, wofür Adamzik (ebda.) folgendes Beispiel gibt:

(10) *Ziel: deutlich hervorheben: welcher Art ist die Beziehung?*
Syntaktischer Effekt: meist Wegfall von finiten Verben.
Wo kommt es heutzutage vor? Merkblätter, Handouts, Packungsbeilagen usw.
Stilwert: grauenhaft.
Daher: in diesem Buch nicht benutzt.
Obwohl: Mitunter würde es einfacher und klarer.

4.4 Einige komplexe stilistische Handlungsmuster

Vukovich/Krems (1990, 60ff.) unterstreichen zwei leserbezogene, also Adressaten-berücksichtigende Prinzipien der stilistischen Textgestaltung: die „anbahnungstreue Ergänzung der Vorinformation" und die „Informationsbündelung". Für die globale Textstrukturierung hat Groeben (1982) die vorinformierende „Vorstrukturierung" und die Zusammenfassung am Schluss herausgestellt und in seinem Buch auch jeweils verwendet. Hier interessieren nun lokale Verfahren. Beide Prinzipien nach Vukovich/Krems (1990) können als komplexe Verfahren durch eine Vielfalt einzelner sprachlich-stilistischer Verfahren realisiert werden:

a) Das Prinzip der „anbahnungstreuen Ergänzung der Vorinformation" (1990, 60) bzw. der „anbahnungstreuen Äußerungsergänzung" (1990, 63) beruht auf der Art des Zusammenspiels von Vorinformation („Anbahnung") und Zusatzinformation. Eine erste Variante ist „das Paar aus metakommunikativer Ankündigung und Einlösung des Informationsversprechens, einem einleitend ausgelegten roten Mitteilungsfaden und dem nachträglich gelieferten Drumherum an Detailangeboten..." (ebda.). Wenn z.B. jemand „ankündigt, *Meine Auffassung lautet...* dann ist der Hörer auf eine These eingestellt. *Was spricht dafür?* – Jetzt sind Belege, Beweise, oder Zielangaben zu erwarten. *Aus der Vielzahl der Punkte greife ich mir drei Punkte heraus...* (...). Die Rede wird durch diese Hinweisschilder strukturiert, genauer: vorstrukturiert" (1990, 63f.). Im Unterschied zu Groebens (1982) Vorstrukturierungs-Konzept ist hier eine „lokale" Vorstrukturierung innerhalb einer Textpassage gemeint. Holly/Kühn/Püschel (1986) haben allerdings darauf hingewiesen, dass in persuasiver Rede, z.B. von Politikern, derartige lokale Vorstrukturierungen auch als „Kohärenzjoker" missbraucht werden können: *meine Auffassung* zur Wiedergabe von (Partei-)Ideologie, *drei Punkte* zur Sicherung eines längeren Rederechts oder zum Einführen ganz anderer Punkte, die der Werbung und Legitimation des Politikers dienen.

Eine zweite Möglichkeit innerhalb dieses Prinzips ist „das Paar aus Leerstelle und Einsatzstücken" (Vukovich/Krems 1990, 64), wie es bei kataphorisch verwendeten Pronomina der Fall ist z.B. bei *Folgendes, Das macht man so:* oder bei kataphorisch verwendeten Anaphern. Vukovich/Krems (ebda.) geben ein weiteres Beispiel: „*Die Universität hat im Wesentlichen nur zwei Aufgaben: Die Ausbildung von Spitzenkräften und die Förderung der Forschung durch Vorbild, Ideen und Kommunikation.* Lexikalische Einheiten wie der Konjunktor *Oder:* und Syntagmen wie *ein weiteres Beispiel:* und *nur zwei Aufgaben:*, jeweils gefolgt vom Doppelpunkt verlangen weitere Ausführungen. Auch rhetorische Fragen wie *Was ist hier zu tun?* geben einen Rahmen für Folgendes an: „Die Frage kündigt die Antwort an." (1990, 64f.). – Ein Beispiel mit einem zweiteiligen Konjunktor (aus einer Glosse um die Chefin einer „Haushalts-Organisations-Agentur" für private Haushalte):

(11) *Anne-Lies, wir brauchen Dich!* **Nicht nur** *zu Hause, wo die jahrelange Akkumulation der Dinge und noch dazu die Mülltrennung das Leben kompliziert gemacht haben;* **nicht nur** *im papierlosen Büro (bitteren Auflachens), in dem ein böser Geist unausgesetzt alles Geschriebene oder aus dem Netz Gesogene ausdruckt;* **nein:** *Wir brauchen Dich in Bonn.*
(Die Zeit, 12.2.1998, 2).

In diesem Fall dient diese Struktur nicht der Verständlichkeit, sondern der Spannungserzeugung. Der erste Teil des zweiteiligen Konjunktors wird sogar erst einmal wiederholt und anstelle des erwartbaren Pendants *sondern auch* steht ein erläuterungsbedürftiges *nein:*, wiederum mit Doppelpunkt. Durch die Parallelität von langen Syntagmen mit Relativsätzen und dem KONTRASTIERENDEN Wechsel zum kurzen Hauptsatz wird hier eine inhaltliche Steigerung erzeugt.

Als dritten Bereich von „anbahnungstreuer Ergänzung der Vorinformation" führen die Autoren (1990, 65 ff.) verschiedene Typen von „Parallelformulierungen" auf, mit denen „Ordnungsverwandtschaft" hergestellt werden kann, z.B. im vorigen Beispiel das wiederholte *nicht nur* am Beginn der Äußerungen. „Hier werden bevorstehende Mitteilungen nicht ausdrücklich angekündigt. (...) Hier beruht der Serialeffekt auf den Nachwirkungen der Aufschlüsselungs- oder Verstehensvorgänge, die bei der Auffassung der zuvor übermittelten Aussagen aktiviert wurden." (1990, 65). Die speziellen Mittel können Satzbau oder Satzinhalt sein, aber auch die Stellung einer Äußerung im größeren Ganzen, z.B. einer Argumentation. Auch Antithesen sind hier zu nennen (ebda.). „Ein interessanter Sonderfall ist die Gegenteilsverneinung mit anschließender Positivbehauptung (ohne Hervorhebung der Autoren, B.S.): *Das ist nicht neu, das sind bewährte Formulierungsregeln*" (ebda.). Eine Zusammenfassung (bereits erwähnter Personen und ihrer Handlungen), Herausstellung und Doppelpunkt pointieren die folgende Äußerung im Kontext ganz besonders:

(12) *Naumann, Stollmann oder Riester: Der Wirbel, den sie auslösen, ist erwünscht.*
(Die Zeit, 30.7.1998, 1)

b) Die „Informationsbündelung" nach Vukovich/Krems (1990) besteht darin, dass Einzelaussagen in der Sequenz des Textes zusammengefasst werden: „Einzelheiten werden zu einer Gesamtgestalt zusammengeführt, wie viele Getreidehalme zu einer Garbe". Dies kann stilistisch auf verschiedenste Weise geschehen:

(13) *Heute kam er verspätet. Gestern mussten wir auf ihn warten. Vorgestern hielt er sich nicht an die Zeit... Er ist die Unpünktlichkeit in Person.*

4.4 Einige komplexe stilistische Handlungsmuster

Ausdrucksmöglichkeiten sind Personifizierung (*in Person*), aber auch Generalisierung (*er ist unpünktlich*) oder andersartige Formen der Bewertung: *So kann das nicht weitergehen*. Auch Ausdrücke für Gegenstandsframes können genutzt werden, mit denen die Teileigenschaften des Gegenstands zusammengefasst werden, wie *Otto-Motor* oder *Biene* (1990, 61), Nutzung von Oberbegriffen (*Insekt*), „Nennung von Geschehensfolgen", Metaphern und andersartige Bilder, die Assoziationen auslösen: „Man spricht von *Anblick der Peterskirche in Rom*, von *unserem Bürgermeister*, von *einer Ziegenherde, die die Straße kreuzt*, und sagt damit mehr als die grammatisch korrekte Verknüpfung der Denotationen angibt. Viele Bilder enthalten einen oft erst zu erschließenden Reichtum an Informationen..." (1990, 62). Als weitere Mittel der Informationsbündelung führen Vukovich/Krems (ebda.) auf: Deiktische Wiederaufnahmen ganzer Passagen mittels *dies* oder *das*. Mit *In dieser Sache habe ich die folgende Meinung* fasst man zugleich das Vorherige zusammen und weist voraus auf eine Meinungsäußerung. Ein anderes Mittel ist die Herausstellung (Linksversetzung) in Fernsehnachrichten und -Kommentaren:

(14) *Der Einsatz von Textverarbeitungsprogrammen im Routinebetrieb eines Büros – er verlangt Konzentration und ein gewisses Vergnügen an technischen Spielereien.* (ebda.)

Informationen können auch am Anfang einer Passage gebündelt werden: „Zuerst wird ein Allgemeinsatz behauptet, danach ist von Beobachtungen die Rede, die diese Aussage rechtfertigen oder exemplifizieren", z.B. die Angabe einer Regel und von Beispielen dazu (1990, 63). In diesem Zusammenhang ist auch auf Groebens (1982, 1ff.) Forderung der „Vorstrukturierung" größerer Textpassagen hinzuweisen: Sie leitet als Überschau von Anfang an das Textverständnis, vgl. etwa auch den Lead-Teil längerer Zeitungsnachrichten bzw. die Schlagzeilen dazu als noch knappere Vorstrukturierung oder die Anreißer-Texte auf den ersten Seiten von Tages- bzw. Wochenzeitungen, die an ihrem Ende in das Blatt selbst verweisen.

Vukovich/Krems (1990) machen deutlich, dass etliches von dem Dargestellten schon seit der Antike zur Rhetoriktradition gehört. Mit den Autoren ist allerdings zu betonen, dass nicht die Textstrukturen allein die Wirkung beim Rezipienten ausmachen, sondern nur **relativ** zum Sprachwissen, zum Wachheitsgrad und zum Vorwissen der jeweiligen Rezipienten. Zusätzlich sind mit Groeben (1982, 3ff.) die „Leseinteressen" zu unterstreichen und die Art der Verwendung im Kontext.

Die Verwendung von Grafiken (Schnotz 1994) dient sowohl der Anschaulichkeit wie der Verständlichkeit, allerdings nur, wenn sie nicht zu reichhaltig sind. Ein Buch, das sich unter „Konzept und Ziel" der „verständlichen

Beschreibung und Veranschaulichung der Inhalte durch Beispiele und zahlreiche Abbildungen" verschrieben hat, ist das folgende: „Fertigungstechnik. Die Technik und ihre sprachliche Darstellung" von Norbert Wegner, Maja Müller, Annette Schlüppmann (Hildesheim, Zürich, New York: Olms, 2000); ein Beispiel daraus:

---

10 LASER IN DER MATERIALBEARBEITUNG

Laser ist ein Sammelbegriff für alle Geräte zur Verstärkung bzw. Erzeugung elektromagnetischer Strahlung, die nach dem physikalischen Grundprinzip der stimulierten Emission (s. Kap. 10.2) arbeiten. Diesem Grundprinzip verdankt der Laser auch seinen Namen. Die Bezeichnung Laser ist die Abkürzung für „Light Amplification by Stimulated Emission of Radiation" (Lichtverstärkung durch stimulierte Emission von Strahlung).

10.1 EIGENSCHAFTEN DES LASERLICHTS

Laserstrahlung unterscheidet sich von gewöhnlichem Licht vor allem durch

- hohe Kohärenz,
- Monochromasie,
- geringe Strahldivergenz und
- hohe Strahlungsintensitäten.

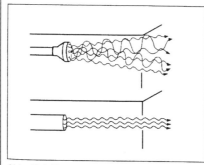

Abb. 10-1: **Vergleich inkohärenter und kohärenter Lichtquelle**

Als **Kohärenz** bezeichnet man die Eigenschaft des Laserlichts, sich räumlich und zeitlich synchron auszubreiten. Die Phasengleichheit der Lichtwellen führt zu einer Verstärkung der **Strahlungsintensität**. **Monochromasie** (Einfarbigkeit) bedeutet, dass das von einem Laser ausgesendete Licht nur eine einzige Wellenlänge besitzt. Da sich die Lichtwellen des Lasers parallel ausbreiten, entsteht ein scharf gebündelter Laserstrahl, dessen Durchmesser nur minimal mit der Entfernung zunimmt. Diese Eigenschaft des Laserlichts bezeichnet man als **geringe Strahldivergenz**.

Auf Grund dieser Eigenschaften gibt es eine Vielzahl von Anwendungsgebieten für den Laser in Industrie und Wissenschaft. Eines der wichtigsten ist der Einsatz des Lasers in der Materialbearbeitung. Zum besseren Verständnis soll zunächst kurz auf die physikalischen Grundlagen des Lasers eingegangen werden.

Abb. 4.4–6 Verständliche Textgestaltung

Hier sorgen Typografie und Grafik außer der sprachlichen Gestaltung für Verständlichkeit. – Gliederung und Ordnung bestimmen heute manche Textmuster durch und durch: Moderne Kochrezepte sind ein gutes Beispiel für verständliche Textgestaltung, für einen äußerst funktional bestimmten, typisierten Textmusterstil. Vgl. dazu Kap. 6.6.

4.5 Typisierte Stile anhand von Beispielen

Typisierte Stile sind Stile, über die wir als Mitglieder einer Gemeinschaft im Rahmen unserer stilistischen Kompetenz mehr oder weniger aktiv oder passiv verfügen. Sie sind – entsprechendes (graduelles) Wissen vorausgesetzt – für die Beteiligten sinnvoll, interpretierbar. Sie sind virtuelle Stile (Sandig 1995, 40ff.) und komplexe Ressourcen für das Herstellen von konventionalisierten Bündeln kookkurrierender Merkmale in Texten und für das Interpretieren von Texten.

Alle die sprachlichen Ausdrücke, die im Kap. 1 methodisch genutzt wurden, um Typen stilistischen Sinns herauszuarbeiten, sind auch Bezeichnungen von **für die Teilnehmer** der Sprachgemeinschaft existierenden Stilen: Deshalb wurden und werden sie benannt. Vgl. Abb. 1–2. Sie haben sich auf dem Wege von invisible hand-Prozessen (Wimmer mündlich) herausgebildet, werden weiter verwendet, weil sie den Bedürfnissen in der Gemeinschaft nach kommunikativer Differenzierung entsprechen, sie werden aber auch kontinuierlich an gesellschaftliche Veränderungen (wie z.B. bei der „Jugendsprache") oder in anderen Prozessen (z.B. der Bibelstil) angepasst. Man kann sie im Kontext deutlich machen, aber auch nur leise anklingen lassen.

Typisierte Stile bilden komplexe Schwerpunkte bezüglich der stilrelevanten Aspekte der Kommunikation / Interaktion, vgl. auch Kap. 1.6.1.1. Es sind komplexe Ressourcen oder Repertoires, die den Mitgliedern der Gemeinschaft zur Verfügung stehen, um gesellschaftlich relevante Aufgaben zu erfüllen: Strukturell und von der Bedeutung her sind sie ganzheitlich organisierte Ressourcen. Ich möchte hier nur anhand weniger Beispiele auf die Wichtigkeit dieser Stile hinweisen, zumal sie sehr verschieden sind von der traditionellen Sicht auf Stile als literarische und als individuelle. Sehr wohl sind sie jedoch auch für ‚individuelle' Rede oder Schreibe verwendbar. Auch andere Variationen des Deutschen können stilistisch verwendet werden, ohne typisierte Stile zu sein, etwa Dialekte oder Soziolekte. Z.B. gibt Ulla Hahn in ihrem Roman „Das verborgene Wort" ein schönes Beispiel für vielfältige Abstufungen des Kölner Dialekts – immer in Relation zur Hochsprache als sprachlichem „Grund" des Romans. Dass Soziolekte in sich differenziert zu sehen sind, hat bereits Labov (1972) gezeigt und das Mannheimer Stadtsprachenprojekt (Kallmeyer Hrsg. 1994/95) gibt eindrucksvolle Belege für das

Dialekt-Hochsprache-Kontinuum und die stilistischen Bedeutsamkeiten der einzelnen Nuancen.

Als Konsequenz ergibt sich, dass es notwendig ist zu unterscheiden zwischen **Stil** (als typisiertem Stil oder individuellem Stil eines Textes/eines Gesprächs) und **Stilverwendung** (vgl. Sandig 1995a, 32; oben Kap. 1.6.1.1): Bei der Stilverwendung wird ein gegebener, gewusster Stil in Relation gesetzt zu den verschiedenen textinternen und/oder textexternen Aspekten der aktuellen Kommunikation.

Einstellungstypen wie ‚konservativ', ‚progressiv', ‚religiös', ‚feministisch' usw. haben Einfluss auf die Art der Rezeption von Stilverwendungen (vgl. Kap. 1.8.2), d.h. sie können zu wertenden Zuschreibungen führen wie ‚Jugendsprache' aus ‚konservativer' Sicht oder ‚machohafter' Stil aus ‚feministischer' Sicht. Neben Stil und Stilverwendung durch Stilproduzenten ist deshalb auch die **Stilrezeption** zu unterscheiden: Sie muss dem, was bei der Stilverwendung intendiert war, nicht entsprechen, sondern hängt ab vom stilistischen Wissen, der Stilkompetenz, einerseits und von den Einstellungen und Intentionen der rezipierenden Person andererseits (vgl. Kap. 1.8.2).

Typisierte Stile wurden als soziale Stile beschrieben (Selting/Hinnenkamp 1989), auch als Stile „sozialer Welten" (Kallmeyer Hrsg. 1994/95, Kallmeyer 2001, Keim 2001), als „Jugendsprache" (Henne 1986, 215, 218f.; Schlobinski/Kohl/Ludewigt 1993), aber auch als Textmusterstile oder als „Stil in Fachsprachen" (Spillner Hrsg. 1996) oder Stile bestimmter Aktivitätstypen (Kotthoff 1997 für das mündliche Erzählen von Witzen, Günthner 2000 für Vorwurfshandlungen und Vorwurfserzählungen). Außerdem wurden charakteristische Formulierungsmuster als Teilaspekte von Textmustern genauer beschrieben (Koller 2001, Dalmas 2001).

Typisierte Stile werden auch als „Register" (Spillner 1987) bezeichnet, als „Varietäten" (Löffler ²1994), als „Fach- und Gruppensprachen" (Möhn 1998) oder auch als „Stiltyp". Wie andere Stile können sie auch außerhalb ihres konventionellen Gebrauchsbereichs Verwendung finden, so das Stilpotenzial trivial literarischer Texte in einer Werbeanzeige (s. Abb. 5.6–6) oder in einer Heiratsannonce (Kap. 6.3.2, Beisp. (21)). Typisierte Stile können untereinander gemischt (Kap. 2.1.1.1; 4.1.2.3) werden: Berühmt geworden ist Thaddäus Trolls „Rotkäppchen auf Amtsdeutsch", vgl. Sandig (1986, 110f.). Wichtig ist die Position des typisierten Stils im System der Gemeinschaft und im individuellen Stilsystem, das sich ein Individuum aufgrund seiner Erfahrungen aufgebaut hat. Die Grenzen typisierter Stile sind nicht scharf zu ziehen. Erst in der Realisierung im Text wird ein typisierter Stil zu einem Merkmalsbündel GESTALTET.

4.5.1 Bibelstil

Es ist das Verdienst von Birgit Stolt (1980, 1982, 1988a, 1999, 2001), den Bibelstil als Bündel von Merkmalen, wie ihn Luther in seinen Übersetzungstexten geschaffen hat, und mit seinen Funktionen genauer beschrieben zu haben; Stolt selbst spricht jedoch nicht von einem Merkmalsbündel.

Zunächst zu den Funktionen (Stolt 1999): Ganz global geht es um ‚sakralsprachliche' Markierung. Die Texte erhalten eine Qualität des „hörbar Alten, hörbar Biblischen"; die Bibelübersetzung bildet eine eigene Textsorte (in der hier in Kap. 6 verwendeten Terminologie *Textmuster*). Außerdem werden „Tiefenschichten des Menschen" durch den „sakralen Klang" angesprochen (Stolt 1980, 113 und 124). Dadurch werden nach Stolt (1999) die Rezipienten darauf aufmerksam gemacht, dass es um ‚nichtalltägliche' Themen und Sprachhandlungen geht, sie werden – ihre Kooperation vorausgesetzt – emotional angerührt durch „emotive Textwirkung", „numinose Begleitgefühle". Die „typischen Merkmale (bieten) dem Leser eine Hilfe (...), sich auf die Eigenart des hier zur Sprache kommenden „Ganz Anderen" einzulassen". „Der Verfremdungseffekt" des Sakralstils „legt dem Textempfänger eine dem Gegenstand der Mitteilung angemessene gefühlsmäßige Haltung ehrfürchtiger Distanz nahe". Schließlich ist der Luthertext „vor allem für die liturgische Lesung im Gottesdienst geeignet", er ist rezitierbar, wie Stolt (1988a, 23ff.) gezeigt hat: Er ist nach rhythmischen Regeln gebaut, durch die „die Musik" der Sprache Luthers entsteht.

Das Merkmalsbündel besteht zunächst aus dem zentralen Merkmal *siehe*, das Stolt (1999) als „herausragend", „als wichtigstes Stilmittel" charakterisiert, als „Aufmerksamkeitssignal besonderer Art" (Stolt 1988a, 26). Sie begründet dies einerseits damit, dass es eine grammatisch abweichende Form ist, „stets im Singular, auch wenn mehrere Personen angesprochen werden. Vgl. in der Weihnachtsgeschichte: *Siehe ich verkündige euch große Freude.*" (Stolt 2001, 481ff.) Außerdem werden thematisch und sprechaktbezogen zentrale Stellen der Bibel damit markiert: Engelserscheinungen, Visionen sowie Prophezeiungen und Verheißungen (ebda.). Weitere Stilmerkmale (ebda.) sind textkonstitutiver Art: so die Einleitungsformel *Es begab sich (aber)*. *Aber* steht häufig an zweiter Stelle im Satz: *Als aber der Sabbat vorüber war, Maria aber behielt alle diese Worte...* „Es markiert ein Weiterschreiten in der Erzählfolge oder den Übergang auf einen neuen Handlungsträger" (Stolt 2001, 487). Die „monotone Anreicherung mit *und*" fällt ebenfalls auf. Damit verbindet sich die Syntax: Parataxe und dominierende Verbzweitstellung beim Erzählen. „*Und* sowie *aber* begleiten den Text wie ein Basso ostinato und sind wichtige Elemente des sakralen Erzähltons" (Stolt 1988a, 26). Befehle Gottes werden sakralsprachlich markiert ausgedrückt: *Hebe deine Augen auf und schaue, Mache dich auf und gehe* (Stolt 2001, 487).

All dies sind Biblizismen (Stolt 1980). Zu diesen gehört auch eine spezifische Bildlichkeit, die teils erst durch Sprachwandel entstanden ist (Stolt 1980, 123ff.): (*Maria aber behielt alle diese Worte und*) *bewegte sie in ihrem Herzen*, teils seltsam erscheint: (*ich bin nicht gut genug, ihm*) *die Riemen seiner Schuhe zu lösen*. Auch Hebraismen wie *mein Herz, seine Zunge* gehören hierher; *dein Angesicht* „hat eine gefühlsmäßige Nähe und Konkretion" (1980, 128).

4.5.2 „Parlando"

„Kommunikative Grundmuster" (Sieber 1998, 147ff.) sind Ergebnisse von historisch und gesellschaftlich bedingten Prozessen. Sie sind „Muster der Vertextung" und bestehen in „spezifischen Formen der Inhaltspräsentation und der textuellen Gestaltung", „spezifischen Produzentenhaltungen (...) und Rezipientenerwartungen" (1998, 147). Ein kommunikatives Grundmuster ist „ein ‚Schema', eine typische Art, wie die Ansprüche" bezüglich subjektiver Perspektive, Adressatenperspektive, Sach- oder Inhaltsperspektive „integriert und erfüllt werden" (Sieber 1998, 148f., ohne Hervorhebungen); es ist „ein Set von Orientierungen, das kommunikativem Handeln zugrunde liegt" (ebda., ohne Hervorhebung), das intersubjektiv gilt aufgrund von „Normalitätserwartungen" und historisch veränderbar ist (1998, 150).

Sieber (1998) weist an Abitur-/Matura-Aufsätzen durch den Vergleich mit Aufsätzen von vor über 100 Jahren das „Parlando" nach. Sowohl die sprachliche Gestaltung im engeren Sinn (Zurückdrängung der Emphase und der Form-Orientierung) als auch die Textgestaltung haben sich grundlegend geändert, in Richtung auf eine an der Mündlichkeit orientierte Schriftlichkeit. Parlando-Texte sind (1998, 142f.) uneinheitlich bezüglich Orthografie und Interpunktion, die Syntax zeigt teilweise mündliche Strukturen. Die Texte sind stark auf Rezipienten ausgerichtet, zeigen Aspekt- und Perspektiven-Vielfalt, dafür weniger klare Komposition. Im Vordergrund steht weniger der treffende Ausdruck, als das Vertrauen darauf, dass der Rezipient schon versteht, also die „Orientierung an einer fiktiven Gesprächssituation" (1998, 142). Darlegung eigener Erfahrungen und wertende Stellungnahmen sowie Perspektivenvielfalt führen oft zu einer lockeren Textorganisation und zu metakommunikativen Thematisierungen: „eine vom schreibenden Subjekt gefärbte Machart der Texte" (1998, 143).

Man erhält den Eindruck, dass Parlando-Texte „möglichst viel von dem, was in einer spontanen Gesprächssituation möglich ist, auch in einen geschriebenen Text einbringen möchten. Dazu gehören Merkmale wie Spontaneität, gemeinsame Interaktionssituation, subjektive Färbung von Inhalten und Urteilen, Orientierung am Inhalt anstelle der Form, Aufmerksamkeit auf das Nicht-Abbrechen der Kommunikation, wenig Strukturierung in der

4.5 Typisierte Stile anhand von Beispielen

thematischen Entwicklung" (1998, 143). Parlando schafft „einen Ausgleich zwischen (subjektiver, B.S.) Erfahrung und Wissen, zwischen Verbalisierungszwang und kommunikativer Spontaneität" (1998, 152). Als Gründe für diese Veränderungen im schulischen Schreiben nimmt Sieber neben einer generellen Tendenz zur Vermündlichung z.b. der Syntax Demokratisierungsprozesse und – in den Schulen – ein verändertes Bildungsideal an. Vgl. auch Kap. 4.6.3 zur Verwendung von Stilebenen.

4.5.3 Aggressive Stile

Aggressive Stile sind besondere Formen der Beziehungsgestaltung, wobei negativer und emotionaler Einstellungsausdruck dominiert.

a) Bei aggressiven Stilen ist mit mehreren Varianten zu rechnen. Eine Variante, die wohl im akademischen Bereich zu Hause ist, ist die folgende (Beispiel aus: Die Zeit, 11.2.1999, 2):

(1) **Dieter E. Zimmer (8)**
„Sehr geehrte Damen und Herren, wenn jemand wie Herr Z. sich anmaßt, über gutes Deutsch zu schreiben, dann sollten im Formu-
5 lierungen wie *die wenigsten* nicht aus der Feder rutschen. In allen Fällen läßt sich diese Phrase durch *nur wenige* ersetzen ... MfG, Dr. M." – „Sehr geehrter Herr Dr. M., so ist das
10 mit der normativen Sprachbetrachtung, auch der wider Willen: Einer stößt sich an dem, ein anderer an jenem, und letzter Richter ist immer das eigene Sprachgefühl. Sie stören
15 *die wenigsten*, mich nicht. Neben dem normalen Superlativ gibt es bekanntlich den absoluten, auch Elativ genannt, und *die wenigsten* ist ein völlig legitimer Ausdruck für die
20 Bedeutung *sehr wenige*. Sie nicht, aber mich stören dagegen Formulierungen wie: *wenn jemand wie Herr Z. sich anmaßt...* Es ist eine dieser allseits beliebten rein rhetorischen
25 Verunglimpfungen. So viele Wörter bloß um *Z. schreibt* zu sagen! *Jemand wie, Herr Z. maßt sich an* – kein Wort direkt beleidigend, keines widerlegbar, die ganze Formulierung also ohne

30 jedes Risiko für ihren Autor und
    dennoch ein einziger Ausdruck der
    Verachtung. Es ist, als wäre gar nichts
    gesagt, und das ist es ja eigentlich
    auch nicht. Es wurde nur der
35 Stinkefinger gezeigt. MfG, Z."

Der Text ist „mehrfach adressiert" (Kühn 1995), zunächst informierend, unterhaltend... an die Leserschaft, indirekt aber auch an den Adressaten der Aggression. Genau dies ist das zentrale Beziehungs-Merkmal dieses Stils.

Ein Schreiber/Redner BEWERTET den Adressaten negativ: WIRFT etwas VOR, WÜRDIGT HERAB, VERUNGLIMPFT o.Ä., indem die adressierte Person nicht genannt wird, aber im Kontext als gemeinte nicht zweifelhaft ist. Formulierungsverfahren sind: unscharfe Referenz mit *jemand/man* oder GENERALISIEREND verschobene Referenz (*jemand wie Herr Z., 2*), auch Generalisierungen (*Formulierungen wie*, 4f., 11-14, gefolgt von einem Zitat des nicht genannten Adressaten). INTERPRETIEREN eines solchen Zitats mit negativer Bewertung, wobei die Substantivierung das Beiseitelassen des Agens erlaubt (von Polenz ²1988, 186ff.): *Es ist eine dieser allseits beliebten rein rhetorischen Verunglimpfungen* (23-25), wobei dem Autor des Zitats mit *allseits beliebten* implizit mangelnde Eigenständigkeit und Kritikfähigkeit VORGEWORFEN wird. Mangelndes Wissen wird auch implizit über die Formulierung *bekanntlich* (17) VORGEWORFEN. Der ‚unpersönliche' Stil, der es vermeidet, auf Schreiber und Adressat explizit zu referieren, wird fortgesetzt mit ‚EMOTIONALISIERENDEM' *so* (25), Exklamativsatz und einer Reihe von Ellipsen: *So viele Wörter, bloß um Z. schreibt zu sagen!* (25f.), wodurch der Mangel an klarer Referenz VORGEWORFEN wird; die Referenz sei doch klar! Die inkriminierten sprachlichen Ausdrücke des Autors Dr. M. beschreibt Herr Z., sie auseinandernehmend: ***Jemand wie, Herr Z. maßt sich an** – kein Wort direkt beleidigend, keines widerlegbar, die ganze Formulierung also ohne Risiko für ihren Autor und dennoch ein einziger Ausdruck der Verachtung* (26-32). Indem der Schreiber Z. INTERPRETIERT und dadurch VORWIRFT, nutzt er denselben aggressiven Stil und expandiert ihn durch Variation der Mittel: *Es ist, als wäre gar nichts gesagt und das ist es ja eigentlich auch nicht* (32-34), wobei das *eigentlich* ein nachfolgendes *aber* oder einen anderen Gegensatz erwarten lässt. Z. endet mit dem ebenfalls referenzvermeidenden Passiv, hier bezüglich Schreiber und Adressat: *Es wurde nur der Stinkefinger gezeigt* (34f.). Mit dieser als Pointe der Sprachglosse formulierten Äußerung INTERPRETIERT er erneut und zwar zugleich (verdichtend) als ‚grobe', nämlich umgangssprachlich formulierte eigene ‚Beleidigung', indem er eine obszöne Geste versprachlicht.

Der Autor Z. beantwortet den aggressivem Ton des Leserbriefs (1-8) ebenfalls mit der Briefform, und er antwortet inhaltlich zunächst sachlich

4.5 Typisierte Stile anhand von Beispielen

(9-20) und dann ebenso aggressiv (20ff.). Auch mit der chiastischen Formulierung bei Wiederholung des Prädikats ‚dreht' Z. ‚den Spieß um': *Sie stören **die wenigsten**, mich nicht* (14f.) und: *Sie nicht, aber mich stören dagegen Formulierungen wie...* (20-22). Ebenso bildet der Gesamttext von Z. einen Chiasmus:

1. Brief	*Sehr geehrte Damen und Herren,* a) aggressive Formulierung *wenn jemand wie Herr Z. sich anmaßt* (2f.) b) inkriminierte Formulierung Z. (5ff.)
2. Brief	*Sehr geehrter Herr Dr. M.* GENERALISIERENDE Einleitung als „Grund" für die folgende „Figur": b) Eingehen auf inkriminierte Formulierung, Begründung (15-20) (*Sie stören **die wenigsten**, mich nicht*) a) aggressive Formulierungen (*Sie nicht, aber mich stören...*) (20ff.)

Dabei ist die zweite Hälfte des Chiasmus gegenüber der ersten erheblich expandiert. Und genau das, was Z. dem Dr. M. inhaltlich VORWIRFT, TUT er selbst. Es ist erstaunlich, wie ‚gebremst' die Aggression in diesem Stil geäußert wird, man WIRFT VOR und BELEIDIGT, ist aber abgesichert gegen juristische Folgen: Denn man hat ja *eigentlich gar nichts gesagt*, oder besser, man hat zwar etwas gesagt, aber eigentlich nicht man selbst und schon gar nicht über einen bestimmten Adressaten. Nach Markkanen/Schröder (1997) ist dies eine Form des „Hedging", d.h. eine Form des ‚Vorbauens': Der andere wird angegriffen, aber zum Schein wird die Höflichkeit gewahrt und gleichzeitig erscheint der Angreifer als weniger aggressiv. Nebenher STELLT sich Z. als gewieften Schreiber SELBST DAR, weist durch den Inhalt wie durch den Stil nach, dass er ein kompetenter Sprachkritiker ist, und bereitet schließlich im Rahmen von Beziehungsgestaltung den LeserInnen das Vergnügen, Zeugen eines kleinen verbalen Duells zu sein. Die Pointierung durch den Chiasmus *Sie, aber mich nicht* und *Sie nicht, aber mich* und die verbale Pointe am Schluss lassen auch die Lesart zu, dass hier mit den Mitteln des aggressiven Stils ironisch gespielt wird.

Während hier die Referenz auf den Adressaten vermieden oder verschoben wird, wird sie in anderem sozialem Milieu so verändert, dass die Höflichkeit deutlich gestört wird: Der Wechsel vom *Sie* zum *Du* bei Fremden ist ein Indiz dafür, dass man ihm ‚zu nahe tritt'. Ebenso die tatsächliche Verwendung beleidigender Gesten. Dies will ich hier nicht exemplifizieren.

b) Eine ganz andere Art der Aggression bildet die Satire (vgl. Hoffmann 2002), für die allerdings nur ein Textmuster (ebda.) beschrieben werden kann, nicht jedoch ein spezieller Stil: Sie ist äußerst vielgestaltig. Diese Form der Aggression ist durch ästhetische Verformung der Wirklichkeit, wie wir sie kennen, gemildert (Hoffmann 2002, 263ff.). Hier geht es um den generellen Stil der Karikatur.

Es gibt die faktische Welt, auf deren Elemente referiert wird, und zwar auf „Ereignisse, Zustände, Vorkommnisse, Denk- und Verhaltensweisen" (Hoffmann 2002, 264). Diese werden von einem Subjekt als „widersprüchlich, normwidrig, inadäquat u.ä." BEWERTET (ebda.), d.h. KRITISIERT. Dies geschieht durch „VERFORMEN/VERFREMDEN (KOMISIEREN, KARIKIEREN, IRONISIEREN...) der Referenz auf die faktische Welt und/oder der Bewertungshandlungen" (ebda.). Neben der „Schutzfunktion" betont Hoffmann (ebda.) das „Risiko der Fehlinterpretation". Das Ästhetische dominiert und die Texte sind polyfunktional (2002, 265). Dabei betont Hoffmann die „intertextuellen Dispositionen satirischer Texte" (2002, 278). Er schlägt für die Interpretation (nach verschiedenen Verfahren) drei „kommunikative Bedeutungsebenen" des Satirischen vor (2002, 265):
– die „Gegenstandsebene" der faktischen Welt,
– die „Darstellungsebene" der subjektiven Sicht auf diese und
– die dominierende „Präsentationsebene" „der ästhetischen Formgebung mit satirischem Sinn".

Mit Hünig (2002) lässt sich diese für Karikaturen genauer beschreiben: Es wird bildlich ein Szenario, d.h. eine komplexe Situation, dargestellt, „which is interpreted as deviant or contradictory in a certain way" (2002, 14). Dabei spielen folgende Stilprinzipien eine Rolle (2002, 10): „condensation" insofern, als ein komplexer Gegenstand (im weiten Sinne) in seinem Kern erfasst und in einem einzigen Bild präsentiert wird; „combination" bedeutet das Mischen von Elementen aus verschiedenen Wissensbereichen mit dem Ergebnis einer neuen Einheit; „domestication" schließlich besteht darin, dass Abstraktes und Fernes als Nahes, Vertrautes, Konkretes dargeboten wird. Die Sprache dient dazu, die intendierte Interpretation abzusichern. Siehe Abb. 4.5–1.

Das Beispiel (aus: Saarbrücker Zeitung, 14.12.2001, A3: Themen des Tages) fand sich im Kontext eines Bildes mit komplexer Bildunterschrift (s. Abb. 5.9–20) und eines ausführlichen Berichts über sonstige Skandale des Ehepaars Biedenkopf. Der langjährige sächsische Ministerpräsident war trotz vieler Verdienste ins Gerede gekommen, weil er nicht zur rechten Zeit abtreten konnte und insbesondere weil er – nach der Nutzung staatlicher Mittel für privates Wohnen – bei der Firma IKEA, die üblicherweise keine Rabatte gibt, einen Rabatt von 15% ausgehandelt hatte.

Das Bild zeigt einen Elch, der einen König ‚auf die Hörner nimmt', der dadurch ‚stürzt'. Im Bereich des Referierens (Gegenstandsebene) ist der Elch mit „Ikea-Skandal" beschriftet, das Bild des Königs verbildlicht den (wohlwollenden) Spitznamen von Biedenkopf, *König Kurt*, wobei auch die Bildunterschrift vereindeutigend wirkt. Der Elch ist ein Sinnbild für Skandinavien, die „Heimat" von IKEA, und der *Elchtest* spielt an auf einen berüchtigten ursprünglich skandinavischen Schleudertest, bei dem Autos auf ihre Spurfes-

4.5 Typisierte Stile anhand von Beispielen 285

Biedenkopfs Elchtest   PAULMICHL

Abb. 4.5–1 Karikatur (Paulmichl)

tigkeit geprüft werden. Die Präsentationsebene nutzt also bereits vorgefundene auch sprachliche Bildlichkeit, die im Wissen verankert ist: *König Kurt, Elch* und *Elchtest*. Die Darstellungsebene ist zu erschließen: Der Satiriker legt nahe, dass der Ministerpräsident diese Affäre nicht ‚über-‚stehen' wird, er ‚ist nicht mehr standfest' genug, um nicht darüber zu ‚stürzen', d.h. die Art der Relation der abgebildeten Referenten im Bild und die Interpretation in der Bildunterschrift legen nahe, das Bild sprachlich so zu interpretieren.

c) Gemeinsam ist beiden Stilen die ‚Abmilderung' des Aggressionsausdrucks, so wie dies auch bei negativem BEWERTEN durch Ironie (Hartung 1998) geschieht. Noch weiter abgemildert ist die Aggression im Fall der Präsupposition. Das Beispiel ist der letzte Absatz eines langen Briefes, in dem ein Kollege am Vorgehen einer Universitätspräsidentin offen Kritik übt und Vorschläge zur Lösung der angesprochenen Probleme unterbreitet:

(2) *Die Universität enthält ungewöhnlich viele intelligente Menschen. Sie reagieren intelligent, wenn man sie intelligent behandelt. Die Wissenschaft, gerade die Naturwissenschaft, lebt davon, dass sie ihre Ergebnisse veröffentlicht, dass sie überprüfbar sind, und nur die überprüften Ergebnisse haben Bestand. Ich glaube, vor diesem Hintergrund ist die augenblickliche Diskussion in der Universität verständlich. Wenn das*

Präsidium mit der Universität im Sinne etablierter wissenschaftlicher Praxis umgeht, wird diese Universität die augenblickliche Phase der Anpassung der Wünsche an die Möglichkeiten erfolgreich bestehen.

Hier wird per Präsupposition vom Kollegen nahe gelegt, dass das Präsidium und insbesondere die Präsidentin ‚die Menschen in der Universität nicht intelligent behandelt' habe – das alte Vorurteil mangelnder Intelligenz von Frauen wird hier bedient. Außerdem spielt das Vorurteil eine Rolle, dass die Naturwissenschaften (denen der Schreiber angehört) gegenüber den Geisteswissenschaften (deren Vertreterin die Präsidentin ist) überlegen sind: Es wird unterstellt, die Präsidentin habe nicht *im Sinne etablierter wissenschaftlicher Praxis* gehandelt. D.h. die vorherige offene Kritik schlägt hier um in unterschwellige Aggression – worauf der Präsidentin nur die Flucht in die kollegiale Öffentlichkeit blieb.

Weibliche Kritik wird männlicherseits oft mit mehr oder weniger offener Aggression beantwortet: Ein Brief von mir (3a) wurde folgendermaßen beantwortet (3b). In diesem Fall nutzt der Verfasser die Aggression (*vorzuführen*) zugleich für eine stilistische Selbstdarstellung:

(3a) *Sehr geehrte Damen und Herren!*
Da der saarländische Zweig der Gesellschaft seit Jahren im Koma liegt – jedenfalls habe ich nie eine Aktivität wahrnehmen können, vgl. auch Ihre Programme – kündige ich hiermit meine Mitgliedschaft zum Jahr 1999.
Mit freundlichen Grüßen!

(3b) *Verehrte Frau Professor Sandig!*
Wir bedauern sehr, dass Sie Ihre Mitgliedschaft in der Gesellschaft (...) gekündigt haben. Inzwischen ist der (...)-Zweig Saarbrücken nicht mehr moribund, vielmehr hat er seit September 1997 den Exitus letalis erreicht; Sie sehen: es macht mir Spaß, Ihre Diktion vorzuführen. (...) Es folgt Kritik: Man habe ja noch mehr zu bieten...

Bei aggressiven Stilen ist die Beziehungsrelation zentral. Kritik oder Gegenwehr gegenüber Kritik wird nicht ‚sachlich-neutral' sondern ‚emotional' und ‚emotions-auslösend' vorgebracht.

4.5.4 Jargons

Hier sind zwei Fälle zu unterscheiden. Gemeinsam ist beiden die Begrenzung des Benutzerkreises.

a) Jargons „bezeichnen sprachlich markierte Formenkonglomerate, die durch ihre Aura kommunikative Exklusivität suggerieren" (Antos 1999, 80). Und weiter ebda.: „Sie verschaffen damit einerseits bestimmten Sprechergruppen sprachlich begründete Ab- und Ausgrenzungsmöglichkeiten und andererseits Insidern das Gefühl einer kommunikativen Erlebnisgemeinschaft. Jargons

4.5 Typisierte Stile anhand von Beispielen 287

vermögen dies, weil sie *Formen der Vermittlung von sprachimmanenter Autorität bzw. Formen der Demonstration von Autorität sind"* (Hervorhebung im Original). Jargons sind „Interpretationskonstrukte" (1999, 84), die oft durch Außenstehende negativ gewertet werden. Die „strukturelle Profilierung" (Antos 1999, 85) oder das Bündel kookkurrierender Merkmale besteht allgemein in: „Fremdwörtern, Archaismen, Formeln, Sprachklischees, Pseudoterminologisierung oder typischen Formulierungen, außerdem markierter Verwendung von Wörtern, Wortbestandteilen oder Wendungen, etwa wenn Ausdrücke oder stilistische Formen in neue Zusammenhänge implantiert werden" (1999, 85f.). Es kommt auch zu sprachlichen Fehlern (*verhäufte Anfragen; Exkursionen oder andere Dienstfahrzeuge (...) durchgeführt*) wie im folgenden Beispiel aus Antos (1999, 81):

(4) RUNDSCHREIBEN   *(1997-06-19)*
Sonderfahrerlaubnis für Universitätsmitglieder, die in keinem Arbeits,-(sic!) Beschäftigungs- oder Dienstverhältnis zur Universität stehen

Verhäufte Anfragen aus den Fakultäten/Fachbereichen zu dem Thema, inwieweit Studenten, die Dienstfahrzeuge der Universität benutzen, haftungsrechtlich geschützt sind, führten zu der unbefriedigenden Mitteilung, dass ein haftungsrechtlicher Schutz, wie ihn die Mitarbeiter der Universität, die in einem Dienstverhältnis zum Land (Universität) stehen, genießen, nicht besteht. Studenten wie auch Universitätsangehörige, die in keinem Dienstverhältnis stehen, können daher bei einem von ihnen verursachten Schaden zur vollen Haftung herangezogen werden. Gegenüber dem Kultusministerium wurde die Anfrage gestellt, ob für Studenten und Universitätsangehörige, die in keinem Dienstverhältnis stehen, Sonderfahrerlaubnisse erteilt werden können.

Das Kultusministerium bittet um Mitteilung, welche Fakultäten/Fachbereiche von dieser Problematik betroffen sind. Erfasst sind auch Fälle, bei denen Exkursionen oder andere Dienstfahrzeuge mangels ausreichender Anzahl von Dienstfahrzeugen mit Mietwagen oder Privat-Pkw durchgeführt werden. Bitte teilen Sie mit, welche Institute Ihrer/s Fakultät/Fachbereichs betroffen sind. Hilfreich wäre es, wenn Ihre Mitteilung Angaben dazu trifft, wie viele Dienstfahrzeuge zur Nutzung durch den oben genannten Personenkreis zur Verfügung stehen.

Antos weist auf die Möglichkeit von Stilblüten hin. Denn „entscheidend für die Schaffung bzw. für die Realisierung von Jargons ist die Benutzung von sprachlichen Formen und ihre Kontextualisierung, die in deutlicher Opposition (...) zu nichtmarkierten sprachlichen Formen und Kontexten stehen. Nur so können Jargons ihre Auffälligkeit (...) und damit ihre Wiedererkennbarkeit sichern" (Antos 1999, 86). Nach Antos (1999, 87) sind im Unterschied zu anderen Stilen auffällige Formen „besonders hochfrequent oder kontextspezifisch deplaziert". Antos nennt (ebda.) das herausragende Mittel „stilistische Hybridisierung" durch „Pseudo-Terminologisierung" auf der Grundlage von Fremdwörtern. Dadurch werde sprachliches Prestige hergestellt.

Zur kommunikativen Funktion von Jargon verweist Antos (1999, 89) auf Th. W. Adornos „Jargon der Eigentlichkeit", „dass Jargon in weitem Maße ohne Rücksicht auf den Inhalt der Worte gespürt und akzeptiert wird" (1999, 90). Antos erklärt dies (ebda.) durch die Funktion von Jargons (und Stilen generell), die als vorgeprägte „Sinn-Muster" die Produktion und Rezeption von Spracherzeugnissen steuern. Bei Jargons ist das Spezielle: „Der ‚Inhalt' des Gesagten tritt zurück gegenüber dem (...) ‚Ton'. Dieser wird gegenüber dem propositionalen und illokutiven Inhalt dominant" (1999, 90f.). „Jargons konstituieren (...) kommunikative Exklusivität, indem sie Gruppenzugehörigkeit ohne besondere Leistung und Verständigungsanstrengung anbieten" (1999, 91); sie bedeuten „Anmaßung von Autorität" (1999, 92). Dies unterscheidet sie von anderen Stilen. Dieckmann (1999, 23) fügt dem mit Bezug auf Wissenschaftsjargon hinzu, dass Jargon auch zu „Immunisierung gegen Kritik" und „sprachlicher Aufwertung des Gesagten hinsichtlich seiner Bedeutsamkeit und Verlässlichkeit" dient.

b) Ein ganz anderer Aspekt von Jargon basiert auf Arbeitsinteraktionen und auf gruppeninterner Beziehungsgestaltung: Hierbei wird nicht die exakte Fachbezeichnung verwendet, sondern es gibt Vereinfachungen wie z.B. Kurzwortbildung, es werden Ausdrücke aus der sonstigen Lebenswelt der Beteiligten verwendet und – analog zur Alltagsmetaphorik – Bezeichnungen aus verschiedenen Lebensbereichen der umgebenden Kultur. In diesem Fall variieren die Jargons mit ihren Funktionen in Relation zu den jeweiligen Arbeitsanforderungen. Beispiele aus dem Bereich medizinischer Interaktion gibt Mahler (1978). Sie zeigt (1978, 5), dass der Jargon jeweils einen überregionalen Kern hat, aber auch regional geprägt ist und schließlich durch spezielle Kleinstgruppen. Gerade in diesen unterliegt er ständiger kreativer Veränderung. In jedem Fall ist er umgangssprachlich geprägt.

In medizinisch tätigen Gruppen hat ein grober und zynischer Humor (1978, 2) als Interaktionsmodalität mehrere Funktionen: „Die wichtigste Funktion des Slangs (Mahler, hier: Jargon) ist (...) der Selbstschutz" (ebda.) gegenüber Elend und Ekel, aber auch Anteilnahme. „Die zweite Funktion des Slangs ist die Entspannung durch Witz" (ebda.) in einem angespannten Arbeitsalltag. Patienten werden „entpersonalisiert", indem an die Stelle des Namens die pronominale Deixis tritt (*der, die*). Außerdem hat dies und die metonymische Reduktion auf das zu behandelnde Organ (1978, 6) die Funktion problemloser Verständigung. Laborslang als Domäne von Frauen ist anders geprägt als der Röntgenslang von ÄrztInnen und AssistentInnen (1978, 4). Davon wieder zu unterscheiden ist der OP-Slang. In allen Fällen ist es eine berufliche Gruppensprache, die nur gesprochen wird und durch

„Nachlässigkeit", ökonomische Kurzformen verschiedener Art und neue Pluralformen (*Blüter*, S. 8) gekennzeichnet ist (1978, 4), im Fall medizinischer Jargons kommt die „Derbheit" hinzu (ebda.).

Der Jargon der Laborfrauen in Mahlers Untersuchung ist geprägt durch Metaphern aus den Bereichen des (damals) weiblichen Haushalts mit *sauren Nierchen, Dafür braucht man Messer und Gabel, Gerinnungen häkeln, Geschirr spülen, die Kinder trocken legen*. Darüber hinaus gibt es Metaphern aus sehr verschiedenen Bereichen einschließlich „betont unwissenschaftlicher Bezeichnungen" wie *Ich zapf den noch schnell an* für ‚Blut abnehmen' (1978, 14f.), *Steinbruch* ‚Patient mit mehreren Nierensteinen'. Der beobachtete Röntgenslang (1978, 15ff.) war demgegenüber eher männlich geprägt mit Ausdrücken aus der Militärsprache und aus dem Handwerk, trägt aber mit Bezeichnungen aus dem Haushalt auch die weiblichen Züge der Ärztinnen.

4.5.5 Verwendung typisierten Stils

Typisierte Stile werden heute gern für stilistische Mustermischungen (Kap. 4.1.2.3) genutzt. Dass gerade bei typisierten Stilen, aber auch bei Stilebenen (Kap. 4.6) zwischen Stil und Stilverwendung zu unterscheiden ist, zeigt folgendes Beispiel: Über die 26jährige Anna Montanaro, einen Musical-Star, wird in der Zeitung berichtet. Sie wird auch zitiert, indem umgangssprachliche (Kap. 4.6.2) Mündlichkeit durchaus in der Schriftlichkeit erhalten ist (aus: Saarbrücker Zeitung, 3.3.2000, 17):

(5a) *Nach der dreijährigen Ausbildung führte sie 1992 ihr erstes Engagement nach Zürich: Cats. „Das hat unheimlich viel Spaß gemacht, aber angucken könnte ich mir das heute nicht mehr. Ich find's grauenhaft. Es ist auch sehr schlimm, wenn man kein Wort vom Text versteht, aber neunzig Prozent der Musical-Darsteller sind Amerikaner oder Engländer (...)".*

Schließlich ist in die direkte Rede auch generationsspezifische Redeweise eingestreut:

(5b) *(...) im vergangenen Jahr dieselbe Rolle in Londoner West-End. Seitdem zählt sie auch etwas im eigenen Lande. Die Londoner Premierenbesetzung war übrigens eine andere Deutsche: „Ich habe Ute Lemper bei der Premiere gesehen, und ich dachte nur wow, Wahnsinn, was für ein Weib! So ein skurriler Typ. Die passt nirgendwo wirklich rein und zieht ihr Ding voll durch!"*

Die textinternen Relationen der verwendeten Stile machen die Wirkungen aus: Hier der ‚neutrale' Zeitungsbericht-Stil und zunächst das Umgangssprachliche, danach dieses noch mit generationstypischer Rede untermischt. – Das folgende Beispiel entstammt einer Serie im „Zeitmagazin": „Was wir einmal vermissen werden" (Zeitmagazin, 21.11.1997, 6), vgl. Abb. 3–11:

(6) *A-KLASSE hieß die Gurke, mit der sich ein Stuttgarter Autohersteller überraschend im dahindümpelnden Manta-Markt etablierte. Die Bräute fuhren voll drauf ab. Nix mehr bloß Kavalierstart. Gummi geben und ab dafür – konntste nach 'm Herbst 98 total vergessen, Alter. Überschlag aus 'm Stand oder bei 15 km/h war angesagt. Total normal. Für Weicheier gab's dann 'ne Version mit Stützrädern anne Türen und auf 'm Dach. Nicht richtig cool, aber o.k. Gab dann irgendwie 'nen Imageverlust oder so. 2002 mußten die wohl wegen der Kiste dichtmachen. Aber super Schleuder, echt.*

Die Tatsache, dass das zuerst hoch gelobte A-Klasse-Auto mit seiner neuen Technik einen berüchtigten Schleudertest nicht bestand, wird hier hämisch glossiert, indem der Manta-Fahrer-Stil verwendet wird. Aber es gibt durchaus auch Hinweise auf die übliche Stillage des „Zeitmagazins": *mit der sich (...) überraschend im (...) Markt etablierte; Imageverlust.* In diesem Fall ist die Dominanz der Stile vertauscht; üblicherweise ist die Normallage dominant, die abweichenden Verwendungen typisierter Stile sind eingestreut wie bei Beisp. (5a) und (5b).

4.6 Stilebenen

Stilebenen sind Ressourcen zum Ausdruck von globalen Einstellungen. Auch Stilebenen sind Teile der aktiven und/oder passiven stilistischen Kompetenz. Sie stellen „linguistic repertoires" (Ervin-Tripp 1972, 240) dar: Das sprachliche Repertoire besteht darin, dass Alternanten in der Sprache durch „co-occurrence rules" ausgewählt werden und zwar mit vorherigen oder begleitenden Wahlen. Alternanten in der Sprache sind einzelnen „co-occurrence rules" oder Stilen zugeordnet. Als Beispiele gibt Ervin-Tripp „formal style", „informal style", „styles related to occupation" (1972, 239) und baby talk (1972, 240). Bei Ervin-Tripp (1972) werden, wie anhand der Beispiele deutlich wird, einerseits Stilebenen und andererseits typisierte Stile zusammengefasst. Beide stellen Repertoires dar mit Alternanten, die potenziell über die ganze Breite möglicher Sprachbeschreibung gehen. Mit typisierten Stilen, wie sie hier verstanden werden, werden jedoch sehr spezifische Sinnpotenziale nahe gelegt (vgl. „baby talk" oder die Stile in Arbeitsbereichen). Außerdem geht es nicht immer um Alternanten in der Sprache, vgl. das *Siehe* des Bibelstils; gerade das einmalige und unvergleichbare Vorkommen von Schlüssel-Merkmalen ist u.a. charakteristisch für typisierte Stile.

Stilebenen hingegen haben ein globaleres Sinnpotenzial; sie werden teilweise für typisierte Stile mit genutzt, z.B. die unterneutrale Ebene in Jugend-Stilen. Ludwig (1995, 298) spricht von einer „kommunikativen Prädispositionsebene", er benennt aber auch das Problem, dass das Sprachgefühl divergiert (1995, 299), dass also auch hier die individuelle sprachliche Erfahrung wichtig ist. Zu einem Überblick bezüglich der Lexik vgl. Ludwig (2002).

4.6 Stilebenen

Stilebenen heißen in der Literatur auch *Stilsphäre*, *Stillage*; bei Fleischer/Michel/Starke (1993, 104) werden *Stilschicht* und *Stilebene* synonym verwendet. Bei Krahl/Kurz (1984, 121) finden wir folgende Bestimmung: „*Stilschicht/Stilsphäre*: Höhenlage sprachlicher Formen im Verhältnis zur literarischen Norm (d.h. in Relation zur neutralen schriftlichen Hochsprache, B.S.); ästhetische Qualität. Eine mögliche Einteilung ist z.b. die Schichtung vulgär – umgangssprachlich – einfach-literarisch – gehoben – poetisch". Fleischer/Michel/Starke (1993, 209) verkürzen „grob differenziert" auf „Superstandard", „Vollstandard" und „Substandard", nehmen aber (1993, 213) „Alltagsrede" noch zusätzlich an und S. 205 für Substandard eine Stufung „umgangssprachlich", „salopp", „vulgär". Hausmann (1989) geht von einem Kontinuum aus mit neutralem Zentrum, z.B. *essen*, und markierten Rändern wie *dinieren/speisen* einerseits und *schlingen/fressen* andererseits. „Für die Textproduktion ergeben sich aus der Markiertheit Verwendungsrestriktionen, Wortverwendungsgrenzen..." (Hausmann 1989, 649). Ein Kontinuum berücksichtigt die Gegebenheiten des Sprachgebrauchs am besten.

Ähnlich wie Fleischer/Michel/Starke (1993) nimmt Ludwig (1991, 236: für die Wörterbucharbeit!) nach ausführlicher Sichtung der Kategorisierungen drei „Hauptebenen" an; an diese werde ich mich im Folgenden halten: „über neutral", „neutral", „unter neutral". „Unter neutral" wird bei Ludwig (1991) in „Subebenen" weiter differenziert: „umgangssprachlich" und „salopp", die nicht scharf getrennt sind und „derb", das stärker abgetrennt ist. Zwischen „neutral" bis „derb" nimmt er zwar gewisse Trennungen vor, aber keine strikten; demgegenüber ist bei ihm die Trennlinie zu „über neutral" scharf. M.E. sollte man insgesamt mit Hausmann (1989) keinerlei scharfe Begrenzungen annehmen: zum einen wegen des Variierens der individuellen Erfahrung und Kompetenz, zum anderen wegen des variablen Gebrauchs, siehe Abb. 4.6–1.

Auf die Geschichte der „Dreistillehre" kann ich hier nicht eingehen (z.B. Spang 1994, Ueding/Steinbrink 1986, 52, 91ff., 211ff.). Wichtig ist, dass Stilebenen in der Antike mit Typen von Sprachhandlungszwecken und Themen („Gegenständen") regelhaft verknüpft werden, später mit sozialem Status und teilweise mit literarischen Gattungen. Diese Verbindungen sind heute stark gelockert, existieren nur noch teilweise.

Unter den Merkmalen für die Anzeige von Stilebenen ist die Lexik (vgl. Fleischer/Michel/Starke 1993, 104ff.) zentral, weil besonders auffällig; es lässt sich aber zeigen, dass auch Merkmale anderer Beschreibungsbereiche der Sprache an Stilebenen beteiligt sind (vgl. Fleischer/Michel/Starke 1993, passim). Die Beschreibungen sind jeweils als die von Prädispositionen (vgl. oben Ludwig) auf einem Kontinuum (Hausmann 1989) zu verstehen, die durch Vergleiche deutlicher herauskommen. Was Michel (2002, 797) für „gehobene Stilschichten" betont, gilt generell für Stilschichten: Einzellexemen ist oft schwer ein Stilwert zuzuordnen; es kommt auf die Zusammen-

Hauptebenen	Subebenen		Beispiele		
"über neutral" (Δ)			Antlitz	Haupt	dahinscheiden entschlafen
"neutral" (-)			Gesicht	Kopf	sterben
"unter neutral" (∇)	(I)	umgangssprachlich (umg.)			sich davonmachen
		salopp	Visage	Birne Rübe	abkratzen
	(II)	derb	Fresse		krepieren verrecken

Abb. 4.6–1 Stilebenen nach Ludwig 1991

hänge mit Elementen anderer Sprachbeschreibungsebenen in der Performanz an, auf die jeweiligen Merkmalsbündel in den Texten also. – Für *überneutral* steht im Folgenden *ü*, für *neutral n*, für *unterneutral u*:

Lautlich unterscheiden sich die Ebenen nach dem Grad der Deutlichkeit der Aussprache (ü) bis hin zu starken Verschleifungen: *haben* (ü), *habń* (n) bzw. *ham* (u), regional *habe, hawe...*; *mit dem* (ü/n) bzw. *mim* (u)..., d.h. Natürlichkeit vs. Durchsichtigkeit (vgl. Kap. 4.2).

Grafisch: Im Bereich der Schriftlichkeit sind hier Unterschiede in der Materialität (Textträger, Papierqualität, Mikrotypografie (Schriftarten) und Makrotypografie (Art der Anordnung auf der Fläche) relevant; alte Rechtschreibung ist eher (ü/n), neue eher (n). Unterneutrale Lautung wird selten verschriftet, z.B. *bei nem Tee* aus einer E-Mail.

Morphologisch: z.B. Imperativformen (nach Dudengrammatik 1984, 174): *lies, wirf, iss* (ü/n) gegenüber *les, werf, ess* (u); *hand(e)le, fei(e)re* ist m.E. mit *e* als (ü) einzustufen, ohne *e* eher als (n), *handel, feier* als (u), evtl. auch als regional; (ü/n): *sage* vs. (u): *sag* mit Auslautverhärtung (Weinrich 1993, 268). *Sie möge sich noch etwas gedulden* (ü) vs. *Sie soll noch etwas warten* (n, vgl. Weinrich 1993, 270). Oder Substantivflexion: *mit dem Herzen* (ü/n) vs. *mit dem Herz* (n/u) (als falsch kritisiert in Theo „Stemmlers kleine Stillehre. Vom richtigen und falschen Sprachgebrauch", Frankfurt/Main: Insel 1994, Kap. 18).

4.6 Stilebenen

Komplexere Formen der Prädikation:

(1) *Dies mag hilfreich sein* (ü) vs.
Das hilft möglicherweise (n) vs.
Das hilft vielleicht, Das kann helfen (u/n).
(2) *Sie schläft wirklich nicht lange* (n) vs.
Lange schlafen tut sie (bestimmt) nicht (u).
(3) *Dies war von außerordentlichem Einfluss auf ihn* (ü/n) vs.
Das übte einen außerordentlichen Einfluss auf ihn aus (n) vs.
Das beeinflusste ihn enorm (u).

Wortstellung im Satz: Spitzenstellung ‚gewichtiger' Elemente für (ü), ebenso andere ungewöhnliche Wortstellungen als verfestigte Formulierungsverfahren:

(4) *Die Basken, an der gegenüberliegenden Grenze, verlangen selbiges für sich.* (ü)
    (Die Zeit, 15.11.1996, 1: König Fußball)
(5) *Es ist dies der Grund, warum/weshalb...* (ü)
Das/Dies ist der Grund, weshalb/warum/für (n)
Aus diesem Grund (n)
(6) *Das ist so aufregend nicht* (ü)
Das ist nicht so aufregend (n)
(Das,) so toll ist das nicht (u)

Satzkomplexität mit Hypotaxe vs. Parataxe:

(7) *Ich kann nicht umhin zu x en* (ü)
Ich muss (unbedingt) x en (n/u)
(8) *wohingegen + weiterführender Nebensatz* (ü)
wogegen + weiterführender Nebensatz (ü/n)
Dagegen + Hauptsatz (n/u)
(9) *Wenn du so weitermachst, ist dein Geld bald alle* (n)
Mach (nur) so weiter und dein Geld ist bald alle / dann ist dein Geld... (u)

Ellipse:

(10) *Es wäre besser, wenn sie länger schliefe* (n)
Wär besser, sie würd(e) länger schlafen (u)

Sprechaktformulierungen: z.B. BEGRÜNDEN mit Verb-Erst-Stellung und *doch* (ü/n) oder BEKRÄFTIGEN:

(11) *Sagen doch die Meteorologen, dass...* (ü/n)
Wie sagen die Meteorologen? (n/u)

Die letztere Formulierung trägt einen starken Akzent auf dem *Wie*.
Kataphorische Wiederaufnahme (Katalepse, hier durch die Artikelform *seine*) wird für (ü/n) genutzt:

(12) *Seine reißerische Sprache zeigt, dass Professor X...* (ü/n)
Dass Professor X..., zeigt (schon) seine reißerische Sprache ... (n)

Formeln als entlastende Formulierungshilfen (Stein 1995, 125f.):

(13) *meine Stimme erheben* (ü) vs. *mich äußern* (n)
mit dem Tod(e) bezahlt (ü) vs. *gestorben* (n)

Lexik: Hier sei nur auf Beispiel (4) mit *selbiges* verwiesen und auf Beispiel (8) mit *wohingegen*.

Man sieht also: Es geht um Unterschiede quer durch die Ebenen der Sprachbeschreibung: Stilebenen sind konventionalisierte und individuell durch kommunikative Erfahrung angeeignete Vorgaben für relativ einheitliche Stilgestalten.

Die neutrale Stilebene ist dabei der jeweilige „Grund", von dem sich Elemente der überneutralen oder der unterneutralen Ebene als „Figur" abheben. Außerdem ist die Dichte der Nutzung von Elementen der markierten Ebenen für die potenzielle Wirkung des Textganzen wichtig: „Grund" wird in der Regel nicht als solcher wahrgenommen. Aber markiert werden auch an sich neutrale Elemente, wenn sie durch relative Dichte der Verwendung auffällig werden (vgl. Enkvist 1995). Ein Beispiel ist *Himly & Himly* (Kap. 4.2.5, Beisp. (67)): *Herr Himly* ist eine neutrale Form des Referierens auf eine Person; wenn jedoch die üblichen Formen der Rekurrenz (Kap. 5.5.3) nicht gewählt werden, sondern stattdessen dieselbe Form mehrfach WIEDERHOLT wird, so wird sie dadurch markiert.

Die folgende Grafik zeigt die Zusammenhänge; aus ihr ergibt sich auch, warum relativ viele Ausdrucksmöglichkeiten nicht auf eine Ebene festzulegen sind:

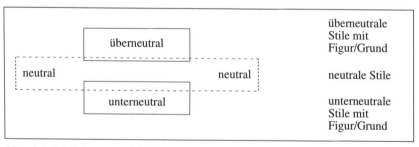

Abb. 4.6–2 Stilebenen und Stile

Gemeinsam ist den markierten Stilebenen, dass sie betonungsreich gestaltet sind und sich zum EMOTIONALISIEREN eignen (vgl. zum Pathos Sowinski 1982, 277); doch die jeweiligen charakteristischen Mittel sind bis auf „Interjektionen, Ausrufesätze, kühne Vergleiche und Metaphern" (Sowinski

4.6 Stilebenen

ebda. für Pathos) verschieden. Diese Gemeinsamkeiten gelten jedoch auch nur formal: Bei den Interjektionen ist ein großer Unterschied zwischen *oh là là* (ü) und *au weia* (u); dasselbe gilt für die Füllung von Ausrufesätzen, die Arten der Metaphern und Vergleiche. – Mit Löffler (²1994, 166f.) ist hinzuzufügen, dass die hier angenommene Ebenen-Einteilung eher der von Mittelschichtsprechern entspricht, sie trifft nicht zu für Unterschichtsprecher oder Vertreter von Subkulturen.

4.6.1 Überneutrale Stilebene

Generell geht es um den Ausdruck von Einstellung als ‚besonders', ‚wertvoll'... Die überneutrale Stilebene wird heute für wenige Typen von Funktionen genutzt. Seit dem Ende des 2. Weltkriegs hat es einen kontinuierlichen Abbau gegeben (vgl. Pelster 1966 und die Beispiele in Püschel 1995). Michel spricht von „gehobenen Stilschichten", nimmt also Grade von ‚mehr gehoben' und ‚weniger gehoben' an (2002, 794). Er (2002, 797) weist auch auf bildungssprachliche feste Wendungen hin (z.B. *cum grano salis*) und auf geflügelte Worte (*Spät kommt Ihr, doch Ihr kommt, Graf Isolan*) und auf Folgendes: „Syntagmatisch kann Lexik vor allem dadurch „angehoben" werden, dass sie in rhetorische (stilistische) Figuren mit besonderer „ornatus"-Funktion integriert wird."

4.6.1.1 ‚Feierlichkeit' und Pathos

Eine Gruppe von Funktionen haben überneutrale Stile im Bereich ‚feierlicher' Interaktionsmodalität, also einer Sonderform emotionalen Einstellungsausdrucks: Bei Grußworten (Antos 1986, 1987), Eröffnungsreden, Laudationes (Zimmermann 1993), politischen Reden mit besonderem Gewicht z.B. von Bundespräsidenten oder Bundestagspräsidenten, bei Präambeln internationaler Verträge (Rauch 1992, Kap. 3.2), d.h. insgesamt bei rituellen Texten.

Bei derartigen überneutralen Textmusterstilen gibt es aber je nach Textmuster mehr oder weniger Spielräume für individuelle Ausgestaltung. Hier sind Reste von Pathos mehr oder weniger erhalten: Ortner schreibt (1996, 222): „Die pathoserregenden Themen sind die Existenz und (...) das (Da-)Sein des Einzelnen, vor allem aber des Kollektivs" und seiner Werte wie (Ortner 1996, 220ff.) Wahrheit, Freiheit, Solidarität, Transzendenz, besondere Taten..., und spezielle Themen wie Vaterland, Zukunft, Existenz, Angelegenheiten, die alle betreffen (1996, 223). Hier ist die Tradition aus der Antike noch spürbar: ‚hohe' Themen in ‚hohem' Stil. Nach den Worten von Kern (1994, 410) ist Pathos „eine Haltung, in der man Sachverhalten Bedeutsamkeit zuweist, auf dass man sich mit ihnen identifizieren kann und mittels dieser Identifikation ein Kommunikationsangebot macht, mit anderen eine auf Einverständnis beruhende, wertorientierte Erlebnis- oder gar Handlungsgemeinschaft zu bilden." Es ist also eine besondere Interaktionsmodalität.

Ortner beschreibt „pathetisches Sprechen/Schreiben" u.a. mit folgenden Merkmalstypen (1996, 228ff.):

a) Themenwahl: Es sind Themen, die „von vornherein bewegen" (1996, 228): „Das Bewegtsein ist genauso Ursache wie Ziel echt pathetischer Rede." Sie sind festzumachen an „Schlüsselwörtern" (vgl. Minnerup 1989) wie *Nation, Schicksal...* Das vielfältige Nutzen von „Schlüsselwörtern" ist heute kaum auffindbar, nach der unendlichen Übertreibung im dritten Reich (vgl. Minnerup 1989); Eroms (1996) zeigt, dass selbst einfache Bürger das Pathos der Zeit übernommen hatten: *O, wie ungeheuer vermehrt der Krieg die Einsicht, dass uns der Tod in seine Pflicht genommen hat.* (Eroms 1996,102f.).

b) Themenverknüpfung (Ortner 1996, 228) durch Parallelismus.

c) Sprechakte: BEKENNEN, PROPHEZEIEN, BESCHWÖREN, pathetisch BEWERTEN: *tragisch, schicksalhaft...*

d) Satzsemantik: Personifizierungen, Subjektschübe etc.: *Dornenweg der Selbstbefreiung...*

e) Lexik: Pathetische Bildlichkeit und Metaphorik: z.B. über Franz Beckenbauer, Fußballstar und -manager: *dass er ‚das Spiel lesen kann'*; außerdem eben „große Worte" wie *Freiheit, historisch...*

f) „Ausführung" (Ortner 1996, 231): stimmlich: Lautstärke und Intonation; grafisch: Ausrufezeichen, Fettdruck...

g) Sprecher-Schreiber-Rollen wie die von Festrednern, Laudatoren und Repräsentanten sowie „markierte Situationen" wie „hohe Tage" (1996, 232) verlangen ein gewisses Maß an Pathos.

Redner, die sich in Pathos-Rollen in Pathos-Situationen zu Pathosthemen zu äußern haben, können auf verschiedene Verfahren zurückgreifen, um das Pathos abzumildern (Ortner 1996, 216f.):

a) Metakommunikative Eigenkommentare als Rahmungen: *Es mag pathetisch klingen aber...*; *verzeihen Sie das hohe Wort* usw.

b) Eine weitere Möglichkeit, Pathos zu verwenden, aber zugleich zu entschärfen, ist die Ironie (Ortner 1996, 234), wie sie ganz stark in einem offenen Brief des Literaturwissenschaftlers Wuthenow (in Sandig 1986, 221) zum Ausdruck kommt. Als weiteres Beispiel das Ende des Aufsatzes von Ortner (1996) selbst, der zugleich ein Festschriftbeitrag ist:

(14) *Nackte Würdigungen und unverhüllter Preis, ob in der Textsorte Festschriftenbeitrag und/oder in der pathetischen Tonlage, sind heute Anachronismen. Man kann sie nur kontrolliert vornehmen, verpackt in Signale, die zeigen, dass man die Welt des Rational-Diskurses nicht verlassen hat.*

4.6 Stilebenen 297

Also nicht finale grande, sondern piccolo. Man heißt ja nicht Hölderlin. Hans Wellmann beglaubigte durch seine Praxis einen Begriff von Germanistik/Linguistik, über den ich mich mit ihm verbunden weiß. (...)

c) Mischung mit Anderem ist ebenfalls möglich. Das folgende Grußwort von Oskar Lafontaine als Ministerpräsident des Saarlandes dient neben dem WÜRDIGEN eines Ereignisses auch dem KOMPETENZ-ZEIGEN mittels technisch-verwalterischer Formulierungen und dem WERBEN für sich selbst:

————————— technisch-verwalterisch
————————— überneutral: WÜRDIGEN
·················· implizite Werbung

(15) *Grußwort*
Im September dieses Jahres feiert die Evangelische Kirchengemeinde St. Arnual die Wiederindienstnahme ihrer Stifskirche, deren Gründung bis in die Zeit der Christianisierung unserer Region zurückreicht. Diese Feiern haben weit mehr als nur lokale Bedeutung: Sie sind Festtage für das ganze Land, zählt doch die Stiftskirche St. Arnual zu den wichtigsten Baudenkmälern unseres Landes. Als Kleinod gotischer Sakralkunst hat die Stiftskirche St. Arnual kunsthistorische Bedeutung von nationalem Rang.

Groß war die Besorgnis als sich an der Stiftskirche, innen wie außen, Bauschäden zeigten, die an die Substanz des Bauwerkes gingen und weit mehr als nur übliche Renovierungsmaßnahmen erforderten. Große finanzielle Anstrengungen von Kirche und Staat waren geboten, um die Stiftskirche für die nächsten Generationen zu sichern. Nach zwölf Jahren der Instandsetzungs- und Renovierungsarbeiten präsentiert sich die Stiftskirche wieder in altem Glanz.

Zu diesem Ereignis gratuliere ich sehr herzlich. Der Kirchengemeinde ist ihr geistlicher Mittelpunkt zurückgegeben und das ganze Land freut sich, dass eine der schönsten saarländischen Kirchen vor dem Verfall gerettet und künftigen Generationen erhalten werden konnte.
Oskar Lafontaine
Ministerpräsident des Saarlandes

Betont schlicht sind außerdem folgende Formulierungen: *gingen an die Substanz, gratuliere ich sehr herzlich, das ganze Land freut sich*. Dies ‚passt' zur damaligen Volkstümlichkeit des Amtsträgers. Auf diese Weise ist es möglich, notwendiges Pathos nicht nur zu dämpfen, sondern mit einer eigenen Note auszugestalten.

d) Der Grad der Dichte (vgl. Enkvist 1995) und Variation von überneutralen Merkmalen entscheidet ebenfalls über die Akzeptabilität. Ein Beispiel ist die

Ansprache des damaligen Bundeskanzlers Helmut Kohl zum Jahreswechsel am 31.12.1985 über Rundfunk und Fernsehen (aus Püschel 1995, 326):

> (16) *Meine sehr verehrten Damen und Herren, liebe Mitbürgerinnen und Mitbürger!*
>
> *Am Silvesterabend denken wir zurück an das, was im* **ausklingenden** *Jahr unser Leben in Familie und Beruf geprägt hat, und an das, was wir vom neuen Jahr erhoffen.*
>
> *In erster Linie sind es die persönlichen Erfahrungen und Hoffnungen, auf die sich die meisten von uns* **in dieser Stunde** *besinnen. Aber ich möchte aus meiner Sicht noch einige Gedanken äußern, die uns alle angehen.*
>
> *Sie haben* **gewiß** *noch die Bilder vom Treffen zwischen Präsident Reagan und Generalsekretär Gorbatschow in Genf vor Augen. (...)*

Ortner betont (1996, 232): „Pathos ist nicht gleich Pathos." Es gibt gestelztes, trockenes, lyrisches, leises Pathos...

4.6.1.2 Positive Selbstdarstellung

Dieser Typ von Funktion hat sicher den jahrhundertealten Zusammenhang von überneutral und ‚sozial hochgestellt' beerbt. Man ‚wertet sich selbst auf', indem man überneutrale Elemente gekonnt verwendet: als ‚gebildete' Person, auch als ‚kompetente' Person (vgl. Ramge/Schuster 1999 zum nahe gelegten Zusammenhang von guter Schreibe und inhaltlicher Kompetenz in Kommentaren). Wir finden diese Funktion bei offenen Briefen (s. Sandig 1986, 221ff.), in (Zeitungs-)Kommentaren und in Glossen, bei Ironie: hier durch Übertreibung in der Wahl sprachlichen Ausdrucks: *Man möchte der Krone,* **insonderheit** *ihrer Trägerin nahe sein* (Die Zeit, 18.8.1982, 1, aus: von Polenz [2]1988, 331). Insgesamt finden wir diese Funktion bei öffentlicher Kritik, auch in Leserbriefen wie dem folgenden (aus: Saarbrücker Zeitung, 1./2.3.1997, 41):

> (17) *Unverschämtheit*
> *Zum Artikel „Uni nennt Spar-Opfer" (SZ vom 24. Februar)*
>
> *Dass der Einfach-Wissenschaftler Professor Dr. Dieter Simon von den Geisteswissenschaften nicht viel hält und von geisteswissenschaftlichen Studiengängen nichts versteht, liegt am Tage. Er hat diese Haltung vorzeiten schon als Vorsitzender des Wissenschaftsrates eingenommen und seither offenkundig nichts dazugelernt. Die Philosophische Fakultät einen „Bauchladen" zu nennen, ist freilich mehr, nämlich eine schlichte Unverschämtheit. Als Vorsitzender einer Expertenkommission, die die ganze (!) Universität zu beurteilen hat, ist er deshalb eine Zumutung. Jeder Richter würde nach derlei Äußerungen wegen Befangenheit abgelehnt.*
>
> Prof. Dr. Lic. h.c. mult. GERT HUMMEL
> Vorsitzender des Philosophischen Fakultätentages

4.6 Stilebenen

An überneutralen Lexemen finden wir: *vorzeiten, offenkundig, freilich* und die Deixis *derlei Äußerungen*, dazu den Phraseologismus *liegt am Tage*. Der Satzbau ist einigermaßen komplex. Auffällig sind Wortstellungen: Voranstellung eines umfangreichen *dass*-Satzes, die Spitzenstellung einer Infinitivkonstruktion und eines durch Attritbute erweiterten Adverbiale am Satzbeginn. Allerdings wird die Polemik auch mit Formeln aus dem Alltagswortschatz (vgl. Rehbein 1983) betrieben: *nichts dazugelernt, eine schlichte Unverschämtheit*. Vgl. dazu Pelster (1966, 80) über politische Reden: „alltagssprachliche Redeweise wirkt angreifender, direkter, emotionaler als die Hochsprache". Vollends polemisch ist die Formulierung *Einfach-Wissenschaftler* anstelle von *Ein-Fach-Wissenschaftler*. Wichtig ist bei alledem der neutrale „Grund", d.h. die neutrale Stilebene als Hintergrund.

An diesem Beispiel zeigt sich, dass der überneutrale Stil heute selten rein verwendet wird, vgl. oben zu Pathos. Dies gilt vor allem für die Selbstdarstellungsfunktion überneutraler Stile. Die Schreibenden müssen daran arbeiten, nicht ‚steif' und ‚unmodern' zu wirken. Allenfalls ein ‚unmodernes' besonders wertvolles Thema rechtfertigt einen reinen überneutralen Stil. Ein schönes Beispiel dafür ist die Einleitung von Peter Wapnewski (aus: Wieviel Goethe braucht der Mensch? Johann Wolfgang Goethe. Sämtliche Werke und Epochen seines Schaffens, Münchner Ausgabe. Hrsg. v. Karl Richter, München: Hanser, ohne Jahreszahl, S. 8):

(18) *Das Werk als ganzes betrachtet*
Anmerkungen zur Münchner Goethe-Ausgabe.

Goethe versteht sich immer von selbst. Ein Bildungsereignis als Naturereignis, Geschichte nicht nur machend, sondern darstellend.

Goethe versteht sich von selbst, aber meint nicht, daß man ihn „von selbst" verstehe. Die Wege zu Goethe sind mannigfalt und laufen auch wohl quer. Als gewiß aber darf gelten, daß eine Aufbereitung seines Werkes nach Epochen diesem Werk wie seinem Autor auf hilfreich erhellende Weise gerecht wird. (...)

Es gibt eine Reihe von überneutralen Stilmerkmalen, so die nachgestellten Attribute mit Partizip Präsens, Konjunktiv Präsens und Ausdrücke wie *mannigfalt*, das (auf mich) sehr ‚preziös' wirkt, und *gewiß*. Auch die alte Rechtschreibung ‚passt' dazu. Besonders aber sind in diesem Text Äußerungen zu finden, bei denen die Sprache ‚sich selbst feiert', die vergleichbar mit rituellen Texten nicht rational, sondern emotional, in ‚feierlicher' Interaktionsmodalität zu rezipieren sind: *Goethe versteht sich immer von selbst* vs. *versteht sich von selbst, aber meint nicht, daß man ihn „von selbst" verstehe; Ein Bildungsereignis als Naturereignis; Die Wege zu Goethe (...) laufen auch wohl quer.*

Der ‚emotional' und ‚wertvoll' signalisierende Einstellungsausdruck macht es möglich, dass mit Pathos neben der Selbstdarstellung als kompetent auch persuasive Adressatenberücksichtigung betrieben werden kann: Anhand der Redeweisen eines Politikers zeigt Holly (1990, 198ff.), wie Pathos auch zum EMOTIONALISIEREN und MOBILISIEREN von Parteimitgliedern genutzt werden kann.

4.6.1.3 Überschau

Man kann diese Stilebene ohne weitere interne Differenzierungen wie ‚poetisch' (Michel 2002) beschreiben als Merkmale mit Abstufungen bezüglich der Markiertheit:

zentral:	Markierte Wortschatzelemente einschließlich Konjunktionen (*wiewohl*), Pronomina (*selbiges*) etc.;
	markierte Morpheme bzw. Wortformen: *grübe*;
	rhetorische Formulierungshilfen: *Es ist ein x, wenn...*
	Wortstellungsmuster: *Es ist dies...; x ist so y nicht.*
weniger zentral:	Satzkomplexität, Wortstellung, aber hierbei graduelle Abstufungen. Morpheme wie Dativ-*e* und Konj. Präs.
Rand ü/n	*jedoch...*
neutral:	unmarkierter Grund

4.6.2 Unterneutrale Stilebene

Generell geht es um den Ausdruck von Einstellung als ‚alltäglich', ‚wenig wichtig', ‚lässig'... Im Unterschied zu Bračič (1993, 33) verwende ich *Stilebene* nicht nur für lexikografisch-stilistische Phänomene, sondern für das gesamte „Gefüge allgemeiner und besonderer (=umgangs)sprachlicher Elemente, die – aufeinander abgestimmt – eine gewisse kommunikative Funktion erfüllen." (Bračič 1993, 30) Dies nennt Bračič (1993, 33) „Existenzform" der Sprache. Es hat jedoch die Eigenschaften von Stilen als Inventare für die Bildung von stilistischen Merkmalsbündeln in Texten, wie sie bislang beschrieben wurden: „typische Besonderheiten auf verschiedenen Ebenen des Sprachsystems, die auf eine besondere Art miteinander korrelieren" (1993, 30). Im Folgenden setze ich also die unterneutrale Stilebene und Umgangsstandard gleich. Zu lexikalischen Differenzierungskriterien s. Peters/Taylor (2002).

Es geht um stilistische Verwendungen von Umgangsstandard bzw. „Umgangssprache(n)". Steger (1984, 251) siedelt Umgangssprachen zwischen „den Orts-/Gemeindemundarten als Kommunikationssystemen mit lokaler Geltung und der deutschen Standardsprache, einem Kommunikationssystem mit überregionaler Geltung im gesamten Sprachgebiet" an, letzteres wie gezeigt mit interner Abstufung in neutral und überneutral. Es ist nach Steger

4.6 Stilebenen

ein „Varietätentypus, der kommunikativ eine regionale Reichweite besitzt. Er zeigt formal Anteile an den beiden anderen Sprachvarietätentypen". Deswegen wird heute auch ein Kontinuum angenommen. Wie Steger nachweist, gehen die Eigenarten über die verschiedenen Beschreibungsebenen der Sprache hinweg. Steger (1984, 255ff.) weist darauf hin, dass Umgangssprache nicht allein in Alltagskommunikation, sondern auch in institutioneller, technischer, teilweise wissenschaftlicher und literarischer Kommunikation Verwendung findet, und zwar nicht nur mündlich (1984, 256f.). Im Unterschied zu Steger (1984, 267) unterscheide ich für meine Zwecke nicht zwischen Umgangssprache und „gesprochener Standardsprache", die überregionale Reichweite hat. Ein Beispiel ist eine E-Mail (aus: Magisterarbeit „Stilregeln. Ihre Bedeutung für die Kommunikation per E-Mail" von Thomas Hau, Saarbrücken 1997, 71):

(19) *Lese den Focus über diese Fälschungen. Hast du es jetzt wenigsten kapiert oder hast'e die Birne immer noch im Gurkenfa??* (sic!)

Das Beispiel enthält einen unterneutralen Imperativ (*lese* statt *lies*), eine spezielle Lautform: *wenigsten, kapiert* als Lexem, lautliche Verschleifung (*hast'e*) und einen besonderen Phraseologismus.

Mit Bichel (1980, 380) gehe ich davon aus, dass Umgangssprache primär mündlich verwendet wird; damit hat sie auch bei schriftlicher Verwendung das Wirkungspotenzial gesprochener Sprache als „Sprache der Nähe" (Koch/ Oesterreicher 1985). Bereits Riesel (1964, 46 und 64) hat für die „Alltagsrede" folgende Charakterisierung gegeben: „Ungezwungenheit, Bequemlichkeit, Auflockerung der Gesamtgestaltung und sprachliche Lockerheit, Ausdrucksökonomie wie auch Ausdrucksfülle, Emotionalität". Mit Bichel (1980, 380) sind hinzuzufügen: Anschaulichkeit, Neigung zu Übertreibungen, sprachliche Bilder. Riesel/Schendels (1975, 199) betonen den Stilebenenwechsel: „Okkasionelle Senkung im Wortschatz eines Textes als bewusstes Stilmittel, als lexisch-stilistische Auflockerung" und bei Fleischer/Michel/Starke (1993, 106) heißt es: In standardsprachlichen Texten wirkten stilschichtlich markierte Wörter gewöhnlich expressiv; umgangssprachlich oder salopp markierte dienten der Auflockerung, sollen in Texten der Presse und Publizistik die Leser „ansprechen".

Man sieht, dass auch hier die Lexik zentral, besonders auffällig ist. Sind umgangssprachliche Elemente im schriftlichen Text vorhanden, „erfüllen sie ganz besondere kommunikative Funktionen, denn ihre Verwendung ist eher bewusst denn spontan und wirkt auf den Leser nicht selten expressiv (Bračič 1993, 12), zielt auf „pragmatische Effekte" (1993, 13) ab wie „vertrauliche Nähe", „Emotionalisierung", „Stellungnahme des Textproduzenten zum Sachverhalt", d.h. Einstellungsausdruck.

4.6.2.1 Textmuster-Bezüge

Die Tolerierung unterneutraler Elemente in Schrifttexten hängt von den Textmuster-Vorgaben ab: Braselmann (1987) macht darauf aufmerksam, dass es Kommunikationssituationen gibt, in denen Unterneutrales nicht toleriert wird, wie z.B. für das Textmuster Schulaufsatz, bei dem es traditionell um die Einübung homogener neutraler Standardsprache geht; vgl. aber Sieber (1998), s. Kap. 4.5.2: Parlando. Aus: Braselmann (1987):

> (20) *Die Darstellung der Charaktere in Molières Avare ist tierisch gut gelungen.*
>
> (21) *Ich war am Überlegen.*
>
> (22) *Die Schulordnung dieser Penne passt so richtig ins 19. Jh.*

Sie fordert dagegen ein „Einüben verschiedenster Sprech- und Kommunikationssituationen bereits im Unterricht" (1987, 137). – Bei Zeitungsüberschriften finden wir wegen der Kürze und als Leseanreiz öfter Unterneutrales (Saarbrücker Zeitung, 11.7.1997, 8):

> (23) *Schmu bei Wahlen an der Uni Homburg*

Im Text ist dann von *Unregelmäßigkeiten* und der *medizinischen Fakultät in Homburg* die Rede. – Die Werbung verwendet gern Umgangssprachliches wie bereits Küpper (1983) beschreiben hat – und wirkt wieder in die Umgangssprache zurück. Für Reiseerzählungen in der Presse stellt Bračič (1993, 181) fest, dass das Unterneutrale innerhalb des Neutralen besonders markiert ist, und (1993, 182): „In größeren Konzentrationen tauchen umgangssprachliche Sprachelemente an Stellen auf, die kommunikativ irgendwie exponiert sind", z.B. bei subjektiver Stellungnahme.

In Pressetexten wird Umgangssprachliches gern genutzt, um Tempo und Schwung in den Text zu bringen, ihn interessant und anschaulich zu machen. Ein Beispiel aus „Max" (5, 1997, 43); es geht um die Filmschauspielerin Sophie Marceau, dabei werden auch umgangssprachliche Formeln verwendet:

> (24a) *Über Sophie Marceau sind Presse und Publikum bestens informiert. Stationen ihres Lebens **im Schnelldurchlauf**: (...). Zum Beispiel **pfeift** sie **auf** eine Hollywood-Karriere. „Vorsprechen und dann zwölf Monate lang auf Antwort warten? **Nicht mit mir.**" Es geht ja **auch anders**: (...)*

Mit Bichel (1980) finden sich hier auch (vorgeformte) Übertreibung und Bildlichkeit:

> (24b) *Wer private Dinge aus der Marceau **herauskitzeln** will, **hat nichts zu lachen**. **Austern sind da offener** (...)*

4.6 Stilebenen   303

4.6.2.2 Individuelle Verwendungen

In Interviews mit Experten kann die notwendige ‚Fachlichkeit' ein ‚spontan' wirkendes Gegengewicht erhalten; man kann „Lesernähe" (Bračič 1993, 13) praktizieren durch unterneutrale Elemente (Saarbrücker Zeitung, 6.5.1997, 2, Interview mit dem Medienpsychologen Winterhoff-Spurk):

> (25) SZ: *Welchen Einfluß hat die Werbung auf die Sende-Inhalte? (...)*
> *Winterhoff-Spurk: Wenn der Sender erkennen muß, daß für die versprochene oder gebuchte Zielgruppe die Quote sinkt, wird der Werbetreibende schon vorstellig werden. Dann muß die Marktforschung wieder ran und fragen, warum sinkt bei dieser Gruppe die Einschaltquote. Aber es ruft nicht sofort einer an und sagt, das muß raus aus dem Programm, den Typ will ich nicht mehr sehen, und das wird dann gemacht.*

Neben spezifischer Lexik (*muß ... ran*, *muß raus*) bis hin zum Pronomen *einer* finden wir Parataxe, die einer direkten Rede ähnlich ist, wo im neutralen Standard Hypotaxe erwartbar ist. Bei Interviews muss man jedoch von einer starken individuellen Variation ausgehen. – Eine literarische Verwendung zeigt ein Gedicht von Gerhard Rühm von 1958 (aus: „Geschlechterdings. Chansons, Romanzen, Gedichte", Reinbek 1990, 34):

> (26) ***ich juble dein soldatenlied***
> *ich juble dein soldatenlied*
> *und schreite froh mit reih und glied*
>
> *ich kämpfe mich durchs bundesland*
> *im bundesheer seinem gewand*
>
> *ich stehe meinen ganzen mann*
> *weil das der feind nicht leiden kann*
>
> *juchhe ich trag ein schießgewehr*
> *juchhe daher*

Hier ist das Unterneutrale gemischt mit ABWEICHEN: *juble* wird VERDICHTEND mit der Wertigkeit von *singe* verwendet, auch die Verwendung von *kämpfen* als *ich kämpfe mich durchs bundesland* ist abweichend. Phraseologismen wie *in Reih und Glied* werden abgewandelt, ebenso *ich stehe meinen (ganzen) mann*. Im Kontext des Buchtitels legen beide Verwendungen auch eine geschlechtsbezogene Lesart nahe, vielleicht außerdem die Interpretation, dass der Militärdienst im Jahre 1958 ausschließlich Männer betrifft. Im letzten Vers wird Kindersprache verwendet: das *Schießgewehr* als Spielzeug. Durch diese mehrfach unangemessene Redeweise aber auch durch die Verwendung der Possessiva *dein soldatenlied, im bundesheer seinem gewand* wird hier ‚Distanz' geschaffen, die ‚naiv-frohe' Interaktionsmodalität ist ‚unpassend', sie soll es sein.

Eine literarische Rekonstruktion von Umgangsstandard wird auch in Kap. 2.2.1.2, Beisp. (7) beschrieben.

4.6.2.3 Überschau

Die interne Abstufung bis ‚derb' und ‚vulgär' wird hier beiseite gelassen.

zentral:	Lexik: *muss ran, einer, pfeift auf* (zur Problematik der Einordnung vgl. Wermke 1997, 232ff.).
	Lautliche Kürzungen (*hab*) und Verschleifungen (*haste*).
	Morphologische Formen: *lese* (Imp.), *wegen* + Dativ
	Phraseologismen: *nicht mit mir / mit mir nicht, im Schnelldurchlauf*; standardisierte Übertreibungen und Bilder: *Austern sind da offener*;
weniger zentral:	spontansprachliche Syntax: Parataxe, *bin am Überlegen*;
Rand mit u/n:	formelhafte Rede: *bestens informiert, es geht auch anders, hat nichts zu lachen*;
neutral:	unmarkierter Grund

Übergänge zu Kindersprache, Jugendsprache(n), Jargons etc.

4.6.3 Zusammenspiel der drei Ebenen in der Verwendung

Bereits in Kap. 4.6.1.2 wurde gezeigt, dass Überneutrales teilweise, auf neutralem Grund, auch mit Unterneutralem gemischt werden kann. Holly (2001) hat Texte aus „Das neue Notizbuch" des Journalisten Johannes Gross in der „Frankfurter Allgemeinen Zeitung" beschrieben, wo in das Überneutrale immer wieder – aber mit Vorsicht – Umgangsstandard, also Unterneutrales, eingemischt wird; Holly spricht in diesem Zusammenhang von „sozialem Stil", d.h. die frühere soziale Aufwertung durch überneutralen Stil wirkt hier noch nach. Der Text soll aber durch Umgangssprachliches nicht ‚steif' wirken. Pelster (1966, 93) nennt im Zusammenhang der Beschreibung politischer Rede „häufigen Wechsel der Stilebenen (...) ein Charakteristikum demagogischer Redekunst", d.h. Selbstaufwertung (ü) und Gegnerabwertung (u).

Es gibt also offensichtlich textmusterspezifische Funktionen. Für journalistische Schreibe hat Bračič (1993) die Funktion des Unterneutralen als „Lesernähe", also Adressatenberücksichtigung, charakterisiert, als „Mittel" subjektiver Stellungnahme, also des Einstellungsausdrucks. In Glossen und in Kommentaren wird häufig virtuos über alle drei Stilebenen hinweg gewechselt: einerseits, um sich als ‚kompetent' selbst darzustellen (vgl. Ramge/Schuster 1999), andererseits um auch Lesernähe zu praktizieren und dem Text die ‚Steifheit' zu nehmen, ihn ‚schwungvoll' zu machen. Aus: Die Zeit, 22.5.1987, 1:

4.6 Stilebenen 305

(27) *Spätfolgen*
Immer Sorgen mit Heini! Nein, es handelt sich nicht um seine Ehen; die fünfte scheint gutzugehen. Diesmal bereitet uns Baron Hans Heinrich Thyssen Bornemisza aus gewichtigerem Grunde Kopfzerbrechen. Der „Heini", wie alle, also auch wir, ihn nennen, hat Kummer mit seiner Kunstsammlung.

Noch hängt ein Großteil der kostbaren Kollektion in einer Villa in Lugano. Aber die platzt längst aus allen Nähten. Ein Neubau müßte her; die geizigen Schweizer jedoch weigern sich mitzufinanzieren. Die Zeit drängt, doch wohin mit all den Bildern? Der Sammler scheint mit seiner Kunst am Ende.

Was liegt da näher, als zu helfen. In aller Demut einen Tip. Wie wäre es, die Kunstschätze dorthin zu verfrachten, wo Großvater August einst Walzwerke betrieb (und damit den finanziellen Grundstock für die spätere Thyssen-Sammlung legte). An Altlasten der Schwerindustrie sind die Menschen im Ruhrgebiet zum Überdruß gewöhnt. Wären ihnen nicht einmal die schöneren Spätfolgen von Eisen und Stahl zu gönnen?
D.B.

In dieser Glosse sind auf neutralem „Grund" gemischt:

Überneutrales: *aus gewichtigerem Grunde*, Alliterationen *Kummer mit seiner Kunstsammlung, kostbare Kollektion* und Assonanzen *geizigen Schweizer*; *jedoch* als Konjunktor, remotivierter Phraseologismus *mit seiner Kunst am Ende*; *in aller Demut, einst*, Metapher *die schöneren Spätfolgen*.

Unterneutrales: *Der „Heini", (...) hat Kummer, müßte her, wohin mit, einen Tip, verfrachten.* Sprechaktformulierung für VORSCHLAGEN mit *wie wäre es, (wenn).* Bei *In aller Demut einen Tip* sind beide Ebenen unmittelbar gekoppelt.

Als weiteres Beispiel ein Ausschnitt aus einem politischen Kommentar von Margit Gerste, der die Möglichkeit des stilistischen „Auf und Ab" weniger dicht nutzt (aus: Die Zeit, 20.10.1995, 1): _____ für (u), _ _ _ _ _ _ _ _ für (ü):

(28) *Quote ade, Europa tut weh*
Frauen hätten pausenlos klagen können gegen ein Quotensystem, das funktioniert wie geschmiert: Männer bringen Männer auf die wichtigen, die richtigen Positionen. Aber schlau, wie sie sind, haben sie das nicht in ein Gesetz gegossen. Wäre auch überflüssig gewesen.

Um dieses gerichtsfeste System der Männerförderer zu knacken, braucht es ein scharfes Instrument, und das ist die Quote. Schon beim ersten großen Schmerz, der den Verlust von Besitzstand begleitet, eilten der eine und der andere zu Gericht und riefen: Diskriminierung! Recht hat der Mann, urteilten am Dienstag elf Männer am Europäischen Gerichtshof in Luxemburg. Sie entschieden zugunsten eines Bremer Diplomingenieurs, dem eine Diplomingenieurin bei der Beförderung durchs städtische Gartenbauamt vorgezogen worden war. Der Grund: Paragraph 4 des

> *Gleichstellungsgesetzes für den öffentlichen Dienst läßt Frauen, so sie denn* **gleich**
> *qualifiziert sind wie der männliche Bewerber, den Vortritt – so lange, bis das*
> *Geschlechterverhältnis ausgeglichen, sprich: fünfzig zu fünfzig, ist. (...)*

In der Überschrift finden wir zusätzlich den überneutralen Reim und bei *tut weh* eine unterneutrale Formulierung, die aber hier wie auch *ade* metaphorisch gemeint ist.

Die gekonnte Berg- und Talfahrt zwischen den Stilebenen ist Ausweis besonderer Stilkompetenz. Sonst gilt nach wie vor: „Umgangssprachliches gilt noch vielfach in eher offiziellen Kommunikationstexten als anstößig, von der (neutralen, B.S.) Standardnorm negativ abweichend" (Wermke 1997, 225).

4.6.4 Schluss

Unter der Voraussetzung, dass Stilebenen nicht als getrennte angenommen werden, sondern als wahrnehmbare Bereiche mit prototypischen Elementen verschiedener Art auf einer einzigen Skala, sind Stilebenen als Aspekt stilistischer Kompetenz zu beschreiben: Ihre Annahme macht Produktions- wie Rezeptionsleistungen verstehbar.

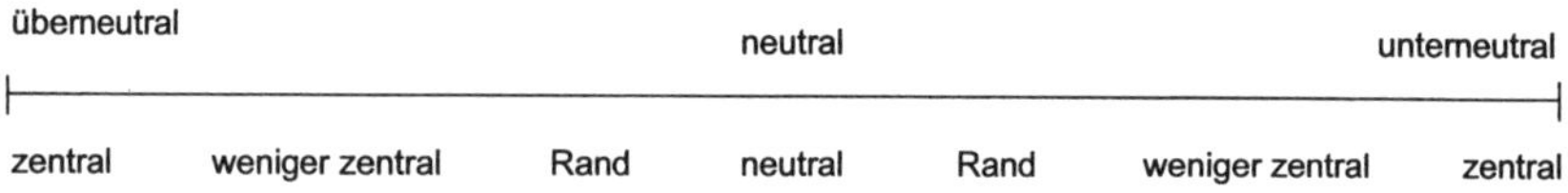

überneutral			neutral			unterneutral
zentral	weniger zentral	Rand	neutral	Rand	weniger zentral	zentral

Abb. 4.6–3 Skala der Stilebenen

5. Stil im Text: Textmerkmale und Stil

In diesem Kapitel steht der Text im Mittelpunkt. Die mit ihm Handelnden und der kommunikative Rahmen sind weitgehend ausgespart, vgl. aber Kap. 1, Kap. 3 und 3.2.

Im Kapitel 2 wurde die generelle Stilstruktur als Merkmalsbündel im Text beschrieben; in diesem Kapitel 5 werden nun auf den Gesamttext bezogene Typen von Merkmalen beschrieben. Diese können zusammen mit Merkmalen anderer Beschreibungsebenen Merkmalsbündel bilden, sie können jedoch auch unabhängig von anderen Merkmalsbündeln eigene merkmalhafte Interpretationsangebote bilden.

Je feiner die textlinguistischen Beschreibungen werden, desto genauer lassen sich stilistische Besonderheiten in Relation zu Regularitäten beschreiben. Ein Beispiel für solche Beschreibungen ist Schwarz (2000). Es kann deshalb hier nur darum gehen, an Beispielen andeutend zu zeigen, welche Vielfalt an stilistisch Relevantem im Feld der Texte vorzufinden ist.

Texte sind Mittel sprachlichen Handelns, Interagierens. Da es in einer Gemeinschaft (oder Gesellschaft) die verschiedensten Arten von Handlungsbedarf gibt, sind Texte außerordentlich vielfältig: Tagebuch, wissenschaftlicher Aufsatz, Zeitungsmeldung, Personalausweis, Zeugnis, Roman, Grußpostkarte, Grabstein-Aufschrift... Es gibt die verschiedenartigsten Textfunktionen und infolgedessen auch -Formen. In den Text gehen Hinweise für die Rezipierenden zur Konstitution der Handlung selbst (der Textfunktion) ein, auch Hinweise zum interpretierenden Aufbau des Themas und seiner Voraussetzungen wie Referentialisierung und Kohärenz, vgl. Schlieben-Lange (1988, 1207). Außerdem ist aber auch „die Interpretation der Situation" rekonstruierbar, das Verständnis der Voraussetzungen der Verschriftlichung (vgl. Schlieben-Lange, ebda.), wie Aspekte der Materialität und die Bindung an ein „Medium" (ebda.). Hinzu kommen die „Konstitution der Interaktionsmodalitäten", wie Ernst, Scherz, Spiel, „die Konstitution, Bestätigung oder Problematisierung sozialer Identitäten (d.h. Selbstdarstellung, Adressatenberücksichtigung und Beziehungsgestaltung) und „die Konstitution, Bestätigung oder Problematisierung sozialer Wertvorstellungen und Normen" als Formen des Ausdrucks von Einstellungen oder Haltungen (Schlieben-Lange 1988, 1208, jeweils ohne die dortigen Hervorhebungen zitiert). D.h. dasjenige, was Texte generell leisten, wird konstitutiv durch Aspekte von Stil mit hergestellt: Stil ist integraler Bestandteil von Texten, ist unverzichtbar für deren Funktionen in der Gesellschaft.

Der Textbegriff, der im Folgenden zugrunde gelegt wird, lehnt sich auch an den von Schröder (1993, 197ff.) für „multimediale" oder besser „multimodale" Fachtexte herausgearbeiteten Begriff von *Text* an: Er schließt zum einen die Situation ein: mit ihren Aspekten Textfunktion, d.h. „sozialer Sinn" und darauf Bezogenes, Handlungsbeteiligte, Handlungsbereich, Institution, Kanal und Medium; diese Aspekte sind hier benannt nach Sandig (1997) und gemäß Kap. 6 dieses Buchs verwendet; bei Schröder kommen nach Nord (1988) noch „Orts- und Zeitpragmatik" (1993, 192) hinzu. Außerdem sind „nonverbale" Aspekte zu berücksichtigen (1993, 195ff. und bes. 203ff.): visuelle Zeichen verschiedener Art – von grafischen Zeichen über Farb- und Lichtzeichen bis hin zu Typografie, Bildverwendung etc. – , „Vehikel-Zeichen", die durch die übrigen Sinnesorgane erfasst werden, und schließlich – gegebenenfalls – auditive Zeichen, wie z.b. Musik (1993, 209f.). D.h. die „materielle Textgestalt" (Sandig 1997) ist zu berücksichtigen. Zum Dritten werden Texte als „Halbfabrikate" (1993, 199) verstanden: und zwar „unter Fortsetzung (der) Metapher vom Gewebe als eine Gesamtheit miteinander verflochtener Fäden unterschiedlicher Qualität (...), die erst vom Rezipienten zu einem kohärenten Gebilde durchwoben werden (müssen)." (ebda.) Vgl. auch Nussbaumer (1991, 132): „ ... dass Textualität nie einem sprachlichen Gebilde eignet oder nicht eignet, sondern immer nur einem sprachlichen Gebilde von einem Rezipienten unterlegt oder unterstellt wird". So ist „Textualität (...) eine hermeneutische Angelegenheit" (1991, 133). Deshalb können auch Gebilde, die nicht nur aus Sprache bestehen, sondern z.B. aus Sprache in Verbindung mit Farbe, Form, Typografie wie das *STOP*-Schild oder das *Einbahnstraße*-Schild (in einem situativen Umfeld: 1991, 144) als Texte gelten, ebenso Kombinationen aus Sprache und Bild (und Farbe etc.), sofern sie als ein funktionales Ganzes interpretiert werden können. Nussbaumer unterscheidet deshalb „Text I" als ‚Objektivgebilde' auf einem Textträger (1991, 136ff.) und „Text II" als den je individuell verschieden rezipierten, interpretierten Text.

Damit sind „multimodale" Texte hier eingeschlossen; im Unterschied zu Schröder (1993, 195) nehme ich als *Texte* nicht nur solche an, „in denen das (sprachlich) phonematische oder das (sprachlich) graphematische Medium dominiert" (ebda.). Diese Einschränkung ist für Fachtexte sinnvoll, nicht aber generell für Stilistik (vgl. dazu genauer Sandig 2000); hier können die Gewichte auch anders liegen.

Demgemäß lautet eine zusammenfassende Bestimmung (nicht Definition! s. Kap. 5.1) nach Schröder (1993, 198): Der Begriff *Text* wird verwendet „für die Gesamtheit aller kommunikativen Äußerungen (...), die in einer kommunikativen Situation untereinander kohärent (...) (rezipiert werden, B.S.), ein untrennbares Ganzes bilden und im komplexen Zusammenspiel eine kommunikative Funktion signalisieren" bzw. für die Rezipienten erkennbar machen.

Diese Bestimmung gilt dann auch für Texte mit selbstständigen Teiltexten wie den „Faust", aber auch für Wetterberichte und Werbetexte, auch für Werbebroschüren als Ganze, d.h. auch für Texte mit in sich abgeschlossenen und möglicherweise selbstständigen Texten als Teilen. Derartige Gesamt-Texte sind dann keine prototypischen Texte, aber immerhin Texte (Sandig 2000). Es gilt auch für die Grenzfälle von Text: Ein-Satz-Texte und Ein-Wort-Texte in ihren jeweiligen kommunikativen Situationen. Dazu genauer Kap. 5.1.

Prototypische Texte haben einen gewissen minimalen Umfang, sind fixiert, transportabel und haben eine zeitüberdauernde Gestalt (Knobloch 1990, 82); in Randbereichen sind sie nicht transportabel und/oder haben eine Gestalt, die sich in der Zeit verändern kann (vgl. die Texte im World Wide Web). Texte dienen prototypisch der „gesellschaftlichen Aufbewahrung von Wissen" (ebda.), in Randbereichen auch von Kreativität und Spiel. Sie sind zeitgebunden in ihrem Entstehen und zeitunabhängig in ihrer Rezeption.

Texte begegnen uns in der Regel als Exemplare von Textmustern, auch als Mischungen von Textmustereigenschaften, oder sie sind in andersartiger Relation zu Textmustern zu verstehen. Auch dies kann stilistisch genutzt werden (Kap. 6). Stilstrukturelle Eigenschaften von Texten sind nur virtuell vorgegeben (vgl. Spillner 1984, 1995); sie sind rezipierend zu erschließen: in Relation zu Textmustereigenschaften, zur Verwendungssituation und den darin mit dem Text Handelnden.

Im Folgenden wird von einem Textmodell ausgegangen und entsprechende stilrelevante Aspekte exemplarisch dargestellt. Es ist hier zu betonen, dass es unter diesem Gesichtspunkt noch sehr viel mehr zu entdecken gibt. Die Beschreibungen verstehen sich als Anregungen, in diesem Bereich weiter zu forschen.

5.1 Textmerkmale und Stil

Für die folgende Darstellung greife ich zurück auf die Prototypentheorie nach Eleanor Rosch (1975, Rosch/Mervis 1975, vgl. auch Ungerer/Schmid 1996, Mangasser-Wahl Hrsg. 2000). Das Wesentliche ist, dass Kategorien – wie *Text* – nicht immer streng abgrenzbar, „definierbar" sind, sondern unscharfe Ränder haben können. Sie sind über Merkmale beschreibbar. Merkmale sind mehr oder weniger zentral oder mehr oder weniger peripher; sie haben verschiedenen Stellenwert, sind untereinander „gewichtet" (Mangasser-Wahl 2000, 134) und sie müssen nicht immer alle vorhanden sein, auch die zentralen Merkmale nicht. Außerdem sind die Merkmale bei den Mitgliedern der Kategorie nicht immer in gleicher Weise ausgeprägt: Sie sind „gradiert" (ebda.), indem sie auf Mitglieder mehr oder weniger zutreffen können. Mit der Variabilität der Merkmale (Gewicht, Vorhandensein oder nicht, Gradierung als Art der Ausprägung) hängt zusammen, dass die Mitglieder einer Kategorie in der Regel nicht gleich sind: Es gibt bessere und schlechtere Vertreter der Kategorie; die besten Vertreter sind die Prototypen. Vertreter einer Kategorie sind über Merkmalsbündel beschreibbar. Prototypische Vertreter haben mit den anderen Mitgliedern der Kategorie die meisten Merkmale gemeinsam und möglichst wenige mit anderen Kategorien; sie sind sozusagen das „Ideal" (Ungerer/Schmid 1996, 39) der Kategorie. Aufgrund übereinstimmender, aber auch verschiedener Merkmale besteht zwischen den Mitgliedern einer Kategorie „Familienähnlichkeit".

Eine Kategorie wie *Text* ist eine abstrakte übergeordnete Kategorie; demgegenüber sind die Kategorien der „Basisebene" (z.B. Rosch 1977, 29) ausgezeichnet durch Merkmalsbündel, die sie bezüglich Funktion und Wahrnehmbarkeit auszeichnen. Bezüglich der Kategorie *Text* sind Basisebenenkategorien die Textmuster (Kap. 6) mit ihren spezifischen gesellschaftlichen Zwecken (als Funktion) und mit ihrer durch die Situationsmerkmale und Textsortenkonventionen gegebenen unterschiedlichen Wahrnehmbarkeit: Relevant sind hier Sequenzmuster, Formulierungsmuster, Materialität, Durchschnittslänge, gegebenenfalls auch Kategorisierung mit der Textmuster-Benennung. Basisebenenkategorien bezüglich *Text* sind also *Roman, Todesanzeige, Zeitungsnachricht, Glosse*, aber auch *Personalausweis* oder *Busfahrschein*.

Schon diese Beispiele zeigen die außerordentliche Variabilität der Mitglieder der Kategorie *Text*. Diese hängt einerseits damit zusammen, dass Texte sehr vielfältige Handlungs- und Mitteilungsfunktionen in der Gesellschaft zu erfüllen haben, sehr unterschiedlichen gesellschaftlichen Zwecken dienen (vgl. die Textmuster); andererseits werden diese musterbezogenen Vorgaben selbst variabel gehandhabt, denn sie werden bei der Realisierung an die individuellen Gegebenheiten und Zwecke angepasst.

Prototypische Vorstellungen von *Text* kann man durch Eigenschaftszuordnungstests erheben: „Welche Eigenschaften hat ein typischer Text für Sie?" Ein Text hat typischerweise folgende Eigenschaften: Er ist sprachlich, monologisch und schriftlich fixiert, er hat ein Thema, besteht aus mehreren Sätzen, diese sind untereinander verknüpft und bilden einen sinnvollen Zusammenhang; er ist in der Regel irgendwie individuell. Ein Text hat eine Funktion (dies geht methodisch jedoch nur implizit aus der Nennung typischer Exemplare für *Text* hervor: z.B. *Roman, Zeitungsnachricht, Kommentar, Märchen*); mehr am Rande: ein Text ist irgendwie abgeschlossen und in eine Reihenfolge gebracht. Zu den Tests vgl. die „empirische" Semantik von Mangasser-Wahl (2000).

Für die folgende Darstellung gehe ich aus von einer Sichtung der Literatur (genauer: Sandig 2000). Sprachlichkeit ist als graduell vorhandenes Merkmal vorausgesetzt, bildet die Eingrenzung; ich gehe also nicht wie Posner (1991) davon aus, dass z.B. auch das Kreuz als christliches Symbol ein Text sein kann (obwohl dies für andere Zwecke möglich ist).

Texte sind prototypischerweise sprachlich verfasst, aber es gibt auch vielfältige Nutzungen anderer Zeichentypen (s. Kap. 5.9); das Minimum stellt

5.1 Textmerkmale und Stil

in der Regel ein Wort im Kontext anderer Zeichentypen dar (hier also eine gradierte Skala bezüglich des Merkmals der Sprachlichkeit eines Textes). Mitteilungen können allerdings auch musikalisch gemacht werden (Schütte 1991, 130ff.), auch rein bildliche, filmische... Bedeutungskonstitution ist möglich, aber hier nicht mehr mit berücksichtigt. Ausgespart sind in diesem Kapitel weitgehend auch die „Senderpragmatik" und die „Empfängerpragmatik" (Nord 1988, auch Schröder 1993, 192). Weitgehend ausgespart ist hier auch die Textmusterbezogenheit, die für die meisten Texte wesentlich ist (vgl. Sandig 2000, Kap. 3). Dazu unten Kap. 6.

‚Geschrieben' dient mir hier als weitere Eingrenzung des Gegenstandsbereichs. Texte können auch dialogisch präsentiert sein wie typischerweise Dramen oder verschriftete Interviews in Zeitungen oder auch nur graduell dialogisch sein (s. DIALOGISIEREN als Verfahren der Themenentfaltung). Außerdem können Texte auch mündlich verfasst sein wie Reden geübter Politiker oder Predigten. Ein Vortrag anhand von Folien mit Schrift oder eine Vorlesung anhand von Stichwortzetteln sind Beispiele für Übergänge zwischen geschrieben und gesprochen. Textliche Spracherzeugnisse stehen also in Übergängen zu Gespräch und anderen kulturgegebenen Mitteilungsformen, so wie es generell Übergänge, unscharfe Grenzen zwischen Kategorien geben kann.

In diesem Kapitel interessiert der zentrale Bereich von Text, und zwar einerseits der Zusammenhang der zentralen Merkmale untereinander und andererseits die verschiedenen Möglichkeiten der Abstufung dieser Merkmale in ihrer Gewichtung bzw. der unterschiedlichen Ausprägung (Graduierung, auch Untermerkmale).

Als erste Übersicht und Vorstrukturierung möge die folgende Grafik (in methodischer Anlehnung an Aitchison 1987, 54) dienen:

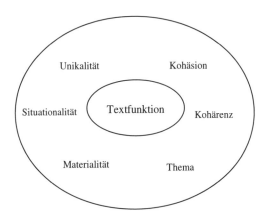

Abb. 5.1–1 Modell der Textmerkmale

Durch die zentrale Stellung des Merkmals *Textfunktion* wird bereits darauf hingewiesen, dass dieser in der Regel das größte Gewicht zukommt. Hinzuzunehmen ist mit Fix/Poethe/Yos (2001) das Merkmal Kulturalität: Texte sind durch und durch, d.h. in der gesamten Merkmalskonfiguration kulturell geprägt, was sich auch beim Wandel eines Textmusters zeigt (vgl. Kap. 6.5). Schließlich gehört auch Historizität als Merkmal dazu: Texte sind ebenfalls in ihrer gesamten Gestaltetheit auf die Zeit bezogen, in der sie entstehen.

Im Unterschied zu den „Textualitätskriterien" von de Beaugrande/Dressler (1981), die definitorische Kriterien für *Text* sind, sind die hier angenommenen Textmerkmale skaliert zu sehen, und sie stehen in engem Zusammenhang; ein Merkmal kann sogar fehlen und durch andere kompensiert werden. Die Textfunktion (und speziell: sozialer Sinn eines Textmusters) entspricht in etwa den Textualitätskriterien „Intentionalität" und „typologische Intertextualität" (vgl. Fix/Poethe/Yos 2001, 18); Thema entspricht ungefähr den Textualitätskriterien „Informativität" und „referentielle Intertextualität" (ebda.); das Textualitätskriterium der „Akzeptabilität" entfällt, ihm würde Interpretierbarkeit entsprechen, was aber bei der Textfunktion vorausgesetzt ist; „Situationalität", „Kohäsion" und „Kohärenz" entsprechen einander in etwa. Für Stilistik ist zudem die Merkmalsskala der „Unikalität" (Fix/Poethe/Yos 2001, 197) relevant; Kulturalität und Historizität bilden, wie schon erwähnt, den umfassenden Rahmen.

Stilistisch relevante Fragen sind in diesem Zusammenhang:
– Wie ist ein Textmerkmal realisiert?
– In welchem Grad ist das jeweilige Textmerkmal realisiert?
– Treten andere Merkmale kompensierend für ein fehlendes oder gering ausgeprägtes Textmerkmal ein?
– Welche Rolle spielt die Materialität des Textes?
– usw.

und insgesamt:
– Welche Rolle spielt die Ausgestaltung des Textes bezüglich seiner Merkmale für die mögliche Konstitution stilistischen Sinns?
– Wird die Textfunktion und/oder das Thema deutlich herausgearbeitet, verrätselt...?
– Welche Arten stilistischen Sinns sind außerdem interpretierbar?
– usw.

Eine Stilistik, die auch mit Textmerkmalen arbeitet, ist die von Michel (2001): Textfunktion, „thematisch-propositionale Struktur", Kohäsion und Kohärenz bilden dort den textlinguistischen Rahmen (2001, 188) einer makrostrukturellen Stilanalyse; in diesen Rahmen ist die Beschreibung „sprachstilistischer" Phänomene eingebettet.

5.2 Merkmalsausprägungen: Unikalität

Unikalität ist nach Fix (1991) und Fix/Poethe/Yos (2001, 197) die notwendige individuelle „zwangsläufige" (Fix 1991, 51) Angepasstheit eines Textes an die konkreten Gegebenheiten, eines Textes, der nach einem Textmuster (einer Textsorte) produziert ist; typisierte Texte werden dort mit hinzugenommen. Allerdings sind dort die Begriffe als Handlungstypen formuliert: INDIVIDUALISIEREN (Fix 1991, 54), TYPIKALISIEREN, ORIGINALISIEREN (1991, 57) usw.; vgl. dazu hier Kap. 4. Formelhafte Texte werden explizit beiseite gelassen (Fix 1991, 51). Nach Fix kommt Unikalität von Texten zustande als Ergebnis stilistischen Handelns eines Individuums (mit seiner Subjektivität) im Umgang mit „objektiven Faktoren, die sich aus dem Charakter der Sprache und des kommunikativen Handelns ergeben" (Fix 1991, 51).

Antos (1982, 119ff.) hat die These aufgestellt, Texte seien „unikal", d.h. „als Lösungen für ‚einmalig vorkommende' Probleme zu betrachten" (1982, 120). Andererseits betont er aber bereits, dass es Grade der „Innovationsmöglichkeit" bei verschiedenen Textsorten (Textmustern) gibt (1982, 111). D.h. Antos betrachtet überwiegend prototypische Texte (1982, 120). Demgegenüber hat Stein (1995, 305ff.) eine Skala entworfen; vgl. Mangasser-Wahl (2000, 134): Merkmale sind skaliert. Das Folgende in Anlehnung an Fix (1991a) und Stein (1995):

originelle Texte	mustervariierende Texte	musterbefolgende Texte	„formelhafte Texte"	Formulare	festgeprägte Texte
Textmustermischungen Texte mit Irreführungen ...	Glosse Werbeanzeige ...	Zeitungsnachricht Geschäftsbrief ...	Todesanzeige Arbeitszeugnis ...	Personalausweis Fragebogen ...	Gedicht Lied Gesetzesparagraf Gebet ...

Abb. 5.2–1 Unikalitätsskala

Coseriu (1980, 152) hat bereits betont: „Der Text ist etwas Individuelles", aber relativiert (1980, 151), es gebe auch „einzelsprachlich völlig fixierte Texte" wie *Guten Morgen*.

Individualität liegt z.B. bei Zeitungsglossen vor: Hier gibt es nur ein vages globales Muster mit neugierig machendem Beginn und Pointe am Schluss. Dazwischen ist außerordentliche Vielfalt (vgl. Kap. 6.2), u.a. durch Nutzung vielfältiger Muster anderer Art, zu verzeichnen. Es liegt also jeweils eine ‚individuelle' Problemlösung vor (Stein 1995, 305). Außerdem ist als

Steigerung der Individualität die Originalität vorzusehen: etwa bei Gedichten von Hilde Domin, von Elisabeth Langgässer oder Paul Celan, in Arno Schmidts Romanen, aber auch bei Kabarettisten. Für Formelhaftigkeit, am anderen Ende der Skala, sieht Stein (ebda.) einerseits wortgetreue Wiedergabe vor (Gedicht, Gebet, Gesetzesparagraf), andererseits Texte mit Leerstellen wie bei Formularen: Personalausweis, Busfahrschein, standardisierte Zeugnisse, Rechnungsformulare usw. Bei Gedichten wie dem *Osterspaziergang* in „Faust I" haben wir es zugleich mit Originalität und Festgeprägtheit zu tun. Festgeprägte Texte können auch ‚individuell' sein, z.B. Werbeslogans; die ‚Spannung' bezüglich der Positionen auf der Skala der Unikalität macht hier den Reiz aus. Zu stilistischen Abwandlungsmöglichkeiten musterorientierter Texte s. Kap. 6.3, wo Grade der Prototypikalität von Textmusterrealisierungen und deren stilistisches Potenzial behandelt werden. „Formelhafte Texte" sind solche, für deren Produktion es eine Grundstruktur und formelhaft gewordene Formulierungsmuster gibt (z.B. Gülich 1997).

Ein Beispiel für verschiedene Aspekte der Unikalität zugleich ist das folgende Plakat bzw. die entsprechende Postkarte des Plakatkünstlers Klaus Staeck, Abb. 5.2–2.

Der Sprache-Bild-Text (s. genauer Kap. 5.9.3.2) besteht aus drei Teilen:

1. Der blaue Hintergrund zeigt ein allerdings ‚klareres' Blau, ein ‚Kornblumenblau', nicht das bekannte Himmelblau des Himmels; dieser ‚Himmel' ist ausgestattet mit gelben schematisch dargestellten Sternen und mit gelben Punkten, die im Kontext von Himmel und Sternen ebenfalls als Sterne wahrgenommen werden. Die blaue Fläche ist zugleich die Textbegrenzung.

2. In diese blaue Fläche eingelagert ist zunächst oben ein Foto der Erde, aus dem Weltall fotografiert. Dieses Bild des ‚blauen Planeten' stellt einen Visiotyp dar (Pörksen 2000): ein mit technischen Mitteln hergestelltes Bild von einem Gegenstand, den wir so nicht visuell erfassen können, wobei dieses Bild als Bestandteil unserer visuellen Kompetenz immer wieder kommunikativ einsetzbar ist. Wir haben es also hier mit einem Bild-Typ zu tun, wobei das konkrete Bild je nach Zeitpunkt und Perspektive der Aufnahme verschieden ausfallen kann: ein musterorientiertes Bild. Visiotype sind Bildtypen, die auch stilistisch einsetzbar sind, wie dies hier geschehen ist. Dieses Bild ist räumlich da angebracht, wo wir es aufgrund unserer Sehgewohnheiten, etwa von Werbung, erwarten, in der oberen Bildhälfte, hier dominiert es, auch als rundes Bild, eindeutig das Blickgeschehen. In der oberen Hälfte einer Seite sind nach Kress/van Leeuwen (1996) in unserer Kultur konventionell die ‚idealen' Gegenstände dargestellt.

3. Unter dem Bild findet sich eine Äußerung, die dem Mietrecht zugeschrieben werden kann, ein geronnener und festgeprägter, mindestens aber formelhafter Text also.

5.2 Merkmalsausprägungen: Unikalität

Abb. 5.2–2 Die Mietsache (politisches Plakat)

Zusammen ergeben die drei Teile einen originellen Text: Das unikale, musterorientierte Bild und die formelhafte Äußerung sind beide um eine Mittelachse geordnet und durch den blauen Hintergrund zu einem originellen Sprache-Bild-Text zusammengebracht. Kohäsiv wirkt dabei die Farbe der Sterne, die in der Farbe der fetten Antiqua-Schrift der Äußerung wiederkehrt. Die Kohärenz müssen die Rezipierenden erst herstellen: ‚Die Erde ist (wie) eine Mietsache' ist die Präsupposition, die sich auch durch den bestimmten Artikel bei *Die Mietsache* nahe legt und im Gefolge dann Schlüsse wie ‚Wir sind nur (wie) Mieter auf der Erde'. Die FORDERUNGEN *ist schonend zu behandeln und in gutem Zustand zurückzugeben* lassen die Präsuppositionen erschließen, dass beides nicht selbstverständlich ist. Dies führt zusammen mit dem Bild der Erde zur Interpretation des Themas: Wir gefährden unsere Umwelt zum Schaden unserer „Nachmieter"; der ‚blaue Planet' soll uns ans Herz gelegt werden. Diese ANREGUNG zum Nachdenken, diese FORDERUNG verträgt sich auch mit der Textfunktion (vgl. Brinker ⁵2001: das Textthema muss mit der Textfunktion kompatibel sein). Je nach dem Textträger (s.u.), Plakat oder Postkarte, ist dieser Sprache-Bild-Text in verschiedenen Situationen verwendbar (Situationalität); die Textfunktion muss erst interpretierend aus dem Textträger und der Verwendungssituation erschlossen werden; dasselbe gilt für das Thema (vgl. Kap. 5.4).

Eine andere originelle Verwendung desselben Visiotyps zeigt die folgende Postkarte, Abb. 5.2–3.

Ein weiteres Beispiel für originelle Texte: Meine Mitarbeiterin Ulla Bohnes gab in ein Internet-Angebot www.sloganizer.de folgende individuelle Daten ein:

(1) Person/Firma/Produktname: *Barbara Sandig*
Verb: *forschen*
Adjektiv: *stilistisch*

Das Programm baute aus Wörtern, die es von (anderen) Benutzern „gelernt" hatte, u.a. folgende völlig originelle Slogans zusammen:

(1a) *Der stilistische Wahn anarchistischer Algen. Barbara Sandig!*
(1b, c) *Endlich ein / Was für ein stilistischer Gedanke: Barbara Sandig!*
(1d) *Stilistisch bleibt stilistisch. Doch Barbara Sandig hilft!*
(1e) *Barbara Sandig – mit dem stilistischen Charme harmonischer Tanker.*
(1f) *Stilistische Flammen benötigt die Freiheit: Barbara Sandig!*
usw.

Die Beispiele zeigen also unterschiedliche Grade der Unikalität; stilistisch relevant sind vor allem ‚individuelle' und besonders ‚originelle' Realisierungen des Merkmals. Formelhafte Texte haben ihren speziellen Textmuster-

5.2 Merkmalsausprägungen: Unikalität   317

Abb. 5.2–3 Postkarte Mannheim

stil, der der Art der kommunikativen Aufgabe entspricht; festgeprägte Texte können durch die Art ihrer Verwendung, z.B. im Rahmen des Merkmals Situationalität oder auch als Teile umfassenderer Gesamttexte (wie bei dem Plakat von Staeck), besondere Stilqualität erhalten.

5.3 Merkmalsausprägungen: Textfunktion

Die Textfunktion ist **das** zentrale Merkmal von *Text* (vgl. Nussbaumer 1991, Brinker ⁵2001, Krause 2000, 52f.); dass Vater (1992) die Kohärenz in den Mittelpunkt stellt, hängt damit zusammen, dass wir (**nach** der ersten intuitiven Einschätzung der Textfunktion) nach dem Inhalt fragen und zwar sowohl beim Roman oder der Nachricht als auch beim Zeugnis oder dem Pass. Die Textfunktion ist nicht (nur) ableitbar aus den Probandenurteilen. Denn z.B. bei informierenden Texten und bei Romanen ist die Textfunktion gegenüber dem Inhalt für Probanden nachrangig; sie bildet aber die Grundlage für das Verstehen, wie bereits der Unterschied zwischen Nachricht und Roman zeigt (vgl. Sandig 2000).

Dieses zentrale Merkmal der Kategorie Text weist in seinen Ausprägungen schon auf Basisebenen-Kategorien wie z.B. Roman oder (Reise-)Pass hin. *Text* als Kategorie mit ihren prototypischen Eigenschaften ist einerseits Ergebnis von Abstraktionen aus den Basisebenen-Kategorien, andererseits aber anhand kultureller Wertungen gelernt: Nachrichten- und Kommentartexte sowie kanonische literarische Prosa-Texte besitzen als prototypische Texte hohe kulturelle Relevanz.

5.3.1 Hinweise für das Erkennen der Textfunktion

Bei Brinkers (2000) „textfunktionaler Analyse" geht es um das Herausarbeiten von „textuellen Grundfunktionen" (2000, 183) wie Informieren, Appellieren, Deklarieren. Mein Interesse im Rahmen der Stilistik gilt jedoch spezifischen Textfunktionen: dem jeweiligen sozialen Sinn eines Textmusters. Da die spezifische Textfunktion für die interpretierende Sinn-Konstruktion besonders wichtig ist, gehe ich darauf gesondert in Kap. 6 „Textmuster und Stil" ein: Besonders für Randexemplare eines Textmusters, die der üblichen internen Textstrukturierung nicht entsprechen, ist der Bezug auf das Textmuster notwendig, um den Sinn – auch den stilistischen! – verstehend rekonstruieren zu können.

Woran erkennen wir die jeweilige Textfunktion? Ich beziehe mich hier auf Brinker (2000), benutze aber andere Termini. Es gibt folgende Typen von Hinweisen:
a) explizite Kategorisierungen
b) ausgeprägte wahrnehmbare Textgestalten
c) interne Textstrukturierung
d) Art des Themas und – über Brinker hinaus – der Interaktionsmodalität
e) Textträger und/oder Situationstyp

Das Zusammenspiel dieser Untermerkmale wird unter f) behandelt.

5.3 Merkmalsausprägungen: Textfunktion

a) Explizite Kategorisierungen sind bei Dokumenten verschiedener Art notwendig, um den rechtlichen Status zu gewährleisten: *Mahnung, Herausgebervertrag, Kaufvertrag, Urkunde, Personalausweis, Zeugnis, Lebenslauf, Gutachten* usw. In diesem Zusammenhang sprechen Möhn/Pelka (1984, 149) von „Textdeklarationen": „Zu den wesentlichen Charakteristika fachsprachlichen Handelns zählt, dass Fachtexte in der Regel deklariert werden" (*Kursbuch, Bußgeldbescheid, Einzugsermächtigung* usw.). Nach Rolf (1993, 147) „ist die Textsortenbezeichnung (...) als der wichtigste – sprachliche – Indikator der (...) Textfunktion einzuschätzen". Rolf verwendet den Terminus *Textsorte* wie hier *Textmuster* gebraucht wird. Er weist in der Fußnote auf „übergreifende Handlungsregeln" hin, die er aber als nachrangig ansieht.

Bei Serien gleichartiger Texte finden wir in der Presse Rubrik-Überschriften (*Leserbriefe, Heiraten, Mietgesuche* usw.). Bücher tragen Hinweise wie *Gedichte, Roman*. Bei Todesanzeigen in der Zeitung ist die Überschrift *Todesanzeige* fakultativ (von der Lage-Müller 1995, 119), bei *Danksagungen* innerhalb der Rubrik hingegen ist sie obligatorisch (auch als *Herzlichen Dank allen, die ...* oder *Danke allen, die...*), um den Unterschied zur Todesanzeige deutlich zu machen.

b) Ausgeprägte wahrnehmbare Textgestalten: Rosch/Mervis (1975, 568ff.) weisen ausdrücklich darauf hin, dass die Kategorien der Basisebene (und damit die unterschiedlichen typisierten Textfunktionen) sowohl funktional als auch wahrnehmungsmäßig differenziert sind; es geht um wahrnehmbare prototypische Gestalten: Ein Gedicht sieht anders aus als eine Todesanzeige oder eine Kleinanzeige; die verschiedenen Funktionen sind aufgrund des „äußeren Erscheinungsbilds" (von der Lage-Müller 1995, 105ff.) deutlich. Hierzu gehören z.B. auch die verwendeten nonverbalen Zeichentypen, die Schrifttypen und ihr Arrangement, die durchschnittliche Textlänge, die Art des Textträgers (s. Kap. 5.9.1.2). Brinker (2000, 181) spricht von „grafischer Gestalt (das sogenannte Layout)". Wo diese wahrnehmbare Textgestalt nicht unterscheidungskräftig genug ist, müssen explizite Kategorisierungen kompensierend eintreten, z.B. bei *Danksagungen* nach einem Todesfall, *Verträgen* verschiedener Art oder bei Kleinanzeigen.

Derselbe Wortlaut eines Textes kann verschiedene funktionale Interpretation erhalten, wenn die wahrnehmbare Textgestalt geändert wird. So gibt Kloepfer (1975, 85) ein Beispiel von Erich Fried, der eine Kleinanzeige aus der Zeit der Studentenunruhen in Gedichtform brachte:

(1) *Tiermarkt/Ankauf*

Der Polizeipräsident
in Berlin sucht:
Schäferhundrüden

*Alter ein bis vier Jahre
mit und ohne
Ahnentafel.*

*Voraussetzung: einwandfreies Wesen
rücksichtslose Schärfe
ausgeprägter Verfolgungstrieb*

*Schußgleichgültig
und
gesund.*

*Überprüfung
am ungeschützten Scheintäter
Hund mit Beißkorb*

*Angebote an:
Der Polizeipräsident
in Berlin, W-F-1
(...)*

c) Interne Textstrukturierung: Vielfach, aber nicht immer zeigt die interne Textstruktur z.b. über Formulierungsmuster (Heinemann/Viehweger 1991) wie lexikalische Ausdrücke, Gliederungselemente, Kollokationen, Formeln usw. die Textfunktion an: *Hiermit kündige ich* ist z.b. obligatorisch für Kündigungsschreiben; auch ausgeprägte Textmusterstile leisten dies. So erwarten wir heute in Kochrezepten im Anweisungsteil eine Sequenz von Infinitiven (vgl. Kap. 6.6). Dies gibt uns aber auch die Möglichkeit des Anspielens auf eine so angezeigte Textfunktion wie im folgenden Beispiel: Für ‚Sich im Arbeitskontext bei Fremden VORSTELLEN' bzw. BEWERBEN haben wir z.B. in unserer Gesellschaft das Textmuster Lebenslauf, mit den Varianten des ausgeschriebenen und des tabellarischen Lebenslaufs, handschriftlich oder heute in der Regel mit PC geschrieben. Dieses letztere Textmuster ist stark standardisiert und lässt kaum Raum für ‚individuelle' sprachliche und/ oder typografische Selbstdarstellung. So erwarten wir heute eine Reihe von Nominalisierungen und vor allem eine Auslese relevanter Teilthemen (vgl. d)). Das folgende Beispiel trägt deshalb nur Züge der relevanten internen Textstrukturierung und muss zuvor explizit kategorisierend angekündigt (*Ein Roman-Autor stellt sich vor*) und damit in seinem Sinn auch motiviert werden (Saarbrücker Zeitung, 1.8.1986, Feuilleton):

5.3 Merkmalsausprägungen: Textfunktion

Ein Roman-Autor stellt sich vor

Von der Graf von Westarp GmbH - Westarp Verlag, Mülheim/Essen, wurde uns der Autor des Romans „Planet im Strumpf" so vorgestellt: Manfred Goldbeck. Geboren und aufgewachsen in Lübeck. 1966 schanghait mich die Bundeswehr und anschließend arbeite ich in einer Mineralölfirma. Ab 1969 studiere ich Volkswirtschaftslehre in Hamburg. Aktiv in studentischen Organisationen und dem AStA der Universität.

1973 Reise nach Lateinamerika. 1976 heirate ich, fahre mit Vergnügen einen Lieferwagen. Von 1979 bis 1981 schreibe ich Drehbücher für die „Sesamstraße". Zusammen mit dem End-Zeit-Lyriker Heinz-Jürgen Harder gebe ich die Literaturzeitschrift „Schneeball" heraus. 1980 läuft uns Jens zu. 1983 schreibe ich die Fiktion „Planet im Strumpf" auf die freien Rückseiten meines „Faustromans".

Abb. 5.3–1 Ein Roman-Autor stellt sich vor

Der Text soll in seiner Funktion nicht dem Typischen entsprechen, um durch Originalität individuelle Selbstdarstellung zu erlauben, z.B. durch das Fehlen von Geburtstag und -jahr, auch der Schulbildung (*aufgewachsen*), durch den Jargon-Ausdruck *schanghait*, das vage *anschließend*, die Qualifizierungen *ich fahre mit Vergnügen einen Lieferwagen* und *mit dem End-Zeit-Lyriker*. Rätselhaft ist *1980 läuft uns Jens zu*: *läuft zu* für einen Hund, *Jens* ist aber kein typischer Hundename, sondern ein Männername, und *uns* als Ausdruck der Referenz auf Personen ist absolut ungewöhnlich im Lebenslauf. Das Ende mit *die Fiktion „Planet im Strumpf" auf die freien Rückseiten meines „Faustromans"* gilt wieder ausschließlich individuell Relevantem. Auffällig ist die durchgängige Verwendung des Präsens, neben wenigen (konventionellen) nominalen Äußerungen anstelle des üblichen Präteritums und des Nominalstils. Dennoch spielt die chronologische Reihenfolge in der Darstellung und die darauf bezogene Strukturierung der Absätze deutlich auf den Lebenslauf an.

A. POLIERTES HOTELSERVICE

Leichtes Stimmengewirr, untermalt von dem Klirren der Tassen, die auf die Unterteller zurückgestellt werden, und das Rascheln von Zeitungen sind die Geräuschkulisse bei einem Nachmittagstee in einer Hotelhalle. Zwischen den Menschen auf den Tischen blitzen die Teekannen aus poliertem Metall. Tee- und Wasserkanne (als Kaffeekanne zu benutzen), Sahnekännchen, Zuckerdose und Tablett aus poliertem Kupfer, Zink und Nickel-Legierung, Griffe aus Bakelit.
5-teiliges Set #E5779737
DM 298,-/€ 152,36

B. RATTAN-KOSMETIKTÜCHERBOX

Kosmetiktücher lassen sich attraktiv in dieser Rattanbox aufbewahren.

Abb. 5.3–2 Poliertes Hotelservice (Katalogangebot)

Text B des folgenden Beispiels (aus: Weihnachtskatalog, Brigitte von Boch 2001) entspricht den üblichen Katalogbeschreibungen von Gegenständen, indem der (hier nicht) abgebildete Gegenstand zusätzlich mit Attributen oder Adverbialen aufgewertet wird. Text A hingegen beginnt mit einem Teiltext, der dazu dient, ein für die intendierte Leserschaft positiv bewertetes Ambiente wachzurufen. Insofern entspricht er eher einem Werbetext: Was sonst mit dem Catch-Visual erreicht werden soll, wird hier auf den Begleittext verschoben. Die mittlere Äußerung dient als Scharnier (vgl. Kap. 5.6.4c), die letzte beschreibende Äußerung kommt dann ohne sprachliche Aufwertungen aus.

Weil wir prototypische interne Textstrukturierungen bei bestimmten Textfunktionen kennen, können wir auch deren Mischungen erkennen: Mustermischungen (vgl. Kap. 4.1.2.3) im Bereich der Textfunktion, vgl. Abb. 5.3–8a bis 5.3–8c und Abb. 5.3–9.

d) Brinker (2000, 180) weist auf die Wichtigkeit des Themas für die Bestimmung der Textfunktion hin: die Art des Textthemas, Auswahl und Anordnung der Teilthemen, Wahl des thematischen Entfaltungsmusters (deskriptiv, narrativ, argumentativ...) und Art der thematischen Einstellung wie das Bewerten (2000, 183). Eine Kleinanzeige, in der eine Wohnung angeboten wird, ist auch als solche zu erkennen, wenn die Wohnungsbeschreibung mit Adressangabe aus der Zeitung, d.h. dem situativen und kategorisierenden Kontext, herausgelöst ist. D.h. die Textmerkmale Textfunktion und Textthema interagieren stark, vgl. Kap. 5.4.

Hinzu kommt m.E. die „Interaktionsmodalität" (vgl. Schlieben-Lange 1988, 1207): ‚sachlich', ‚fiktional', ‚betont ernst' oder ‚unernst', ‚feierlich', ‚heiter' usw. (vgl. Kap. 5.4: Thema). ‚Unernste' Interaktionsmodalität ist prototypisch für Glossen (vgl. Kap. 6.2), ‚feierliche' für Rituale (vgl. Antos 1987), ‚sachliche' für Expertenrede usw.

5.3 Merkmalsausprägungen: Textfunktion

Bei dem Plakat bzw. der Postkarte von Staeck (vgl. Abb. 5.2–2) ist durch die ‚naive' Darstellung der ‚Sterne' eine entsprechende Interaktionsmodalität gegeben, allerdings gemischt mit den wenig ‚harmonierenden' Farben; andererseits sind ‚Argumente' gegeben, die erst schlussfolgernd verknüpft werden müssen. Die dadurch interpretierte ‚ernste' Thematik entspricht der Textfunktion ‚politische Kunst', ebenso ist aber auch die ‚naive' Interaktionsmodalität mit ‚Kunst' kompatibel. Die visuell gegebene komplexe Interaktionsmodalität fängt unsere Aufmerksamkeit ein, um uns dann zu dem ‚ernsten' Thema zu führen.

e) Textträger und/oder Situationstyp: Brinker (2000, 180) nennt weiter „kontextuelle Indikatoren" der Textfunktion wie „die mediale und situative Einbettung und den institutionellen Rahmen des Textes (etwa die Zuordnung zu einer Kommunikationsform wie Brief, Zeitungstext, Plakat, Buch usw. sowie die Zugehörigkeit zu (...) einem Text- bzw. Kommunikationsbereich)". Die auch genannte „Zugehörigkeit zu einer Textsorte" (ebda.) spare ich hier aus. Für meine Zwecke unterscheide ich zwischen *Textträger* und *Situationstyp*.

Der Textträger ist die materielle Grundlage des Textes, z.B. Blatt Papier (welcher Art), Stoff, Stein usw. (vgl. Kap. 5.9.1). Textträger sind in sich differenziert. Textträger einer Todesanzeige ist in der Regel die regionale Tageszeitung oder ein Trauerbrief bzw. eine Trauerkarte, die typischerweise durch schwarze Umrandung kenntlich gemacht sind. Textträger können Plakatwände, Gedenksteine oder -tafeln usw. sein.

Bei minimaler sprachlicher Ausformung von Texten geben standardisierte Textträger Auskunft über die Textfunktion: So hat das Wort *STOP* an einer Betonwand als Graffito angebracht eine andere Funktion als auf dem verkehrsregelnden *STOP*-Schild. In diesem Fall kommen funktionsvereindeutigend hinzu: ein bestimmter Schrifttyp, weiß auf rotem Grund als Negativschrift, die achteckige Form des Schildes und seine Größe. Damit ist der Funktions-Typ erst teilweise angegeben. Die Funktion erhält das Schild durch die Verwendung an Straßenkreuzungen, in einer bestimmten Höhe angebracht. Der Situationstyp ist in diesem Falle also zusätzlich nötig für die Kennzeichnung der Textfunktion.

Warnung vor dem Hunde braucht als Textträger ein Schild, das in der Regel am Eingang einer Grundstücksumgrenzung oder an einer Haustür angebracht ist. Dieser Text ist aufgrund seiner Bedeutung schon als solcher funktional gekennzeichnet. Dieselbe Funktion erfüllt jedoch auch die Variante mit abgebildetem Hundekopf und *Hier wache ich!*, unter Voraussetzung eines geeigneten Textträgers und bezogen auf denselben Situationstyp.

Der Situationstyp ist deshalb je nach Textmuster sehr spezifisch oder aber allgemeiner zu beschreiben. Z.B. kann im Rahmen eines Textträgers auch der

324 5. Stil im Text: Textmerkmale und Stil

Kontext (zusammen mit der wahrnehmbaren Textgestalt) Aufschluss geben (aus: Quierschieder Anzeiger 36, 2000):

Abb. 5.3–3 Kleinanzeige

In diesem Fall genügt das Ausdrücken der Textfunktion: *Danke*. Wofür GEDANKT wird, können die Adressaten anhand der Referenzen (Person, Ort, Zeitraum) und des Textträgers erschließen.

f) Zusammenspiel der Untermerkmale: Die Beispiele zeigen, dass es ein Zusammenspiel der verschiedenen Erkennungsmöglichkeiten (Untermerkmale) für das Textmerkmal Textfunktion gibt; nur für die Beschreibung sind sie zu trennen. Die Skalen, die dem entsprechen, sind im Bereich der Textfunktion folgende, Abb. 5.3–4.

Das komplexe Zusammenspiel der Hinweise auf die Textfunktion erlaubt auch stilistisch gestaltendes Spiel mit Textfunktionen. Im Rahmen von „Textstrategie" unterscheidet Brinker (2000, 183-185) eine „vordergründige" und eine „hintergründige Ebene" bei der Ausgestaltung einer Textfunktion. Sein Beispiel (2000, 177, aus: Der Spiegel, 16.10.1972):

(2) *Wenn Sie weder Artischocken noch französische Mädchen noch Aperitifs noch eine gewisse Ambiance mögen, dann ist es völlig gleichgültig, welche Fluglinie Sie fliegen.*
Denn technisch perfekt sind alle heutzutage.
Im Namen aller Fluglinien
Ihre Air France

5.3 Merkmalsausprägungen: Textfunktion

Kategorisierung

|_____|
implizit   explizit

ausgeprägte wahrnehmbare Textgestalten

|_____|
undeutlich   wenig charakteristisch   deutlich

interne Textstrukturierung

|_____|
irrelevant   relevant

Art des Themas und Interaktionsmodalität

|_____|
irrelevant   relevant

Textträger und/oder Situationstyp

|_____|
relevant   irrelevant

Zusammenspiel der Untermerkmale: Unikalität

|_____|
Originalität   Individualität   Konventionalität

Abb. 5.3–4 Untermerkmale zur Anzeige der Textfunktion

Die textuelle Grundfunktion APPELLIEREN steht im Gegensatz zur vordergründig ausgedrückten Textfunktion INFORMIEREN (vgl. 2000, 185). Die Textstrategie macht es nach Brinker (2000, 185) möglich, „den Zusammenhang von Struktur und Funktion unter dem Aspekt der optimalen Realisierung der Textfunktion zu erfassen". Allerdings bezieht Brinker bei der

Beschreibung nur Sprachliches ein und hier speziell ARGUMENTIEREN als Muster der Themenentfaltung; seine „kontextuellen Indikatoren" werden nicht diskutiert, wenngleich sie gerade bei Werbungen oft ein erster Hinweis sind. Auch wird nicht auf den Indikator Thema (mit *Artischocken, französische Mädchen, Aperitifs* und *Ambiance* als Elementen des Frankreich-Frames) eingegangen, ebenso wenig auf die evaluative thematische Einstellung, die als positive Konnotation mit den Frame-Elementen mit gegeben ist.

5.3.2 Stilistische Abwandlungen des Hinweisens auf die Textfunktion

Es gibt verschiedene stilistisch relevante Arten des Umgangs mit dem Anzeigen der Textfunktion. Das stilistische GESTALTEN betrifft hier das ANZEIGEN der Textfunktion. Zu unterscheiden sind mindestens:
a) Verdecken der Textfunktion
b) Anreichern der Textfunktion mit anderen Textfunktionen
c) Undeutliche Textfunktion
d) Individuelle Textfunktion

a) Die Textfunktion kann durch das Hinweisen auf eine andere verdeckt werden; ein Beispiel für die ausgeprägte wahrnehmbare Textgestalt einer Todesanzeige ist die folgende Richtigstellung einer Todesanzeige. Richtigstellungen werden im Unterschied zu früher, als derartige Texte deutlich mit *Richtigstellung* überschrieben waren, heute generell verdeckt gestaltet: Der Text einer Richtigstellung wird – im Gewand der ausgeprägten wahrnehmbaren Textgestalt der übrigen Texte – in die jeweilige Rubrik eingefügt. Die Peinlichkeit des Fehlers und damit des RICHTIGSTELLENs wird so kaschiert:

Abb. 5.3–5 Berichtigung einer Todesanzeige

5,3 Merkmalsausprägungen: Textfunktion

Werbeanzeigen werden in Zeitungen und Illustrierten öfter stilistisch „versteckt", indem sie aussehen wie ein redaktioneller Artikel des Mediums und sich außerdem dem thematischen Umfeld anpassen; in diesem Fall ist das kleingeschriebene *Anzeige* am oberen Rand obligatorisch.

Abb. 5.3–6 Redaktionelle Werbeanzeige

ANZEIGE

Guter Rat sei teuer, sagt man. Oft ist es viel teurer, die guten Ratschläge zu befolgen. Und manchmal ist der Preis einfach zu hoch. Oder würden Sie, um der Gesundheit willen, das Leben eines Einsiedlers führen wollen?

Die gutgemeinten Ratschläge, wie man sich gesund erhält, kennt fast jeder: vernünftige Ernährung, Bewegung an frischer Luft, Abbau von Streß und Hektik. Die Probleme entstehen bei der Ausführung. Schon der Verzicht auf „liebe" Eßgewohnheiten fällt vielen schwer. Und was den Streß betrifft: Um ihn zu vermeiden, müßte mancher seinen Beruf aufgeben. Ein Rat, der teuer werden würde!

Ein ebenso rechter wie billiger Gesundheitstip ist dagegen der Rat, Knoblauch zu essen. Knoblauch hat nämlich die positive Eigenschaft, überhöhte Blutdruck- und Blutfettwerte zu senken, und leistet so einen wichtigen Beitrag zur Arteriosklerose-Vorbeugung. Um diesen Effekt zu erzielen, wäre jeden Tag eine ca. 2 g schwere Knoblauchzehe vonnöten, aber nicht in einer leckeren Lammkeule verbraten, sondern roh, denn bei über 60° gehen die Wirkstoffe verloren.

Das ist der Haken an diesem Rat: Der tägliche Verzehr von frischem Knoblauch dürfte den Ausschluß aus der Gemeinschaft der wohlriechenden Menschen bedeuten. Lichtwer Pharma hat dieses Dilemma erkannt und gelöst: mit den „Kwai" Knoblauch-Dragees. „Kwai" ist die geruchlose Alternative für alle, die wirksam etwas gegen die Arteriosklerose tun wollen und sich nicht zum Eremiten berufen fühlen.

„Kwai", Knoblauch-Dragees gegen frühe Alterserscheinungen und Altersbeschwerden, zur Stärkung von Herz und Kreislauf, gegen Arterienverkalkung, ist von Lichtwer Pharma GmbH, Berlin 28.

GUTER RAT, TEURER RAT?

DIE KRAFT DER KNOLLE
Allemal ein guter Rat: Knoblauch als Mittel gegen die Arterienverkalkung

Abb. 5.3–7 Redaktionelle Werbeanzeige

5.3 Merkmalsausprägungen: Textfunktion

Die „Bildzeitung" (26.2.1999) bringt solche Anzeigen direkt auf Seite 1, allerdings mit durchgängig etwas kleinerer Schrift, aber mit demselben Schrifttyp wie die Zeitungsartikel und dem charakteristischen Wechsel von Normal- und Fettschrift, mit denselben grafischen Kennzeichnungen bei Aufzählungen, hier durch Punkte im Text. Normalerweise steht *Anzeige* einmal, links oben oder rechts oben. Hier, direkt unter dem Zeitungskopf auf der ersten Seite, wird die Anzeige durch explizite Kategorisierung doppelt als solche gekennzeichnet. – Eine andere Umgebung verleiht einer Anzeige ein ganz anderes Aussehen, eine andere visuelle Gestalt (Zeitmagazin, 11.3.1988); hier ist der Werbetext eingebaut in einen vier Seiten langen und auf jeder der anderen Seiten mit gezeichnetem Bild versehenen Artikel über Wohnungssuche in Paris, verfasst vom „Zeitschmecker" (ebda.) Wolfram Siebeck, der Restaurants testen wollte.

b) Anreichern der Textfunktion mit anderen Textfunktionen: Es kommt in diesem Fall zu einer Mustermischung (s. Kap. 4.1.2.3). Dabei sind Unterschiede im Grad der konventionellen Verträglichkeit des Gemischten stilistisch relevant. Als Beispiel eine Broschüre aus dem Jahr 2001, in der für eine Automarke geworben wird. Die Werbung als Textfunktion ist auf den ersten Blick verdeckt (s. unter a)) als Comic.

Abb. 5.3–8a Mustermischung von Textfunktionen

Dabei zieht sich der Comic-Stil durch das ganze Heft.

Abb. 5.3–8b Mustermischung von Textfunktionen

Die Textfunktion Werbung ist aber auch angereichert um ein Preisausschreiben, das auf der letzten Seite die Mischung von Comic und Werbung integriert: *Welches Comic-Kid kommentiert welches Mazda-Modell?* lautet die Preisfrage.

Abb. 5.3–8c Mustermischung von Textfunktionen

5.3 Merkmalsausprägungen: Textfunktion

Eine ganz andere Mischung zeigte ein Plakat als Parteienwerbung einer Oppositionspartei (aus: Saarbrücker Zeitung, 24.1.2001, 2): Der deutsche Bundeskanzler wurde wie auf Fahndungsfotos abgebildet gezeigt, wobei bei den beiden äußeren Bildern die Mundwinkel noch verzerrend abwärts gezogen waren. Die Zeitung beschreibt die Wirkung als „empört"; aufgrund der weithin als unangemessen empfundenen Mischung wurde das Plakat sofort zurückgezogen:

Abb. 5.3–9 Mustermischung von Textfunktionen

c) Undeutliche Textfunktion: Auf den ersten Blick kann die Textfunktion derart undeutlich sein, dass dies Neugier erweckt. In diesem Fall sind verstärkte Interpretationsleistungen seitens der Rezipierenden nötig. Ein Beispiel ist nochmals das Plakat von Staeck (Abb. 5.2–2), das durch seine ungewöhnliche Interaktionsmodalität attraktiv ist. Ein anderes Beispiel ist eine Werbeanzeige für eine Zigarettenmarke im Jahr 2001, die zunächst nur durch den formelhaften Text am unteren Ende der Seite als solche erkennbar ist. Statt einer aufmerksamkeitserregenden Werbeschlagzeile bekommen wir hier als Catch-Visual ein interessantes unbekanntes Tier präsentiert, Abb. 5.3–10.

Hier liegt die Lösung in der Form der rotbraunen Bretterwand in der oberen Hälfte des Bildes: Sie entspricht der Form der roten Kappe der Zigarettenschachtel (die positiven Emotionen, die sich beim Lösen des Rätsels einstellen, sollen sich auf das Produkt selbst übertragen). D.h. wir haben es hier mit einem Spiel zwischen „Grund" und „Figur" zu tun, vgl. Abb. 5.9–26.

Die EG-Gesundheitsminister: Rauchen gefährdet die Gesundheit. Der Rauch einer Zigarette dieser Marke enthält 0,9 mg Nikotin und 12 mg Kondensat (Teer). (Durchschnittswerte nach ISO)

Abb. 5.3–10 Undeutliche Textfunktion

d) Individuelle Textfunktion: Für manche Arten von Textfunktion haben wir keine konventionalisierten Formen, keine vorgegebenen Textmuster. In diesem Fall werden häufig andere Muster genutzt; bei den folgenden Beispielen wird Werbung mit ihren Textträgern abweichend verwendet.

Ein Beispiel hierfür war im Frühjahr 2001 eine Werbe-Plakatwand in Saarbrücken: auf dem Parkplatz gegenüber der Spielbank (mit Tanzcafé und anliegendem Luxushotel) und dem größten Park der Stadt. Der Textträger legt ‚Werbung' als Textfunktion nahe. Das Bild war untypisch für Werbung: Es zeigte einen farblich veränderten Eisenbahn-Schienenstrang mit einer

5,3 Merkmalsausprägungen: Textfunktion

Unterschrift, die Datum und Uhrzeit angab. Auf der rechten Seite (wo konventionell das Neue steht: Kress/van Leeuwen 1996) folgender Text:

(3) *Liebe Gäste der Landeshauptstadt, wir weisen Sie freundlich darauf hin, dass hinter dieser Plakatwand Castor-Transporte rollen* (aus Saarbrücker Zeitung, 27.3.2001, L1)

Abb. 5.3–11 Irreführung bezüglich Textfunktion

Hinter dem Parkplatz verlaufen die Bahn-Gleise nach Frankreich (Ortspragmatik), wohin zum Zeitpunkt (Zeitpragmatik, beides Aspekte der Situationalität, vgl. Kap. 5.7) des Plakats abgebrannte Atombrennstäbe zur Wiederaufbereitung gebracht wurden: Es war eine mögliche Transportstrecke. Zum Foto schrieb die Zeitung: „Das digital verfremdete Foto zeigt die Infrarot-Aufnahme einer Bahnstrecke, über die ein Castor-Transport gerollt ist."

Die Textfunktion kann umschrieben werden mit MAHNEN – besonders angesichts der unterstellten Amüsier-Intention der Adressaten; es ist auch eine Form des PROTESTIERENs dagegen, dass durch derartige Transporte atomare Strahlung freigesetzt wurde und wieder werden kann. Die Zeitung unterschreibt die Abbildung mit „Denkwürdig". Ein anderes individuelles Plakat mit politischer Funktion habe ich in Sandig (2001) näher beschrieben. – Ein weiteres Beispiel entstammt der „Zeit" (5.4.2001, Beilage Leben, 4); auch hierbei denkt man zunächst an Werbung, Abb. 5.3–12.

Die ganzseitige Anzeige fällt auf durch den schwarzen Grund mit weißer Negativschrift, die durch einen Streifen mit Fotos und Text unterbrochen ist. Dieser kleinere Text ist auf weißem Grund in Versalien geschrieben. Bei der Lektüre wird sicher der Haupttext zunächst wahrgenommen, und bis zu

> Früher war das üblich, dass man Brötchen geschickt bekam. Und eines Tages war der Beutel leer, und da ging meine Mutter mit mir zum Bäcker und sagte: „Ja was is'n heute los? Is' bei euch einer krank? Wir haben heute keine Brötchen bekommen." Und die Bäckersfrau, die fing an zu weinen und sagte: „Naja, ich muss Ihnen das sagen, also Ihre Nachbarin, die hat heute  morgen den Bäckerjungen abgefangen und hat ihm gesagt, nimm mal die Brötchen wieder mit, Juden brauchen keine Brötchen."
> www.erinnern-online.de

Abb. 5.3–12 Ungewöhnliche Textfunktion

dessen letzter Zeile bleibt die Textfunktion offen, durch diese letzte Zeile wird sie deutlicher, aber erst die Internetadresse *www.erinnern-online.de* gibt Aufschluss: Der Text dient der ungewöhnlichen Textfunktion ERINNERN. Die beiden letzten Zeilen, die hier nicht abgebildet sind, bekräftigen dies und ergänzen den Text um die Funktion des DANKENs für die Mittel der Veröffentlichung. S. zu diesem Beispiel näher unter Thema (Kap. 5.4.2.2 und 5.4.2.4).

5.4 Merkmalsausprägungen: Thema

Thema spielte bereits eine Rolle als einer der möglichen Hinweise auf die Textfunktion (Kap. 5.3.1d). Das heißt umgekehrt: Das Thema ist auf die Textfunktion bezogen, muss mit ihr kompatibel sein (Brinker ^{5}2001: Kompatibilitätsprinzip). Es ist in die Handlungsstruktur (d.h. auch Textfunktion) des Textes eingelagert (Sandig 1997) und wenn Lötscher (1987, 85) davon spricht, dass es bei Thema um die Behebung eines Mangels (im Wissen der Rezipienten, B.S.) **im Rahmen** einer Zielsetzung geht, so ist damit ebenfalls die Textfunktion gemeint. Es geht also um „thematisch handeln" bzw. „Themenbehandlung" (beide: Holly/Kühn/Püschel 1986, 137), auch Themenabhandlung innerhalb der globalen Handlung, der Textfunktion.

Anders als Vater (1992, 66), der Thema aus den linguistisch zu bearbeitenden Gegenständen als „nichtsprachliche Größe" ausschließt, stellt Lötscher (1987, 71) fest, „dass Textthemen offenbar eine gewisse überindividuelle, objektive Realität besitzen und dass es auch vom vorwissenschaftlichen Textverstehen her gerechtfertigt ist, sie als Basisgröße in einer Texttheorie vorauszusetzen". Die bisherigen Ausführungen zeigen aber auch, dass es wichtig ist, Textfunktion und Textthema eng aufeinander zu beziehen; dasselbe gilt für Teilhandlungen mit ihren Teilthemen (vgl. Schröder 1998, 132).

Die darzustellenden stilistisch relevanten Aspekte stimmen nicht überein mit Lötschers Forderung (1987, 300), dass „das Thema eines Textes schon am Anfang eines Textes bekannt sein sollte" – dies gilt nur für gewisse Arten von Texten. Auch das an Formen der sprachlichen Realisierung von Themen orientierte Konzept von L. Hoffmann (2000, 350) ist zu eng: „Das Thema ist der kommunikativ konstituierte Gegenstand oder Sachverhalt, von dem in einem Text/Textteil oder Diskurs/Diskursteil fortlaufend die Rede ist." *Fortlaufend* kann keine stilistisch relevante Bestimmung sein, wenngleich es Textmuster gibt, für die dies charakteristisch ist. Es kann auch öfter und/oder mit Unterbrechungen von einem Thema die Rede sein oder anspielend etc. Deshalb ist Schröder (1998, 131) zuzustimmen, wenn er erwägt, „die Kategorie des Textthemas (...) von der Einheit des Satzes, aber auch von der Einzelhandlung abzulösen und den Begriff stattdessen ganz für die Beschreibung von Texten und für die mit ihnen vollzogenen komplexen Handlungen zu reservieren." Auch nach Lötscher (1987, 50f.) ist ein Thema ein „eigenständiges, globales Textorganisationsprinzip", das intuitiv „als zentrale Größe eines Textes empfunden wird" (Lötscher 1987, 300). Lötscher betont (1987,11), „dass man (...)

einen Text verstehen muss, um sein Thema zu erkennen". Das Thema bzw. die Themen können sich erst rückblickend herausstellen, sie können aber auch von Anfang an klar sein und es bleiben.

Mit Schröder (1998, 131) ist anzunehmen, „dass in einer Einzelhandlung immer nur ein Aspekt des Themas behandelt" wird. „Thema eines Textes ist aus dieser Sicht der Gegenstand, auf den die zugehörigen Teilhandlungen sich gemeinsam beziehen, indem sie Aspekte dieses Gegenstandes behandeln" (ebda.). Hinzu kommt noch Folgendes: „Was ich (...) als Thema einer Äußerung (in einem Text, B.S.) interpretiere, ist abhängig von meinem Wissen und meinen Annahmen über den sprachlichen und nicht-sprachlichen Kontext" (Holly/Kühn/Püschel 1986, 138), außerdem von meinen allgemeinen und besonderen Interessen. „,Thema' ist nichts objektiv Gegebenes (...), sondern das, was ich als Gegenstand der Kommunikation verstehe" (Holly/Kühn/ Püschel 1986, 139). Hier zeigt sich eine Gemeinsamkeit zwischen Thema und Stil generell. Es gibt Themen, die zu einer Zeit interpretierbar sind (Kap. 5.12.1 und 5.12.2), typische Themen (vgl. Kap. 5.4.2.3). Zu Thema vgl. auch Kap. 3.1.2.

5.4.1 Themenformulierung und ihre stilistische Relevanz

Hellwig (1984, 14) sieht die Funktion der Titel von Texten „vor allem darin, dass Titel Themen verbalisieren", er gibt aber auch selbst Beispiele an, bei denen es unmöglich ist, das Thema zu erkennen. Auch wenn das Thema am Textbeginn bekannt ist – was Lötscher (1987, 300) fordert –, muss es generell interpretierend erschlossen werden (Lötscher 1987, 73). Die Art der Relation (vgl. Kap. 3) von Themenformulierung und Thema macht einen möglichen stilistischen Effekt aus.

5.4.1.1 Themenformulierung allgemein

Lötscher berichtet (1987, 60ff.) über einen Test, bei dem er Themen zu Texten formulieren ließ. Das Ergebnis sind unterschiedliche Grade der Genauigkeit, der Explizitheit der Formulierungen; ich konstruiere entsprechend seinen Ergebnissen mögliche Beispiele für Zeitungsschlagzeilen:

a) Die inhaltliche Spezifikation ist abhängig von der Situation und den Adressaten, dem bei diesen voraussetzbaren Wissen:

(1) *Neue Atommülltransporte nach Frankreich / nach La Hague zum Zweck der Wiederaufarbeitung für die Lagerung*

wäre eine ausführliche Titelformulierung, während

5.4 Merkmalsausprägungen: Thema

(2) *Die Castortransporte / Neue Castortransporte*

bei entsprechendem Adressatenwissen für einen Kommentar bzw. eine Meldung ausreichend wäre.

b) Eine andere Formulierungsmöglichkeit ist die Wiedergabe des Textinhalts:

(3) *Castortransporte wenig behindert.*

c) Das Thema kann nominal formuliert werden, *Castortransporte*, oder als Proposition:

(4) *Castortransporte (gehen) diesmal nach England*

d) Eine propositionale Formulierung kann assertiv wie die Beispiele unter b) und c) gegeben werden oder aber problematisierend:

(5) *Castortransporte ins umstrittene Sellafield*

e) Die Textfunktion (Lötscher 1987, 66: „Textsortentypik") kann gleichzeitig deutlich gemacht werden:

(6) *Das Ausland als Atommülldeponie*

für einen politischen Kommentar. Nach Lötscher (1987, 70) gibt es „Formulierungsroutinen für Titel". Das Textmuster hat mehr oder weniger Einfluss, d.h. die Textfunktion ist nicht immer aus der Themenformulierung erschließbar (1987, 72); es gibt Grade der Deutlichkeit. – Lötscher betont die „große Vielfalt der Formulierungsmöglichkeiten" (1987, 69); je komplexer die Struktur des Textes, desto uneinheitlicher sind auch Formulierungen, die verschiedene Personen zu demselben Text anbieten. Er ergänzt (1987, 71) die Strukturtypen um

f) Fragesätze:

(7) *Wann endlich wird das Endlagerungs-Problem gelöst?*

Die Textfunktion ist also nicht immer aus der Themenformulierung erschließbar, dasselbe gilt aber auch für das Thema selbst. Diese Fälle sind die stilistisch besonders relevanten, während die bisher aufgezeigten Formen den konventionellen Spielräumen für Zeitungstexte folgen.

g) Hellwig (1984, 10) nennt als „indirekte Charakterisierungen" Titel folgender Art:

(8a) *Den letzten beißen die Hunde* (P. Schaffer)
(8b) *Holzfeuer im hölzernen Ofen* (H.-J. Heringer)
(8c) *Und so weiter* (O. Gulbransson)
(8d) *Auf der Heide*

Es sind Titelformulierungen von Romanen, Zeitungskommentaren, aber auch – nicht prototypisch – von linguistischen Arbeiten.

5.4.1.2 Stilistisch relevante Arten von Themenformulierung

Für stilistische Zwecke lassen sich außer g) in Kap. 5.4.1.1 folgende Fälle unterscheiden. Dabei geht es um Typen von Funktionen, nicht um Strukturen.

a) Explizite Formulierung wie beim Kochrezept oder einem linguistischen Werk:

(9) *Kirschkuchen*

(10) *Linguistische Textanalyse. Eine Einführung in Grundbegriffe und Methoden* (Brinker ⁵2001)

Das erste Beispiel ist – aufgrund der Textfunktion – eine Kurzform für ‚Womit und wie man einen Kirschkuchen bäckt'. Holly/Kühn/Püschel (1986, 140) nehmen hier eine Skala an von „ausführlich" bis „stichwortartig", außerdem kann eine graduell „enge Themenformulierung" nötig sein (ebda.) oder eine weitere.

b) Andeutende Themenformulierung: Genette (1992, 93) betont die „konnotative Funktion" oder den Konnotationswert von Buchtiteln. Beispiele sind eine Kurzmeldung auf Seite 1 über das Spiel eines Saarbrücker Fußballvereins (Saarbrücker Zeitung, 21./22.4.2001, 1) und ein Sachbuch:

(11) *Kurz: FCS spuckt Mannheim in die Aufstiegssuppe*

(12) *Gute Mädchen kommen in den Himmel, böse Mädchen kommen überall hin*

Die Fälle b) und a) werden gern kombiniert und zwar in dieser Reihenfolge:

(13) *Lavendel statt Schießwälle*
    Bundesgartenschau in Potsdam öffnet ihre Pforten – 2,5 Millionen Besucher werden erwartet (Saarbrücker Zeitung, 21./22.4.2001, 10)

(14) *We kehr for you. Werbeslogans und Schlagzeilen als Beitrag zur Sprachkultivierung* (Janich in ZfAL 34, 2001)

Anstelle einer Titelformulierung kann bei Grafiken in Zeitungen heute auch die Hinterlegung der Grafik mit einem Bild gewählt werden. Mit diesem wird dann das Thema angedeutet.

c) Anspielen auf einen bekannten Titel: Das folgende Beispiel stammt von Michael Buselmeier (8.3.2001 in der Frankfurter Allgemeinen Zeitung) und spielt auf Kafkas Erzählung *Die Verwandlung* an:

(15) *Eine Verwandlung*

5.4 Merkmalsausprägungen: Thema

Allerdings erzählt hier Buselmeier, wie er seine (Revolutionärs-)Langhaarfrisur (seit 1968) einer Kurzhaarfrisur geopfert hat und wie die Umgebung darauf reagierte. Ein anderes Beispiel spielt auf Jacques Offenbachs Operette an (s. dazu genauer Abb. 5.6–5):

(16) *Hoffmanns Erzählung Nr. 4*

Eine Kombination von expliziter und anspielender Themenformulierung zeigen die folgenden Überschriften eines Kommentars (Saarbrücker Zeitung, 21./22.4.2001, 2):

(17) *Königin Elizabeth II wird an diesem Samstag 75 Jahre alt* (Oberüberschrift)
Kabale und Liebe (Hauptüberschrift)
Von Frank Herrmann, London

d) Verrätselnde Themenformulierung: Genette (1992) spricht bei Romantiteln von der „Verführungsfunktion"; wir finden sie auch häufig bei Glossen:

(18) *Gefehlt* (Die Zeit, 13.7.2000, 1, Beisp. (9) in Kap. 5.9.4)

(19) *Verschnarcht* (Die Zeit, Wirtschaftsteil, 22.2.2001, 21)

e) Fehlen einer Themenformulierung: Das in Kap. 5.3.2 besprochene Plakat zum Castortransport (Abb. 5.3–11) und die Werbeanzeige zum ERINNERN an die Shoah (Abb. 5.3–12) verzichten nicht umsonst auf die Themenformulierung: Erst am Ende der Textrezeption ist jeweils das Thema klar, die Rezipierenden sollen sich aus Neugier auf den Text einlassen, die Rezeption nicht verweigern können. Eine andere Variante ist das Staeck-Plakat (Abb. 5.2–2): Hier muss das Thema erst rezipierend erschlossen werden. Fix (2001c) hat an einem Gedicht von Uwe Kolbe, das mit *Sprachvermögen Sprechenkönnen Sprichwenndukannst* (Beisp. (7) in Kap. 5.5.3.1) beginnt, nachgewiesen, dass hier die fehlende Themenformulierung zu sehr verschiedenen Interpretationen führt.

f) Eine irreführende Themenformulierung liegt dann vor, wenn der Titel eines Textes ein anderes Thema anzeigt als das dominierende Thema. Ein Beispiel ist eine Richtigstellung, die mit *Hilde Domin zu Ehren* überschrieben ist (Sandig 1986, 188f.) und Jandls Gedicht *lichtung* (s. Kap. 5.12.1).

g) Für die Themenformulierung in Relation zum Text ergibt sich folgende Skala (siehe Abb. 5.4–1).

Zu unterschiedlichen Arten der Themenformulierung in den Nachrichtenmagazinen „Spiegel" und „Focus" vgl. z.B. Krüger (1995).

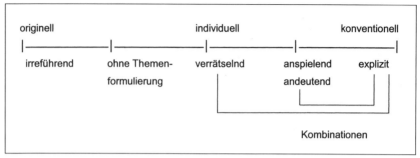

Abb. 5.4–1 Skala der Themenformulierung

5.4.2 Thema-Aspekte in stilistischer Sicht

Bei Hellwig (1984) und bei Lötscher (1987) wird vorausgesetzt, dass bereits am Beginn des Textes (relativ) deutlich ist, worin das Thema besteht (vgl. Lötscher 1991, 91ff.). Aber dies ist nur teilweise und bei bestimmten Textfunktionen der Fall, vorzugsweise bei informierenden und instruierenden Textmustern. Manche Themenformulierungen machen neugierig, verführen zum Lesen, locken auf eine falsche Fährte. Dies gilt erst recht beim Fehlen einer Themenformulierung. In diesem Fall spricht Vieles für die „Inhaltstheorie", die auch Brinker (^{5}2001) vertritt, der das Thema als „Kern des Textinhalts" bestimmt. Diese Definition muss im Rahmen seiner allgemeinen Textdefinition gesehen werden, nach der die Textfunktion dominant ist. Es sind mindestens folgende Fälle zu unterscheiden:
- Grade der Themaorientiertheit
- Sequenzierung des Themas
- Typisches Thema vs. Themenverwendung/Thema und Diskurs
- Relation Hauptthema – Unterthema – Nebenthema
- Vordergründige vs. hintergründige Themen
- Thematische Irreführung
- Art der Themenentfaltung

5.4.2.1 Grade der Themaorientiertheit

Gemäß der Prototypentheorie lässt das Textmerkmal Thema graduelle Abstufungen zu; Lötscher (1987, 115) nimmt „zwischen rein inhaltsbezogenen Texten und Texten mit ausschließlich beziehungsbezogenen, ausdrucksbezogenen oder formbezogenen Funktionen (...) manche Zwischenstufen und Kombinationsmöglichkeiten" an. Es ergibt sich (vgl. 1987, 111-126) folgende Skala:

5.4 Merkmalsausprägungen: Thema

Abb. 5.4-2 Skala der Themaorientiertheit

Vollthematische Texte sind solche, in denen „ein Thema behandelt" wird (1987, 121); sie bilden den prototypischen Fall (1987, 125) wie z.b. bei Nachricht, Kommentar, Erzählung.

Für halbthematische Texte nennt Lötscher (1987, 115) als prototypisch „Bitten, Anweisungen und Befehle". Auf dieser Zwischenstufe bezüglich der Themaorientiertheit sind auch Rituale anzusetzen: Thematisch können Rituale Brüche aufweisen (Gülich 1981), ebenso Unlogisches (Antos 1987); es geht primär um Beziehungsgestaltung und um geregelte Emotionen (Rauch 1992), die Rezeptionshaltung ist eine spezielle (Antos 1987, 14), an der ‚feierlichen' Interaktionsmodalität orientiert.

Themalose Texte (Lötscher 1987, 114f.) sind emotionaler Art, teilweise auch poetischer Art. Es sind situationszentrierte Äußerungen wie *Autsch* oder *Pfui*; Kinderreime wie der Abzählvers, den Lötscher anführt. Bei derartigen „situationsorganisierenden" Texten (1987, 115) geht es nur um Rhythmus, Klang, der Inhalt ist irrelevant:

(20) *Enige wenige tumpelti*
tifel tafel nummeni
Echebrot in der Not
Eins zwei drei
und du bist frei

Stilistisch besonders interessant sind die „sekundärthematischen" Texte, bei denen das Thema nicht behandelt wird, „indem darüber gesprochen wird, sondern indem es im Sprechen gezeigt wird" (1987, 123). Lötscher gibt als Beispiel Ernst Jandls ‚Schützengraben' (aus: E. Jandl, Laut und Luise, Olten 1966, 47):

(21) schtzngrmm
schtzngrmm
t-t-t-t
t-t-t-t
grrrmmmmm
t-t-t-t
s-------c-------h
tzngrmm
(...)

Ein weiteres Beispiel stammt aus dem Jahr 1924 von Man Ray (aus: K. Riha Hrsg., 113 DadaGedichte, Neuausgabe Berlin: Klaus Wagenbach 1995, 188):

Abb. 5.4–3 Man Ray: Gedicht

Die ausgeprägte wahrnehmbare Textgestalt (Kap. 5.3.1b) zeigt hier ein Gedicht an und zwar eher ein ‚modernes', vielleicht Rilkescher Art. Der Text hat jedoch kein Thema, ist themalos, und sekundärthematisch betrachtet kann er z.B. interpretiert werden als ‚Gedichte dieser Art kann man im Jahr 1924 nicht (mehr) schreiben, sie sind ohnehin inhaltlich leer' usw.

5.4.2.2 Sequenzierung des Themas

Wird das Thema bereits am Beginn formuliert, so wird nach dem Muster ‚das Wichtigste zuerst' (s. Kap. 4.2.2.3b) gehandelt. Neben expliziten Themenformulierungen im Titel finden wir bei Geschäftsbriefen den Betreff oder alternativ auch ein Aktenzeichen, gegebenenfalls den Hinweis auf das vorherige Schreiben des Adressaten, bei E-Mails ist standardmäßig durch das Programm in der Titelzeile ein Platz für *Subject* vorgegeben, der allerdings auch für das ANGEBEN der Textfunktion genutzt werden kann wie *Dank* oder *Grüße aus...* Hierher gehört auch die orientierende „Vorstrukturierung" bei wissenschaftlichen Texten.

Eine ganz andere Art der Themensequenzierung ist ‚das Wichtigste am Schluss' (vgl. Kap. 4.2.2.3b). Standardmäßig finden wir diese bei philosophischen Texten (damit wir den gedanklichen Aporien folgen müssen), bei Kriminalromanen, bei Witzen. Auch bei irreführender oder bei verrätselnder Themenformulierung wird in der Regel erst gegen Ende des Textes das Thema interpretierbar, bei Texten ohne Themenformulierung wird gerade dies gern stilistisch genutzt (vgl. Kap. 5.4.1.2).

Die antike Rhetorik hat bereits unterschieden zwischen Ordo naturalis und Ordo artificialis. Beispiele für ‚natürliche Reihenfolge' sind Alltagserzählungen, in denen das erzählte Geschehen schrittweise in seiner Reihenfolge erzählend wiedergegeben wird. Ein Beispiel ist die Erzählung Abb. 5.3–12), die im Rahmen der Textfunktion ERINNERN genutzt wird: *Und eines Tages... und da ging... und sagte... und sagte... Und die Bäckersfrau, die.... und sagte...*

Ein Beispiel für ‚künstliche/kunstvolle Reihenfolge' ist die Glosse *Gefehlt*, Beisp. (26) in Kap. 5.4.2.4. Auch das Ende der Erzählung des ERINNERN-Textes folgt dem Ordo artificialis, indem innerhalb der direkten Rede der Bäckersfrau die Vorgeschichte erzählt wird: *also Ihre Nachbarin, die hat heute morgen den Bäckerjungen abgefangen und hat ihm gesagt...* Innerhalb dieser direkten Rede finden wir wieder Ordo naturalis.

Am Beginn von *Hoffmanns Erzählung* (Abb. 5.6–5) werden wir mit einer Art Nahaufnahme konfrontiert, dann erst wird wie mit einer Weitwinkelaufnahme der Horizont geschaffen. Damit wird gegen das bei Lötscher (1991, 90) formulierte Prinzip gearbeitet: „Thematisiere das Ganze vor der Thematisierung seiner Teile". Beispiel aus *Hoffmanns Erzählung*, Die Zeit, 9.11.2000, Beilage Leben, 6:

(22) *Er feilte, schliff und hobelte akribisch jedes Holzstück. Der Tischler, der den Heizkörper im Flur des Pfarrhauses verkleiden sollte, ließ sich alle Zeit der Welt. (...)*

Ähnlich im selben Text: *leistete **uns** Gesellschaft* und *ließ sich von **fünf Kindern** berichten*. Im Ganzen folgt der Text allerdings dem Ordo naturalis.

Derartige Mischformen führen dazu, dass wir auch hier eine Skala annehmen können. Auch hier entspricht die Skala von rechts nach links betrachtet zugleich einer Abstufung von Konventionalität über Individualität bis zu Originalität:

Abb. 5.4–4 Skala: Sequenzierung des Themas

5.4.2.3 Typisches Thema vs. Themenverwendung/Thema und Diskurs

Themen im alltagssprachlichen Sinn können im Rahmen unterschiedlicher Handlungstypen und innerhalb dieser für ungewöhnliche Teilhandlungstypen verwendet werden. Sie können aber auch eingesetzt werden, um den Text einerseits thematisch ‚aktuell' und andererseits auch thematisch ‚dicht' zu GESTALTEN. Damit sind auch Themen Einheiten, die stilistisch, also als Stilmittel, einsetzbar sind. Demgegenüber ist ein Thema für Brinker (^{5}2001) und andere an einen bestimmten Text gebunden und aus ihm interpretierbar, wenn das Thema als „Kern des Textinhalts" aufgefasst wird. Dies gilt natürlich besonders für individuelle Arten der Themengestaltung.

Die stilistischen Relevanzen sprechen für einen komplexeren Themabegriff. Es gibt einerseits typische Themen und andererseits Themen bestimmter Texte – wie bei *Stil* auch, wo zwischen typisiertem Stil und Stil einer Kommunikation(spassage), z.B. einem Text(teil) oder Gespräch(steil) zu unterscheiden ist. D.h. bezüglich *Thema* ist zwischen **Thema** und **Themenverwendung** zu unterscheiden, ebenso wie bezüglich *Stil*; auch hier gilt es – vor allem bei hintergründigen Themen, s. Kap. 5.4.2.5 – auch die **Themenrezeption** zu berücksichtigen.

Bei typischen Themen, die stilistisch einsetzbar sind, sind mehrere Grade der Typizität zu unterscheiden:

a) generelle Themen, die immer wieder innerhalb einer Gemeinschaft interessieren wie Liebe, Tod etc.: Auf ein typisches Thema, das in der „Bildzeitung" immer wieder eingesetzt wird, hat Büscher (1996, 103) hingewiesen: Die Verwendung des Themas ‚Tod', besonders in Schlagzeilen, nennt er „Thanatisierung". Angesichts der weitgehenden Tabuisierung dieses Themas in der Gesellschaft werden auf diese Weise die menschliche Existenz betreffende Emotionen der Leser „bedient". – Ein Beispiel für die Verwendung eines generellen Themas ist in Kap. 5.4.2.5 zu finden: Beisp. (28) ‚Lüge und Wahrheit'.

b) Der folgende Fall wird unter *referentielle Intertextualität* erfasst. Speziellere Themen, die aus der Kenntnis von Texten in einer Gemeinschaft resultieren, z.B. von Märchen wie *Hans im Glück* oder *Schneewittchen,* aus der Bibel usw. In Heiratsannoncen werden derartige Themen gern genutzt (aus: Die Zeit, 14.2.1997):

5.4 Merkmalsausprägungen: Thema

(23) *Blondes Schneewittchen (37 Jahre, 175 cm) sucht **Edelmann** zum Wachküssen und zum Vertreiben der lästigen Zwerge. Schloß wäre angenehm. Wenn Sie sich trauen, mich auf Händen zu tragen, und an Märchen glauben, dann schreiben Sie mir unter ZS 3210 DIE ZEIT, 20079 Hamburg*

Die Stichworte *Schneewittchen, Edelmann, Zwerge, Schloß* verweisen auf ein bestimmtes Märchenthema, außerdem wird *Märchen* hier explizit und im Doppelsinn verwendet; das *Wachküssen* ist bewusst oder unbewusst aus *Dornröschen* entlehnt, passt allerdings sehr gut in das eigentliche Textthema, das durch die Textfunktion gegeben ist, vgl. Kap. 6.2.3.2. Ein weiteres Beispiel (Die Zeit, 11.6.1982):

(24) *MANN MIT FLÜGEL*
könnte sich in einen strahlenden, schönen, frechen Engel verlieben, dem alle irdischen Freuden himmlisches Vergnügen bereiten, der aber aus den Wolken fällt, wenn die Welt geschunden wird.

Aufs Land geflüchteter Medizynmann (34), der sich aber gut in der Stadt sehen lassen kann, hat in seinem Paradies im Norden einen Apfelbaum und ist jetzt neugierig auf den Sommer: Bildzuschriften bitte an: ZF 3799 DIE ZEIT, Postfach 10 68 20, 2000 Hamburg 1

Hier wird mit *Paradies* und *Apfelbaum*, aber auch *Engel* auf das Thema von Adam und Eva angespielt und gerade dadurch sind erotische Assoziationen möglich, die ebenfalls in den thematischen Kontext der Textfunktion passen.

c) Noch speziellere typische Themen, die stilistisch einsetzbar sind, werden mit dem Diskursbegriff erfasst (vgl. Busse/Teubert 1994). Gardt (in Vorb. 2005) definiert in Kap. 1 folgendermaßen: „Ein Diskurs ist
– die Auseinandersetzung mit einem Thema,
– die sich in Äußerungen und Texten der unterschiedlichsten Art niederschlägt,
– von mehr oder weniger großen gesellschaftlichen Gruppen getragen wird,
– das Wissen und die Einstellungen dieser Gruppen zu dem betreffenden Thema sowohl spiegelt
– als auch aktiv prägt und dadurch handlungsleitend für die zukünftige Gestaltung der gesellschaftlichen Wirklichkeit in Bezug auf dieses Thema wirkt."

Im Unterschied zu Frames als Bestandteilen des allgemeinen Sprachwissens handelt es sich bei Diskursen um individuelles Wissen, das anhand von Texten mit deren Themen erworben wurde; diese könn(t)en als Textkorpus verfügbar gemacht werden: „virtuelle Textkorpora" (Busse/Teubert 1994, 14). Wichtig ist angesichts der Vielfalt von Themen in Texten: „Die Einheit des Diskurses (...) wird vom Untersuchungsziel, Interesse oder Blickwinkel der Wissenschaftler bestimmt" (1994, 16). Beschreibbar sind Diskurse über Begriffs- und Aussagenetze, sowohl innerhalb eines Textes als auch innerhalb mehrerer Texte (1994, 22f.), „über Text(...)grenzen hinweg" (1994, 27). Als Beispiel geben die Autoren Dramen von Grabbe, in denen der Nationbegriff der Napoleon-Zeit bereits teilweise vorhanden, aber sprachlich anders realisiert ist (1994, 19-22). Nach Busse/Teubert (1994) sind oft Leitbegriffe für Diskurse charakteristisch; aber auch Eigennamen bekannt gewordener Personen können derartige Funktion haben.

Episodisches Wissen, das anhand von Textthemen erworben wurde, kann um stilistischer Wirkungen willen an andere Textthemen HERANGETRAGEN werden: Zu der Zeit, als die Scheidung von Tennisstar Boris Becker und seiner Frau Barbara die Regenbogenpresse beschäftigte, fand sich in der „Neuen Welt" (2/2001, 5) eine ganze Seite zu diesem Thema, u.a. ein Artikel mit dem Titel *Boris & Babs ... und die Kinder weinen sich in den Schlaf*, reichlich mit Fotos aus glücklichen Tagen garniert. Darin heißt es u.a.:

(25) *Babs hat gezeigt, dass sie wie eine Löwin um ihre Kinder kämpft: Wäre sie sonst nach Florida geflüchtet, wo Familienrichter oft zugunsten der Mutter entscheiden? Nun demonstriert Boris mit der Forderung auf Rückgabe der Söhne seine Macht.*

Erinnerungen an den kubanischen Jungen Elian (6) werden wach: Monatelang tobte der Sorgerechtskrieg zwischen den amerikanischen Verwandten und dem auf Kuba lebenden Vater. Am Ende erzwang er die Herausgabe des Kindes mit Hilfe der Polizei.

Steht Noah und Elias ein ähnliches Schicksal bevor? (...)

(...) Es ist eine Schande! Unschuldige Kinder weinen sich in den Schlaf, weil die Eltern ihren schmutzigen Scheidungskrieg führen. Kinderseelen sind zerbrechlicher als Glas!

Hier wird (angezeigt mit *Erinnerungen an*) mit einem ganzen Absatz ein früheres Thema eines Kampfes von Verwandten um ein Kind HERANGETRAGEN, ein Diskurs, der etliche Zeit die Medien beschäftigt hatte, ebenso werden KONTRASTIEREND alte Fotos der Familie Becker an das aktuelle Thema HERANGETRAGEN und es wird mit sprachlichen Formeln gearbeitet, mit denen Bewertungen HERANGETRAGEN werden (vgl. Sandig 1979): *Es ist eine Schande!* (Interpretationsstereotyp nach Feilke 1989), ebenso mit Formeln, die zu klischeehaften Bildern geworden sind: *kämpft wie eine Löwin, demonstriert seine Macht, schmutziger (Scheidungs)Krieg*, und schließlich die letzte Äußerung des Artikels: *Kinderseelen sind zerbrechlicher als Glas!* (Themenstereotyp nach Feilke 1989). Außerdem wird mit rhetorischen Fragen gearbeitet, die den Lesern INTENSIVIEREND nahe legen, dass es so ist. Mit diesen Diskurs-Mitteln wird ein zur Zeit der Publikation aktuelles Thema (Diskurs) expandiert, obwohl nichts Neues mitgeteilt wird. Die Akteure

5.4 Merkmalsausprägungen: Thema

werden auf diese Weise dem Publikum ‚nahegebracht', natürlich auch durch die inoffiziellen Personennamen *Boris* und *Babs*, wobei die Art der Verknüpfung der Namen in der Titelformulierung *Boris & Babs* die relative Festigkeit des Themas zu dieser Zeit anzeigt. Durch die Art der Themengestaltung wird das Thema (Diskurs) bei den Lesern aktuell gehalten. Vgl. auch Weber (1995) über die „Nachrichtenkonstruktion im Boulevardmedium" bezüglich der österreichischen „Kronen Zeitung".

Eine ganz andere Nutzung eines Diskurses zeigt die folgende Werbung (als Teil einer Werbekampagne, Frühjahr 1997):

Abb. 5.4–5 Auf die Bank! (Werbung)

Hier geht es um eine Führungskrise in einem Saarbrücker Fußballverein, der die Vereinsfarben blau und schwarz trägt. Eingemischt in diese Mustermischung ist die spielerische ‚Ansprache' von Adressaten; dadurch kann in ‚heiterer' Interaktionsmodalität, wie sie zu Werbung paßt, AUFGEFORDERT werden: aber hier das Präsidium stellvertretend für die Werbeadressaten, d.h. der propositionale Akt ist verändert. In diesem Rahmen wird das eigentliche

Werbethema ‚Sofa' (*gut gepolstert, Bank*) ausgetauscht durch einen Ausdruck aus dem Fußballframe, der ebenfalls ein ‚Sitzmöbel für mehrere Personen' bezeichnet.

Auch der Slogan einer Zigarettenmarke *Der Geschmack von Freiheit und Abenteuer* enthält ein herangetragenes Thema, das auch bildlich über Aspekte des Cowboy-Lebens in Werbeplakaten und Werbespots entfaltet wird. Bei Werbefilmen wird dieses Thema zum Hauptthema, das eigentliche Thema der Zigarettenwerbung zum Unterthema, aber als ‚das Wichtigste am Schluss'.

Eine Skala der Verwendungen typischer Themen kann so konstruiert werden:

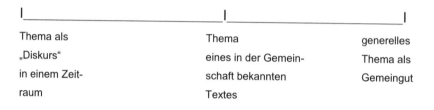

Thema als „Diskurs" in einem Zeitraum	Thema eines in der Gemeinschaft bekannten Textes	generelles Thema als Gemeingut

Abb. 5.4–6 Skala der Verwendung typischer Themen

5.4.2.4 Relation Hauptthema – Unterthema – Nebenthema

Lötscher (1987, 146) folgt der Grundannahme, „dass auch in komplexen Texten als Ganzes ein thematischer Zusammenhang zwischen den Teilen besteht", d.h. interpretierend konstruiert werden kann. – Im Rahmen der Textfunktion geht es darum, was Hauptthema ist, in welchen Unterthemen es realisiert wird (vgl. Linke/Nussbaumer/Portmann ⁴1994, 237f.: „Subthemen") und was das bzw. die Nebenthemen (vgl. ebda.) sind. Es muss betont werden, dass gerade bei komplexeren Texten verschiedene Rezipierende zu unterschiedlichen Zuordnungen kommen können.

Schröder (1998, 131) betont den „thematischen Zusammenhang von Text und Teiltext", und dass „Themen genauso wie sprachliche Handlungen selber in einem indem-Zusammenhang stehen". D.h. wir können annehmen, dass wir es im Falle von (deutlich gemachten) Teiltexten auch mit Teilhandlungen und Teilthemen zu tun haben. Die Stilistik nützt jedoch auch noch andere Verhältnisse.

Als Beispiel eine Glosse aus der „Zeit" (13.7.2000, 1):

(26) *Gefehlt*
Auch das noch: Der bayerische Familienminister und stellvertretende CSU-Vorsitzende, 56 Jahre alt, verheiratet, drei Kinder, hat ein außereheliches Verhältnis! Ja, dieser

5.4 Merkmalsausprägungen: Thema 349

> *erzkatholische Kämpfer für Sittlichkeit und Anstand, der noch vor zwei Jahren publikumswirksam gegen die **Arabella**-Talkshow zu Felde zog, weil in ihr am hellichten Nachmittag dargelegt worden sei, „wie das mit dem flotten Dreier funktioniert".*
>
> *Im Lande Getuschel, Schlagzeilen, Rücktrittsforderungen. Über den Geliebten weiß die Münchner **Abendzeitung** zu berichten, er sei „niederbayerischer Autohändler". Aber wer kann beschwören, dass es nicht einer jener „importierten Lustknaben" ist, von denen Bischof Dyba dieser Tage warnend sprach?*
>
> *Schon sorgt sich die **Süddeutsche Zeitung** ob der öffentlichen Strenge. Mit dem Sündigen und Beichten sei es vorbei: „Bayern wird protestantisch".*
>
> *Weit gefehlt! Herzhaftes Nebenher hat deutsche Politiker kaum je ihr Amt gekostet, unabhängig von Partei, Region und Konfession. Für die Erregung ausgerechnet jetzt gibt es eine ganz einfache Erklärung: Minister Stamm ist eine Frau.*
>
> ULRICH STOCK

Absatzweise werden hier die Teilthemen als Unterthemen rezipiert:
1. ‚Inkonsequentes Handeln des bayerischen Familienministers' (*außereheliches Verhältnis*: erste Interpretation von *Gefehlt*)
2. ‚Homosexualität (dieses Familienministers) vs. Katholizismus' (Steigerung)
3. ‚Religionsstrenge ist gefährdet' (nochmalige Steigerung)

Übergreifendes Nebenthema dieser drei Absätze ist:

1.-3. ‚Katholizismus in Bayern'

Der 4. Absatz beginnt mit *Weit gefehlt!*. Damit wird eine neue Interpretation von *Gefehlt* eingeleitet, auch eine Reinterpretation des Textthemas:

4. a) außereheliche Verhältnisse bei Politikern (als Generalisierung)
   b) als Pointe am Ende: *Minister Stamm ist eine Frau.*

Dies macht eine Reinterpretation bezüglich des hauptsächlichen Textreferenten notwendig und infolgedessen der ersten Hälfte des zweiten Absatzes. D.h. das Thema wurde bislang ‚unernst' entfaltet (s. Interaktionsmodalität). Von hier aus fällt ein Licht auf Elemente des Textes, die bisher nicht im Fokus der Aufmerksamkeit lagen: *Auch das noch:* als EMOTIONALISIERTE Negativbewertung im Kontext etlicher ähnlicher/vorangegangener Bewertungen (aber welcher?), *Schlagzeilen, die Münchner **Abendzeitung**, die **Süddeutsche Zeitung**, Erregung*. Auf dieser Grundlage ist das Hauptthema etwa Folgendes: ‚die Reaktion der Öffentlichkeit, besonders der Presse, auf eine private Affäre einer öffentlich tätigen Frau (im Unterschied zu Männern in öffentlichen Positionen)'. Dieses ernste Thema wird ‚unernst' mit etlichen Teilthemen entfaltet: Als Nebenthemen stellen sich im Nachhinein heraus: die Themen von Absatz 2 und 3 (‚Katholizismus und Religionsstrenge'), ebenso die Auskunft über *den Geliebten* (erste Hälfte von Absatz 2).

Für stilistisch nicht besonders ausgearbeitete Texte hat man sich für die „Haupt- oder Zielinformation" „eine informationelle Gesamtgestalt" vorzustellen, die sich als Vordergrund von der „Restinformation" als Hintergrund abhebt, ein „Gestaltprofil" bildet (vgl. Konerding 1999, 156). Die „Restinformation" ist weiter zu unterscheiden in weiterführende „Nebeninformation" und in „subsidiäre Informationen", die syntaktisch indiziert werden durch „adnominale oder adverbiale Modifikatoren", d.h. durch Attribute oder adverbiale „Angaben" (vgl. Konerding 1999, 156). Dagegen wird die Hauptinformation durch die tragenden syntaktischen Strukturen mit ihren lexikalischen Besetzungen ausgedrückt; dabei wird auf semantisches Schemawissen zurückgegriffen, wie Konerding (1999, 158-160) überzeugend nachweist. Während bei Konerding davon ausgegangen wird, dass die sprachliche Form der Äußerungen verlässliche Interpretationshinweise gibt, ist dies im Rahmen stilistisch ‚besonderer' GESTALTUNG gerade oft nicht der Fall, wie das Beispiel gezeigt hat.

Die stilistisch relevante Frage ist: Wie passen die Teilthemen im Rahmen der Textfunktion zusammen? Nach Brinker (^{5}2001): (Wie) sind sie von einander ableitbar? (Ableitbarkeitsprinzip). In dem an die Shoah ERINNERNDEN Text (Abb. 5.3–12) ist die Erzählung als Subthema eine Konkretisierung des allgemeinen Themas ‚Judenverfolgung' (als Diskurs) und die Biografie des Erzählers mit den Fotos KONKRETISIERT ebenfalls, jedoch auf andere Weise: eine typische Situation und ein typischer Lebenslauf des Erzählenden. Die Anzeige dient auch dazu, den Diskurs weiterzuführen, das Diskursthema ERINNERND wach zu halten.

Die folgende Sprachglosse Nr. 19 (aus: Die Zeit, 12.5.1999, 4) von Dieter E. Zimmer weist mehrere Abstraktionsgrade eines Themas auf:

(27) **Dieter E. Zimmer (19)**
Auf den Balkan würden „Soldatinnen und Soldaten" geschickt, sprach der Verteidigungsminister, und das ist nicht nur korrekt, sondern unumgänglich, hat man sich einmal verboten, die unmovierte Grundform der Berufsbezeichnungen unabhängig von ihrem grammatischen Geschlecht für jene zu halten, die alle meint, Frauen wie Männer, so wie das in weniger erleuchteten Zeiten geschah. Aber wieso eigentlich die **Soldatinnen** *zuerst, die doch gar nicht in der Überzahl sind? Ist das nicht ein Rückfall in ebenjene unerleuchteten Zeiten, als die Männer den Frauen ihre Missachtung bekundeten, indem sie ihnen den Vortritt ließen? Und wenn es um Gleichheit bis in die Sprache geht – wie verträgt sich die mit dem Satz, es würden „Kinder oder Frauen" bevorzugt ausgeflogen? Zählt also die Flüchtlingsnot eines Mannes weniger? Und wie ist es hiermit: „Man darf im Europa des beginnenden 20. Jahrhunderts nicht zulassen, dass Menschen nur deshalb umgebracht werden, weil sie einer anderen Volksgruppe angehören."* **Nur?** *Aus anderen Gründen dürften sie also? Die korrekte Sprache ist eine schwere Sprache. Dauernd sagt sie nebenbei etwas, was man gar nicht sagen wollte.*

5.4 Merkmalsausprägungen: Thema

Es geht thematisch um ‚die Schwierigkeit korrekten Sprachgebrauchs‘: *Die korrekte Sprache ist eine schwere Sprache*. Dieses Thema wird erst am Ende des Textes verbalisiert (vgl. Kap. 5.4.2b); KONKRETISIERT wird es anhand von *Gleichheit* oder besser ‚Gleichbehandlung‘ von Personen im sprachlichen Ausdruck und hier einerseits von Männern und Frauen und andererseits von Menschen im Krieg (hier speziell dem Krieg im Kosovo mit NATO-Einsatz im Frühjahr 1999: „Zeitpragmatik" des Textes nach Nord 1988). Dieses letzte Thema durchzieht fast den gesamten Text; mit ihm beginnt der Autor (als Unterthema) und alle Beispielfälle (als weitere Unterthemen) sind darauf bezogen. Zu Beginn der Lektüre nimmt man jedoch zunächst an, dies sei das Hauptthema des Textes, wenn man nicht durch den Ort der Präsentation (Glosse von D.E. Zimmer unter der Rubrik „Zeitspiegel") bereits vermuten kann, dass es eine Sprachglosse ist. Mit dem Unterthema Kosovo-Krieg bezieht der Autor seine Sprachkritik auf die aktuelle Situation; mit dem lange parallel damit laufenden Thema ‚sprachliche Gleichbehandlung von Frauen und Männern‘ lässt er zunächst ein Thema feministischer Sprachkritik dominieren, dann jedoch stellt es sich als Nebenthema heraus – mit einer Perspektive, die sich von der feministischen unterscheidet, deshalb die Ironie der *weniger erleuchteten Zeiten*.

Lötscher schreibt (1987, 23): „Wir können als Thema (...) den inhaltlich-sachlichen Aspekt am Handlungsziel einer sprachlichen Kommunikation verstehen, dasjenige Objekt im Fokus, das direkt im Handlungsziel enthalten und von den zum Handlungsziel führenden Handlungen betroffen ist." Demgemäß werden mit diesem Text mehrere Handlungsziele verfolgt: für korrekte, sprachlogische Sprachverwendung zu ARGUMENTIEREN, dies durch die spezielleren Themen zu EXEMPLIFIZIEREN und hierdurch zu AKTUALISIEREN und die Bevorzugung von Frauen (auch in der Sprache) zu PROBLEMATISIEREN. Vgl. auch Lötscher (1987, 33), wonach „verschiedene Handlungsziele sich überdecken und kombinieren können".

Die Beispiele zeigen, dass bezüglich Haupt-, Unter- und Nebenthemen in stilistisch ‚interessanten‘ Texten oft im Laufe der Rezeption Uminterpretationen nötig werden. Deshalb dürfte eine relevante Skala Grade der Festigkeit bei der Interpretation erfassen.

5.4.2.5 Vordergründige/hintergründige Themen

Brinkers drei Prinzipien können hier methodisch genutzt werden (Brinker ^{5}2001, Kap. 3.4.4.1):

1. Das Wiederaufnahmeprinzip: Ein Wiederaufnahme-Ausdruck in einer Äußerungssequenz bezieht sich auf einen Bezugsausdruck zurück, der die Referenz herstellt. Dabei sind vollständige Referenzidentität als „explizite Wiederaufnahme" und partielle Referenzidentität oder über sprachliches und

kulturelles Wissen vermittelte Beziehungen als „implizite Wiederaufnahme" zu unterscheiden. Diejenigen Gegenstände (im weiten Sinn), auf die am häufigsten wiederaufnehmend Bezug genommen wird, sind möglicherweise zentral für das Thema.

2. Das Ableitbarkeitsprinzip: Dabei wird die Frage nach der internen Logik bei der Beziehung mehrerer Teilthemen gestellt. Über Brinker hinausgehend sind hier die Elemente der genutzten und relationierten Frames wichtig. Dies führt zur Beantwortung der Frage: Gibt es ein Hauptthema und Unter- bzw. Nebenthemen?

3. Das Kompatibilitätsprinzip: Hier wird danach gefragt, wie sich das Thema mit der Textfunktion verträgt. Dieses Prinzip ist gemäß der Zentralität der Textfunktion (Kap. 5.1) das entscheidende Prinzip für die Herausarbeitung des Themas.

Ein Beispiel (aus: Rhein-Neckar-Zeitung, 10.2.2000, 1):

(28) *Die Ecke:*

Lüge & Feigenblatt

Mit der Lüge an sich lassen sich ganze Bibliotheken füllen. Angefangen von Adenauers Dreisatz über die einfache, die reine und die lautere Wahrheit – bis zur Lüge als „Dummheit" eines Roland Koch. Vielleicht hat jener nur gelogen, um der Wahrheit zum Endsieg zu verhelfen – die Lüge als Großtat. Die „parfümierte Wahrheit", die den Angstgeruch verbirgt, stellt spät, aber immerhin, die geistig-moralische Sinnfrage. Apropos: Es fragte uns ein Leser am Telefon, der nicht wusste, ob er mehr den Überbringern der schlechten Nachrichten oder seiner Partei zürnen soll: Haben Sie noch nie gelogen? Doch. Wie sagte ein großer Geist: „Lüge ist wie Mord, sie tötet einen Teil der Wirklichkeit". Aber wahr ist auch: Sie ist wie ein gnädiges Feigenblatt, ohne das wir Vertriebene aus dem Paradies der Lauterkeit oft splitternackt dastehen würden.

Der „Kern des Textinhalts" ist – folgt man dem Titel und der Einleitung – *die Lüge* bzw. *das Lügen* mit Gegenbegriffen wie *(lautere) Wahrheit* oder kontextueller Synonymie wie *„parfümierte Wahrheit"*. Auf *(die) Lüge* wird sechsmal referiert, davon fünfmal mit dem Lexem *Lüge* und einmal pronominal. Dazu kommen vier Referenzen auf *(lautere/parfümierte) Wahrheit* bzw. *Lauterkeit*. Von der Wiederaufnahmestruktur her wird also bestätigt, dass *Lüge (und Wahrheit)* das Thema ist.

Es gibt auch die Referenzen auf *Adenauer* und seinen Parteikollegen *Roland Koch*, der selbst seine öffentlich gewordene Lüge im Zusammenhang mit der Aufklärung des Parteispendenskandals der CDU von 1999/2000 als *Dummheit* bezeichnet hatte, worauf hier hingewiesen wird. Auf Roland Koch wird explizit wiederaufnehmend mit *jener* referiert, wobei der Autor mit dieser Form der Wiederaufnahme (im Vergleich zum schlichten Pronomen *er*) eine ‚distanzierende' Haltung zu dieser Person ausdrückt. Mit *die geistig-moralische Sinnfrage* wird anspielend referiert auf den Ausspruch und Anspruch von Helmut Kohl als neuer Bundeskanzler im Jahre 1982, die

5.4 Merkmalsausprägungen: Thema

„geistig-moralische Wende" einzuleiten: am Beginn einer CDU-Regierung nach einer Phase von SPD-Regierungen. Implizit (nach Brinker) wird schließlich mit *seiner Partei* die Referenz auf (die bisher nur mitgemeinte) CDU wieder aufgenommen. D.h. wir haben es hier mit einem zusätzlichen Strang von impliziten Wiederaufnahmen zu tun, der aber eher verdeckt gehalten wird.

Nur die Referenz auf Roland Koch wird explizit – distanzierend allerdings – wieder aufgenommen; die anderen Wiederaufnahmen sind indirekte („implizite") Wiederaufnahmen bei der Referenz auf CDU. Nach dem Ableitbarkeitsprinzip ist Roland Kochs Lüge ein Nebenthema zum Hauptthema *die Lüge (an sich)* und mit diesem Nebenthema verbindet sich ein anderes: ‚Politiker und ihr Verhältnis zu Wahrheit und Lüge'. Auf eine gigantische und viel erheblichere Politiker-Lüge wird dabei angespielt mit den Prädikationen *Endsieg* und *Großtat*, die zum Vokabular des 3. Reiches im 2. Weltkrieg zählen.

Geht man nun gemäß dem Kompatibilitätsprinzip von der Textfunktion aus, ergibt sich ein anderes Bild: Der Anlass für die Reflexion über die Lüge allgemein ist Roland Kochs Lüge: Sie ist es, die zum Zeitpunkt der Veröffentlichung dieser Glosse interessiert. Warum nun wird dies verdeckt durch *die Lüge an sich* und warum wird im zweiten Teil des Textes auf den menschlichen Aspekt des Lügens (*Haben Sie noch nie gelogen?*) eingegangen? Weshalb bezieht der Verfasser oder die Verfasserin schließlich die Leser und sich selbst mit ein: *wir Vertriebene aus dem Paradies*?

Man muss davon ausgehen, dass zum Zeitpunkt dieser Glosse die Verunsicherung unter CDU-Wählern groß war (*ein Leser..., der nicht wusste, ob er ... seiner Partei zürnen soll*). Ein Glossieren der aktuellen Politiker-Lüge musste deshalb vorsichtig geschehen und so, dass nicht ein großer Teil der Leserschaft der Zeitung verprellt wurde. Es geschieht hier durch die Überdeckung des eigentlichen Themas ‚Roland Kochs Lüge' durch das generellere der Politikerlüge und dies wiederum durch ein noch generelleres Thema, das am Ende versöhnlich ins Allgemeine (*ein großer Geist* wird zitiert) und Allgemeinmenschliche gebogen wird.

Es ist deshalb für die Stilistik ratsam, ein vordergründiges Thema, hier *Lüge (und Wahrheit)* von einem hintergründigen Thema zu unterscheiden: Vordergründig ist dasjenige Thema, das sich klar herausinterpretieren lässt, hintergründig dasjenige, das darüber hinaus mehr Interpretationsarbeit erfordert und sich nicht sofort nahe legt. Dabei kann je nach Fall das vordergründige Thema das Hauptthema sein und das hintergründige das Nebenthema; es kann aber auch wie hier das Verhältnis umgekehrt sein, z.B. zum Zweck der Beziehungsgestaltung hier zwischen Zeitung und Lesern.

5.4.2.6 Thematische Irreführung

Thematische Irreführung ist ein Sonderfall der Sequenzierung des Themas. Das zunächst vermutete Thema ist nicht das Thema des Textes. Werbung arbeitet gern mit Aufhängern, die zunächst ein anderes Thema als das gemeinte vermuten lassen. Dies kann durch die Wahl einer Werbeschlagzeile geschehen. Werbung nutzt auch das Herantragen von Themen vielfach, z.B. für Catch-Visuals. So hat im Februar 2000, als die Debatte über den Erfolg des Nationalisten Jörg Haider in Österreich aktuell war, die Reisegesellschaft tiss.com folgendermaßen geworben: Über die ganze Seite der Werbeanzeige ging ein farbiges Bild von Haider, der mit Rednermimik gezeigt wurde, wobei diese Mimik in Zügen der von Hitler ähnlich war. Die Werbeschlagzeile ging etwas unterhalb der Mitte quer über das Bild: *Für alle, die jetzt keine Lust mehr auf Skiurlaub in Österreich haben*: Es folgen drei Angebote für USA und außer dem Firmenlogo der Slogan: *Die günstigsten Linienflüge in alle Welt online.*

Gerade Bilder werden in Sprache-Bild-Texten dazu genutzt, als Catch-Visuals auf den ersten Blick ein anderes Thema annehmen zu lassen: Das farbige Foto auf einem Werbeplakat im Sommer 2001 zeigte eine Haltestelle der Straßenbahn *Saarbahn* in Saarbrücken mit deren typischer Anzeigetafel für Abfahrtszeiten und Zielorte:

(29) *Siedlerheim in 6 Min*
Siedlerheim in 12 Min
Siedlerheim in 18 Min
Aktueller Bericht 19[30]

Nachdem man sich bereits darüber gewundert hat, dass statt des üblichen 7-Minuten-Taktes hier je 6 Minuten angezeigt werden, entdeckt man erst nach der Rezeption der letzten Zeile, dass nicht das *S*-Logo der Saarbahn zu finden ist, sondern das *SR*-Logo des Saarländischen Rundfunks. – Ein zweites Werbe-Beispiel entnehme ich J. Meier (2000), Abb. 5.4-7.

Hier wird wie beim vorherigen Beispiel die Textfunktion WERBEN erhalten, nur das Thema ist verschoben. Statt für das Haarwaschmittel *Schauma* wird für den Kultur-Fernsehsender *arte* geworben. Dies geschieht, indem das Haarwaschmittel-Bild mit zugehörigem Kassenzettel dominiert; im Text selbst werden typische Werbeprädikationen auf das Thema Fernsehprogramm mustermischend angewendet.

Es ist auch möglich, ein Thema anzuschneiden und danach erst den eigentlichen thematischen Kontext dazu zu geben. Dadurch entsteht eine mehrfache Interpretation. Dies geschieht auf der folgenden Postkarte (Carl-Auer-Systeme Verlag, Heidelberg), Abb. 5.4-8.

5.4 Merkmalsausprägungen: Thema

Abb. 5.4–7 Thematische Irreführung (Werbung)

• • • • • • • • • • • • • • •
In Frauenzimmern hängt man am besten Mannsbilder auf!

Carl Auer im Gespräch mit einer
feministischen Familientherapeutin
zum Thema „Schöner Wohnen", Heidelberg 1988.

Abb. 5.4–8 Thematische Irreführung (Postkarte)

In der oberen Hälfte der Postkarte sorgt die Größe dieser zwar schmalen aber fetten serifenlosen Antiqua-Schrift für die nötige Salienz: Sie wird durch dieses HERVORHEBEN auf jeden Fall zuerst wahrgenommen. Die Äußerung ist provokativ, indem die bewerteten Substantive *Frauenzimmer* ‚negativ bewertete Frau' und *Mannsbild* ‚positiv bewerteter Mann' mit einander kombiniert werden, als Bewertungsrichtungen, die in der traditionellen Kultur geläufig sind. *Aufhängen* wird im Kontext von *-bilder* disambiguiert; es hat aber zugleich eine Mitbedeutung von ‚Aufhängen von Menschen', also etwa: ‚Wenn eine Frau ein negativ bewertetes „Frauenzimmer" ist, dann erhängt sie in ihrem Kopf am besten die positiv bewerteten Mannsbilder (und befreit sich so von traditionellen Wertungen)'.

Im Kontext nun des Themas *Schöner Wohnen*, das man erst nach derartigen Interpretationen wahrnimmt, erhält die Äußerung noch eine ganz andere Bedeutung, die fest gewordenen Metonymien werden aufgelöst und wörtlich interpretiert: ‚In Zimmern von Frauen hängt man am besten Bilder von Männern auf – um „schöner zu wohnen"'. Aufgrund der Art der thematischen Irreführung darf man auf ‚unernste' Interaktionsmodalität schließen. Alles zusammen soll wohl das Thema sein, erst die ‚Irreführung', dann die ‚Auflösung'. Daneben stellt sich Carl Auer, der Verleger von Büchern u.a. mit psychotherapeutischen Themen, selbst als ein ‚gewitzter' usw. Gesprächspartner dar – vielleicht ist das Gespräch, von dem auf der Vorderseite der Karte die Rede ist, auch nur erfunden, das Ganze ein Werbegag für den Carl-Auer-Systeme Verlag.

Eine Skala bezüglich des Erkennens thematischer Irreführung kann so dargestellt werden, dass der relative Ort des thematischen Umschwungs bei der Rezeption wichtig ist:

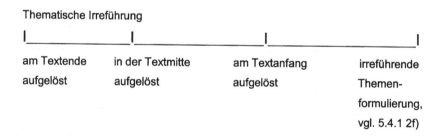

Abb. 5.4–9 Skala: Thematische Irreführung

Aus den Darstellungen geht hervor, dass wir bei Thema nicht eine einzige Skala konstruieren können, sondern es ist eine Reihe von Untermerkmalen anzunehmen, die jeweils in sich skaliert sind.

5.4.2.7 Art der Themenentfaltung

Bei Brinker (⁵2001, Kap. 3.5) werden drei „Grundformen thematischer Entfaltung" als unterschiedliche Arten der „gedanklichen Ausführung des Themas" (Brinker ⁵2001, 61) unterschieden: die deskriptive, die explikative (logisch ableitende) und die argumentative. Dabei ist die „narrative" Themenentfaltung ebenso unter die deskriptive subsumiert wie die bewertende; Letzterem ist zuzustimmen, zumal Beschreiben und Bewerten nicht sauber zu trennen sind. In Brinker/Antos/Heinemann/Sager (Hrsg. 2000, 356ff.) wird stattdessen der Terminus *Vertextungsmuster* verwendet, wobei auch Narration als eigenes Muster aufgeführt ist (Gülich/Hausendorf 2000). Denn narrative Themenentfaltung hat ihre eigene charakteristische Struktur: Sie liegt begründet in der Darstellung eines Geschehens

– aus einer Perspektive (Teilnehmer, Beobachter oder generalisierter Anderer, nach Quasthoff 1980);
– in der Nachbildung der Reihenfolge der Geschehnisse (Ordo naturalis), mit Detaillierungen und direkter Rede;
– mit einer Pointe oder einer überraschenden Wendung („Planbruch" nach Quasthoff 1980) bzw. einem besonderen „Sinn" (Gabriele Michel 1985, 35) und damit verbunden:
– mit einer Wertung, die auch eine emotionale Wertung sein kann.
– Narrative Themenentfaltung zielt auf das Teilen der Bewertung(en) unter den Beteiligten.

Ergänzt werden müssen diese Arten der Themenentfaltung mindestens auch um folgende Typen: Dialogische Themenentfaltung (vgl. Kap. 4.2.4: DIALOGISIEREN) und ‚unernste' Themenentfaltung, vgl. ‚unernste' Interaktionsmodalität. Vgl. dazu Formen thematischer Irreführung wie Abb. 5.4–8 oder das Beispiel *Die Kalenderin* (Abb. 4.3–2) und generell gewisse Verwendungen des HERSTELLENs von Zusammenhängen (Kap. 4.3.3). Die Arten der Themenentfaltung können, wie der Zusammenhang mit dem DIALOGISIEREN zeigt, durchaus auch als stilistische Handlungsmuster gesehen werden, jedenfalls dann, wenn sie alternative Durchführungen bilden. Zu weiteren Arten der Themenentfaltung s. Abb. 5.4–12.

In Texten werden oft mehrere Typen von Themenentfaltung gemischt. Als Beispiel ein Text, der auch in anderen Zusammenhängen beschrieben wird (aus: Die Zeit, 25.5.2000, 1):

(30) *Luxus*
Nach dem Besuch im Supermarkt den Einkaufswagen mit der Münze nicht zur Kasse zurückschieben, sondern auf dem Parkplatz stehen lassen. Ganz souverän ins Auto steigen, langsam davonfahren, in den Rückspiegel gucken: wie sie da plötzlich alle angerannt kommen. Das ist bestes Pay-TV, für eine Mark.

Oder von Pfandflaschen zu Dosen wechseln. Und dann zack, zack, ab in die graue Tonne. Mit Batterien, Nudelresten, Jogurtbechern. Mal loslassen. Wie gut das tut.

Oder Bahnfahrkarten im Zug lösen. Den Schaffner umständlich hantieren sehen mit dem Ticketmaschinchen. Ihm einen großen Schein geben. Sein Stirnrunzeln, sein erfolgloses Rühren im Portemonnaie, sein Verschwinden. Den Geiz, den Neid der Mitreisenden auskosten. Die sich eine halbe Stunde vor dem Schalter ärgern, statt im Abteil fünf Mark mehr zu bezahlen. Die noch nie in aller Ruhe eine Banane gegessen haben, während sie ihr Wechselgeld gerne erwarten.

Die Einkaufswagenzurückschieber, Gelbesackbenutzer und Amschalterbezahler, die sind völlig in Ordnung. Aber sie sind unfähig zum Genuss. Eher bringen sie ihr Geld an der Börse durch, als sich jeden Tag einen kleinen Luxus zu erlauben.

ULRICH STOCK

Der erste und der dritte Absatz sind „narrativ" entfaltet und zwar nicht als Beschreibung eines singulären Ereignisses (Quasthoff 1980), sondern mit einer Spielart des Erzählens, die mit Schwitalla (1991) „Illustrieren" heißt: Hier wird wiederkehrendes, wiederholtes Erleben perspektivisch, schrittweise, detaillierend und wertend mitgeteilt.

Im ersten Absatz des Textes werden wertend detaillierend und nacheinander die Stationen des hier als wiederholbar dargestellten Ereignisses mitgeteilt. Die überraschende Wendung wird eingeleitet mit dem Doppelpunkt und dem Stilwechsel von den wiederholten Infinitiven zum Ausrufesatz. Die wertende Interpretation, die sich anschließt, bringt eine ganz andere Thematik ein: *Pay-TV* und verbindet dies mit dem damals üblichen Pfand von einer Mark für den Gebrauch eines Einkaufswagens im Supermarkt. Hier werden zwei unerwartete Wendungen (s. Kap. 5.9.4.1) vollzogen: vom Supermarktframe zum Pay-TV-Frame und zu einer unerwarteten Verbindung beider. Diese doppelte Pointe, die sich an die Erzählung wertend (*das ist bestes Pay-TV*) anschließt, entspricht einer ‚unernsten' Themenentfaltung: Hier gibt es thematische Sprünge, unerwartete Zusammenhänge werden hergestellt. Dasselbe gilt schon für den Textbeginn: *Luxus. Nach dem Besuch im Supermarkt...* D.h. die Interpretation der dargestellten Episoden als *Luxus* gehört auch zur ‚unernsten' Themenentfaltung.

Auch der dritte Absatz zeigt illustrierende narrative Themenentfaltung, hier zunächst als Sequenz von der Orientierung (*Bahnfahrkarten im Zug lösen*) bis *sein Verschwinden*. Mit *Den Geiz, den Neid der Mitreisenden auskosten* wird die Wendung zu einem neuen Aspekt der Episode hergestellt und der Sinn markiert. Der Stilwechsel von den wiederholten Infinitiven zu zwei zweiteiligen Relativsätzen arbeitet diesen Aspekt detaillierend und emotional wertend weiter aus.

Die ‚unernste' Themenentfaltung zeigt sich weiter an dem generellen Stilwechsel im 4. Absatz zu Formen des FROTZELNs (*Einkaufswagenzu-*

rückschieber usw.) und dem Doppelsinn von *sind völlig in Ordnung* als ‚sind völlig positiv zu bewerten' und als ‚sind geradezu Sklaven der Ordnung' o.Ä. Auch die letzte Äußerung bringt thematische Sprünge von *unfähig zum Genuss* zu *bringen sie ihr Geld an der Börse* durch und *sich jeden Tag einen kleinen Luxus zu erlauben*. Beide Äußerungsteile sind durch ein emotional wertendes Satzmuster verknüpft: *Eher x-t jemand, als (dass) er y-t* nach dem Modell: *Eher geht ein Kamel durch ein Nadelöhr, als ...* Im ersten Teil des Satzmusters wird hyperbolisch etwas behauptet, so dass der Inhalt des zweiten Teils als vollkommen unmöglich, negiert erscheint.

Was „Art der gedanklichen Ausführung des Themas" (Brinker ^{5}2001) bedeutet, lässt sich am Vergleich zweier Werbeanzeigen der Britischen Zentrale für Fremdenverkehr demonstrieren: Abb. 5.4–10 und 5.4–11. Verwendet wird dasselbe farbige Bild, im ersten Fall (Zeitmagazin, 4.2. 1994, 4/5) nimmt es etwas mehr als zwei Drittel der Seite ein, im zweiten Fall (Zeitmagazin, 19.1.1996, 4/5) wie in einem Rahmen oder als geöffnetes Fenster nur die Hälfte der Seite. Das Bild zeigt, wie der ersten Anzeige zu entnehmen ist, Dunnottar Castle in Schottland und links oben auf einer Anhöhe ein Paar, das die Aussicht auf Burg und Meer genießt. Die erste Anzeige ist ergänzt durch eine stilisierte Landkarte, die die Fährverbindungen zwischen England und dem Festland darstellt, und durch eine Bildunterschrift mit einer Aufzählung der Namen der Fährgesellschaften, ergänzt durch *heißen Sie welcome*. Die thematische Entfaltung der ersten Anzeige ist narrativ, in einer feinen, zarten Schrift:

(31) *In diesem Urlaub hatten sie sich vorgenommen, Touristenburgen zu meiden.*

Durch Mehrdeutigkeiten (*Touristenburgen*) und wortspielende Verwendungen von Phraseologismen (*hatten die Nase gestrichen voll, ungestört ein Liedchen singen*) und andere Arten von Wortspiel (*Abwehr, angezogen*) wird das Thema zugleich auch ‚unernst' entfaltet. Der zweite Text geht über die halbe Seite hinweg:

(32) *Schon Mary Stuart hat wegen Schottland ihren Kopf verloren. Und Ihnen wird es auch nicht anders ergehen.*

Dabei ist *Schottland* in Weiß mit einem schwarzen Rand geschrieben, während es beim übrigen Text umgekehrt ist. Hier handelt es sich um argumentative Themenentfaltung, wieder in ‚unernster' Interaktionsmodalität. Auch der Slogan hat sich geändert.

(31a) *BRITAIN is GREAT*
(32a) *Schottland. Da sieht die Welt schon anders aus.*

Insgesamt ist die erste Anzeige ‚leiser', ‚vornehmer' und die zweite ‚marktschreierischer', auch durch eine violette Unterlegung der gesamten Anzeige. Der Coupon rechts unten neben dem Text schließlich enthält in beiden Fällen eine den Lesern suggerierte ‚Antwort' (dialogische Themenentfaltung):

Abb. 5.4–10 Themenentfaltung: Werbung Schottland 1

5.4 Merkmalsausprägungen: Thema

Abb. 5.4–11 Themenentfaltung: Werbung Schottland 2

(31a) *Ja, ich möchte auch mal wieder weg von all dem Trubel. Bitte zeigen Sie mir den Weg.*
Name
Straße   PLZ/Ort
Coupon bitte ausschneiden und an BRITISCHE ZENTRALE FÜR FREMDENVER-
KEHR, Postfach, 64850 Schaafheim schicken.

Mit der Bitte an den Adressaten wird der ‚Dialog' wie mit einem „Sprecherwechsel" noch etwas weiter geführt. Der Coupon des späteren Textes nutzt dieselbe Art der Themenentfaltung, ist aber auch hier ‚lauter' formuliert:

(32b) *Das sind ja tolle Aussichten! Jetzt sagen Sie bloß noch, Sie hätten einen super Schottland-Guide und mehr Infos über Britain übrig. Wenn ja, dann her damit* (Name...)
Coupon bitte an: (...), in diesem Fall ergänzt durch oder *Telefon: (...)*

Das folgende Beispiel (aus: Süddeutsche Zeitung, 4./5./6.1.2003) verdanke ich Adi Grewenig:

Die Theorie des Lachsbrötchens

Public Relations für Gründliche: Wie man sein Unternehmen am besten in die Presse bringt

Es gibt Menschen, die verbringen ihre Arbeitszeit damit, Schriftstücke zu verfassen, die ihre Firma, ihren Verband, ihr Museum, ihre politische Partei möglichst positiv darstellen. Diese Schriftstücke schicken sie als Brief, Fax oder E-Mail an Journalisten. Manchmal bitten sie die Journalisten zu sich, weil sie ihnen etwas Wichtiges mitzuteilen haben. Das ist dann eine Pressekonferenz. Und manchmal, wenn die Journalisten der Firma, dem Verband, dem Museum, die politische Partei ganz toll lieb haben sollen, schicken sie Pralinen in die Redaktionen oder reichen Lachsbrötchen zu den Pressekonferenzen oder halten sie in hippen Städten ab und lassen die Journalisten dazu einfliegen. Diese Menschen nennen sich Pressesprecher oder PR-Agenten.

Dann gibt es Menschen, die verbringen ihre Arbeitszeit damit, den vielen Briefen, Faxen, E-Mails und Anrufen von Pressesprechern und PR-Agenten bestmöglich zu entkommen oder sich über selbstbeweihräuchernde Pressemitteilungen zu ärgern oder darüber, dass sich Pressesprecher die wirklich wichtigen und interessanten Informationen nur mühsam entlocken lassen. Oder sie fliegen zu Pressekonferenzen in hippe Städte ein und ... Diese Menschen nennen sich Journalisten.

Und dann gibt es Menschen, die verbringen den Tag damit, die Zweckgemeinschaft oder Hassliebe zwischen PRlern und Journalisten zu verbessern. Dafür haben sie offenbar drei Schachteln. Erst greifen sie in die mit der Aufschrift „Fremdwörter" und holen Begriffe wie „Methodik", „Operative Umsetzung", „Effizienzanalysen" oder „Implementierung" heraus. Dann greifen sie in die Schachtel „Anglizismen und Amerikanismen" und angeln sich „Speaker", „Message", „Proofs", „News", „Sales" oder „Pitch". Und wenn sie in Fahrt kommen, bilden sie aus vielen solchen Wörtern Konstrukte wie AKTION (steht für Analyse, Kontakt, Text, Implementierung, Operative Umsetzung, Nacharbeit) oder SWOT (steht für Strengths, Weaknesses, Opportunities, Threats). Diese Konstrukte werfen sie in die dritte Schachtel und schreiben „Akronyme" drauf. Anschließend basteln sie aus allen Schachtelinhalten ihre Pfeilen, Spiegelstrichen, Kreisen und viel schlauer Theorie einen 160-seitigen Leitfaden. Diesen Ordner plus Handbuch legen sie jedem der 13 Teilnehmer des Seminars „Erfolgreiche Presse- und Öffentlichkeitsarbeit" vor die Nase. Diese Menschen nennen sich PR-Trainer.

Katharina Scheid ist eine von ihnen. Schritt für Schritt, das heißt Seite für Seite, geht sie den dicken Ordner durch. Erzählt, was ethisch verantwortliche Öffentlichkeitsarbeit ist, was PR von Werbung und von Marketing unterscheidet, erklärt die, aus PR-Sicht, Vor- und Nachteile von Zeitungen, Radio, Fernsehen und Internet und die Zwänge, denen Journalisten unterliegen. Und sie betont, dass erfolgreiche Pressearbeit nicht eine Frage von Lachshäppchen ist, sondern von Glaubwürdigkeit. Zwischen den Ordnerkapiteln gibt es Übungen: Mal sollen die Seminaristen Pressemitteilungen schreiben, mal in Gruppenarbeit ein PR-Konzept erstellen und präsentieren, mal einen schlechten Pressetext in gutes Deutsch verwandeln, mal eine Pressekonferenz vorbereiten. Scheid bemüht sich um jedes ihrer Schäfchen. Während Übung B in Vorbereitung ist, korrigiert sie die Ergebnisse von Übung A, erläutert Fehler, fasst zusammen, hakt nach.

Doch beim allem Fleiß und bei aller Umsicht: Der Aktenordner-Leitfaden und das Seminar zu text- und theorielastig, seine praktische Übung zu langatmig. Da mag Scheid noch so viele Beispiele und Anekdoten aus PRler-Kreisen dazwischen schieben – der zweitägige Umblätterrhythmus wird schnell monoton. Zumal wenn Scheid jedes Wort, jeden Satz, jede Grafik analog an die Wand beamt. Vor lauter AKTION und SWOT wird einem schwindlig. Warum nicht die Ordner an die Seminaristen verteilen? Oder ganz weglassen? Eigene Notizen fördern Aufmerksamkeit und Erinnerungsvermögen.

Viola Schenz

— Seminarbewertung —

Thema: Erfolgreiche Presse- und Öffentlichkeitsarbeit
Veranstalter: IIR Deutschland GmbH
Ort: Kirchheim bei München
Referent: Katharina Scheid
Dauer: 2 Tage
Preis: € 1295 (+ MwSt)
Kommentar: Zu viel Text und zu viel Theorie machen das Seminar streckenweise verwirrend. Die praktischen Übungen können diesen Nachteil jedoch kompensieren.

Wissensvermittlung: sehr gut
Problemlösung: befriedigend
Medieneinsatz: gut
Gesamtnote: gut

© Prof. Dr. H. Mandl u. Dr. G. Reinmann-Rothmeier
Eine ausführliche Grafik kann kostenlos bezogen werden bei SZ, Redaktion Beilagen, Sendlinger Str. 8, 80331 München

Verantwortlich: H.-H. Holzamer
Redaktion: Jutta Pilgram

Abb. 5.4–12 Die Theorie des Lachsbrötchens

Zunächst wird das Thema zusätzlich entfaltet in einem separaten Text, der makrotypografisch in den umgebenden Text eingefügt ist: in dem mit *Seminarbewertung* überschriebenen ökonomisch gestalteten Text. Hier spielt die Typografie eine herausragende Rolle. Im unteren Teil ist eine interpretierte Balkengrafik angefügt. Wir haben hier also als weitere Formen thematischer Entfaltung ökonomische Gestaltung, unterstützt durch Typografie, und thematische Entfaltung mittels Grafik.

Die Hauptüberschrift verrätselt, indem sie Elemente inkompatibler Frames zusammenbringt – sie ist erst vom Ende her interpretierbar, oder mit Blick auf den „Kommentar" im Kasten. Der Text selbst beginnt mit drei Absätzen, in denen das Thema GENERALISIEREND und deskriptiv entfaltet wird, dabei unernst durch einen ‚kindlich naiven' Ton (*ganz doll lieb haben, Diese Menschen nennen sich..., drei Schachteln*). Eine ‚unerwartete Wendung' erfolgt am Ende des 3. Absatzes mit *160-seitigen Leitfaden. Diesen Ordner (...) legen sie jedem der 13 Teilnehmer des Seminars (...) vor die Nase.* Auf diesen Wechsel zur Beschreibung von Individuellem folgt der Abschluss analog zu den beiden ersten Absätzen. Der vorletzte Absatz ist – in ‚aktualisierendem' Präsens – narrativ entfaltet, vielleicht soll auch die ‚Wiederholbarkeit' der Veranstaltung dargestellt werden. Die ‚überraschende' Wendung beim Erzählen erfolgt hier nicht mehr in der Erzählung selbst, sondern durch den Wechsel im letzten Absatz zur argumentierenden Themenentfaltung: *Doch bei allem Fleiß (...).* Das Bisherige, vom Beginn des 3. Absatzes an, wird nun zu Argumenten (Z. 100f.): *Vor lauter AKTION* (Z. 50) *und SWOT* (Z. 53) *wird einem schwindlig.* Wie sonst bei argumentierenden Texten auch wird in den letzten Zeilen eine ‚Öffnung' des Themas vorgenommen: *Warum nicht (...)?* Für die Beschreibung und Bewertung der Veranstaltung würde die rechte Spalte des Textes etwa ausreichen, möglicherweise wurde der Text für die Feiertagsausgabe der Zeitung weiter ausgearbeitet, ‚unterhaltsamer' gemacht.

5.5 Merkmalsausprägungen: Kohäsion

5.5.1 Kohäsion und Kohärenz

Kohäsion ist die explizite sprachliche Verknüpfung von Äußerungen in einem Text zu einer zusammengehörigen Sequenz. Kohärenz ist der größere Sinnzusammenhang, der anhand des Textes und anhand des Sprach- und Weltwissens von den Rezipierenden zu konstruieren ist. Von hier aus betrachtet sind Kohäsionsmittel im Text Anweisungen an oder Hinweise für die Rezipierenden zum Herstellen von Zusammenhängen zwischen Textäußerungen (vgl. Rickheit/Schade 2000, Schwarz 2000) und damit Hinweise zur Kohärenzbildung (Schnotz 1994). Eine scharfe Grenze zwischen beiden prototypischen Textmerkmalen ist nicht zu ziehen, vgl. Schwarz (2000). Beide sind wieder Voraussetzung für die Konstruktion des Themas. Manche Autoren wie Langer (1995) machen keinen Unterschied zwischen Kohäsion und Kohärenz. Für die Zwecke der Stilistik ist es jedoch nützlich, diese Unterscheidung vorzunehmen.

Vater schreibt (1992, 39): „Kohäsion beruht auf der Freiheit, bestimmte Mittel anzuwenden oder nicht". Dies ist aber nicht im Sinne einer bloß stilistischen Wahlfreiheit zu verstehen. Hellmann (1995, 199f.) gibt Gründe dafür an, wann Kohäsions-Hinweise notwendig sind und wann nicht: Sie geht davon aus, dass wir uns beim Rezipieren eines Textes von einer Normalitätsannahme leiten lassen, wonach alles, was dem normalen Wissen entspricht, nur angedeutet werden braucht. Außerdem leite uns eine Kontinuitätsannahme mit „continuity relations" der folgenden Art (1995, 199): „same episode, same time, same place, same participants, same flow of events, same goal". Kontinuität sei der Normalfall in Texten (1995, 199f.): „continuity is normally not marked in discourse and (...) assumptions of connectivity are a built-in condition, a human processing aptitude. We argue, that the role of cohesive cues (...is...) to indicate discontinuities, such as breaks in the ongoing flow of events". Hierbei ist allerdings – wie schon Gülich/Raible (1975) festgestellt haben – zu differenzieren: Das Weiter-so wird angezeigt durch Pronomina, gleichbleibende Tempus-Grundform, Ellipsen usw. Diskontinuität muss demgegenüber angezeigt werden, u.a. durch Neueinführung von Referenzgegenständen, durch Adverbiale, Absatzbildung usw.

Das folgende Beispiel enthält einerseits Pronomina und Ellipsen als Hinweise auf fortgesetzte Referenz, andererseits indefinite Nominalgruppen für die Neueinführung weiterer Personen. Danach muss *die Alte* rethematisiert werden, während *er* trotz zweifacher Bezugsmöglichkeit nur auf eine der Personen bezogen werden kann: Hier spielt die Kohärenz eine Rolle, indem über das Prädizierte (*war nicht abzuschütteln*) die Referenz klar ist. Auch in der letzten Äußerung wird *die Alte* rethematisiert: Der Abstand zum vorherigen Pronomen *ihr* ist bereits sehr groß (aus: Kallmeyer/Klein/Meyer-Hermann u.a. [4]1986, 226):

(1) *Aix. Ein kleines Café gleich gegenüber dem Eingang ins Gefängnis. Spät nachts saß ich einmal dort. An meinem Tisch saß eine armselige alte Frau, mit halbtotem Gesicht, ein junger Mann, betrunken, machte ihr den Hof; auf die hartnäckigste Weise setzte er ihr immer wieder zu; lud sie zum Trinken ein; umarmte sie; machte ihr Anträge; verhöhnte und reizte sie; und ein anderer Mann, kaum älter, ebenso betrunken, zollte ihm begeistert Beifall. Die Alte ließ es alles steinern über sich ergehen; manchmal schüttelte sie sich und zischte: „Laß mich in Ruhe!" Aber es nützte ihr nichts. Er war nicht abzuschütteln. Es geschah alles angesichts des Gefängnisses, in dessen Richtung die Alte unaufhörlich blickte, als hätte sie ihren Mann oder Sohn dort.* (Elias Canetti, Alle vergeudete Verehrung, Aufzeichnungen 1949-1960, 101f.)

5.5.2 Kohäsionsmittel

Ich fasse hier grob zusammen, was bei Langer (1995) umfassender unter „Verflechtung" von sequenzierten Äußerungen geführt wird, für den Aspekt der Phorik bei Brinker (⁵2001) unter „Wiederaufnahme" und bei Schwarz (2000) unter „Anaphern"; bei Linke/Nussbaumer (2000) wird unter „Rekurrenz" noch mehr erfasst (s.u.).

a) Beidseitige Verknüpfung von Äußerungen erfolgt durch „Konnexion" (Langer 1995, 135ff.) oder „Junktion" (Vater 1992, 39). Hierbei gibt es oft kein spezielles Bezugselement. Langer führt u.a. folgende Arten von Mitteln auf: *auch* (Adverb), *und* (Hauptsatzkonjunktion), *mit anderen Worten, z.B.* (Adverbiale), *der Grund dafür, daher, danach* (Pronominaladverbien); *einerseits/andererseits, teils/teils*, Doppelpunkt, Tempus- und Modusrekurrenz, „phonologische Kohärenz" z.B. durch Reim (1995, 90f.) und „syntaktischer Parallelismus" (1995, 91) usw.

Konnexion gleich am Textbeginn ist ein stilistisches Mittel, Neugier zu erwecken, so in dem Text *Gefehlt* (Beisp. (26) in Kap. 5.4.2.4): ***Auch das noch:***. Mit diesem formelhaften Ausdruck wird im Umgangsstandard nach Negativbewertung eine weitere als ‚noch stärker negativ' prädiziert. *Auch* und *noch* weisen beide auf ein Verknüpfen mit Vorherigem hin, das hier jedoch nicht vorhanden ist. Der Doppelpunkt jedoch dient dazu, diese Äußerung, die bisher noch nicht eingeordnet werden kann, auf das Folgende zu beziehen: Durch die fehlenden Bezüge zu einem Weltausschnitt wird der Leser aktiviert, so weit zu lesen, bis er diese herstellen kann.

Auch der syntaktische Parallelismus kann dazu dienen, Äußerungen beidseitig zu verknüpfen, so in der folgenden Geburtsanzeige:

(2) Manche nennen es Mut
     Andere nennen es Wagnis
     Wir nennen es
     Joana Nina Krystin
     6.8.1987

Im Rahmen der Textfunktion der Geburtsanzeige interpretieren wir die ersten beiden *es* als ‚ein Kind bekommen'; die Pronomina lassen also die Referenz auf einen Sachverhalt verstehen. Bei weiter bestehendem Parallelismus in der dritten Äußerung wird zunächst die gleiche Referenz konstruiert; dies muss jedoch sofort revidiert werden: Jetzt ist mit dem Pronomen *es* die Referenz auf das Kind als Teil des Geburtsframes gemeint, als Teil des entsprechenden Schemawissens.

b) Es kann jegliche sprachliche Verknüpfung fehlen; die Verbindung ist asyndetisch. Dieses Merkmal prototypischer Texte ist also nicht obligatorisch realisiert. Damit liegt nur ein Kohärenzhinweis vor, denn: „Das Hintereinander-Äußern zweier Sätze bewirkt im Allgemeinen beim Hörer sofort die Herstellung eines Zusammenhangs zwischen diesen Sätzen" (Vater 1992, 40). Beispiel aus dem Text *Gefehlt* (Die Zeit, 13.7.2000, 1): *Weit gefehlt! Herzhaftes Nebenher hat deutsche Politiker kaum je ihr Amt gekostet.* Vgl. auch Beisp. (40) in diesem Kap. 5.5.

c) Phorik: Der Normalfall von Phorik ist die anaphorische Relation: Ein in der Regel (Schwarz 2000) definiter Nominalausdruck zeigt eine Referenz an und verweist die Rezipierenden zurück auf einen vorher im Text genannten Referenzausdruck; mit Bezug auf diesen ist „explizit" (d.h. referenzidentisch) oder graduell „implizit" (Brinker ⁵2001), d.h. vermittelt (Schwarz 2000), die Referenz bezüglich der vorher verstehend rekonstruierten Textwelt herzustellen. Siehe genauer Kap. 5.5.3.

Bei der kataphorischen Relation wird ein Ausdruck verwendet, der einen Hinweis auf schon bekannte Referenz bildet, obwohl diese Referenz noch nicht hergestellt werden kann. Bei der verstehenden Konstruktion ist also nach einem Ausdruck zu suchen, mit dem eine solche Referenzherstellung gelingen kann. Das Pronomen ist „eine Art Suchanweisung" (Linke/Nussbaumer 2000, 310). Der Text *Gefehlt* (Die Zeit, 13.7.2000, 1) beginnt mit *Auch das noch:* Worauf das Pronomen *das* zu beziehen ist, darüber gibt erst die folgende Äußerung Auskunft: *Der bayerische Familienminister und stellvertretende CSU-Vorsitzende, 56 Jahre alt, verheiratet, drei Kinder, hat ein außereheliches Verhältnis!* Bevor die Referenz auf den entscheidenden Sachverhalt (*das*) hergestellt werden kann, wird erst noch eine Reihe Prädikationen dazwischen geschaltet, ein retardierendes Element, das aber auch den Hintergrund für die Bewertung der entscheidenden Prädikation am Ende bietet.

Die Glosse *Gas geben!* (Die Zeit, November 2000) beginnt mit:

(3)   *So ist er, der Grüne.*

Mit *So* und *er* werden gleich zwei Pronomina kataphorisch verwendet, mit *der Grüne* ebenfalls ein definiter und damit als Anapher geeigneter Ausdruck. Versuchsweise einzugrenzen ist hier lediglich *Grüne*, das wahrscheinlich – im Kontext von *Gas geben!* und der ersten Seite der Wochenzeitung – auf eine Person oder Personen der Partei der *Grünen* referiert. Aber ist es eine bestimmte Person, oder *der Grüne* schlechthin? Die Leser sollen hier wie dort in den Text hineingezogen werden, aus Neugier weiterlesen. – Ein weiteres Beispiel für kataphorische Verwendung von Pronomina war zu Beginn des Jahres 1999 auf Plakatwänden zu finden:

5.5 Merkmalsausprägungen: Kohäsion

(4) Das Bild zeigt eine Hand, die lässig Sportschuhe an den Schnürsenkeln hält. In roter Schrift:
*Mach es. Du schaffst es.
Dein Sportabzeichen.
Die Sportvereine*

Durch die Kürze der Sätze und die Nähe zum Nachtrag (*Du schaffst es, dein Sportabzeichen (zu machen)*) erhält der Text einen spontansprachlichen Ton, außerdem wird INTENSIVIERT durch die Klimax der zunehmenden Silbenzahl: 2, 3, 5. Die AUFFORDERUNG *Mach es.* am Beginn wird gesteigert durch die ‚aufmunternde' BEHAUPTUNG *Du schaffst es.* aus der Interaktionsmodalität der ‚fraglosen Sicherheit'. In diesem Zusammenhang ist das In-der-Schwebe-Lassen der gemeinten Referenz ein zusätzliches Mittel intensiver ‚Einwirkung' auf die intendierten Adressaten.

Ehlich (1983) zeigt anhand von Hegels Umgang mit phorischen Ausdrücken, dass man die Kohärenz schon hergestellt haben muss, um deren Bezüge zu verstehen.

5.5.3 Rekurrenz

Nach Linke/Nussbaumer (2000, 307ff.) ist Rekurrenz in aufeinanderfolgenden Äußerungen eines Textes zu unterscheiden in
- rein ausdrucksseitige
- rein inhaltsseitige und
- sowohl ausdrucksseitige als auch inhaltsseitige.

Rekurrenz nach Linke/Nussbaumer (2000, 307ff.) mit Ergänzungen		
rein ausdrucksseitig	*ausdrucksseitig und inhaltsseitig*	*inhaltsseitig*
– Elemente einer Wortfamilie – Homonymie – Rhythmus – lautliche/graphematische Elemente – lautliche/graphematische Muster: Reim, Akrostichon... – Parallelismus, Chiasmus – „stilistisch (...) kohärent": auffällige Häufung gleicher Wortarten, gleicher Wortformen	– identische Wiederaufnahme des Nomens bei definitem Artikel – Wiederholung von Wortmaterial – Wortbildung – Wortartenvariation – Variation syntaktischer Rollen	– Substitution: Hyperonym, Synonym (Sprachwissen), Periphrase (partikuläres Wissen) – Labelling: Kategorisierung; Einstellungen, Wertungen – Proform – Ellipse (als negative Form) – Wortbildung – Isotopie – Einordnungsrahmen (Frame, Kontiguität) – Nebenbei-Prädikation – Reihenbildung – indefinite NP

Abb. 5.5–1 Rekurrenzmittel

Im Falle der rein inhaltsseitigen Rekurrenz liegen dann schon Kohärenzhinweise vor. Inhaltsseitige sowie inhalts- und ausdrucksseitige Rekurrenz schließen die Phorik (vgl. Kap. 5.5.2c) mit ein, gehen aber – wie ohnehin die ausdrucksseitige Rekurrenz – auch darüber hinaus.

Im Folgenden erläutere ich die Elemente dieser Tabelle. Linke/Nussbaumer (2000, 307) bemerken dazu: Die Rekurrenz von Inhaltsseitigem (Koreferenz) kann in allen diesen Fällen mit der Rekurrenz von Ausdrucksseitigem verbunden sein, sie muss es aber nicht.

5.5.3.1 Rein ausdrucksseitige Rekurrenz

Elemente einer Wortfamilie finden sich z.B. bei:

(5) *Ein Mann mit **rotem** Hut geht über die Straße. Bei **Rot** hat er nur kurz gezögert.*

(6) *Zur Beisetzung (...) waren nur gut 50 **Trauer**gäste gekommen. Am **traurigsten** war Rittergut-Hotelier Paul Lund, 62.*
Der Spiegel Nr. 42, 1969, 174

Weitere Beispiele finden sich im Gedicht von Uwe Kolbe (vgl. Fix 2001c):

(7) *Sprachvermögen*
Sprechenkönnen
Sprichwenndukannst

Strauch Baum Sturm Gelächter
Wir Objekte Substantive Sätze

Sinn Sinnlichkeit Widersinn
Lüge Lüglichkeit Notlüge
Wahrheit Wahrhaftigkeit Zeitunglesen
Macht Mächtigkeit Ohnmacht
Glaube Beglaubigung Hoffnungslosigkeit
Sein Dasein Kunst
Vernunft Ausverkauf Wahnsinn
Ordnung Sicherheit Leben
Aufstieg Karriere Schweigen
Loch Arschloch Wut
Lob Gelöbnis Haß
Labsal Labbrigkeit Realität

Sätze Substantive Objekte Wir
Lachen Stürmen Bäumen Straucheln

5.5 Merkmalsausprägungen: Kohäsion

Homonymie zeigen die Verwendungen von *Zug* im folgenden Beispiel; hinzu kommt hier noch das *vorzüglich*, das zur selben Wortfamilie gehört. Die Frame-Beziehung von *Zug* als ‚Verkehrsmittel' im Zusammenhang mit *die Bahn* macht *Zug* hier noch mehrdeutig:

(8) *Ein vorzüglicher Zug der Bahn: Sie sind in einem Zug am Ziel.* (aus dem Gedächtnis in Anlehnung an eine frühere Werbung der Bundesbahn)

Rhythmus: Ein konstanter Rhythmus (und hier auch Reim) trägt sehr zu einem ‚Zusammengehören' der so verbundenen Teile bei (aus: „Elefant im Mausland" von Kito Lorenc, in: Neue Deutsche Literatur 30, 1982, 86-90, hier 86f.):

(9) **Rede-Wendungen**

Ich steh auf Messers Schneide
knietief in der Kreide
als fünftes Rad am Wagen
und will ein Schnippchen schlagen

Auf dem Zahnfleisch krieche
ich in Teufels Küche.
Der Teufel malt mich an die Wand
und legt mir Feuer an die Hand.

Ich sauf im Sitzen Tinte,
werf Korn in meine Flinte,
streu Puder auf mein Haupt und jag
die Katze aus dem Klammersack.

Und wie's mich juckt, so kommen
die Felle angeschwommen
mit Zähnen auf den Haaren,
die noch voll Suppe waren.

Kaum hab ich so 'nen blassen Dunst
der Tuten- und der Blasenkunst,
da beißt die Maus den Faden ab,
der ich den Marsch geblasen hab!

Auf einen ganz anderen Einsatz von Rhythmus macht Wellmann (2000, 383) aufmerksam: Er weist auf eine Passage einer Buchrezension von Marcel Reich-Ranicki in der „Zeit" vom 14.5.1971 hin, in der dieser auf eine Neuedition der Werke von Hugo von Hofmannsthal eingeht:

(10) *(...) Er wurde maßlos gelobt und maßlos getadelt, man hat ihn verehrt, verklärt und vergöttert, man hat ihn verachtet, verhöhnt und verrissen. (...)*

Hier kommen zu der Rhythmisierung noch parallele Konstruktionen hinzu, mit denen die inhaltlichen Gegensätze hervorgehoben werden.

Lautliche und graphematische Elemente: Als Beispiel Ernst Jandls *etüde in f* (aus: Laut und Luise, Olten 1966, 47):

(11) eile mit feile
eile mit feile
eile mit feile
durch den fald

durch die füste
durch die füste
durch die füste
bläst der find

falfischbauch
falfischbauch
(...)

ach die heimat
ach die heimat
fen ferd ich fiedersehn
ist so feit

Lautliche und graphematische Muster: Reim und Akrostichon bzw. Telestichon binden Textteile öfter auf weitere Strecken zusammen. Für Reim ist auch hier das Gedicht *Rede-Wendungen* von Kito Lorenc ein Beispiel. Assonanz (außer Reim) zeigt Goethes „Wandrers Nachtlied":

(12) *Über allen **Gipfeln** ist Ruh*
*In allen **Wipfeln** spürest du*
kaum einen Hauch (...)

Parallelismen enthält das Gedicht von Uwe Kolbe: Im Hauptteil finden wir in jeder Zeile eine Dreierstruktur. Einen ganz anderen Einsatz zeigt der folgende Leserbrief, in dem jeweils am Beginn einer Äußerung ein kulturelles Gut genannt wird und – mit sehr geringer Variation – die Herkunft darüber prädiziert wird; unterstützt wird diese Art der Kohäsionsbildung durch eine inhaltsseitige Rekurrenz: Elemente der Zahlenreihe (aus: Rhein-Neckar-Zeitung, Weihnachtsausgabe 2000). Hier wird angespielt auf den damaligen Diskurs über „deutsche Leitkultur":

(13) *„Na dann, frohe Weihnachten"*
Deutsche Leitkultur
1. Das Alphabet aus dem Lateinischen.
2. Die Zahlen aus Arabien und das Rechnen aus Indien.

5.5 Merkmalsausprägungen: Kohäsion 371

> *3. Die Religion und die heiligen Bücher aus dem Orient.*
> *4. Die Philosophie aus Griechenland.*
> *5. Die Medizin aus Griechenland, Arabien und China.*
> *6. Das Schießpulver aus China.*
> *7. Die Industrierevolution aus England.*
> *8. Die Kommunikationsrevolution aus Amerika.*
> *9. Der Wein aus dem Mittelmeerraum.*
> *10. Der Weihnachtsbaum aus Skandinavien...*
> *...na dann, frohe Weihnachten!*
> Dr. Monir Sheikh, Heidelberg

Chiasmus zeigt das folgende Beispiel (aus: Das Millionium, vgl. Beisp. (3a) in Kap. 2.1.1.3, Die Zeit, 18.1.2001, Beilage Leben, 1):

> (14a) „*Wer heiratet den Millionär?" **fragt SAT1**, **RTL antwortet**: „Ich heirate einen Millionär" (...)*

Dieses Beispiel ist zugleich „stilistisch (...) kohärent" im Sinne von Linke/ Nussbaumer (2000), indem es eine „Häufung gleicher Wortformen", hier *Millionär* und *heirate(t)*, zeigt. Diese wird noch weiter FORTGEFÜHRT:

> (14b) *(...) und Günter Jauch stellt (...) die Gegenfrage: „Wer wird **Millionär?**" Wer aber von den beiden Beckers nun der bessere Scheidungs**millionär** ist, bleibt weiter offen. (...)*

Eine auffällige Häufung gleicher Wortart als ausdrucksseitiges Mittel zum Herstellen „stilistischer Kohärenz" zeigt noch einmal das Gedicht Beisp. (7) von Uwe Kolbe: Es besteht nur aus Substantiven, einschließlich substantivierter Infinitive und Wortbildungen. Häufung gleicher Wortformen kann aber auch ganz anders genutzt werden (aus: Sprache und Literatur in Wissenschaft und Unterricht 55, 1985, 117):

> (15) *G. Bickes.* Das Adjektiv im Deutschen, *Peter Lang, Frankfurt am Main 1984, 152 S., sFr. 33,-.*
> Konzis, lesbar, lesenswert; morphologisch, syntaktisch, semantisch; problemorientiert, theoretisch, materialarm; überlegt, belesen, offen.
> H.J.H.

Das Verstehen dieser Kurzrezension wird zusätzlich gesteuert durch Häufungen von Satzzeichen (Komma, Strichpunkt), die als Konnexionsmittel (vgl. Kap. 5.5.2a) bzw. Junktoren fungieren, indem sie eine beidseitige Anbindung signalisieren. So entstehen hier vier Dreiergruppen, deren Elemente als enger zusammengehörig zu interpretieren sind.

Ausdrucksseitige Mittel der Rekurrenzbildung finden teils nur lokal Verwendung, wie in den Beispielen aus *Das Millionium*, teils prägen sie aber auch den gesamten Text. In diesen letzteren Fällen tragen sie auch zum Kohärenzangebot bei.

5.5.3.2 Ausdrucks- und inhaltsseitige Rekurrenz

Ein Referenzausdruck mit indefinitem Artikel dient dazu, einen neuen Referenten einzuführen. Ausdrucks- und inhaltsseitige Wiederaufnahme erfolgt mit definitem Artikel bei gleichbleibendem Nomen: *eine Alte – die Alte*.
Wiederholung von Wortmaterial zeigt z.b. die referenzidentische mehrfache Wiederaufnahme durch dasselbe Pronomen, die im folgenden Beispiel von Canetti zu finden ist (aus: Kallmeyer/Klein/Meyer-Hermann u.a. ^{4}1986, 177):

> (16) **Der Belesene**. *Für Anstrengungen hatte B.$_1$ nichts übrig. Er$_1$ arbeitet nicht gern. Er$_1$ lernt nicht gern. Er$_1$ ist neugierig und so liest er$_1$ manchmal ein Buch$_2$. Aber es$_2$ muss ganz einfach geschrieben sein, in schlichten, kurzen, direkten Sätzen. Es$_2$ darf keine gesuchten Worte enthalten, und auf keinen Fall Nebensätze ...* (Elias Canetti, Alle vergeudete Verehrung. Aufzeichnungen 1949-1960, 112)

Außerdem sind Wiederholungen von Tempusformen wie des Präteritums im Beispiel (1) von Canetti und des Präsens im Gedicht *Rede-Wendungen* Hinweise auf das ‚Weiter-So'. Monotone Wiederholung des Referenzausdrucks zeigt das Beisp. (67) *Himly & Himly* im Kap. 4.2.5.

Wortbildung: Eichinger (1995) weist auf die Rolle der „Satznamen" für die Kohärenz hin. Das sind Verbalsubstantive als nomina acti und als nomina actionis, die Elemente der Verbvalenz mit zu verstehen geben können, d.h. die Elemente der Frames in Fillmores (1977) Sinn. Voraussetzung ist, dass sie den Lesern durch den Kontext bereits präsent sind und man damit zusammenfassend auf Sachverhalte referieren kann. Zugleich sind sie ein Mittel der „Deagentivierung" (von Polenz ^{2}1988), des Ersparens der Agens-Ausdrücke. Eichinger nennt derartige Wortbildungen, auch Ad-hoc-Komposita, „Wegweiser durch den Text", die „das Verstehen steuern" (1995, 180). Im nachfolgenden Beispiel (17) nach Burger (1998, 151) erspart die Substantivierung *Verhandlung* das Ausdrücken der Verhandlungspartner, und die Wortbildung *Verhandlungsergebnis* bezeichnet ein durch den bekannten Agens *wir* erzieltes Ergebnis im Rahmen der *Verhandlungen*, die *wir* mit der EG *führen*: ein schönes Beispiel für den „Wegweiser durch den Text".

Wortartvariation: Burger (1998, 148ff.) weist für Funktionsverbgefüge wie *Bericht erstatten, Verhandlungen führen* darauf hin, dass dadurch gegenüber der Verwendung der Verben *berichten* oder *verhandeln* rein substantivische Wiederaufnahmen erleichtert werden. Ich variiere eines seiner Beispiele, das der Rede eines österreichischen Politikers vor dem Beitritt des damals neutralen Österreich zur Europäischen Gemeinschaft entnommen ist:

5.5 Merkmalsausprägungen: Kohäsion

(17) *Ich wünsche uns, dass wir diese **Verhandlungen** selbstbewusst, mit aufrechtem Gang und erfolgreich **führen**. Das **Verhandlungsergebnis** muss derart sein, dass sich ein möglichst großer Teil der Bevölkerung damit identifizieren kann.*

Wortartvariation ist auch im folgenden Beispiel zu finden (Das Millionium, Die Zeit, 18.1.2001, Leben 1):

(18) *„Wer heiratet den Millionär?" **fragt** Sat1, RTL **antwortet**: „Ich heirate einen Millionär", und Günter Jauch **stellt**, obgleich **die Antwort** immer nur „Endemol" **lauten kann**, **die** Gegenfrage: Wer wird Millionär?" (...)*

Variation syntaktischer und semantischer Rollen zeigt in der Textsequenz z.B. das Gedicht Beisp. (9) *Rede-Wendungen* in Kap. 5.5.3.1 in der zweiten Strophe; die kontinuierliche Referenz auf das fiktive *ich* wird so variiert; außerdem werden die bei den Redewendungen üblichen semantischen Kasus verändert:

(19) *Auf dem Zahnfleisch krieche*
***ich** in Teufels Küche.*
*Der Teufel malt **mich** an die Wand*
*und legt **mir** Feuer an die Hand.*

In Zeile 2 liegt AGENS vor, im Unterschied zum üblichen EXPERIENS (nach von Polenz ²1988, 170-172) bei *ich komme in Teufels Küche*; in der dritten Zeile sind AGENS und PATIENS vertauscht: nicht ich male den Teufel an die Wand, sondern er mich; das *mir* in der letzten Zeile kann sowohl BENEFAKTIV (,Nutznießer' bzw. ,Geschädigter') sein als auch CONTRAAGENS (,Partner').

5.5.3.3 Inhaltsseitige Rekurrenz

Eine Vielfalt relevanter Phänomene ist in Schwarz (2000) unter dem Terminus „indirekte Anaphern" anhand reichhaltigen empirischen Materials aufgezeigt. Hier wird auch deutlich, dass es bei rein inhaltsseitigen Rekurrenzen bereits um Kohärenzhinweise für die Rezipierenden geht: Es gibt unterschiedliche Grade der „Erreichbarkeit" von Referenten im Gedächtnis (2000, 43).

In der Regel sind anaphorische Ausdrücke definit: „Durch die Kernbedeutung des bestimmten Artikels, der die Auffindbarkeit des Referenten im Textweltmodell signalisiert, wird ein kognitiver Suchprozess ausgelöst" (Schwarz 2000, 158). Dabei sind dann „drei Typen mentaler Strukturen" (2000, 43) relevant:

– das „Modell der aktuellen Sprechsituation (das sich im Wahrnehmungsfeld perzeptuell manifestiert)" – dies besonders für direkte Interaktion,

aber bei Schrifttexten auch für Bezüge zur Schreiber-Origo oder für die unterstellte Adressaten-Origo,
- das „Modell des permanenten Allgemeinwissens", das im Langzeitgedächtnis repräsentiert ist und zwar als Sprach-, Welt- und episodisches Wissen, und
- das „Textweltmodell eines Textes", das bei der Rezeption bereits aufgebaut ist und das teils im Kurzzeitgedächtnis, teils im Langzeitgedächtnis repräsentiert ist.

Aus dem Zusammenspiel dieser mentalen Strukturen oder Wissenstypen ergibt sich ein „Suchraum" (ebda.), in dem die Referenz hergestellt werden kann. Dies kann mit Ellipsen („Nullanapher" nach Schwarz) wesentlich leichter geleistet werden als mit definiten oder gar mit indefiniten Nominalgruppen. Schwarz spricht von einer als Kontinuum zu verstehenden Skala der Interpretierbarkeit (2000, 157f.), in die sie direkte und indirekte Anaphern gleichermaßen einordnet. Je komplizierter die „Suche" wird, desto stilistisch ‚komplexer' ist der Text gestaltet; Redundanzen werden vermieden (2000, 159).

In der Regel werden für das Anzeigen inhaltsseitiger Rekurrenz definite Nominalausdrücke verwendet; Schwarz (2000) weist jedoch darauf hin, dass im Rahmen von inferenzbasierten Prozessen auch indefinite Nominale als Anaphern gedeutet werden können.

Angesichts der Fülle inhaltsseitiger Rekurrenz-Hinweise nutze ich ein einfaches konstruiertes Beispiel. Die oberste Äußerung ist als jeweils erste zu lesen, die eingerückten Äußerungen sind jeweils Beispiele für die in der tabellarischen Übersicht aufgeführten Fälle inhaltsseitiger Rekurrenz; allerdings fehlt die Periphrase.

(20) **1. Äußerung**
Ein Mann mit rotem Hut geht bei Rot über die Straße.
2. Äußerung
Der Mann hat Eile. (ausdrucks- und inhaltsseitig)
Der Mensch (Hyperonym)
Der Kerl (Synonym mit anderem Stilwert)
Der rot „Behütete"… / Der Hutträger (Labelling);
Der Unvorsichtige… / Der Seltsame… (Einstellungen/Wertungen)
Er hat es unglaublich eilig. / Diese ist sehr belebt. / Das zwingt ein Auto zur Vollbremsung. / So zwingt er … (Pronomina)
Hat die Zeitung untern Arm geklemmt. (Ellipse)
Der Rotbehütete / Der Rottträger / Der Gehende zwingt ein Auto zu bremsen. (Wortbildung)
Bei Grün bleibt er stehen. (Isotopien)
Der Zebrastreifen ist kaum noch sichtbar. / Der Farbenblinde zwingt ein Auto zu bremsen. (Frames)
Der Düsseldorfer… / Der Komiker… / Hans… (Nebenbei-Prädikation

Erst zwingt er ein Auto zu bremsen, dann dreht er sich auch noch mürrisch um. (Reihenbildung)
Ein lautes Quietschen (indefinite NP, inferenzbasiert) erschreckt die Passanten. (Frame)

Auf Reihenbildung geht Rothkegel (1993) ein. Ellipsen werden in ihrer gesprächstextverflechtenden Funktion untersucht bei Selting (1997a) und bei Sandig (2000b), auch Vater (1992) und Langer (1995) zählen sie generell zu den textverflechtenden Mitteln. – Nebenbei-Prädikationen geben Hintergrund-Information (vgl. von Polenz ^{2}1988, 143) und sind auch geeignet, „Eigenschaften zu ‚unterschieben'", etwa in politischem Journalismus (L. Hoffmann 1989, 221). Hoffmann gibt (1989, 220) ein Beispiel aus der „Tageszeitung" (29.7.1987, 4):

(21) *Einen Hagel von Dementis hat die **Bild**-Meldung über das definitive Ende des **Schnellen Brüters in Kalkar** ausgelöst. **Das Märchen-Blatt** hatte unter Berufung auf „Informationen aus der engsten Umgebung" des Forschungsministers Riesenhuber gemeldet, **die Ruine von Kalkar** werde wegen „schwerer Sicherheitsmängel" nicht in Betrieb genommen.*

Eine ausgeprägte pronominale Referenz (Personal- und Reflexivpronomina, und außerdem „Possessivpronomina", d.h. Possessivartikel) beschreibt Ehlich (1983) anhand Hegelscher Vorgehensweise: Die Schwierigkeit der Lektüre beruht darauf, dass man den Text verstanden haben muss, um ihn flüssig zu lesen, dass man ihn aber erst flüssig lesen muss, um ihn zu verstehen (Ehlich 1983, 174).

5.5.4 Textmusterstilistische Besonderheiten

Van Peer (1989), Langer (1995) und Linke/Nussbaumer (2000, 313) betonen, dass es für gewisse Textmuster Beschränkungen bzw. Besonderheiten im Gebrauch der Kohäsionsanzeige gibt. In diesen Fällen wirkt der soziale Sinn des Textmusters, der die Textfunktion bestimmt, auf die konventionelle Textgestaltung ein: Die besondere Art der Kohäsionshinweise prägt den Textmusterstil mit. Van Peer (1989, 307) schreibt: „When the particular function of a type of text does not require cohesion, it will not appear." Denn (ebda.): "forms must in principle be functional" und: Es gibt "the dynamic interplay between the social functions of texts on the one hand and their linguistic forms on the other".

In mündlichen Erzählungen sind verschiedene Typen von Kohäsionshinweisen zu finden, besonders Ellipsen und Pronomina einerseits und andererseits Sequenzen von *und, und da, da, und dann, dann*. Neben der Kohäsionsanzeige haben diese verschiedenen Typen von Hinweisen auch die auf die globale Struktur bezogene Funktion anzuzeigen, wo in der Gesamtstruktur man sich gerade befindet (Sandig 2000b).

In kommentierenden bzw. argumentierenden Texten kann es zu einem Bruch der Kohäsionsanzeige bezüglich des bisher konstruierten Textweltmodells kommen; dies ist jedoch dann nicht weiter markiert, wenn die Referenz sich auf Elemente des pragmatischen Rahmens des Textes hin bewegt (zu Mustern referentieller Bewegung: von Stutterheim 1997). Das Modell der aktuellen Sprechsituation ist bei der interpretierenden Verarbeitung eines Textes immer Bestandteil des relevanten Wissens (Schwarz 2000, 158). Hier noch einmal *Das Millionium* (Die Zeit, 18.1.2001, Beilage Leben, 1), in dem im ersten Absatz ein Schwenk zum *Ihr* und *mein* gemacht wird, während das *wir* eher ‚generalisierende' Bedeutung hat; im letzten Absatz referiert der Autor mit *wir* auf sich selbst und schließt die Adressaten mit ein, am Ende erfolgt – im Rahmen der Pointe – ein Schwenk zu *Ich* und *Mir*:

> (22) *Immer noch ist die rührendste Macke des Menschen sein Streben nach Glück respektive Reichtum, und immer noch ist seine großartigste Fähigkeit die Zahlungsfähigkeit. Diese wird bedroht durch offene Rechnungen und die Geißel der Inflation, die alles abwertet, was sich ihr in den Weg stellt. Ihr Geld und meine guten Worte – alles ist inflationär in Umlauf, und deshalb gieren wir nach noch mehr. Da bietet selbst ein ganzes neues Millennium zu wenig, deshalb soll es ab heute Millionium heißen. (...)*
>
> *Erstaunlich eigentlich, dass sich BK Schroeder (SPD beziehungsweise RTL) da erst in seiner Neujahrsansprache mitreißen ließ und also verkündete, er habe die Zahl der Arbeitslosen „um mehr als eine Million zurückdrängen können" – obwohl sie in seiner Amtszeit gerade mal um 300 000 sank. Aber wir wollen nicht kleinlich sein. Denn: Wer braucht schon Millionen? Ich nicht. Mir fehlen Milliarden zum Glück.*

In anderer Weise funktional ist ein Muster referentieller Bewegung in Heirats- oder Partnerschaftsanzeigen: Hier erfolgt eine Bewegung von der Referenz auf Selbst und/oder PartnerIn in der dritten Person zum *ich* und/oder *Du/Sie*. Da der soziale Sinn der ist, einen engen, intimen Kontakt aufzubauen, ist diese Art referentieller Bewegung eng auf die Textfunktion bezogen (Die Zeit, 14.2.1997):

> (23) **Blondes Schneewittchen** *(37 Jahre, 175 cm) sucht* **Edelmann** *zum Wachküssen und zum Vertreiben der lästigen Zwerge. Schloß wäre angenehm. Wenn Sie sich trauen, mich auf Händen zu tragen, und an Märchen glauben, dann schreiben Sie mir unter ZS 3210 DIE ZEIT, 20079 Hamburg*

Ein Beispiel für ‚individuelle' Handhabung des Musters:

5.5 Merkmalsausprägungen: Kohäsion

(24) Mit „meiner" Frau... ...im Raum Köln–Aachen
unsere Freunde einladen, Theater, Kino, Konzerte besuchen. Klein- und sonstige Kunst genießen. Winterabende am Kamin, Sommertage am Meer vertrödeln, spazierengehen, Reden und Schweigen, vielleicht zusammen arbeiten, großzügig stadtnah im Grünen wohnen, eine zärtliche liebevolle Beziehung leben, einfach gut zueinander sein... „Dein" Mann ist 51/1,74 schlank, studiert, promoviert, eheerf., manchmal stressig aber meist locker erfolgreich freiberuflich, als Typ eher sportlich-leger als „schön"... Von Dir weiß ich nur, dass Du apart, begeisterungsfähig und eigensinnig bist, aber weder wie alt, noch ob größer oder kleiner, aber Du schreibst mir ja!
ZA 3257 DIE ZEIT, 20079 Hamburg (21.5.1993)

Hier wird – am Übergang von der Vermeidung des Referenzausdrucks *ich* durch eine unpersönliche Konstruktion – außerdem eine stilistische Kohäsion (Kap. 5.5.5) angezeigt, und zwar durch deutliche Parallelisierung in der Formulierung der Nominalgruppe: Mit „*meiner*" Frau, „*Dein*" Mann.

Göpferich geht (1995, 51) auf Besonderheiten von Textmustern ein: „Ein sprachliches Gebilde kann kohärent sein, ohne kohäsiv zu sein". Sie gibt folgendes Beispiel (ebda.):

(25) (Packungsaufschrift)
*Inhalt
5 Schrauben
5 Unterlegscheiben
5 Muttern
10 Plastikstopfen*

Aber der Text ist doch auf der Ausdrucksseite kohäsiv infolge paralleler Strukturierung und des Schriftbildes, das dies unterstützt. Göpferich (1995, 53) schreibt dazu: „Betrachtet man Texte als „Texte-in-Funktion", dann ist ein Text dann als ‚wohlgeformt' zu betrachten, wenn er seine kommunikative Funktion optimal erfüllt, und das ist bei manchen Textsorten (hier Textmustern, B.S.) nur dann der Fall, wenn sie stichwortartig formuliert sind, also kohäsionsarm oder kohäsionslos." Die funktionsbezogene einseitige Nutzung bestimmter Typen von Kohäsionsmitteln und deren FORTFÜHREN ist deshalb eine Eigenschaft von Textmusterstilen als typisierten Stilen. (Natürlich kann sie aber auch individuell genutzt werden, wie in dem Beispiel (16) von Canetti in Kap. 5.5.3.2).

Für Kochrezepte ist charakteristisch, dass im Anweisungsteil häufig Ellipsen verwendet werden, z.B. die Ellipse des bestimmten Artikels, da im Kontext eindeutig ist, worauf man sich bezieht. Aus: Betty Bossi, Kulinarische Ferienträume 2001, 90, Paella-Rezept, nach den Zutatenangaben:

(26) *( ) Pouletschenkel und ( ) Crevetten würzen, Olivenöl zum Anbraten in einer Paella-Pfanne oder in einer großen Bratpfanne heiß werden lassen. ( )*

Hitze reduzieren, ( ) Poulet bei mittlerer Hitze ca. 15 Min. anbraten, herausnehmen.

( ) Crevetten ca. 4 Min. anbraten, herausnehmen, beiseite stellen. ( ) Bratfett mit Haushaltspapier abtupfen (...)

Die mit „( )" markierten Ellipsen beziehen sich also einerseits auf bereits aufgeführte Zutaten, andererseits auf Gegenstände, die im Kochprozess gemäß dem Wissen der Rezipierenden „verankert" (Schwarz 2000) sind und deshalb erschlossen werden können.

In wissenschaftlichen Fachtexten finden wir nach Dressler (1989, 80) verstärkte Kohäsionshinweise, um die intendierte Kohärenzbildung eindeutig anzuzeigen. Von Hahn (1983, 121) führt eine Reihe typischer Kohärenzrelationen auf, die mittels Konnektoren angezeigt werden: ‚Wirkung', ‚Grund', ‚Schlussfolgerung', ‚Ausführung' (d.h. ‚Erläuterung'), ‚Gegensatz', ‚Parallele' (bei von Hahn ebda.: „Parallelismus"), ‚Beispiel', ‚Zeitfolge'. Ehlich (1992) geht davon aus, dass beim Schreiben und Lesen die Origo (*ich, jetzt, hier* und darauf Bezogenes) simuliert wird und dass dementsprechend deiktische Ausdrücke gerade in Wissenschaftstexten viel Verwendung finden – abgesehen von der Deixis auf den Schreiber selbst, die viele Autoren mit Hilfe von Ausdrücken wie *in dieser Arbeit* oder *hier* meiden. Auf schon Dargestelltes wird zurückverwiesen mit *bereits*, auf noch zu Erwartendes mit *im Folgenden* oder *zunächst*. Die Origo im Akt des Schreibens oder Lesens wird besonders deutlich durch Textdeixis mit *oben* und *unten, danach...* Anadeiktisch werden *so, auf diese Weise* und *dies* verwendet, kataphorisch *im Folgenden, So* als Beispieleinleitung usw. Die Deixis hilft, bei Fokusverschiebungen die „Orientierung" zu behalten. Wichtig sind nach Ehlich (1992) auch deiktische Pronominaladverbien wie *dabei, dadurch, deswegen, zudem, hingegen, dagegen* usw. als Konnektoren (Junktoren) und Konjunktionen wie *sofern, indem* usw.

Bei Termini in Fachtexten ist stilistische Variation bei der Rekurrenz nicht angemessen; stilistische Variatio ist jedoch notwendig, um Eintönigkeit zu meiden, aber sparsam anzuwenden. Das folgende ist ein zufällig gewähltes Beispiel aus: E.-M. Jakobs, D. Knorr Hrsg. 1997, „Schreiben in den Wissenschaften", ohne Fußnoten; relevante konnektivierende und deiktische Ausdrücke sind unterstrichen, stilistische Variation ist unterstrichelt; wörtliche Rekurrenz wird markiert mit Punkten; manche Passagen könnten auch mehrfach gekennzeichnet werden:

(27)   ***Textproduktionsprozesse in den Wissenschaften***
         Einleitung und Überblick
                        Eva-Maria Jakobs

Die folgende Darstellung will in die Thematik dieses Bandes einleiten, indem sie exemplarisch auf den Stand der Untersuchung wissenschaftlicher

5.5 Merkmalsausprägungen: Kohäsion 379

Textproduktionsprozesse eingeht (Abschnitt 1). Im Anschluß daran werden die Beiträge dieses Bandes kurz vorgestellt (Abschnitt 2).

1 Defizite der Untersuchung wissenschaftlicher Textproduktion

Trotz ihres praktischen Stellenwertes in den Wissenschaften gehören die Prozesse der Erzeugung wissenschaftlicher Beiträge zu den eher wenig untersuchten Bereichen textproduktiven Handelns. Dies mag auch daran liegen, daß es sich um einen komplexen Typ der Texterzeugung handelt, der sich aus verschiedenen Gründen der (empirischen) Beobachtung eher entzieht. Im folgenden werden Defizite bei der Untersuchung wissenschaftlicher Textproduktion genannt, nach möglichen Ursachen für diese Defizite gefragt und Forschungsbedarf angemeldet.

Auch die anadeiktische Artikelform bei *für diese Defizite* dient der Sicherung der Fokussierung durch die Rezipierenden.

In Zeitungstexten verschiedener Art gehört die stilistische Variation bei gleichbleibender Referenz zum Textmusterstil. Bei politischen Nachrichten wird auf die Akteure in der Überschrift nur mit Kurzformen referiert, im Lead-Teil schon ausführlicher, im Text bei der ersten Erwähnung mit vollem Namen und Amtsbezeichnung, danach erst mit Proformen und anderen variierenden Bezeichnungen (ein beliebiges Beispiel aus: Saarbrücker Zeitung, 19./20.5.2001, 1):

(28) **Rau geht auf Distanz zum Kanzler**
Bundespräsident mahnt bei der Gentechnik ethische Grenzen an – Maas bleibt bei Forderung nach Embryo-Forschung

Bundespräsident Rau hat die Forschung an Embryonen klar abgelehnt und sich damit von Forderungen aus der SPD distanziert. Saar-SPD-Chef Maas hält aber daran fest, dass die Chancen der Gentechnik genutzt werden müssten.

Berlin/Saarbrücken (red). Mit der Warnung vor maßlosem Fortschritt hat sich Bundespräsident Johannes Rau in die Debatte über die Bio- und Gentechnik eingeschaltet und vor allem Beifall von der Union und den Kirchen geerntet. In seiner Berliner Rede bezeichnete er am Freitag die Unantastbarkeit der Menschenwürde als moralische Grenze, an der sich die Nutzung der Genforschung zu orientieren habe (...) „Wo die Menschenwürde berührt ist, zählen keine wirtschaftlichen Argumente", sagte Rau. Damit ging er auf Distanz zu Bundeskanzler Gerhard Schröder (SPD). Dieser hatte an die ökonomische Dimension der Gentechnik erinnert. Rau betonte auch, Antworten auf diese ethischen Fragen könne man nicht an Räte delegieren. Kanzler Schröder hatte einen nationalen Ethik-Rat berufen. (...)

Der saarländische SPD-Vorsitzende Heiko Maas erneuerte dagegen in einem Interview mit der „Saarbrücker Zeitung" seine Forderung, therapeutisches Klonen in Deutschland zuzulassen und sich dabei an den Regelungen Großbritanniens zu orientieren. Allerdings lehnte auch er es ab, ökonomische Überlegungen vor ethische zu stellen. (...)

Ein schönes Beispiel für fortgeführte Periphrasen als Nebenbei-Prädikationen, wie sie in Sportberichten üblich sind, gibt Harweg (1993) aus dem Sportteil der „Westdeutschen Allgemeinen Zeitung" (11.4.1990):

(29)   ***Steffi meldete sich in 42 Minuten zurück***

Mit einer eindrucksvollen Vorstellung ist Steffi Graf (Bild) nach 62tägiger Verletzungspause auf den Centre Court zurückgekehrt. Keinen Zweifel ließ die Weltranglisten-Erste bei ihrem Comeback in Amelia Island gegen die Tschechoslowakin Petra Langrova aufkommen, die beim 1:6, 0:6 gegen die Brühlerin chancenlos war. Gegen die Tschechoslowakin machte die Olympiasiegerin wie gewohnt kurzen Prozeß. Bereits im ersten Durchgang dieser Zweitrunden-Auseinandersetzung bekräftigte die an Nummer eins gesetzte Graf ihre Favoritenrolle. Gegen die präzisen Schläge der deutschen Ausnahme-Sportlerin fand Langrova kein geeignetes Gegenmittel. Und auch im zweiten Satz dominierte Steffi Graf, behielt mit 6:0 noch deutlicher die Oberhand.

Das folgende Beispiel (aus: Saarbrücker Zeitung, 5./6.5.2001, 1) arbeitet mit Hyperonym, Pronomina, identischer Wiederaufnahme (*der Kater*), mit einem Ausdruck aus dem Wissen, dem Katzenframe (*den Samtpföter*), und schließlich mit dem Namen (*Felix*).

(30) $D_D A_A S_S \; L_L E_E T_T Z_Z T_T E_E$

<u>*Ein Kater aus Israel*</u> *hat als blinder Passagier ohne Futter eine sechswöchige Seereise nach Großbritannien überstanden. Wie britische Zeitungen am Freitag berichteten, hatte sich <u>das Tier</u> in einem Container versteckt, der auf ein Schiff verladen wurde, das den südenglischen Hafen Felixstown (sic) anlief. <u>Es</u> habe die Reise überlebt, indem <u>es</u> Kondenswasser aufleckte. <u>Der Kater</u>, der wegen seines Einreiseorts auf den Namen Felix getauft wurde, ist nach Angaben des Tierschutzverbands in gutem Zustand. Dennoch wird für <u>den Samtpföter</u> keine Ausnahme von den Einreisebestimmungen für Tiere auf die britische Insel gemacht: <u>Felix</u> wurde für sechs Monate in Quarantäne verfrachtet. Für die Zeit danach wird ein Herrchen oder Frauchen gesucht – möglichst nicht in der Nähe eines Hafens.*   epd

Wichtig ist in verschiedenen Rubriken von Presseerzeugnissen die unterhaltsame Variation bei Rekurrenz. Die dargestellten musterhaften Verwendungen von Kohäsionsmitteln bzw. das Fehlen üblicher Kohäsionsmittel tragen als Teile des stilistischen Merkmalsbündels zum Textmusterstil bei, zur bedeutsamen Gesamtgestalt des Textes.

Mit *obiger, besagter, ebendieser, selbiger* usw., die wie Artikelformen verwendet werden, wird nach Lavric (1999, 64) eine „explizite und penetrante, oft metatextuell gefärbte Thematisierung der Wiederaufnahme" geleistet und Lavric stellt fest (1999, 63), dass derartige Ausdrücke vorwiegend in der „juristischen Text- und Handelskorrespondenz", aber auch in Kunden- und technisch-wissenschaftlichen Informationen verwendet werden, ebenso aber in essayistischen Texten. Sie schreibt (1999, 65), diese „Textverweiser" passten „sehr gut in gewisse Typen von Texten, in denen referentielle Eindeutigkeit den Vorrang hat vor stilistischer Abwechslung. (...) In diesen Textsorten sind sie in keiner Weise auffällig, sie fügen sich organisch in den auch sonst trocken und pedantisch wirkenden Stil ein". In journalistischen und essayistischen Texten wirken sie ‚ironisch', ‚parodistisch' (1999, 66).

Die Grenzen der Kohäsion sind die Textgrenzen. In aufeinander folgenden E-Mails jedoch, bei denen die erste Mail routinemäßig mit abgebildet wird, ist z.B. Folgendes möglich:

(31a) (...) *Ich kämpfe momentan noch mit dem Style sheet (hasse das!) (...)*

(31b) (Ohne Anrede)
Wer hasst das nicht!? (...)
(Verabschiedung)

5.5.5 Stilistische Kohäsion

Unter diesem Terminus betrachte ich Formen der Kohäsion, mit denen lediglich stilistisch bedeutsame ‚Zusammenhänge' geschaffen werden.

In moderierten Fernsehnachrichten wie dem „heute journal" des ZDF werden oft Nachrichten zu ganz verschiedenen Themen untereinander zu einem umfassenderen „Nachrichtentext" verknüpft, die miteinander thematisch nichts gemeinsam haben. Ausdrucks- und inhaltsseitige Rekurrenz zeigt das folgende Beispiel aus dem „heute journal" vom 30.4.2001 im Zweiten Deutschen Fernsehen (Hexennacht). Zunächst berichtet ein Reporter über die Stimmung bei CDU-Mitgliedern im Harz, angesichts einer rätselhaften Überweisung von einer Million D-Mark durch Walter Leisler Kiep (den früheren Schatzmeister der CDU), aus dessen privatem Vermögen an die CDU. Unmittelbar danach wird die Aufführung eines Hexentanzes in den Mai gezeigt. Der Reporter beendet seinen Bericht mit: „Der Tanz wird für die CDU wohl weitergehen, nicht nur im Harz". Moderator Wolf von Lojewski übernimmt das Wort und gibt es weiter an den Kollegen: „Ja und hier geht der Tanz jetzt weiter. Heinz Wolf mit Neuem vom Tage." Das Bild des Bildbeitrags wird zunächst durch den Reporter sprachlich aufgenommen und dabei metaphorisch gewendet; dieselbe Nominalgruppe wird dann nochmals vom Moderator verwendet, und hier – scheint mir – in doppeltem Sinne: einmal zum HERSTELLEN eines Zusammenhangs zum vorherigen Beitrag und zum anderen als „Zeitpragmatik" (Nord 1988) auf den Abend der Sendung bezogen, d.h. der Aspekt der Situationalität kommt herein (vgl. Kap. 5.7).

Im folgenden Fall wird ein Ausdruck, der inhaltsseitig (zu einer Zeit) eine feste Bedeutung hat *(K-Frage)*, ausdrucksseitig weiter verwendet und inhaltsseitig mehrfach neu interpretiert. Am 6.1.2002 sprach im „heute journal" des

Zweiten Deutschen Fernsehens Marietta Slomka als Moderatorin über die *K-Frage*: Beide Chefs der „Schwesterparteien" einer bundesdeutschen Partei-Richtung hatten sich zur Kanzlerkandidatur bereit erklärt. Im politischen Diskurs der Zeit war seit Längerem nur noch von der K-Frage die Rede. Am Schluss des Berichts interpretierte die Moderatorin die neue Situation: die ausdrucksseitige *K-Frage* inhaltsseitig als *Kampffrage*. Bei dem folgenden Bericht ging es um das traditionelle Dreikönigstreffen einer anderen Bundespartei, wobei deren Vorsitzender für das Wahljahr 2002 ankündigte, man strebe die Mitwirkung in der ab Herbst neu gewählten Regierung an, jedoch ohne Koalitionsaussage. Auch dies – über die Grenzen der Beiträge hinweg – interpretierte die Moderatorin als *K-Frage*: nämlich als offen gebliebene *Koalitionsfrage*. Hier zeigt sich das Bemühen von Moderatoren, die zufällig aufeinander folgenden Beiträge zu einer größeren Einheit zusammenzuschließen. Mit der nur ausdrucksseitigen Identität wird eine ‚unernste' Interaktionsmodalität ermöglicht, hier wohl Ironie.

Weiter inhaltlich voneinander entfernt sind Texte, die lediglich durch Überschriften (in Presse oder Fernsehen) aufeinander bezogen sind (Eroms 2000, 46-48); z.B. nennt Eroms folgende Gegensatzpaare: *Gestiegen* vs. *Gesunken* oder *Ende* vs. *Beginn*; oder folgende morphologische Verwandtschaft: *Vorgestellt* vs. *Sichergestellt* oder *Gefahndet* vs. *Geforscht* oder nur ausdrucksseitige Ähnlichkeit: *Satzung* vs. *Sitzung*.

Auch Handlungs-Zusammenhänge werden mittels Konnexion HERGESTELLT, wo sie nicht bestehen (ZDF: *heute* 19.00 Uhr bis 19.18 Uhr, anschließend Wetter (19.20), 22.9.1998, Transkription Dagmar D. Wiltz; Unterstreichungen sind besonders betont; Sternchen für kurze Pause):

(32) Vorheriger Beitrag: Auslosung der Begegnungen des Tennis Grand Slam in München; Nachrichtensprecher im On:
*Und nicht aus der <u>Los</u>trommel sondern aus <u>gesicherten</u> meteorologischen <u>Daten weiß</u> Uwe <u>Wesp</u>, dass es die <u>Herbstsonne</u> morgen nicht mit uns *<u>allen</u> gut meint.*

Hier wird mittels Konnektor bzw. Konjunktor zwischen der vorhergehenden Auslosung und der Ankündigung der Wettervorhersage (auf die zunächst weitere Ankündigungen und Werbung folgen) eine Kohäsions-Brücke geschlagen. Als Verknüpfungstyp ist hier das KONTRASTIEREN (s. Kap. 4.2.3) mit dem Konjunktor *sondern* genutzt.

Schließlich das HERSTELLEN thematischer und handlungsmäßiger Zusammenhänge mittels Konnexion: Eine ähnliche Strategie verwendet die Nachrichtensprecherin in der Nachrichtensendung „logo" im Kinderkanal (7.30 Uhr, 29.9.1998, Transkription Dagmar D. Wiltz, die Spitzklammern für Paralinguistisches); vorher ging es um Impfung mit einer nadellosen Spritze:

(33) *also mit so einer na̲de̲llo̲sen Spritze hätte sogar i̲c̲h̲ keine Angst mehr zum Arzt zu gehen: das Wetter ist jedoch schon morgen *< furchterregend ((mit gruseliger Stimme singend))> wie es wird seht ihr jetzt.*

Zunächst wird hier thematisch übergeleitet und ebenfalls KONTRASTIERT mittels der Konnektivpartikel *jedoch* und den Prädikationen *keine Angst* vs. *furchterregend*, letztere als Kohärenzbildungshinweise. Implizit ist mit der Proposition auch die Wettervorhersage – die regelmäßig an dieser Stelle folgt – bereits ANGEKÜNDIGT; der Handlungswechsel wird jedoch mit der Folgeäußerung auch explizit gemacht.

Zu den Mitteln stilistischer Kohäsionshinweise sind noch einmal die in Kap. 5.5.3.1 beschriebenen Mittel ausdrucksseitiger Rekurrenz zu rechnen. Vgl. dazu (aus: Die Zeit, 29.7.1994):

(34) *Pauker mit Pep (34/1,84/schl.) sucht junge Frau mit Fahrrad und Pfiff. (...)*

5.5.6 Variatio delectat

Das generelle stilistische Gebot der Variation zeigt sich besonders deutlich an der Vielfalt von Kohäsionshinweisen (vgl. auch Kap. 5.5.3.3 und 5.5.4), die hier nur angedeutet werden kann. Außerdem kann ein Typ von Kohäsionshinweis oft sehr verschieden eingesetzt werden und es gibt ‚originelle' Nutzungen von Kohäsion, die im Folgenden angedeutet werden.

(35) *Langsam bin ich wirklich mit meinem Latein am Ende! „Latein", knurrte Anton und stand auf. „Ich wusste gar nicht, dass man da auch Sprachen kann!"*
(Ende, Jim Knopf, aus: Gréciano 1995)

Der Phraseologismus *bin mit meinem Latein am Ende* wird in der folgenden Äußerung in einem Teil ausdrucksseitig aufgenommen und dadurch remotiviert; dadurch kommt es auch zu einer Wende bezüglich der Kohärenz, die über dieses Kohäsionsmuster ermöglicht wird. Es ist ein Muster ‚unernster' Interaktionsmodalität.

Bei den folgenden Beispielen wird jeweils ein Sachverhalt deutend (s. Kap. 5.5.3.3: „Labelling") wieder aufgenommen und im ersten Fall zusätzlich metaphorisiert (damit ins Groteske gesteigert), im zweiten Fall entmetaphorisiert, was durch den vorher ausgedrückten Sachverhalt nahegelegt wird:

(36) *Jeden Montag (...) packte er einige Schock Frischeier in seinen Opel Rekord – für Freunde im Landtag. Anfang letzter Woche kam Carstens ohne Eier. Das Eier-Embargo signalisierte politisches Hick-Hack (...)*
(Der Spiegel 41/1969, 194)

(37) *Vor einem Jahr tapezierte der Franzose Daniel Buren eine Ecke in der Düsseldorfer Kunsthalle mit grünen Streifen. (...) Der Tapetenwechsel ist Burens Beitrag zur zweiten Düsseldorfer Avantgarde-Ausstellung.*
(Der Spiegel, 41/1969, 194)

Das folgende Beispiel zeigt besondere Möglichkeiten der Nutzung von Referenzausdrücken (aus: Leserbriefe in Der Spiegel vom 29.3.1999, 8, mit Bezug auf einen Artikel über Lafontaines brüsken Rücktritt als SPD-Parteivorsitzender und als Bundesfinanzminister):

(38) *Lafontaine mit Napoleon zu benennen, ist mehr als schmeichelhaft: Napoleon kam bis nach Moskau, Lafontaine nicht mal bis Berlin.*
MAHLOW   Klaus Junker

Zu Beginn wird auf Lafontaine referiert und mit dem Namen *Napoleon* über ihn prädiziert; es wird problematisiert, dass man ihm teilweise Eigenschaften eines Napoleon als Typ zuschrieb (*der Napoleon von der Saar* als periphrastischer Referenzausdruck). Im Folgenden wird der Name *Napoleon* wieder aufgenommen, aber jetzt, um auf die Person Napoleon zu referieren; danach wird die Bezugnahme auf Lafontaine wieder aufgenommen. Dadurch entsteht bezüglich der Namen-Ausdrücke ein Chiasmus – hier allerdings auf Textebene, denn die Reihenfolgen in der Behauptung des Anfangs und der nachfolgenden Begründung sind umgekehrt. Zusätzlich wird parallelisiert: *Napoleon... bis nach Moskau, Lafontaine... bis Berlin.* Auch dabei wird mit der Referenz gespielt: Im ersten Fall geht es konkret um die Stadt *Moskau*, im zweiten um den metonymisch verwendeten Städtenamen *Berlin* für den neuen Sitz der Bundesregierung. In dieser scheinbar parallelen Konstruktion (Vater 1992, 36) wird zusätzlich KONTRASTIERT: *nicht mal bis Berlin.* Ermöglicht wird dieser spielerische Umgang mit den Referenzausdrücken durch die Mehrdeutigkeit des Prädikats *kam*, das in der expliziten Verwendung *kam bis nach Moskau*, aufgrund der Kenntnis des Napoleon-Frames, das ‚Erreichen des Ortes' bedeutet, in der elliptischen Verwendung das ‚Erreichen des neuen Regierungssitzes als Mitglied der Regierung'. Zusätzlich wird durch die ‚konkrete' Verwendung von *kommen* und *Moskau* im Zusammenhang mit der Person *Napoleon* ein Strecken-Vergleich nahegelegt:

Napoleon:
Frankreich ——————————————————————— Moskau
    Lafontaine:
        Saarland – Bonn

Abb. 5.5–2 Lafontaine und Napoleon

5.5 Merkmalsausprägungen: Kohäsion 385

Hier werden also bereits umfassendere Konzepte wie Frames oder geografische Relationen für die Interpretation benötigt: Es geht um Kohärenzphänomene. Vor dem Hintergrund der bei von Stutterheim beschriebenen Muster referentieller Besetzung und referentieller Bewegung zeigen sich hier verschiedene stilistische Möglichkeiten der Abweichung: „Der besondere Effekt kann (...) nur auf der Basis des unmarkierten Grundmusters erzielt werden." (1997, 41).

Einige andere Kohäsionsverfahren im Bereich Wiederaufnahme zeigt der folgende Leserbrief zum selben Thema (ebenfalls in Der Spiegel, 29.3.1999, 8):

(39) *16 Jahre hatte Oskar Lafontaine Zeit, ein finanzpolitisches Feuerwerk vorzubereiten. Keine sechs Monate dauerte es, bis sich der Mann für Spezialeffekte nach einer Reihe von Fehlzündungen damit selbst in die Luft jagte. Indes, die Schuld dafür trifft ihn nicht allein. Denn was nützen alle Bemühungen der Bühnenarbeiter, wenn der Regisseur nichts taugt?*
SIEGEN   Oliver Heinemann

16 Jahre wird – in paralleler Wortstellung – implizit wieder aufgenommen (Brinker ⁵2001) mit dem KONTRASTIERENDEN *keine sechs Monate*. Zudem werden in der ersten Äußerung *Oskar Lafontaine* und *ein finanzpolitisches Feuerwerk* als Referenzgegenstände eingeführt; die zweite Äußerung verbindet beide durch referenzidentische Wiederaufnahme (*der Mann*) und framebezogene Wiederaufnahme (*für Spezialeffekte*); auch *eine Reihe von Fehlzündungen* ist Wiederaufnahme (indirekte Anapher nach Schwarz 2000) im Rahmen des Frames. *Damit* und *selbst* nehmen *das finanzpolitische Feuerwerk* und *der Mann für Spezialeffekte* wieder auf. Mit *indes* wird durch „Junktion" (Vater 1992, 39) bzw. Konnexion ein ‚gegensätzlicher' Zusammenhang hergestellt. Mit den Pronomina *dafür* und *ihn* wird die Referenz auf die Person und das über diese Prädizierte zusammenfassend wieder aufgenommen. Mit der Konjunktion *Denn* wird die nächste Äußerung konnektierend angeschlossen und die neu eingeführten Referenzgegenstände werden als „definit" gekennzeichnet; dadurch wird ein Zusammenhang nahe gelegt, der von der Semantik her nicht erwartbar wäre: *Bühnenarbeiter* und *Regisseur* gehören zu einem andersartigen Frame, der nur lose mit dem Feuerwerk-Frame verknüpft ist. Die kohäsionsbildenden Mittel jedoch, *denn* als Konjunktion und die bestimmten Artikel, geben die Verstehensanweisung, *Bühnenarbeiter* und *Regisseur* im Kontext des Bisherigen als Analogie (vgl. Kap. 5.6.4d) zu verstehen. Auch hier benötigt man zu den Kohäsionshinweisen noch zusätzlich Sprach- und Weltwissen, um die inhaltliche Kohärenz herzustellen.

Originell kann man einen Kohäsionshinweis also u.a. durch folgende Muster gestalten:

- Metapher und deren nachfolgendes Wörtlichnehmen
- Wechsel vom wörtlichen Gebrauch zur Metapher
- Typisieren eines Namens und Wechsel zur Referenz auf das Individuum
- Wechsel von auf das Reale bezogenem Namen zu dessen metonymischem Gebrauch (und umgekehrt)
- metaphorischer Einsatz von Frameelementen und periphrastische Wiederaufnahme (*ein finanzpolitisches Feuerwerk, der Mann für Spezialeffekte*)
- ANALOGISIEREN

und Weiteres (vgl. Kap. 4.2.5 zu verschiedenen Möglichkeiten des Referierens), wobei die Grenze zur Kohärenz kaum noch gezogen werden kann.

5.5.7 Überblick

Bereits Harweg (1983, 149f.) hebt hervor, dass es Grade der Kohäsion(sanzeige) in Texten gibt, auch Rickheit/Schade (2000) und Linke/Nussbaumer (2000) betonen dies. Die folgende Tabelle kann nur der Versuch sein, Tendenzen aufzuzeigen, denn der Kontext ist jeweils ausschlaggebend.

Kohäsionsanzeige: Grade der Deutlichkeit (tendenziell)

Verzicht	wenig deutlich	verdeutlicht	verstärkt
(implizite Beziehung durch Äußerungssequenz)	– und (*da* / *dann*) – Pronomina: *er* / *sie* / *es*, *das* – Substitution mit Hyperonym – fortlaufendes *ich* / *mich* ... – Ellipse – einfache Wiederholung + Definitheit: *der* / *mein* – Wortartenvariation – Variation der syntaktischen Rollen – Rhythmus – Satzzeichen ; usw.	– *denn* / *aber* / ... – Isotopie – Synonym – Wortbildung – Wortfamilie – Parallelismus / Chiasmus – Satzzeichen : – *z.B.* / *beispielsweise* / *so* – deiktische Ausdrücke *deshalb* / *dagegen* / ... – Anadeixis *der* / *dies* usw.	– *Denn:* / *Aber:* – monotone Wiederholung – Periphrase – Labelling – Nebenbei-Prädikation (inferenzbasiert) – Reim / Alliteration – Häufung von Lauten / Wortformen / Wortarten – Muster origineller Kohäsionsgestaltung – Einfluss und Stellung der Prädikation usw.

Abb. 5.5–3 Kohäsionsanzeige: Grade der Deutlichkeit

Die markierten Formen sind die des ‚Verstärkens'. Die weniger markierten Formen gehen von ‚verdeutlicht' bis ‚Verzicht'. Im Falle des FORTFÜHRENs gleichartiger Formen können auch hier Markierungen entstehen (aus: Hotelführer Meran: *Meran. Im Stil der Zeitlosigkeit*). Hier geht es um durchgängigen Verzicht auf Kohäsionsanzeigen bei vermehrter Verwendung nominaler und partizipialer Konstruktionen. Dieser Text ist auf der oberen Seitenhälfte ergänzt durch ein großes Bild der Magnolienblüte vor einem schneebedeckten Berg und makellos blauem Himmel, nach unten ist er gerahmt durch eine Leiste von Bildern mit Motiven aus Parks, die Bilder machen also den Text ‚glaubhaft':

(40) *Drang zum Leben auf Schritt und Tritt.*
Farbstrotzende Natur auf allen Wegen. In blinder Hingabe blühen Magnolien ins uferlose Blau. Zedern voller Geschichte neigen sich über die Stadt. Stumm ruhen die Parks, von Zweigen, Blüten und Ästen tausendfach durchzogen. Zarte Fontänen stochern Kreise in die spiegelnde Glätte. Friedlicher Wettstreit seit ewigen Zeiten: Palme und Gletscher, Goldregen und Firn. Meran, das Weltkind, in der Mitten... Nord und Süd fließen in breitem Strom einher. Einander berührend, begrenzend, verwischend. Nahtstelle zwischen Traum und Wirklichkeit. In beiden verwurzelt und beiden entschwebend. Meran – die goldene Mitte.

Auf unterschiedliche Funktionen von Ausdrucksvariation bei referenzidentischer Wiederaufnahme geht Kleber (1996) ein: Merkmale hervorheben, Korrigieren oder Relativieren, Werten und steigernd Werten, Charakterisierung von Personen bei direkter Rede vor allem in der Literatur...

5.6 Merkmalsausprägungen: Kohärenz

5.6.1 Kohärenz

Vgl. zu diesem Kapitel auch Kap. 5.5.1. Unter *Kohärenz* wird das Herstellen eines Sinnzusammenhangs durch Rezipierende anhand eines Textes verstanden. Kohärenzrelationen sind nicht aus dem Text selbst ablesbar, sondern sie werden durch konkrete Rezipierende in konkreten Situationen (Keßler 1995, 305) konstruiert. Storrer (1999, 41) unterscheidet auf der Produzentenseite „Kohärenzplanung" und auf der Rezipientenseite „Kohärenzbildung". Der Text selbst enthält nur Hilfen oder Hinweise zur Kohärenzbildung (Rickheit/Schade 2000) und diese erfolgt im Rahmen der Textfunktion (Göpferich 1995, 51), des sozialen Sinnes eines Textmusters (vgl. Kap. 6): „Nicht die Sachordnung stiftet die Kohärenz, sondern der Gestus des Handelns von den Sachen" (Nussbaumer 1991, 153). Nussbaumer setzt allerdings Kohärenz und Thema gleich (1991, 152, 157 u.ö.); da jedoch ein Thema auch virtuell sein kann (s. Kap. 5.4.2.3: Themenverwendung), trenne ich beide:

Thema ist die globale Einheit, Kohärenzbildung die Voraussetzung für die Themen(re)konstruktion. Eine Themenformulierung ist nach Göpferich (1995), auch Brinker (^{5}2001), ein Kohärenzbildungshinweis. Kohärenz wieder wird u.a. mit Hilfe von Kohäsionshinweisen gebildet. Folgende Wissenstypen sind wichtig: Kohärenz des Textes wird (im Rahmen der Textfunktion) nach Schwarz (2000, 43) anhand dreier Typen mentaler Strukturen konstruiert (vgl. Kap. 5.5.3): Sprach- und Weltwissen (mit episodischem Wissen), Situationswissen und Art des bereits aufgebauten „Textweltmodells".

Ein Beispiel: Eine besondere Art des stilistischen ABWEICHENs vom üblichen Einsatz von Kohäsionsmitteln (Sprachwissen) zeigt das folgende Beispiel (aus: Frankfurter Allgemeine Zeitung, 23.9.1998, eine ganze Seite), unmittelbar vor der Bundestagswahl von 1998 (Situationswissen, s.u. Situationalität). Zum Weltwissen als Hintergrund gehört das Wissen über ‚Wahlkampf', zum episodischen Wissen, dass Schröder der Spitzenkandidat einer der großen Volksparteien ist:

(1) Schröders
 Wahlprogramm
 bringt bestimmt,
 vielleicht,
 auf jeden Fall
 aber, obschon,
 dies aber ganz
 sicher. Wir
 bleiben dran.

Am linken Rand steht in sehr kleiner Schrift: „So beschreibt eine schweizer Zeitung das programmatische Profil von Gerhard Schröder" und „V.i.S.d.P.: Michael Droste, Egelscheidter Straße 60, 40883 Ratingen"; damit wird der im Sinne des Presserechts Verantwortliche angegeben.

Die Textfunktion Wahlkampfwerbung ist im Rahmen der Zeitpragmatik eindeutig gemacht durch den Textbeginn mit *Schröders Wahlprogramm*. Das Prädikat *bringt* erhält hier keine Objektsergänzung, kein Komplement; es liegt auch keine Ellipse vor. Dafür ist das Prädikat erweitert um einige Einstellungsdrücke (Angaben bzw. Supplemente), mit denen widersprüchlich ‚Wahrheit' verstärkt, abgeschwächt und wieder verstärkt (Wiederholung gleicher Wortart) wird. Es folgen eine Reihe ‚Gegensatz' anzeigender Konnektoren, der letzte wieder mit einem die Wahrheit beteuernden Ausdruck. Gegen Ende finden wir zwei ‚leere' Referenzausdrücke (*dies* und *dran*), denn die Pronomina weisen weder anaphorisch zurück noch kataphorisch vor. *Dies aber ganz sicher* kann als Gleichzeitighandlung Schröder in den Mund gelegt sein, aber ebenso auch eine Meinungsäußerung mit Bezug auf das Vorherige durch den Inserenten. *Wir bleiben dran* kann auch einerseits ein „Zitat" sein, aber es kann zugleich auch auf die hier nicht genannte inserierende Partei Bezug genommen sein. Im letzten Fall ist es semantisch mehrdeutig: ‚Wir bleiben dran an Schröder, ihm auf den Fersen' und ‚Wir bleiben an der Macht'.

Der Text erfüllt ohne Weiteres die Textfunktion der parteilichen Diffamierung des Gegners zur Wahlzeit. Er tut es gerade durch die ‚leeren', fehlenden oder unklaren Referenzen und die bei den Konnektoren fehlenden Propositionen: ‚Es wird über Nichts geredet und zwar widersprüchlich und mit viel Aufwand' könnte die Information lauten: eine besondere Art der Sachverhaltsdarstellung. Im Rahmen von Textfunktion und Zeitpragmatik (Situationalität) ist diese Äußerungsfolge dann doch als kohärenter Text zu konstruieren. Kohärenzbildung durch Rezipierende wird also durch folgende Teilaspekte befördert:
– Erkennen der Textfunktion aufgrund kommunikativen Handlungswissens
– Wissenstypen:
  • Situationswissen
  • Sprachwissen einschließlich Frames, Wissensdomänen
  • prozedurales Wissen
  • generelles Weltwissen
  • Ereigniswissen als episodisches Wissen über spezielle Ereignisse, Personen, Gebäude...
  • Textkenntnisse (intertextuelle Bezüge: Keßler 1995, 307)
  • Grad des Aufbaus eines „Textweltmodells"
– Kohärenzbildungshinweise („Anweisungen": Keßler 1995, 304) im Text:
  • Themenformulierung
  • Kohäsionsmittel einschließlich Typen von Rekurrenzen usw.

Schnotz (1994, 71f.) beschreibt den „Aufbau von Wissensstrukturen" bei der Textrezeption folgendermaßen: „Das (...) Bemühen eines Individuums, das Dargebotene sinnvoll zu machen, entspricht der kognitiven Schematheorie zufolge (...) einem Zusammenspiel von auf- und absteigenden Schema-Aktivationen. Textverstehen ist damit kein Prozess mit einem von vornherein feststehenden Ablauf, sondern entspricht eher einem dialektischen Problemlösungsprozess, bei dem im Hinblick auf ein vage definiertes Ziel bestimmte Lösungsentwürfe generiert und auf ihre innere und äußere Widerspruchsfreiheit überprüft werden. (...) Wird dabei ein gewisser Kohärenzgrad erreicht, so wird dies als subjektiv befriedigend empfunden: Das Individuum betrachtet das Ergebnis als sinnvoll und verzichtet auf eine weitere kognitive Verarbeitung. Welcher Kohärenzgrad dabei als ausreichend angesehen wird, hängt allerdings von der aktuellen Zielsetzung ab und ist auch interindividuell verschieden." Die „lokale" Kohärenzbildung (Schnotz 1994) wird also immer wieder abgeglichen mit der bisherigen „globalen" Kohärenzbildung.

Schnotz unterscheidet für wissensvermittelnde Texte „obligatorische" und „fakultative" Kohärenzbildungshilfen (1994, 259ff.). Zu den obligatorischen zählt er die Kohäsion anzeigenden Mittel und außerdem (1994, 275) alle Mittel der typografischen Gestaltung von Texten (also Materialität). Er sieht diese (1994, 276) „gewissermaßen im Grenzbereich zwischen obligatorischen und fakultativen Kohärenzbildungshilfen". Zu den fakultativen zählt Schnotz (1994, 276ff.) vorangestellte, eingefügte und nachgestellte Kohärenzbildungshilfen: Überschriften, Vorstrukturierungen, Marginalien, Lernfragen und Zusammenfassungen. Außerdem betont Schnotz (1994, 196f.) die Wichtigkeit der globalen Textstrukturierung: „Der Aufbau eines Textes hat (...) Einfluss auf die Leichtigkeit bzw. Schwierigkeit" der Verstehensbildung, auch der „Art und Anzahl der vollzogenen Inferenzen". (...) „Durch die spezifische Art des Textaufbaus ergibt sich bei der Verarbeitung jeweils ein bestimmter Sinnfluss (...)." Bei diskontinuierlichem Textaufbau wird „ein insgesamt geringerer Kohärenzgrad erreicht (...) als bei einem kontinuierlichen Textaufbau" (vgl. Kap. 4.2.2). Nähe und Entfernung von Informationsangeboten haben Einfluss auf das bessere oder schlechtere Herstellen von Zusammenhängen.

Eine Skala der Kohärenzbildungsmöglichkeiten kann bisher etwa so beschrieben werden, vgl. auch Kap. 5.6.7.

schwer	leicht
- Fehlen von Kohäsionsmitteln	- Kohäsion verstärkt, vermehrt, angezeigt
- Themenformulierung fehlt/irreführend/verrätselt...	- Themenformulierung explizit
- globale Gesamtstruktur undeutlich	- globale Gesamtstruktur deutlich
- das Wichtigste am Schluss	- das Wichtigste am Anfang
- sehr viele/sehr wenige Absätze	- durchsichtige Absatzstrukturierung
- undeutliche/fehlende Untergliederung	- interne Untergliederung deutlich

Abb. 5.6–1 Skala der Kohärenzbildungsmöglichkeiten

Je nach der Textfunktion kann erschwerte Kohärenzbildung funktional sein – bei stilistisch ‚besonderen' Texten – oder dysfunktional: bei informierenden oder instruierenden Texten.

5.6.2 Beispiele für globale Textstrukturierung

Hier können nur wenige der stilistisch relevanten Möglichkeiten exemplarisch aufgeführt werden. Dabei kann globale Textstrukturierung formalstrukturell, inhaltlich und textfunktional eine Rolle spielen.

a) formal-strukturelle und inhaltliche Strukturen im Zusammenspiel: Die globale Textstruktur sorgt im folgenden Beispiel im Zusammenhang mit Inhaltlichem für Kohärenzangebote (aus: Die Zeit, 25.5.2000, 1):

(2) **Luxus**
Nach dem Besuch im Supermarkt den Einkaufswagen mit der Münze nicht zur Kasse zurückschieben, sondern auf dem Parkplatz stehen lassen. Ganz souverän ins Auto steigen, langsam davonfahren, in den Rückspiegel gucken: wie sie da plötzlich alle angerannt kommen. Das ist bestes Pay-TV, für eine Mark.

Oder von Pfandflaschen zu Dosen wechseln. Und dann zack, zack, ab in die graue Tonne. Mit Batterien, Nudelresten, Jogurtbechern. Mal loslassen. Wie gut das tut.

Oder Bahnfahrkarten im Zug lösen. Den Schaffner umständlich hantieren sehen mit dem Ticketmaschinchen. Ihm einen großen Schein geben. Sein Stirnrunzeln, sein erfolgloses Rühren im Portemonnaie, sein Verschwinden. Den Geiz, den Neid der Mitreisenden auskosten. Die sich eine halbe Stunde vor dem Schalter ärgern, statt im Abteil fünf Mark mehr zu bezahlen. Die noch nie in aller Ruhe eine Banane gegessen haben, während sie ihr Wechselgeld gerne erwarten.

Die Einkaufswagenzurückschieber, Gelbesackbenutzer und Amschalterbezahler, die sind völlig in Ordnung. Aber sie sind unfähig zum Genuss. Eher bringen sie ihr Geld an der Börse durch, als sich jeden Tag einen kleinen Luxus zu erlauben.
ULRICH STOCK

Die ersten drei Absätze geben als globale Dreierstruktur Beispiele aus dem modernen Leben, repräsentiert durch unterschiedliche Frames, deren konventionelle Vorgaben für soziale Verhaltensweisen hier in der Verbalisierung durchbrochen werden. Jeder Absatz wird durch eine Äußerung beendet, die nicht wie viele der vorherigen eine Infinitivkonstruktion darstellt. Am Ende des ersten Absatzes steht eine erste Pointe im Verbalsatz, insofern hier auf ein bezahltes Reality-Fernsehen angespielt wird. Am Ende des zweiten Absatzes ein Ausrufesatz, am Ende des dritten zwei syntaktisch parallele, aber inhaltlich KONTRASTIERENDE Relativsätze. Diese Dreierstruktur suggeriert eine Ganzheit (vgl. Sandig 1996b). An ihrem Ende erfolgt ein Stilwechsel: Es gibt nur noch vollständige Verbalsätze. Dadurch ‚beruhigt sich' der Ton und führt auf die Pointe zu. Auf die vorherigen Absätze wird Bezug genommen durch Wiederaufnahmen besonderer Art: Mit modernen FROTZEL-Ausdrücken vom Typ *Warmduscher* (vgl. Saarbrücker Zeitung, 17.5.2000, 1: *Der Warmduscher macht sich auf den Weg in den Duden*). Die

Reihenfolge dieser Ausdrücke entspricht derjenigen der zugehörigen Absätze: *Die Einkaufswagenzurückschieber, Gelbesackbenutzer und Amschalterbezahler, die sind völlig in Ordnung.* Im Unterschied zu der Dreierfigur der vorherigen Absätze ist diese hier syndetisch gereiht und als Herausstellung (Linksversetzung) in einen Verbalsatz integriert. Das Ende der Beispiele der drei ersten Absätze wird im vierten Absatz also durch deutlichen Stilwechsel angezeigt. In diesem Absatz erfolgt die ironische Interpretation der Beispiele mit der Pointe am Ende. Die Gesamtstruktur erfährt eine globale stilistische Rahmung durch *Luxus* und *kleiner Luxus* (sprachliche Abrundung: Kap. 4.2.1.1b und Sandig 1996b). Alles zusammen legt die Gesamtinterpretation des Textes nahe: ‚Statt verbissen dem Luxus nachzujagen, z.B. an der Börse und damit Risiken einzugehen, und statt bravem Angepasstsein, sollte man *mal loslassen*, gelassener und großzügiger sein, auch mit sich selbst, und das genießen'.

Ein Beispiel anderer Art bietet Goethes berühmtes Gedicht; auch hier spielen formal-strukturelle und inhaltliche Gegebenheiten ineinander:

(3) WANDRERS NACHTLIED

Über allen Gipfeln
Ist Ruh,
In allen Wipfeln
Spürest du
Kaum einen Hauch;
Die Vögelein schweigen im Walde.
Warte nur, balde
Ruhest du auch.

Kohäsionsmittel sind hier Reim, zeilige Schreibung zur Verdeutlichung des Reims (vgl. Kap. 5.9.3.1) und Rhythmus. Dieser ist in den ersten vier Zeilen nur leicht variiert, in den vier letzten variiert er bei veränderter Reimstruktur jedoch stärker. Das Thema könnte man mit ‚Schweigen und Ruhe (in) der Natur bei Nacht' benennen, aber die rhythmische Struktur zeigt die ‚Veränderung von Bewegung B zu Ruhe R' an: Abb. 5.6–2.

Es laufen also mehrere globale Strukturen hier parallel. Hinzu kommt, dass hier tief in unserer Kultur verwurzelte Lautmuster verwendet wurden, die Ross (1980) anhand phraseologischer Verbindungen erarbeitet hat:
– erst vorderer Vokal (*Gipfeln ist*), dann hinterer (*Ruh*) und *In (...) Wipfeln* mit Übergang *spürest* zu *du*.
– erst kurzer Vokal, dann langer (mit ebendiesen Beispielen).

Dabei gilt nach Ross (ebda.) auch: erst weniger Silben, dann mehr. Weil dies aber in den ersten beiden Zeilenpaaren nicht der Fall ist, sondern gerade umgekehrt, deshalb wird die lautlich-ikonische Darstellung der ‚Beruhi-

5.6 Merkmalsausprägungen: Kohärenz

Bewegung B (Rhythmus)		Raum: Ferne	Unbelebt
B	Über allen Gipfeln	weiter weg	Berge
R	Ist Ruh		
B	In allen Wipfeln	näher	Bäume
R	Spürest du		
RBR	Kaum einen Hauch		
B	Die Vögelein schweigen im Walde	noch näher	Tiere
BRB	Warte nur, balde	du; Mensch(en) als Zentrum	Mensch
R	Ruhest du auch		
Ruhe R (Rhythmus)		Raum: Nähe	Belebt

Abb. 5.6–2 Globale Textstrukturen

gung' umso wirksamer. Auch die letzten beiden Zeilen zeigen (erst vorderer, dann hinterer Vokal) gedoppelt diese ikonische Abbildung. Die Reihenfolge von Unbelebt zu Belebt widerspricht ebenfalls (nach Ross 1980, 48) einer Natürlichkeitsregel: „Ausdrücke für Lebewesen stehen vor Ausdrücken für Nichtbelebtes" im Rahmen der „Ich-vor-allem-Regel": z.B. *Mensch und Tier; Menschen, Tiere und Gestein.* Das Gedicht hat also eine aus mehreren globalen Teilstrukturen integrierte globale Struktur.

b) Zusammenspiel inhaltlicher Strukturen: Hier ein moderner literarischer Text von Heiner Müller aus dem Jahre 1958, den Keßler (1995) bearbeitet hat:

(4) *DER GLÜCKLOSE ENGEL. Hinter ihm schwemmt Vergangenheit an, schüttet Geröll auf Flügel und Schultern, mit Lärm wie von begrabnen Trommeln, während vor ihm sich die Zukunft staut, seine Augen eindrückt, die Augäpfel sprengt wie ein Stern, das Wort umdreht zum tönenden Knebel, ihn würgt mit seinem Atem. Eine Zeit lang sieht man noch sein Flügelschlagen, hört in das Rauschen die Steinschläge vor über hinter ihm niedergehn, lauter je heftiger die vergebliche Bewegung, vereinzelt, wenn sie langsamer wird. Dann schließt sich über ihm der Augenblick: auf dem schnell verschütteten Stehplatz kommt der glücklose Engel zur Ruhe, wartend auf Geschichte in der Versteinerung von Flug Blick Atem. Bis das erneute Rauschen mächtiger Flügelschläge sich in Wellen durch den Stein fortpflanzt und seinen Flug anzeigt.*

In modernen literarischen Texten werden oft Frames (oder Schemata) miteinander verknüpft, die in unserem Wissen völlig fern liegen. Für den Frame ‚Engel' gibt Keßler folgende Rekonstruktion:

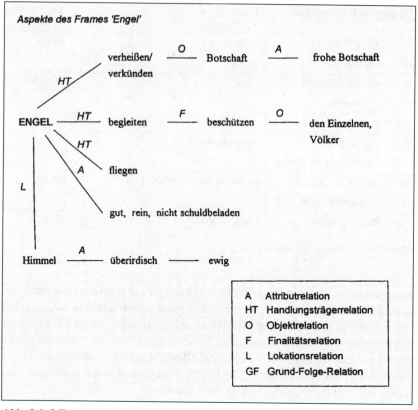

Abb. 5.6–3 Framestrukturierung ‚Engel' nach Keßler (1995)

Zu ergänzen ist dies durch folgende Gesichtspunkte, die im Text relevant werden („„Gesichtspunkte" werden nach Lutzeier 1985 in der Bedeutungsbeschreibung oft von Fall zu Fall relevant): Der ‚Engel'-Frame ist für die äußere Gestalt mit dem ‚Person'-Frame verknüpft – bis auf ‚A mit Flügeln' als prototypisches Unterscheidungsmerkmal. Keßlers Beschreibung ist außerdem zu präzisieren: L ‚ortlos' und dadurch A ‚Naturgewalten nicht ausgeliefert' und A ‚polyperspektivisch', nicht auf eine Perspektive festgelegt. Damit A ‚Zwängen nicht unterworfen'.

Dieser Frame nun wird verknüpft mit ‚Erdrutsch', ‚Geröllawine', was zwar – wie *Engel* – metaphorisch gemeint ist, aber im Text als sehr konkret auf den menschenähnlichen Engel einwirkend dargestellt wird. Auf den Wissensbereich ‚Engel' verweisen außer ‚Flügel' und Entsprechendem *Trommeln, wie ein Stern, tönend*, die hier aber verwendet werden, um ‚Zerstörung' darzustellen. Die Themenformulierung gibt zwar eine Anleitung zum Verstehen, aber sie verrätselt auch durch die Frame-Diskrepanz von *glücklos* und ‚Engel'. Als weiterer Frame wird das Zeitschema genutzt:

Abb. 5.6–4 Zeitschema

Im Text selbst ist diese Sequenz verändert zu: *Vergangenheit, Zukunft, Augenblick, Geschichte.* Der ganze Text folgt diesem Zeitschema. Im Rahmen von ‚Geschichte' erhält der Engel hier einen Teil seiner überirdischen Kräfte zurück: *Bis das erneute Rauschen mächtiger Flügelschläge sich in Wellen durch den Stein fortpflanzt und seinen Flug anzeigt.* Mit der ‚Zerstörung' des Engels – auf der Basis unseres Frame-Wissens – wird dieser auch auf ein lokales Schema bezogen, *hinter ihm, vor ihm, vor über hinter ihm, Stehplatz.* Damit wird der Engel – aus einer Beobachter-Perspektive – auf eine einzige Perspektive festgelegt, ähnlich wie ein Mensch.

Als Grundschema des Textes dient ‚Veränderung', mit ‚Steigerung' als Spezialfall bis hin zum Erreichen einer anderen Qualität am Ende des Textes. Damit wird zugleich das globale Schema des ERZÄHLENs als Art der Themenentfaltung (Brinker ⁵2001) genutzt, vgl. im Folgenden c) und Kap. 5.4.2.7.

Man sieht also, wie stark Kohärenzbildung durch das Ineinander unterschiedlicher aber erkannter Frames gefördert wird. Außer Frames sind „Aussagestereotype" für die Verstehensbildung wichtig, die „Eigenschaften von Personen, Dingen und Sachverhalten verallgemeinernd beschreiben und bewerten" (Feilke 1989, 146). Feilkes Beispiele sind: *Der Mensch ist schwach, Politik ist ein schmutziges Geschäft* usw. und Maximen wie *Der Klügere gibt nach* (1989, 140). Sie entsprechen „sozialen Alltagstheorien" zu Gegenständen und Sachbereichen (Feilke 1989, 138). Feilke nennt sie auch „thematische Stereotype". Solche thematischen Stereotype können als formelhafte Ausdrücke explizit eingesetzt werden, um den gemeinsamen Wissenshintergrund der Beteiligten zu sichern (Feilke 1989). Sie können aber auch – wie im folgenden Beispiel – implizit bleiben, als das „gruppenspezifische kulturelle Hintergrundwissen", die „geltenden sozialen Werte" (Feilke 1989, 144 und 146).

c) Konventionalisierte globale Strukturen: Konventionalisierte globale Strukturen liegen bei der Verwendung von Textmustern vor (vgl. Kap. 6). Auch für mündliche Texte stehen solche globalen Strukturen zur Verfügung (z.B.

Günthner 2000: „kommunikative Gattungen"), so beim Erzählen (Sandig 2000b), bei Wohnungsbeschreibungen (Ullmer-Ehrich 1979), bei Städtebeschreibungen (Hartmann 1987).

Im folgenden Beispiel geht es um eine Erzählung. Die globale Struktur besteht darin, dass gegenüber einer Ausgangssituation („Orientierung") am Ende nach einer „Komplikation" eine neue Situation („Auflösung") eintritt. Es wird konventionell ‚der Reihe nach' erzählt, mit Detaillierungen wie direkter Rede, aus einer Perspektive, auch der des Beobachters, und es wird gewertet aus damaliger bzw. Figuren-Perspektive und/oder aus der Perspektive des Erzählers – das Ziel ist die gemeinsame Bewertung, die Bewertungsteilung, von erzählender Person und Rezipienten. Es gibt globale Erzählmuster wie lustige Geschichte, Krankheitsgeschichte, Heldengeschichte, Angstgeschichte etc. (Michel 1985, 106), die oft auch durch stereotype Sprachformen und/oder Denkformen gekennzeichnet sind (Michel 1985, 107).

Abb. 5.6–5 Hoffmanns Erzählung

Diese Erzählung (aus: Die Zeit, 9.11.2000, Leben 6) folgt bis auf wenige Ausnahmen dem Erzählschema, wonach ‚der Reihenfolge nach' erzählt wird. Den inhaltlichen Kern kann man mit zwei thematischen Stereotypen nach Feilke (1989) benennen: ‚Handwerker haben solide zu arbeiten in angemessener Zeit für angemessene Bezahlung' und ‚Ein Pfarrhaus ist ein Ort der Menschlichkeit'. Beide Aussagestereotype geraten innerhalb der Erzählung in Konflikt (in der Komplikation der Erzählung); der ‚Punkt' der Erzählung ist der, wie dieser Konflikt gelöst wird.

5.6 Merkmalsausprägungen: Kohärenz

Es gibt also unterschiedlich komplexe Konzepte, mit deren Hilfe die Kohärenz beschrieben werden kann. Bei diesem Beispiel können zusätzlich die Frames ‚Familie' und ‚Haus' für eine detaillierte Kohärenz-Beschreibung genutzt werden, außerdem umfassendere Wissensdomänen wie ‚Arbeitswelt' und ‚Religion/Kirche'.

5.6.3 Pragmatische Präsuppositionen und Kohärenzbildung

In Kap. 5.6.1 war bereits die Rede davon, dass die konkrete Rezeptionssituation mit für die Kohärenzbildung ausschlaggebend ist. Pohl (1998) hat für Werbetexte (Textfunktion) Typen pragmatischer Präsuppositionen beschrieben. Für individuelle Texte sind diese Typen ebenfalls relevant (1998, 264ff.):
– „pragmatische Präsuppositionen über den Produzenten";
– dessen „pragmatische Präsuppositionen über den Rezipienten";
– „pragmatische Präsuppositionen über das umworbene Produkt", allgemeiner: über den Inhalt des Textes/den Text als solchen/die Textfunktion... und schließlich
– „pragmatische Präsuppositionen über die interaktive Beziehung zwischen Produzent und Rezipient sowie Rezipient und (...) Mitteilung" (Thema) bzw. über den Text als solchen, Textfunktion...
– Auch Zeit- und Ortspragmatik nach Nord (1988) kann man hinzuzählen, vgl. dazu Kap. 5.7: Situationalität.

Der folgende Text (s. Beisp. (13) in Kap. 5.5.3) enthält etliche Kohäsionsmittel, so die durchgehende Zählung der Äußerungen (vgl. Rothkegel 1993, 133: „Konnexion durch Nummerierung"). An deren Ende gibt es einen Stilwechsel: als zusätzliches Mittel der internen Untergliederung nach der Passage mit den Nummerierungen durch ein umgangssprachliches *na dann*, das im Umgangsstandard am Ende einer oder mehrerer Negativbewertungen üblicherweise die ‚abschließende' Bemerkung, ‚Bewertung', die Pointe etc. signalisiert (Leserbrief aus: Rhein-Neckar-Zeitung, Weihnachtsausgabe 2000):

(5) *„Na dann, frohe Weihnachten"*
 Deutsche Leitkultur?
 1. Das Alphabet aus dem Lateinischen.
 2. Die Zahlen aus Arabien und das Rechnen aus Indien.
 3. Die Religion und die heiligen Bücher aus dem Orient.
 4. Die Philosophie aus Griechenland.
 5. Die Medizin aus Griechenland, Arabien und China.
 6. Das Schießpulver aus China.
 7. Die Industrierevolution aus England.
 8. Die Kommunikationsrevolution aus Amerika.
 9. Der Wein aus dem Mittelmeerraum.

10. Der Weihnachtsbaum aus Skandinavien...
...na dann, frohe Weihnachten!
Dr. Monir Sheikh, Heidelberg

Trotz der starken kohäsiven Verknüpfung ist – auch angezeigt durch die ‚individuelle' typografische Gestalt, vgl. Kap. 5.9.3.1 – einiges an Kohärenzarbeit von den Rezipienten zu leisten. In der Überschrift geht es um das umstrittene Thema (vgl. Kap. 5.4.2.3: Diskurs) des Herbstes 2000 in der Bundesrepublik Deutschland, wonach eine der großen Volksparteien eine Orientierung an *deutscher Leitkultur* bzw. *Leitkultur in Deutschland* bei der Regelung von Einwanderung nach Deutschland verlangt. Die Unterüberschrift nennt, wie in der Zeitung üblich, das Thema, und die verrätselnde Hauptüberschrift ist als Zitat aus dem folgenden Leserbrief gekennzeichnet. Beide zusammen stehen in einem Verhältnis der Nicht-Kohäsion und inhaltlicher Nicht-Kohärenz, was bei LeserInnen Neugier erwecken soll. Der Brief beginnt stichwortartig, im Nominalstil, wobei der komplexe Begriff durch die Verwendung des Fragezeichens IN FRAGE GESTELLT wird. Dies geschieht im Einzelnen, indem einige wesentliche Bestandteile deutscher Kultur aufgezählt und bezüglich ihrer Herkunft aus näheren und ferneren Zeiten und Ländern bzw. Regionen charakterisiert werden. Im Rahmen der „Zeitpragmatik" (Nord 1988) der Weihnachtsausgabe der Zeitung schließt die Aufzählung mit einem wichtigen Requisit des Weihnachtsrituals ab. Das Resümee, das die Lesenden ziehen sollen, ist: ‚Bereits unsere traditionelle Eigenkultur sogar bezüglich Weihnachten ist bunt zusammengewürfelt, vielfach übernommen'. Diese Kohärenzbildung ist den Lesenden überlassen. Der Weihnachtswunsch am Ende ist deshalb – auch angezeigt durch das *na dann* – ironisch zu verstehen, jedenfalls denen gegenüber, die *Leitkultur* in Deutschland von anderen hier vertretenen Kulturen absetzen wollen. Auch dies ein Aspekt der Kohärenzbildung durch die Rezipierenden.

Pohls „pragmatische Präsuppositionen bezüglich des Produzenten" betreffen hier den Schreiber des Leserbriefs. Aufgrund des Namens und der summarischen Adresse kann man einerseits schließen, dass er oder sie AusländerIn ist oder gewesen ist, aber auch, dass diese Person promoviert und in Heidelberg ansässig ist. Im Zusammenhang der „pragmatischen Präsuppositionen" bezüglich des mitgeteilten Textinhalts kann man schließen, dass diese Person mehr über deutsche Kultur weiß, als mancher originär Deutsche und dass sie – „pragmatische Präsuppositionen über den Rezipienten" – dies auch für LeserInnen mitteilenswert hält. Schließlich wird durch den Wortgebrauch am Ende (*na dann*) eine „pragmatische Präsupposition über die interaktive Beziehung zwischen Produzent, Rezipient und (...) Mitteilung" ermöglicht: ‚Ich bin eine(r) von euch.' „Die ‚Gleichheit' von Produzent und Rezipient bestärkt die *interaktive Beziehung*" (Pohl 1998, 267). Aufgrund der trotzdem

5.6 Merkmalsausprägungen: Kohärenz

bestehenden Ungleichheit (der ‚fremd' klingende Name) reduziert die schreibende Person die Information jedoch sprachlich auf den Kern, verzichtet auf Wertungen, bietet inhaltlich und an Mitteilungsmenge nur die ‚Wichtigkeit' des Mitgeteilten ‚bescheiden' dar, auch dies eine Präsupposition bezüglich Textinhalt und interaktiver Beziehung.

Pragmatische Präsuppositionen als Aspekt der Situationalität (Kap. 5.7) dienen also auch als Hilfe bei der Kohärenzbildung.

5.6.4 Speziellere Kohärenzbildungshinweise

Bezüglich des Gebrauchs von Phrasemen hat Rothkegel (2000) drei Typen von Kohärenzhinweisen unterschieden: „Halter", „Klammer" und „Scharnier". Man kann diese drei Typen von Kohärenzbildungshinweisen verallgemeinern; sie werden zusätzlich zu den übrigen Kohärenzhinweisen relevant.

a) „Halter" meint, dass zu Beginn ein ‚Aufhänger' gegeben wird, der den wesentlichen Textsinn andeutet und im Text weiter elaboriert wird. Ein „Halter" kann Themaformulierung oder Anfangsäußerung einer Passage sein. Ein Beispiel aus der „Tageszeitung" vom 16.5.2001, 20: Rubrik „Die Wahrheit":

(6) **Miss verbietet Mufti-Wahlen**
KAIRO dpa/taz ■ Der Mufti von Ägypten, Nasser Farid Wasel, hat die Regierungen aller islamischen Länder aufgerufen, Miss-Wahlen zu verbieten. Veranstaltungen wie die jüngste Wahl zur Miss Ägypten verstießen gegen die Scharia, weil sich die Mädchen dabei halb nackt vor Männern präsentierten, wurde der Mufti am Dienstag in der ägyptischen Presse zitiert. „Der Islam ist eine Religion der Reinheit", meinte er. Daraufhin hat die Miss Ägypten alle islamischen Länder aufgerufen, Mufti-Wahlen zu verbieten. Muffige alte Fusselbärte würden gegen die Reinheit des Islam verstoßen.

Der Sinn der Überschrift lässt erstaunen, macht ratlos... Der Titel formuliert aber das Thema des Textes. Außerdem wird hier als globale Themenstrukturierung das Muster DEN SPIESS UMDREHEN genutzt.

b) Eine „Klammer" entsteht, wenn zu Beginn ein interpretierender Ausdruck gewählt wird, um Zentrales anzudeuten, und wenn dieser Ausdruck gegen Ende erneut aufgenommen wird. Der Text *Luxus* (Beisp. (2) im Kap. 5.6.2) ist ein Beispiel dafür: Die Überschrift heißt *Luxus* und dieser Ausdruck wird in *kleiner Luxus* am Ende des letzten Absatzes erneut aufgenommen. Vgl. auch das Beispiel (10) in diesem Kapitel und Beispiel (3) in Kap. 5.9.2.1a.

c) „Scharnier" ist dazu geeignet, als einzelner Ausdruck, Äußerung oder Äußerungssequenz zwei verschiedene Frames oder Textteile miteinander zu verbinden. Ein Beispiel aus Wolfgang Borchert, Lesebuchgeschichten:

(7) *Alle Leute haben eine Nähmaschine, ein Radio, einen Eisschrank und ein Telefon. Was machen wir nun? fragte der Fabrikbesitzer.*
Bomben, sagte der Erfinder.
Krieg, sagte der General.
Wenn es gar nicht anders geht, sagte der Fabrikbesitzer.

Dieses Beispiel wird besprochen in Gréciano (1995, 99f.): Der Frame der Haushaltsgegenstände bestimmt den ersten Absatz. *Was machen wir nun?* wird im Kontext verstanden als Ausdruck der ‚Ratlosigkeit': ‚Wie geht es jetzt weiter?' und gleichzeitig als ‚Was stellen wir nun her?' nämlich: welche Haushaltsgegenstände? Aber im Folgekontext wird die Äußerungsbedeutung eingeengt auf die zweite Bedeutung und es wird ein Kriegsframe aufgebaut, in dessen Rahmen das *machen* geradezu naiv und euphemistisch wirkt: „*Bomben* und *Krieg* werden gleichgesetzt mit Gebrauchsgegenständen des Alltags", ein Mittel, „die anklagende Stimme des Autors" (Gréciano ebda.) interpretierbar zu machen. Elemente zweier unverträglicher Frames werden scheinbar mühelos miteinander verknüpft; es liegt eine inhaltliche Mustermischung vor, indem fließend, überlappend durch das „Scharnier" von einem Frame zu einem anderen übergegangen wird.

„Scharnier" kann mit sehr verschiedenen spezielleren Funktionen eingesetzt werden. Z.B. wird im Small-Talk oft ein nebensächlicher Äußerungsteil des vorherigen Gesprächspartners als Stichwort für ein neues Thema aufgegriffen, um so „vom Hölzchen aufs Stöckchen" zu gelangen.– „Scharnier" wird wie Wotjak (1999, 57ff.) zeigt, auch gern in Sprachwitzen genutzt: Phraseme als Scharniere werden entweder wörtlich genommen weitergeführt oder mehrdeutig gemacht:

(8) *Ein Jude am Sabbat zum anderen:*
 „Haste genommen ein Bad?"
 „Wieso, fehlt eins?"

(9) *Keuchend hängen zwei schiffbrüchige Bankiers an einer treibenden Holzplanke.*
 Da ächzt der eine: „Können Sie sich noch lange über Wasser halten?"
 Empört stöhnt der andere gurgelnd: „Wie kann man in einer solchen Situation übers Geschäft reden!"

Der Sprecherwechsel im Witz wird für die Umorientierung genutzt (ebda.).

d) Als weitere Möglichkeit ist das ANALOGISIEREN verschiedener Textteile zu nennen. Ein Beispiel aus der „Tageszeitung" (13./14.11.1999, 16): Es steht in einer Abfolge immer gleich mit *Das Buch Matthäus* überschriebener Artikel, die den Weggang des zu diesem Zeitpunkt 38 Jahre alten Starfußballers Lothar Matthäus zu einem New Yorker Fußballclub glossieren.

(10) Das Buch Matthäus
 Noch 49 Tage
 Die Hochlichter („Highlights") im Wirken von Lothar Länderspielkönig reißen nicht ab. Bevor er Gongschlag 2000 nach New York wechselt, will er morgen Weltrekord-

5.6 Merkmalsausprägungen: Kohärenz

kicker werden: Mit dem 143. Länderspiel zieht er mit Thomas Ravelli (Schweden) gleich. Indes: US-Kickerin Kristine Lilly hat schon 191 Spiele, aber die ist ja Frau und da komme er, so LoMa, geschlechtsbedingt „immer auf andere Gedanken".

„Und siehe, eine Frau kam und schrie: Ach Herr du Sohn Davids, erbarme dich meiner!" (Matth. 15, 22)

Typografisch markiert und von den Kohäsionsmitteln her handelt es sich um zwei getrennte Texte. Die Reihen-Überschrift und die Angabe des Fundortes des zweiten Textes jedoch bilden eine „Klammer", s. b): *Das Buch Matthäus* ist der Titel eines Teils der Bibel, *Matth. 15, 22* eine typische Stellenangabe für ein Bibelzitat. Der kursiv gesetzte Text zeigt typische Züge des Bibelstils (vgl. Kap. 4.5.1), indem er mit *Und siehe* beginnt, auch die Anrede *Herr* und das *erbarme dich meiner* gehört in diesen Bereich. Der Name *Matthäus* mit seinen verschiedenen Referenten in unterschiedlichen Kontexten ist zugleich der „Konnektor" (Rehbein 1983) dieser Mustermischung, in der zwei konventionell nicht verträgliche Muster zum Zwecke des Vermittelns ‚unernster' Interaktionsmodalität sequenziert werden. – Zur Textfunktion Glosse passt auch das ironische Bezugnehmen auf die zentrale Figur: In dem ersten Textteil wird auf Lothar Matthäus nur spöttisch referiert, indem er mit Nebenbei-Prädikation *Lothar Länderspielkönig* genannt wird, d.h. das nebenbei zu Prädizierende wird hier wie ein Eigenname verwendet; bei der zweiten nicht-pronominalen Wiederaufnahme (Brinker ⁵2001) wird sein Name wie ein inoffizieller Personenname (Kany 1992) verkürzt: *LoMa*. Diese Art zu REFERIEREN verträgt sich hier auch gut mit der ‚ironischen' Gestaltung des übrigen Textes: Mit *Hochlichter („Highlights")* wird wohl auf die Englischkenntnisse von Matthäus angespielt: ‚er braucht eine Übersetzung'...

Dieser Text handelt davon, dass Matthäus selbst seinen Weltrekord als bedeutsam ansieht, während er den sehr viel höher liegenden Rekord einer Frau (des Landes, in das Matthäus wechseln wird) als nicht zählend bewertet; dabei wird deren Geschlecht als solches thematisiert. Der zweite Text nun beginnt mit der Referenz auf *eine Frau*, und über diese wird prädiziert, sie ‚flehte um Erbarmen'. Es wird also eine Analogie nahe gelegt, denn auch hier geht es um das Verhältnis Mann/Frau, durch einen anderen Stil noch hervorgehoben: Die *US-Kickerin* sollte *Erbarmen*, d.h. die ihr zustehende Bewertung, erfahren. Framebezogene Analogie und Abfolge im Text sind also hier die stilistisch relevanten kohärenzbildenden Vorgaben, dabei bildet die Thematisierung des Frauseins einen zusätzlichen Verknüpfungshinweis. Wichtig dafür, dass diese Vorgaben auch genutzt werden können, ist allerdings die globale Textstruktur mit der globalen „Klammer" als Rahmung.

Brinker (⁵2001) weist auf die Dominanz der Textfunktion auch für die Themenbildung hin: Diese muss (nach dem „Kompatibilitätsprinzip") mit der Textfunktion kompatibel sein. Hier ist die Textfunktion das Glossieren der ‚Taten' von Lothar Matthäus. Und so bildet das Bibelzitat in dieser Glosse einen kritisch-ironischen Kommentar zum vorher Thematisierten.

Ein weiteres Beispiel für ANALOGISIEREN ist Brechts *Der beste Stil* aus: Geschichten vom Herrn Keuner (Frankfurt/M. 1971, 90). Dabei erlaube ich mir allerdings ein „Rewriting" des Textes, indem ich eine andere ideologische Position einnehme (zu beidem: Carter/Nash 1990):

> (11) *Das einzige, was Frau Keuner über den Stil sagte, ist: „Er sollte zitierbar sein. Ein Zitat ist unpersönlich. Was sind die besten Töchter? Jene, welche die Mutter vergessen machen!"*

Hier erfolgt der Sprung in eine vordergründig andere Textwelt ohne zusätzliche typografische Markierung; das Schriftbild zeigt ‚Kontinuität' an. Im Kontext des BEGRÜNDENs ist jedoch die ‚übertragene' Bedeutung konstruierbar.

Auch als Teilverfahren innerhalb eines Textes kann das ANALOGISIEREN genutzt werden: In Radio-Fußballreportagen, die ein spezielles narratives Textmuster darstellen, finden wir häufig zum UNTERHALTEN der Zuhörer analoge Einsprengsel. Das folgende Beispiel stammt aus der „ARD-Schlusskonferenz", das sind mehrere zusammengeschaltete Reportagen samstagnachmittags in der Endphase zeitlich parallel laufender Fußballspiele. Transkription: Marek Nepomucky; / für kurze Pause bis 1 sec., // für Pause über 1 sec., + für Gleichzeitigsprechen:

> (12) Manfred Breuckmann: *... da sitzt er an der außenlinie in seinem / himmelblauen anzug / die farbe des hauptsponsors // sieht ein bisschen aus wie der eintänzer aus der filminarbar* (sic) *Christoph Daum / der kommende nationaltrainer er hat gesagt in dieser saison / +* Johannson: *... tor in Bremen... +* **da wollen wir salat in der wüste züchten**
>
> Manfred Breuckmann: *irgendwo fällt ein tor / 2:0 für Leverkusen übrigens*
>
> Wilhelm Johannson: *ja / tor im Bremer Weserstadion (...) und zurück wieder zu Manni Breuckmann nach Leverkusen*
>
> Manfred Breuckmann: *2:0 für Bayer Leverkusen* **mit dem salat züchten in der wüste das klappt ganz gut** *der chef an der salatbar / ist heute Ulf Kirsten 14. und 24. minute nach einer halben stunde war das ding gelaufen / und die Wolfsburger heute nichts als eine ganz enttäuschen / de / leistung // (...)*

Kriterium für das ANALOGISIEREN ist das völlige Verändern der Referenz und der darauf bezogenen Prädikation: *da wollen wir salat in der wüste züchten*. Lediglich das *da* schafft einen vagen Bezug. D.h. den Rezipierenden wird eine völlige Veränderung bezüglich der bisherigen Textwelt, die sie mental aufgebaut haben (vgl. Schwarz 2000), zugemutet. Aufgrund der Relevanz-Erwartungen interpretieren die Rezipierenden die Äußerung jedoch als kohärent, eben als Analogie-Aussage, die hier zum EMOTIONALISIERENDEN Bewerten genutzt werden kann.

Es handelt sich in allen diesen Fällen um das HERANTRAGEN eines Themas (vgl. Kap. 5.4.2.3) an ein anderes, um dem dominierenden Thema mehr Farbigkeit zu verleihen, mehr Emotionalität und persuasive Kraft; dabei können die Rezipierenden Parallelen zwischen dem Herangetragenen und dem Nicht-Ausgedrückten bezüglich des eigentlichen Themas konstruieren.

5.6.5 Stilistische Kohärenz

Bei Fleischer/Michel/Starke (1993, 64f.) wird der Terminus „stilistische Kohärenz" anders verwendet als hier; sie verstehen darunter (1993, 65) eine „stilistisch geschlossene (kohärente) Gestaltung". Dies wird hier als generelle Eigenschaft von Stil vorausgesetzt: Nur so ist ein Stil als solcher über eine längere Passage hinweg erkennbar. Püschel (2000, 484) nennt das Stilmuster des FORTFÜHRENs für die stilistische Kohärenz wichtig. Van Dijk/Kintsch (1983, 17f.) sehen „stylistic coherence" als Ergebnis von Stilstrategien, mit denen zusätzliche Bedeutungen zu verstehen gegeben werden können: „to infer many properties of the speaker or the social context, such as anger, love, cooperation, dominance, or class membership...." D.h. in allen genannten Fällen ist „stilistische Kohärenz" soviel wie (einheitlicher) Stil mit seinen möglichen Typen sozialen Sinns.

Hier wird der Terminus spezieller verwendet: für Kohärenzhinweise stilistischer Art, die zu anderen Kohärenzangeboten hinzukommen. Es ist zu beobachten, dass ein Text eine Kette von Kohärenzhinweisen zur Interpretation anbietet, die rein stilistische Funktion hat: Sie dient dazu, den Text stilistisch AUSZUGESTALTEN und damit ‚interessant', ‚besonders'... zu machen und dadurch wieder die Textfunktion zu unterstützen, zu modifizieren...

a) Ein Beispiel ist die folgende Mercedes-Reklame für Gebrauchtwagen (Saarbrücker Zeitung, 18./19.3.2000, 37). Das Bild zeigt einen Mercedes neueren Typs, direkt von vorn fotografiert. An der Stelle des Nummernschildes steht *Gebrauchtwagen*. Die Werbe-Schlagzeile lautet:

(13a) *Können diese Augen lügen?*

Mit *diese Augen* wird metonymisch auf die ‚Lampen zum Sehen' verwiesen, auch metaphorisch als Teil des ‚Gesichts' des Autos. In der Textcopy heißt es:

(13b) *Bei Mercedes-Benz gibt es viele attraktive Gebrauchte. Doch mal ehrlich, würden Sie beim Kauf dem Augenschein trauen? Eben. Deshalb sind unsere Gebrauchten werkstattgeprüft und haben die Mercedes-Benz Europa-Garantie. Und bei den Angeboten zur Finanzierung und Inzahlungnahme sollten Sie ruhig einmal einen Blick riskieren.*

Der Phraseologismus *dem Augenschein trauen* könnte themenbedingt durchaus ersetzt werden durch *sicher sein, dass Sie Qualität erhalten, dass das Fahrzeug keine Mängel hat* usw. Statt des Phraseologismus *einen Blick riskieren* könnte es heißen: *sich informieren*. Aber in der vorgefundenen Form, mit dieser Kette der uneigentlich verwendeten Ausdrücke *Augen, Augenschein, Blick* ist der Text ‚sorgfältiger gemacht', was sich angesichts der persuasiven Textfunktion positiv auf das Image der Werbenden auswirken kann.

Darauf, dass stilistische Kohärenz auch auf größere Distanzen im Text aufgebaut sein kann, weist Pankratowa (1997, 201) hin: „Wie ein roter Faden ziehen sich manche Phraseologismen durch breit angelegte Romane, sie durchdringen einige Werke und werden dadurch zum Grundstock, zum eigenartigen Kernpunkt der Darstellung im Großen und Ganzen. So verwendet L. Feuchtwanger die der Bibel entnommene phraseologische Einheit *Fleisch und Blut* als sogenanntes „durchgehendes Bild" in seinem Roman „Jefta und seine Tochter", wo der Hauptheld seine heißgeliebte Tochter Gott zu opfern beschloss; es folgen Belege aus dem Text.

Betrachten wir in diesem Zusammenhang nochmals Hoffmanns Erzählung (Abb. 5.6–5). Im zweiten Absatz zitiert der Erzähler die Sprüche, die die Figur des Tischlers klopft. Darunter *Der liebe Gott belohnt die Fleißigen*. Diesen Spruch variiert der Erzähler am Ende als Pointe der Erzählung: *mit der tiefen Gewissheit, dass der liebe Gott nicht nur die Fleißigen belohnt*. Außerdem sind noch einige weitere stilistische Kohärenzbeziehungen im Text angelegt: Die Figur des Vaters bewertet die Tischler-Sprüche als *doofe Sprüche*. Er selbst verwendet auch ein „Motto", allerdings einen abgewandelten Spruch: *Verstehen ist gut, Verständnis ist besser* nach dem Muster *Vertrauen ist gut, Kontrolle ist besser*. Durch diese Relationen von *Sprüchen* gibt der Autor seinem Text eine subtile Scherzqualität, ein Augenzwinkern, das zu seinem lächelnden Konterfei passt. Weiter ist im letzten Absatz von *Wortsplittern* die Rede und von *Türfüllung*, beide passend zum Tischlerframe, als eine Form der Ähnlichkeitsstruktur (Kap. 3.1.2.7). Diese spielt auch im folgenden Fall eine Rolle und zwar mehrfach (aus: Die Zeit, 19.12.2001, 43: Literaturbeilage):

(14) **Die Gans der Liebe**
Wie Auguste, der Festtagsschmaus,
wundersamerweise Weihnachten überlebte

Die Gans ist nicht zum Braten da. Hat Wolfram Siebeck vor zwei Wochen in der ZEIT klargestellt. Causa finita.

In alten Zeiten indes, da schmeckte es manch einem schon, so ein Gänschen mit Rotkraut und Äpfeln. Damals, vor der neuen Warmzeit, als es Weihnachten oft noch richtig knackig kalt war draußen, da knackte man drinnen gern eine heiße Kruste

5.6 Merkmalsausprägungen: Kohärenz 405

zum Feste. Auch Luitpold Löwenhaupt, Opernsänger, hat sich so etwas vorgestellt, als er, die Stille und Heilige Nacht fest im Blick, fünf Kilo Gans einkauft und erst mal in einer Kiste im Keller einquartiert. Denn die fünf Kilo sind noch sehr lebendig und sollen bis zum Schlachttag wohlverwahrt sein.

Doch schon bemächtigen sich Löwenhaupts Kinder des Tiers. Peter, dem Jüngsten, schnattert sie gar so ans Herz, dass er sie heimlich mit in sein Bettchen nimmt, wo sie dann selig ruhen, Seit' an Seit', Auguste und er.

Wie kann man da noch zum Messer greifen! Luitpold Löwenhaupt jedenfalls, dem großen Sänger, misslingt seine Dolch-Arie gründlich. Bleibt nur die List, bleibt nur das Gift. Heimlich mischt er Veronal ins Vogelfutter, und am nächsten Nachmittag, nach dem Mittagsmahle, kippt Auguste leblos um. Tja, bedeutet Vater Löwenhaupt heuchlerisch den Seinen, da kann man gar nichts machen, wahrscheinlich hält sie Winterschlaf. Und zur Seite spricht er hastig: Jetzt rasch gerupft und in den Herd! Doch kaum der Federn ledig, kehren des Vogels Lebensgeister wieder, wütend und bloß zetert er los – ein nacktes Gansgespenst. Jubel der Kinder; Vater Löwenhaupt kapituliert.

Es ist eine drollige Weihnachtsgeschichte, die Friedrich Wolf da erzählt, der Arzt und Dichter, der expressionistische Kommunist aus Leidenschaft. Vater des Filmemachers Konrad und des SED-Generals Markus Wolf, geboren 1888 in Neuwied, gestorben 1953 bei Berlin, Hauptstadt der DDR. Wann er die Moritat von Augustes Tod und wundersamer Wiederauferstehung geschrieben und zum ersten Mal veröffentlicht hat, verrät uns der Verlag schlampigerweise nicht. Davon abgesehen jedoch: ein (im Gegensatz zum fett-faserigen Gänsebraten) grundköstliches Buch über fünf Kilo Fleisch, die durch die Liebe der Kinder in ein Individuum verwandelt werden. Ein Nutztier, ein Schlachtvieh, das zu einer Persönlichkeit wird, zu Auguste. Ganz wie im Märchen, wo der Frosch, geküsst, plötzlich als Prinz dasteht...

Der Grafiker Willi Glasauer, Jahrgang 1938, in den Pyrenäen und in Berlin zu Hause, als Illustrator in Frankreich so bekannt wie hierzulande, gab seine verhaltenen, undramatischen und doch poetisch erzählenden Bilder dazu und hat aus Wolfs literarischem Kunststück ein kleines Buchkunstwerk gemacht. Wohl bekomm's!
                                                                                              BENEDIKT ERENZ

Friedrich Wolf/Willi Glasauer (III.):
Die Weihnachtsgans Auguste,
Aufbau-Verlag, Berlin 2001;
32 S., 24,90 DM (ab 5 Jahren)

In diesem Text finden wir zweierlei Nutzungen von Frame-Elementen zum Zweck stilistischer Kohärenz: Zum einen wird über den *Opernsänger* prädiziert, dass seine *Dolch-Arie* ihm misslingt und dazu gehört auch *und zur Seite spricht er hastig.* D.h. Elemente des Opern(sänger)frames werden für stilistische Glanzlichter im Text genutzt. Zum anderen wird in der zweiten Hälfte, der eigentlichen Buchrezension, zum Zweck der positiven Wertung des Buches auf Elemente des Festtagsschmausframes zurückgegriffen (*grundköstlich, Wohl bekomms!*). Der zweiteilige Text wird stilistisch zusammengehalten, indem die Thematik des Normalfalles vom Gänsebraten vom Beginn des zweiten Absatzes hier lediglich stilistisch, d.h. als spezielle Formulierungsart, weiter aufrecht erhalten bleibt.

Stilistische Kohärenz besteht in diesen Fällen darin, dass über den Text mit seinem Thema Elemente eines Frames gelegt werden, die dem Ausschmücken und der größeren thematischen Dichte dienen:
– unabhängig vom Thema oder
– kongruent mit dem Thema als Ähnlichkeitsstruktur.

Unabhängig vom Thema ist auch die Ausschmückung des folgenden Textes mit Elementen des Kater-/Katzenframes, aus: Die Zeit, 13.12.1990:

(15) *ALTER STRASSENKATER*
von attraktivem Äußeren und musischem Geist, sucht in dieser kalten Jahreszeit charmante und gutaussehende Schmusekatze mit Kuschelplatz unter dem Weihnachtsbaum. Bin unternehmerisch tätig. 1,88 groß und Mitte 40. Erbitte Bildzuschrift. Rückgabe großes Katerehrenwort. ZW 6053 DIE ZEIT Postfach 10 68, 2000 Hamburg 1

b) Unter Rekurrenz (Kap. 5.5.3) wurde bereits auf frame- und inferenzbasierte Rekurrenzen hingewiesen. Hier soll noch einmal zusammengefasst werden: Durch die Art, wie mit Rekurrenzmitteln referiert wird, kann der Text zusätzliche Stilqualität erhalten. Tschauder (1987) weist darauf hin, dass im Zusammenhang der Prädikationen über die Referenten die Referenzausdrücke sukzessive mit textueller Bedeutung angereichert werden (1987, 125): So ist es in *Hoffmanns Erzählung* (Abb. 5.6–5) möglich, auf den *Heizkörper*, den es zu *verkleiden* gilt, später wiederaufnehmend Bezug zu nehmen mit: *die kleine* **Umbauung**, *die kleine* **Baustelle**, *das* **Tischlerwerk**. Hierdurch wird zunehmend ironisch angespielt auf den Arbeitsaufwand; die Referenz auf die Heizkörperverkleidung wird im Text mit Konnotationen wie ‚Bauwerk' und ‚Kunstwerk' angereichert.

c) Eine weitere Möglichkeit, stilistisch Kohärenz anzuzeigen, ist die stilistische, nicht thematische (wie in Kap. 5.6.2) Verwendung von Themen (Kap. 5.4.2.3). Beispiel aus: Die Zeit, 14.2.1997:

(16) **Blondes Schneewittchen** *(37 Jahre, 175 cm) sucht* **Edelmann** *zum Wachküssen und zum Vertreiben der lästigen Zwerge, Schloß wäre angenhm. Wenn Sie sich trauen, mich auf Händen zu tragen, und an Märchen*

glauben, dann schreiben Sie mir unter
ZS 3210 DIE ZEIT, 20079 Hamburg

Im Rahmen der Textfunktion sind diese Wissensstrukturen nicht wörtlich, sondern ‚übertragen' eingesetzt; sie bilden in der stilistischen Mustermischung eine Möglichkeit, sich ‚individuell' besonders selbst darzustellen.

d) „Kohärenzjoker": Durch Kohäsions-Hinweise können die Rezipierenden auch auf eine falsche Fährte gelockt werden: Im Rahmen der Textfunktion werden Sinnzusammenhänge angeboten, wo der Sache nach, aufgrund unseres Weltwissens oder episodischen Wissens, keine bestehen. Holly/Kühn/Püschel (1986, 168) sprechen in diesem Zusammenhang von „Kohärenzjokern": Diese werden von Politikern in öffentlichen Diskussionen gern genutzt, um von neutraleren Themen zur Provokation des Gegners überzugehen (1986, 168f.), und z.B. angeschlossen mit: *und ferner, übrigens, wobei ich hinzusetze, was nun die Frage angeht* usw. Denn die Themenbehandlung steht „im Dienste der parteipolitischen Imagearbeit" (1986, 154ff.). Auch werden von Politikern Sprachstrukturen zur Listenbildung genutzt, die größere Zusammenhänge ankündigen, wie *erstens, zweitens, drittens* oder *zunächst, dann, schließlich*, womit dann aber nicht Gleichartiges verknüpft wird, sondern es dient dazu, nach dem Abarbeiten des konkreten Gesprächsproblems (Frage oder Provokation) auf die eigenen Lieblingsthemen überzuschwenken und sich dadurch möglichst zu profilieren (ebda.). Kohärenz wird also lediglich mittels Kohäsionshinweisen suggeriert, sie besteht aber nicht.

e) Im Zusammenhang von Ironie als Form ‚unernster' Interaktionsmodalität spricht Hartung (1996, 133) von „assoziativer Kohärenz" (vgl. Kap. 4.3.3: HERSTELLEN von Zusammenhängen). In diesem Fall ist die gesamte Themenentwicklung betroffen.

5.6.6 Kohärenz von Sprache und Bild

Texte (als ohnehin visuell wahrnehmbare Gegenstände, vgl. Kap. 5.9) können auch aus einem Zusammenspiel von Sprache, Bild und anderen visuellen Elementen bestehen (Kress/van Leeuwen 1996, 55). In diesem Fall sorgt das Seiten-Layout dafür, dass „heterogeneous elements into a coherent whole, into a text" gebracht werden. „Visual structures relate visual elements to each other; these visual elements, however, may be heterogeneous – a word as a visual element, a block of written text as a visual element, a number or an equation as a visual element" (ebda.).

Sprache-Bild-Texte beruhen als multimodale visuelle Texte darauf, dass „images (...) can ‚say' (some of) the same things as language – *in very different ways*: what in language is realized by means of syntactic configurations of certain classes of nouns and certain classes of verbs (z.B. Actor, Goal, Transaction, B.S.) is in pictures realized, made perceivable and communicable, by the vectorial relations between volumes" (Kress/van Leeuwen 1996, 48), d.h. zwischen visuell dargestellten „Teilnehmern", „participants" wie Actor und Goal, vermitteln „Vektoren". In diesem Fall sprechen die Autoren von „narrative representations", im Unterschied zu „conceptual representations", beispielsweise klassifizierenden oder analytischen Darstellungen.

Zu den Typen von Relationen von Sprache und Bild s. Kap. 5.9.3.2. Für weitere Beispiele s. Sandig (2000a). Der Beispieltext stammt aus: „essen & trinken" 1989/1990, Abb. 5.6–6.

Die Werbeanzeige besteht aus einer Reihe von Teilen: Der Name des beworbenen Weines ist als Werbe-Schlagzeile in Versalien unterschiedlicher Größe, Kapitälchen, gesetzt. Die Konnotation des zweiteiligen Namens mit *Réserve* ‚das Besondere' und *Chateaubriand*, ein ‚besonderer', ‚wohlklingender'... französischer Name, verspricht den Käufern ein besonderes Geschmackserlebnis. ‚Von diesem Namen aus' geht eine gestrichelte Linie, ein „Vektor" nach Kress/van Leeuwen (1996, 45ff.): *Réserve Chateaubriand* wird im Bild zum Actor, von dem aus eine ‚Aktivität', „Transaction", zu dem abgebildeten Spielzeugfahrzeug als Goal geht und dieses ‚bewegt sich' wiederum als Actor auf das Goal der Weinflasche mit den Gläsern zu: Die Fahrzeugabbildung ist so in einem „conversion process" (Kress/van Leeuwen 1996, 68) zugleich Goal und Actor, Vermittler zwischen dem Namen und der Abbildung des Werbegegenstandes. Dieser Zusammenhang kann als Kohäsions-Hinweis bildlicher Art gesehen werden (vgl. Sandig 2000a). Unter dem Gesichtspunkt der Kohärenzbildung ist der gemeinte Werbegegenstand zugleich Actor (nämlich der verschriftete Name links oben) und Goal (nämlich die Abbildung rechts unten); das abgebildete Spielzeugauto mit seiner ‚Spur' ist ein komplexer Vector. Dabei erhält durch die Größenverhältnisse des Autos in Relation zur Weinflasche mit den Gläsern der bildlich abgebildete Werbegegenstand eine besondere „salience" (vgl. Kress/van Leeuwen 1996, 61). Die Waagerechte des Namens und die Senkrechte der Flasche mit den Gläsern werden dabei als ‚statisch' interpretiert und die Schräge als ‚dynamisch' (1996, 56ff.). Stöckl spricht für die Beschreibung von Werbeanzeigen bei der Diagonale von links oben nach rechts unten von „visual emphasis" (1997, 140f.), und Kress/van Leeuwen (1996) betonen, dass Derartiges auf unseren Lesegewohnheiten auf den Papier-Seiten von links oben nach rechts unten basiert, also kulturabhängig ist.

Der Text rechts neben der Abbildung des Autos ist – als Mustereinbettung in die Werbeanzeige – ein Stück Trivialroman, er ‚läuft' schräg und damit ‚dynamisch' als Vektor, ebenfalls ‚auf den Ziel-Gegenstand zu', interpretiert präzisierend die Autoabbildung (*der Roadster*) und die Dynamik (*vibrierte sonor ihrem Appartement entgegen*); andererseits illustriert das Autochen

5.6 Merkmalsausprägungen: Kohärenz

Abb. 5.6–6 Réserve Chateaubriand

auf spielerische Art diesen kleinen Erzähltext. Hier wird nicht nur durch das visuelle Arrangement dieses Textchens die ‚Bewegung in Richtung Goal' ausgedrückt, sondern auch verbal: *Bald würde ihr Abend beginnen, ein schö-*

ner Abend mit Réserve Chateaubriand. Mit dem Trivialroman-Muster wird zugleich der Frame einer konventionellen (*er am Steuer, sie berührte leicht seinen Arm*) Zweisamkeit und eines romantischen Abends, zu dem beide ‚unterwegs' sind, eröffnet. Was das Bild der Flasche mit den beiden Gläsern allein nicht bewirkt, wird so sprachlich ergänzt. *Roadster* und *Appartement* weisen ebenso wie *Empfang* und *Gastgeber* auf eine Domäne des Wohlstandes und der ‚gehobenen Lebensart' hin. Der trivialliterarische Text ergänzt das ‚französische' Flair um ‚weite Welt': *Roadster* bringt das Anglophile als Konnotation mit ein und der letzte Absatz des Textchens evoziert das Bild einer Autobahn in den Weiten der USA, durch das für hiesige Verhältnisse ‚befremdliche' *Er verstärkte den Druck auf das Gaspedal und erhöhte auf 90*. Zu dieser zusätzlichen Domäne der ‚Weltoffenheit' passt wieder der Name und der Slogan: *Der Wein, der so außergewöhnlich ist wie seine Freunde*; er ist im selben Schrifttyp wie der Name des Werbegegenstandes oben dargeboten. Außerdem ‚laufen' auch diese Zeilen optisch auf die Abbildung des Werbegegenstandes ‚zu', sind also zusätzlich als Kohäsionshinweise eingesetzt.

Wer sich näher interessiert, findet links unten den Bezugshinweis mit dem Firmen-Logo und dem Slogan der Firma (Tradition als Wert), eingefügt mit einem Wortspiel mit dem Namen des Werbegegenstands: *RÉSERVE CHATEAUBRIAND. Für Sie reserviert...* Auch dies ‚passt' zu dem Spielerischen des Spielzeugautochens, ist eine verbale Analogie dazu. Die Typografie und die Analogien von Bildern und Sprache, aber auch die zusätzlichen Nuancen durch Frames und Wissensdomänen lassen diese Anzeige als ein kohärentes Ganzes verstehen.

Kohärenz zwischen Sprache und Bild wird zusätzlich hergestellt durch kulturspezifische „meanings of composition" (Kress/van Leeuwen 1996, 181ff.), Modelle der Seitengestaltung: So ist in westlichen Kulturen bedingt durch die Richtung der Beschriftung der Seiten in der Regel links das Bekannte und rechts das Neue, bzw. das, was als bekannt oder als neu dargestellt wird. Im Beispiel ist der Werbegegenstand rechts abgebildet, ebenso die Beschreibung seiner Wirkung im Trivialtextchen. Die obere Hälfte einer Seite gehört in der Regel dem ‚Idealen', dem Heiligen, was angestrebt wird, was wertvoll ist, was die Werbung verspricht (hier *ein schöner Abend mit...*), die untere Hälfte dem ‚Realen', der Abbildung und Beschreibung einer Ware, den Menschen in Relation zum Numinosen... Die Struktur Mitte/Rand kann genutzt werden (z.B. das Autochen als Catch-Visual in der oberen Mitte). Auch gibt es bildliche Dreierstrukturen mit verschiedenen Arten der Nutzung, z.B. in den Triptychen des Mittelalters und der folgenden Jahrhunderte: a) zentrale Szene und darauf bezogene Ränder, b) ‚narrative' Nutzung von links nach rechts in der Bildabfolge oder schließlich c), in der Moderne: die polarisierende Nutzung mit dem mittleren Bild als ‚Mediator', als Brücke. Hier haben wir es mit verschiedenen Mustern der Kohärenzbildung zu tun.

5.6 Merkmalsausprägungen: Kohärenz 411

Dazu kommt „salience" (212ff.), das optische HERVORHEBEN eines Bildelements bzw. eines/des Bildes oder der Schrift (des Slogans oder der Werbeschlagzeile, der Überschriften...), aufgrund von Größe, Perspektive (Vordergrund/Hintergrund), KONTRASTIERENDER Farbe, Graden der Deutlichkeit der Darstellung, nach links oder nach oben geschobene Position auf der Seite, aufgrund menschlicher Gestalt oder eines starken kulturellen Symbols: „The salience is judged on the basis of visual clues", oft eines Zusammenspiels davon, nicht objektiv messbar (1996, 212). „Salience can create a hierarchy of importance among the elements, selecting some as more important..." (ebda.); insofern ist auch sie kohärenzstiftend verwendbar.

In der Werbung für *Réserve Chateaubriand* z.B. ragt besonders heraus die Abbildung des Werbegegenstandes, durch die Platzierung da, wo das Neue und Reale steht (1996, 208), ebenso durch die Größe und die dunkle Farbe in der schwarzweiß gestalteten Werbung. Das nächst-saliente Element sind die Großbuchstaben (links und oben). Das abgebildete Auto ist weniger salient und wird geschickt kleiner als die Weinflasche als Spielzeugauto dargestellt, weckt aber auch Neugier im Zusammenhang der Weinflasche mit den Gläsern, da auf den ersten Blick inkohärent. Insofern gehört es zum ‚Idealen', es ist nicht ‚real'. Dasselbe gilt für das Trivialtextchen: In der Position von ‚ideal' und ‚neu' stellt es den sozialen und emotionalen Nutzen des Werbegegenstandes dar.

Balsliemke (1999, 22) beschreibt „Text-Bild-Kohärenz" anhand des Gebrauchs von Phrasemen in Werbeanzeigen: „Auf der einen Seite verleiht der im Text enthaltene Phraseologismus dem Bild eine eindeutige Sinnrichtung und Originalität, da das Bild sonst zu vieldeutig und assoziationsreich wäre. Auf der anderen Seite weist das Bild dem im Text enthaltenen Phraseologismus eine Bedeutung zu, die der Phraseologismus sonst nicht zwingend hat, oder macht den Phraseologismus im Sinne einer *Re*-motivierung für den Rezipienten realiter nachvollziehbar und sichtbar, was besonders bei modifizierten und vollidiomatischen Phraseologismen reizvoll ist. Es handelt sich dabei um das Spiel mit der phraseologischen und wörtlichen Lesart des Phraseologismus." Außerdem stellt sie (ebda.) textinterne „Vernetzung" von Phrasemen fest „durch die wörtliche, synonyme, antonyme oder wortfeldbezogene Wiederaufnahme einzelner Phraseologismus-Konstituenten" (vgl. dazu stilistische Kohärenz, Kap. 5.6.5).

5.6.7 Zusammenfassung

Zu den Kohärenzbildungshinweisen gehören als eher formale Mittel:
– globale Strukturierung als Anfang-Mitte-Ende-Struktur, als Dreierstruktur;
– fakultative Hinweise nach Schnotz (1994), s.o. Kap. 5.6.1;

- Untergliederung in Teiltexte (Unterkapitel), Absätze;
- Stilwechsel;
- sprachliche Abrundung und andere Formen der Rahmenbildung, vgl. Kap. 4.2.1 und 5.9.2.1;
- ausdrucksseitige Kohäsionshinweise (s. Kap. 5.5.3);
- materielle Texteigenschaften (Schnotz 1994);
- Abfolge im Text.

Zu den formal und inhaltlich wirksamen Kohärenzbildungshinweisen gehören:
- Textfunktion mit globaler Textmuster- bzw. Gattungs- oder Genre-Struktur;
- Themenformulierung im Titel (explizit bis verrätselnd);
- pragmatische Präsuppositionen als Aspekte genutzten Situationswissens;
- Frames und umfassendere Wissensdomänen, thematische Aussagestereotype...;
- Natürlichkeitsregeln, wie ‚das Wichtigste zuerst‘, ‚der Reihe nach‘... (Kap. 4.2.2);
- speziellere Formen von Kohärenzhinweisen (Halter, Klammer, Scharnier, Analogie...);
- besondere stilistische Kohärenzbildungshinweise;
- Kohärenzbildungsangebote beim Verhältnis Sprache/Bild und bei anderen multimodalen Texten;
- (ausdrucks- und) inhaltsseitige Kohäsionshinweise.

Man kann im Bereich der Kohärenzbildungshinweise eine Skala mit folgenden Polen annehmen; zur Skaliertheit von Kohärenz vgl. auch Rickheit/ Schade (2000) und Linke/Nussbaumer (2000):

schwer	leicht
– Wissensstrukturen abwandelnd	– Wissensstrukturen nutzend
– Wissensstrukturen unkonventionell verknüpfend	– Wissensstrukturen konventionell verknüpfend
– Verzicht auf formale Hinweise	– Nutzung eher formaler Hinweise
– globale Textstruktur verdeckt	– globale Textstruktur deutlich
– pragmatische Präsuppositionen erkennbar, aber nicht bekannt	– pragmatische Präsuppositionen bekannt
– Nutzung spezieller und stilistischer Kohärenzbildungshinweise	

Abb. 5.6–7 Kohärenzbildungshinweise

5.7 Merkmalsausprägungen: Situationalität

Das Interagieren der Textmerkmale wurde bereits zu Anfang des Kapitels 5 betont, und in Kap. 5.6.1 wurde mit Hinweis auf Schwarz (2000) die Wichtigkeit des Situationswissens als eine der Voraussetzungen für die Bildung von Kohärenz herausgestellt; dieses ist auch in Kap. 5.6.3 als „pragmatische Präsuppositionen" näher beschrieben worden, jedoch nur bezüglich Textfunktion und Textinhalt sowie der Tatsache des Textes einerseits, und Schreiber, Rezipient(en) und deren Beziehung andererseits. Auf alle diese Aspekte hat auch die Rhetorik Wert gelegt (Ueding 1986, 16f.). Dabei ist mit Krause (2000, 37-41) und mit van Dijk (1997) zu unterscheiden zwischen Situationstyp und konkreter Situation (vgl. Deppermann/Spranz-Fogasy 2001). Beide sind als mentale Ganzheiten vorzustellen (vgl. Kap. 3.2.2.4) und werden in Relation zu einander interpretiert. Das „Modell der aktuellen Sprechsituation" (Schwarz 2000, 158) ist also diesbezüglich zu differenzieren: In welcher Relation steht die aktuelle Sprechsituation zum Situationstyp und den dadurch gegebenen Erwartungen?

Die Situationalität als Merkmal ist eng verknüpft mit dem Textträger (Kap. 5.9.1.2): Auf welches Material ist die Textoberfläche aufgeprägt? Ist der Textträger an eine bestimmte Situation (Mahnmal), an einen Situationstyp (Friedhof, Straßenkreuzung...) gebunden? Ist er beweglich? Als Verpackung mit 6 möglichen Textflächen? Als Buch, Notizblock, loses Blatt? Was ist das Format des Textträgers (Flyer, Plakat...)? All dies hat Einfluss auf die Möglichkeiten der Textgestaltung.

5.7.1 Prototypische und situationsgebundene Texte

Prototypische Texte sind situationsentbunden: Zwischen der Situation ihrer Rezeption und der Situation ihrer Produktion gibt es einen „Bruch" (Ehlich 1984), der Text selbst auf seinem Textträger (s. Kap. 5.9.1.2) ist das einzige Bindeglied zwischen beiden Situationen. Deshalb sind Texte auch für Überlieferung geeignet (Ehlich 1984). Weniger typische Texte sind situationsgebunden. „Situationalität betrifft die Faktoren, die einen Text für eine Kommunikationssituation relevant machen" (Vater 1992, 57; de Beaugrande/Dressler 1981, 12), wobei der Typ von Situation gemeint ist. Vater gibt (1992, 72) dafür folgendes Beispiel und lässt die Inferenzen herausarbeiten:

(1) *Der Bürgersteig ist kein Hundeklo. Zuwiderhandlungen werden bestraft. Der Hausbesitzer.*

Ein anderes Beispiel ist ein Schild an einem Weiher im Sommer:

(2) *Das Betreten der Eisfläche ist verboten.*
Der Oberbürgermeister.

In diesen Fällen sind typische situationsbezogene Präsuppositionen im Spiel, um den Text zu verstehen. Die individuelle Situation, in der der Text – auf seinem Textträger – vorgefunden wird, entscheidet über seine eventuelle Wirksamkeit. Besonders Randerscheinungen von Text sind hier relevant: Verkehrsschilder, sofern sie Sprachliches enthalten, wie das *STOP*-Schild, Grabsteine, auf denen nur ein Name und (Lebens-)Daten stehen, Firmenschilder und Aufschriften auf Fahrzeugen usw.

Nord (1988, 110ff.) hat für das Übersetzen von Texten darauf hingewiesen, dass „die Gegebenheiten der Kommunikationssituation selbst (...) häufig präsupponiert" werden (1988, 110). Und weiter (ebda): „Sie werden nicht genannt, aber doch von den Kommunikationspartnern in unterschiedlicher Weise berücksichtigt." Und (1988, 111) „Präsuppositionen in diesem Sinne sind also die Voraussetzungen, die der Sprecher bei der Äußerung in Bezug auf den Horizont des Hörers macht." Hierzu gehören neben den „Gegebenheiten der Situation" alle möglichen Wissensbestände, die zu einer Zeit bei einem Adressaten unterstellt werden können (vgl. 1988, 111f.), z.B. Ereigniswissen, Diskurse, kulturgegebene Frames etc. Dazu unten Beisp. (3). Das Relevantmachen von Aspekten der (komplexen Voraussetzungs-)Situation kann als pragmatische Präsuppositionen stilistisch genutzt werden. Ich beschränke mich im Folgenden auf wenige Arten von Präsuppositionen. Bereits S.J. Schmidt (1973, 104ff.) hatte auf „Situationspräsuppositionen" hingewiesen; auch Pohl (1998) nutzt „pragmatische Präsuppositionen" für die Beschreibung von Werbetexten.

In vielen Fällen ist allerdings die Situation, in der ein Text hergestellt wurde, irrelevant für dessen Strukturen, in anderen trägt er aber äußerlich und/oder thematisch und/oder bezüglich der Textfunktion Spuren der Herstellungssituation, z.B. bei Feldpostbriefen (vgl. Ott 2001). Die Rezeptionssituation kann relevant sein, wie z.B. bei der Urteilsverkündung im Gerichtssaal, sie kann aber, z.B. beim Lesen eines Kriminalromans, gänzlich irrelevant sein.

In diesem Kapitel geht es darum, inwiefern Aspekte der Situationsbindung von Texten in besonderer Weise zu deren stilistischer Interpretation beitragen können: Die Relation (Kapitel 3) von Text und Vorkommenssituation wird wichtig gemacht.

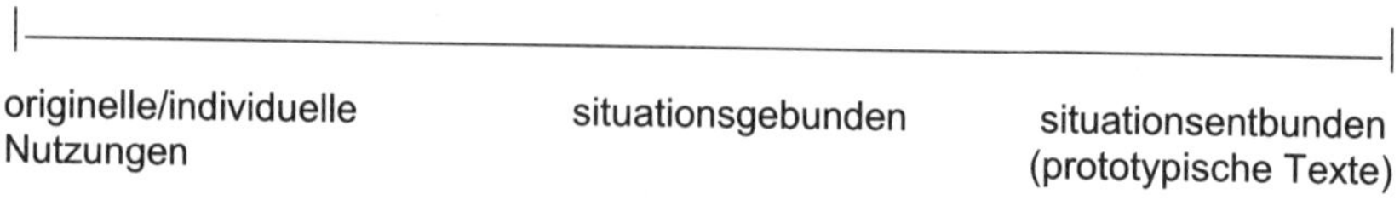

|————————————————————————|

originelle/individuelle   situationsgebunden   situationsentbunden
Nutzungen   (prototypische Texte)

Abb. 5.7–1 Skala der Situationsbindung von Texten

5.7 Merkmalsausprägungen: Situationalität

Außer dem Sprachwissen, dem allgemeinen Weltwissen und dem Situationswissen (Situationstyp und aktuelle Situation in Relation dazu) spielt das episodische Wissen und das Diskurswissen als Teil des aktuellen Weltwissens eine Rolle. Auf dieses spielt der folgende Text in mehrfacher Weise an (Rhein-Neckar-Zeitung, 1./2.12.2001, 1):

(3) *Die Ecke:*

Die Talibahn
Nichts bleibt, wie es ist. Wir stellen uns die Bahn der Zukunft im Lichte der jüngsten Reformvorschläge so vor: Die Bahnhöfe sauber. Blitzsauber. Dafür sorgen schwäbische Kehrbrigaden. Es können ggf. auch Subunternehmer aus Leichtlohnländern sein. Aber mit deutschem Vorkehrer. Genuss und Ausschank von alkoholischen Getränken sowie der Verkauf von sittlich fragwürdigen Schriften werden untersagt. Das Rauchen ist nur noch direkt auf dem Gleiskörper gestattet – in den Verspätungspausen der Züge. Bettler & Gammler haben zu den heiligen Hallen keinen Zutritt. Das wird videomäßig sichergestellt. Überall finden sich aber kleine Teppiche – nach Berlin ausgerichtet – zwecks Verehrung des Vorsitzenden Mehdorn. Das wird eine richtig ordentliche Talibahn. Wir freuen uns darauf.

Die Eingangsäußerung *Nichts bleibt, wie es ist.* ist nach den Attentaten vom 11. September 2001 auf die größten Gebäude der USA in New York und Washington zum Gemeinplatz geworden. Zum episodischen Wissen gehört, dass Bahnchef Mehdorn das Rauchen auf (großen) Bahnhöfen nur noch in speziellen Raucherzonen gestatten will, um Reinigungskosten zu sparen; ebenso, dass die Bahn häufig verspätet ist. Zum Diskurswissen gehört, dass zur Zeit des Erscheinens des Artikels, während des Afghanistan-Krieges, die äußerst sittenstreng religiösen Taliban im Gespräch sind, vor allem bezüglich der Auswirkungen auf die Bevölkerung. Dazu kommen Elemente des allgemeinen Weltwissens der Zeit (*Subunternehmer, Leichtlohnländer*) und des Weltwissens allgemein (*schwäbische Kehr*-Gewohnheiten wie das samstägliche Kehren des Gehwegs vor dem Häusle) und überhaupt schwäbische Sauberkeit als Prototyp deutscher Sauberkeit. Möglicherweise wird auch auf die *Arbeitsbrigaden* früherer sozialistischer Länder angespielt. Das ungewöhnliche HERSTELLEN von Zusammenhängen (Kap. 4.3.3) wird augenfällig in der Wortmischung *Die Talibahn*; es ermöglicht die ‚unernste' Interaktionsmodalität des Textes. – Schöne Beispiele für die historische Einbindung von Texten interpretieren Fix/Poethe/Yos (2001, Kap. 3.5 und 3.6).

5.7.2 Besondere Nutzungen von Situationalitätsaspekten

a) Sprecher- und adressatenbezogene Präsuppositionen: In Kapitel 5.6.3 Beisp. (5) wurde ein Leserbrief analysiert, bei dem der Name *Dr. Monir Sheikh* Präsuppositionen über die schreibende Person nahe legt, die der Stilwechsel im Brief noch einmal differenziert. Der Inhalt des Briefs wiederum lässt Präsuppositionen über die Leser erkennen, dass sie nämlich den Text so verstehen werden.

(4) In den Jahren ab 2000 warb das Zweite Deutsche Fernsehen mit seinen Stars, indem diese sich ein Auge zuhielten und es mit den Worten:

Mit dem $\left\{\begin{array}{c}\textit{zweiten}\\ \textit{Zweiten}\end{array}\right\}$ *sieht man besser* wieder frei machten.

Das Wissen bei den Rezipierenden um die werbenden Personen war nötig, um Werbeplakate an den Straßen zu interpretieren. Im Fernsehen selbst erklärten sich die Werbespots zusätzlich durch Selbstreflexivität (vgl. unten c). – Im folgenden Gedicht lässt der Humorist Robert Gernhardt (Reim und Zeit, Gedichte, erw. Ausgabe 1999, Stuttgart: Reclam) eine Person reden, die er sich durch die Art ihrer Aussprache selbst charakterisieren lässt:

(5) *Paris ojaja*

Oja! Auch ich war in Parih
Oja! Ich sah den Luver
Oja! Ich hörte an der Sehn
die WifdegohleRufer
...

Bei den Adressaten des Gedichts wird hier vorausgesetzt, dass sie diese Karikatur verstehen. – „Der Spiegel" (11, 2002, 70) brachte folgendes Interview, Abb. 5.7–2.

Man kann den Text völlig ernst lesen, doch wenn man weiß, dass Harald Schmidt ein z.T. erbarmungsloser Humorist ist, wird der Text in humoristischer Hinsicht interpretierbar: die *Lebensleistung* von Jobatey, der zum Zeitpunkt des Interviews noch nicht 40 ist?, *ein genialer Schachzug?, keine Schnellschüsse, sondern Telefonkonferenzen und unendliche Sitzungen...?* So geht Harald Schmidt ‚ernsthaft' auf die Fragen ein; er verscherzt sich die Zusammenarbeit mit dem Sender ARD nicht. Gleichzeitig STELLT er sich SELBST als auch vorsichtigen, jedenfalls aber sehr gewitzten Humoristen DAR.

Situationsbezogene Präsuppositionen können bei Adressaten auch von den Schreibern nicht gewollte Stilwirkung hervorrufen, so wenn ich in meiner Universität ein Schreiben erhalte, in dem ich zwar als *Kollegin* angesprochen werde, dann aber als *Doktorvater* apostrophiert werde. Dies zeigt eine in der Institution lebendige Präsupposition bezüglich der Betreuungspersonen von Doktoranden.

UNTERHALTUNG

„Genialer Schachzug"

Entertainer Harald Schmidt, 44, über den Moderatorenwechsel bei der einst von ihm betreuten ARD-Samstagabendshow „Verstehen Sie Spaß?"

SPIEGEL: Herr Schmidt, wie bei Ihrem Abgang als „Verstehen Sie Spaß?"-Moderator 1995 müht sich die ARD mit der Nachfolge: Jetzt wurde Cherno Jobatey durch den „Wetten, dass ...?"-Erfinder Frank Elstner ersetzt. Zufrieden?

Schmidt: Ich find's toll. Frank Elstner ist genau der Richtige. Er passt zur ARD und bringt alles mit, was das Publikum am Samstagabend erwartet: Charme, Ruhe und erstklassige Manieren.

SPIEGEL: Bisher haben Sie fast täglich in Ihrer Show Witze über Jobatey gemacht...

Schmidt: ... aber immer voller Respekt vor der Lebensleistung.

SPIEGEL: Ist es damit jetzt vorbei?

Schmidt: Nein, die ARD hat ja bestimmt noch große Pläne mit ihm. Zwischen der ARD und Cherno ist nur das Humorverständnis etwas auseinander gedriftet. Das kann auch wieder zusammendriften – oder man sucht für Cherno ein Konzept, bei dem der Humor nicht so im Vordergrund steht.

SPIEGEL: Ist die Entscheidung für Elstner nicht ein Armutszeugnis für die ARD? Schließlich war er nach seiner „Wetten,

Schmidt

dass ...?"-Zeit nicht allzu erfolgreich.

Schmidt: Nein, das ist ein genialer Schachzug. Da steckt ein großes Konzept dahinter.

SPIEGEL: Wissen Sie mehr?

Schmidt: Natürlich, denn ich weiß, wie die ARD arbeitet. Da gibt es keine Schnellschüsse, sondern Telefonkonferenzen und unendliche Sitzungen von Unterhaltungschefs. Die Konkurrenz sollte das nicht auf die leichte Schulter nehmen.

SPIEGEL: Sind Sie ein bisschen beleidigt, dass Ihr alter Arbeitgeber Sie nicht gefragt hat, ob Sie die Show wieder übernehmen wollen?

Schmidt: Für mich ist diese Zeit definitiv vorbei, aber ich wurde trotzdem von Heulkrämpfen geschüttelt. Ich war zwar genau der richtige Mann für diese Show, aber das Publikum hat es nicht gemerkt.

SPIEGEL: Es wird vermutet, Sie hätten schon bei „Verstehen Sie Spaß?" für die „Harald Schmidt Show" geprobt.

Schmidt: Das war mir damals nicht bewusst. Ich erinnere mich noch, wie ich einmal in der Ruhrland-Halle in Bochum eine Minute lang ein Metronom habe laufen lassen. Das hat einige Irritationen ausgelöst. Vielleicht war es einfach zu früh.

SPIEGEL: Möglicherweise wird bald wieder ein Moderator für eine große Samstagabendshow gesucht: Thomas Gottschalk steht nicht erst seit der letzten „Wetten, dass...?"-Sendung schwer unter Beschuss.

Schmidt: „Wetten, dass...?" ist nichts für mich. Ich hätte Mühe, meine Aggression gegen die Wettkandidaten zu verbergen.

Abb. 5.7–2 Interview mit Harald Schmidt

b) **Zeitpragmatik**: Wie aus dem Beispiel (5) *Na dann, frohe Weihnachten!* zur pragmatischen Präsupposition in Kap. 5.6.3 hervorgeht, werden Jahreszeiten, Feste etc. häufig in Texten als präsupponiert berücksichtigt. Auch Werbungen werden oft der Jahreszeit oder einem bevorstehenden Fest angepasst (aus Saarbrücker Zeitung, 27.3.2001, L1):

Abb. 5.7–3 Frohes Nest!

Hier wird, 14 Tage vor Ostern, der allgemeine Festtagswunsch *Frohes Fest* so abgewandelt, dass er speziell zum Osterfest mit den Osternestern passt; als bildliches Dekor dient ein Küken, das zum Frame des Oster-Dekors gehört. In Abb. 5.9–26 wird eine Zigarettenwerbung beschrieben, die ein Bündel reifer Paprikaschoten an einer Holzhauswand abbildet; für die Interpretation ist es wichtig, dass sie im August-Heft einer Zeitschrift für Studierende, und damit zur Ferien- und Erntezeit, geschaltet ist.

c) **Ortspragmatik** wird relevant, wenn z.B. an einem Bunker aus dem zweiten Weltkrieg ein Graffito angebracht ist: *Denk-mal* (z.B. Saarbrücken, Park am Staden). Ein Graffito wie

(6) *Nur Flaschen kaufen Dosen*

basiert auf einem Wortspiel: *Flasche* ist mehrdeutig und gehört so zu zwei verschiedenen Frames: Schimpfwort für ‚negativ zu bewertende, energielose Person' einerseits und andererseits Bestandteil des Frames der Getränke-Verpackung; in letzterem Fall sind *Flasche* und *Dose* kohyponym. Auf der Wand des Supermarkts auf dem Saarbrücker Campus erhält es zusätzlichen Sinn: ‚Kauf hier keine Getränkedosen, sonst bist du eine Flasche'. Ein weiteres Wand-Graffito lautet:

(7) *Seine Ketten spürt nur der, der sich bewegt.*

Ein Foto zeigt diesen Wortlaut, auf die Westseite der Berliner Mauer aufgesprüht. Hierdurch wird der Text mit ‚generellem' Inhalt auf die Verhältnisse der ehemaligen DDR bezogen: Orts- und von heute aus Zeitpragmatik zugleich.

Bei diesen beiden Beispielen ist zusätzlich der Textträger relevant, d.h. das Material, auf dem der Text aufgebracht ist (vgl. Kap. 5.9.1.2); es sind Wände, und der spezifische Zweck der jeweiligen Wand (Supermarkt bzw. *die ehemals Europa trennende Mauer*) trägt zum Interpretationsangebot bei.

Dasselbe gilt für Dittgens (1989, 85f.) „semantisch-mediale Verdichtungen" wie *Graffiti an die Wand!* an einer Betonwand, wo selbstreflexiv auf die Textfunktion und ihren Textträger referiert wird, auch bei *Da freut sich der Maler!* (an frisch gestrichener Hauswand, gesehen in Halle). Während bei diesen Beispielen die Äußerung und ihr Situationsbezug kompatibel sind, herrscht bei folgendem Fall Inkompatibilität (Dittgen 1989) aufgrund der Relation von Text und Textträger (Saarbrücken, Landwehrplatz, Mai 2001): Hinter einer Citroën-Niederlassung für Gebrauchtwagen sieht der Vorbeifahrende eine Hauswand, auf der mit Pfeil nach unten und mit Schrift auf eben dieses Geschäft hingewiesen wird. Ein Viertel dieser Hauswand wird von einer großen Reklamewand eingenommen. Diese trug die Abbildung eines Kleinwagens, daneben den Text: *Außen Ka. Innen Kuh.* Es war die Reklame für den *Ford Ka*. Nach zwei Wochen wurde diese Werbung abgelöst durch eine Getränkereklame, dann durch die für einen aktuellen Citroën.

Ortspragmatik kann auch dynamisiert genutzt werden: Im folgenden Beispiel einer Plakatwand wird die unterschiedliche Lesbarkeit von Schriftgrößen beim Sich-Nähern und Vorbeifahren auf der Straße genutzt:

(8)   *VERGNÜGUNGSsüchtig? PARKbräu*

So liest man zunächst ‚Vergnügungspark' und stutzt, bevor die Auflösung des Rätsels erfolgt. – Eine Werbekampagne der „Bildzeitung" nutzte im Frühjahr 2001 die Bewegung der Menschen im Straßenverkehr für einen Überraschungseffekt. *Was Frauen von Männern wirklich wollen* war „Teil 1" der Frühlingsserie und *Was Männer von Frauen wirklich wollen* „Teil 2". Dies war in schwarzer Schrift oben und unten auf einem rotgrundigen Plakat zu lesen. In der Mitte befand sich eine aus der Ferne deutlich erkennbare Gegenstandskontur, gefüllt mit einem weißen Muster auf dem Rot des Hintergrunds. Damit wurden die typischen „Bildzeitungs"-Farben genutzt. Die Gegenstandskontur war mit der Wiederholung eines immer gleichen Wortes gefüllt: Auf die Frauen bezogen gab es z.B. eine Herzkontur, die mit *PorschePorschePorsche...* gefüllt war, oder eine Hauskontur mit *Freiheit...* Auf Männer bezogen eine Büstenhalterform für ‚Sex' mit *MamaMamaMama...* oder einen Einkaufswagen mit *Sparen...* Aus der Entfernung wurden also vorurteilshafte Vorstellungen bedient, ‚aus der Nähe' wurden diese geradezu negiert. Genau dies sollte neugierig machen auf die Zeitung.

Abb. 5.7–4 Werbung Einkaufswagen

5.7 Merkmalsausprägungen: Situationalität

Abb. 5.7–5 Werbung Mama

d) Orts- und Zeitpragmatik: Bei Abb. 5.3–11 ist der Textträger eine Plakatwand. Normalerweise ist dieser Typ von Textträger ein Hinweis auf die Textfunktion Werbung. Das werbeuntypische Bild jedoch lässt bereits darauf schließen, dass eine andere Textfunktion intendiert ist. Der Ort der Anbringung („Ortspragmatik") ist einer, der Unterhaltung, Vergnügen, Freizeit erwarten lässt: gegenüber von Spielbank und Tanzcafé, von Luxushotel und Luxus-Restaurant und einem Zugang zu einem großen Park, dem „Deutsch-Französischen Garten". Auf der anderen Seite dieser Einrichtungen liegt ein Parkplatz vor einem Waldstück. Und innerhalb dieses, parallel zur Straße, verläuft die Bahnlinie nach Frankreich. Die Deixis *hinter dieser Plakatwand* weist also direkt auf die Bahnschienen, die bereits für solche Transporte atomarer Brennstäbe genutzt wurden und – „Zeitpragmatik" – das Plakat stand zu einer Zeit dort (und wurde am selben Tag in der Zeitung abgebildet), an dem in Deutschland nach längerer Pause Atomtransporte stattfanden, jedoch auf anderer Strecke. Ein vergleichbares Beispiel habe ich in Sandig (2001) ausführlich analysiert. In beiden Fällen ist der Ort inkompatibel mit dem im Bild Dargestellten, die Zeit jedoch ist kompatibel. Das Zusammentreffen dieser beiden Relationen ergibt den besonderen stilistischen Pfiff.

5.7.3 Text und Textverwendung

Aufschriften von T-Shirts oder Jacken sind heute oft derart beliebig, dass sie von Vielen gar nicht mehr wahrgenommen werden. Wenn jedoch eine Germanistik-Studentin ein T-Shirt mit der Aufschrift *Dulden!* im Schrifttyp des Titels des Rechtschreib-Dudens trägt, so erhält der Textträger im Zusammenhang der Verwendung einen stilistischen Sinn. Ähnliches gilt für ein T-Shirt mit der Aufschrift:

Abb. 5.7–6 Zeigen Sie ruhig, was Sie haben: Stil.

Dieses T-Shirt bekam ich von Jutta Goheen (Ottawa) geschenkt. In diesem Fall ist zu unterscheiden zwischen Text und Textverwendung: Der ursprüng-

5.7 Merkmalsausprägungen: Situationalität

liche Text stammt aus einer Werbung und wurde mit einem anderen Bild kombiniert. Es ist also nicht in allen Fällen so, dass Situationalität des Texts nur seine Geeignetheit für einen bestimmten Situationstyp ausmacht (vgl. Kap. 5.7.1). Vielmehr kann ein für einen Situationstyp geeigneter Text außerhalb dieses, in Relation zu einer Situation eines anderen Situationstyps verwendet werden. Die Diskrepanz zwischen beiden schafft ein besonderes stilistisches Potenzial.

Beispiele sind der ‚juristische' Text im Beispiel von Staeck (Abb. 5.2–2), der für ein umweltorientiertes Stück Plakatkunst genutzt wird. Weiter Handkes berühmtes Beispiel der Aufstellung einer Fußballmannschaft, wobei der Ausschnitt aus der Zeitung in ein poetisches Buch transportiert wurde, oder auch (aus: Peter Handke, Die Innenwelt der Außenwelt der Innenwelt, Frankfurt/Main: Suhrkamp, 1969, 39):

Abb. 5.7–7 Bei uns zu Gast (Handke)

Durch die Verwendung in einer Situation eines andersartigen Situationstyps werden die ursprünglich situationsbezogenen Referenzausdrücke von den Referenzgegenständen getrennt; es werden Typen: *bei uns*, viele Hotels heißen wie die aufgeführten und die Namen der Personen und ihrer Herkunftsländer bzw. -orte erhalten etwas Typisches; die Personennamen verlieren die individuelle Referenz. – Ein weiteres Beispiel, bei dem allerdings das typografische Bild verändert wurde, ist das Gedicht von Erich Fried, Beisp. (1) in Kap. 5.3. Dieser Text des Polizeipräsidenten von Berlin (West) war eine Zeitungsanzeige (Tagesspiegel, 28.2.1970) und wurde von Erich Fried in die Gedicht-Form umgesetzt; er endet mit der genauen Adresse. Auf diese Weise ist er nun für beide Situationen in verschiedener Weise geeignet; die Relation der Interpretationsweisen ergibt einen besonderen stilistischen Sinn.

5.8 Zwischenbilanz

Als Zusammenfassung der dargestellten Skalen können stilistische Grundskalen angenommen werden. Sie sind voneinander unabhängig: So kann „das Besondere" „einfach" sein...:

das Besondere ——————————————————— das Erwartbare

Originalität ——————— Individualität ——————— Konventionalität

implizit ——————————————————————— explizit

undeutlich, verrätselt ——————————————————— deutlich
irreführend etc.

komplex ——————————————————————— einfach
angereichert

Merkmal/Untermerkmal nicht ——————————— vorhanden/relevant
vorhanden/nicht relevant

Abb. 5.8–1 Stilistische Grund-Skalen

Mit den stilistischen Grundskalen können Texte stilistisch bewertet werden: Je nach dem zu bewertenden Gegenstand werden andere Sollwerte auf den Skalen relevant (vgl. zum Bewerten: Ripfel 1987, Stürmer/Oberhauser/Herbig/Sandig 1997). So sollte ein Wissenschaftstext heute eher konventionell sein, einen mittleren Explizitheitsgrad aufweisen, deutlich strukturiert sein und relativ einfach. Für poetische Texte liegen, je nach Genre, die Sollwerte tendenziell auf der linken Seite der Skalen.

Auch die dargestellten speziellen Skalen sind zum Bewerten von Stilen geeignet; man darf diese jedoch nicht als exakte numerische Skalen mit exakten Ergebnissen postulieren: Das Jandl-Gedicht *lichtung* (Kap. 5.12.1) ist sowohl originell als auch einfach. Auch sind oft Untergesichtspunkte heranzuziehen: Dasselbe Gedicht ist von der Struktur des Textes her und von der Syntax her einfach, aber unter dem Gesichtspunkt des Themas komplex (diese Sicht verdanke ich Adi Grewenig). Je nach Bewertungszweck werden die Skalen unterschiedlich gewichtet, so dass ein Gegenstand eine differenzierte Gesamtbewertung erhalten kann.

5.9 Merkmalsausprägungen: Materialität

Materialität macht viele Texte in ihrer Textfunktion wahrnehmbar, wenn sie den Konventionen gemäß genutzt wird. Bei Abweichungen von der konventionellen visuellen Textgestalt sind z.B. folgende Fälle zu unterscheiden:

a) Verdeckung der Textfunktion, z.B. bei „redaktionellen Anzeigen", um die Textfunktion besser gelingen zu lassen, vgl. Abb. 5.3–6 und 5.3–7;

b) Verdeckung der Textfunktion, damit der Text überhaupt rezipiert wird oder weil das Mitgeteilte peinlich ist, z.B. bei der Richtigstellung einer Todesanzeige, vgl. Abb. 5.3–5;

c) Spielerisches Überdecken der Textfunktion, z.B. bei der Aufmachung einer Werbeanzeige als Eintrag in ein enzyklopädisches Lexikon (vgl. Sandig 1986, 201: *Schweppsouette*), auch Abb. 5.3–10 und 5.9–26.

Die Konventionen für das Anzeigen der Textfunktion sind teils fest, teils lassen sie Spielräume zu; sie können individuell verändert werden und es gibt – interpretierbar in Relation zur jeweiligen Konvention – auch originelle Nutzungen der Materialität.

Die Materialität der Texte ist durch eine Fülle von einzelnen Untermerkmalen charakterisierbar, die im Folgenden in ihrer stilistischen Relevanz nur angedeutet werden können. Es handelt sich um: Text als begrenzte Einheit auf einem Textträger, Text als haptische (anfassbare) Einheit, Text in seiner Zweidimensionalität und insofern Text als Fläche, Text als typografisches Bild und insofern auch als grafische Gestalt, optische Textgliederung, Text als Wort-Arrangement, Text als Sequenz, Text als Raum, Textdesign und Sprache-Bild-Relation, die Bindung des Texts an den Kanal, den Textträger und gegebenenfalls ein spezifisches Medium usw. Die Untermerkmale von Materialität werden jeweils als Merkmalsbündel realisiert. Sie können als einzelne dominant sein, während andere irrelevant sind; sie können aber auch relevante Bündel von Merkmalsbündeln bilden. Wie die bisher besprochenen

Textmerkmale interagieren auch die Untermerkmale von Materialität – einzeln oder als Bündel – mit den übrigen Textmerkmalen und untereinander. Bei diesen Merkmalen ist es viel eher als bei den bisher besprochenen klar, dass sie nicht ausschließlich gelten (vgl. Vater 1992, Kap. 1). Bereits van Dijk (1980, 154ff.) weist auf viele dieser Merkmale hin. Die verbesserten Reproduktionsmöglichkeiten machen eine Berücksichtigung in der Stilistik möglich und aufgrund der verstärkten Nutzung von Materialität für stilistische Neben-Bedeutung auch nötig. – Materialität ist besonders zeitbedingt; sie ist gleichermaßen abhängig von technischen Voraussetzungen und von Moden.

Ich muss mich hier auf wenige Beispiele zur Materialität beschränken. „Mediale Stile" (Androutsopoulos/Kallmeyer 2000) beispielsweise als Sonderform sozialer Stile können hier nicht betrachtet werden: Es sind Stile, die z.B. die technischen Möglichkeiten des Internet nutzen, etwa um soziale Identität und Beziehung damit zu gestalten. Zur Wichtigkeit der Materialität von Texten vgl. Nussbaumer (1991, 265), von der Lage-Müller (1995, 105ff.), Ott (2001) mit einer anderen Untergliederung, Schröder (1993); Androutsopoulos (2000, 204) erweitert sprachliche Formulierungsmuster um „semantisierte visuelle Zeichen und (typo)grafische Konventionen". Antos (2001) unterscheidet sie als „Sprachdesign" von Stil und betont die Wichtigkeit für die Textrezeption; er spricht geradezu von „visueller Rhetorik" (2001, 64).

Skalen, die hier bei den Untermerkmalen durchgängig relevant sind, betreffen:
1. die Nutzung eines Untermerkmals bzw. seine Irrelevanz und
2. die konventionelle Nutzung, mit oder ohne Spielräume, und die individuelle oder gar originelle Nutzung.

In diesem Kapitel wird mehrfach auf Konkrete Poesie eingegangen, weil in ihr mit wechselnden Techniken die „Sprache als Sprache" thematisiert (Weiss 1984, 85), d.h. metathematisiert (Vollert 1999) wird: Es wird „Text-Material in den Mittelpunkt des Textes" gestellt (Weiss ebda.) und zwar alles, „was Material für mögliche Kommunikation-durch-Sprache ist" (ebda.): Schriftzeichen, Laute, Wörter und Wortbedeutungen, Sätze und Satzbedeutungen, aber auch der materielle Untergrund, die Fläche als solche, die Zwischenräumlichkeit der Schrift, die Zeiligkeit der Schrift usw. Folglich ist das Konkrete Gedicht „ein Gegenstand, nicht eine Aussage über einen Gegenstand" (E. Jandl zitiert nach Weiss 1984, 88), d.h. nicht nur die Materialität der Sprache gerät in den Blick, sondern der Text selbst in seiner Materialität. Dies erfordert einen „Textbegriff, der alle Versuche, mit Zeichen umzugehen, einschließt" (Weiss 1984, 16); er ist mit dem hier verwendeten kompatibel.

„Konkrete Texte (...) demonstrieren Sprache als Gerüst, reduziert auf Wortkörper, auf Buchstaben, auf Lautfügungen oder als Textgespinste, Textspuren auf der Fläche (verdichtet zu Wortkonglomeraten). Die Verfahren der Präsentation, die sehbaren flächensyntaktischen und typografischen Momente spielen ebenso stark bei der Textkonstruktion, bei der Bedeutungskonstitution mit wie die semantische Dimension des Lesbaren." (Weiss 1984, 94). Deshalb zählt Vollert (1999) zur Ausdrucksseite **des Textes** nicht nur die Ausdrucksseite der verwendeten sprachlichen Einheiten, sondern auch die Art der Präsentation auf der Fläche: Der Inhalt wird aus der Bedeutung der Sprachzeichen **und** der Art deren Präsentation rezipierend konstruiert. „In die Bedeutungskonstitution fließen ebenso affektiv gesteuerte Konnotationen ein, Momente des Spielerischen, der sinnlichen Wahrnehmung wie Denkarbeit beim Erkennen und Nachvollziehen..." (Weiss 1984, 103f.). Deshalb sind derartige Texte auch anregend für das kindliche Spiel mit Sprache, vgl. „Das Sprachbastelbuch" und die Beiträge in Garbe (Hrsg. 1987). Indem Konkrete Texte sich der üblichen Lektüre widersetzen, haben sie auch „kritische Potenz" (Weiss 1984, 112ff., vgl. unten E. Jandls *die tränen...*, Abb. 5.9–9).

5.9.1 Kanal, Textträger, Medien

5.9.1.1 Kanal

Kanal ist die physikalische, materiale Verbindung zwischen den Interagierenden. Sie erlaubt je nach Art dieser Verbindung eine akustische und optische, eine nur akustische oder eine nur optische Verbindung und eine gleichzeitige bzw. mehr oder weniger „zerdehnte Kommunikationssituation" (Ehlich 1984): bei Schrifttexten, E-Mail usw. Je nach Materialgrundlage der Verbindung sind verschiedene Wahrnehmungsarten im Spiel: auditiv, visuell, haptisch, olfaktorisch... Im Folgenden konzentriere ich mich auf Optisches.

Über den Kanal wird konventionalisiert Zeichenhaftes vermittelt, aber auch anderes wie Flecken auf Papier. Letzteres kann relativ zu den Rezeptionsgegebenheiten als zeichenhaft gedeutet werden. Um das Zeichenhafte zu deuten, benötigen die Rezipierenden eine entsprechende Zeichenkompetenz. Diese kann neben Sprachkompetenz auch Bildkompetenz sein (vgl. Doelker ²1999, Stöckl 2001), einschließlich der Kompetenz, Farben zu deuten (Fix 2001), auch soziokulturelle Kompetenz etc. (vgl. Riedemann 1988 über entsprechende Kodes). Wichtig ist, dass das bei der Produktion Intendierte vom Rezipienten nicht notwendig als solches interpretiert werden muss (vgl. Riedemann 1988, 11ff. und oben Kap. 1.8).

Die Nutzung elektronischer Übermittlung als sehr schneller Kanal führt z.B. bei elektronischen Briefen zu neuen Möglichkeiten der ökonomischen Gestaltung. Wenn die vorherige E-Mail der Adressaten mit repräsentiert ist, kann man einen Brief ohne Anrede und wie eine direkte Antwort beginnen. Z.B. kann die Antwort auf eine Bitte um Information mit einem *Klar* beginnen, ohne jede Anrede. Einige Kollegen von mir nutzen durchgängige Großschreibung, um Antworten, Kommentare etc. direkt in ein vorheriges Schreiben einzuschreiben; ein explizites Bezugnehmen ist so unnötig:

(1) *LIEBE FRAU SANDIG,*
 > ja, ich komme: Dienstag und Mittwoch.
 ICH FREUE MICH SEHR
 > Nicht schenken!
 DOCH! AUF JEDEN FALL!
 (...)

Da die Spitzklammern das erste Schreiben kennzeichnen, können die ‚Antworten' des zweiten Schreibers auch in Schrift-Normalform gegeben werden. Es entsteht eine Form des DIALOGISIERENs (Kap. 4.2.4) im Schrifttext. D.h. die Texte verlieren ihre Festigkeit. Die Schnelligkeit der Übertragung führt auch dazu, dass Elemente mündlicher Rede in den Schrifttext einfließen können: *Ich würd das gern mal bei nem Tee besprechen.* ‚Sprache der Nähe' wird so möglich (Koch/Oesterreicher 1994). Ich muss mich hier auf diese wenigen Hinweise beschränken.

5.9.1.2 Textträger

Wenn die physikalische Übermittlung so geschieht, dass es ein für die Interagierenden wahrnehmbares Material gibt, dem die Information aufgeprägt ist, spreche ich mit van Dijk (1980, 158) von *Textträgern*: Blatt Papier, Zeitung, Buch, Werbefläche, Flyer, Bierdeckel, Ehering, Grabstein oder Gedenkstein usw.

Prototypische Texte (Kap. 5.1) und viele andere weniger prototypische wie Gruß-Postkarten, Notizzettel usw. sind nicht situationsgebunden; situationsgebundene Texte hingegen sind auf spezifische Textträger angewiesen, die dazu geeignet sind, sie in die Situation einzubinden wie Schilder, Plakate, Gedenksteine etc. Elektronisch übermittelte Texte sind an entsprechende Geräte gebunden, die als solche teils situationsgebunden stationär verankert sind, teils frei beweglich. Wir haben ein konventionell geprägtes Wissen darüber, in welchen Situationstypen (vgl. Krause 2000, 37-41) welche Typen von Textträgern üblicherweise verwendet werden. Stilistische Besonderheiten werden in individuellen Situationen (ebda.) in Relation dazu interpretiert.

Auch der Textträger kann Zeichenfunktion haben (Schröder 1993, 208 im Anschluss an Nöth 1985): „Was geschriebene Texte betrifft, so ist zu unterscheiden zwischen erstens dem Material, auf dem geschrieben wird (Stein, Papyrus, Pergament, Tafel, Bildschirmtext, Papier etc.) und zweitens dem Material, mit dem geschrieben wird (Tinte, Druckerschwärze etc.)".

5.9 Merkmalsausprägungen: Materialität

Auch das Schreibgerät, mit dem gearbeitet wird, kann relevant sein: Bleistift, Kugelschreiber, Pinsel, Schreibmaschine, Computer...

Beispielsweise haben offizielle Verkehrsschilder typische Formen, Farben, Schriftzüge und Träger-Materialien. Man sieht aber auch in Wohngebieten auf Pappe gemalte Schilder von Kindern, die mit Plastiküberzug vor Regen geschützt werden; auf diesen wird an Autofahrer appelliert, Tempo 30 zu fahren; dazu tragen die Schilder neben buntem Dekor in der Regel den Vornamen und eine Altersangabe des Kindes, das das Schild gemalt hat, z.B. *Anna, 5 Jahre*; *Jens, 4 Jahre*. Dieser ‚persönliche' Appell soll zusätzliche und stärkere Wirkung hervorrufen als die offiziellen Schilder. Die Art des Textträgers ermöglicht eine besondere soziale Funktion (vgl. Habscheid 2000, 134 über „Medien") und kann die Textfunktion verdeutlichen.

Ein schönes Beispiel gibt Fix (1996): Der Anfang von Kafkas „Der Prozess" als Toilettengraffito, als Originalhandschrift-Blatt, als Plattenhülle usw.; Androutsopoulos (2000) geht auf Flyer in jugendlichen Kulturen als Material mit z.T. besonderen Umriss-Formen ein.

Die Abbildung eines besonderen Textträgers kann auf einem andersartigen Textträger stilistisch genutzt werden:

Abb. 5.9–1 Abbildung eines Textträgers

Hier wurde die Abbildung eines PC im Papier-Buch-Katalog im Jahre 1999/2000 und öfter genutzt, um auf das Internet-Angebot desselben Verlags aufmerksam zu machen. Dabei erschien der relevante Text wie auf einem Bildschirm. Die Zeitschrift „Computer-Bild" nutzt 2001 ebenfalls Bildschirmdesign für die Textgestaltung: Es gibt hypertextartige Strukturen mit Auslagerung von Stichwortlisten und mit teilweise bunten Bildschirmabbildungen, die dann – mit farbigen Strichen verbunden – kommentiert werden.

Abb. 5.9–2 Beispiel aus „Computer-Bild"

5.9 Merkmalsausprägungen: Materialität   431

Als Textträger können die verschiedensten Gegenstände genutzt werden. So macht auf den Zuckertütchen in einem Café ein Optiker Reklame:

Abb. 5.9–3a Zuckertütchen (Vorderseite)

Abb. 5.9–3b Zuckertütchen (Rückseite)

In der Regel sind Texte an zweidimensionale Textträger gebunden und dies kann durchaus für stilistische Besonderheiten genutzt werden. Wie Hardt-Mautner (1992, 99) vorstellt, kann so vorgegangen werden, dass ein Werbe-Prospekt „nicht einfach das Foto der Flasche" für ein Getränk zeigt, sondern er „ist auch in der Form der Flasche zugeschnitten".

Es können allerdings auch dreidimensionale Gegenstände als Textträger genutzt werden. Hardt-Mautner (1992, 100) weist auf die Verpackung als Werbeträger hin: Im Unterschied zu Verpackungen in Mangelwirtschaften hat sie „unter anderem die Aufgabe, die Erfahrbarkeit des Produktes, die sie selbst blockiert (um die Ware zu schützen, B.S.), indirekt zu vermitteln, indem sie das Produkt verbal und visuell darstellt und es auf diese Weise von Konkurrenzprodukten differenziert". Im Rahmen einer Werbekampagne wird die Produktverpackung sprachlich und bildlich auf die übrigen Werbetexte bezogen (ebda.): Sie trägt z.B. den Werbeslogan. Ein Beispiel: Eine besonders schöne Katze, mit der ein TV-Spot für ein Katzenfutter wirbt, ‚schlüpft' auf die Verpackung, wird dort aus der filmischen Bewegung zum unbewegten Bild. Die „Räumlichkeit des Textträgers, Text in der dritten Dimension" (ebda.), macht es unmöglich, „die korrespondierende Anzeigenwerbung unverändert auf einem Behälter anzubringen". Ein Pappkarton hat sechs „Textflächen", die durch Kanten verbunden sind, „die sich als starke Gliederungssignale in der Struktur des Textes erweisen" (ebda.), d.h. die Textteile sind in der Regel selbstständige abgeschlossene Einheiten. Aufgrund der ungleich großen Textflächen gibt es eine Vorder- und Rückseite als „Hauptflächen" (1992, 102), ein Oben und Unten und Seiten, aber es gibt keine festgelegte Leserichtung (1992, 100). Zu den „Regelhaftigkeiten" (1992, 101) bei der Nutzung der Textflächen: „Je stärker eine Einheit auf Persuasion ausgerichtet ist, desto größer ist die Wahrscheinlichkeit, dass sie auf einer Hauptfläche Platz findet; je abträglicher eine Einheit dem angestrebten Produkt-Image ist, desto eher wird sie auf einer Nebenfläche untergebracht" (1992, 101), z.B. ein Verfallsdatum. Regelhaft wird auch der Produkt- bzw. Markenname auf allen Textflächen wiederholt (ebda.).

Ein besonderer dreidimensionaler Textträger nimmt die neue Rechtschreibung und insbesondere den neuen Rechtschreibduden auf die Schippe (Hrsg. Artakut Paderborn/Artikel Editionen München). Es ist eine Packung mit Buchstaben-Nudeln, in der visuellen Gestalt eines ‚verkleinerten' Buches: Vorder- und Rückseite sind wie bei einem Buch gestaltet, ebenso der Buchrücken; die übrigen Seiten sind dem Schnitt von Büchern nachgebildet.

Die Nudelpackung ist in den Farben des Duden gehalten, in Höhe und Breite knapp halb so groß und in der Tiefe die Hälfte der 22. Auflage. Die Beschriftung der Rückseite stellt eine komplexe Mustermischung zwischen Elementen des Duden-Frames und des Nudelframes jeweils samt assoziierter Frames dar, wobei auch ausdrucksseitige (*in den Mund nehmen*) und metaphorische Zusammenhänge genutzt werden (*werden Buchstaben nicht länger verschluckt*), auch der Computerframe wird metaphorisch genutzt:

Abb. 5.9–4 Dudel

(2) Nach Verstreichen der Haltbarkeitsfrist der 1. DUDEL-Auflage trat die Neufassung der deutlichen Buchstabierung am 1. Januar 2000 in Kraft. Die 2. unverbesserliche Auflage beinhaltet sämtliche *Kraftausdrücke*, die mit sofortiger Wirkung in den Mund genommen werden – *Gebissspangen* (...) Ausgewogene Diätvorschriften erlauben nun, bei *Spaghetti* ein h weniger und bei *Ketschup* ein s mehr einzunehmen. In Zusammensetzungen wie *Brennnesselteeeernte* werden Buchstaben nicht länger verschluckt. (...) *Bei regel-mäßigem* [sic!] Dudeln *bekommen Sie neue Buchstabierungen satt!*

5.9.1.3 Die haptische Qualität von Textträgern

Texte, die auf einem Textträger angebracht sind, sind oft auch haptisch erfahrbar: anfassbar. Textträger fühlen sich unterschiedlich an und dies kann stilistisch genutzt werden: Recycling-Papier fühlt sich heute noch vielfach anders an als traditionelles Papier; die bürgerliche Gesellschaft gebrauchte früher ein festes und glattes Briefpapier mit Wasserzeichen und aufgedrucktem Namenszug (auch mit Adresse). Institutionen verwenden heute meist traditionelles Papier mit spezifischen Briefköpfen, auch mit entsprechenden Emblemen, teils heute auch farbig. Wer sich sozial entsprechend unterscheiden will, gebraucht Büttenpapier, Zettel vom linierten DIN-A5-Block fühlen sich wieder anders an, lösen je nach Beziehung zum Schreiber andere Wirkungen aus.

Aufgrund ihrer haptischen Qualität können Textträger also sozial bedeutsam sein. Aber auch funktionale Zusammenhänge sind möglich. Flyer, mit denen in regionalen Kulturen zu Veranstaltungen eingeladen wird, sind in Farbigkeit, Bildmotiv, Schrift und Gesamtgestaltung (Androutsopoulos 2000) auf den Geschmack der anvisierten Klientel abgestimmt; sie bestehen aus relativ festem Hochglanzpapier – nicht so fest wie bei Postkarten, aber fester als Papier, damit einerseits die Farbigkeit möglich ist, sie andererseits ohne Beschädigung transportiert werden können. Außerdem ‚fühlen sich' derartige Flyer ‚gut an'. – Im Jahr 2001 machte der ADAC ein Gewinnspiel mit Hauptgewinn eines BMW Cabrio 325Ci. Das Bild des BMW und der Spiel-Text waren in Hochglanz auf eine Pappe – mit ebenfalls farbiger Rückseite – aufgeprägt, die die Kontur des Autos trug. So war dieses – in der Abbildung – bereits haptisch erfahrbar.

Auch die Größe und Einbandbeschaffenheit von Büchern trägt zur haptischen Qualität bei; sie ist zeitabhängig: abhängig von den technischen Möglichkeiten und den Moden. Kochbücher um die Wende vom 19. zum 20. Jahrhundert waren in Leinen eingebunden oder auch in Leder, teilweise mit aufwändiger Verzierung des Einbands, auch in Goldprägung. Das Format der alten Kochbücher war nicht verschieden von dem von Romanen, während heute die Formate ebenso wie die Inhalte variieren: Es gibt sehr große Prestige-Kochbücher mit vielen Farbbildern, es gibt Spezialkochbücher z.B. für

Kürbiszubereitung in Kürbisform oder Minikochbücher von Maggi: *Kochen mit dem kleinen Pfiff.* Viele Kochbücher sind heute – für den Gebrauch in der Küche – äußerlich in farbigem, aber schmutz- und feuchtigkeitsabweisendem Hochglanz gehalten, fühlen sich auch von daher ganz anders an als die alten: Diese dienten der Dame des Hauses zum Anweisen des Dienstpersonals oder – in einfacher Ausführung – auch als Lehrbuch in der Koch- und Haushaltsschule für Mädchen.

Adressatenberücksichtigung mit entsprechender Ästhetik, Selbstdarstellung mit sozialem Prestige oder Verzicht darauf, persuasive Effekte oder einfach praktische Benutzbarkeit – und sicher noch Weiteres können durch die haptische Qualität von Textträgern vermittelt werden.

5.9.1.4 Medien

Angesichts der Polysemie des Terminus *Medien* (Habscheid 2000, 127) ist es notwendig zu erläutern, was hier darunter verstanden werden soll. Der Terminus wird hier im engeren Sinne verwendet. Für die materiale Übermittlung von Sprache und ihre darauf bezogene Wahrnehmbarkeit (Habscheid 2000, 136) wird hier der Terminus *Kanal* verwendet und für die materiale Grundlage der Fixierung von Schrift und Bild etc. der Terminus *Textträger*. *Medien* sind hier die über einen technischen Kanal (Habscheid 2000, 136) vermittelten, teils auf Textträgern auch haptisch verfügbaren spezifischeren Nutzungen visueller Kommunikation: z.B. bestimmte Zeitungen wie „Frankfurter Rundschau", „Frankfurter Allgemeine Zeitung", „Bildzeitung", lokale Zeitungen verschiedener Art etc. mit ihrer jeweiligen programmatischen Ausrichtung und visuellen Ausgestaltung.

Die Art der technischen Übermittlung prägt „Kommunikationsformen und Kommunikate" (Habscheid 2000, 137); die „soziokulturellen Zugangsbedingungen und institutionellen Rahmenbedingungen" (ebda.) führen dazu, dass auch „Weltbild", „Wahrnehmungsmuster" und insgesamt die Machtverhältnisse dadurch geprägt werden. Fowler (1991) zeigt, dass die jeweilige ‚Linie' einer Zeitung auf das angestrebte Publikum ausgerichtet ist. Kress/ van Leeuwen (1998) argumentieren, dass es zwischen dem Grad der dauerhaften Gestaltung der Titelseite einer Tageszeitung und der Verfestigung der dargebotenen Weltsicht eine enge Beziehung gibt. Insofern sind die Texte, die in diesen Medien angeboten werden, stilistisch umfassend ‚eingefärbt'. Als ein Beispiel für viele sei hier die umfassende, mit dem Nachrichtenmagazin „Spiegel" vergleichende Analyse des „Focus" von Krüger (1995) genannt.

5.9.2 Text als begrenzte zweidimensionale Einheit

Auf konventionellen Textträgern sind Texte prototypischerweise zweidimensional angeordnet und begrenzt. Beide Eigenschaften und damit Zusammenhängendes können stilistisch genutzt werden. Vgl. zu diesem Kapitel auch Kap. 4.2.1.

5.9.2.1 Text als begrenzte Einheit

Prototypische Texte sind begrenzte Texte. Ein Text ist konventionell begrenzt

- durch den durchschnittlichen Textumfang, der mit dem Textmuster gegeben ist (vgl. Kap. 6.1) und
- so, dass das, was im Rahmen des Textmusters zu tun ist (die konstitutiven Teilhandlungen, vgl. Kap. 6.1) und das, was innerhalb dieser Teilhandlungen mitzuteilen ist (das Thema), so abgearbeitet sind, dass die Adressaten damit zurechtkommen (vgl. auch Linke/Nussbaumer/Portmann ^{4}1994, 255f.). Göpferich (1995, 53) betrachtet deshalb einen Text „dann als komplett, wenn seine kommunikative Funktion erfüllt ist".

Bei Texten bestimmter Textmuster gibt es „Rahmensignale" (Auer 1989, 45), so bei institutionsgebundenen Briefen: Briefkopf, Adressenangabe, Betreff und Anrede, am Ende Verabschiedung und Unterschrift. Familienanzeigen mit verschiedener Textfunktion sind mit unterschiedlichen typografischen Rahmen versehen, wenn sie in der Zeitung erscheinen. Allgemein sind jedoch „Schlussmarkierungen (...) weniger wichtig (...) als die Anfangsmarkierungen, denn wenn eine von beiden fehlt, dann ist es die Schlussmarkierung" (Auer 1989, 46). Bei Kleinanzeigen z.B. findet sich oft ein auch typografisch markierter Beginn, das Ende wird durch eine Leerzeile angezeigt. Zu den Anfangsmarkierungen gehören typografisch markierte Text-Elemente wie Themenformulierungen, Buchtitel etc.; sie sind wichtiger als die Schlussmarkierung, weil sie (oft) der funktionsbezogenen und/oder thematischen Vororientierung dienen.

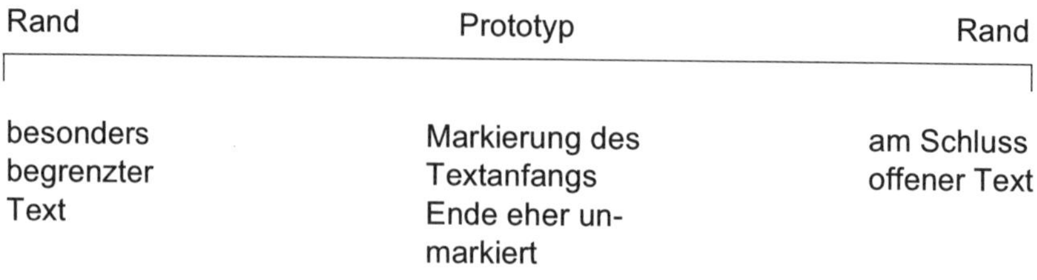

Rand	Prototyp	Rand
besonders begrenzter Text	Markierung des Textanfangs Ende eher unmarkiert	am Schluss offener Text

Abb. 5.9–5 Skala: Textgrenzen

5.9 Merkmalsausprägungen: Materialität 437

Stilistische Markierung erfahren Texte außer den in Kap. 5.4.1.2 beschriebenen Formen der Themenformulierung einerseits durch Offenheit am Schluss und andererseits durch Betonung der Begrenzung bei besonderer Endmarkierung (s. Kap. 4.2.1.1 und 4.2.1.2):

a) Eine deutliche Textbegrenzung liegt z.b. vor bei dem kohärenzstiftenden Verfahren „Klammer" (Kap. 5.6.4b) oder bei dem Beispiel (63) aus Kap. 4.2.4, bei dem *Superunwort* sowohl die Überschrift bildet, als auch das letzte Wort des Textes (Die Zeit, 28.10.1994, 1): Der Text wird durch die Verwendungen derselben Ad-hoc-Wortbildung sprachlich ABGERUNDET. Die eingangs verrätselnde Themenformulierung (Kap. 5.4.1.2d) ist am Schluss motiviert und gut nachvollziehbar. Auch beim folgenden Beispiel (Die Zeit, 27.6.1997, 1) gibt es eine deutliche Begrenzung durch die aufeinander bezogenen Paarformeln aus dem Spanischen: ‚Auf Wiedersehen' und ‚Willkommen'. Alle drei Absätze beginnen mit *Schlußmachen*, metaphorisch mit ‚Auf Wiedersehen' formuliert, und in der Mitte des Textes erfahren wir, dass es um Felipe González geht; ihm gilt die Handlung des ABSCHIEDNEHMENs bzw. VERABSCHIEDENs, über die gleichzeitig die Leser INFORMIERT werden:

(3) ***Adiós***
Schlußmachen ist schwer, so sehr, daß es einige von allein nie schaffen. Die tragischen Fälle sind weithin bekannt, die Namen seit Jahren dieselben, weshalb wir sie hier auch nicht schon wieder nennen, und die Folgen mancher nicht enden wollenden politischen Präsenz auch: erst Langeweile, dann Lähmung.

Schlußmachen ist einfach. Man muß es nur machen. Soeben hat der spanische Sozialistenchef Felipe González vorgeführt, wie's geht: ein Nebensatz in der Parteitagsrede („im übrigen müsst ihr wissen...") genügte für den Rückzug vom Parteivorsitz. Alle sind platt, ein Ruck geht durch die Landschaft, eine neue Ära kann beginnen.

*Schlußmachen zum richtigen Zeitpunkt, das ist die Krönung: nicht davonrennen, nicht rausschleichen – Abtreten im aufrechten Gang. Schaut auf Felipe: sein **adiós** an die Parteiführung (nicht an die Partei) zeigt, dass auch im Verzicht sich Format beweist. González gilt vielen als der einzige legitime „Enkel" des deutschen Internationalisten Willy Brandt; beim Staatsakt zu dessen Tod hielt er die eindrucksvollste Rede. Vielleicht ist er der Kopf, der der europäischen Sozialdemokratie aus ihrem programmatischen Blair-Jospin-Dilemma hilft. **Bienvenido**.*
wap

Im dritten Absatz wird das *adiós* des González selbst thematisiert. Die Überschrift ist also auch Themenformulierung. Da am Schluss des Textes über González' Rückkehr spekuliert wird, kann der Text auch mit einer hypothetischen Begrüßung enden. Hier sind also aufeinander bezogene Sprachhandlungen genutzt, um dem Text deutliche Grenzen zu verleihen. Der Text wird handlungsmäßig ABGERUNDET. Zu weiteren Beispielen aus der Automobilwerbung vgl. Sandig (1996b, Kap. 5.5): Dort wird – bei Auswahl von Informationen über den Werbegegenstand – ein Eindruck der ‚Gesamtheit' suggeriert und gleichzeitig über die ‚sorgfältige' Machart des Textes eine zusätzliche positive Bewertung nahe gelegt, vgl. auch Ramge (1994) bezüglich journalistischer Kommentare.

Durch die spezielle typografische Anordnung kann ein Text ebenfalls begrenzt werden, vgl. die Abb. 5.9–10 und 5.9–11.

b) Am Schluss offene Texte unterscheiden sich von der grundsätzlichen inhaltlichen Offenheit von Texten, wobei wir dasjenige, was unter der Oberfläche liegt, interpretierend zu ergänzen haben: Bei dieser grundsätzlichen Offenheit geht es um ein Mehr-oder-weniger (Holly 1995, 119, vgl. unten c). Bei der Offenheit von Fernsehserien sind – unter anderem! – offene Enden gemeint, wie etwa eine Frage am Schluss einer Sendung (Holly 1995, 124), die die Rezipienten weiter beschäftigen soll und bei der sie die Antwort in der nächsten Folge suchen sollen. Bei Serien-Erzählungen gibt es oft einen „abrupten Spannungsabbruch", den sog. *Cliffhanger* (Jurga 1998), der z.B. auch bei Fortsetzungsromanen genutzt wird. Cliffhanger „sollen die Beteiligung am bzw. die Einbindung der Zuschauer oder Leser in das erzählte Geschehen aufrechterhalten und verstärken" (Jurga 1998, 474). – Eine hergestellte Offenheit mit intendiertem besonderem Effekt zeigt der folgende Text von Peter Handke (Die Innenwelt der Außenwelt der Innenwelt, Frankfurt/Main: Suhrkamp 1969, 134):

(4) *Abbrechen mitten im Satz*
Der letzte Satz des Märchenerzählers lautet gewöhnlich: „Plötzlich,
mitten im Bild, hörte der Pferdemaler zu malen auf und erwürgte den
Herrenreiter."
Plötzlich, mitten im letzten Satz –

Ein anderes Beispiel (aus: Gerhard Rühm, Geschlechterdings. Chansons, Romanzen, Gedichte, Reinbek: Rowohlt 1990, 34):

(5) *Marianne, deine kunst in ehren*
aber

Rätsel sind generell insofern offene Texte, als sie von den Rezipierenden mit der Antwort ‚geschlossen' werden sollen; andernfalls verlangen und erhalten sie die Antwort von den Rätselgebern.

c) Intern offene Texte: Cliffhanger dienen auch innerhalb der Texte zum Sichern der Aufmerksamkeit (Holly 1995, Jurga 1998). ‚Leerstellen' werden in der Literaturwissenschaft für poetische Texte seit langem diskutiert. Unter „kalkulierter semantischer Offenheit" verstehen Keßler/Siehr (1998, 509) die mehrfache Interpretierbarkeit und Bewertung von Texten oder Textteilen, z.B. als wörtlich oder ironisch, vgl. hierzu als Beispiel das Harald Schmidt-Interview, Abb. 5.7–2.

Auch hier sind unterschiedliche Grade zu beobachten (vgl. Holly 1995; Keßler/Siehr 1998). Auch originelle Werbetexte können interne Offenheit nutzen, indem auf das Nennen der Marke verzichtet wird. So heißt es in dem Beispiel für die Zigarettenwerbung mit dem im Bild gezeigten Chamäleon (Abb. 5.3–10): *Der Rauch einer Zigarette dieser Marke enthält...*; es wird also mit der deiktischen Artikelform auf eine spezifische Marke referiert, die Referenz aber nicht explizit geklärt.

5.9.2.2 Text in seiner Zweidimensionalität

Texte werden prototypischerweise in unserer Kultur in horizontalen Zeilen von links nach rechts und in der Zeilenfolge von oben nach unten angeordnet und so auch rezipiert. Die präferierte Leserichtung ist deshalb in Kombination beider die Diagonale von links oben nach rechts unten. Dies kann stilistisch genutzt werden bei der Anordnung von Bildern auf der Seite: Stöckl (1997, 140f.) spricht für Bilder in Werbeanzeigen in Anlehnung an andere Autoren von „visual emphasis",
– wenn sie „entlang dieser Diagonale" platziert sind oder
– wenn sich „Bildelemente im optischen Zentrum des Kommunikats, d.h. etwas oberhalb des geometrischen Zentrums" befinden,
– wenn sie eine relative Größe haben.

Am Ende dieser Diagonale rechts unten finden wir in Werbeanzeigen regelmäßig den Markennamen, das Logo und oft auch Produktabbildungen. Vgl. die Beispiele Abb. 5.9–28 und 5.9–29.

Ausschließlich die Horizontale wird genutzt bei Palindromen: Ein Wort kann von links nach rechts und von rechts nach links gelesen werden wie *Anna, nennen* oder *Reliefpfeiler*; es gibt auch Wortpaare oder Wortformen, die man spiegelbildlich anordnen kann: *Eber – Rebe* oder *relativ – vitaler*, schließlich auch Syntagmen wie das teilweise unter Schülern verbreitete *nur du Gudrun* oder in einer Heiratsannonce (Die Zeit, 14.2.1997):

(6) *frau entdeckt man(n).*

Das kreative Spiel wird in diesem letzten Fall genutzt, um auf wenig Raum viel mitzuteilen (vgl. Kap. 6.3.2). Vgl. auch Pfeiffer (1985), der „Palindrome in der Werbung" untersucht hat. In „Das Sprachbastelbuch" (1975, Wien, München: Jugend und Volk, 68) wird eine Textpassage und damit ein Thema mit Palindromen konstruiert:

(7) *Stimmungsvoller Schluß eines langen Romans*
Der SPAR-RAPS und der SIAM-MAIS blühen. Die ESEL-LESE ist lange vorbei.
Der RELIEF-FEILER (sic!) schmückt den Pfahl vor der Hütte mit schönster
REIZ-ZIER. Das ROT-TOR leuchtet in der Sonne. Der TRUG-GURT und das
LIEB-BEIL sind tief im GRAS-SARG begraben. Der NOT-TON ist verklungen.
Der alte Herr von der GRUB-BURG ist auf seinem REIT-TIER davongeritten.
Und der REGEN-NEGER seufzt über sein NEBEL-LEBEN.

Horizontale und Vertikale im besonderen Zusammenspiel sind standardisiert im Textmuster Kreuzworträtsel. Bereits Adamzik (1995, 35f.) weist auf eine Besonderheit der Kochbücher von Dr. Oetker hin: Seit etwa 1970 werden hier die Rezepte so dargeboten, dass der Zutatenteil senkrecht für sich gelesen werden kann und dass die Arbeitsanweisungen mit den Zutatenangaben horizontal in der üblichen Weise, aber mit anderen Zwischenräumen gelesen werden (aus: Dr. Oetker Schulkochbuch. Das Original, Bielefeld: Ceres, 1992, 30):

HELLER GEFLÜGELFOND

1 kg Geflügelklein (Flügel, Hals, Herz, Magen)	abspülen, abtropfen lassen
250 g Suppengrün	putzen, waschen, kleinschneiden
1 Zwiebel	mit
1 Gewürznelke	
1 Lorbeerblatt	spicken, alle Zutaten in
125 ml (⅛ l) Weißwein	
2 l kaltem Salzwasser	langsam zum Kochen bringen, während des Kochens immer wieder abschäumen, bis auf 1 l Flüssigkeit einkochen lassen, durch ein Sieb gießen
Kochzeit	etwa 2½ Stunden.
	Pro Portion: E: 7 g, F: 1 g, Kh: 4 g, kJ: 306, kcal: 73.
Tip	Einmal zubereitet, lassen sich Fonds zur späteren Verwendung am besten portionsweise tiefgekühlt aufbewahren.

Abb. 5.9–6 Kochrezept zweidimensional

Zu Zeiten des Barock gab es andersartige Standardverwendungen dieser Grundstruktur: Beim Akrostichon war der erste Buchstabe am Zeilenanfang so markiert, dass sich auch von oben nach unten gelesen ein Sinn ergab; die senkrechte Anordnung eines Wortes oder eines Syntagmas am Zeilenbeginn kann auch heute noch methodisch als kreatives Verfahren der Textherstellung genutzt werden, indem der Rest der Zeilen sinnvoll aufzufüllen ist. Beim Telestichon ist jeweils der letzte Buchstabe einer Zeile entsprechend markiert und es gibt auch die Markierung der Diagonalen. Das Spiel mit Horizontale und Vertikale kann noch weiter getrieben werden und zu kunstvoller Gestaltung führen (aus: Garbe Hrsg. 1987, 97):

5.9 Merkmalsausprägungen: Materialität

Abb. 5.9–7 Grabschrift und Lobspruch

Von links oben nach rechts unten kann bei jedem Buchstaben die Leserichtung gewechselt werden, immer erscheint die unten aufgeführte Äußerung. Die dadurch bedingte Anordnung der Schrift führt zu einem – bis auf den Schrifttyp – ‚modern' anmutenden typografischen Bild (vgl. unten *cinema*,

Abb. 5.9–13). Durch die fehlenden Wortzwischenräume werden Großbuchstaben derart hervorgehoben, dass von links unten nach rechts oben laufende diagonale Linien erscheinen: Der Text wird zusätzlich als Schrift-Bild dargeboten.

Da die Konkrete Poesie die Sprache in ihrer Materialität sekundärthematisch (Kap. 5.4.2.1) zum Thema macht (vgl. Vollert 1999), ist es nur konsequent, wenn die horizontale und vertikale Struktur von Texten mit ausgenutzt wird (Hansjörg Mayer, aus: Vollert 1999, 154):

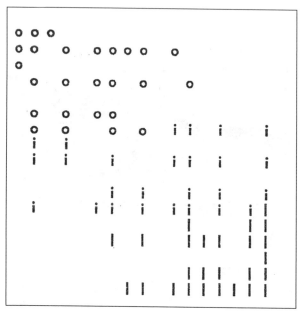

Abb. 5.9–8 Mayer: oil

Hier wird ein Wort ‚zum Text gemacht', sekundärthematisch in wenigen seiner Frame-Relationen dargestellt: ‚Öl tropft', ‚Öl fließt'; vgl. Vollerts (1999, 147) „Propositionsinferenz". Für Konkrete Gedichte dieser Art prägt Vollert (1999, 130) einen „erweiterten Textbegriff": Das Konkrete Gedicht besteht „aus einem sprachlichen *Kerntext*, der für die Inhaltsseite dominant, aber nicht allein konstitutiv ist, und einem visuell-grafischen *Beitext* (einschließlich der Schrift), der primär, aber nicht allein, die Ausdrucksseite bildet. Zusammen stellen beide Teile den *Übertext* dar, der Inhalt und Form in sich vereint". Diese begriffliche Trennung beruht auf semiotischen Erwägungen, die allerdings in der Praxis keine Relevanz haben, wie die Beschreibung bereits zeigt. Deshalb verzichte ich hier auf diese Unterscheidung (s. Kap. 5.1: multimodaler Text, Doelker ²1999, 61ff.: Gesamttext).

5.9 Merkmalsausprägungen: Materialität 443

Im folgenden Gedicht von Ernst Jandl sind die beiden Kolumnen jeweils von oben nach unten zu lesen; während sich die Bedeutung der linken Kolumne leicht erschließt, muss die der rechten wegen der fehlenden Wortzwischenräume und der willkürlichen Zeilengliederung erst entziffert werden und als Folge ist beides in horizontaler Richtung interpretierend zu verknüpfen (Ernst Jandl, Gesammelte Werke, Darmstadt/Neuwied 1985, 1. Bd., Gedichte 1, Laut und Luise, 130):

```
die tränen
               d
sind
               er
die tränen     ind
               erin
sind
               derfr
die tränen     anzösi
               ndesmäd
sind
               chensaus
die tränen     kölndersc
               hwarzengöt
sind
               tinvomunter
die tränen     ennil
```

Abb. 5.9–9 Jandl: die tränen

Ein Beispiel von Helmut Heißenbüttel (aus: Textbuch 4, Freiburg/Brsg. 1964, 17), Abb. 5.9–10:

Die Textwörter sind hier so angeordnet, dass das jeweilige Token eines Wort-Types von oben nach unten eine Kolumne bildet. Ausnahmen: *oben* und *unten* stehen zwischen *rechts* und *links* und bei *da nach nach* gibt es eine Abweichung. Wie oft in Konkreter Poesie kommt die ikonische Anordnung dazu: *links* steht links, und *rechts* rechts, *oben* steht relativ zu *unten* immer weiter oben. Liest man diesen Text horizontal über die unterschiedlich weiten Wortzwischenräume hinweg, so wird der Inhalt zunehmend komplexer, gewinnt an ‚Tempo' durch die über die Abstände und Zeilen hinweg verteilten Syntagmen: *von links von rechts nach rechts von links...* Am Ende tritt durch die ikonische Position des *unten* am linken unteren Rand eine ‚Beruhigung' ein.

Das folgende Gedicht von Ernst Jandl (Gesammelte Werke, Darmstadt/Neuwied 1985, 1. Bd, Gedichte 1, Laut und Luise, 141) benutzt dasselbe Grundverfahren des senkrechten Arrangements identischer Wortbedeutungen:

```
                    von  da  nach
                         da
                    von  da  nach  rechts
                    von  da  nach
       links        von  da  nach  oben   oder
       unten                              oder
                                   rechts
                                   oben   oder
       links
       unten                              oder
                    von
       links        von        rechts
                          nach rechts
                    von
       links             nach
       links        von
       links                    oben
                         da nach
                         nach
                         da                oder
                         da
       unten
```

Abb. 5.9–10 Heißenbüttel: von da nach da

```
        du warst zu  mir  ein  gutes mädchen
           worst zo  mür  eun  gotes mödchen
        du warst zu  mir  ein  gutes
                zo  mür  eun  gotes mödchen
        du warst zu  mir  ein
                     mür  eun  gotes mödchen
        du warst zu  mir
                          eun  gotes mödchen
        du warst zu
                               got    mödchen
        du warst
                 zo  mür
                 zu            gut
                                      mödchen

           worst zo            got
                 zu
                     mür
```

Abb. 5.9–11 Jandl: du warst zu mir

5.9 Merkmalsausprägungen: Materialität

Der Text beginnt im Blocksatz; dieser wird aber von Beginn an ‚aufgelöst', indem Tokens desselben Satzes auf Hochdeutsch und dialektal (mit Varianten) geboten und gleichzeitig je Zeile um zunächst ein Wort gekürzt werden. Dadurch entsteht von links her betrachtet eine hochsprachliche Diagonale von der vollständigen Äußerung bis zu *du warst zu* und von rechts her betrachtet eine dialektale Diagonale bis zu *got mödchen*. Damit ändert sich auch die Syntax und mit ihr die Satzbedeutung: ‚Du warst zu gut, Mädchen'. Von diesen beiden Zeilen an kann man mit dem Sprung in die jeweils nächste Zeile kontinuierlich lesen, zunächst mit entsprechendem Springen von der Hochsprache zum Dialekt, danach verändert sich in den Zeilensprüngen der Inhalt weiter, der Text bekommt eine Pointe, wie oft in Konkreter Poesie. Das bisher in hochsprachlicher und dialektaler Gestalt semantisch identische *zu/zo* hat nicht nur mehrere Ausdrucksseiten, sondern auch mehrere Bedeutungen. Der Text endet im Dialekt als der ‚Beziehungssprache'. Das Textende ist hier noch deutlicher als bei Abb. 5.9–10 auch typografisch angezeigt.

Gelegentlich wird versucht, die dritte Dimension nutzbar zu machen, z.B. durch aufklappbare Papiergebilde. Eine Postkarte von *www.activating-information-on-paper.com* muss man fast waagerecht halten, um die Schrift lesen zu können:

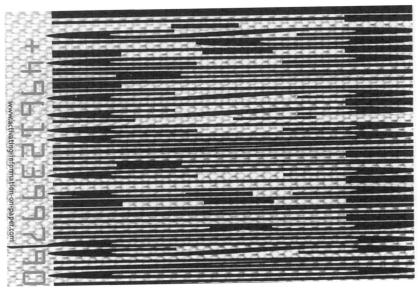

Abb. 5.9–12 Postkarte dreidimensional

Die American Graffiti, die stilisierten Schriftbilder auf öffentlichen Wänden, versuchen oft durch Schattierungen eine Tiefendimension wie bei Bildern herzustellen; dasselbe gilt für manche andere Buchstaben-Gestaltungen.

5.9.2.3 Text als Fläche

Prototypischerweise ist ein Sprachtext auf einem Textträger als kontinuierlicher Zeilenfluss (auch mit Absatz- und anderen Gliederungsunterbrechungen) angeordnet. Zur Begrenzung der Schrift auf dem Textträger ist ein Rand gegeben, der selten gliedernde „Marginalien" enthält. Sind auf dem Textträger mehrere Kolumnen angeordnet, sind diese durch Zwischenräume (auch zusätzlich durch Trennstriche) verdeutlicht. Bei Textverbänden werden die Einzeltexte mindestens durch Zwischenraum getrennt. Vgl. zu diesem Kapitel auch Gross (1994, 61ff.): „Text als Lesefläche".

Der Textträger bietet also eine leere Fläche als (Hinter-)Grund und auf dieser bildet der Text selbst eine gefüllte Fläche (Figur) mit unterschiedlichen Grauwerten des Gesamteindrucks (vgl. Vollert 1999, 91f.). Dies kann nun – für Randerscheinungen von Texten – unterschiedlich stilistisch genutzt werden (vgl. Weiss 1984, 136ff.). Ein Beispiel von Ilse und Pierre Garnier, aus: Garbe Hrsg. (1987, 94):

```
cinemacinemacinemacinemacinemacinem
acinemacinemacinemacinemacinemacine
macinemacinemacinemacinemacinemacin
emacinemacinemacinemacinemacinemaci
nemacinemacinemacinemacinemacinemac
inemacinemacinemacinemacinemacinema
cinemacinemacinemacinemacinemacinem
acinemacinemacinemacinemacinemacine
macinemacinemacinemacinemacinemacin
emacinemacinemacinemacinemacinemaci
nemacinemacinemacinemacinemacinemac
inemacinemacinemacinemacinemacinema
cinemacinemacinemacinemacinemacinem
acinemacinemacinemacinemacinemacine
macinemacinemacinemacinemacinemacin
emacinemacinemacinemacinemacinemaci
nemacinemacinemacinemacinemacinemac
inemacinemacinemacinemacinemacinema
```

Abb. 5.9–13 Garnier: cinema

Durch den unterschiedlichen Grauwert einzelner Buchstaben und die Verschiebung des Wortes auf der Fläche entsteht ein Eindruck von ‚Bewegung', auch ‚Flimmern' (vgl. auch Vollert 1999, 88f.). Das Thema ‚Film' wird in wenigen Frame-Aspekten sekundärthematisch (Kap. 5.4.2.1) dargestellt. An diesem Beispiel fällt auf, dass die konstitutive „Zwischenräumlichkeit" der Schrift aufgegeben wurde, bei der normalerweise jedes Wort für sich optisch getrennt wiedergegeben wird (Krämer 1996, 101). Abb. 5.9–9 nutzt dies ebenfalls.

5.9 Merkmalsausprägungen: Materialität

Da mit Sprache auf der leeren Fläche experimentiert werden kann, entstehen „Texte als Bilder", so der Titel von Wolf (2000). Bilder aus Sprache können nun sehr verschieden sein: Wolf weist auf die barocken Kreuz- oder Herz-Formen hin, die z.B. bei Adler/Ernst (^{2}1988) abgebildet sind. In diesen Fällen werden symbolische Formen genutzt, die mit dem Text eine Beziehung eingehen. Es können aber auch geometrische Formen mit ihren unterschiedlichen Konnotationswerten genutzt werden:

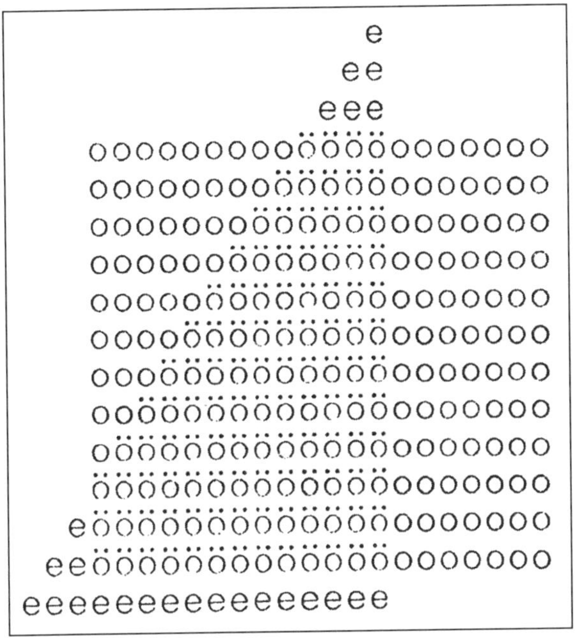

```
                    e
                   e e
                  e e e
     o o o o o o o o o ö ö ö ö o o o o o o
     o o o o o o o o ö ö ö ö ö o o o o o o
     o o o o o o o ö ö ö ö ö ö o o o o o o
     o o o o o o ö ö ö ö ö ö ö o o o o o o
     o o o o o ö ö ö ö ö ö ö ö o o o o o o
     o o o o ö ö ö ö ö ö ö ö ö o o o o o o
     o o o ö ö ö ö ö ö ö ö ö ö o o o o o o
     o o ö ö ö ö ö ö ö ö ö ö ö o o o o o o
     o ö ö ö ö ö ö ö ö ö ö ö ö o o o o o o
     ö ö ö ö ö ö ö ö ö ö ö ö ö o o o o o o
    e ö ö ö ö ö ö ö ö ö ö ö ö ö o o o o o o
   e e ö ö ö ö ö ö ö ö ö ö ö ö ö o o o o o o
   e e e e e e e e e e e e e e e
```

Abb. 5.9–14 Jandl: eöo

Der Text stammt von Ernst Jandl und ist abgebildet in Vollert (1999, 99). Vollert schreibt dazu (ebda.): „Das aktive (weil dynamische, spannungsvolle) Dreieck durchdringt das passive (weil stabile, unbewegliche und ruhige) Quadrat – ein grafischer Konflikt zwischen Zeichen entsteht, dem inhaltlich der Konflikt zweier Vokale (mit dem Ergebnis des Umlauts) zugeordnet ist."

Beim Lesen bewegen sich die Augen ruckhaft („Saccaden") vor und zurück zu Ruhepunkten („Fixationen"), also nicht kontinuierlich; dabei „kommt der Einheit ‚Wort' offenbar eine Schlüsselstellung zu" (Günther 1988, 103). Dasselbe gilt für die genauere Betrachtung von Bildern (Kroeber-Riel 1996, 57), wobei deutlich wird, dass Blickverläufe nicht nur waagerecht, sondern auch schräg oder senkrecht verlaufen können. Dies spielt für die Entschlüsselung von „Seh-Texten" (Weiss 1984) eine Rolle; vgl. auch Gross

(1994). Bei manchen Konkreten Texten wie dem folgenden von Alan Riddell ist erst ein ungewohnter Suchprozess aus Saccaden und Fixationen nötig, um den Sinn zu erschließen (aus: Widdowson 1992, 163):

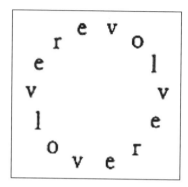

Abb. 5.9–15 Riddell: revolver

Normalerweise „tasten die Augen keineswegs jeden Buchstaben ab, ja nicht einmal jedes Wort. Peripher aufgenommene Informationen zur räumlichen Anordnung des Textes und der Länge von Worten spielen eine Rolle für die jeweilige Größe der Saccade und den Ort der nächsten Fixation" (Gross 1994, 7). Bei dem Beispiel *revolver* werden wir gezwungen, aus der Fixation auf einzelne Buchstaben das Wort zu ertasten und den Sinn der Buchstabenanordnung zu erschließen. Hier ist die Form nicht mehr symbolisiert wie Kreuz, Herz, Ehrenpforte, Altar... im Barock, sondern sie ist sekundärthematisch einem charakteristischen Teil des benannten Gegenstandstyps ähnlich. Aus dem einzelnen Wort kann deshalb nach Vollert (1999, 147ff.) mindestens eine Proposition inferiert werden. Ähnlich ist es bezüglich der Saccaden und Fixationen bei dem folgenden Konkreten Gedicht von Eugen Gomringer (worte sind schatten. die konstellationen 1951-1968, reinbek: rowohlt 1969, 39), auch hier eine sekundärthematische Gestaltung:

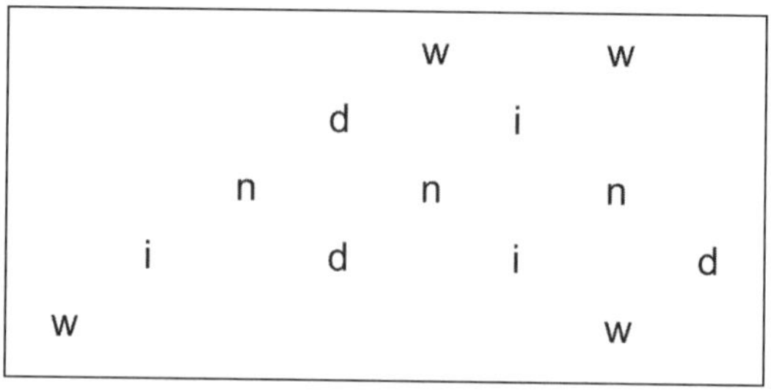

```
              w       w
          d       i
        n       n       n
      i       d       i       d
    w                       w
```

Abb. 5.9–16 Gomringer: wind

5.9 Merkmalsausprägungen: Materialität

Neben den vier diagonalen Wind-Richtungen auf dem Blatt kann man auch den ‚wechselnden' Wind lesen und mit den beiden von links oben nach rechts unten weisenden Worttokens kann man, wenn man in der Mitte trennt, ‚Wirbelwind' oder ‚Windwirbel' erkennen. Außerdem bilden die beiden *w* und *n* rechts oben mit den senkrechten *i* einerseits eine symmetrische, andererseits eine sich kreuzende Form. Zur Semantik von *Wind* erhält man hier also einen Komplex möglicher Propositionen, die mit dem Windframe verbunden sind, vgl. Vollert (1999) generell dazu. Schließlich ist das Wort mit seinen Tokens auf der Fläche so arrangiert, dass eine mögliche Wolkenform erscheint.

Alle diese Beispiele zeigen, dass bei der Metathematisierung des Sprachmaterials die „Zwischenräumlichkeit" (Krämer 1996) der Schrift abweichend von den üblichen Wortzwischenräumen, Zeilentrennungen und Absatz- bzw. anderen optischen Gliederungen genutzt werden kann. Wir werden mit dem Fehlen von oder mit anderen Arten von Zwischenräumen konfrontiert, die als bedeutsam, stilistischen Sinn herstellend zu interpretieren sind. Hier geht es um besondere Arten der Sachverhaltsdarstellung, der Thematisierung.

Auf beweglichen Textträgern kann auch die Leserichtung geändert werden, indem man das Blatt drehen muss. Dies wird z.B. gern für Werbung genutzt. Durch diese Nutzung der Flächigkeit wird die Neugier der Leser geweckt: Sie sollen sich mit dem Text beschäftigen. Dieses Verfahren nutzt auch der folgende Text, Abb. 5.9–17. Es besteht eine ikonische Beziehung zum Inhalt in mehrerer Hinsicht: von ‚Bild' und Namen, Beruf und Adresse einerseits und von Textbedeutung und ‚Änderung' der Leserichtung andererseits (aus: Turtschi [3]1996, 68).

Adamzik (1995, 26ff.) weist darauf hin, dass die Flächigkeit des Textes genutzt wird, um innerhalb von Makrosätzen AUFZÄHLUNGEN vorzunehmen: Deren Teile werden jeweils in einer eigenen Zeile mit Spiegelstrichen abgesetzt, auch mit Zählung oder a), b), c) etc. eingeleitet. Teils sind es Kurzsätze („Setzungen"), teils nur einzelne Lexeme, teils Nebensätze. Charakteristisch sind hier Unsicherheiten (Variationen) bei den Autoren bezüglich der Zeichensetzung. Listen können auch durch weitere Satzteile des einleitenden Satzteils beendet, gerahmt werden. Außerdem zeigt Adamzik (2001, 201f.), dass Grafiken eine sprachökonomische Form der Darstellung von größeren Zusammenhängen sein können; die Syntax ist oft nur rudimentär: eine „Syntax der Übersichtlichkeit".

Abb. 5.9–17 Berger ist umgezogen

5.9.3 Visuelle Textgestalt

5.9.3.1 Verschiedene Aspekte

In diesen Bereich fallen die ausgeprägten wahrnehmbaren Textgestalten, die konventionalisierte Indikatoren der Textfunktion sind (vgl. Kap. 5.3.1b). Diese Textgestalten entstehen durch makrotypografische Mittel: durch die Art des Arrangements, der Verteilung von Schrift auf der Fläche. Hinzu kommen die mikrotypografischen Mittel: die Schriftart(en) mit ihrer sozialen Bedeutung, ihren Konnotationen (Janich 1999, 180f.) und die Relationen

5.9 Merkmalsausprägungen: Materialität

von Schriftgrößen. Nach Mörsdorf (2002, Kap. 2.3) ist Mikrotypografie in Anlehnung an Zillig (1980, 191) und von Polenz (²1988, 194f.) als Element des Äußerungsaktes zu sehen, mit dem Einfluss auf die möglichen perlokutionären Effekte genommen wird; sie ist eingebunden in das sozio-kulturelle Umfeld und situationsabhängig bezüglich Produktion und Rezeption.

Texte haben meist eine gegliederte visuelle Gesamtgestalt, mit deren Hilfe verschiedene Teilfunktionen gekennzeichnet werden, aber auch Zusammenhängendes und Trennendes markiert wird. Geiger/Henn-Memmesheimer (1998, 65) weisen auf „die Wirkung räumlicher Nähe auf den propositionalen Gehalt" einer Werbeanzeige hin. Vgl. dazu auch Kroeber-Riel für Bildelemente (1996). Nach den Autorinnen (ebda.) wird ein Leser benachbarte visuelle und verbale Elemente „allein durch die gemeinsame räumliche Anordnung als einen zusammenhängenden Zeichenkomplex wahrnehmen und eine inhaltliche Kohärenz dadurch leichter erschließen, während er räumlich getrennte Textelemente als unabhängige Propositionen rezipieren wird. Räumliche Gliederungssignale und Hiata (Zwischenräume, B.S.) erleichtern auf diese Weise die Textrekonstruktion bereits auf der Textoberfläche."

Makrotypografie (vgl. Turtschi ³1996) und Mikrotypografie (Turtschi ³1996, Salberg-Steinhardt 1983) werden heute vielfältig stilistisch eingesetzt. Bonsiepe (zitiert nach Antos 2001, 62) schreibt dazu: „Typografie (macht) Sprache als Text sichtbar, ist also konstitutiv für das Verständnis". Auf Beispiele wird in anderen Kontexten dieses Buches vielfach eingegangen.

Zur visuellen Stilgestalt des Textes gehört auch die Schreibung als solche: Ob ich alte oder neue Rechtschreibung nutze, damit stelle ich mich in meiner Einstellung zur Sprache und zu Normen selbst dar: Dieter E. Zimmer schrieb in der „Zeit" (10.6.1999, 37) nach der Umstellung der Zeitung auf die neuen Rechtschreibregeln: „(...) die alte Rechtschreibung (...) wird nach und nach das Air des Altmodischen annehmen; an ihr festzuhalten wird einen bewussten und demonstrativen Akt des Protests gegen den Zeitgeist darstellen". Auch von den neuen Regeln kann bewusst um des Effektes willen abgewichen werden: In einer Werbung kann es heißen: *Auswww.ahl!* (Mercedes-Reklame in „Computer-Bild" 24, 2000, 336, mit Angabe der Internet-Adresse für Gebrauchtwagen), oder mitten im Wort kann groß geschrieben werden: *schreIBMaschinen* (Beispiel aus Sandig 1986, 137). Spillner (1996, 250f.) hat diese Aspekte der Text-Materialität mit „Graphostilistik" benannt, vgl. dazu auch Pfeiffer-Rupp (1984) und Fleischer/Michel/Starke (1993, Kap. 2.4.3), s. Beispiele dazu in den Kapiteln 4.1.2.1 zum Abweichen und 4.1.2.2 über Verdichten.

Schließlich können in Texten auch Lautungen verschriftet werden (vgl. auch Dittgen 1989, 134ff.) wie in Robert Gernhardts Gedicht (Reim und Zeit, Gedichte, erw. Ausgabe 1999, Stuttgart: Reclam, s. Beisp. (5) in Kap. 5.7.2):

(8) *Oja! Auch ich war in Parih*
   Oja! Ich sah den Luver
   ...

Auf alle diese Untermerkmale von Materialität kann hier nur summarisch eingegangen werden.

5.9.3.2 Sprache und Bild: allgemein

Da Sprachtexte wie die Bilder auf Textträgern in der Regel zweidimensional abgebildet und visuell erfasst werden, liegt es nahe, dass beide zu einer Einheit verbunden werden können. Doelker (^{2}1999, 61ff.) geht aus von einem erweiterten Textbegriff: Dabei unterscheidet er neben anderen „einfache Texte" mit einer einzigen modalen Gestaltung (Wort, Bild oder Ton) und „Gesamttexte", die multimodal gestaltet sind, vgl. dazu auch Stegu (2000, 316-319).

Doelker (^{2}1999) vergleicht Sprachtexte und Bilder; dabei macht er eine zu starke Dichotomie auf: Seine Unterscheidungen gelten nur für die prototypischen Fälle; dazwischen gibt es jedoch vielerlei Übergänge (Nöth 2000, 495). Bilder werden prototypisch als Ganzheiten wahrgenommen, ihre Verarbeitung ist eher emotional; Sprachtexte werden prototypischerweise sukzessive (s. Text als Sequenz, Kap. 5.9.4) rezipiert, ihre Verarbeitung ist stärker rational und analytisch (Nöth 2000, 490). Vgl. aber die Beispiele in Kap. 5.9.2.3: Text als Fläche.

Bilder sind prototypischerweise ikonische, d.h. analogisch abbildende Informationen, Sprachtexte sind prototypischerweise mit symbolischen, auf Konvention beruhenden Zeichen gebildet. Bilder sind als räumliche Darstellungen visuell wahrnehmbar, konkret; sie zeigen Einzelnes und sind affirmativ. Mit Sprache kann man jedoch darüber hinaus sehr Vieles mehr ausdrücken (Nöth 2000, 491). Bilder sind offen für Interpretationen, deshalb können Bilder auch manipulierend, als „falsche Realitätssignale" (Doelker ^{2}1999, 23) verwendet werden (zur Unterscheidung in Bild und Bildverwendung vgl. Muckenhaupt 1986).

Die Bedeutung von Bildern ist, wie Doelker (^{2}1999, 69ff.) zeigt, vielfältig und kann in unterschiedlicher Weise latent oder offen gegeben sein: Sie kann auf stammesgeschichtlichen Prägungen beruhen wie bei der Abbildung nackter menschlicher Körper und von Elementen der Körpersprache; sie kann (als Piktogramm oder bei Logos) konventionalisiert sein, auch – als Bildwissen – auf Erfahrung beruhen, wie z.B. das Bildnis der Mona Lisa mit den entsprechenden Konnotationen; es können archetypische Zeichen verwendet werden wie bei simplen Darstellungen von Bäumen, Häusern, Menschen (Doelker ^{2}1999, 93) oder eine von links oben nach rechts unten

5.9 Merkmalsausprägungen: Materialität

verlaufende Linie als Zeichen von ‚Negativität' und in umgekehrter Richtung als eines von ‚Aufstieg' bzw. ‚Optimismus' (Doelker ²1999, 94), auch ‚Dunkel vs. Licht' ist darstellbar (²1999, 95). Bildbedeutungen können durch Bildtitel oder -unterschriften expliziert werden, vgl. dazu auch die verstehensleitende Funktion expliziter Themenformulierungen (Kap. 5.4.1).

Es sind generelle Bildfunktionen anzunehmen (Doelker ²1999, 70ff.): „Spurbilder", die ein bestimmtes Ereignis in einem Stadium abbilden, „Schaubilder", mit denen „abstrakte Inhalte durch Bilder" (Doelker ²1999, 74) veranschaulicht werden können, z.b. bei der Darstellung von Molekül-Strukturen, „Phantasiebilder", die eine fiktionale Welt abbilden, dekorative „Zierbilder" (²1999, 77) usw. Mit Bildern kann Reales, Mögliches (vgl. Simulationen), Irreales oder Idealtypisches abgebildet werden. Man kann Bild-„Textsorten"(-gruppen) unterscheiden (²1999, 65ff.) wie Gebrauchstexte, dokumentarische Texte, fiktionale Texte, ludische Texte als Spieldarbietungen und intentionale Texte, die der Persuasion dienen, etwa die in der Werbung mittels Catch-Visual.

Auch Bilder sind Stilen zuzuordnen (Doelker ²1999, 126ff.): Individualstile etwa von Rembrandt und Picasso, Epochenstile (Barock, Jugendstil...), „Genrestile", d.h. Bildmusterstil analog zu Textmustern, z.B. Comic, Cartoon. Es gibt Stilmischungen: „Intertextuale Bedeutung" nach Doelker (²1999, 135), vgl. auch die in Kap. 4.1.2.3 unter Mustermischungen analysierten Beispiele.

In Bildern überlagern sich viele der aufgeführten Bedeutungsaspekte zu einer besonderen einheitlichen visuellen Gestalt.

Auf eine weitere Eigenschaft von Bildern weist Kroeber-Riel (1996, 146f.) hin: Gegenständliche Bilder werden anhand des Schema- oder Frame-Wissens interpretiert; wenn das Bild wirken und ‚individuell' sein soll, ist es wichtig, „im Detail vom Schema abzuweichen" (1996, 150, Fußn.). Das folgende Beispiel, Abb. 5.9–18, aus dem „Überherrner Anzeiger" (Sommer 2001) zeigt ein Detail (Schemawissen) der New Yorker Freiheitsstatue; neu dürfte für Viele sein, dass sich unter deren Sternenkrone eine Aussichtsplattform befindet. Mit dem Einfügen eines Sternchens über der abgebildeten winkenden Person und dessen Erläuterung in einer „Fußnote" wird ein für die Textfunktion relevantes, aber vom Schemawissen abweichendes Detail eingefügt. Dabei schafft das Gelb des Sternchens innerhalb der Schwarz-Weiß-Fotografie einen Kohäsionshinweis zum Gelb des Werbeslogans und des abgebildeten Biers.

Aufgrund des Schemawissens werden auch Schema-Andeutungen mit Hilfe von „Schlüsselattributen" rezipierend vervollständigt: Das Bild von zwei menschlichen Augen genügt, um ‚Gesicht' interpretieren zu lassen und folglich ‚Person', ‚Mensch'... Auch diese Gegebenheit macht Bilder gut kompatibel mit Sprachtexten. Stegu (2000, 319) betont, dass (Presse-)Bil-

Abb. 5.9–18 Schemawissen Freiheitsstatue

der „sowohl Eigenschaften von außersprachlicher Wirklichkeit als auch von Texten haben bzw. ihnen solche sinnvoll zugesprochen werden können". Das Besondere an Bildern ist, dass sie sowohl Texte als auch Nichttexte sind. Dazu passt auch die Beschreibung von Stöckl (2001), der anhand der Textualitätskriterien von de Beaugrande/Dressler (1981) zeigt, dass Bilder sich sehr wohl „lesen" lassen; außerdem werden sie – wie Kress/van Leeuwen (1996, 5ff.) betonen – intentional zu bestimmten Zwecken, aus bestimmten Perspektiven, mit bestimmten Modalitäten... hergestellt („sign making"),

5.9 Merkmalsausprägungen: Materialität

wie Texte eben. Sehr schön zeigt dies das folgende Bild aus der „Süddeutschen Zeitung" (6.11.2000, 48: Sportseite); das Bild gehört zu einem Artikel, der berichtet: *Mercedes feiert den Abschluss der Motorsport-Saison*, die allerdings, wie es im Artikel selbst heißt, *mäßig gelaufen* ist. Der Artikel relativiert also die ‚Botschaft' des Bildes; *Star* ist mit Sicherheit intentional gewonnen aus *Start – Ziel*.

Beschrifteter Mann: Mika Häkkinen, Zweiter der Formel-1-WM, bei der Feier in Untertürkheim.   Foto: dpa

Abb. 5.9–19 „Star"

Angesichts dieser teils verschiedenen, teils aber auch ähnlichen Eigenschaften liegt es nahe, dass Sprache und Bild sich in „Gesamttexten", die ich *Sprache-Bild-Texte* nenne, in verschiedener Weise wechselseitig ergänzen, bereichern können. Fix (1996) und Vollert (1999) folgen der semiotischen Tradition, derzufolge erst die Teile, Sprache und Bild, getrennt betrachtet werden und dazu ein „Übertext" (Vollert 1999, 131) konstruiert wird. Schon bei Vollert wird klar, dass dies in der Praxis nur selten durchzuführen ist, nämlich nur dann, wenn die Teile zunächst für sich interpretierbar sind. Eine erste Überschau über Möglichkeiten von Sprache-Bild-Zusammenhängen, die sich auch an der in Kapitel 5 dieser Arbeit genutzten Systematik orientiert, habe ich in Sandig (2000a) gegeben. Nöth (2000, 492ff.) unterscheidet folgende Typen von Zusammenhängen zwischen Text und Bild:

a) „Redundanz" liegt vor, wenn Bilder „textergänzend" verwendet werden. Die „zweifache Kodierung" kann die Information intensivieren, sie kann aber auch als bloße dekorative Funktion (...) vom Inhalt des Textes wegführen" (2000, 492). Redundant von der Mitteilung her ist das Bild des folgenden Beispiels (Saarbrücker Zeitung, 14.12.2001, A3: Themen des Tages):

Abb. 5.9–20 Schnäppchen-Jäger

Die Bildunterschrift ist für sich genommen eine vollgültige Meldung. Das Bild selbst ist eine Montage der Zeitung (vgl. sign-making nach Kress/van Leeuwen 1996), die im Kontext von *Schnäppchen-Jäger* so gedeutet werden kann: Die Personen ‚lachen sich ins Fäustchen' ob des gelungenen Coups, denn üblicherweise gibt diese Firma keine Rabatte. Die Rezipierenden nehmen zuerst das Bild wahr und rezipieren den Text in diesem Kontext. Im Zusammenhang der Bildverwendung (Muckenhaupt 1986) erhält die in sich

5.9 Merkmalsausprägungen: Materialität

Abb. 5.9–21 Pfarr: Cartoon

vollständige Meldung also ein anderes Wirkungs-Potenzial, als wenn sie für sich stünde. Vom Inhalt des Textteils her hat also das Bild „bloß dekorative Funktion" (Nöth 2000, 492), ist also redundant, aber die Wirkung des Gesamttexts aus Sprache und Bild ist verschieden, insofern das Bild EMOTIONALISIERT.

b) Dominanz: Hier ist zwischen „Bilddominanz" und „Textdominanz" zu unterscheiden. Das Bild der lachenden Biedenkopfs ist eindeutig dominant; der Text wäre dominant, wenn dieselbe Meldung in der üblichen Kolumnenform gegeben wäre, mit einem kleinen Foto der nicht lachenden Biedenkopfs.

c) Komplementarität liegt vor, wenn kein Teil ohne den anderen in sich verstehbar ist, wenn beide „sich in ihrem medienspezifischen Potenzial ergänzen" (Nöth 2000, 493). Dabei ist eine „Summe zweier unterschiedlicher sich ergänzender Botschaften" möglich (ebda.). Ein Beispiel ist der Cartoon von Bernd Pfarr (Zeitmagazin, 9.7.1998, 25), Abb. 5.9–21.

Es gibt auch die Möglichkeit „einer holistischen Neuinterpretation der Gesamtbotschaft" (Nöth 2000, 493), vgl. Abb. 5.2–2 von Staeck in Kap. 5.2: Unikalität.

d) Nöth (2000, 492f.) führt auch „Diskrepanz und Kontradiktion" auf. Bei Diskrepanz geht es um die Schwierigkeit, zwischen Text und Bild einen Zusammenhang herzustellen. Bilderrätsel (aus: Das Sprachbastelbuch, 1975, Wien, München: Jugend und Volk, 41) gehören hierher:

Abb. 5.9–22 Geflügelte Worte

5.9 Merkmalsausprägungen: Materialität 459

Kontradiktion liegt vor bei ‚ironischem' Bild-Text-Zusammenhang, wie er in Karikaturen oder in Werbungen gern genutzt wird. Auch spielerisch-kreative Zusammenhänge werden hier relevant. So lautete – aus dem Gedächtnis wiedergegeben – eine Reklame für eine französische Zigaretten-Marke: *Frühstücken bei Pierre, Abendessen mit Jacques.* Das Bild zeigte eine junge Frau beim Frühstück im Straßencafé *Chez Pierre.* – Das folgende Beispiel für Kontradiktion stammt von Claus Bremer (aus ders.: Texte und Kommentare. Steinbach 1968, o.S.):

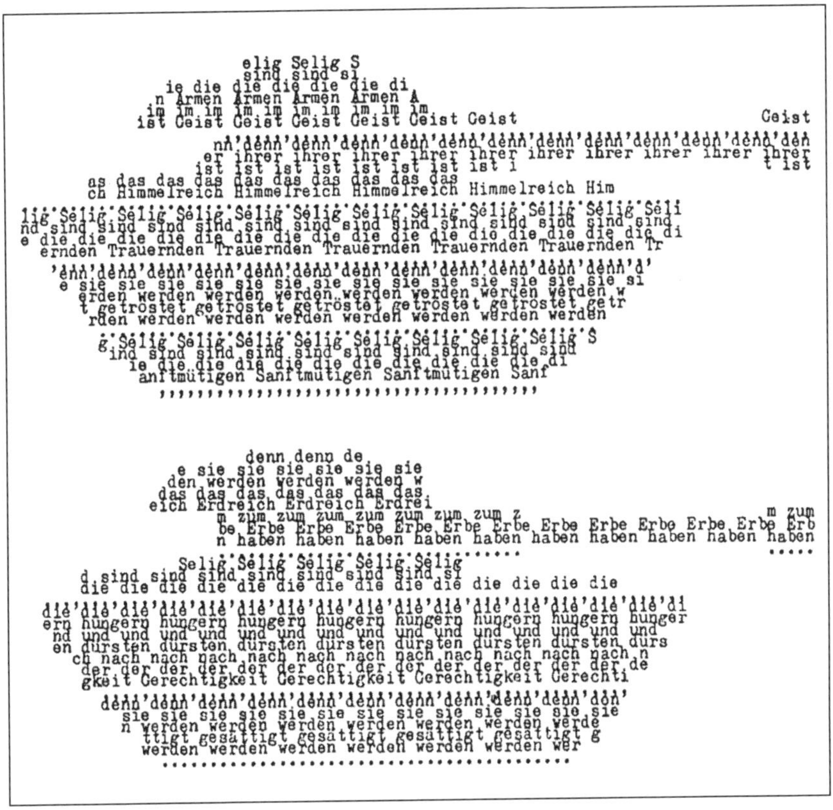

Abb. 5.9–23 Bremer: Panzer

Während bei dem Beispiel der Zigarettenwerbung die beiden Teile des Gesamttextes jeder für sich rezipierbar sind, ist hier der sprachliche Teil für sich existent als referentielle Intertextualität, die auf die ersten vier Seligpreisungen der Bergpredigt (Matth. 5) verweist; der bildliche Teil existiert nur durch die Art der visuellen Gestaltung des sprachlichen Teils. Dasselbe Verfahren des Widerspruch-Herstellens finden wir übrigens bei dem Beispiel der „Bildzeitungs"-Werbung in Kap. 5.7.2 Situationalität, Abb. 5.7–4 und 5.7–5: Bei beiden gibt es eine Dynamik, einen Wechsel von erst ‚stimmig angenommen', dann ‚widersprüchlich'.

e) Unterschiedliche „räumliche Zusammenhänge" (Nöth 2000, 494) betreffen die Art der Verknüpfung von Bild und Text: Sind beide getrennt angeordnet und wenn: wie? Sind beide verzahnt und wenn: wie?

f) Schließlich sind Fälle zu verzeichnen, wo „Übergänge zwischen schriftlichen Texten und Bildern bestehen" (Nöth 2000, 495), vgl. Abb. 5.9–25.

5.9.3.3 Sprache-Bild-Texte: Beispiele

Kress/van Leeuwen (1996) geben in ihrem Buch „Reading Images. The Grammar of Visual Design" eine linguistisch orientierte Typologie bedeutsamer Bildaspekte. Dabei orientieren sie sich an Hallidays Unterscheidung in „representational" (d.h. sachverhaltsdarstellend in verschiedener Weise), „interactional" (d.h. auf die Betrachter und deren Wissen und Kontexte bezogen) und „textual" (d.h. die Bild-Komposition, aber auch das Sprache-Bild-Arrangement im Layout). Hallidays Unterscheidung ist anhand der Sprache gewonnen, und so betonen die Autoren die jeweiligen Analogien mit der Sprache, aber auch die Unterschiede. Schließlich gehen sie noch auf materielle Bild-Eigenschaften ein. Ich nutze das vorgeschlagene Instrumentarium für stilistische Analysen von unterschiedlichen Sprache-Bild-Texten.

„Even when something can be ‚said' both visually and verbally *the way in which* it will be said is different" (Kress/van Leeuwen 1996, 2); damit ist auch der stilistische Sinn der unterschiedlichen Arten der Durchführung verschieden. Andererseits können Bilder „‚say' (some of) the same things as language – *in very different ways*" (Kress/van Leeuwen 1996, 48). Durch das Zusammenspiel von Sprache und Bild in multimodalen Texten können spezielle Stile entstehen. Im Folgenden gebe ich aus der möglichen Vielfalt nur wenige Beispiele.

Bilder sind komplexe Äußerungen („visual ‚statements' " (1996, 1), die interessegeleitet, perspektivisch sind (1996, 6): „The interest of signmakers, at the moment of making the sign (Zeit, Kontext, B.S.), leads them to choose an aspect or bundle of aspects of the object to be represented as being criterial, at that moment, for representing what they want to represent, and then choose the most plausible, the most apt form for its representation" (1996, 12; vgl. dazu Abb. 5.9–19). Blum/Bucher (1998, Kap. 9) betonen außerdem, dass bei der Bildverwendung die Bilder auch „redigiert" werden (müssen): nach Größe, gegebenenfalls Bildausschnitt, Position in Relation zum Übrigen...

Unter den darstellenden („representional") Bildmustern (design patterns) gibt es auch die analytische Darstellung (analytical pattern): Bei dieser ist ein

5.9 Merkmalsausprägungen: Materialität

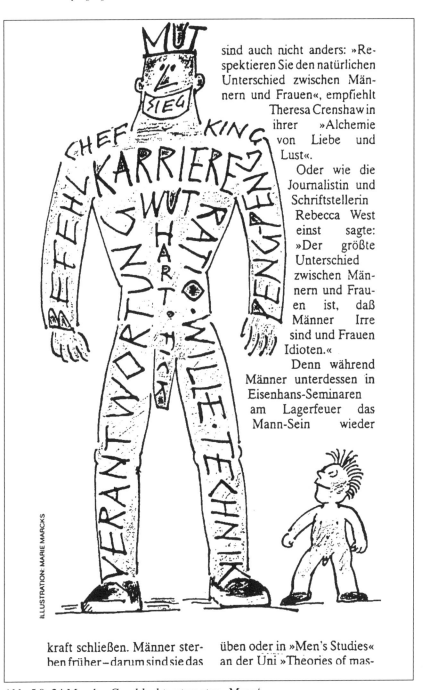

sind auch nicht anders: »Respektieren Sie den natürlichen Unterschied zwischen Männern und Frauen«, empfiehlt Theresa Crenshaw in ihrer »Alchemie von Liebe und Lust«.

Oder wie die Journalistin und Schriftstellerin Rebecca West einst sagte: »Der größte Unterschied zwischen Männern und Frauen ist, daß Männer Irre sind und Frauen Idioten.«

Denn während Männer unterdessen in Eisenhans-Seminaren am Lagerfeuer das Mann-Sein wieder kraft schließen. Männer sterben früher – darum sind sie das üben oder in »Men's Studies« an der Uni »Theories of mas-

Abb. 5.9–24 Marcks: Geschlechterstereotyp ‚Mann'

Gegenstand („carrier") abgebildet mit seinen Eigenschaften („attributes"), und beide zusammen „make up a larger whole" (Kress/van Leeuwen 1996, 49). Beispiele sind Bilder in wissenschaftlichen Werken oder in Werbungen, wo die Einzelteile sprachlich erläutert werden: Die Teile werden dabei mit Zahlen oder Buchstaben des Abc oder auch mit Indexpfeilen, auch mit direkt zugeordneter Schrift (Aufschriften) identifizierbar gemacht. Vgl. zur Beschreibung nach Kress/van Leeuwen auch Kap. 5.6.6, Abb. 5.6–6, und Sandig (2000a).

a) Eine besondere Art ‚analytischer' Darstellungsweise wählt die Karikaturistin Marie Marcks (Stern 3/1998, 46 und 44) für Verdeutlichungen zu einem Artikel über das Verhältnis von Frau und Mann, zur Illustration der unterschiedlichen Geschlechterstereotypen: Dabei sind Sprache und Bild nicht voneinander zu trennen, sondern vollständig integriert; ohne die Konturen als kohärenzanzeigende globale Interpretationshinweise hätten wir es hier mit je einer Menge von Wörtern (überwiegend) gleicher Wortart und etlichen semantischen Bezügen zu tun.

Das Analytische besteht hier darin, dass die schematische Zeichnung des Mannes als Carrier eine Kontur darstellt, die ‚gefüllt' ist mit sprachlichen Attributes. Die Art der Kontur und die Art der Schriftzeichen korrespondiert auf eine bestimmte Art: „In our society, squares and rectangles are the elements of the mechanical, technological order, of the world of human construction" (Kress/van Leeuwen 1996, 52). Deshalb ist nicht umsonst der Mann hier typisiert dargestellt mit geraden Linien, die Buchstaben sind eckige Großbuchstaben mit Rechteckformen sogar beim *O* und beim *P*: Die Technik als die Domäne des Mannes stand Pate für diese Art der Darstellung. „Rectangular shapes ... are ... the dominant choice of builders and engineers, and of those who think like builders and engineers" (ebda.). Die Attributes bestätigen dies teilweise: *Technik, Ratio*... Die Wahl der Großbuchstaben für die Darstellung der Attribute des Mannes bildet außerdem analogisch ab, dass traditionell Männer ‚die Großen' sind – die Attribute der Frau werden in Kleinbuchstaben dargestellt. Die Attribute des Mannes sind auch nicht zufällig Substantive – Männer haben traditionell ‚Substanzielles' hervorzubringen (vgl. die Bedeutung der Substantive), während die Darstellung der Frau auf Adjektive beschränkt ist: Abb. 5.9–25.

Die Kleinbuchstaben stellen die Frauen als ‚die Kleinen' dar; sie sind außerdem ‚weicher' in der Form, auch sind die Wortschreibungen hier für die Bildung der Kontur selbst genutzt, was dieser weniger ‚Festigkeit' gibt; sie ist ‚durchlässiger', was der Bedeutung der Adjektive entspricht: Diese haben überwiegend ‚positive und beziehungsbezogene' Bedeutung. Im Vergleich zur Darstellung des Mannes ‚hat die Frau keine eigene feste Substanz'. Traditionell wird der Mann der Kultur zugeordnet, die Frau der Natur (vgl.

5.9 Merkmalsausprägungen: Materialität

ohnedies, aber auch von Gnaden seiner Phantasie, zur Madonna glorifiziert und auf die Gebärmutter reduziert, verhätschelt im Salon und verdammt in die Küche oder in den Kuhstall –, nun mit neuen Selbstentwürfen, mit neuen Bildern von Weiblichkeit experimentieren?

Auch wenn dann wie in den frühen Jahren, nur diesmal unter anderen Vorzeichen, phantasiert wird von der friedliebenden weiblichen Natur, von Göttinnen und dem Menstruieren mit dem Mond. Da wurde und wird, und mitunter sehr klug, geforscht nach weiblichem Begehren, nach einer weiblichen Sprache. Aber wie herauskommen aus der bloßen Negation des Männlichen? Wenigstens wurden seither Geschlechterrollen durchschaut und diskutiert.

»Man wird nicht als Frau geboren, sondern dazu gemacht«, lautete Simone de Beauvoirs berühmter Satz. Der im übrigen auch für die Männer war noch nie ein besonders interessantes Karriereziel. We-

Abb. 5.9–25 Marcks: Geschlechterstereotyp ‚Frau'

Spörri 1993, bes. 112f.). Dem entspricht, dass runde Formen als ‚natürlich', als ‚organisch' empfunden werden (Kress/van Leeuwen 1996, 52f.): Die Frau ist mit ‚weicher' runder Gesamtkontur dargestellt. Besonders im Kontext der Darstellungsweisen eckig vs. rund werden Werte dieser Art relevant (Kress/van Leeuwen 1996, 54). Beide Darstellungen sind damit – in unterschiedlicher Weise – Formen der Ähnlichkeitsstruktur.

Dieselbe Darstellungsweise wie bei der Frau wurde übrigens früher ganz anders genutzt: Adler/Ernst (1988) drucken als Abb. Nr. 136 eine Darstellung aus dem Jahre 1708 ab, die Luther mit gezeichneten Kopf, Händen, Füßen zeigt, ähnlich wie in Abb. 5.9–25, wobei der Mantel Luthers mit seinen Falten und Konturen durch den in Buchstaben umgesetzten Wortlaut eines Katechismus gebildet wird, den Luther übersetzt hat. Eine andere verschriftete Katechismusübersetzung umrankt als Ornament die Figur – ein Meisterwerk der Setzkunst eines Buchdruckers.

b) Bei den nun folgenden Beispielen sind Sprache und Bild eher getrennt zu betrachten, das Bild wird mit Kroeber-Riel (1996) als „schneller Schuss ins Gehirn" zuerst wahrgenommen, aber erst im Zusammenspiel lässt sich der Sinn erschließen. Das folgende Beispiel befand sich auf der Rückseite des Hochschulmagazins „Unicum" 17, 1999, H. 8, August: Abb. 5.9–26.

Wir kennen die stereotype Formulierung unter Zigarettenwerbungen. Hier sticht sie hervor durch das klare Papier-Weiß als Grund, während dieser sonst eher ‚unauffällig' hellgrau gehalten ist. Das Bild jedoch ist anderer Art als durch das Muster Zigarettenwerbung erwartbar: Der Markenname oder wenigstens ein Logo fehlt, das Bild ist wie ein Ausschnitt aus einem Ferienfoto. Die Farben des Bildes sind eigentümlich konstrastarm; das Paprika-Bündel, das (fast) die Mitte des Bildes einnimmt, geht farblich über in das Rost-Rot der Holzwand, und auch das weißliche Fenster mit Gelbtönen ist farblich dem angepasst. Der Glanz auf den Paprikaschoten hat dasselbe gelbliche Weiß wie das Fenster. Der Schattenwurf des Bündels und die Querrillen auf der Wand, auch die ‚Alterungsspuren' auf den Holzbrettern und das Dunkel innerhalb des Fensters sind allesamt dunkelbraun. Vom gelblichen Weiß über ein weißliches Orange in den Bretter-Rillen und ein dunkleres Orange bis Rost-Rot der Bretter geht die Farbskala des Bildes bis in ein dunkles Braun, allerdings auf Glanzpapier, mit verschiedenen Mischungen, z.B. im Paprika-Bündel.

Kress/van Leeuwen (1996, 110) nennen derart Atmosphäre-erzeugende Bilder „symbolic suggestive": sie besitzen „genericity", ihre Qualität besteht in „depicting not a specific moment but a generalized essence. *The way in which* the blurring of detail occurs then lends the symbolic value to the carrier", d.h. dem symbolisierten Gegenstand. „As a result Symbolic Suggestive (sic) processes represent meaning and identity as coming from within..."

5.9 Merkmalsausprägungen: Materialität

Die EG-Gesundheitsminister: Rauchen gefährdet die Gesundheit. Der Rauch einer Zigarette dieser Marke enthält 0,9 mg Nikotin und 12 mg Kondensat (Teer). (Durchschnittswerte nach ISO)

Abb. 5.9–26 Werbung Paprika-Bündel

(Kress/van Leeuwen 1996, 110-112). Das Bild symbolisiert ‚Ferne', Ungarn etwa, ‚einfaches, ländliches Leben', ‚Erntezeit'... Gleichzeitig wird dies ‚nahe gebracht' durch die Art des Bild-Ausschnitts: Direkte Draufsicht – im Vergleich etwa zum Foto des gesamten Gebäudes oder gar des Gebäudes in der Landschaft – signalisiert „involvement" (Kress/van Leeuwen 1996, 140ff.) als „the way in which".

Zugleich jedoch stellt das Dargestellte einen „Vector" dar (Kress/van Leeuwen 1996, 43ff.): Durch die Form der Paprikaschoten und die Form des gesamten Bündels ‚zeigt' dieses als bildlicher Kohäsionshinweis (vgl. auch Kap. 5.5) ‚nach unten' und zusammen mit dem rechten Fensterrahmen entsteht fast in der Mittelachse des Bildes so etwas wie ein Pfeil mit einer dicken (Paprika-)Spitze – ohne dass allerdings dieser Pfeil einen Ausgangspunkt („Actor") hätte, es gibt nur „Goal", nämlich das Geschriebene unterhalb des Bildes: „the participant to *whom* the action is done, or at *whom* the action is aimed" (Kress/van Leeuwen 1996, 62). Ebenso ‚zeigt' *Der Rauch einer Zigarette dieser Marke* durch die deiktische Artikelform als Kohäsionshinweis auf das Bild und auf eine bestimmte Marke, die üblicherweise abgebildet ist, und über diese bestimmte Marke wird prädiziert, dass sie *0,9 mg Nikotin und 12 mg Kondensat (Teer)* enthält. Insofern ist es auch wieder eine Werbung für eine bestimmte Zigarettenmarke, die von den Lesenden zu enträtseln ist.

Die Werbeanzeige erlaubt also in Relation zur Veröffentlichungszeit (Textmerkmal Situationalität) der Werbung mehrere Lesarten: ‚Schöne Ferien ohne Zigarette' oder ‚Schöne Ferien mit Zigaretten *dieser Marke*', je nach Präferenz der Interpretierenden, relativ zu deren Interessen. Vielleicht entdecken die Rezipienten aber auch wie meine Mitarbeiterin Ulla Bohnes – im Schattenwurf des Paprikabündels nach links – den Namen der Marke, für die hier geworben wird – mit einem für die Marke sehr untypischen Rot. Der Name der Marke erscheint hier nicht wie üblich als ‚Figur', sondern als ‚Grund'.

Eine andere Form des „Symbolic Suggestive" bei der Darstellung im Bild nutzt eine Reklame im Oktober 1999 in Saarbrücken, die eine aufrecht stehende Möhre (mit dem Grün oben) in der Mitte einer Plakatwand auf hellgrünem Grund zeigt. Die Möhre selbst ist weiß hinterlegt und das Weiß geht fast wie ein Strahlenkranz allmählich in das Hellgrün des Hintergrundes über. Quer über die sonst leere Grünfläche läuft in der Mitte der Wand eine dunkle Schrift: *Wir wollen uns vermöhren.* Dieselbe dunkle Farbe bildet einen Querstreifen auch über das obere Ende der Plakatwand und bietet in Negativschrift die Internetadresse der Firma, die um das Stichwort *jobs* erweitert ist. Die „Saarbrücker Zeitung" berichtet am 8.10.1999 auf Seite 7 darüber und zitiert einen der Geschäftsführer des Multimedia-Unternehmens: „Wir haben einfach die positive Aura der Möhre für uns entdeckt." Die Möhre also als Symbol, was durch den Lichtkranz auch bildlich ausgedrückt wird, zugleich als Grundlage eines Wortspiels: Beides soll auffallen bei der Suche nach den so schwer zu findenden neuen Mitarbeitern.

Abb. 5.9–27 Wir wollen uns vermöhren

c) Als weiteres Beispiel eine Werbung für die Zeitschrift „Stern" in der für Studierende kostenfrei angebotenen Zeitschrift „Unicum" 17, 1999, H. 8 gegen Ende, Abb. 5.9–28.

Diese Werbung ist zweiseitig: Auf der rechten Seite, die beim Blättern zuerst ins Auge fällt, steht generell das ‚Neue', „New", (Kress/van Leeuwen 1996, 186ff.), für die Adressatengruppe der Studierenden ist es die Abbildung einer Musik-Band. Auf der linken Seite steht nach Kress/van Leeuwen generell das Bekannte(re), „Given", hier der Text ‚im Stil des „Stern"'. Die eigentliche Werbebotschaft mit dem Slogan *Der Stern bewegt.* findet sich nach dem Prinzip der visual emphasis (Stöckl 1997) ganz rechts unten, wobei der Slogan ‚auf das Signet des „Stern" zuläuft'. So ist die globale Botschaft dieser Sprache-Bild-Kombination: ‚Der Stern berichtet auch über Musik-Bands', ist also auch speziell für die Adressaten von „Unicum" interessant.

Das Bild selbst enthält außer dem rotweißen Signet des „Stern" oben ein bläulich-rosa, d.h. farblich sowohl dem Logo wie auch dem übrigen Bild

Abb. 5.9–28 Werbung für den „Stern"

5.9 Merkmalsausprägungen: Materialität

korrespondierendes Bildelement, sonst ist es in Abstufungen von Dunkelblau bis bläulichem Weiss gehalten. Der Bildausschnitt signalisiert zugleich ‚Nähe' und doch eine relative ‚Distanz' (Kress/van Leeuwen 1996, 130ff.): Die Draufsicht und die abgeschnittene Schrift oben ebenso wie das nur teilweise abgebildete Auto signalisieren nach Kress/van Leeuwen (1996, 140ff.) „involvement", jedoch die vollständigen Personen-Abbildungen in einem angedeuteten ‚nicht-deutschen' Ambiente signalisieren ‚relative Distanz'. Die ‚hautfarbenen' Köpfe und die teilweise abgebildeten Hände stechen in Relation zu den Blautönen hervor, die Köpfe sind im mittleren Drittel des Bildes zu einem ungleichseitigen Dreieck arrangiert; die untere Spitze des Dreiecks ‚zeigt' – als Kohäsionshinweis – in Richtung ‚unten' und ‚rechts', da hin, wo der Slogan und das Signet stehen. Die abgebildeten Personen ‚bilden' so ‚eine Einheit', z.B. auch durch die gleichartige Kleidung. Bei aller ‚ruhenden' Position sind die Personen doch auch als ‚bewegt' dargestellt, analog zu *Der Stern bewegt.*, und zwar jede in verschiedener Position, was auch ‚Individualität' verstehen lässt. Den dominierenden Querlinien korrespondieren als Längselemente rechts und links die stehend abgebildeten Partizipanten: Das Bild ‚zeigt' sowohl die ‚Zusammengehörigkeit' über das Dreieck der Köpfe wie auch die ‚Geschlossenheit' der Gruppe, bei aller ‚Individualität' der Körperhaltung und des Blicks.

Die Blickrichtungen bilden Vektoren (Kress/van Leeuwen 1996, 57ff.) – hier als Kohäsionshinweise – und die ‚Bewegung' dieser Blickrichtung ist relevant: Der linke Partizipant blickt ‚in Richtung des Textes auf der linken Seite', der mittlere eher ‚versonnen' in die Nähe, genauer: in die Richtung des Textchens, dessen Zeilen unterstrichen sind; beim rechten Partizipanten ist nicht ganz deutlich: schaut er in Richtung des Betrachters oder in den Vordergrund, in Richtung des Signets, das die Abbildung des unteren Teils seiner Beine übergangsweise überblendet? Jedenfalls ‚laufen Kopf- und Körperhaltung auf das Signet zu'. Die ‚Bewegung' der Blickrichtungen geht also von links nach rechts, wo das wichtigste Neue steht, und in Richtung auf den Betrachter. Während Partizipanten, die nicht den Betrachter anblicken, nur zum Betrachten angeboten werden („offer" nach Kress/van Leeuwen 1996, 121ff.), stellt der auf den Betrachter gerichtete Blick eine ‚Aufforderung' dar: „demand" (ebda.). So changiert die Blickrichtung des rechten Partizipanten zwischen „offer" und „demand"; sie ist beides zugleich. Offer und demand bezeichnen unterschiedliche Gesichtspunkte des Adressaten-Bezugs von Bildern im Rahmen einer „interactional representation" (1996, 119ff.); die Autoren sprechen geradezu von „Bildakten" („the image act", 121ff.).

Die Konturen des Bildes sind nicht scharf, ‚natürlich', sondern verschwommen, ‚weich'. Zusammen mit der reduzierten Farbskala wird dadurch eine Modalität ausgedrückt: ‚nicht natürlich', d.h. in diesem Fall wohl etwas ‚idealisierend', dazu ‚passt' das ‚vornehme' Ambiente, in das die Partizipanten gestellt sind: ein wohl ‚teures' Auto, ein ‚nicht-alltägliches' Gebäude. Modalitäten dienen dazu, verschiedene „Realitäts-Modelle" (Kress/van Leeuwen 1996, 159ff.) anzubieten. Das Bild als solches ist nicht unterschrieben, also interpretiert. Die Verwendung des Bildes (Muckenhaupt 1986) gibt also Rätsel auf. Dieses Rätsel wird auch durch den kurzen und klein geschriebenen rechts oben in weiß (wie unten der Slogan) eingeblendeten Text nicht gelöst: *Tarn-Farbe. Erschienen im Stern 13/99.* Im Gegenteil: Das Textchen gibt zusätzlich Rätsel auf.

Der sprachliche Teil des Textes sieht aus wie die Arbeitsfassung in der Redaktion, auf einem speziellen Computerpapier ausgedruckt, ist ebenfalls bläulich eingefärbt und ‚trägt (auch visualisiert) den Stempel' des „Stern", in der schrägen Anordnung ‚dynamisch' präsentiert, vgl. den Slogan: *Der Stern bewegt.* Auch diese optische Darbietung mit dem zusätzlichen Zeilenraster am linken Rand des Beispiel-Textes richtet sich an die Klientel des Blattes „Unicum" als Medium der Vermittlung: Studierende haben bzw. lernen mehr oder weniger ‚professionelle' Texte herzustellen.

Die Werbeschlagzeile *Gute Unterhaltung sollte vor allem Spaß machen.* stellt eine Forderung auf, der in dieser Generation unbedingt zuzustimmen ist; *Spaß* ist zudem eines der Schlüssel-Wertwörter der Werbung der ausgehenden 80er und der 90er Jahre (Baumgart 1992, 144, 156f.). Die Werbeschlagzeile steht links oben, da, wo die Achse der visual emphasis (Stöckl 1997) beginnt: Sie geht von links oben nach rechts unten. In der Mitte der Text-Seite steht der Beispieltext aus dem „Stern": mit einer für diesen typischen Erzählung zum Textbeginn. In dieser werden die Rätsel, die die rechte Seite aufgibt, gelöst und auch thematisch ein Bezug zum rechts abgebildeten Auto, in bzw. mit dem die Partizipanten abgebildet sind, hergestellt. Rechts unten auf der Textseite findet sich ein Kommentar zu Autor und Thema: sowohl durch die Position wie auch durch die Unterstreichung bei sonst gleich bleibender Schrift hervorgehoben. Die globale Information lautet: Der „Stern" bietet noch mehr aus dem Themenbereich, von dem es hier eine Kostprobe gibt, und zwar von einem Autor, der ‚nahe dran ist'. Und dazu wieder passt der Involvement-Anteil des Bildes.

So werden Sprache, hier als Kombination verschiedener selbstständiger Texte, und Bild in vielfältiger Weise verwoben, um alle demselben persuasiven Werbe-Ziel zu dienen. Die Schrift auf der linken Seite ist eine ‚modern' wirkende serifenlose Antiqua, ein Schrifttyp, der häufig in der Werbung genutzt wird. Die Werbung enthält also unterschiedliche Formen der Adressatenberücksichtigung: Thema, Typografie, *Spaß*, Involvement, die alle mit demselben Ziel ineinander greifen.

Eine Werbung, die „demand", den möglichen Aufforderungscharakter eines Bildes, bildlich und sprachlich besonders stark signalisiert, ist die folgende auf der rechten Zeitschriften-Seite platzierte Werbung (Unicum 17, 1999, H. 8, 33):

5.9 Merkmalsausprägungen: Materialität

Abb. 5.9–29 Werbung „Komm mit ins Web!"

Die abgebildete junge Frau hat hennarotes Haar und entsprechenden Lippenstift auf dem ‚sinnlich' wirkenden Mund, das Haar modisch up-to-date, sie befindet sich vor dunklem bis blauviolettem Hintergrund und trägt ein blauviolettes Kleid; die Farben wiederholen sich – als Kohäsionshinweis – im Produktnamen. Die Frau ‚zeigt' nicht nur auf die Betrachter (wie auf der Abbildung bei Kress/van Leeuwen 1996, 123); sie blickt sie ‚als eine Art Autorität' leicht ‚von oben' an, und hat die Hand neben der zeigenden Geste auch geöffnet ‚zum Mitnehmen' des Betrachters. Dem starken Bildappell entspricht die Schlagzeile „*Komm mit ins Web!*", die der Frau ‚als Zitat' in den Mund gelegt wird: eine heute ungewöhnlich direkte Werbe-Aufforderung, die die Betrachter zusätzlich duzt wie unter Kommilitonen. Die Art des Nah-Ausschnitts signalisiert außerdem auch bildlich ‚Nähe'. Die ungewöhnliche Schrift signalisiert ‚Besonderes' und durch ihre Form wie die leicht schräge Anordnung ‚Dynamik', speziell durch die Aufwärts-Bewegung der Schrift auch ‚Positives', ‚Optimismus'. Auch durch die einsilbigen Wörter der Werbeschlagzeile wird ‚Dynamik' signalisiert und gleichzeitig durch die Häufung von betonten Silben erzeugt: x́xx́x́. Dem Autoritäts-Blick der Partizipantin entsprechen die Informationen, die weiter unten sprachlich geboten werden.

Nach Kress/van Leeuwen (1996, 193ff.) ist in unseren westlichen Kulturen die obere Hälfte eines Bildes bzw. einer Seite die des „Idealen", die untere des „Realen": So zeigen Werbeanzeigen oft in der oberen Hälfte die suggerierten Wirkungen als emotionalen Zusatznutzen, hier durch die Attraktivität, Dynamik, Lebendigkeit... der Frau dargestellt, in der unteren Hälfte wird in der Regel das Produkt selbst abgebildet und die Information dazu gegeben. Die auf die Betrachter ‚zeigende' und sie ‚mitnehmende' Hand bildet die Nahtstelle zwischen oben und unten und ist außerdem rechts im Bereich des ‚Neuen' (Kress/van Leeuwen) abgebildet. Im Zentrum (Kress/van Leeuwen, 203ff.) der Werbung stehen Nase, Mund und der Kleid-Ausschnitt der abgebildeten Person: Augenbrauen, Nase, seitliche Gesichtskonturen und der Ausschnitt des Kleides bilden zusammen eine Pfeil-Form, die als Vektor ‚nach unten zeigt', dahin, wo die relevanten Informationen stehen, ein Mittel der Kohäsionsbildung zwischen oben und unten, zwischen Bild und Sprache. Zusätzlich sind das Oben und das Unten kohäsiv verbunden, indem die Farbe der Haare der Person sich in der Farbe von *6 Pf.** „*Komm mit ins Web!*" wiederholt, ebenso der obere Bildhintergrund und unten die Farbe der Kleidung.

Die Beispiele sollen zeigen, wie eng Sprache und Bild miteinander verwoben sein können (vgl. auch Spillner 1982); die Kategorien von Kress/van Leeuwen (1996) sind geeignet, dies aufzuspüren. Es gibt allerdings auch einfachere Relationen von Sprache und Bild, vgl. Spillner (1982). Zu einem Vorschlag für eine Systematik des Zusammenhangs von Textmerkmalen und Sprache-Bild-Texten vgl. Sandig (2000a).

5.9.4 Text als Sequenz

Bei der Textrezeption bildet den ersten Anstoß im Zusammenhang mit Textträger und/oder Situationstyp das typografische Bild, auch die Frage, ob und wenn ja, wie stark ein Text untergliedert ist. Gegebenenfalls erleichtert eine explizite Kategorisierung das Erkennen der Textfunktion. Einen nächsten möglichen Anhaltspunkt gibt eine Themenformulierung. Beides leitet schrittweise die Hypothesen bei der Rezeption. Wird das Thema nach dem Ordo naturalis oder artificialis (Kap. 4.2.2.2) entfaltet? Gibt es kataphorische Wiederaufnahme (Kap. 5.5.2c)? Bleibt das Thema von Anfang an klar oder entdecken wir später eine thematische Irreführung (Kap. 5.4.2.6)? Wie sind die Teile des Themas in eine Abfolge gebracht (Kap. 3.1.2.2)? Werden wir Schritt für Schritt durch kohäsive Mittel (Kap. 5.5) geleitet? Wird der Stil gewechselt (Kap. 3.1.1.1.1; 4.1.2.4)? Steht zusammen, was zusammen gehört (Kap. 5.4.2.2)? Texte haben eine Anfang-Mitte-Ende-Struktur (Kap. 4.2.1), wobei der Anfang in der Regel markiert ist, das Ende kann aus einer Lücke bestehen (vgl. Auer 1989). Es gibt speziellere Sequenzmuster (wie die der „Natürlichkeit" Kap. 4.2.2.1 bis 4.2.2.4; 4.3.4). Vgl. auch Kap. 4.4.1.1: bewertende Bewegung und Kap. 4.4.2: perspektivierende Bewegung. Konventionalisiert sind bestimmte Abfolgen bei der Glosse (Einstieg irreführend, Pointe am Ende), bei der Erzählung: Die Ausgangssituation des Beginns wird schrittweise zum Ende hin verändert, dazu am Ende evtl. eine Moral. Usw. In der Konkreten Poesie wird gern mit Veränderungen im Laufe des Textes gespielt, vgl. Abb. 5.9–10 und 5.9–11. Dazu auch das Kapitel „Struktur als Prozess" in Gross (1994, 43-45): Beim „Text als Geschehen" geht es um das „Erlebnis des Ablaufs" (1994, 44) bei der Lektüre, und diese schrittweise Interpretation im Verlauf der Text-Rezeption „bleibt wirksam als aktiver Bestandteil des Ergebnisses" der Interpretation (1994, 45), und dies nicht nur bei literarischen Texten.

Mit Schnotz (2000, 499ff.) ist beim Verstehen der Textsequenz zu unterscheiden zwischen „textgeleitet" und „lesergeleitet". Im Folgenden geht es primär um den ersten Aspekt: Welche Sequenzstrukturen werden angeboten?

Bilder werden zunächst ganzheitlich, ‚auf einen Blick' rezipiert. Bei Texten müssen die Äußerungen auf dem Textträger in ein Nacheinander des Textes gebracht werden. Grenzfälle bilden Texte wie Abb. 5.9–25 oder Abb. 5.9–13 und 5.9–16 in Kap. 5.9. Für bestimmte Zwecke wird das Nacheinander aufgebrochen: so bei einem wissenschaftlichen Buch durch ein Inhaltsverzeichnis, heute in Deutschland in der Regel am Anfang des Buches und meist vor dem Vorwort. Fußnoten oder Anmerkungen und ein Literaturverzeichnis am Ende sind weitere Mittel, auch Register verschiedener Art und Material-Anhänge brechen die Sequenz auf, sind aber als Typen von Informationen wieder an konventionelle Abfolgen gebunden.

Bei elektronischen Texten kann die Sequenz weiter aufgebrochen werden: Es können z.B. „Fenster" über eine Text-Seite gelegt werden. Hypertexte sind darauf ausgerichtet, dass teils vorgegebene Pfade befolgt werden können, teils aber – mit Verbindungs-Links ermöglicht – eigene „Durchgänge" durch das Textangebot geschaffen werden können. Storrer (2000) unterscheidet folgende Typen der Sequenzierung:

- Monosequenzierung: Nur ein bestimmter Leseweg macht Sinn, z.B. bei argumentativen und den meisten narrativen Texten.
- Mehrfachsequenzierung: Verschiedene Lesewege sind angelegt und metakommunikativ abgesichert. Der Text ist zu verschiedenen Zwecken partiell rezipierbar: Beisp. Reiseführer.
- unsequenzierte Texte: Wörterbücher, Enzyklopädien, Telefonbücher. Die Sequenzierung in der Darbietung dient nur dem Zweck der Auffindbarkeit, es ist keine inhaltliche Sequenzierung.
- Es gibt Überschneidungen.

Bei Sequenzeigenschaften von Texten sind mehrere Gesichtspunkte zu unterscheiden:
a) sprachlich-stilistische Nutzung der Sequenz
b) die Handlungs-Sequenzierung
c) die thematische Sequenzierung
d) die visuelle Präsentation der Sequenz
e) das Aufbrechen der Sequenz durch besondere Textgestaltung

a) sprachlich-stilistische Nutzung der Sequenz: Die Sequenziertheit von Texten kann stilistisch genutzt werden, um besondere Wirkungen zu ermöglichen (aus: Die Zeit, 13.7.2000, 1):

> (9) **Gefehlt**
>
> *Auch das noch: Der bayerische Familienminister und stellvertretende CSU-Vorsitzende, 56 Jahre alt, verheiratet, drei Kinder, hat ein außereheliches Verhältnis! Ja, dieser erzkatholische Kämpfer für Sittlichkeit und Anstand, der noch vor zwei Jahren publikumswirksam gegen die **Arabella**-Talkshow zu Felde zog, weil in ihr am hellichten Nachmittag dargelegt worden sei, „wie das mit dem flotten Dreier funktioniert".*
>
> *Im Lande Getuschel, Schlagzeilen, Rücktrittsforderungen. Über den Geliebten weiß die Münchner **Abendzeitung** zu berichten, er sei „niederbayerischer Autohändler". Aber wer kann beschwören, dass es nicht einer jener „importierten Lustknaben" ist, von denen Bischof Dyba dieser Tage warnend sprach?*
>
> *Schon sorgt sich die **Süddeutsche Zeitung** ob der öffentlichen Strenge. Mit dem Sündigen und Beichten sei es vorbei: „Bayern wird protestantisch".*
>
> *Weit gefehlt! Herzhaftes Nebenher hat deutsche Politiker kaum je ihr Amt gekostet, unabhängig von Partei, Region und Konfession. Für die Erregung ausgerechnet jetzt gibt es eine ganz einfache Erklärung: Minister Stamm ist eine Frau.*
>
> ULRICH STOCK

5.9 Merkmalsausprägungen: Materialität 475

Am Beginn steht die mehrdeutige Wortform *Gefehlt* ('Fehlverhalten', 'Mangel'?), eine Prädikation, die erst referierend vereindeutigt werden muss. Dies geschieht in der zweiten Äußerung. Am Beginn des vierten Absatzes erhält die Form nochmals und zusätzlich eine weitere Bedeutung: *Weit gefehlt!* 'Welche Irrmeinung!'

Eine andere Möglichkeit der Sprachstilistik ist die Wortstellung im Satz: Im ersten Absatz werden die beiden umfangreichen Äußerungen jeweils mit einer inhaltlichen Pointe abgeschlossen. Im ersten Fall gibt es drei Einschübe zwischen Referenzangabe und Prädikation; im zweiten Fall werden an die tragende Nominalgruppe, *dieser erzkatholische Kämpfer für Sittlichkeit und Anstand*, drei abhängige Teilsätze angefügt: Relativsatz, Angabesatz und Ergänzungssatz, wobei immer der nächste vom vorherigen abhängig ist (Rechtsverzweigung).

b) Handlungs-Sequenzierung: Die Teilhandlungen eines Textes können stringent aufeinander folgen oder aber wie im Beispiel, Absatz 2, durch rhetorische Fragen unterbrochen (*Aber wer kann beschwören...*) oder durch Zitate ANSCHAULICH GEMACHT werden (*„Bayern wird protestantisch"*). Beide Teilhandlungen lenken hier vom eigentlichen Thema ab, geben dem Text eine gewisse 'Würze' durch das damit ausgearbeitete Nebenthema.

c) Thematische Sequenzierung: Die Themensequenz des Textes wird dadurch bestimmt, dass im ersten Absatz mit der zweiten Äußerung (*Der bayerische Familienminister*) ein konkreter Fall berichtet wird, allerdings ironisch durch die Übertreibungen: *Auch das noch:* mit Ausrufezeichen am Ende. Den 'pikanten Hintergrund', vor dem das Ereignis zu betrachten ist, erfahren wir in der Folge, auch hier ironisch übertrieben, *Kämpfer (...) der (...) zu Felde zog, am helllichten Nachmittag*. Absatz 2 und 3 berichten über Reaktionen auf das Ereignis. Im vierten Absatz schließlich wird mit *Weit gefehlt!* die eigene Position des Schreibers dazu eingebracht und ganz am Ende erfahren wir als Pointe das wesentliche Detail, die wesentliche Referenz, wodurch vom Ende her der „Fall" des Absatzes 1 und die Reaktionen darauf in ein völlig anderes Licht rücken. Bis dahin wurden wir thematisch irregeführt (Kap. 5.4.2.6). – Möglichkeiten verständlicher thematischer Sequenzierung beschreibt Lötscher (1991), vgl. auch Kap. 4.4.3.

d) Die visuelle Präsentation der Sequenz: Die Sequenz des Textes verläuft in unserer Kultur von oben nach unten und von links nach rechts. Kress/van Leeuwen (1996, Kap. 6) haben für die Sprache-Bild-Sequenz auf einer Seite für das Oben das Ideale und für das Unten das Reale herausgearbeitet, für die linke Seite das als bekannt Gegebene und für die rechte das Neue. (Außerdem gibt es eine Relation von Mitte und Rändern.) Auch für Texte, die zwei zugleich sichtbare Seiten einnehmen, kann dies angenommen werden (vgl.

Ein Biograf beschreibt sie als „romantisches Rätsel"

„Queen Mum" war ein Männerschwarm – Zweimal gab sie Albert einen Korb (Serie, Teil 1)

— Von FRANK HERRMANN, London —

Am 4. August feiert die britische Königin-Mutter Elizabeth ihren 100. Geburtstag. Ganz Großbritannien liegt „Queen Mum" zu Füßen. Sie gilt als das sympathische Antlitz der Königsfamilie. 100 Lebensjahre, das sind 100 Jahre persönliche und europäische Geschichte zugleich. In einer dreiteiligen Serie zeichnet unsere Zeitung das Leben und Wirken von „Queen Mum" nach.

Am 19. Juli, als die alte Dame ihren 100. Geburtstag auf dem Londoner Exerzierplatz Horse Guards Parade schon mal vorfeierte, ist Außergewöhnliches geschehen. Queen Mum hielt eine Rede. Das hat sie höchst selten getan, aber auch diesmal beschränkte sie sich auf ein paar Sätze: „Es war ein wundervoller Abend. Gott segne euch alle. Und danke." Als „romantisches Rätsel" beschreibt der Biograf Robert Lacey die fast Hundertjährige. Das Lächeln in dem faltigen Gesicht ist den Briten nur allzu vertraut. Aber keiner weiß, vom engeren Kreis der Windsors einmal abgesehen, was die Königinmutter eigentlich denkt. Ihr letztes Interview hat sie 1922 gegeben. Und sich seitdem in freundliches Schweigen gehüllt.

4. August 1900. Die britische Krone regiert ein Empire, in dem die Sonne nie untergeht. Ihre Armee gewinnt gerade eine wichtige Schlacht im südafrikanischen Burenkrieg. Der Wetterbericht: morgens heiter, nachmittags Regenschauer – ein typisch englischer Sommer. Und Lady Glamis bekommt ihr neuntes Kind.

Das feine London munkelt, dass das Baby Elizabeth in einem pferdegezogenen Krankenwagen irgendwo in der Nähe des Hyde Park das Licht der Welt erblickt. Ihre Mutter hat vor sieben Jahren das letzte Mal entbunden; sie will kein Risiko eingehen und fährt ins Krankenhaus. Ganz schafft sie es aber nicht – wie gesagt, die Niederkunft in der Kutsche ist ein Gerücht. Der Vater, Lord Glamis, später der 14. Earl of Strathmore and Kinghorne, also ein typisch schottisches Adelsgeschlecht, lässt seine Tochter mit sieben Wochen Verzug ins Geburtenregister eintragen. Dafür zahlt er sieben Schilling und sechs Pence Strafe. Vier Jahre später stirbt Elizabeths Großvater. Ihr Vater erbt Glamis Castle, ein Schloss in den Bergen bei Dundee, das schon Shakespeare als Vorlage diente. Es spukt, aber es ist wunderbar", wird die spätere Queen Mum ihr Zuhause beschreiben. Mit ihrem jüngeren Bruder David, dem Nesthäkchen der Familie, bastelt sie Schlossgespenster aus Papier und freut sich diebisch, wenn sich die Gäste erschrecken.

Im Ersten Weltkrieg ändern die Royals ihren Namen: aus Sachsen-Coburg-Gotha wird Windsor. Und Glamis Castle verwandelt sich in ein Lazarett. Als der Krieg zu Ende geht, entwickelt sich die junge Aristokratin Elizabeth Bowes-Lyon zum Männerschwarm. „Ihre Lebensfreude und eine Mischung aus Güte und Aufrichtigkeit", beobachtet eine Nachbarin, eine gewisse Lady Airlie, „machen sie unwiderstehlich".

Auch Prinz Albert, der schüchterne und übernervöse zweite Sohn von König Georg V., verliebt sich in sie. 1921 hält er um ihre Hand an. Die Umworbene lehnt ab. Auch beim zweiten Mal gibt sie ihm einen Korb. Albert erzählt Verwandten, er wolle nur diese Frau und keine andere. Er nimmt ein drittes Mal Anlauf. Diesmal willigt die angebetete ein. Im Januar 1923 geben die beiden ihre Verlobung bekannt. Vier Monate später treten sie vor den Traualtar. Sie werden Herzog und Herzogin von York, der Volksmund nennt sie Betty und Bertie. 1926 wird Tochter Elizabeth geboren, die heutige Queen. 1930 folgt Margaret Rose. In beiden Fällen, meldet die Gerüchteküche, muss sich das Paar mangels königlicher Potenz mit künstlicher Befruchtung behelfen. „Der Herzog hatte", zitiert die amerikanische Autorin Kitty Kelley einen Freund, „ein leichtes Problem mit „seinem Willy".

Bald wird das Quartett zur britischen Musterfamilie schlechthin. Die Hofschreiber basteln an einem Rollenbild: der nette, hart arbeitende Vater, die ihn anbetende Mutter mit dem graziösen Lächeln, zwei wohlerzogene Töchter in weißen Söckchen. Während Alberts älterer Bruder Edward der Londoner Nachtclubs unsicher macht, wirken die Yorks wie ein grundsolides Kontrastprogramm. (Teil 2 folgt)

SZ Mehr zum Thema finden Sie im SZ-internet Angebot: www.sz-newsline.de/kompass

Eine Schönheit Das Archivbild aus dem Jahr 1923 zeigt die damals 2 Elizabeth Bowes-Lyon kurz vor ihrer Hochzeit mit Prinz Albert, der sp VI. den Thron bestieg. Die junge Aristokratin galt als Männerschwarm

Abb. 5.9–30 „Queen Mum"

5.9 Merkmalsausprägungen: Materialität

Abb. 5.9–28) und ebenso für solche Texte, die nur einen Teil einer Seite füllen, z.B. in Zeitungen. So gibt es geradezu ein Muster der Präsentation wie beim folgenden Text (Saarbrücker Zeitung, 31.7.2000, L8): Abb. 5.9–30.

Links steht als kleines (und farbiges) Bild das der Person, wie wir sie im Alter kennen („bekannt"), rechts in den Braun-und-Hell-Tönen eines alten Fotos das für uns als Leser ‚neue' Bild derselben Person von vor fast 80 Jahren. Zusätzlich ist diese links-rechts-Sequenz von Bild-Text-Bild hier zusammengehalten durch einen Trennstrich (Kress/van Leeuwen 1996, 183ff.: „Framing") und durch die Blickrichtungen bzw. Kopfhaltungen der abgebildeten Person ‚in den Text hinein' („Vektoren"), als Mittel der Kohäsionsanzeige.

Kress/van Leeuwen (1996, 218ff.) gehen auch der Frage nach, ob ein Sprache-Bild-Text linear angelegt ist oder nicht-linear. Die vielfältigen Beschreibungsgesichtspunkte, die sie entwickeln, führen (ebda.) zum Konzept der „Lesepfade" („reading paths"): Viele Sprache-Bild-Texte geben einen Lesepfad vor, andere machen weniger deutliche Vorgaben. Z.B. beginnt ein Typ von Lesepfaden „with the most salient element, from there move to the next most salient element, and so on". Bei *Réserve Chateaubriand* (Abb. 5.6–6) ist es wahrscheinlich, dass Rezipienten mit der salienten Abbildung rechts unten beginnen und über das abgebildete Autochen in der oberen Mitte als Vektor zum großgedruckten Namen links oben geführt werden. Von da aus führt die Richtung, in die das Autochen ‚zeigt', zurück zur Abbildung der Flasche mit den Gläsern, es ist also ein Zickzack zwischen den ‚wichtigsten' Elementen des Texts (nach Kress/van Leeuwen, 218f.: „circular"). Danach erst dürfte das Auge auf den mit größerer Schrift hervorgehobenen Slogan springen, danach vielleicht auf das Textchen, vielleicht auch auf das Kleingedruckte links unten.

Lesepfade können linear sein wie z.B. bei Comics, aber auch „circular (d.h. zickzack, vgl. auch das Beispiel der Autoren), diagonal, spiralling and so on" (1996, 219), z.B. auch „vertical" mit der Bedeutung eines „sense of hierarchy" (ebda.). Nicht-lineare Texte, wie z.B. Werbeanzeigen im „Basar-Stil" (vgl. Weuthen 1988), die eine Fülle von verschiedenen Werbegegenständen anpreisen, überlassen es dem Leser, „to sequence and connect them" (Kress/van Leeuwen 1996, 223). Es gibt Grade der Festlegung von Lesepfaden (1996, 220).

e) Das Aufbrechen der Sequenz durch besondere Textgestaltung: „Textdesign" in Zeitungen bedeutet nach Bucher (1998) eine „Delinearisierung" bei der Darstellung eines Themas. Ein komplexeres Thema, das früher auf einer ganzen oder halben Zeitungsseite als ein durchgehender Text in Kolumnen dargeboten wurde, wird nun zerlegt in mehrere Texte, Bilder und Grafiken, von denen jedes in sich abgeschlossen ist. Diese Elemente kommen in enger Nachbarschaft mit einander vor: auf dem Textträger in unmittelbarer

Nähe und optisch zusammengebunden durch eine gemeinsame Überschrift, getrennt durch Linien (Framing) von anderen Texten auf derselben Seite. Gemeinsam ist derartigen Clustern, dass sie Portionierungen eines übergreifenden Themas sind, jedoch dargeboten innerhalb verschiedener Darstellungsformen. Lilienthal (1998, 113f.) unterscheidet:
– thematische Portionierung: „Themen und Teilthemen (werden) in Text- und Bildbausteinen organisiert",
– „funktionale Segmentierung" in verschiedene Textmuster, z.B. Korrespondentenbericht und Kommentar,
– „perspektivische Segmentierung", z.B. mittels Streitgespräch oder Interview, Pro- und Kontra-Stellungnahme...

Während man früher mit dem „Durchleser" (Bucher 1996, 48ff.) rechnete, können LeserInnen sich hier je nach verfügbarer Zeit und Interesse aussuchen, wie sehr sie sich auf das Thema einlassen möchten. Voraussetzung ist allerdings eine Leserführung: mittels „Überschrift(en), Foto(s) und Grafik(en)" als Eye-Catcher (Lilienthal 1998, 115) und mittels eines Vorspanns, der das Cluster derart vorstrukturiert, dass eine selektive Lektüre möglich ist (ebda.).

Diese Art der Aufbereitung ist dann auch wieder speziell stilistisch nutzbar: als Art der Durchführung ganz anderer Handlungen als denen des Informierens und Deutens in Zeitungen. Ein Beispiel ist eine Glückwunschkarte zur Hochzeit ‚im Bildzeitungsstil', bei der das typografische Bild der „Bildzeitung" ebenso genutzt wird wie die Art der Aufbereitung des Themas mittels kleiner selbstständiger Texte und unterschiedlicher Teilthemen, s. Abb. 3–10. Ein anderes Beispiel ist eine Werbung, die per Faltzeitung ins Haus kam (und die ich Martina Mangasser-Wahl verdanke). Hier wird das Thema zusätzlich mittels sprachlicher Mustermischungen entfaltet: Abb. 5.9–31.

5.9.4.1 Eine unerwartete Wendung (machen)

Als Eigenschaft des Textes selbst, um den es in diesem Kapitel 5 geht, ist ‚eine unerwartete Wendung' anzusetzen: Der Text weist in diesem Fall eine unerwartete Wendung auf. Betrachtet man es jedoch von der Perspektive der stilistischen Handlungsmuster (Kap. 4) her, die man beim Textherstellen verwenden kann, so handelt es sich um ‚eine unerwartete Wendung machen'. Dieses Muster beruht auf der Tatsache, dass ein Text als Prozess dargeboten und rezipiert wird. Konstitutiv ist dieses Sequenzmuster für Witze (Kotthoff 1997, 129): „Der Witzgenuss basiert auf einem Überraschungseffekt", und zwar darauf, dass etwas vorher Nebensächliches plötzlich fokussiert wird (Kotthoff 1997, 127f.). Die Pointe ist dabei nur ein Hinweis auf die Art der ‚unerwarteten Wendung': „Das Ende eines Witzes muss implizit sein. Der

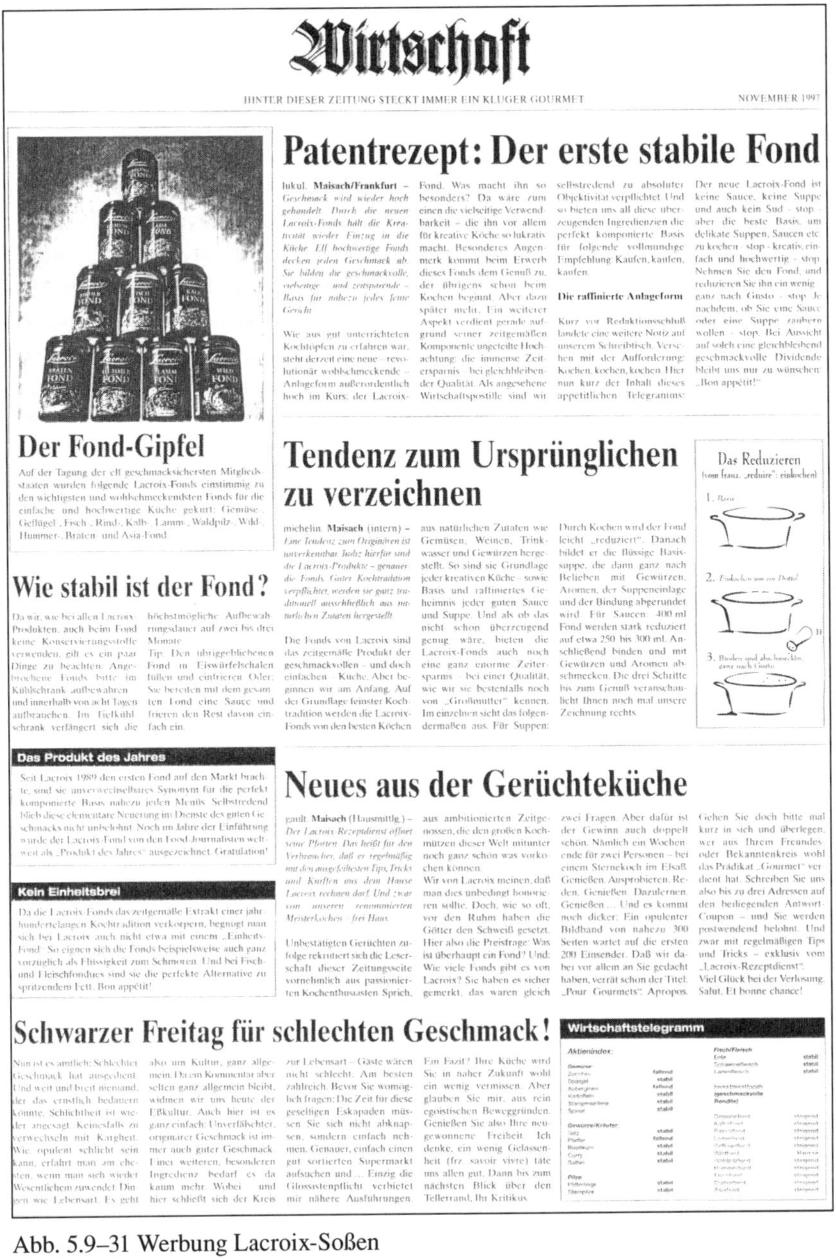

Wirtschaft

HINTER DIESER ZEITUNG STECKT IMMER EIN KLUGER GOURMET — NOVEMBER 1997

Patentrezept: Der erste stabile Fond

lukul. **Maisach/Frankfurt** – *Geschmack wird wieder hoch gehandelt. Durch die neuen Lacroix-Fonds hält die Kreativität wieder Einzug in die Küche. Elf hochwertige Fonds decken jeden Geschmack ab. Sie bilden die geschmackvolle, vielseitige – und zeitsparende – Basis für nahezu jedes feine Gericht.*

Wie aus gut unterrichteten Kochtöpfen zu erfahren war, steht derzeit eine neue – revolutionär wohlschmeckende – Anlageform außerordentlich hoch im Kurs: der Lacroix-Fond. Was macht ihn so besonders? Da wäre zum einen die vielseitige Verwendbarkeit – die ihn vor allem für kreative Köche so lukrativ macht. Besonderes Augenmerk kommt beim Erwerb dieses Fonds dem Genuß zu, der übrigens schon beim Kochen beginnt. Aber dazu später mehr. Ein weiterer Aspekt verdient gerade aufgrund seiner zeitgemäßen Komponente ungeteilte Hochachtung: die immense Zeitersparnis – bei gleichbleibender Qualität. Als angesehene Wirtschaftspostille sind wir selbstredend zu absoluter Objektivität verpflichtet. Und so bieten uns all diese überzeugenden Ingredienzien die perfekt komponierte Basis für folgende vollmundige Empfehlung: Kaufen, kaufen, kaufen.

Die raffinierte Anlageform

Kurz vor Redaktionsschluß landete eine weitere Notiz auf unserem Schreibtisch. Versehen mit der Aufforderung: Kochen, kochen, kochen. Hier nun kurz der Inhalt dieses appetitlichen Telegramms: Der neue Lacroix-Fond ist keine Sauce, keine Suppe und auch kein Sud – stop – aber die beste Basis, um delikate Suppen, Saucen etc. zu kochen – stop – kreativ, einfach und hochwertig – stop. Nehmen Sie den Fond, und reduzieren Sie ihn ein wenig – ganz nach Gusto – stop. Je nachdem, ob Sie eine Sauce oder eine Suppe zaubern wollen – stop. Bei Aussicht auf solch eine gleichbleibend geschmackvolle Dividende bleibt uns nur zu wünschen: „Bon appétit!"

Der Fond-Gipfel

Auf der Tagung der elf geschmacksichersten Mitgliedsstaaten wurden folgende Lacroix-Fonds einstimmig zu den wichtigsten und wohlschmeckendsten Fonds für die einfache und hochwertige Küche gekürt: Gemüse-, Geflügel-, Fisch-, Rind-, Kalb-, Lamm-, Waldpilz-, Wild-, Hummer-, Braten- und Asia-Fond.

Tendenz zum Ursprünglichen zu verzeichnen

michelin. **Maisach** (intern) – *Eine Tendenz zum Originären ist unverkennbar. Indiz hierfür sind die Lacroix-Produkte – genauer: die Fonds. Guter Kochtradition verpflichtet, werden sie ganz traditionell ausschließlich aus natürlichen Zutaten hergestellt.*

Die Fonds von Lacroix sind das zeitgemäße Produkt der geschmackvollen – und doch einfachen – Küche. Aber beginnen wir am Anfang. Auf der Grundlage feinster Kochtradition werden die Lacroix-Fonds von den besten Köchen aus natürlichen Zutaten wie Gemüsen, Weinen, Trinkwasser und Gewürzen hergestellt. So sind sie Grundlage jeder kreativen Küche – sowie Basis und raffiniertes Geheimnis jeder guten Sauce und Suppe. Und als ob das nicht schon überzeugend genug wäre, bieten die Lacroix-Fonds auch noch eine ganz enorme Zeitersparnis – bei einer Qualität, wie wir sie bestenfalls noch von „Großmutter" kennen. Im einzelnen sieht das folgendermaßen aus. Für Suppen: Durch Kochen wird der Fond leicht „reduziert". Danach bildet er die flüssige Basissuppe, die dann ganz nach Belieben mit Gewürzen, Aromen, der Suppeneinlage und der Bindung abgerundet wird. Für Saucen: 400 ml Fond werden stark reduziert auf etwa 250 bis 300 ml. Anschließend binden und mit Gewürzen und Aromen abschmecken. Die drei Schritte bis zum Genuß veranschaulicht Ihnen noch mal unsere Zeichnung rechts.

Das Reduzieren
(vom franz. „reduire": einkochen)

1. Basis
2. Einkochen um ein Drittel
3. Binden und abschmecken, ganz nach Gusto

Wie stabil ist der Fond?

Da wir, wie bei allen Lacroix-Produkten, auch beim Fond keine Konservierungsstoffe verwenden, gilt es ein paar Dinge zu beachten. Angebrochene Fonds bitte im Kühlschrank aufbewahren – und innerhalb von acht Tagen aufbrauchen. Im Tiefkühlschrank verlängert sich die höchstmögliche Aufbewahrungsdauer auf zwei bis drei Monate.

Tip: Den übriggebliebenen Fond in Eiswürfelschalen füllen und einfrieren. Oder: Sie bereiten mit dem gesamten Fond eine Sauce und frieren den Rest davon einfach ein.

Das Produkt des Jahres

Seit Lacroix 1989 den ersten Fond auf den Markt brachte, sind sie unverwechselbares Synonym für die perfekt komponierte Basis nahezu jeden Menüs. Selbstredend blieb diese elementare Neuerung im Dienste des guten Geschmacks nicht unbelohnt. Noch im Jahre der Einführung wurde der Lacroix-Fond von den Food-Journalisten weltweit als „Produkt des Jahres" ausgezeichnet. Gratulation!

Kein Einheitsbrei

Da die Lacroix-Fonds das zeitgemäße Extrakt einer jahrhundertelangen Kochtradition verkörpern, begnügt man sich bei Lacroix auch nicht etwa mit einem „Einheits-Fond". So eignen sich die Fonds beispielsweise auch ganz vorzüglich als Flüssigkeit zum Schmoren. Und bei Fisch- und Fleischfondues sind sie die perfekte Alternative zu spritzendem Fett. Bon appétit!

Neues aus der Gerüchteküche

gault. **Maisach** (Hausmittlg.) – *Der Lacroix-Rezeptdienst öffnet seine Pforten. Das heißt für den Verbraucher, daß er regelmäßig mit den ausgefeiltesten Tips, Tricks und Kniffen aus dem Hause Lacroix rechnen darf. Und zwar von unseren renommierten Meisterköchen – frei Haus.*

Unbestätigten Gerüchten zufolge rekrutiert sich die Leserschaft dieser Zeitungsseite vornehmlich aus passionierten Kochenthusiasten. Sprich, aus ambitionierten Zeitgenossen, die den großen Kochmützen dieser Welt mitunter noch ganz schön was vorkochen können.

Wir von Lacroix meinen, daß man dies unbedingt honorieren sollte. Doch, wie so oft, vor den Ruhm haben die Götter den Schweiß gesetzt. Hier also die Preisfrage: Was ist überhaupt ein Fond? Und: Wie viele Fonds gibt es von Lacroix? Sie haben es sicher gemerkt, das waren gleich zwei Fragen. Aber dafür ist der Gewinn auch doppelt schön. Nämlich ein Wochenende für zwei Personen – bei einem Sternekoch im Elsaß. Genießen. Ausprobieren. Reden. Genießen. Dazulernen. Genießen … Und es kommt noch dicker: Ein opulenter Bildband von nahezu 300 Seiten wartet auf die ersten 200 Einsender. Daß wir dabei vor allem an Sie gedacht haben, verrät schon der Titel: „Pour Gourmets". Apropos. Gehen Sie doch bitte mal kurz in sich und überlegen, wer aus Ihrem Freundes- oder Bekanntenkreis wohl das Prädikat „Gourmet" verdient hat. Schreiben Sie uns also bis zu drei Adressen auf den beiliegenden Antwort-Coupon – und Sie werden postwendend belohnt. Und zwar mit regelmäßigen Tips und Tricks – exklusiv vom „Lacroix-Rezeptdienst".
Viel Glück bei der Verlosung. Salut. Et bonne chance!

Schwarzer Freitag für schlechten Geschmack!

Nun ist es amtlich: Schlechter Geschmack hat ausgedient. Und weit und breit niemand, der das ernstlich bedauern könnte. Schlichtheit ist wieder angesagt. Keinesfalls zu verwechseln mit Kargheit. Wie opulent schlicht sein kann, erfährt man am ehesten, wenn man sich wieder Wesentlichem zuwendet. Dingen wie Lebensart. Es geht also um Kultur, ganz allgemein. Da ein Kommentar aber selten ganz allgemein bleibt, widmen wir uns heute der Eßkultur. Auch hier ist es ganz einfach: Unverfälschter, originärer Geschmack ist immer auch guter Geschmack. Einer weiteren, besonderen Ingredienz bedarf es da kaum mehr. Wobei – und hier schließt sich der Kreis zur Lebensart – Gäste wären nicht schlecht. Am besten zahlreich. Bevor Sie womöglich fragen: Die Zeit für diese geselligen Eskapaden müssen Sie sich nicht abknapsen, sondern einfach nehmen. Genauer, einfach einen gut sortierten Supermarkt aufsuchen und … Einzig die Glossistenpflicht verbietet mir nähere Ausführungen. Ein Fazit? Ihre Küche wird Sie in naher Zukunft wohl ein wenig vermissen. Aber glauben Sie mir, aus rein egoistischen Beweggründen. Genießen Sie also Ihre neugewonnene Freiheit. Ich denke, ein wenig Gelassenheit (frz. savoir vivre) täte uns allen gut. Dann bis zum nächsten Blick über den Tellerrand. Ihr Kritikus.

Wirtschaftstelegramm

Aktienindex:

Gemüse	
Zucchini	fallend
Spargel	stabil
Auberginen	fallend
Kartoffeln	stabil
Stangensellerie	stabil
Spinat	stabil
Gewürze/Kräuter:	
Salz	stabil
Pfeffer	fallend
Basilikum	stabil
Curry	stabil
Salbei	stabil
Pilze	
Pfifferlinge	stabil
Steinpilze	stabil
Fisch/Fleisch	
Ente	stabil
Schweinefleisch	stabil
Lammfleisch	stabil
Investmentfonds (geschmackvolle Rendite)	
Gemüsefond	steigend
Kalbsfond	steigend
Rinderfond	steigend
Lammfond	steigend
Geflügelfond	steigend
Wildfond	Hausse
Waldpilzfond	steigend
Hummerfond	steigend
Fischfond	steigend
Bratenfond	steigend
Asiafond	steigend

Abb. 5.9–31 Werbung Lacroix-Soßen

Witzgenuss basiert auf diesem Ungesagten" (Kotthoff ebda.). Auch Rätsel ‚leben' von diesem Sequenzmuster, ebenso Kriminalromane und -erzählungen. Irreführende Themenformulierungen (Kap. 5.4.2.6) sind ebenfalls im Rahmen dieses Musters zu sehen.

Fish (1975) zeigt, dass Negierungen besonders effektvoll sind, wenn die Negation ganz am Ende des Satzes steht: *Das ist so ausgeschlossen keineswegs*. Die Pointe am Textende ist eine Sonderform der unerwarteten Wendung (s. Beisp. (9) in Kap. 5.9.4); sie ist auch konstitutiv für das Textmuster Glosse (vgl. Kap. 6.2). Im Werbe-Text mit dem Titel *WinterSofaschlußVerkauf* (Abb. 4.1–4) wird eine unerwartete Wendung hergestellt, indem erst ‚steigernd' Fragen nach inhaltlichen Unterscheidungen aufgebaut werden: *Was ist denn ein Wintersofa? Und was unterscheidet es von einem Frühjahrs-, Sommer- oder gar Herbstsofa?* Die Antwort lautet: *Um ehrlich zu sein: gar nichts*, d.h. die vorgenommenen Unterscheidungen sind nun gänzlich irrelevant. Dittgen (1989, 43) hat das Muster als „Superregel" für viele Zeitungsüberschriften, Werbeschlagzeilen, Werbeslogans, Wandsprüche und Film- oder Buchtitel herausgearbeitet und an vielfältigem Beispielmaterial aufgezeigt.

(10) *Was spricht für einen Mazda? Alle Mazda-Fahrer.*
(Werbeschlagzeile 1996)

Hier wird zwar die gestellte Frage beantwortet (wie im vorherigen Beispiel), aber die propositionale Ausrichtung der Frage nach Eigenschaften des Autos, nach den Gründen für eine positive Bewertung, wird nicht beantwortet (pragmatische Abweichung). Die Art der Antwort verlangt eine wörtliche Umdeutung des *spricht für* (semantische Abweichung) und in dieser Interpretation ist die Frage nach den Gründen dann doch beantwortet – aber eben anders, als die Frage erwarten ließ. Weitere Beispiele in Sandig (1989, 145f.) und Sandig (1991, 132f.).

ABWEICHEN kann neben Abweichungen von der Sprachkenntnis (Kap. 4.1.2.1) und von aufgrund kommunikativer Kompetenz Erwartbarem auch die im Text aufgebaute Erwartung (nicht Normen!) betreffen (aus: Robert Gernhardt: Gedichte 1954-94, Zürich 1996):

(11) **Bekenntnis**
Ich leide an Versagensangst
Besonders, wenn ich dichte
Die Angst, die machte mir bereits
Manch schönen Reim zuschanden.

Da man hier das geeignete Reimwort sofort mitliest, zumal es ebenfalls mit *zu...* beginnt und auch dreisilbig ist, steht die Intentionalität der Abweichung auch im Kontext des (selbst?)ironischen Inhalts. Mehrere unerwartete

Wendungen, die durch verschiedene einfache Verfahren hergestellt werden, enthält das folgende Beispiel (aus: Die Zeit, 11.3.2004, 12: Politik):

(12) *Die Welt des Gouvernators*
Arnold Schwarzenegger will Amerikas Konservatismus modernisieren. Von Thomas Kleine Brockhoff
Welch ein Traumpaar, diese beiden. (kataphorische Verweisung: Wer? Schwarzenegger und Frau?) *Als Arnold Schwarzenegger auf die Bühne springt und George Bush* (Aha!) *vorstellt, da schreien und jubeln die Massen. Im Wahljahr soll Hollywoods Glanz auf den Präsidenten fallen, so muss es sein im Showgeschäft namens Politik. Jedenfalls war es 1988 so* (Was bisher als Beschreibung von ‚Gegenwart' verstanden wurde, ist ab jetzt als erzählende ‚Vergegenwärtigung' zu verstehen.), *als noch Bush auf den Namen George Herbert Walker und Schwarzenegger auf Filmregisseure hörte.* (Zeugma, mit ans Ende des Satzes hinausgeschobenem Prädikat, mit der Folge der Uminterpretation der gesamten Passage als in ‚unernster' Interaktionsmodalität geschrieben.) *(...)*

5.9.5 Ende

Bei Materialität ist also eine Fülle von Untermerkmalen relevant. Diese konnte hier nur angedeutet werden. Insbesondere Mikro- und Makrotypografie würden sehr viel mehr Beachtung verdienen, als dies hier möglich ist.

5.10 Textmerkmale Kulturalität und Historizität

5.10.1 Kulturalität

Fix/Poethe/Yos (2001, 18) legen ein weiteres Merkmal nahe: „Kulturalität", d.h. die „spezifische kulturelle Prägung" von Texten, besonders von Textmustern. Und weiter: „Flyer, Fanzines, Graffiti sind überkulturell geprägte Textsorten (hier: „Textmuster", B.S.). Interkulturell geprägt und von Kultur zu Kultur verschieden ausgeführt sind z.B. Todesanzeigen, Leserbriefe, Rezensionen." Dazu die Textmustervergleiche in Jakobs/Rothkegel (Hrsg. 2001) und in Fix/Habscheid/Klein (Hrsg. 2001), auch Fix (1997) und Fix (1999, 18-20). Dass Stile und speziell Textmusterstile kulturell geprägt, Formen kulturrelevanten Kommunizierens sind, wurde bereits in Kap. 1.5.6 betont.

5.10.2 Historizität

Merkmale werden historisch verschieden genutzt, so die Bebilderung von Texten im Rahmen der Materialität. Außerdem wird mit verschiedenen je zeitgemäßen typografischen Konventionen gearbeitet. Beispiele für die unterschiedliche Füllung von Textmustern zu verschiedenen Zeiten, für die je verschiedene Gestalt der Textsorte, finden sich in Kap. 6.5 und 6.3.3c.

5.11 Das Zusammenwirken der Textmerkmale

Es wurde bereits betont, dass die Textmerkmale untereinander interagieren: Bei undeutlicher Ausprägung eines Merkmals erhalten andere mehr Gewicht, wie Thema bei den meisten literarischen Texten mit ihrer wenig ausgeprägten Textfunktion; oder Situationalität und Materialität im Falle undeutlicher Textfunktion (vgl. auch Sandig 2000). Besonders originelle Texte weisen ein starkes Zusammenspiel der Textmerkmale auf. Dies kann auch methodisch genutzt werden, vgl. dazu auch die Orientierung an den Textualitätsmerkmalen von de Beaugrande/Dressler (1981) bei Fix/Poethe/Yos (2001, 49) und ebendort Kap. 1.2.2, auch die Methode bei Michel (2001, 151ff.).

5.12 Zusammenfassung: Zur Methode

Für die methodische Stil-Analyse von Texten können nun die Textmerkmale und ihre Untermerkmale so genutzt werden, dass mit ihnen einzelne Schichten der Stileigenschaften erfasst werden; dabei spielt die Interaktion der Merkmale eine wichtige Rolle. Andere Arbeiten, die Texte schichtweise analysieren, sind z.B. Herbig (1992) und Selting (1995).

5.12.1 Beispiel Jandl

(13) lichtung
    manche meinen
    lechts und rinks
    kann man nicht
    velwechsern.
    werch ein illtum!

Die Textfunktion ist als Gedicht erkennbar durch das ausgeprägte typografische Bild; die interne Textstrukturierung hilft präzisieren: ein Stück Konkrete Poesie (aus: Ernst Jandl: Laut und Luise, Olten 1966, 47).
    Die Themenformulierung ist zunächst relativ klar: ‚Eine Lichtung' im Wald oder etwas, das ‚sich lichtet' usw. In Relation zum Text aber erweist sie sich als ‚irreführend': Sie muss vom Ende her reinterpretiert werden. Das Thema selbst ist zunächst sekundärthematisch entfaltet: Zwei Laute bzw. Buchstaben sind – analog zum Thema des Verwechselns – systematisch

5.11 Das Zusammenwirken der Textmerkmale

ausgetauscht. Weiter wird dadurch indirekt die Materialität der Sprache zum Thema gemacht (vgl. Vollert 1999), indem Buchstaben bzw. Laute vertauscht werden können und trotzdem Sinn entstehen kann. Schließlich gibt es eine weitere thematische Schicht, auf die mich Klaus Ahlzweig aufmerksam machte: Der Autor sorgte zur Zeit des Erscheinens des Gedichts für Wirbel, da es auch politisch interpretiert wurde. Die beiden letzten Themeninterpretationen zeigen, dass für die Interpretation von Themen (auch) ein Wissen darüber notwendig ist, was (zu einer Zeit, für eine Gruppe, Kultur...) ein mögliches Thema ist (vgl. Kap. 5.4.2.3: Thema und Themenverwendung): ein Typ von Thema, dessen Relevanz wir durch Kommunikation gelernt haben.

Kohäsion: Der rein sprachliche Zusammenhang des Textes wird lediglich durch die in Überschrift, erster und zweiter Äußerung systematisch vertauschten Laute bzw. Buchstaben hergestellt.

Dieses alles übergreifende lautliche Muster ist bereits ein Zeichen für die Kohärenzbildung: Alles gehört zusammen. Zur Kohärenzherstellung bei der Rezeption trägt bei, dass mit dem Aussagesatz eine Behauptung aufgestellt wird und mit dem nachfolgenden Ausrufesatz eine Bewertung dieser Behauptung emotionalisierend ausgedrückt bzw. ein Kommentar gegeben wird.

Die Situationalität ist unspezifisch: Der Text wurde in einem Gedichtbuch von Jandl veröffentlicht (1966), aber er kann in verschiedenen Situationen verwendet werden. Andererseits ist die ‚politisch' gemeinte Interpretation an eine besondere Situation gebunden. In anderen politischen Situationen kann das Gedicht auch wieder ‚politisch' verwendet werden.

Die Materialität besteht neben dem Gedicht-Bild besonders in der Mikrotypografie: Schreibmaschinenschrift im Original und serifenlose Antiqua-Schrift im Druck, wie bei Konkreter Poesie üblich (Vollert 1999). Hinzu kommt die besondere grafische Gestalt: Die durchgehende Kleinschreibung ermöglicht die durchgehende ‚Vertauschung' derselben Buchstaben. Makrotypografisch ist die Präsentation des Gedichts auf einer eigenen Seite des Buches.

Nimmt man alles zusammen, so erhält man auf der Skala der Unikalität einen sehr ‚originellen' Text. Er ist zwar ein festgeprägter Text, aber auch ‚originell'. Dieser so einfach scheinende Text ist also äußerst komplex.

Die Beschreibung zeigt das Zusammenspiel der Textmerkmale: Sie sind geeignet für die methodische Erfassung von Textaspekten, bei der unreflektierten Rezeption wirken sie jedoch ineinander.

5.12.2 Beispiel Staeck

Das Beispiel Abb. 5.2–2 wurde bereits im Hinblick auf seine komplexen Unikalitätseigenschaften beschrieben: Jeder Teil des Textes ist anders einzuordnen; dies gilt auch für den musterbefolgenden Hintergrund mit der ‚naiven'

Darstellung der ‚Sterne'. Das Ganze ist dann als Zusammenspiel nochmals anders einzuordnen.

Die Textfunktion ist zunächst sehr offen; der Textträger (Plakat bzw. Postkarte) und dessen jeweiliger Kontext gibt ersten Aufschluss. Für die Beschreibung benutze ich das Originalplakat; die Postkarte weicht farblich etwas ab. Dazu kommt die Interaktionsmodalität: Die Farbe des ‚Himmel'-Hintergrunds mit den zitronengelben Sternen und den relativ runden, ebenso gelben Buchstaben, kann als ‚sehr blau', ‚kornblumenblau' interpretiert werden. Dagegen ist der Visiotyp ‚Blauer Planet' schwarz-weiß abgebildet, also gerade nicht mit den gewohnten Farben hellblau, grünlich und weiß. Hierdurch ergibt sich ein Kontrast: Gegenüber den starken, reinen Farben blau und gelb ‚sieht das Bild der Erde grau aus'. Das Blau und das Gelb wirken in Relation dazu ‚zu stark', etwas ‚schrill'. Die Farben legen deshalb als Interaktionsmodalität ‚irreal' o.Ä. nahe.

D.h. hier spielt bereits die Materialität eine Rolle: das Blau des Hintergrunds und die ‚naiv' gezeichnete Form der größeren Sterne, in deren Kontext gelbe Punkte auf blauem Grund ebenfalls als Sterne gelten. Die Schrift ist eine fette Antiqua mit Serifen, aber auch mit ungewöhnlich kurzen Endstücken bei <w> und <d>. Bild und Schrift sind bezüglich der Makrotypografie auf Mitte gesetzt. Die Positionierung des Bildes der Erde und der Schrift auf Mitte bildet einen Kohäsionshinweis. Die Farbe der Sterne wiederholt sich in der Farbe der Schrift – ebenfalls ein Mittel der Kohäsionsanzeige. Dazu gehört auch, dass der formelhafte Text mit einem definiten Ausdruck beginnt: *Die Mietsache*, was uns veranlasst, nach dem Zusammenhang zu suchen.

Im Rahmen der Kohärenzbildung wird der Zusammenhang von ‚Blauer Planet' und *Mietsache* hergestellt: ‚Die Erde ist (wie) eine Mietsache...', wobei präsupponiert ist, dass sie nicht schonend behandelt wird, und es als relevant erscheint, dass man die Forderung äußert: *in gutem Zustand zurückzugeben*.

Das Thema betrifft die Umweltproblematik, die Verantwortung für die Umwelt und für die Nachwelt. Ohne ein mögliches Thema dieser Art (vgl. Kap. 5.12.1) wäre der Sprung von der Kohärenzbildung zu dieser Interpretation kaum möglich. Die farbliche Diskrepanz zwischen Bildhintergrund, Bild der Erde und Typografie lässt die Problematik auch emotional erfahren. Dasselbe gilt für die Bedeutungsanteile ‚naiv' dargestellte Sterne und juristischer Text. Hier ist ‚die Harmonie gestört'.

Bezüglich der Situationalität ist der Text variabel für verschiedene Zwecke einsetzbar, sowohl als Plakat wie auch als Postkarte, er ist auch über längere Zeit hinweg aktuell.

5.13 Textmuster als konventionelle Merkmalszusammenhänge

In Textmustern sind Ausprägungen einzelner Textmerkmale Verbindungen eingegangen, die informationsreiche Bündel kookkurrierender Textmerkmale darstellen (vgl. Sandig 2000, 101ff.): Für bestimmte komplexe Kommunikationsaufgaben, die in Situationstypen immer wiederkehren (Textfunktionen), haben sich konventionelle Lösungsformate herausgebildet, die als Standardlösungen zur Verfügung stehen: mit spezifischen Materialitätseigenschaften, mit auf die spezielle Textfunktion abgestimmten Formen der Thematisierung einschließlich der Formen der Kohäsion und der Kohärenz zur internen Textstrukturierung, auch von Graden bzw. Spielräumen der Unikalität. Derartige Merkmalszusammenhänge werden im folgenden Kapitel 6 in ihrer stilistischen Relevanz angedeutet. Sie werden im Textmustermodell als Ganzheiten beschrieben, ergänzt um die Handelnden und ihre Beziehung und um Formulierungsmuster.

Bei der näheren Betrachtung der einzelnen Textmerkmale in Kap. 5 wurde die Tatsache, dass Texte in Kontexten von Handelnden verwendet werden, fast immer beiseite gelassen: Ausnahmen bilden der Situationstyp bei der Bestimmung der Textfunktion und die Aspekte der Situationalität, auch Aspekte der Materialität bei der Situationsbindung von Textträgern. Viele Textmuster sind jedoch mit ihrem sozialen Sinn als spezielle Textfunktion an eine bestimmte Art der Situationalität gebunden.

6. Stil im Text: Textmuster und Stil

Für Stile generell betonen Carter/Nash (1990, 10): „It is not (that) the writer does not have the choice of making his or her own meanings, but the constitutive conventions fundamentally restrict the set of elements available for combination in specific texts." Und (1990, 15): „texts are convention-bound (...); reading styles of writing is controlled in different ways by such conventions; (...) both writer and readers have expectations concerning the intersection of style, text convention and context". In diesem Kapitel geht es überwiegend um Stile von Textmustern, die aus verschiedenen Gründen offen sind für variable stilistische Gestaltung.

Für Glossen (Kap. 6.2) gibt es nur recht wenige Textmuster-Vorgaben, in ihnen kann aber auf verschiedenste Verfahren des KOMISIERENs (Kap. 6.2.6) zurückgegriffen werden (vgl. zu derartigen Verfahren und Handlungsmustern auch Kap. 4).

In diesem Kapitel geht es außerdem um die Relation von Textmusterrealisierungen zum Textmusterwissen, durch die zusätzlich – als Resultate des DURCHFÜHRENs konkreter Handlungen in ihren Kontexten – stilistischer Sinn nahe gelegt wird, allerdings unter Voraussetzung des einschlägigen Textmusterwissens in der Rezeptionssituation. Außerdem geht es um wenige Beschreibungen von anderen Autoren und schließlich wird auf stilistische Unterschiede bei Exemplaren eines Textmusters aus verschiedenen Zeiten eingegangen und auf einen stark funktional geprägten Textmusterstil.

6.1 Textmusterbeschreibung und Stil

Wie in Kap. 5 und besonders in Sandig (2000) gezeigt, gibt es nicht *Text* schlechthin: Texte bestehen in bestimmten Ausprägungen von allgemeinen Textmerkmalen, einige Merkmale können dabei irrelevant sein oder weniger relevant als andere; die Textmerkmale interagieren untereinander. Bestimmte Konstellationen von Textmerkmalen sind konventionell zu Textmustern geronnen, so dass die Textmusterorientierung von Texten als zentral angesehen werden kann (vgl. Kap. 5): Im Textmuster verbindet sich die jeweilige Textfunktion mit spezifischen Ausprägungen von Textmerkmalen. Es ist eine gesellschaftlich relevante prototypische Gestalt, die zum Lösen bestimmter immer wiederkehrender gesellschaftlicher Aufgaben dient. In diesem Kapitel geht es darum, an wenigen Beispielfällen zu zeigen, in welchen Hinsichten Textmusterbeschreibungen für eine Stilistik nützlich sein können (vgl. auch Sandig 1986a, Antos 1987 zu Grußworten).

6.1.1 Textmusterbeschreibung

Dies ist ein Vorschlag für eine ganzheitliche, „holistische" Beschreibung von Textmustern. *Holistisch* meint, dass es um komplexe sinnhafte Gestalten geht, die aus sehr verschiedenartigen Eigenschaften bestehen. Es wird von folgender Vorstellung ausgegangen: Ein Textmuster ist ein standardisiertes (konventionelles) Muster zur Lösung von Standardproblemen (z.B. Ehlich/ Rehbein 1986, bes. 132ff.; Rolf 1993), die in einer Gesellschaft immer wieder auftreten. Der gesellschaftlichen Relevanz entsprechend gibt es in der Gesellschaft (mindestens) eine Benennung dafür.

Das Musterkonzept beinhaltet Folgendes: Muster sind wiederholt anwendbar, sie sind sozial eingespielt und typisiert, haben konventionelle und (bezogen auf eine Gemeinschaft) intersubjektive Geltung, sind damit auch historisch veränderlich, und man kann Fehler machen in Bezug auf das Muster, aber auch intentional davon abweichen.

Es ist zu unterscheiden zwischen einem Textmuster als Einheit der Sprachhandlungskompetenz (Textmusterwissen: Antos 1987) und der Textmusterrealisierung (Sandig 1987): Ein Textexemplar, das auf ein Textmuster bezogen ist, wird von einem bestimmten Individuum bezogen auf konkrete Handlungsumstände zu einem ganz bestimmten individuellen Handlungszweck hergestellt. Insofern kann die Textmusterrealisierung Züge enthalten, die im Muster selbst nicht angelegt sind; es wird flexibel eingesetzt. Das Muster weist je nach der Art des sozialen Standardproblems, das zu lösen ist, mehr oder weniger große Spielräume auf (von der Lage-Müller 1995, 71).

Ein Textmuster kann beschrieben werden als Zusammenhang von (nicht sprachlichem) Handlungstyp und (sprachlicher, parasprachlicher und nonverbaler) Textsorte; vgl. Sandig (1983), Sandig (1997), auch Adamzik (1994): „Interaktionssorte" und „Textsorte" und den Überblick bei Adamzik (1995). Bereits bei Gülich/Raible (1975) wurden textexterne und textinterne Merkmale und deren Konfiguration, aber auch Probleme intuitiver Textsortenbestimmung beschrieben; das Vorgehen ist hier anders. Die Textsorte ist das standardisierte komplexe Handlungsmittel (vgl. Rolf 1993, 29ff., 38, 44), mit dem Handlungen nach dem Handlungstyp vollzogen werden können.

6.1 Textmusterbeschreibung und Stil

Textmuster(wissen) Benennung(en) in der Sprache	
Handlungstyp	**Handlungsmittel: Textsorte** **Prototypische Eigenschaften**
Gesellschaftlicher Zweck: – sozialer Sinn – Art der Problemlösung **Situationseigenschaften:** – Problemsituation – Institution/Handlungsbereich – Kanal und Textträger – Medium **Situationsbeteiligte** (Rollen): – Sprecher/Schreiber – Adressat(en)/Rezipient(en) – Beziehungsart	**Handlungshierarchie** – konstitutive und fakultative Teilhandlungen – generelle Textherstellungshand-lungen, die genutzt werden – eingelagerte Themenstruktur **Sequenzmuster** – textmusterspezifisch – allgemeine Sequenzmuster, die nutzbar sind **Formulierungsmuster** – Lexeme/Kollokationen/Gliederungs- signale/stereotype Textkonstitutive (Heinemann/Viehweger 1991, 166f.) – allgemeine Formulierungsmuster – global (Fachsprachen, Stilebenen, Sprachökonomie...) – auf (Teil-)Themen bezogen: Frames – auf Teilhandlungstypen (auch Sequenzpositionen) bezogen – stilistische Handlungsmuster/ allgemeine Darstellungsmuster: Dialogisieren, Kontrastieren, Muster der Themenentfaltung... **Materielle Textgestalt** grafische (+bildliche) Gestalt/lautlich- prosodische Gestalt **Durchschnittsumfang** (Länge, Dauer)

Abb. 6–1 Textmustermodell

Es gibt vielfältige Beziehungen zwischen den Aspekten des Handlungstyps und der Textsorte: Der Handlungstyp steuert die konventionellen Erwartungen bezüglich der Textsorte; die Textsorteneigenschaften „kontextualisieren" den Handlungstyp, der konventionell mit ihnen verknüpft ist, sie zeigen ihn an (bei entsprechendem Textmusterwissen). Abweichungen sind jedoch möglich: Sie ergeben einen besonderen Sinn, bleiben hier allerdings zunächst außer Betracht (vgl. aber Kap. 6.3). Auch die Einzelaspekte sind vielfältig untereinander vernetzt (s.u. und Sandig 1997).

Es gibt systematische Beziehungen zwischen Textmustern (vgl. Sandig 1996a, Adamzik 2000: „Textsortennetze"), so zwischen Textmustern, die aufeinander bezogen sind: etwa Nachricht und darauf bezogener Kommentar. Eine andersartige Beziehung ist z.B. die Verwandtschaft zwischen Textmustern wie Kommentar und Glosse oder zwischen Glosse und gewissen Feuilletontexten: Anekdote oder Witz. Die nähere Beschreibung dieses Modells erfolgt anhand des Beispiels Glosse (s. auch die Beschreibung in Kap. 6.3).

Bezogen auf das Kommunikationsmodell Abb. 1–1 enthält der „Handlungstyp" in der Beschreibung dasjenige, was dort als „Umfeld des Textes" dargestellt ist, die Darstellung der „Textsorte" enthält die konventionalisierte Voraussetzung für konkrete Texte (oder Gespräche) als Handlungsmittel. Der historische und der kulturelle Rahmen sind nicht mit modelliert; sie sind vorausgesetzt.

6.2 Stilistische Relevanzen: Beispiel Glosse

Das hier vorgeschlagene Modell der Textmusterbeschreibung habe ich bisher erprobt an Kochrezepten und Vorworten von Kochbüchern samt ihren Veränderungen im 20. Jahrhundert einerseits (vgl. Sandig 1996a) und an Wissenschaftstexten andererseits (s. Sandig 1997). In beiden Fällen gibt es vielfältige musterbedingte Vorgaben: Das betrifft einerseits die Textstruktur (Kochrezepte), andererseits bestimmte einzelne Formulierungen und Formulierungsverfahren wie Nominalisierung oder Passiv (Wissenschaftstexte) oder beides (Vorworte). Glossen hingegen sind durch große Vielfalt und ‚Individualität' gekennzeichnet; sie sind stilistisch in aller Regel besonders ‚ausgearbeitet'. Deshalb stellt sich die Frage nach der möglichen Musterhaftigkeit hier in besonderem Maße, ebenso die Frage nach dem Verhältnis von Textmuster und Stil.

Lüger (^{2}1995, 137-139) bestimmt die Glosse als journalistisches Textmuster („Textsorte") folgendermaßen: Er zählt sie zu den „meinungsbetonten Texten" und ist primär an den Unterschieden zu „primär informationsbetonten Texten" und zum Kommentar interessiert. Bei meinungsbetonten Texten geht es um „Deutungen und Wertungen". Beim Kommentar sollen die Adressaten in Bezug auf Wertungen eher beeinflusst werden; die Glosse dagegen strebt bei vorausgesetztem Konsens und gewissem Vorwissen die „Verstärkung einer als gegeben angenommenen Einstellung an" (Lüger ^{2}1995, 137). Beim Kommentar wie bei der Glosse wird die Bewertung argumentierend entfaltet (Lüger ^{2}1995,128f.). Bei der Glosse ist jedoch die Argumentation überformt durch eine unernste Interaktionsmodalität (Lüger ^{2}1995, 138); dadurch ist

6.2 Stilistische Relevanzen: Beispiel Glosse   491

sie feuilletonistisch und originell. Ironisierungen sollen Vergnügen bereiten (ebda.). Informierende Teile sind sehr selektiv und bereits mit Wertungen durchsetzt (130f.). Auch Kommentare haben eine Tendenz zu unterhalten (ebda.), Glossen dagegen haben einen „zugespitzten, polemischen Stil"; die Glosse gilt als die „schwerste Darstellungsform" (Lüger ²1995, 139). Wie die Beschreibung schon zeigt, sind Kommentar und Glosse nicht völlig zu trennen; es gibt Glossen ohne die unernste Modalität, aber auch ‚unernste' Kommentare.

Ich will hier versuchen, anhand des allgemeinen Textmuster-Modells die Glosse genauer zu beschreiben. Die These, für die ich hier argumentieren möchte, ist die: Textmuster werden nicht nur durch (textmuster-)spezifische Eigenschaften konstituiert, sondern es gibt außerdem die konventionelle Nutzung allgemeiner textbildender Verfahren und Muster (vgl. Kap. 4). Besonders deren Verwendung – teils nur punktuell („lokal"), teils aber auch die gesamte („globale") Struktur eines Textes betreffend – ermöglicht die Variabilität der Texte des Textmusters Glosse. Als Material wähle ich acht Glossen, die ich als prototypisch empfinde, von der damals jeweils ersten Seite der „Zeit":

(1)   **Würstchen**

Das ernste Deutschland begeht in diesen Tagen zwei Jubiläen: hundert Jahre Kyffhäuser und hundert Jahre Halberstädter Dosenwürstchen. Dies Zusammentreffen ist kein Zufall. Der Halberstädter Fleischfabrikant Friedrich Heine stand 1896 vor der vaterländischen Aufgabe, zur Denkmalsweihe 40000 Würstchen unverdorben anzuliefern. Er tat's, in Dosen. Es war eine Zeit, die Riesen brauchte und gebar.

*Die DDR-Kommunisten erniedrigten den Kyffhäuser zum Ausflugsziel von Thälmann-Pionieren und Kaffeetanten. Den Halberstädter Friedrich-Heine-Platz schummelten sie unters Patronat des Dichters **Heinrich** Heine, welcher gesungen hatte: Franzosen **und Russen** gehört das Land / das Meer gehört den Briten / wir aber besitzen im Luftreich des Traums / die Herrschaft unbestritten.*

Ausgeträumt, H.H.! Der Heine-Platz ist Friedrich Heine zurückerstattet, Barbarossas rabenumflogener Berg wieder feste Burg des nationalen Kyffhäuserbunds. Aber Kyffhäuser und Dosenwürstchen fragen uns heutige auch: Hört ihr die Signale? Wie werdet ihr das Nationale als das Wirtschaftliche nutzen? BSE kann nur ein Anfang sein.   C.D.
Die Zeit, 21.6.1996, 1.

Kommentare zu diesem Text: *BSE*: Rinderwahnsinn. Zum Kyffhäuser: Brockhaus, 4 Bde., Handbuch des Wissens, Leipzig 1923: „Kleines Waldgebirge im nördl. Thüringen, größtenteils zu Schwarzburg-Rudolstadt gehörig (geograph. Lage), bekannt durch die Sage vom darin verzauberten Kaiser Friedrich I Barbarossa (eigentlich Kaiser Friedrich II); neben dem Turm das Kaiser-Wilhelm-Denkmal (1896 nach Bruno Schmitz' Entwurf), errichtet von den deutschen Kriegsverbänden. Am Südrand die Barbarossa-Höhle (350m lang)." Bilder Conversationslexikon, Brockhaus Leipzig 1838: „Die Volkssage erzählt, dass auf dieser Burg in einem unterirdischen Gemache der Kaiser Rothbart (Friedrich I) sitze und während sein langer Bart durch den vor ihm stehenden steinernen Tisch wachse, soll derselbe des Tages harren, an welchem er erlöst werde, oder an welchem das deutsche Reich zu seiner alten Herrlichkeit erstehe."

(2) **Absitzen**

Man sollte das Wort aus unbekannter Feder nicht mutwillig gebrauchen. Zuweilen trifft es gleichwohl den Punkt: „Die Staatsanwaltschaft ist die Kavallerie der Justiz – schneidig aber dumm." Sie steht denn auch überall unter dem Kommando eines „Generals", selbst im kleinsten Bundesland Bremen, wo es vielleicht ein Rittmeister getan hätte. Der ließ die bescheidene hanseatische Pressefreiheit erst einmal unter den Säbel nehmen, damit die Journaille kuscht und preisgibt, von welchem im Staatsdienst stehenden Verräter sie Wind über etwaige Unregelmäßigkeiten in Bremens Haushaltspolitik bekam.

Der Streich – Durchsuchungen und Beschlagnahmen in Redaktionsräumen und Wohnungen von Journalisten – ist so dreist, daß kein Mensch ihn einem zweifach geprüften Rechtskandidaten zutrauen würde. Aber der Herr Generalstaatsanwalt berühmte sich noch im nachhinein seiner Tat und ließ es zu, daß sie alsbald zum Gegenstand einer Staatsprüfung gemacht wurde.

Zugegeben: Die Kavallerie der bremischen Justiz kann nächst dem Säbel nicht auch noch das Grundgesetz in der Hand halten, wenn sie ins Gefecht geht. Doch vielleicht wäre da „Absitzen" das bessere Kommando gewesen. H. Sch.
Die Zeit, 30.8.1996, 1.

(3) **Souverän**

*Ma'am verdient Bewunderung. Da glaubte alle Welt, sie hätte mehr als genug damit zu tun, garstige Schwiegertöchter loszuwerden und die Presse abzuwehren. Nun entpuppt sie sich als weitsichtige Strategin. In aller Stille machte sich Elisabeth II. daran, die Zukunft der britischen Monarchie zu sichern. Nach bewährtem historischen Vorbild will Ihre Majestät eine neue **glorious revolution** inszenieren. Um einem Umsturz zuvorzukommen, hat sich das Königshaus stets freiwillig gewandelt. Nun streben die Windsors die Trennung von Krone und Kirche an, sie wollen die Diskriminierung der Katholiken beenden und die der Frauen: Dem Erstgeborenen, gleich ob Junge oder Mädchen, gebührt künftig die Krone.*

Auf die Pläne der Queen reagieren nur eingefleischte Republikaner, eine Minderheit, mit Ablehnung. Ansonsten fiel das Echo freundlich aus, nicht zuletzt wegen des Verzichts auf eine Apanage aus Steuergeldern.

Das freilich klingt generöser, als es ist. Denn dafür wollen die Windsors sich die Einnahmen aus Gütern und Krone sichern. Auch in Finanzfragen ist Ma'am auf der Höhe der Zeit. J.K.
Die Zeit, 23.8.1996, 1.

6.2 Stilistische Relevanzen: Beispiel Glosse

(4) **Für Gold**

Da sage noch jemand, die Verbindung von Ost und West müsse mindestens eine Generation lang garen. Nichts da! Binnen vier Jahren läßt sich was zaubern, wenn man nur die Zutaten richtig anrührt. Man nehme eine Prise Gold und Wasser.

Als Schwimmerin Dagmar Hase 1992 in Barcelona für die erste gesamtdeutsche Mannschaft siegte, wollte sie nicht das brave Goldkindchen aus dem Osten mimen und beschimpfte Wessi-Funktionäre. Diese hatten ihrer Freundin Astrid Strauß mit unbewiesenen Dopingvorwürfen den Startblock verriegelt. Dagmar Hase kochte, das ganze Team sei nur eine Zweckgemeinschaft, und meinte wohl das ganze Land.

Wie erfrischend dagegen nur vier Jahre später die Kanutin Birgit Fischer. Der nahm zwar ein Alteigentümer aus dem Westen ihr Haus in Kleinmachnow, in wenigen Tagen muß sie ausziehen. Auch das Kindermädchen, das der DDR-Sport der zweifachen Mutter einst zahlte, wurde gestrichen. Doch klaglos gewann Fischer für die vereinte Nation zum fünften Male Gold. Zur Belohnung durfte sie am Ende die Flagge tragen. Ost-West-Konflikte? Ausgestanden in Kabinen und der Zukunft zugewandt.

ham
Die Zeit, 9.8.1996, 1.

(5) **Bei Schröders**

Eigentlich wollte er gar nicht hoch hinaus. Hunde liebte er nicht, aber er mußte sich einen anschaffen, nein, gleich drei – große, schöne, starke, schwarze. Er liebte die langen, wehenden Mäntel nicht. Und schon gar nicht wollte er sich dem Sturm an der Küste aussetzen. Aber das machte die Photos so dramatisch. Lächeln, Gerhard. Was hatte er je mit Wolfsburg zu tun, wo er doch Fahrräder so liebte, besonders bei Regen? Gib Gas, Gerhard.

Er wollte doch nur einer von mehreren bleiben, ein Enkel unter anderen, mit dem einen Oberenkel an der Spitze. Weiter, nicht stehen bleiben! Nie wollte er Vorsitzender werden, und auch nicht Kandidat. Er wollte nie sagen, wenn er so würde, wie die in Bonn ihn gern hätten, dann würde seine Frau sich von ihm trennen. Nie! Er wollte nicht tanzen, das hat er einfach nicht drauf. Er haßt Walzer. Gerhard, dreh dich! Er ist zu ersetzen, sie nicht. Das hat er gesagt. So ist es.

*Doch nun sehen wir die Neue in allen Gazetten. Uns aber interessiert: Wer wird **ihr** Neuer? Zieh dich warm an, SPD.*

gho
Die Zeit, 8.3.1996, 1.

(6) **Tugend-TV**

Die Schlagzeilen, die Ulrich Wickert dieser Tage macht, lesen sich wie der Anfang vom Ende einer Erfolgsgeschichte. Deutschlands prominentester Fernsehjournalist ist in einem „internen Werbefilm" einer großen Versicherung aufgetreten. Von seiner

Glaubwürdigkeit sollte etwas auf das Geschäft seines Auftraggebers abstrahlen. Statt Politik Policen zu vermitteln - warum nicht, wenn die Provision, wie es heißt, 50000 Mark beträgt?

Dass dieser goldene Nebenjob ihn in den Ruch der Käuflichkeit brachte, fiel Mr. Tagesthemen erst ein, als sein Publikum, das den Buchhändlern „Das Buch der Tugenden" aus den Händen reißt, laut aufschrie. Sensibilisiert durch Wickerts unermüdliche Anstandskampagne, fragt ihn die Leserschaft nun, ob er Moral & Werte, wenn es um die eigene Person geht, nicht zu sehr als Zahlungsmoral und Marktwert definiert.

Seine Glaubwürdigkeit: Plötzlich ist sie dahin. Sein Mangel wird jetzt zum Mangel der „Tagesthemen". Wie hat Wickert gerade in einem Aufsatz über „Fernsehjournalismus" geschrieben? „Glaubwürdigkeit ist die erste Tugend, die eine Nachrichtensendung erfüllen muß, wenn sie langfristig Erfolg haben will." U.St.
Die Zeit, 17.11.1995, 1.

(7) **Fingerzeig**

Wenn schon sonst nichts Aufregendes von unseren Fußballern aus Amerika zu berichten ist, dann doch wenigstens dies: Skandal, Skandal! Da hat also einer von Bertis Buben, der stadionbekannte Hitzkopf Stefan Effenberg, für einen Augenblick die Regel mißachtet, daß Fußball mit den Füßen gespielt wird und eben nicht mit demonstrativ gezücktem Mittelfinger, und schon mußte er seine Koffer packen, auf der Stelle, beidhändig, Mittelfinger inklusive.

Egidius Braun, der Präsident des Deutschen Fußball-Bundes, sprach vor der Kamera, gerechten Zorn in der zitternden Stimme, von einem Fingerzeig. Fingerzeig im doppelten Sinne, sozusagen, dem obszönen einerseits, dem moralischen andererseits, der mit der Heimreiseverfügung zu geben sei. In seiner Eigenschaft als Mitglied der Nationalmannschaft ist so ein Effenberg nun einmal auch ein Repräsentant, ein Repräsentant des ganzen deutschen Volkes, und als solcher...

Lieber Herr Präsident, üben Sie Gnade vor Recht und sehen Sie es doch mal so: Hier war ein armer Sünder mit den Nerven zu Fuß und der Mittelfinger nach kräftezehrendem Kampf am Ende vielleicht das einzige Glied, das er noch bewegen konnte.
A.B.
Die Zeit, 1.7.1994, 1.

(8) **Spätfolgen**

Immer Sorgen mit Heini! Nein, es handelt sich nicht um seine Ehen; die fünfte scheint gutzugehen. Diesmal bereitet uns Baron Hans Heinrich Thyssen Bornemisza aus gewichtigerem Grunde Kopfzerbrechen. Der „Heini", wie alle, also auch wir, ihn nennen, hat Kummer mit seiner Kunstsammlung.

Noch hängt ein Großteil der kostbaren Kollektion in einer Villa in Lugano. Aber die platzt längst aus allen Nähten. Ein Neubau müßte her; die geizigen Schweizer jedoch weigern sich mitzufinanzieren. Die Zeit drängt, doch wohin mit all den Bildern? Der Sammler scheint mit seiner Kunst am Ende.

Was liegt da näher, als zu helfen. In aller Demut einen Tip. Wie wäre es, die Kunstschätze dorthin zu verfrachten, wo Großvater August einst Walzwerke betrieb (und damit den finanziellen Grundstock für die spätere Thyssen-Sammlung legte). An Altlasten der Schwerindustrie sind die Menschen im Ruhrgebiet zum Überdruß gewöhnt. Wären ihnen nicht einmal die schöneren Spätfolgen von Eisen und Stahl zu gönnen?
D.B.
Die Zeit, 22.5.1987, 1.

6.2.1 Der Handlungstyp

Der Handlungstyp besteht zunächst in einem **sozialen Sinn**: Welches ist das gesellschaftliche Standardproblem, das gelöst wird? Der „soziale Sinn" ist z.B. hier das BEWERTEN von Ereignissen, Handlungen usw.; er wird vermittelt durch die standardmäßige Lösungsart des Standardproblems: Bewerten eines Ereignisses etc. durch Glosse oder Kommentar. Als Voraussetzung muss eine typische **Problemsituation** gegeben sein, in der ein Problem immer wieder zur Lösung ansteht: etwas für eine begrenzte Öffentlichkeit Kommentierungswürdiges. Der soziale Sinn der Glosse kann nun zusammenfassend so beschrieben werden: Ein ernster problematischer und öffentlichkeitsrelevanter Gegenstand (Sachverhalt, Ereignis, Handlung, Problemkonstellation, Tendenz...) wird in der Regel in unernster Interaktionsmodalität (und damit Vergnügen bereitend) argumentierend und pointierend bewertet. Dabei machen die Spannung von Ernst und Nicht-Ernst und die Pointierung die Schwierigkeit der Darstellung (Kap. 6.2) aus, aber auch das Vergnügen der Leser: Sie werden EMOTIONALISIERT. Die standardmäßige **Lösungsart** liegt darin, dass der problematische Gegenstand nicht relativ ausführlich argumentierend bewertet wird, auch mit unterhaltenden Elementen (Lüger ²1995, 130f.) wie beim Kommentar: Vielmehr ist es die unernste argumentierende Bewertung in einem pointierten Beitrag, „nicht, wie in Pressetexten sonst allgemein erwartbar, eine ernste Einstellung zum Textgegenstand (...) sondern im Gegenteil eine *distanziert-spöttische Modalität*" (Lüger ²1995, 137f.). Allerdings gibt es hier Übergänge zum Kommentar: Textmuster sind nicht rigide voneinander zu trennen; sie haben prototypischen Charakter.

Die **Problemsituation** besteht einerseits darin, dass es einen kommentierungswürdigen problematischen Gegenstand gibt; für dieses Textmuster müssen hier aber andererseits bereits Aspekte des Mediums (s.u.) einbezogen werden: Die jeweilige Zeitung oder Zeitschrift ist als spezielles Medium, das über den Schriftkanal vermittelt wird, angewiesen auf eine möglichst konstante Leserschaft. Die Glosse hat ebenso wie die Karikatur, die „Worte der Woche", Fotos, grafisches Dekor, Leserbriefe usw. die Funktion der emotionalen Auflockerung (Vergnügen, aber auch Häme u.Ä.), und besonders im Fall von Karikatur und Glosse soll eine Wertungsgemeinschaft mit den Lesern geschaffen und aufrechterhalten werden. Die „Tendenz" der Zeitung oder Zeitschrift kommt hier besonders klar durch, aber nicht auf platte Weise. Emotionalität und Wertungsgemeinschaft sind neben spezifisch ästhetischen Eigenschaften (Sprachstil(e), materielle Gestalt der Texte) wichtig für die Beziehungsarbeit zwischen der Zeitung oder Zeitschrift und ihren Lesern, für deren „Bindung" daran. Hier spielt also bereits auch die Beziehung eine Rolle (s.u. Situationsbeteiligte). Die Problemsituation besteht also in diesem allgemeinen Problem der „Arbeit" an der Leserbindung und standardmäßig in einem speziellen Problem (Ereignis, Handlung etc.), das vor diesem Hintergrund unernst bewertend und emotionalisierend bearbeitet wird.

Der **Handlungsbereich** (Brinker ⁵2001) sieht hier für Schreibende und Leserschaft verschieden aus (zu derart unterschiedlichen Perspektiven auch Adamzik 2000, 95ff.): Die Schreibenden sind Angehörige einer Institution; die Leser befinden sich in der Regel in einem privaten Kontext, die Rezeption ist meist eine private Tätigkeit, deshalb kann Emotionalität wichtig werden. Insofern das Medium Zeitung oder Zeitschrift die Texte in eine größere Öffentlichkeit gelangen lässt, ist die stilistische Grundlage der allgemeine schriftsprachliche Standard. Fleischer/Michel/Starke (1993, 215) weisen darauf hin, dass es Stilmittel gibt, die konventionell an Kommunikationsbereiche gebunden sind; diese Konventionen sind jedoch nicht generell so zu verstehen, dass eine Situationsanpassung der Formulierungsweise **in Abhängigkeit** von den Kommunikations**bedingungen** zu erfolgen hätte. Vielmehr gibt es Gestaltungsspielräume, zumal bei Glossen.

Der **Kanal** ist visuell und damit schriftlich genutzt und „auf Papier" (im Unterschied zu Mikrofiche oder Computerübertragung). Auch der Kanal gibt also schriftsprachliche Standards ganz allgemein vor. Als **Textträger** verstehe ich bei Schrifttexten z.B. Plakatwand, Handzettel, Zeitung, Buch. Verschiedene Buchtypen, spezifische Zeitungen bzw. Zeitschriften nenne ich **Medien**: In diesen Fällen variieren die relevanten Präsentationsstile mit den Eigenheiten des Mediums.

Für die **Situationsbeteiligten** ist wichtig, in welcher Rollenkonstellation sie interagieren. Die Situationsbeteiligten sind für die Glosse auf der Schreiberseite in der Regel Experten (meist wohl als Mitarbeiter in der Redaktion des Mediums), auf der Rezipientenseite sowohl Experten wie gebildete und interessierte Laien. Im Falle der „Zeit" als Medium sind es in der Regel (akademisch) gebildete Laien; insofern ist **auch** gehobene Sprache zusammen mit dem Schrift-Standard erwartbar, ebenso Fremdsprachenkenntnisse und gewisse allgemeine Fachkenntnisse, was als allgemeine Formulierungsvorgabe gelten kann.

6.2 Stilistische Relevanzen: Beispiel Glosse 497

Die **Art der Beziehung** zwischen dem Medium Zeitung/Zeitschrift und der Leserschaft als Adressaten wird wesentlich durch ästhetische, wertende und emotionale Züge geschaffen, insofern hat die Glosse als Randerscheinung der Zeitung oder Zeitschrift eine zentrale Funktion in der Beziehungsarbeit des Mediums. Dies möchte ich im Folgenden eingehender zeigen.

Der **soziale Sinn** der Glosse ist das unernste und emotionalisierende Argumentieren über Öffentlichkeitsrelevantes und dessen Pointierung; beides dient dem Ziel der Leserbindung (vgl. auch unten). Damit ist Stil mit seiner Funktionsvielfalt (vgl. Kap. 1) hier besonders relevant. Der soziale Sinn mit Problemsituation und Art der Problemlösung verlangt in den dargestellten Aspekten bereits viel Stilistisches: unernste Interaktionsmodalität, wegen der notwendigen Kürze eher andeutende, anspielende Sachverhaltsdarstellung, die Vielfalt des BEWERTENs und EMOTIONALISIERENs als Einstellungsarten, Adressatenberücksichtigung und Beziehungsgestaltung. Auch die Charakteristik des Handlungsbereiches und der Kanal prägen das Textmuster stilistisch vor; besonders aber gilt dies für das spezielle Medium mit seiner ‚redaktionellen Linie', teilweise auch für Glossen in Rubriken innerhalb eines Mediums.

6.2.2 Zur Textsorte

Das Mittel des Handelns mit spezifischem sozialem Sinn sind Texte, die (mehr oder weniger) nach Textsorten sind: Texte mit jeweils charakteristischen Eigenschaften, die – bei entsprechendem Wissen – in der Regel deren sozialen Sinn anzeigen.

Es gibt konstitutive Elemente, die jedoch nicht in jedem Fall obligatorisch sind. Denn Textsorten sind prototypisch (vgl. von der Lage-Müller 1995, Sandig 1987, 1997), d.h. es gibt charakteristische und weniger charakteristische Eigenschaften, und sie sind variabel an individuelle Situationen und Zwecke, auch an individuelle Sprecher/Schreiber-Eigenschaften, anpassbar. Dadurch gibt es besonders typische Exemplare, aber auch weniger typische (vgl. von der Lage-Müller 1995, 69-71).

Die **Handlungshierarchie** ist bedingt durch den sozialen Sinn: Gibt es eine wichtigste Handlung? Was sind subsidiäre Handlungen? Welche Handlungstypen sind konstitutiv, welche fakultativ, was sind Randerscheinungen? (vgl. Sandig 1987). Konstitutive Teilhandlungen (Sandig 1987, von Polenz ²1988, Kap. 5: „wesentliche Teilhandlung"; Zillig 1980) sind auf die Art der Problemlösung bezogen.

Für die Glosse ist, wie schon gezeigt, das BEWERTEN zentral und damit die oberste Handlung in der Hierarchie. Insofern Bewerten auf Maßstäben und Überzeugungen beruht, die die Beteiligten kennen müssen, um die Bewertungen verstehen zu können, wird auch hierdurch Gemeinsamkeit vorausgesetzt, die Beziehung gefestigt; Bewertungen wiederum werden oft mit Bewertungsmanagement (Kap. 4.4.1.1a) vorgebracht, d.h. auf die Leser zugeschnitten: Stürmer/Oberhauser/Herbig/Sandig (1997). In der Regel ist BEWERTEN gestützt durch ARGUMENTIEREN, das wiederum das INFORMIEREN voraussetzt. Die Bewertung und die Argumentation erfolgen in der Glosse in der Regel auf nicht-ernste Weise, pointiert, unterhaltend usw. Auch das INFORMIEREN ist angereichert mit Bewertungen, mit Unernstem, mit Unterhaltendem. EMOTIONALISIEREN ist, wie Fiehler (1990) gezeigt hat, eine Sonderform des BEWERTENs.

Generelle Textherstellungshandlungen sind z.B., aber nicht für die Glosse: ANKÜNDIGEN (*Folgendes*), ZUSAMMENFASSEN (*zusammenfassend, Ich fasse zusammen:*), VERWENDEN von Zwischenüberschriften usw.

Die Themenstruktur ist über die propositionalen Anteile in die Handlungsstruktur eingelagert.

Bei den **Sequenzmustern** sind textmusterspezifische von allgemeinen zu unterscheiden. Ein allgemeines Sequenzmuster besteht in der Anfang-Mitte-Ende-Sequenz (vgl. Sandig 1987, 1997, auch Heinemann/Viehweger 1991 mit der dortigen Terminologie). Textmusterspezifisch ausgeprägt ist bei der Glosse eine Überschrift, die aus einem Wort besteht (*Würstchen*) oder aus einem sehr kurzen Syntagma (*Bei Schröders, Für Gold*) als Textanfangssignal und ein Kürzel für den Autornamen oder alternativ der volle Name am Ende. Als Variante steht der Autorname bei der Überschrift. Weiter wird die Anfang-Mitte-Ende-Struktur bei Glossen meist gedoppelt: Am Textanfang steht öfter eine Behauptung (*Ma'am verdient Bewunderung*, Text *Souverän*), die noch nicht interpretierbar ist, auch eine Präsupposition (*Das ernste Deutschland*, Text *Würstchen*) oder eine These (Text *Tugend-TV*), am Schluss eine Pointe oder eine andersartige „Öffnung" des Themas (Text *Würstchen*: *BSE kann nur ein Anfang sein.*)

Für argumentierende Wissenschaftstexte hat Rudolph (1983, 195) eine Dreiteiligkeit herausgearbeitet: These, Argumente, Folgerung mit weiterführendem Charakter. In Glossen finden wir diese Struktur ebenfalls sehr häufig, z.B. Texte *Absitzen, Für Gold, Spätfolgen*, implizit auch bei *Würstchen*.

Die konventionellen **Formulierungsmuster** einer Textsorte werden zunächst bestimmt
- durch den umfassenderen Handlungsbereich bzw. die Institution; im Beispielfall die Presse, natürlich auch durch
- den Kanal und den Textträger: hier ist die Hochsprache erwartbar durch die Schriftlichkeit, gegebenenfalls auch
- durch das Medium. Dieses ist bei der Glosse aufgrund der dargestellten Beziehung zwischen Glosse und Medium besonders relevant: Die ‚redaktionelle Linie' ist ebenso bestimmend wie die anvisierte Leserschaft. Das bedingt hier in der „Zeit" auch die Verwendung traditioneller Stilelemente

6.2 Stilistische Relevanzen: Beispiel Glosse

wie z.B. im Text *Würstchen* Personifizierungen: *eine Zeit, die Riesen brauchte und gebar; Kyffhäuser und Dosenwürstchen fragen uns...;* Parallelismus: *hundert Jahre Kyffhäuser und hundert Jahre Dosenwürstchen;* Chiasmus: *Die DDR-Kommunisten erniedrigten den Kyffhäuser (...) Den Halberstädter Friedrich-Heine-Platz schummelten sie...*
- Insbesondere kommt jedoch hier der Textsortenstil zum Tragen (z.B. von der Lage-Müller 1995, Kap. 9: „Textsortenstil"; Enkvist 1978, 175: „genre styles", Sowinski 1991, 82): die einzelnen Formulierungsmuster, die zusammen den charakteristischen Stil eines Textmusters ausmachen, die „Stilgestalt" (Abraham 1996, 276-278). Bei Fleischer/Michel/Starke (1993, 301) wird von „textsortenbestimmten Stilnormen" gesprochen: Diese lassen „mehr oder weniger weite Spielräume. Es gibt durch starke Stereotypie geprägte Textsortenmuster, die nur eine relativ geringe individuelle Gestaltungsfähigkeit erlauben (Patentschriften (...), offizielle Dank-, Kondolenz- und Glückwunschschreiben u.a.), und andererseits solche mit außerordentlicher Toleranzbreite (z.B. persönlicher Brief (...))" (ebda.). Im Unterschied zur Auffassung als Stilnorm macht die Rede von der „Stilgestalt" eines Textmusters deutlicher, dass die Gestalt als ganze wahrnehmbar ist, eine charakteristische Ganzheit bildet und auch holistisch zu beschreiben ist (vgl. Kap. 2; Abraham 1996). Die historische Situation mit den jeweiligen Traditionen ist natürlich ebenfalls wichtig für die Formulierungsmuster (Sandig 1996a).

Lüger (^{2}1995, 133ff.) hat für den Kommentar auf Bewertungshandlungen und Bewertungsausdrücke hingewiesen, auf „bildhafte Ausdrücke", „Phraseologismen und deren Abwandlungen", außerdem stellt er Mittel der „Leserwerbung" und „Attraktivität des Textes" (^{2}1995, 135) fest wie „fehlende semantische Eindeutigkeit" bei Kommentartiteln – alles dient auch bei der Glosse als fakultative Eigenschaft (vgl. Texte *Würstchen, Absitzen*) für den Titel. Wie in Kommentaren gibt es auch in Glossen zunächst ungenaue Referenzen wie *Heini* (Text *Spätfolgen*) oder *Ma'am* (Text *Souverän*), die dann bis zum Identifizieren der Person(en) pronominal aufgenommen werden (Lüger ^{2}1995, 135). Weiter nennt Lüger (^{2}1995, 136) „Gemeinplätze, Sprichwörter, idiomatische Ausdrücke oder deren Variation", daneben Stilelemente wie „Metaphern, Hyperbeln, Reizwörter, Anspielungen, rhetorische Figuren, emphatische Syntax, eingestreute Fragesätze". Alle diese Kommentareigenschaften sind auch für Glossen relevant: Oft sind sie deren Eigenschaften, aber längst nicht immer.
    Zusätzlich führt Lüger für Glossen auf (^{2}1995, 137ff.): Ironiesignale – man muss hinzufügen auch Ironie mit fehlendem Signal: *Tugend-TV* ist ironisch gemeint aber nicht als solches signalisiert. Hinzu kommen „Überzeichnungen" und Steigerungen zu „grotesken Konsequenzen" im Rahmen der „nicht-ernsten Modalität" (^{2}1995, 138). Und weiter:

- das Erwähnen von im Kontext ungewöhnlich wirkenden Details,
- die Auflockerung durch Umgangssprachliches,
- formelhafte, saloppe Bewertungen,
- die entsprechende Verwendung von (deiktischen) Partikeln,
- der distanzierende Einsatz von Anführungsstrichen,
- die Übertragung von Ausdrücken, die normalerweise einer „höheren", prestigeträchtigen Stilebene zugeordnet werden, auf banale Zusammenhänge,
- die überhöhenden und dadurch despektierlich wirkenden Personenbezeichnungen.

Bei Lüger sind zentrale und subsidiäre Handlungstypen und Formulierungen gemischt; man erhält eine zusammenhanglose Aufzählung von Eigenschaften. Lüger hält Ironisierungen für „konstitutive" Eigenschaften der Glosse; sie sind jedoch als eine unter vielen Formen des unernsten Bewertens nur typisch, aber nicht obligatorisch. Der Anteil an rhetorischen Mitteln wie auch von Wortspielen ist nach Lüger in der Glosse besonders hoch (^{2}1995, 138f.). Kritisch ist bei Lüger anzumerken, dass die genannten Formulierungseigenschaften kaum in Zusammenhänge, zumal in funktionale Zusammenhänge gestellt werden. Bei einer ganzheitlichen Textmusterbeschreibung ist dies notwendig.

Konstitutiv für die Glosse sind BEWERTENDE Formulierungen, jedoch in ihrer ganzen Vielfalt in Lexik (z.B. Konnotationen, Redewendungen) und Syntax, Formeln (z.B. Sandig 1991, 1993, 1994), bewertungsrelevanten Ausdrucksweisen wie Vergleich, Gradierung, Maßstabsformulierung und Mitteln des Bewertungsmanagements, d.h. besondere adressatenbezogene Formulierungsweisen für Bewertungen wie Ironie, rhetorische Frage, Intensivierung oder Abschwächung usw. Zu einem Überblick über Bewertungsmittel s. Stürmer/Oberhauser/Herbig/Sandig (1997). Häufig ist die Ironie, die wiederum auf die verschiedensten Weisen ausgedrückt wird (s.u.). Natürlich wird das ARGUMENTIEREN vielfach über Formulierungen angezeigt: *Zugegeben – doch* (Text *Absitzen*); *freilich, nicht zuletzt wegen* (Text *Souverän*); *doch, jedoch* (Text *Spätfolgen*). Es handelt sich hier um Formulierungsmuster im Sinne von Heinemann und Viehweger (1991, 166f.).

Wichtig ist, dass es auch für gewisse Sequenzpositionen charakteristische Formulierungsweisen (mit Spielräumen) gibt: z.B. kann die Überschrift mehrdeutig sein (*Für Gold, Absitzen*) oder ironisch doppeldeutig (*Fingerzeig, was man später merkt*) oder metaphorisch (*Spätfolgen*). Die Pointe wird oft sorgfältig formuliert als Wortspiel z.B., aber auch als schlussfolgernde Frage (*Spätfolgen*). Oder wir finden z.B. eine Frage als vorletzte Äußerung und die letzte Äußerung als (das Thema weiterführende) Antwort darauf: *Wie werdet ihr das Nationale als das Wirtschaftliche nutzen? BSE kann nur ein Anfang*

6.2 Stilistische Relevanzen: Beispiel Glosse

sein (Text *Würstchen*, vgl. auch *Bei Schröders, Für Gold, Tugend-TV*), oder es wird eine (nicht ernst zu nehmende) Vermutung geäußert (*Fingerzeig, Absitzen*) usw.; dieses Formulierungsmuster ist auch teilweise am Ende von Leserbriefen zu finden (Herbig/Sandig 1994).

Ein allgemeines Darstellungsmuster, das in der Glosse genutzt wird, ist die argumentierende Themenentfaltung (Brinker ⁵2001). „Welche argumentative Rolle eine Äußerung in dem Zusammenhang jeweils einnimmt, hängt (...) nicht so sehr von ihrer sprachlichen Struktur ab, sondern ergibt sich aus dem Kontext" (Lüger ²1995, 128). Deshalb kann es auch nötig werden, eine Äußerung im voranschreitenden Kontext umzuinterpretieren. Auch dies macht den Text für die Lesenden interessant.

Ein anderes Formulierungsmuster in Glossen und in Kommentaren ist der Wechsel zwischen langen und deutlich kurzen Sätzen, d.h. eine spannungs- und abwechslungsreiche Syntax. Vgl. den 1. Absatz von *Für Gold* und aus dem Text *Würstchen*: *Der Halberstädter Fleischfabrikant Friedrich Heine stand 1896 vor der vaterländischen Aufgabe, zur Denkmalsweihe 40000 Würstchen unverdorben anzuliefern. Er tat's, in Dosen. Es war eine Zeit, die Riesen brauchte **und gebar**.*

Die Glosse ist, wie schon aus Lüger (²1995, 138) hervorgeht, nicht auf eine Stilebene festgelegt; es gibt Wechsel. So finden wir öfter ein Hin und Her zwischen Stilebenen und zwar bei durchgängig neutraler Ebene das Wechseln zu ‚überneutral' (literarisch, religiös, pathetisch...) und zu ‚unterneutral' (meist umgangssprachlich, ugs.). Dies ist aber keine Eigenart der Glosse allein, sondern auch Kommentare bedienen sich öfter dieses Balancierens über die Stilebenen hinweg. Aus der Glosse *Würstchen*, 2. Abs.: *...zum Ausflugsziel von Thälmann-Pionieren und **Kaffeetanten*** (ugs.). *Den Halberstädter Friedrich-Heine-Platz **schummelten*** (ugs.) *sie **unters*** (ugs.) *Patronat des Dichters **Heinrich Heine, welcher*** (überneutral) ***gesungen*** (überneutral) *hatte...* Ein besonders gutes Beispiel ist die Glosse *Spätfolgen* (vgl. die Beschreibung in Kap. 4.6.3 zu Stilebenen).

Dieses Balancieren zwischen den Stilebenen dient wie die spannungsreiche Syntax dazu, ‚Dynamik' zu verleihen, den Text interessant zu machen. Die Fälle dagegen, die Lüger erwähnt, dienen dem Distanzieren und Überzeichnen. Für mündliche komisierende Verfahren hat Kotthoff (1998) ebenfalls den Wechsel in andere Redeweisen festgestellt, ebenso das Distanzieren und Überzeichnen.

Zu den globalen Formulierungsmustern der Glossen der „Zeit" gehören auch bildungssprachliche Ausdrücke wie *die Journaille* (*Absitzen*) oder *generös* (*Souverän*), *Gazetten* (*Bei Schröders*) und auch sehr ‚gewählte' Ausdrücke wie *Ruch der Käuflichkeit* (*Tugend-TV*), *berühmte sich* und *alsbald* (*Absitzen*). Hierdurch STELLT sich der Schreiber als ‚gebildet' und ‚versiert im Umgang mit Sprache' SELBST DAR, und er schafft dadurch eine besondere Beziehung zu denjenigen Adressaten, die dies wertschätzen können. In diesen Zusammenhang gehört auch eine Wortstellung, die möglichst effektvoll ist (vgl. Macheiner 1991): *und schon mußte er seine Koffer packen, auf der Stelle, beidhändig, Mittelfinger inklusive (Fingerzeig).*

Die Textsorte kann nun weiter sehr variabel realisiert werden, weil zu den schon genannten Formulierungsmustern weitere allgemeine Darstellungsmuster (Muster der Themenentfaltung) und eine Fülle stilistischer Verfahren und stilistischer Handlungsmuster (Kap. 4) kommen: Es kann ein reiches Arsenal komisierender Rede genutzt werden. Vgl. Kap 6.2.5 und 6.2.6.

Die **materielle Textgestalt** entsteht auf der Grundlage zeitbedingter Moden bezogen auf den Kanal, den Textträger mit seinem Format und seiner Qualität und durch Gepflogenheiten des speziellen Mediums. Schrifttyp(en), evtl. Farbe(n), Nutzung von Bild und/oder Grafik, Umrandung(sart)(en), Zeilenlänge, Verteilung des Textes auf der Seite (und deren Größe) usw. – all dies bildet zusammen mit Papierqualität und allgemeinem Textträger (Buch, Plakatwand...) die materielle Textgestalt.

Die analysierten politischen Glossen der „Zeit" z.B. haben im Zeitraum der gewählten Texte immer denselben Schrifttyp, und zwar eine fettgesetzte Überschrift einer Schriftgröße, die über drei Textzeilen reicht. In derselben Schriftgröße ist der erste Textbuchstabe gestaltet. Das Namenskürzel ist kursiv gesetzt. (Es gibt auch Glossen in anderen Rubriken, die teilweise anders gestaltet sind; ebenso ist die materielle Gestalt mit der modernisierenden Umgestaltung des Layouts der Zeitschrift verändert worden). Das Zeilenformat ist den zur damaligen Zeit immer gleich bleibenden Textkolumnen der Wochenzeitung angepasst. Charakteristisch ist ein Textbild mit jeweils drei Absätzen, die nicht immer inhaltlich und nicht notwendig durch die Argumentation bedingt sein müssen. Frank (1994) spricht von konventionellen „Textgestaltungsmustern".

Der **Durchschnittsumfang** eines Textmusters ist auf dessen sozialen Sinn bezogen, vgl. Antos (1987) zum Umfang von Grußworten: Diese überschreiten in der Regel eine Seite nicht, die relative Länge des Grußwortes jedoch ‚bedeutet' unterschiedliche Grade der Wertschätzung der gewürdigten Institution und ihres Festes.

Der Durchschnittsumfang der politischen Glossen liegt in der „Zeit" im Zeitraum der untersuchten Texte bei 23-27 Zeilen; in der „Süddeutschen Zeitung" ist das „Streiflicht" wesentlich länger; in anderen Rubriken der „Zeit" kann die Glosse auch länger oder kürzer sein, aber im Durchschnitt ist sie höchstens halb so lang wie das „Streiflicht".

Die **Textmustergestalt**: Die Handlungs- und Themenstruktur eines Textmusters mit ihren konventionellen Sequenzierungen und Formulierungsmustern, mit ihren weiteren, frei wählbaren oder konventionellen Durchführungsmustern, die materielle Text-Gestalt und der Durchschnittsumfang

6.2 Stilistische Relevanzen: Beispiel Glosse

bilden zusammen die komplexe ausdrucksseitige Gestalt, die den sozialen Sinn interpretieren lässt – vorausgesetzt, die konventionellen Aspekte des Handlungstyps (Problemsituation, Handlungsbereich, Rollenkonstellation der Interagierenden) sind gegeben. Schon bei Jolles (^{1}1930, ^{2}1972, 265) wird die Gestalthaftigkeit von Textmustern hervorgehoben, allerdings mit anderem Erklärungshintergrund. Die Übertragbarkeit in heutige Textmusterbeschreibungen betont Fix (1996a). Die Textmustergestalt ist als Prototyp zu verstehen (vgl. Kap. 5.1), d.h. als charakteristische Ausprägung; die jeweiligen Textmusterrealisierungen können dem Prototyp mit seinen Spielräumen entsprechen oder auch mehr oder weniger davon abweichen.

6.2.3 Beispielanalyse

Diese Beispielanalyse ist die Analyse einer Realisierung des Textmusters – jedoch mit dem Ziel, die Textmusterbeschreibung in Richtung auf ganzheitliche Aspekte der Beschreibung zu komplettieren. Weitere Verfahren und Muster des KOMISIERENs in Glossen werden später in Kap. 6.2.6 zusammengefasst. Bevor ich an die Analyse der Formulierungen von Text (1) *Würstchen* gehe, beschreibe ich mein Verständnis der Argumentationsstruktur. Durch die Art der sprachlichen Verarbeitung sollen durchaus mehrere Verständnisse offen gelassen werden: Man spricht ein ‚akademisch gebildetes‘, sehr ‚spezifisches‘ Publikum an.

Im ersten Absatz ergibt sich aufgrund des mit *Jubiläen* gesetzten impliziten Zusammenhangs von ‚damals‘ und ‚heute‘ eine implizite These. „Die im Text vertretene These lässt sich nicht direkt dem jeweils geäußerten Wortlaut entnehmen, sie muss vom Leser vielmehr daraus abgeleitet werden." (Lüger ^{2}1995, 138)

These:
    Es ist heute auch wieder eine Zeit, die Riesen brauchen könnte und Riesen gebären sollte: Es braucht auch heute unternehmerische Phantasie (angesichts der wirtschaftlichen Rezession im Lande).
Argumente:
– die kreative Tat des Friedrich Heine
– die inzwischen erfolgten Veränderungen bezüglich der DDR
– Heinrich Heine nannte die Deutschen „Träumer"
– die Veränderungen durch die DDR sind rückgängig gemacht
Konklusion als Folgerung:
    implizit: ‚wir sollten das Nationale wieder als das Wirtschaftliche nutzen‘
    implizit aber auch: ‚Warnung vor übertriebenem Nationalismus‘.
    In der Formulierung *Wie werdet ihr das Nationale als das Wirtschaftliche*

nutzen? stecken beide impliziten Folgerungen: ‚Es gilt, eine Gratwanderung zwischen Nationalem und Internationalem zu unternehmen, mit kreativem Unternehmertum. Es gilt, nicht zu „träumen"'.
Öffnung des Themas am Ende (vgl. Rudolph 1983): Teilthema BSE wird eingebracht.

Gestützt wird diese Argumentationsstruktur durch die ‚Zeit'struktur des Textes:

	Würstchen
heute/ früher	Das ernste Deutschland begeht in diesen Tagen zwei Jubiläen: hundert Jahre Kyffhäuser und hundert Jahre Halberstädter Dosenwürstchen.
vor 100 Jahren	Dies Zusammentreffen ist kein Zufall. Der Halberstädter Fleischfabrikant Friedrich Heine stand 1896 vor der vaterländischen Aufgabe, zur Denkmalsweihe 40000 Würstchen unverdorben anzuliefern. Er tat's, in Dosen. Es war eine Zeit, die Riesen brauchte und gebar.
inzwischen	Die DDR-Kommunisten erniedrigten den Kyffhäuser zum Ausflugsziel von Thälmann-Pionieren und Kaffeetanten. Den Halberstädter Friedrich-Heine-Platz schummelten sie unters Patronat des Dichters *Heinrich Heine*,
noch früher	welcher gesungen hatte: Franzosen *und* Russen gehört das Land / das Meer gehört den Briten / wir aber besitzen im Luftreich des Traums / die Herrschaft unbestritten.
heute	Ausgeträumt, H.H.! Der Heine-Platz ist Friedrich Heine zurückerstattet, Barbarossas rabenumflogener Berg wieder feste Burg des nationalen Kyffhäuserbunds. Aber Kyffhäuser und Dosenwürstchen fragen uns heutige auch: Hört ihr die Signale? Wie werdet ihr das Nationale als das Wirtschaftliche nutzen? BSE kann nur ein Anfang sein.

Zwischen Absatz 1 und 2 ist die implizite These anzusiedeln, am Ende des Textes die implizite Folgerung des Früher für das andersartige Heute.

Angesichts der Tatsache, dass der Text an entscheidenden Stellen (These, Folgerung) Implizites enthält und Folgerungen verlangt, ist eine derart durchsichtige globale Struktur zum Ausgleich nötig. Ich werde nun die Glosse im Hinblick darauf betrachten, wie spezielle Mittel und allgemeine Muster eingesetzt werden, um die Argumentation in ‚unernster' Interaktionsmodalität zu gestalten.

Schon der Titel *Würstchen* ist mehrdeutig und verrätselt (vgl. Kap. 5.4.1.2), macht dadurch neugierig: Verrätseln als ein Mittel der Komik wurde bei

6.2 Stilistische Relevanzen: Beispiel Glosse

Kotthoff (1998) betont. *Das ernste Deutschland* weckt wie der Titel Neugier: ein Epitheton ornans als erläuterndes Attribut oder als einschränkendes Attribut gegenüber dem ‚unernsten' Deutschland? Es wird offen gelassen: Im Zusammenhang mit *Kyffhäuser* liegt die ‚ernste' Interpretation nahe, im Zusammenhang mit der Verknüpfung von *Kyffhäuser* und *Dosenwürstchen* die ‚unernste'.

Hier werden unerwartet zwei Frames verknüpft, die im Alltagswissen völlig auseinander liegen (vgl. Kotthoff 1998): Würstchen sind im Zusammenhang mit dem Kyffhäuser völlig nebensächlich (Kotthoff 1998) – ein allgemeines Verfahren ‚unernster' Rede. Damit werden zwei Frames eröffnet, die im Text spannungsreich miteinander verwoben werden. Das *und* als Koordinator verstärkt diese Spannung: *Kyffhäuser und Dosenwürstchen fragen uns heutige* und das Mittel wird noch einmal genutzt bei *Thälmann-Pionieren und Kaffeetanten*. Der Grad der Ungewöhnlichkeit einer solchen Verknüpfung ist ein Mittel der Scherzrede (Kotthoff 1998; vgl. auch oben Kap. 4.3.3).

Mit dem Ausdruck *Dosenwürstchen* wird außer der Frame-Mischung eine unerwartete Wendung vollzogen, ein konstitutives Muster für Witze; es ist aber generell auch geeignet, Überraschung und damit Neugier und Interesse hervorzurufen (Dittgen 1989; 43f.; Kap. 5.9.4.1). Wir finden andere unerwartete Wendungen im Text: *...Luftreich des Traums...* (Metapher) wechselt zu *Ausgeträumt* (konventionalisierte Metapher: ‚vorbei'), wobei noch wortspielend Elemente einer Wortfamilie verknüpft werden. Auch die Äußerung *BSE kann nur ein Anfang sein* am Ende wendet das Thema noch einmal unerwartet. Nimmt man dazu das *Thälmann-Pioniere und **Kaffeetanten**,* wieder eine unerwartete Wendung, das Einfügen des Heine-Zitats, das *Aber* im letzten Absatz und den ersten Absatz, der noch zu erläutern ist, so „lebt" der Text von ständigen unerwarteten Wendungen, die den gesamten Text prägen: Von *Würstchen. Das ernste Deutschland* bis zur letzten Äußerung. Im ersten Absatz folgt auf die ‚unernste' Zusammenführung von *Kyffhäuser* und *Dosenwürstchen* eine unerwartete ‚ernste' These: *Dies Zusammentreffen ist kein Zufall.* Auf die These folgt – erwartbar – ein Argument und eine Konklusion. Aber – wieder eine unerwartete Wendung im Laufe des zweiten Absatzes – es ist nicht die These oder die Konklusion des Textes, sondern ein erstes Argument mit der impliziten These, die die Leserinnen erst später interpretieren können. Unerwartete Wendungen sind eine Gestaltungsmöglichkeit für Witz und Scherz (Kotthoff 1998), sie können aber auch – wie hier – zum globalen Gestaltungsprinzip des gesamten Textes gemacht werden.

Anspielungen (vgl. Kotthoff 1998, passim) sind ein Mittel, das in Glossen gern gebraucht wird: Rehbein (1983) hat gezeigt, dass bestimmte Formulierungen aufgrund von Wissen in einer Gemeinschaft für bestimmte Wissensbereiche („Wissensdomänen": Rehbein 1983) stehen: für Themen, für Handlungstypen, für Handlungsbereiche. Die Formulierung *Hört ihr die Signale?* wird von der Leserschaft aufgrund ihres Wissens mit der kommunistischen Internationale verknüpft; es wird damit darauf angespielt. Gleichzeitig wird in einer unerwarteten Wendung noch einmal ein Bezug hergestellt zu Absatz 2, zum Frame *DDR* mit *DDR-Kommunisten,* mit *Thälmann-Pionieren,* der Usurpierung von Heinrich Heine, der Beziehung zu Russen (kursiv im Heine-Zitat das *und Russen*). Im Unterschied jedoch zu dieser wörtlichen Nutzung des DDR-Frames ist die Anspielung auf die Kommunistische Internationale hier nicht wörtlich zu nehmen: In dem Kontext, der das Rückgängigmachen von DDR-Initiativen thematisiert, erhält *Hört ihr die Signale?* eine übertragene Bedeutung, die auch zum weiteren Kontext, *das Nationale,* passt: Das (implizite) Internationale und das (explizite) Nationale werden in Beziehung gesetzt. Erst in diesem Zusammenhang macht das folgende *BSE kann nur ein Anfang sein* einen Sinn: BSE ist ein Problem der Verflechtung nationaler und internationaler (europäischer) Interessen – und es ‚passt' noch einmal in den Fleisch-Frame mit *Würstchen,* insofern der BSE-Frame mit diesem assoziiert ist. Auf dieses Thema jedoch wird am Ende nur angespielt; die Anspielung mit *BSE* soll am Ende noch eine Wendung ergeben und dem Leser die weitere Schlussfolgerung offen lassen.

Ein anderes allgemeines Muster, das auch in den Bereich der ‚unernsten' Rede gehört, ist das assoziative und dadurch unerwartete Herstellen von Zusammenhängen (vgl. Kap. 4.3.3): So wird in einem weiterführenden Relativsatz (**Heinrich Heine, welcher gesungen hatte**) ein Heinezitat eingebracht, es wird durch die typografische Hervorhebung thematisch verknüpft, bringt aber – in assoziativer Anbindung – ein weiteres Argument, nämlich zum deutschen Nationalcharakter. Solche assoziativen Verknüpfungen werden gern auch mit ausdrucksseitigen Mitteln wie Alliterationen und Assonanzen hergestellt: **Barbarossas rabenumflogener Berg** wieder *feste Burg...* Neben einer solchen punktuellen Verknüpfung kann lautliche Analogie aber auch zur Ausarbeitung eines thematischen Kontrasts dienen: Im Text *Tugend-TV* werden *Moral & Werte* thematisiert und danach mit *Zahlungs-Moral und Marktwert* KONTRASTIERT. So wird der thematisierte Kontrast über die Ähnlichkeit auch emotional erfahrbar gemacht: ‚Es sollte hier kein Zusammenhang bestehen'. Herstellung von Ähnlichkeit ist ein generelles Mittel der Herstellung von ‚Zusammenhang', mit Hilfe von Parallelismus als Ähnlichkeit der Struktur, Reim und Alliteration als lautliche Ähnlichkeit usw. Hier im Beispiel-Text findet sich die Parallelisierung von *hundert Jahre Kyffhäuser und hundert Jahre Halberstädter Dosenwürstchen.* Die partielle Namensgleichheit von *Friedrich Heine* und *Heinrich Heine* wird genutzt, um das Heinezitat einzubringen.

Sehr häufig wird der Text auch sprachlich ‚bunt' und ‚unterhaltsam' gemacht, indem zu einem Thema Elemente der entsprechenden Redeweise (vgl. Kap. 4.5: typisierte Stile) eingestreut werden (vgl. Günthner 1997, Kotthoff 1997): *1896 vor der **vaterländischen** Aufgabe; **Heinrich Heine**, welcher **gesungen** hatte* ... Hier werden die jeweiligen Redeweisen der Zeit anspielend verwendet. In den Beispieltext sind auch Elemente ‚altmodischer', pathetischer Rede eingestreut, wie sie vielleicht bei der Denkmalseinweihung auf dem Kyffhäuser 1896 verwendet wurden: *eine Zeit, die **Riesen** braucht(e) und **gebar**/gebärt; Kyffhäuser und Dosenwürstchen fragen uns; feste Burg des nationalen Kyffhäuserbunds*... Mit letzterem wird auch intertextuell angespielt auf das Kirchenlied: *Ein feste Burg ist unser Gott* und damit auf die Verbindungen von Nationalismus und Kirche. Diese Ausdrücke lesen wir heute mit einer ironischen Distanz, die der Text auch braucht, denn es geht heute zwar um *das Nationale*, aber ‚in Distanz' zur damaligen Ausprägung des Nationalismus.

6.2.4 Weiteres zur Textmusterbeschreibung der Glosse

Das bedeutet für das Textmuster Glosse: Allgemeine stilistische Handlungsmuster (Kap. 4) und Darstellungsmittel können einmal dominieren, als „Aufhänger" für die Durchführung der Glosse genutzt werden wie hier ‚eine unerwartete Wendung machen', dieselben Mittel können aber auch mehr oder weniger marginal genutzt werden, wie hier das ANSPIELEN, das assoziative Zusammenhänge HERSTELLEN und das NUTZEN typisierter Stile.

Weitere Beispiele hierfür: Für den Text *Würstchen* ist der Frame ‚Religion/Religiosität' (*feste Burg*) marginal, allerdings historisch assoziiert mit ‚(National-)Staat', aber er wird nur punktuell genutzt. Im Text *Fingerzeig* werden Elemente des ‚Körperframes' mit einem Frame ‚obszöne Geste' assoziiert (d.h. „Ähnlichkeitsstruktur", vgl. Sandig 1986 und hier Kap. 3.1.2.7) quer über den ganzen Text gestreut, sie geben ihm eine durchgängige Bildlichkeit, ÄSTHETISIEREN ihn. Dies dominiert den Text. Ähnlich dominierend ist das per Zitat eingebrachte Bild im Text *Absitzen*. Im Text *Würstchen* dagegen hat das Heinezitat eine punktuelle Funktion. Auch die mögliche Polysemie von *Würstchen* wird nur lokal genutzt, um am Anfang neugierig zu machen. In *Für Gold* ist die Polysemie von *Gold* (Metall/Goldmedaille) und *Wasser* (als Flüssigkeit/im Zusammenhang von Wassersport) dominierend, daneben noch, beide Lexeme im ersten Absatz verbindend, das Muster Kochrezept; dieses wieder wird im zweiten Absatz noch einmal assoziativ über die Ausdrucksseite verknüpft mit: *Dagmar Hase **kochte***, ‚war wütend'. Die Pointe *Ausgestanden in Kabinen...* spielt – im größeren Rahmen des West/Ost-Themas – intertextuell an auf den Anfang der DDR-Hymne *Auferstanden aus Ruinen und der Zukunft zugewandt*.

So wird das Gerüst des Textmusters – verrätselnde Titelformulierung (Kap. 5.4.1.2), argumentierender Text, Pointe – gefüllt mit allgemeinen stilistischen Verfahren und Handlungsmustern (vgl. Kap. 4), aber auch mit themakonstituierenden Mustern wie Frames und mit Diskursen. Häufig ist auch eine Rahmenbildung durch sprachliche, thematische oder handlungsmäßige Abrundung (Kap. 4.2.1 und 5.9.2.1).

Die Textmusterbeschreibung zeigt, dass der Handlungstyp mit seinem spezifischen sozialen Sinn, mit Institution oder Handlungsbereich, Kanal, Textträger und Medium einerseits und andererseits mit der Rollenkonstellation und der Beziehungsart der Beteiligten bereits eine Fülle stilistischer Vorgaben bereitstellt. Die „Art der Problemlösung" geschieht dann durch die Textsorte, und diese enthält nun die spezielleren stilistischen Eigenschaften. Diese wiederum können spezifisch sein für das Textmuster, es können aber auch – je nach Textmuster – allgemeinere stilistische Vorgaben genutzt werden.

Die Glosse ist stilistisch durch vielfältige Funktionen charakterisiert: Sie kann in besonderen Durchführungskonventionen für ein Medium charakteristisch sein; Schreiber können sich in besonderer Weise stilistisch SELBST DARSTELLEN, die Adressaten werden in besonderer Weise ‚angesprochen', es wird Leserbindung als Beziehungsgestaltung intendiert und bei der argumentierenden Handlungsdurchführung und andeutenden Sachverhaltsdarstellung sind ausgedrückte Haltungen besonders wichtig: BEWERTEN, EMOTIONALISIEREN und ‚unernste' Interaktionsmodalität.

Neben vielfältigen gängigen stilistischen Verfahren des ATTRAKTIV MACHENs von Texten und der Selbstdarstellung werden also in Glossen allgemeine Verfahren der Scherzkommunikation aber auch andere Verfahren und stilistische Handlungsmuster vielfältig genutzt, teils nur lokal, teils für die globale Textstruktur. Prototypisch ist die Kombination verschiedenster Verfahren in einem Text. Traditionelle stilistisch-rhetorische Mittel wie das Wortspiel werden als Verfahren genutzt; in der Regel sind die Muster jedoch komplexerer Art. Die Kunst, eine ‚gute', d.h. eine prototypische Glosse zu schreiben, liegt gerade in dem beziehungsreichen Verbinden verschiedenster Mittel, eben auch sehr komplexer Muster. Dadurch werden die Texte ‚individuell'. Diese ‚Kunst' ist bisher nicht lehrbar, weil nur die einzelnen Verfahren wie ANSPIELEN und Ironie beschrieben wurden, aber nicht die umfassenderen stilistischen Handlungsmuster, auch nicht das Maß ihres Einsatzes und die Möglichkeiten der Kombination.

Was ist nun die Funktion des nichternsten Unterhaltens? Kotthoff (1998) zeigt vielfach, dass auf diesem Wege Werte der Gruppe verhandelt werden (vgl. auch Schütte 1991, ähnlich auch Bergmann über Klatsch 1987, Hartung 1996 über Ironie), außerdem werden über gemeinsame Werte Beziehungen stabilisiert (z.B. Rauch 1992 über Rituale) und eine emotionale Stimmung erzeugt. Glossen lockern im Kontext von Berichten und anderen Textmustern auf. All dies ist für die Bindung der Leserschaft an das jeweilige Medium funktional.

6.2.5 Zur Nutzung stilistischer Verfahren und Handlungsmuster in Glossen

Viele der im Folgenden zu besprechenden Handlungsmuster stehen im Dienst der Komisierung, andere jedoch sind davon unabhängig.

Eine prinzipielle stilistische Möglichkeit ist die Nutzung von Elementen anderer Textmuster (vgl. Sandig 1989: Mustermischungen; Kap. 4.1.2.3), z.B. das Kochrezept im ersten Absatz von *Für Gold*, noch einmal metaphorisch aufgenommen durch *kochte* im zweiten Absatz. Im Text *Fingerzeig* wird im letzten Absatz eine Bittschrift imitiert: *Lieber Herr Präsident, üben Sie Gnade vor Recht...*

Die relativ kurzen Texte werden öfter als ‚geschlossene' präsentiert (Kap. 4.2.1): So wird in Text (1) das Teilthema *Würstchen* (zwar noch mehrdeutig) in der Überschrift eingebracht, und der Text wird dann thematisch abgerundet mit dem Teilthema *BSE*. Dass beide untergeordnete Teilthemen (s. Kap. 3.1.2.1) sind, macht den Text interessant. Man kann auch sprachliche Abrundung feststellen. So beginnt der Text *Souverän* mit **Ma'am** *verdient Bewunderung.* und endet mit *Auch in Finanzfragen ist* **Ma'am** *auf der Höhe der Zeit.* Der Text *Absitzen* endet mit *Doch vielleicht wäre da Absitzen das bessere Kommando gewesen.* Erst hier wird also eine Interpretation des Titels gegeben. Vgl. auch Lüger (²1995, 136), der für Kommentare „Rahmungen" feststellt.

Es werden Verfahren der Sinndoppelung genutzt. Ironie ist, wie Oomen (1983) gezeigt hat, ein Verfahren der Sinndoppelung: Es wird ausgedrückt, was der Fall sein sollte (was die Norm ist) angesichts einer offenkundigen Situation, in der dies nicht der Fall ist: *Tugend-TV* ist insofern ironisch, als es nach den Forderungen von Ulrich Wickert bestimmte „Tugenden" für Fernsehnachrichten gibt, denen er selbst aber nicht gerecht wurde. Für Glossen charakteristisch ist auch das Remotivieren von Phraseologismen: *Der Sammler scheint mit seiner Kunst am Ende* (*Spätfolgen*). – Weniger charakteristische Doppelungen finden sich im lexikalischen Bereich: *Heini* als Kosename, wobei die Personenbezeichnung mit negativer Konnotation mitschwingt. *BSE kann nur ein Anfang sein* kann doppelt gelesen werden: *sollte unbedingt ein Anfang sein* oder *es ist möglich, dass*. Es gibt also eine Spanne zwischen klarer Doppeldeutigkeit und dem Offenlassen mehrerer Interpretationen.

Kotthoff (1998) hat Sinndoppelungen dann als charakteristisch für unernste Rede gesehen, wenn unerwartet Zusammenhänge hergestellt werden, oft zwischen einem thematisch zentralen Element und etwas Nebensächlichem. Dies geschieht z.B. in *Würstchen* mit dem Wechsel *Friedrich Heine* zu *Heinrich Heine* und dann noch einmal von *Heinrich Heine* zu *H.H.!*, gelesen im Doppelsinn wie die Lachpartikel *Haha!*

Kotthoff (1997, 1998) hat auch darauf hingewiesen, dass durch sorgsame Formulierung wie Parallelismen, lautliche Assonanzen, Veränderung des

Tempos (vgl. oben unterschiedliche Satzlänge: Dynamisierung) usw. eine Ästhetisierung erfolgt, die Vergnügen bereitet und die Komik unterstützt, indem das Vergnügen der Rezeption erhöht wird (1998, Kap. 7).

Verfahren der Negierung werden in der Scherzrede genutzt: *Hunde liebte er nicht, aber er mußte sich einen anschaffen, nein, gleich drei... (Bei Schröders)*. Hier wird etwas behauptet und sofort darauf negiert: Der Leser wird geneckt wie in der mündlichen Scherzkommunikation, an der Nase herumgeführt. Auch im Text *Spätfolgen* wird der Leser auf die Schippe genommen, mit *Immer Sorgen mit Heini! Nein, es handelt sich nicht um seine Ehen; die fünfte scheint gutzugehen*. Es werden für das Hauptthema irrelevante Details eingeführt, die dem Leser spielerisch unterstellte Vermutung wird negiert. In anderen Fällen (*Für Gold: Nichts da!* und *Absitzen: nicht mutwillig*) wird die Negierung genutzt, um einen Sachverhalt zu fokussieren: Das Negierte bildet den „Grund" für die folgende „Figur".

Anspielungen auf die Regenbogen- oder Boulevardpresse festigen in unernster Weise die Wertungsgemeinschaft mit der Leserschaft: *Skandal, Skandal! (Fingerzeig)* klingt nach Boulevardpresse, ebenso *...es handelt sich nicht um seine Ehen; die fünfte scheint gutzugehen*. Kotthoff (1998) betont immer wieder die Gruppe, die Gemeinschaft von Wissen und Werten, als Voraussetzung für das Funktionieren von Scherzkommunikation.

Als weiteres Verfahren ‚nicht ernster' Rede wird öfter das Fantasiespiel (Fiktionalisierung: Kotthoff 1998, Kap. 8) genutzt. Lüger (^{2}1995, 138) spricht anhand eines Glossen-Beispiels davon, dass die Ironie „bis zu ihren grotesken Konsequenzen fortgeführt" wird, auch von „Überzeichnung" (ebda.). Es werden irreale Szenarien aufgebaut, ein Mittel des Ironisierens und Karikierens. Ein Beispiel ist auch *Ausgeglitten* (Sandig 1986, 237):

> (9a) *Des Ministers Einfall folgt so ungefähr der inneren Logik eines Architekten, der ein Haus bauen soll und ein Labyrinth entwirft. (...) Eine bessere Methode, das Privatfernsehen zu hintertreiben, ist schwer vorstellbar. So bleibt zu fragen: Ist Christian Schwarz-Schilling etwa ein versteckter Gegner? (...)*

Ein Fantasiespiel bietet auch der Text *Absitzen: wo es vielleicht ein Rittmeister getan hätte*. Und weiter: *Zugegeben: Die Kavallerie der bremischen Justiz kann nächst dem Säbel nicht auch noch das Grundgesetz in der Hand halten, wenn sie ins Gefecht geht. Doch vielleicht wäre da „Absitzen" das bessere Kommando gewesen*. Während im Text *Ausgeglitten* die Fantasien punktuell und verschiedener Art sind, bestimmen sie in dem letzteren Fall die globale Struktur des Textes; dabei wird mit der lautlichen Verwandtschaft von *General* und *Generalstaatsanwaltschaft* wortgespielt.

Der Wechsel von Perspektiven ist ebenfalls ein Mittel, dessen sich Glossen bedienen – aber wiederum auch ein Mittel, das vielfach anderswo (Sandig

6.2 Stilistische Relevanzen: Beispiel Glosse

1996, dort auch das Beispiel *Byebye „Grüß Gott"*; Kap. 4.4.2) zu finden ist. Einige Beispiele fallen auf, bei denen die Darstellung eines öffentlichen Problems so formuliert ist, dass auch ‚private' Perspektiven eingebracht werden, und zwar als Rede aus der Perspektive der thematisierten Person, z.B. *Großvater August* (in *Spätfolgen*). – Das Beispiel *Ausgeglitten* (Sandig 1986, 237) beginnt folgendermaßen:

> (9b) *Hat er es nicht immer gut gemeint? Hat er nicht alles dafür getan, dem Privatfernsehen die Wege zu ebnen? Sollten die Leute ihm nicht dankbar sein, statt immer wieder an ihm herumzukritteln?*
>
> *Nun, Bundespostminister Christian Schwarz-Schilling ist sich wieder einmal selber in die Quere gekommen...*

In Form von rhetorischen Fragen werden hier aus der Distanz des Schreibers Äußerungen vorgebracht, die das kritisierte Individuum so geäußert haben könnte: *Ich habe es (doch) immer gut gemeint. Ich habe (doch) alles dafür getan...* Es liegt eine Perspektivendoppelung (Sandig 1996, Kap. 5.2) vor: Reden **aus** der Perspektive des Kritisierten (rhetorische Frage, Modalpartikeln) und gleichzeitig **über** diese aus der Distanz des Kritisierenden (*er*). (Hier als „Einbettung" nach Brinker ⁵2001 vor der eigentlichen Argumentation.)

Das Beispiel *Bei Schröders* wird in Kap. 4.4.2 näher beschrieben. Hier wird über die partielle oder vollständige Stimmenanimierung (Kotthoff 1997, Stimmenimitierung; Quasthoff 1980) ein kleines Drama aufgeführt; es ist eine karikierende Abbildung (Ähnlichkeitsstruktur) des ‚Ehedramas' „bei Schröders", deren Rosenkrieg die Boulevardpresse beschäftigte. DRAMATISIEREN ist ein Verfahren scherzender Rede, das in Witzen, in Anekdoten und Parodien verwendet wird (vgl. Kotthoff 1998).

Bis auf das Textende von *Bei Schröders* ist dies das globale Gestaltungsprinzip des Textes. Bei den anderen Beispielen finden wir nur punktuellen Einsatz der Stimmenanimation (*Spätfolgen*) oder partiellen Einsatz in einem Teiltext (*Ausgeglitten*).

Auch diese Beispiele zeigen, dass die für Glossen verwendeten Verfahren und Muster teils nur lokal (mit verschiedener Ausdehnung), teils global, den ganzen Text bestimmend eingesetzt werden. Dies ermöglicht die außerordentliche Vielgestaltigkeit von Glossen, zumal die Verfahren und Muster vielfach gemischt werden können. Die Palette des Möglichen kann hier nur angedeutet werden.

6.2.6 Verfahren und Muster der Komisierung

Hier sind die in Glossen verwendeten Verfahren und komplexen Muster des KOMISIERENs zusammengefasst. Der Pfeil steht für *indem*. Die meisten Verfahren und Muster können je nach Fall auch ‚ernst' verwendet werden.

KOMISIEREN
- → Verrätseln (Kap. 5.4.1.2, Kotthoff 1998)
- → Mehrdeutigkeit im Kontext herstellen: *H.H.* für *Heinrich Heine* und für ‚Lachen'
- → überraschendes Verknüpfen von Frames verschiedener sozialer Relevanz, z.B. mit *und*
- → (eine) unerwartete Wendung(en) machen, Pointe
- → Wortspiel
- → Anspielungen verschiedener Art auf gemeinsam Bewertetes
- → assoziatives Herstellen von Zusammenhängen (s. Kap. 4.3.3)
  - → Relativsatz
  - → Parallelismus
  - → Alliteration und andere lautliche Ähnlichkeit
  - → Nebensächliches relevant machen (Kotthoff 1997)
- → bunt machen durch verschiedene Stile
  - → Zitate in anderen Stilen
  - → Verwenden prototypischer Elemente für Redeweisen einer Zeit, einer Gruppe...
- → ironische Distanz herstellen
  - → Verwenden von zeittypischem Pathos
  - → personen- oder gruppentypische Rede (Perspektivieren)
- → Distanzieren
  - → Anführungsstriche (Lüger ²1995, 138) „Heini", „interner Werbefilm",
  - → Überhöhen (ebda., *Majestät*)
- → Stilebenenwechsel (*schummelten*)
- → Detaillieren (*Thälmann-Pioniere und Kaffeetanten; rabenumflogener Berg*)
- → Wechsel von Ernst und Scherz (*hundert Jahre Kyffhäuser und hundert Jahre Dosenwürstchen. Dies Zusammentreffen ist kein Zufall.*). Heinezitat gefolgt von *Ausgeträumt, H.H.*
- → Dynamisierung durch variable Satzlänge
- → Emotionalisieren
  - → Wortstellung, Lexik
- → Verfahren der Sinndoppelung (Kotthoff 1998)
  - → Ironie

→ Remotivieren von Phraseologismen
→ Polysemie lexikalischer Ausdrücke
→ Perspektivendoppelung
→ Verfahren der Ästhetisierung
  → Parallelismen
  → lautliche Assonanzen
  → Nutzung von Bildbereichen/Frames
→ scheinbare Nähe herstellen zu den thematisierten Personen
  → „Animierung" von Stimmen (Kotthoff 1997)
  → Verwendung salopper umgangssprachlicher Ausdrücke für sozial hoch Gewertete (Lüger ²1995)
→ Dramatisierung (Kotthoff 1997)
→ Fantasiespiel (Kotthoff 1998)
  → Aufbau irrealer Szenarien
  → Überzeichnung (Kotthoff 1997, Lüger ²1995, 138)
  → überhöhende und dadurch despektierlich wirkende Personenbezeichnungen (Lüger ²1995, 138)
→ Necken des Lesers (Kotthoff 1998)
  → irrelevante Details
  → Behaupten und Negieren des Behaupteten
→ usw.

6.3 Grade der Prototypikalität von Textmusterrealisierungen: Heiratsannoncen

Textmuster geben Orientierungen an Prototypen vor. Textmusterrealisierungen sind variabel an die konkreten Zwecke der Handlung unter den bestimmten Handlungsumständen anpassbar. Dabei können konstitutive Merkmale des Textmusters fehlen, bei minimalen Realisierungen etwa, es können aber auch unübliche Verfahren und stilistische Handlungsmuster genutzt werden oder auch Charakteristika anderer Themen/Diskurse verwendet oder anderer Textmuster eingebracht werden. Die konventionellen Spielräume sind mit dem sozialen Sinn des Textmusters zu einer historischen Zeit vorgegeben. Heiratsannoncen sind insofern ein für die Demonstration brauchbares Material, als es kurze Texte sind, die vielfältig zur Verfügung stehen.

6.3.1 Beschreibung des Textmusters

Das Textmuster *Heiratsannonce* ist mit Bezug auf das Modell von Abb. 6–1, Kap. 6.1, folgendermaßen zu beschreiben:

Als Benennung in der Sprache finden wir z.b. auch *Heiratsinserat* oder *Kontaktanzeige*. Der soziale Sinn (im Bereich des Handlungstyps) ist es, dass eine Person sich anonym einer begrenzten Öffentlichkeit als bindungswillig darstellt und geeignete Pendants schriftlich auffordert, den Kontakt aufzunehmen. (Von Anzeigen von Instituten, Internetangeboten etc. sehe ich hier ab.)

Die Problemsituation ist die, dass die annoncierende Person frei ist für Kontakt und neue Bindung. Sie wählt für die Kommunikation darüber den Weg der schriftlichen Annonce, alternativ dazu könnte sie an geeigneten öffentlichen Plätzen auf Suche gehen etc. (Art der Problemlösung). Der Handlungsbereich ist durch die für die Veröffentlichung gewählte Institution vorbestimmt: durch ein bestimmtes Pressemedium. Die Art des Mediums schafft Vorgaben bezüglich des Stils, z.b. Vorliebe für individuelle ästhetische Formulierungen in der „Zeit". – Der visuelle Kanal lässt mit der Schriftlichkeit in der Regel die Schriftsprache erwarten; er ermöglicht auch die Nutzung anderer visueller Gestaltungsmöglichkeiten durch Layout: Schriftgrade, Schrifttypen, Textkonturen etc.

Die Situationsbeteiligten sind bei Heiratsanzeigen Inserierende und gemeinte Adressaten als gegengeschlechtliche Pendants. Über die Formulierungen, den Stil, versucht die inserierende Person eine Beziehung anzubieten; dies kann mit dem Ausdrücken von mehr ‚Nähe' oder ‚Distanz' geschehen.

Die Handlungshierarchie der Textsorte ist durch den sozialen Sinn geprägt: Konstitutiv ist das AUFFORDERN zur Kontaktaufnahme und die Voraussetzungen dafür sind als weitere konstitutive Handlungen das BETEUERN der Bindungsabsicht und die Adressen-ANGABE. Subsidiär sind das BESCHREIBEN des Selbst und des Wunschpartners, ANGEBEN von Ort/ Region, sofern relevant, und das SELBSTDARSTELLEN über den Stil, aber auch kostensparendes sprachökonomisches Formulieren. Fakultativ ist die Bitte um Antwort mit einem Bild. Fakultativ ist auch das Beschreiben dessen, was nicht gewünscht ist. – Das Sequenzmuster besteht in der Regel in einem Blickfang (oft dem ANGEBEN von Ort/Region) als Rahmenelement, und am Ende des Textes steht eine Chiffre, unter der der Kontakt aufgenommen werden kann.

Formulierungsvorgaben sind *sucht* für das Ausdrücken des Bindungswunsches und *schreiben mit Bild/Foto, Zuschrift* oder *Bildzuschrift* im Rahmen des AUFFORDERNs zur Kontaktaufnahme, ebenso die Art der Formulierung der Chiffre. Sonst sind, jedenfalls in der „Zeit", der das Material im Folgenden entstammt, individuelle Formulierungen für die ‚individuelle' SELBSTDARSTELLUNG bevorzugt.

Die materielle Textgestalt ist variabler als bei sonstigen Kleinanzeigen und nutzt Möglichkeiten des Layouts, eben auch um aufmerksam zu machen und ‚Individualität' zu vermitteln. Die relative Größe der Anzeige sagt etwas aus über ‚Sparsamkeit' oder ‚großen Geldbeutel', da jede Zeile Geld kostet und Anzeigen über zwei Spalten hinweg entsprechend teurer sind. Dieses Grundmuster nun bildet die Grundlage für die Methode der Hintergrundbeschreibung, bei der die einzelnen Musterrealisierungen relativ (vgl. Kap. 3.1.1.2) zum Textmuster interpretiert werden.

6.3.2 Grade der Prototypikalität und Stil

Im Folgenden bespreche ich eine Reihe von Texten, von einer prototypischen Realisierung bis zu Randerscheinungen. Doch zunächst soll die Textsorte (ohne den Handlungstyp und das Sequenzmuster) mit der Darstellungsmethode von Aitchison (1987, 54) visualisierend rekonstruiert werden. Dies kann als interpretationssteuernde Grundlage angenommen werden. Die Kreislinien könnten auch gestrichelt werden: Es sind keine absoluten Grenzen, sondern sie markieren unterschiedliche Grade. { } steht für ‚Alternativen'; vgl. auch die andersartigen Beschreibungen in Stolt (1976, 30) und Sandig (1986a, 28).

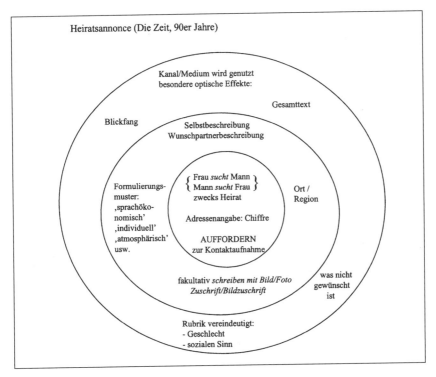

Abb. 6–2 Prototypmodell der Heiratsannonce, 90er Jahre

Für die komplette Textmusterbeschreibung dieser Textmustervariante einer Partnerschaftsanzeige ist Folgendes hinzuzufügen: Die Lösung des gesellschaftlichen Problems, einen Partner oder eine Partnerin zu finden, wird hier mit Annoncen in einem speziellen Medium, der „Zeit", zu erreichen versucht. Es handelt sich um eine öffentliche Kommunikation mit Hilfe eines Massenmediums, das in der Regel im privaten Bereich rezipiert wird. Die visuelle Übertragung kann auch für optische Effekte (grafische Zeichen, Fettdruck, spezielle Layout-Form des gesamten Textes...) genutzt werden. Das spezielle Medium der „Zeit" lässt einen ‚gepflegten' Stil erwarten. Die Handlungsbeteiligten sind vermutlich Akademiker, entsprechend der Haupt-Klientel der Wochenzeitung. Die Beziehung zwischen den Schreibern und den Lesern der „Zeit" ist die der Anonymität. Die Art des Textes soll bereits dazu dienen, eine Auswahl bezüglich einer möglichen Nähe-Beziehung zu erlauben. Nun zu den Beispielen (Die Zeit, 29.7.1994):

(10)   *R A U M 4*
Pauker mit Pep (34/1,84/schl.) sucht junge
Frau mit Fahrrad und Pfiff. Zuschrift
möglichst mit Foto.
ZD 6142 DIE ZEIT, 20079 Hamburg

Dieser Text erscheint mir als prototypisch für die „Zeit", denn er nutzt, wie die „Zeit" sonst auch in ihren Texten, spezielle Stilistika:
– Er gibt als Blickfang die Region an, vgl. auch Beispiel (15) und (16), als Voraussetzung für die Aufforderung zur Kontaktaufnahme.
– Er ist ökonomisch gestaltet durch Kürze aber Dichte der Mitteilungen und durch Nutzung konventioneller Abkürzungen *(34/1,84/schl.)* für Altersangabe, Größe und Erscheinungsbild (‚schlank').
– Er nutzt konventionelle Stilmittel wie Alliteration, Ausdrucksvariation *(Pep* vs. *Pfiff).*
– Dabei wirkt er jedoch unkonventionell durch die umgangssprachlichen Ausdrücke *Pep* und *Pauker,* wobei Letzteres selbstironisch zu interpretieren ist, da es in der Regel über andere prädiziert wird.
– Die Selbstbeschreibung ‚hat eine Parallele' in der Beschreibung der Wunschpartnerin: *Frau mit Fahrrad* (Alliteration) *und Pfiff,* als synonymische Variante zu *Pep* und mit der Integration der *P*-Alliteration einerseits und der *F*-Laute andererseits. D.h. über die Sprachgestaltung teilt der Schreiber im Rahmen des Textmusters mit, dass er eine zu ihm ‚passende' Person sucht; dadurch STELLT er sich auch als ‚besonders sprachsensibel' SELBST DAR.
– *Fahrrad* gehört zu mehreren Wissensrahmen/Frames: einerseits in den Bereich des Sports, andererseits ist es ein Symbol ‚alternativer' Fortbewegung und lässt auch eine entsprechende politische Ausrichtung erschlie-

6.3 Grade der Prototypikalität von Textmusterrealisierungen: Heiratsannoncen 517

ßen. In Relation zum Textmuster wird dies auch hier als Selbstdarstellung und als Wunschpartnerin-Beschreibung interpretiert.
– *Zuschrift mit Foto* ist eine konventionelle Formulierung, hier ‚individuell' bereichert um *möglichst*.

Diese stilistische Elaborierung scheint mir für Annoncen in der „Zeit" im betrachteten Zeitraum am charakteristischsten, es ist nicht die häufigste Art der Durchführung. Wir haben es hier zu tun mit lokaler „semantischer Dichte" (Blumenthal 1983), die aber bis in die Gesamtinterpretation des Textexemplars anhand des Textmusters hineinwirkt.

Eine Reihe von Texten nutzt Wissensrahmen ausführlicher als dieses erste Beispiel; ich möchte sie auf „Rang 2" ansiedeln (Die Zeit, 29.7.1994):

(11)   Hübsche Kabrio-Fahrerin
nicht nur für einen Sommer, könnte meine
Wellenlänge sein. Im Winter sorge ich (und
später wir gemeinsam) für angemessenen
Fahrkomfort. Gerne mit Kindersitz, bis 43/
1,70, Raum 1-2-3.
ZI 6189 DIE ZEIT, 20079 Hamburg

In diesem Text ist der Wissensrahmen des Autofahrens genutzt, um dem Text etwas stilistisch Interessantes zu verleihen und sich so auch indirekt selbst zu beschreiben, im folgenden Beispiel hat der Katzen-Frame dieselbe Funktion (Die Zeit, 13.12.1990):

(12)   ALTER STRASSENKATER
von attraktivem Äußern und musischem Geist, sucht in dieser kalten Jahreszeit charmante und gutaussehende
Schmusekatze mit Kuschelplatz unter
dem Weihnachtsbaum. Bin unternehmerisch tätig. 1,88 groß und Mitte 40. Erbitte Bildzuschrift. Rückgabe großes
Katerehrenwort. ZW 6053 DIE ZEIT.
Postfach 10 68 20, 2000 Hamburg 1

In anderen Texten, die ich als mit (11) und (12) gleichrangige Realisierungen des Textmusters ansehen möchte, werden bestimmte Texte, auch Filme, Musikstücke etc. in referentieller Intertextualität (Kap. 3.1.3.2) herangezogen, um der Selbstbeschreibung zu dienen (Die Zeit, 14.2.1997):

(13)   **Blondes Schneewittchen** (37 Jahre, 175
cm) sucht **Edelmann** zum Wachküssen und
zum Vertreiben der lästigen Zwerge. Schloss
wäre angenehm. Wenn Sie sich trauen, mich

auf Händen zu tragen, und an Märchen
glauben, dann schreiben Sie mir unter
ZS 3210 DIE ZEIT, 20079 Hamburg

Hier geht es allerdings gleichzeitig um den Märchendiskurs allgemein (vgl. Bußmann 2002, 317: „diskursive Intertextualität"). – Ebenfalls als gleichrangig betrachte ich Texte, die ‚Atmosphäre schaffen' durch FANTASIEREN, SCHWÄRMEN etc. (Die Zeit, 14.2.1997):

> (14) Mit „meiner" Frau ...   ... im Raum Köln-Aachen unsere Freunde einladen, Theater, Kino, Konzerte besuchen, Klein- und sonstige Kunst genießen, Winterabende am Kamin, Sommertage am Meer vertrödeln, spazierengehen, Reden und Schweigen, vielleicht zusammen arbeiten, großzügig stadtnah im Grünen wohnen, eine zärtliche liebevolle Beziehung leben, einfach gut zueinander sein... „Dein" Mann ist 51/1,74, schlank, studiert, promoviert, eheerf., manchmal stressig aber meist locker erfolgreich freiberuflich, als Typ eher sportlich-leger als „schön" ... Von Dir weiß ich nur, daß Du apart, begeisterungsfähig und eigensinnig bist, aber weder wie alt, noch ob größer oder kleiner, aber Du schreibst mir ja!
> ZA 3257 DIE ZEIT, 20079 Hamburg

Die Infinitivformen dienen dazu, den Wunschtraum darzustellen (Weinrich 1993, 280: „intensive Wünsche"). Die Gänsefüßchen zeigen Distanzierung an (Authier 1983) bei *„schön",* und sie HEBEN HERVOR bei *„meiner" Frau, „Dein" Mann.* Wir finden hier außerdem einen recht häufigen Wechsel zur *Du-*Anrede gegen Ende der Texte.

Häufig, aber für „Die Zeit" weniger charakteristisch (also auf „Rang 3" anzusiedeln), sind klare Selbstbeschreibungen, oft in der 3. Person geschrieben (Die Zeit, 14.2.1997):

> (15)   *RAUM BERLIN*
> Hochschullehrer, Anfang 40, an Menschen und ihrer Kultur, ihrer Geschichte und ihrer Zukunft sehr interessiert, sucht emotional und intellektuell gebildete, politisch wache, weltzugewandte und zugleich sinnlich-leibhaftige Frau als Lebensgefährtin. Bildzuschriften – bei absoluter Diskretion – erbeten unter ZD 3260 DIE ZEIT, 20079 Hamburg

Die Lexik und die komplexe Syntax weisen den Schreiber als Intellektuellen aus. Der folgende Inserent STELLT sich – als Randerscheinung – vermutlich unfreiwillig SELBST DAR (Die Zeit, 29.7.1994):

> (16)   **Süddeutschland u. überall**
> Fabrikant, Millionär, Akademiker, 1,78,
> dunkelblond, 35 Jahre alt, schöne Hände,
> phantasievoll, exzentrisch, egozentrisch,
> will schlanke, sehr gutaussehende Dame,

zwischen 20 und 32 Jahren, aus besten Verhältnissen, für gemeinsame Zukunft kennenlernen. Nur ernstzunehmende Zuschriften an
ZW 6138 DIE ZEIT, 20079 Hamburg

Randerscheinungen anderer Art sind die folgenden extrem kurzen Beispiele (Die Zeit, 14.2.1997):

(17) **Frau (35) sucht Mann fürs Leben**
ZI 3265 DIE ZEIT, 20079 Hamburg

wobei nur die Altersangabe (35) und der Zusatz *fürs Leben* die zentralen Bestandteile des Textmusters ergänzen. Der ‚sparsame' Text lässt dadurch doch eine minimale Selbstbeschreibung interpretieren, das Schriftbild ist demgegenüber ‚großzügiger' gestaltet. Das folgende Beispiel aus: Die Zeit, 14.2.1997:

(18) LACHEN SUCHT ECHO
– im Norden, Plusminus fünfzig.
ZN 3227 DIE ZEIT, 20079 Hamburg

Dieser Text ersetzt den zentralen thematischen Satz *Frau sucht Mann* durch selbst- und partnerbeschreibende Substantive, die als personifizierte Elemente als besonders ‚wichtig' gekennzeichnet sind. Ergänzt wird die Äußerung durch Angaben der Region und des ungefähren Alters (Die Zeit, 14.2.1997):

(19) frau entdeckt man(n)
ZH 3159 DIE ZEIT, 20079 Hamburg

Diese Annonce ist vorwärts und rückwärts zu lesen (Palindrom): *frau entdeckt mann* und *man* bzw. *mann entdeckt frau*, d.h. eine ‚Beschreibung' der Beteiligten wird gerade nicht gegeben, weil Personen eben ‚zu entdecken' sind. Über diese Dichte der Formulierung wird im Rahmen des Textmusters wieder Selbstdarstellung geleistet, und es werden ‚dementsprechende' Wunsch-Adressaten ausgefiltert.

In diesen sehr ‚sparsamen' Annoncen sind außer dem Zentralen des Musters nur minimale Informationen gegeben. Daneben gibt es andere Randerscheinungen, die ebenfalls vorgegebene Wissensmuster oder Textkenntnisse nutzen; hier aber dominiert dies die Textmusterrealisierung: Was sie nahe legen, kann nur in Kenntnis des Textmusters entschlüsselt werden, nur in Relation zum gemeinten Textmuster (Die Zeit, 21.5.1993):

(20)   *F r a u e n   s i n d   f u r c h t b a r*
Entweder klammern sie, oder sie pflegen nach einer Beziehungskatastrophe ihre Bindungsscheu mit der Ich-brauche-meine-Freiheit-Attitüde, haben keine Lust auf einen kreativen Krauskopf (36) im Großraum DU-D-K, halten nichts von Bergen, spielen weder Tennis, noch fahren sie Ski, ölen lieber am Meer, mögen Macho-Italiener (aber nur den Körper), rauchen wie die Schlote, gehen lieber in die Oper als ins Kleinkunst-Kabarett, und sie lesen Heirats-Annoncen, nur so zum Spaß, sind aber zu feige, mal mit Bild zu schreiben.
 Wie gesagt: Frauen sind furchtbar. Oder gibt es Ausnahmen?
 ZP 4129 DIE ZEIT, Postfach 10 68 20, 2000 Hamburg 1

Das ‚Klagelied' des einsamen Mannes lässt anhand des Textmusters sehr viel im Rahmen der Selbstdarstellung erfahren, und auch über die stilistische Gestaltung zeigt sich der Schreiber als *kreativer Krauskopf*; schon der alliterierende und inhaltlich ungewöhnliche Blickfang weist in diese Richtung. Wortwahl und Syntax lassen zudem auf einen Akademiker schließen. Das Randmerkmal des Textmusters, ‚Was nicht gewünscht ist', das „aber nicht" bei Stolt (1976, 30), dominiert hier die Wunschpartnerin-Beschreibung, während es sonst fakultativ nebenbei geäußert werden kann (*kein Pfeifenraucher*). D.h. ein dominierend verwendetes Randmerkmal im Zusammenhang der relativ zum Textmuster abweichenden Handlung KLAGEN macht aus diesem Text ein Randexemplar der Kategorie. Wie Gülich (1986) feststellt, werden vom Muster abweichende Exemplare häufiger explizit durch das Benennen der Textmusterbezeichnung gekennzeichnet, um die Intentionalität der Abweichung anzuzeigen; hier geschieht dies auch, aber eher nebenbei: *sie lesen Heirats-Annoncen...* Immerhin finden sich hier auch einige typische Formulierungen: *Krauskopf (36) im Großraum DU-D-K* und *mit Bild (...) schreiben*, außer der üblichen Chiffre und Adressenangabe.

Eine ganz andere Art der Dominanz von Übernommenem gibt das folgende Beispiel (Die Zeit, 13.12.1990):

(21) Irgendwo steht er an eine Bar gelehnt, groß, dunkel, unheimlich attraktiv. Plötzlich sieht er eine Frau, groß, dunkel, verführerisch anziehend. Beider Atem stockt, keiner bewegt sich. Dann geht sie auf ihn zu und es ist als ob sie sich schon lange kennen und doch so aufregend neu. Er nimmt ihre Hand und langsam gehen sie der untergehenden Sonne entgegen. Warum nicht mal eine Liebesgeschichte erleben à la Courths-Mahler?
 So 40, weltweit
 ZK 6084 DIE ZEIT, Postfach 10 68 20, 2000 Hamburg 1

In diesem Text wird eine Szene genutzt, die bis auf das *Dann geht sie auf ihn zu* von Courths-Mahler stammen könnte; bei der Trivialromanschreiberin hieße es wohl: *Dann geht er auf sie zu*. Über diese Atmosphäre schaffende Szene wird – im Rahmen des Textmusters – von der Schreiberin eine Selbstdarstellung geleistet, die sie als *groß, dunkel, verführerisch anziehend* interpretieren lässt, als ‚aktiv' (*Dann geht sie auf ihn zu*), als ‚verträumt', ‚schwärmerisch', als ‚etwa 40 Jahre alt' und als ‚ortsungebunden' bzw. ‚Weltbürgerin', und sie kann die Dinge auch ‚distanziert' betrachten: *Warum nicht mal eine Liebesgeschichte erleben...?* Die umgangssprachlichen Anteile (*mal eine Liebesgeschichte, So 40*, die Ausklammerung *à la Courths-Mahler*) weisen auf ‚Spontaneität', ‚Natürlichkeit'... Durch den Parallelismus der Dreierfiguren *groß, dunkel, unheimlich attraktiv...* können wir interpretieren, wie der Wunschpartner aussehen und dass er ‚passen' soll, auch zu den übrigen erschließbaren Eigenschaften.

Was vom Textmuster her als Randexemplar zu verstehen ist, ist – im Rahmen des Textmusters interpretiert – durchaus stilistisch funktional. Stilistisch gesehen sind die Randexemplare sogar oft die interessanteren und für die Stil-Interpretation ergiebigeren Texte. Die Art der Relation (vgl. Kap. 3) zwischen Textmusterrealisierung und Textmuster macht zusätzlich zu den sonstigen stilistischen Eigenschaften des Textexemplars selbst stilistische Sinnaspekte interpretierbar.

Zusammenfassung: Welche Stilmittel werden genutzt?
– Einzelne Stilistika sind eingelagert in den Textzusammenhang zu interpretieren. So die Alliteration als ‚besondere' Art der Selbst- und Wunschpartnerin-Beschreibung. Der Parallelismus als Ausdruck der Suche nach dem ‚gemäßen' Partner, der ‚passenden' Partnerin.
– Es werden Wissensrahmen und Diskurse genutzt: Katerframe, Autoframe, Märchen allgemein (*Schloss*) aber auch ein spezielles Märchen (*Schneewittchen*), auch Musik, Literatur...
– Nutzung von stilistischen Handlungsmustern (typisierten Stilen): FANTASIEREN, KLAGEN, Redeweise des Intellektuellen, Trivialroman...
– Nutzung verallgemeinerter Redeweisen: Umgangsstandard, ökonomische Rede, andere Sprachen...

Die Interpretation erfolgt immer in Relation zum Textmuster: Stilistischer Sinn wird außer durch die Nutzung von Stilmitteln interpretierbar anhand des Grades der Übereinstimmung mit dem Prototyp bzw. der Abweichung davon. Da eine Heiratsannonce immer im Kontext anderer Heiratsannoncen steht, entsteht ihr stilistischer Sinn nicht nur relativ zum Textmuster, sondern bei der Rezeption auch in Relation zu den Nachbaranzeigen.

Fragen in diesem Zusammenhang sind: Wie weit wird das Textmuster realisiert? Ist der Text funktional, besonders bei minimaler oder abweichender Realisierung? Welchen Stellenwert haben Nutzungen von Frames, von typisierten Stilen? Sind sie kompatibel mit dem Textmuster, sind sie eingeflochten als Nebenbei oder dominieren sie?

6.3.3 Textmuster und ihre Realisierung in weiteren Darstellungen

Hier können nur wenige Beispiele gegeben werden.

a) Von der Lage-Müller (1995) zeigt anhand von Schweizer Todesanzeigen ein prototypisches Grundmuster einschließlich der prototypischen materiellen Textgestalt auf, das bereits Variationsmöglichkeiten enthält (1995, 119), und beschreibt dann eine Fülle gradueller Abweichungen bezüglich dieses Musters (1995, Kap. 10). Hierdurch wird ‚Individualität' der Annoncierenden hergestellt, ebenso durch die Art der Thematisierung der verstorbenen Person. Es wird die Aufmerksamkeit der Leserschaft erregt.

b) Androutsopoulos beschreibt anhand eines umfangreichen Korpus die Textsorte (hier: das Textmuster) Flyer als „Prototyp mit variierender Realisierung" (2000, 202). Der soziale Sinn besteht darin, dass in einer regional begrenzten Jugendszene (Technoszene) auf Veranstaltungen (Partys, Clubveranstaltungen, Konzerte etc.) aufmerksam gemacht wird. Flyer werden in Szene-Läden, Musikgeschäften oder durch Verteilen verbreitet. Neben diesem hauptsächlichen Sinn spielt aber eine bestimmte Ästhetik, die durch Bild, Farbe, Typografie, sprachliche oder bildliche Mustermischung realisiert ist, eine bedeutsame Rolle: als Ausdruck einer spezifischen Lebenswelt, einer Teilkultur, die sich darin selbst ausdrückt. Der Zugang zu diesem „Handlungsbereich" erfordert ethnografische Methoden wie Befragung von Teilnehmenden an dieser Kommunikations-Form. – Androutsopoulos arbeitet konstitutive Teilhandlungen heraus, die auch inhaltlich festgelegt sind; er nennt sie „Bausteine" (2000, 185ff.). Ebenso zeigt er ein charakteristisches Sequenzmuster auf, bei dem der Bildanteil in der Regel eine bedeutsame Rolle spielt (2000, 190ff.). Er argumentiert überzeugend dafür, dass die sprachlichen Formulierungsmuster „um semantisierte visuelle Zeichen und (typo-)grafische Konventionen zu erweitern" sind (2000, 204), also um musterhaft verfestigte Aspekte der Materialität.

c) Die Beschreibung des Prototyps kann auch bei historischen Textmustern zur Erfassung der stilistischen Qualitäten von Textmusterrealisierungen nützlich sein. So zeigt Stolt (1999, 23ff.), dass Luther in den Briefen an seine Frau das Muster der Briefrhetorik für Anrede und Verabschiedung nutzte, teils auch für den Inhalt des Briefes selbst. Stolt schreibt (1999, 23): „Um ein Beispiel aus Luthers deutschem Briefwechsel zu bringen, sei Anschrift, Anrede und Unterschrift aus einem Brief an den Kurfürsten Johann vom 14. Juli 1529 zitiert:" (Beispiel ebda. 23f.):

6.3 Grade der Prototypikalität von Textmusterrealisierungen: Heiratsannoncen

(22) *Dem durchleuchtigsten, hochgebornen Fürsten und Herrn, Herrn Johannes, Herzogen zu Sachsen und Kurfürsten, Landgrafen in Thüringen und Markgrafen zu Meissen, meinem gnädigsten Herrn.*
Gnad und Friede in Christo! Durchleuchtigster, hochgeborner Fürst, gnädigster Herr!
(...)
E[uer] k[ur] f[ürstlicher] g[naden] Untertänigster
Martinus Luther

Stolt schreibt weiter (1999, 24): „Dies ist der Hintergrund, auf dem wir die Briefe an Käthe zu lesen haben. Nach solchem Muster hat Luther sie verfasst. Indem er es in vielfältiger Weise abwandelt und spielerisch parodiert, drückt sich dadurch seine Haltung Käthe gegenüber in einer reizvollen Mischung von offiziell-hochtrabendem und persönlich-privatem Tonfall aus." So kommen dann Briefe zustande, die Stolt folgendermaßen kommentiert (1999, 25): „Luther liebt es, sich als Käthes willigen Untertan darzustellen", zumal Käthe einem umfangreichen Hauswesen vorgestanden habe:

(23) *Meinem freundlichen lieben Herrn Katharina Lutherin...*

(24) *Meinem lieben Herrn, Frau Katherin Luthern zu Wittemburg zu handen*

(25) *Lieber Herr Käth!; Lieber Herr Kethe!*

Es folgt ein Wechsel vom *Ihr* zum *Du*, aber am Ende kehrt Luther „zum Ausgangspunkt zurück: *E[uer] williger Diener Martinus Luther*". Stolt kommentiert (ebda.): „Ironie und gutmütiges Necken paart sich mit Respekt: Käthe war nicht „Nur-Hausfrau", und Luther wusste es zu schätzen."

d) Ein anderes Beispiel: Bendel (1998) beschreibt zunächst die obligatorischen Texthandlungen von Werbungen im 17. und 18. Jahrhundert (1998, 105): „Die ‚Mutter aller Anzeigen' lautet: [Am Ort X – ist das Produkt P – zu haben]." Hinzu kommen aufgrund ihrer Häufigkeit fünf weitere typische Texthandlungen und weitere Zusatzhandlungen (1998, 106). Auf dieser Grundlage beschreibt Bendel vier „Anzeige-Prototypen" (1998, 114; 132) mit ihren Formulierungsmustern (Kap. 10). Die „Standard-Anzeige" umfasst mit einigen Variationen (1998, 114) 57% der Anzeigen; dabei ist die „Rumpfanzeige" (1998, 110f.) interessant: Sie besteht entweder aus nur zwei Texthandlungen (statt drei) oder gar aus nur einer. Aufgrund dieser Herausarbeitung von Prototypen lässt sich dann die Veränderung des Textmusters im Kontext der allgemeinen kulturellen Entwicklung des Wirtschaftslebens beschreiben (1998, 132f. und Kap. 12-14).

Vorwort.

Motto: Wer vieles bringt,
Wird manchem etwas bringen
Goethe, Faust I.

Unter diesem Gesichtspunkt tritt die neue Auflage des Buches ihre Reise an. Zu den vielen früheren Rezepten und sonstigen Anweisungen, die sorgfältig geprüft und der Jetztzeit angepaßt wurden, sind zahlreiche neuzeitliche hinzugekommen; inzwischen veraltete Rezepte wurden ausgeschieden. Neu wurde, den heutigen Bedürfnissen entsprechend, auch die Reformküche und Rohkost aufgenommen, so daß das Buch jeder Hauswirtschafts- und Kochlehrerin sowie Hausfrauen und solchen, die es werden wollen, zur selbständigen Weiterarbeit ein Ratgeber und Führer sein kann.

Eine wertvolle Bereicherung hat das Buch erfahren durch seine Illustrationen, Zeichnungen und Photographien. Dabei wurde ich von mehreren Seiten treulich unterstützt. Zu meiner eigenen langjährigen Erfahrung, die ich als frühere Vorsteherin und Lehrerin der Koch- und Haushaltungsschule des Schwäbischen Frauenvereins in Stuttgart gesammelt habe, ließen mir meine Schwester Auguste Quenzer, die lange Jahre in der gleichen Eigenschaft die Haushaltungsschule des Volksbildungsvereins in München geleitet hat, und einige tüchtige Koch- und Hauswirtschaftslehrerinnen in Württemberg und Bayern ihre tatkräftige Hilfe zuteil werden. Ihnen allen sei auch an dieser Stelle herzlichster Dank gesagt.

Viele Mütter werden es dankbar begrüßen, aus der Hand eines erfahrenen Arztes Anleitung in der Säuglings- und Kleinkinderernährung zu finden. Herr Prof. Dr. Rudolf Hecker hat in liebenswürdiger Weise diese Aufgabe übernommen; auch ihm sage ich verbindlichsten Dank. Ebenso danke ich Herrn Dr. med. Julian Marcuse für seinen wertvollen Beitrag über die Ernährung am Eingang des Buches und der Künstlerin, Fräulein Zumbusch, die mit großer Hingabe und Geschick sich den Zeichnungen des Buches gewidmet hat.

Wie in den früheren Auflagen, so sind auch diesmal die meisten Rezepte für 4—5 Personen berechnet, mit Ausnahme von größeren Braten, Geflügel, Torten und dergleichen, die sich für solche kleine Mengen nicht eignen. Bei kleineren Rezepten (z. B. bei Rohkost) ist dies besonders vermerkt. Ebenso bemüht sich das Buch wieder, unnötige Fremdwörter zu vermeiden, um möglichst deutsch zu sein.

Gute Bücher werden zu guten Freunden. Auch das vorliegende Buch hofft, zu seinen alten Freunden noch viele neue zu gewinnen und durch seine Anregungen zur Hebung der Volksgesundheit mit beizutragen. Möge es seinen Zweck erfüllen!

Emma Quenzer.

Abb. 6–3 Kochbuch-Vorwort 1933

6.4 Zur Methode

Wie die aufgeführten Beispiele zeigen, ist es gut, zunächst anhand eines Korpus und gegebenenfalls anhand des Textmusterwissens einen Prototyp (oder auch mehrere Prototypen?) als Textmuster (gegebenenfalls mit Varianten) zu beschreiben. Danach können einzelne und speziell besondere Textexemplare in Relation zum Textmuster beschrieben werden. Erst daraus lässt sich der spezifische stilistische Sinn konstruieren: Stil ist auch hier relational!

6.5 Das Modische bzw. Historizität bei Textmustern

Was jeweils modern – und damit aus der Rückschau historisch eingebunden – ist, lässt sich am besten anhand des Vergleichs von Exemplaren eines Textmusters erfahren. (Vgl. grundsätzlich zur Methode des Vergleichens: Fix 1991).

> Liebe Leserin, Lieber Leser
>
> Wir freuen uns, dass Sie sich für das neue Kochbuch «Kulinarische Ferienträume» entschieden haben. Die Länder Frankreich, Italien, Spanien und Griechenland bieten so viel, nebst Wärme, Sonne, Meer und idyllischen Dörfchen auch eine ganze Fülle von köstlichen Gerichten. Betty Bossi bereiste die Länder von Norden nach Süden, von Osten nach Westen, schaute sich in fremden Küchen um, schlenderte über Märkte und begann auszuwählen. Dabei herausgekommen ist eine gute Mischung von typischen Landesgerichten und Spezialitäten aus bestimmten Gegenden. So finden Sie zum Beispiel vom griechischen Salat über Paella und Crêpes Suzette bis zum echten Panna cotta eben auch den Bœuf en daube, die Zwiebeln aus dem Ofen, das Zitronenhuhn und die Crema catalana. Selbst die Tipps und Tricks sind in «Ferienstimmung» – sie präsentieren sich farbig und locker, wie übrigens das ganze Buch. Lassen Sie sich von der mediterranen Küche inspirieren und versuchen Sie all die südlichen Gerichte. Gute Reise ins kulinarische Vergnügen wünscht
>
> *Betty Bossi*

Abb. 6–4 Kochbuch-Vorwort 2001

Der soziale Sinn des Vorworts eines Buchs ist WERBEN für das Buch und AUF DIE LEKTÜRE VORBEREITEN. Die Beispiele stammen aus: Emma Quenzer: Koch- und Haushaltungsbuch. München: Ernst Reinhardt (^{5}1933, 1) und aus Betty Bossi: Kulinarische Ferienträume. Frankreich, Italien, Spanien, Griechenland. Zürich: Betty Bossi-Verlag (2001, 3).

Explizit, aber nicht mit direkter Anrede, wendet sich der ältere Text ausschließlich an Frauen: *so daß das Buch jeder Hauswirtschafts- und Kochlehrerin sowie Hausfrauen und solchen, die es werden wollen, zur selbständigen Weiterarbeit ein Ratgeber und Führer sein kann. (...) Viele Mütter werden es dankbar begrüßen...* Das Thematisieren der Adressaten ist eine fakultative Teilhandlung des Vorworts. Hier zeigt sich im Text die zeitgenössische Ideologie als sozial verfestigte Wert-Einstellung, nach der die prototypische Frau Ehefrau und Mutter war, zuständig für eine gesunde und zeitgemäße Ernährung der Familie, aber auch für ein positives emotionales Klima. Demgegenüber wendet sich das Buch von 2001 auch an Hobby-Köche – die Veränderung der diesbezüglichen Ideologie wird deutlich. Zur frauenbezogenen Ideologie in der ersten Hälfte des 20. Jahrhunderts passt auch der Ausdruck *Fräulein Zumbusch*: Berufstätige Frauen durften nicht verheiratet sein. Dazu kam, dass sie frauenbezogene Berufe ausübten wie *Koch- und Hauswirtschaftslehrerin*, die Frauen auf ihren *Hausfrauen*-Beruf vorbereiteten. In dieser Situation macht es Sinn, das Buch als *Ratgeber und Führer* und als ‚guten Freund' zu qualifizieren: Es soll den Frauen helfen, ihre Lebensaufgabe zu bewältigen.

Die Handlungshierarchie der Vorworte: Hierbei beziehe ich mich auf die in Sandig (1996a) erarbeitete Handlungsstruktur mit konstitutiven und fakultativen Teilhandlungen. Konstitutiv ist das ANGEBEN der Relevanz des Epitextes (vgl. Genette 1992; Sandig 1996a, 386), d.h. eines Textes, der mit anderen (Titel, Autorangabe, Verlagsangabe, Copyright usw.) um den Haupttext herum gelagert ist. In dem Text von 1933 wird der traditionelle Ausdruck *Vorwort* gewählt, in dem von 2001 wird dieser Ausdruck gemieden, zugunsten der direkten Ansprache von Leserin und Leser, d.h. hier wird zu den Lesenden eine Nähe-Beziehung aufgebaut, wogegen der ältere Text ‚distanzierter' wirkt: von heute aus gesehen, d.h. relational interpretiert!

Zu den konstitutiven Teilhandlungen des Vorworts (vgl. Sandig 1996a, 386) gehört das AUFWERTEN des Buches (Genette 1992) als Nahelegen einer Wert-Einstellung. Dies geschieht zunächst durch Einbindung in die aktuelle Denkweise/Ideologie. Dazu gehört das explizite HINWEISEN auf *R e f o r m k ü c h e und R o h k o s t*, hervorgehoben durch Sperrdruck, und das explizite Ziel, *zur Hebung der Volksgesundheit mit beizutragen.* In denselben Kontext gehört auch: *Ebenso bemüht sich das Buch wieder, unnötige Fremdwörter zu vermeiden, um möglichst d e u t s c h zu sein.* Beides ist Ausweis eines generellen Nationalismus. Von der nationalsozialistischen

Ideologie ist die Schreibweise noch entfernt: Dort hieße es *Volkskörper, die deutsche Frau kauft nur deutsche Waren* o.Ä., statt *viele Mütter* ebenfalls mit generischem Singular: *die deutsche Mutter* und die Aufforderung dürfte nicht fehlen, sich an der Aktion *Kampf dem Verderb* (Kriegsmetaphorik) zu beteiligen. Außerdem fehlt hier noch das autoritäre Duzen der Adressaten (vgl. Maas 1984, 22f.). In den zeitgenössischen Zusammenhang passt aus heutiger Sicht auch die Formulierung *Ratgeber und Führer*, wobei in Kochbüchern, die älter sind als dieses, und bis in die Jetztzeit nur von *Helfer, Ratgeber* etc. die Rede ist. Das Motto entspricht ebenfalls dem Geist der Zeit: Kochbücher trugen, jedenfalls in ihren Epitexten, mit zur Bildung der Frauen bei (vgl. Sandig 1996a), hier im Sinne des Bildungsbürgertums. Nebenbei ist es ein erster Hinweis auf die Qualität des Buches.

Eine ganz andere Ideologie wird im Vorwort von 2001 zum AUFWERTEN des Buches genutzt: Angesichts der „Freizeitgesellschaft" und der „Spaßgesellschaft", auch „Erlebnisgesellschaft" werden Gerichte aus den mittelmeerischen Ferienländern geboten; es geht um *Vergnügen* und *„Ferienstimmung"*, um die Assoziation mit *Wärme, Sonne, Meer* und Idylle. Kochen dient nicht mehr der Berufsausübung der Hausfrau oder Kochlehrerin, sondern wird als vergnügliche Freizeitbeschäftigung BEWERTET, bei der man eine Ferienstimmung wieder erleben kann. Selbst die Materialsammlung für das Buch wird feriengerecht dargestellt: *schlenderte über Märkte*.

Eine weitere AUFWERTUNG des Buches wird erreicht durch das HINWEISEN auf den Expertenstatus der Autorin Emma Quenzer von 1933 und durch das ANGEBEN vielfältiger Experten und Expertinnen, die an dem Buch mitgewirkt haben. Der Expertinnenstatus von Betty Bossi ist durch ihren eigenen Verlag gesichert: Der vordere Innendeckel des Buches weist einen besonderen Paratext auf:

(26) **Betty Bossi**
    Vorteil über Vorteil
        Die Zeitung
        – Rezepte, die sicher gelingen!
        Die Bücher
        – zum Vorzugspreis!
        Die Spezialangebote
        – clevere Küchenhelfer!
        Die Telefonberatung
        – Sofort-Hilfe!
        Die Kochkurse
        – praktische Tipps und Tricks!
        Mehr darüber und dazu die Bestellmöglichkeit auf den letzten Seiten.

Explizit positiv BEWERTET wird das Buch von Quenzer weiter durch das HERVORHEBEN einer Neuerung in dieser Auflage: *Eine w e r t v o l l e B e r e i c h e r u n g hat das Buch erfahren durch seine I l l u s t r a t i - o n e n, Zeichnungen und Photographien.* Betty Bossi schreibt über *Tipps und Tricks: sie präsentieren sich farbig und locker, wie übrigens das ganze Buch.* Diese Hinweise auf die Gestaltung des Buchs gehören zu den fakultativen Teilhandlungen des Vorworts. Auch der letzte Absatz dient bei Quenzer dem AUFWERTEN: *Gute Bücher werden zu guten Freunden. Auch das vorliegende Buch hofft, zu seinen alten Freunden noch viele neue zu gewinnen.* Auch dies eine fakultative Teilhandlung.

Anstelle des üblicheren WUNSCHES für das Buch oder die Benutzer wird 1933 mit Subjektschub (von Polenz ²1988) formuliert: *das ... Buch hofft,* auch dies ein Hinweis auf die eher ‚distanzierte' Formulierungsweise der Autorin. Demgegenüber beginnt das Vorwort von Betty Bossi mit einer Äußerung, die wir heute aus Gebrauchsanweisungen teurer Gebrauchsgegenstände kennen: *Wir freuen uns (Herzlichen Glückwunsch), dass Sie sich für x entschieden haben.* Hierdurch fällt ein Licht darauf, dass Instruktionstexte wie Kochrezepte und ihre Vorworte Waren sind (s. Möhn 1991). Dem globalen Briefmuster entsprechend ‚verabschiedet' sich Betty Bossi (2001) mit der Metapher: *Gute Reise ... wünscht ...,* hier mit dem prototypischen WUNSCH an die Benutzer, aber dem Thema des Buches metaphorisch und damit individuell angepasst.

Die Sequenzmuster: Bei Quenzer entspricht die Sequenz von Überschrift, fakultativem Motto, Haupttext und konstitutiver Unterschrift mit dem Namen der Autorin dem Textmuster Vorwort. Demgegenüber wählt Betty Bossi das Sequenzmuster des Briefs, in das ein Element von ‚werbender' Eröffnung einer Gebrauchsanweisung eingefügt ist; das Vorwort würde auch ohne dieses Element als solches gut funktionieren. Die Autorin von 2001 nutzt also mehrfach die Möglichkeit von Mustermischungen, auch dies eine ‚zeitgemäße' Form der Darstellung.

Formulierungsmuster: Bei Quenzer finden wir 1933 neben dem Motto auch andere Hinweise auf den in der Zeit vorherrschenden bildungsbürgerlichen Stil (vgl. von Polenz 1999, passim): der bildliche Ausdruck mit der hier nicht thematisch motivierten Metapher *tritt die neue Auflage des Buches ihre Reise an*; emphatische Wortstellung: *Neu wurde, den heutigen Bedürfnissen entsprechend, auch (...) aufgenommen*; komplexe Sätze wie die zweite Hälfte des ersten Absatzes. Dazu Wortgebrauch wie *treulich unterstützt; ließen ... Hilfe zuteil werden; in liebenswürdiger Weise* von einem medizinischen Experten gesagt, *die mit großer Hingabe und Geschick sich den Zeichnungen des Buches gewidmet hat,* der heute formelhaft gewordene Ausdruck des WUNSCHES *Möge es seinen Zweck erfüllen!* und schließlich die Superlative *herzlichster Dank* und *verbindlichsten Dank,* ersterer in Verbindung mit dem Konjunktiv *Ihnen allen sei auch an dieser Stelle herzlichster Dank gesagt.* Der Superlativ wirkt heute als ‚zu starker' Ausdruck, vgl. Koller (2001). Auffallend ist die Fülle der verschobenen Ausdrücke (von Polenz 1980) im ersten Absatz und in den beiden letzten, als Passivkonstruktion und als Subjektschub (*Eine w e r t v o l l e   B e r e i c h e r u n g hat das Buch erfahren*), aber auch mit Verbalsubstantiv ausgedrückt (*hat Bereicherung erfahren*), als Präpositionalkonstruktion (*mit Ausnahme von größeren Braten*) und mit vielen Attribuierungen. Dies trägt trotz der *ich*-Form beim DANKEN im mittleren Teil zum Ausdruck einer ‚distanzierten' Haltung der Autorin bei – aus heutiger Sicht; damals war dieser Stil üblich.

Demgegenüber werden die Adressaten bei Betty Bossi im Jahr 2001 durchgehend angeredet; es werden Brüche in der Kohäsion (vgl. Kap. 5.5) in Kauf genommen: von *wir* geht es über *Betty Bossi* bis zur vielleicht eigenhändigen Unterschrift. So nehmen wir zwar zunächst an, dass auf Betty Bossi als Individuum referiert wird, aber es sieht bei näherer Betrachtung auch so aus, als sei es ein Kollektiv: Man versucht, eine nähere Beziehung aufzubauen (vgl. auch Beisp. (26): *Telefonberatung, Kochkurse*). Der Stil ist schlicht, aber auch emotional: *Die Länder... bieten so viel; die Tipps und Tricks sind „in Ferienstimmung"; Lassen Sie sich (...) inspirieren...* Daneben ist er konkret, indem aufgezählt wird: *nebst Wärme, Sonne, Meer und idyllischen Dörfchen; Betty Bossi bereiste die Länder von Norden nach Süden, von Osten nach Westen, schaute sich in fremden Küchen um, schlenderte über Märkte...* Dadurch werden Frames eröffnet: die Lesenden erhalten Stichworte, die sie anhand ihrer Erfahrungen auffüllen können. Schließlich ist auch ein ‚emotionalisierendes' Spiel mit Sprache zu beobachten: In *Versuchen Sie all die südlichen Gerichte* ist *versuchen* doppeldeutig: ‚versuchen herzustellen' und ‚kosten'. Dasselbe gilt für *Gute Reise ins kulinarische Vergnügen*.

Materielle Textgestalt: Das Vorwort von Emma Quenzer ist als traditionelles typografisches Bild gesetzt, in Frakturschrift, die ebenfalls ‚nationale' Gesinnung ausweist (vgl. von Polenz 1996). Demgegenüber *präsentiert sich* das Vorwort von Betty Bossi auch typografisch *locker* und unkonventionell, mit versetzter Überschrift in einer Serifenantiqua, mit einer serifenlosen Groteskschrift im Haupttext, die ‚modern', ‚sachlich', aber auch ‚leicht' etc. wirkt, und mit einer handschriftlichen Unterschrift. – Umfang: Beide Vorworte folgen der Konvention, indem sie auf eine Seite passen.

Man sieht also: Beide Vorworte entsprechen durch die Art der Handlungsdurchführung, der thematischen Ausprägung und der Formulierungen dem ‚Geist' ihrer Zeit, repräsentieren diesen mit, unabhängig vom konkreten Buch, an das sie gebunden sind. Zu diesen Büchern selbst ist zu sagen, dass sie jeweils sehr unterschiedlichen Stellenwert für die möglichen Käufer haben: Frühere Kochbücher sind meist **das** Nachschlagewerk für Koch- **und Haushaltungs**probleme gewesen; heute verfügen wir über eine Fülle von

Spezialkochbüchern mit reicher Konkurrenz. Deshalb ist bei früheren Vorworten das ANGEBEN des Neuigkeitswerts konstitutiv; dies wird heute oft unnötig: Das gesamte Konzept des Kochbuchs hat Neuigkeitswert. D.h. die Art der Problemsituation hat sich verändert und damit die Details der Problemlösung.

6.6 ‚Natürlicher' Textmusterstil

Natürlichkeit (s. Kap. 4.2.2) kann die Grundlage für die Herausbildung oder gar Veränderung (Sandig 1996a) eines ganzen Textmusters sein. Enkvist (1981) geht davon aus, dass die Reihenfolge der Versprachlichung von Sachverhalten, Ereignissen etc. in Texten die (kognitive Verarbeitung von, B.S.) „Erfahrung" nachbilden kann (1981, 104ff.). Das gilt für zeitliche Abfolgen: *Susi fuhr nach London, Paris und Rom* wird so verstanden, dass Susi die drei Städte in dieser Reihenfolge besuchte; ist Anderes intendiert, so ist es sprachlich anzuzeigen. Gleiches gilt für die kausale Abfolge: So wird *Peter und Susi heirateten und bekamen ein Kind* als kausal anders verknüpft verstanden als *Susi und Peter bekamen ein Kind und heirateten*. Demgegenüber muss der Ordo artificialis auch hier explizit angezeigt werden: *Susi und Peter heirateten, als / weil sie ein Kind bekamen*.

Derartige Reihenfolgen können die Wortfolge im Satz betreffen wie auch die Äußerungsfolge im Text. Enkvist stellt für Sätze fest, dass hier ein Zusammenspiel mit der Informationsdynamik (bekannte – neue Information) zu beobachten ist.

Moderne Kochrezepte sind ein gutes Beispiel für ikonische Textgestaltung – Enkvist (1981, 101) spricht von „cookery book style", vgl. auch Dressler (1989, 16f.). Dies soll an einem kurzen Textbeispiel erläutert werden (aus: Kochen – Die große Schule. Neuausgabe 1995. München: Zabert/Sandmann, 165: Suppen – internationale Gerichte); das Schriftbild ist dem des Originals nachgebildet:

(27)   **Zuppa Pavese**
<u>aus Italien</u>
<u>¾ l Fleischbrühe</u>
<u>4 Scheiben Weißbrot</u>
<u>1 EL Butter</u>
<u>4 Eier</u>
<u>4 EL geriebener Parmesankäse</u>
1. Brühe erhitzen.
2. Weißbrot von beiden Seiten in Butter anrösten.
3. Brotscheiben in tiefe Teller geben. Darauf je ein rohes Ei gleiten lassen und mit Parmesan bestreuen.

6.6 ‚Natürlicher' Textmusterstil

4. Die kochendheiße Suppe vorsichtig über die Eier gießen. Die Eier sollen erstarren, dürfen aber nicht auslaufen.

Die ikonische „Nachbildung von Erfahrung", hier der Reihenfolge angewiesener Tätigkeiten, lässt sich hier auf mehreren Ebenen des Textes beobachten:

1. Die Teiltexte stellen erst die Zutaten dar (deren Vorhandensein auch separat geprüft werden kann), danach die Handlungsanweisungen (Marschall 1989). Diese Gesamtstruktur des Textes wird heute auch typografisch unterstützt.

2. Die interne Struktur der Teiltexte:
a) Aufführen der Zutaten ‚der Reihenfolge nach', in der sie in den Handlungsanweisungen eine Rolle spielen;
b) Handlungsanweisungen ‚der Reihenfolge nach' (erst/danach).
Diese Reihenfolge wird zusätzlich gesichert durch die fettgedruckten Zahlen, die einzelne Absätze markieren, vgl. Möhn (1991, 202f.): „Formen der Chronologiesicherung" in Instruktionstexten durch „typographische Mittel wie Punkte (oft farbig), Vierecke, Spiegelstriche (...), die untereinander angeordnet jeweils eine neue Teilhandlung andeuten", ebenso „Ziffern- und Buchstabenreihungen" (Möhn 1991, 202f.) als generelle Formulierungsmuster. In diesem Beispiel folgen die Nummerierungen den Teilhandlungen, außer bei 3., wo hintereinander drei Teilhandlungen verbalisiert sind:
– *Brotscheiben in tiefe Teller geben.*
– *Darauf je ein rohes Ei gleiten lassen*
– *und mit Parmesan bestreuen.*

3. Die Wortstellung im geäußerten Satz: Wie Enkvist (1981) festgestellt hat, folgt die Wortstellung oft – und besonders in modernen Kochbüchern – der ikonischen Darstellungsweise, zumal hier auch der Informationsdynamik (bekannt – neu) gefolgt werden kann: Erst die Zutat, dann die Handlung:
1. Brühe erhitzen.
2. Weißbrot von beiden Seiten in Butter anrösten.
Die Endstellung des unpersönlichen Imperativs ist sehr gut für die Zwecke der Informationsdynamik geeignet; dass sie heute die älteren *man*-Formen mit Konjunktiv (*Man erhitze die Brühe*) oder mit Indikativ (*Man erhitzt die Brühe*) abgelöst hat, ist dadurch zu erklären. Demgegenüber waren Passivformen (*Die Brühe wird erhitzt*) der Informationsdynamik schon besser angepasst aber noch nicht so ökonomisch wie der unpersönliche Imperativ. Auch bei Sequenzen von Propositionen wird die Wortstellung genutzt, um ‚Reihenfolge' (zeitlich, konditional) abzubilden.
4. Die kochendheiße Suppe vorsichtig über die Eier gießen. ‚wenn die Suppe so weit erhitzt ist, dass sie kochendheiß ist'

Hier ermöglicht das vorangestellte adjektivische oder partizipiale Attribut die ‚natürliche' Reihenfolge, vgl. auch: *Die feingeschnittenen Zwiebeln andünsten.*

Insgesamt ergibt sich durch die ikonischen Eigenschaften von Teiltextsequenz, interner Strukturierung der Teiltexte und Wortstellung der Äußerungen eine ikonisch, ‚natürlich' bestimmte stilistische Gesamtgestalt, die dem Nacheinander der durch den Text angeregten Tätigkeiten optimal entspricht. Dies ist in früheren Kochbüchern nicht in dieser Konsequenz der Fall gewesen (vgl. Sandig 1996a).

Ergänzend zu dieser Struktur werden andere Natürlichkeitsprinzipien (vgl. Kap. 4.2.2.3) genutzt: ‚Das Wichtigste zuerst': Der Titel nennt das Erzeugnis. Auch die Zutaten können alternativ nach dem Prinzip ‚Das Wichtigste zuerst' sequenziert sein, z.B. wenn am Anfang der Liste das Fleischstück und am Ende die Gewürze aufgeführt werden.

7. Schluss

Stil ist variierende Sprachverwendung mit einem vielfältigen Bedeutungspotenzial. Stil ist Teilaspekt von Texten (und Gesprächen) und deshalb in seiner Variabilität auf die Vielfalt kommunikativer Zwecke und Bedürfnisse zugeschnitten: Er spiegelt die Vielfalt gesellschaftlichen Handelns, ist insofern integraler Bestandteil kommunikativer Kultur. In einer Gemeinschaft wird kontinuierlich „Stilarbeit" (Kallmeyer 2001) geleistet: zwischen Verfestigung und Modifizierung, Neuerung.

7.1 Überblick

Stil ist einerseits die konventionalisierte, „typische" Art der Durchführung von kommunikativen Handlungen (vgl. den Bereich der umfasenderen typisierten Stile) und speziell von Sprachhandlungstypen (vgl. die Textmusterstile, Gesprächsstile). Andererseits ist er die graduell besondere Art der Durchführung einer bestimmten Kommunikationshandlung durch die daran Beteiligten mit Blick auf die jeweils konkreten Zwecke bei den Adressaten.

Stile sind gekennzeichnet durch Struktureigenschaften: Sie bestehen aus Bündeln kookkurrierender Merkmale (verschiedener sprachlicher Art, paraverbaler und auch nonverbaler Art, vgl. Kap. 5.9). Diese Bündel sind – bei entsprechendem Wissen – als bedeutsame Gestalten interpretierbar. Stilistischer Sinn kann jedoch erst im Gesamtrahmen der Kommunikation oder Interaktion interpretiert werden: aufgrund der Relationen bedeutsamer Gestalt(en) zu den verschiedensten Aspekten des gesamten kommunikativen und interaktiven Geschehens. Die Realisierung von Stilwirkungen bei den Rezipienten setzt die Kenntnis der jeweiligen „Normalität" auf der Basis der Konventionen voraus; Stilwirkungen müssen (wie perlokutionäre Effekte) nicht den Stilintentionen der Produzentenseite entsprechen. Sie sind abhängig von der stilistischen Kompetenz (und der generellen kommunikativen und interaktiven Handlungskompetenz), aber auch von den vorhandenen Überzeugungen und Dispositionen der Rezipierenden.

Der generelle Sinn, das Sinnangebot, an Rezipierende, ist die Einpassung von Kommunikationstypen in die jeweils gegebene Situation und in den Kontext, deren Zurechtschneiden für den jeweils zu kommunizierenden Gegenstand: Individuierung für den konkreten Zweck bzw. Konventionalisierung etwa für institutionelle Geltung. Eben dadurch soll die Wirksamkeit der Kommunikation gesichert und möglichst sogar verstärkt werden; bei mangelndem Geschick bzw. Kenntnis kann dies misslingen.

Mit Stil werden auch Situationen gestaltet. Stile sind Sinnangebote an Rezipierende; sie sind virtuell. Bei der Rezeption können einzelne Stilmerkmale oder sogar ganze Merkmalsbündel nicht erkannt werden. Es können auch Teilaspekte stilistisch interpretiert werden, die als solche nicht intendiert waren.

Wichtige Voraussetzungen für das Erkennen und Interpretieren von Stil sind:
- Wissen über Kommunikationssituationen als Typen und das darin Erwartbare;
- Wissen über Typen stilistischen Sinns und von Stilwirkungen;
- Wissen über Zusammenhänge von Stilstrukturaspekten und Relationstypen, die für die Interpretation wichtig sind;
- Musterwissen als Wissen über Text- bzw. Gesprächsmuster, mit deren konventionellen Vernetzungen und situativen Einbindungen;
- stilistisches Musterwissen: in der Gemeinschaft vorgegebene Typen von Stilelementen und vor allem Kenntnis umfassenderer stilistischer Verfahren und Muster als Vorgaben für mögliche Merkmalsbündel.

Für die Interpretation von Texten ist darüber hinaus Voraussetzung:
- Sprachwissen und Kenntnis anderer Zeichentypen (Schriftarten, Farben, Bildtypen...), die im Kontext von Sprache Verwendung finden;
- episodisches Wissen (z.B. Diskurse) und sonstiges Weltwissen als konstitutiv für die jeweilige (Sub-)Kultur, die stilistisch verwendet werden können bzw. auf die stilistisch angespielt werden kann.

Stil ist ein Gestaltungsmittel, das geeignet ist, die Kommunikation mit Sinn und Wirkung anzureichern – immer in Relation zu den Gepflogenheiten des Musters der Kommunikation und bezogen auf den Typ von Kommunikationssituation. Mit Stil werden einfache oder komplexe Äußerungen gestaltet, und die Situation entweder bestätigt oder verändert.

Beim Herstellen von Stil und mit der Stil-Rezeption positionieren sich die Beteiligten im Rahmen ihres gesamten zeitbedingten gesellschaftlichen und kulturellen Umfelds. Kommunikationen und Interaktionen sind jeweils innerhalb einer „globalen Rahmung" (Schmitt 1993, 336) situiert, aber auf diese auch aktiv bezogen. Das „trauma of cross-cultural communication" (Tannen 1984, 152) erhält hier einen Erklärungshintergrund.

Stile sind Ganzheiten:
- rezeptiv betrachtet als Merkmalsbündel, die wahrgenommen und interpretiert werden als bedeutsame Gestalten; diese bestehen in der Regel aus sehr verschiedenartigen Elementen; sie können weniger deutlich oder deutlicher wahrnehmbar sein. Merkmalsbündel können konventionell, d.h. auf der Basis typisierten Stils oder individuell sein;
- produktiv und rezeptiv betrachtet als Realisierungen stilistischer Muster verschiedenster Art;

– als in bestimmten Hinsichten bedeutsamer Teilaspekt einer Text- oder Gesprächspassage bzw. als sinnanbietende Art der Durchführung eines gesamten Textes; dabei sind Typen von Sinn und Wirkung interpretationsleitend;
– bezogen auf die Kenntnis des Typs von Kommunikationssituation mit seinen konventionellen Handlungsmöglichkeiten (Textmuster, Gesprächsmuster);
– als Art der gestaltenden und gestalteten Durchführung einer Kommunikation vor dem Hintergrund von Gegebenheiten des Kommunikationskontextes und/oder der Kommunikationssituation: konventionell erwartbar bzw. weniger oder mehr individuell davon abweichend.

7.2 Stil als prototypisches Konzept

Die linguistische Stilistik betont, dass es keine Äußerung ohne Stil gibt (Riesel/Schendels 1975, 6, 15; Tannen 1984, 2), damit auch keinen Text und keine Text- oder Gesprächspassage. Allerdings gibt es markierte, auffälligere Stile und weniger deutliche Stile. D.h., es gibt prototypische und weniger prototypische Stile (zu Prototypikalität s. Kap. 5.1). Prototypische Stile sind z.B. literarische Autor- oder Epochen-Stile, Individualstile und auffällige soziale Stile (Holly 2001; Kallmeyer 1994), stark konventionalisierte Stile wie Telegrammstil, Fachstile, Gesetzesstil..., auch die „Stilebenen" (s. Kap. 4.6) ‚überneutral' und ‚unterneutral'.

Prototypischen Stilen ist gemeinsam, dass ihre Merkmalsbündel zusammen mit neutralen Elementen eine charakteristische Kombination stilistisch markierter Elemente enthält.

a) Im Falle prototypischer Stile
– wird Stil in besonderer Weise relevant gemacht, z.B. aus ästhetischen Gründen, d.h. um die Handlung mit ihrem Thema in besonderer Weise ästhetisch wirksam zu GESTALTEN und/oder
– der Stil wird relevant gemacht, um eine soziale Differenzierung zu erreichen (als Gruppenmitglieder oder als Individuum) und/oder
– der Stil hat eine charakteristische Funktion zu erfüllen wie ein Fachstil oder das Überzeichnen beim Karikieren.
– Stilebenen sind für vielfältige Zwecke nutzbar.

b) Weniger prototypisch aber immerhin typisch ist der folgende Fall: Stile können – ohne als ganze prototypisch zu sein – durch die Verwendung prototypischer Stilelemente markiert sein: durch markierte Stilelemente (vgl. Kap. 4.6: Stilebenen) oder Abweichungen verschiedener Art, durch traditionelle Stilmerkmale wie Metaphern, Alliterationen, Parallelismen usw. Solche

Stilelemente können dabei graduell eingesetzt werden: von ‚sparsam' bis ‚überwuchernd' (Eroms 1986), z.B. im Trivialroman.

c) Ein Stil kann für ein Textmuster charakteristisch und insofern unauffällig sein: Dann hat er trotzdem einen „Stilwert" (Eroms 1986), z.B. der Stil des Anweisungsteils in Kochbüchern.

d) Schließlich kann ein Stil lediglich die unmarkierte Hochsprache nutzen und dadurch ‚neutral' sein.

In der Stiltradition ist der Fall b) der prototypische: Der bildungsbürgerliche Stil diente zugleich der sozialen und individuellen Differenzierung und einer speziellen Ästhetisierung im Gefolge der Vorbilder der deutschen Klassik. Deshalb ist er der am meisten bewusste, wobei das ÄSTHETISIEREN stilistisch normiert war – und zwar unabhängig von Textfunktionen; das soziale DIFFERENZIEREN bildete den selbstverständlichen und impliziten Hintergrund: „Guten Stil" hatte man, man konnte ihn kaum lernen (Süskind 1965, Vorwort; Reiners 1943/1976, 54ff.). Neben Stilfiguren gehörten dazu: Geflügelte Worte als Ausweis einer bestimmten literarischen Bildung, intertextuelle Anspielungen auf bildungsrelevante Texte, Latinismen als Ausweis bestimmter Schulbildung usw., insgesamt die ‚sorgfältige' Textgestaltung.

Stil als das unauffällige, ja sogar neutrale Nebenbei und Stil als das Besondere schließen einander aus. Sie sind jedoch beide mögliche Fälle von Stil, die erst durch das Prototypkonzept miteinander vereinbart werden können.

Das Prototypische des Stils führt dazu, dass es sich „als unmöglich und wohl als unsinnig erwiesen (hat), eine alle Aspekte erfassende Definition für das Phänomen Stil zu geben" (Fix 1990, 7: Einführung): Stil ist heterogen, erfüllt seine vielfältigen Funktionen in der Gesellschaft/Gruppe nur als solcher. Prototypische Stilauffassungen gehen von einer spezifischen stilistischen, ja ästhetischen Gestaltetheit mittels Stilelementen aus (z.B. Fix 1996b, 319). Man muss aber dabei auch beachten, dass Stil als relationales Phänomen nicht unbedingt besonders GESTALTET sein muss. Es genügt eine unscheinbare Gestalt in Relation zum Erwartbaren (vgl. Kap. 6.3) wie bei der folgenden Heiratsannonce: *Frau (35) sucht Mann fürs Leben.* (Die Zeit, 14.2.1997, 68), oder auch eine besonders umfangreiche, aber sprachlich unscheinbare Anzeige: Beides wird im Rahmen des Textmusters als besondere Art der Selbstdarstellung interpretiert.

Gegenüber der prototypischen Vorstellung, dass ein Stil immer (nur) durch eine GESTALTETE Textoberfläche repräsentiert wird, ist zu betonen, dass auch durch bestimmte Stilverwendungen stilistische Funktionen nahe gelegt werden können. Dasselbe gilt – als Randerscheinung – auch für Textverwendungen, vgl. Handkes berühmt gewordene Experimente mit dem Ver-

7.2 Stil als prototypisches Konzept

pflanzen von kurzen Zeitungstexten in einen Gedichtband (z.B. Sandig 1986, 98f.). Stil wird also interpretierbar gemacht durch bestimmte strukturelle Texteigenschaften **und** die Art ihrer Verwendung.

Bei funktional bedingten Stilen entsteht und verändert sich die Gestalt – neben ‚Modischem' – entsprechend der Funktion: So kann gezeigt werden, dass im Laufe des 20. Jahrhunderts der Stil von Kochrezepten sich von auch ästhetisch variierendem Stil zu einem funktionsbezogenen Stil gewandelt hat (Sandig 1996a).

Auch intern sind Stile, sofern sie nicht gänzlich neutral sind, prototypisch organisiert: Die Merkmale von Merkmalsbündeln tragen in der Regel unterschiedliches Gewicht (Kap. 2): Generell sind Stilmerkmale mehr oder weniger prototypisch.

Auch die in Kap. 1 dargestellten Typen stilistischen Sinns sind nicht gleichwertig: Zentral für die Anreicherung von Handlungen (nach musterhaften Handlungstypen) mit stilistischem Sinn ist die Vermittlung von Einstellungen/Haltungen wie ‚Distanz' oder ‚Emotionalität' und Interaktionsmodalitäten wie ‚Scherzen' oder ‚betonte Sachlichkeit'. Zentral ist auch die Beziehungsgestaltung mit Selbstdarstellung und Adressatenbezug. Spezieller und je nach Fall mehr oder weniger zentral ist das Anzeigen (Kontextualisieren) des Handlungstyps oder des Handlungsbereichs (z.B. einer Institution). Der Kanal beispielsweise (visuelle vs. audiovisuelle... Vermittlung) wird nur bei besonderen Nutzungsarten relevant. Auch die soziale, zeitliche, regionale oder kulturelle Stilisierung kann von Fall zu Fall relevant gemacht werden. Das Thema kann zusätzlich stilistisch gestaltet werden, bei Fachstilen ist dies beispielsweise zentral, in anderen Fällen, wie beim Reden von zu Hause im heimischen Dialekt, lediglich unterstützend.

Stil ist deshalb für Schrifttexte nur grob zu bestimmen, und zwar für die Produktions- wie die Rezeptionsseite: Die situations- (und kontext-)bezogene Realisierung und Interpretation von Texten bezogen auf Textmerkmale und/oder Textmuster mit Blick auf stilistische Funktionstypen. Stilistisches Wissen ist die Grundlage für stilistische Erwartungen, denen entsprochen werden, von denen aber auch intentional abgewichen werden kann.

8. Verzeichnis der Abbildungen

1. Stil: Funktionstypen

Abb. 1–1 Auf Stil bezogenes Modell der Kommunikation 18
Abb. 1–2 Kommunikationsbezogene Stilcharakterisierungen 21
Abb. 1–3 Stilwirkungs-Typen 43
Abb. 1–4 Karikatur: Stilwirkung 49

2. Die generelle Stilstruktur

Abb. 2–1a Werbung: zwei Stilgestalten 56
Abb. 2–1b Werbung: zwei Stilgestalten 56
Abb. 2–2 Markiertheitsskala nach Eroms 64
Abb. 2–3 Rezipientenabhängige Grade der Markiertheit im Text 68
Abb. 2–4a Werbung: Logo 75
Abb. 2–4b Werbekarte: Vorderseite 76

3. Kontexte: Stil ist relational

Abb. 3–1 Wahlwerbebrief 100
Abb. 3–2 Filmrezension 102
Abb. 3–3 Buchrezension 103
Abb. 3–4 Politische Werbung 107
Abb. 3–5 Bildwitz als Dekor 110
Abb. 3–6 Initialen 111
Abb. 3–7 Hörbuch-Ankündigung 112
Abb. 3–8 Erzählung im Dialekt 117
Abb. 3–9 www.wahlstreet.de 121
Abb. 3–10 Glückwunschkarte zur Hochzeit 124
Abb. 3–11 Was wir einmal vermissen werden: A-Klasse 126
Abb. 3–12 Werbung für einen Trivialroman 138

4. Textstilistische Handlungsmuster

Abb. 4–1 Verfahren des Emotionalisierens am Beispiel 148

4.1 Allgemeine textstilistische Handlungsmuster und Verfahren

Abb. 4.1–1 Allgemeinste stilistische Handlungstypen (Überschau) 150
Abb. 4.1–2 Typografische Abweichung 156
Abb. 4.1–3 Modell satzsemantischer Textanalyse 163
Abb. 4.1–4 WinterSofaschlußVerkauf! 168
Abb. 4.1–5 „Spiegel"-Titel: Rudolf der Eroberer 169
Abb. 4.1–6 „Stern": Prominenten in den Mund geschoben 170

Abb. 4.1–7 Hauptsache mein Portrait wird wirklich ähnlich, Herr Picasso (Loriot) 172

4.2 Generelle textstilistische Muster

Abb. 4.2–1 „Stern": Szenen einer Ehe 219

4.3 Weitere generelle stilistische Handlungsmuster anhand von Beispielbeschreibungen

Abb. 4.3–1 Friedmans Geist, verweht? 227
Abb. 4.3–2 Die Kalenderin 236
Abb. 4.3–3 Das Millionium 240
Abb. 4.3–4 Offline-Banking 244
Abb. 4.3–5 Bildliche Anschaulichkeit 248

4.4 Einige komplexe stilistische Handlungsmuster

Abb. 4.4–1 Verständlich machen 249
Abb. 4.4–2 Sagen Sie mal, Frau Schwarzer... 253
Abb. 4.4–3 Böller 258
Abb. 4.4–4 Perspektivieren 264
Abb. 4.4–5 Worte der Woche 266
Abb. 4.4–6 Verständliche Textgestaltung 276

4.5 Typisierte Stile anhand von Beispielen

Abb. 4.5–1 Karikatur (Paulmichl) 285

4.6 Stilebenen

Abb. 4.6–1 Stilebenen nach Ludwig 1991 292
Abb. 4.6–2 Stilebenen und Stile 294
Abb. 4.6–3 Skala der Stilebenen 306

5. Stil im Text: Textmerkmale und Stil

5.1 Textmerkmale und Stil

Abb. 5.1–1 Modell der Textmerkmale 311

5.2 Merkmalsausprägungen: Unikalität

Abb. 5.2–1 Unikalitätsskala 313
Abb. 5.2–2 Die Mietsache (politisches Plakat) 315

8. Verzeichnis der Abbildungen 541

Abb. 5.2–3   Postkarte Mannheim   317

5.3 Merkmalsausprägungen: Textfunktion

Abb. 5.3–1   Ein Roman-Autor stellt sich vor   321
Abb. 5.3–2   Poliertes Hotelservice (Katalogangebot)   322
Abb. 5.3–3   Kleinanzeige   324
Abb. 5.3–4   Untermerkmale zur Anzeige der Textfunktion   325
Abb. 5.3–5   Berichtigung einer Todesanzeige   326
Abb. 5.3–6   Redaktionelle Werbeanzeige   327
Abb. 5.3–7   Redaktionelle Werbeanzeige   328
Abb. 5.3–8a   Mustermischung von Textfunktionen   329f.
bis 5.3–8c
Abb. 5.3–9   Mustermischung von Textfunktionen   331
Abb. 5.3–10   Undeutliche Textfunktion   332
Abb. 5.3–11   Irreführung bezüglich Textfunktion   333
Abb. 5.3–12   Ungewöhnliche Textfunktion   334

5.4 Merkmalsausprägungen: Thema

Abb. 5.4–1   Skala der Themenformulierung   340
Abb. 5.4–2   Skala der Themaorientiertheit   341
Abb. 5.4–3   Man Ray: Gedicht   342
Abb. 5.4–4   Skala: Sequenzierung des Themas   344
Abb. 5.4–5   Auf die Bank! (Werbung)   347
Abb. 5.4–6   Skala der Verwendung typischer Themen   348
Abb. 5.4–7   Thematische Irreführung (Werbung)   355
Abb. 5.4–8   Thematische Irreführung (Postkarte)   355
Abb. 5.4–9   Skala: Thematische Irreführung   356
Abb. 5.4–10   Themenentfaltung: Werbung Schottland 1   360
Abb. 5.4–11   Themenentfaltung: Werbung Schottland 2   361
Abb. 5.4–12   Die Theorie des Lachsbrötchens   362

5.5 Merkmalsausprägungen: Kohäsion

Abb. 5.5–1   Rekurrenzmittel   367
Abb. 5.5–2   Lafontaine und Napoleon   384
Abb. 5.5–3   Kohäsionsanzeige: Grade der Deutlichkeit   386

5.6 Merkmalsausprägungen: Kohärenz

Abb. 5.6–1   Skala der Kohärenzbildungsmöglichkeiten   390
Abb. 5.6–2   Globale Textstrukturen   393
Abb. 5.6–3   Framestrukturierung ‚Engel' nach Keßler (1995)   394
Abb. 5.6–4   Zeitschema   395
Abb. 5.6–5   Hoffmanns Erzählung   396

Abb. 5.6–6   Réserve Chateaubriand   409
Abb. 5.6–7   Kohärenzbildungshinweise   412

5.7 Merkmalsausprägungen: Situationalität

Abb. 5.7–1   Skala der Situationsbindung von Texten   414
Abb. 5.7–2   Interview mit Harald Schmidt   417
Abb. 5.7–3   Frohes Nest!   418
Abb. 5.7–4   Werbung Einkaufswagen   420
Abb. 5.7–5   Werbung Mama   421
Abb. 5.7–6   Zeigen Sie ruhig, was Sie haben: Stil.   422
Abb. 5.7–7   Bei uns zu Gast (Handke)   423

5.8 Zwischenbilanz

Abb. 5.8–1   Stilistische Grund-Skalen   424

5.9 Merkmalsausprägungen: Materialität

Abb. 5.9–1   Abbildung eines Textträgers   429
Abb. 5.9–2   Beispiel aus „Computer-Bild"   430
Abb. 5.9–3a   Zuckertütchen (Vorderseite)   431
Abb. 5.9–3b   Zuckertütchen (Rückseite)   431
Abb. 5.9–4   Dudel   433
Abb. 5.9–5   Skala: Textgrenzen   436
Abb. 5.9–6   Kochrezept zweidimensional   440
Abb. 5.9–7   Grabschrift und Lobspruch   441
Abb. 5.9–8   Mayer: oil   442
Abb. 5.9–9   Jandl: die tränen   443
Abb. 5.9–10   Heißenbüttel: von da nach da   444
Abb. 5.9–11   Jandl: du warst zu mir   444
Abb. 5.9–12   Postkarte dreidimensional   445
Abb. 5.9–13   Garnier: cinema   446
Abb. 5.9–14   Jandl: eöo   447
Abb. 5.9–15   Riddell: revolver   448
Abb. 5.9–16   Gomringer: wind   448
Abb. 5.9–17   Berger ist umgezogen   450
Abb. 5.9–18   Schemawissen Freiheitsstatue   454
Abb. 5.9–19   „Star"   455
Abb. 5.9–20   Schnäppchen-Jäger   456
Abb. 5.9–21   Pfarr: Cartoon   457
Abb. 5.9–22   Geflügelte Worte   458
Abb. 5.9–23   Bremer: Panzer   459
Abb. 5.9–24   Marcks: Geschlechterstereotyp ‚Mann'   461
Abb. 5.9–25   Marcks: Geschlechterstereotyp ‚Frau'   463
Abb. 5.9–26   Werbung Paprika-Bündel   465

8. Verzeichnis der Abbildungen

Abb. 5.9–27	Wir wollen uns vermöhren	467
Abb. 5.9–28	Werbung für den „Stern"	468
Abb. 5.9–29	Werbung „Komm mit ins Web!"	471
Abb. 5.9–30	„Queen Mum"	476
Abb. 5.9–31	Werbung Lacroix-Soßen	479

6. Stil im Text: Textmuster und Stil

Abb. 6–1	Textmustermodell	489
Abb. 6–2	Prototypmodell der Heiratsannonce, 90er Jahre	515
Abb. 6–3	Kochbuch-Vorwort 1933	524
Abb. 6–4	Kochbuch-Vorwort 2001	525

9. Literaturverzeichnis

Ulf Abraham (1996): StilGestalten. Geschichte und Systematik der Rede vom Stil in der Deutschdidaktik. Tübingen: Niemeyer.

Christiane Adam-Wintjen (1998): Werbung im Jahr 1947. Zur Sprache der Anzeigen in Zeitschriften der Nachkriegszeit. Tübingen: Niemeyer.

Kirsten Adamzik (1984): Sprachliches Handeln und sozialer Kontakt. Zur Integration der Kategorie „Beziehungsaspekt" in einer sprechakttheoretischen Beschreibung des Deutschen. Tübingen: Narr.

Kirsten Adamzik (1994): Zum Textsortenbegriff am Beispiel von Werbeanzeigen, in: P. P. König, H. Wiegers (Hrsg.): Satz – Text – Diskurs. Akten des 27. Linguistischen Kolloquiums, Münster 1992, Bd. 2. Tübingen: Niemeyer: 173–180.

Kirsten Adamzik (1995): Syntax und Textgliederung. Hypotaktischer Stil, Nominalstil, graphischer Stil, in: G. Hindelang, E. Rolf, W. Zillig (Hrsg.): Der Gebrauch der Sprache. Festschrift für Franz Hundsnurscher zum 60. Geburtstag. Münster: Lit: 15–41.

Kirsten Adamzik (2000): Was ist pragmatisch orientierte Textsortenforschung?, in: K. Adamzik (Hrsg.): Textsorten. Reflexionen und Analysen. Tübingen: Stauffenburg: 91–112.

Kirsten Adamzik (2001): Sprache: Wege zum Verstehen. Tübingen, Basel: Francke.

Jeremy Adler, Ulrich Ernst (1988): Text als Figur. Visuelle Poesie von der Antike bis zur Moderne, 2. durchges. Auflage. Weinheim: VCH.

Jean Aitchison (1987): Words in the Mind. An Introduction to the Mental Lexicon. Oxford: Basil Blackwell.

Hans Altmann (1987): Zur Problematik der Konstitution von Satzmodi als Formtypen, in: J. Meibauer (Hrsg.): Satzmodus zwischen Grammatik und Pragmatik. Referate anläßlich der 8. Jahrestagung der Deutschen Gesellschaft für Sprachwissenschaft Heidelberg. Tübingen: Niemeyer: 22–56.

Johannes Anderegg (2000): Anschauliche Vorstellung und abstrakte Strukturierung. Überlegungen zu einem Textausschnitt von Max Frisch, in: U. Fix, H. Wellmann (Hrsg.): Bild im Text – Text und Bild. Heidelberg: Winter: 63–73.

Jannis K. Androutsopoulos (2000): Die Textsorte Flyer, in: K. Adamzik (Hrsg.): Textsorten. Reflexionen und Analysen. Tübingen: Stauffenburg: 157–213.

Jannis K. Androutsopoulos, Werner Kallmeyer (2000): ‚Was geht'n?' News von der Szene, in: Sprachreport 16, H. 4: 2–8.

Gerd Antos (1981): Formulierungskommentierende Ausdrücke, in: K. Detering, W. Schmidt-Radefeldt, W. Sucharowski (Hrsg.): Akten des 16. Linguistischen Kolloquiums Kiel, Bd. 2: Sprache erkennen und verstehen. Tübingen: Niemeyer: 121–131.

Gerd Antos (1982): Grundlagen einer Theorie des Formulierens. Textherstellung in geschriebener und gesprochener Sprache. Tübingen: Niemeyer.

Gerd Antos (1986): Zur Stilistik von Grußworten, in: Zeitschrift für germanistische Linguistik 14: 50–81.

Gerd Antos (1987): Textmusterwissen. Beschreibungsmodelle am Beispiel von Grußworten, in: J. Engelkamp, K. Lorenz, B. Sandig (Hrsg.): Wissensrepräsentation und Wissensaustausch. Interdisziplinäres Kolloquium der Niederländischen Tage in Saarbrücken, April 1986. St. Ingbert: Röhrig: 157–190.

Gerd Antos (1987a): Grußworte in Festschriften als ‚institutionale' Rituale. Zur Geschichte einer Textsorte, in: LiLi 17, H. 65: 9–40.

Gerd Antos (1996): Jargon. Zum Prozeß der „Hybridisierung" von Stilen am Beispiel der Verwaltungssprache, in: U. Fix, G. Lerchner (Hrsg.): Stil und Stilwandel. Bernhard Sowinski zum 65. Geburtstag gewidmet. Frankfurt/M. u.a.: Lang: 27–48.

Gerd Antos (1999): Jargon: Zur Genese von Autorität (in) der Sprache am Beispiel der Durchsetzung der Verwaltungssprache in den neuen Ländern, in: J. Fohrmann, I. Kasten, E. Neuland (Hrsg.): Autorität der/in Sprache, Literatur, Neuen Medien. Vorträge des Bonner Germanistentages 1997, Bd. 1. Bielefeld: Aisthesis: 79–93.

Gerd Antos (2001): Sprachdesign als Stil. Lifting oder: Sie werden die Welt mit anderen Augen sehen, in: E.-M. Jakobs, A. Rothkegel (Hrsg.): Perspektiven auf Stil. Tübingen: Niemeyer: 55–76.

Rudolf Arnheim (1961): Gestalten – yesterday and today, in: M. Henle (Hrsg.): Documents of Gestalt-Psychology. Berkeley, Los Angeles: Univ. of California Press: 90–96.

Alaida Assmann (1986): „Opting in" und „opting out". Konformität und Individualität in den poetologischen Debatten der englischen Aufklärung, in: H. U. Gumbrecht, K. L. Pfeiffer (Hrsg.): Stil. Geschichten und Funktionen eines kulturwissenschaftlichen Diskurselements. Frankfurt/M.: Suhrkamp: 127–143.

John Maxwell Atkinson (1984): Our masters' voices. The language and body language of politics. London, New York: Methuen.

Peter Auer (1986): Kontextualisierung, in: Studium Linguistik 19: 22–47.

Peter Auer (1989): Natürlichkeit und Stil, in: V. Hinnenkamp, M. Selting (Hrsg.): Stil und Stilisierung. Arbeiten zur interpretativen Soziolinguistik. Tübingen: Niemeyer: 27–59.

Peter Auer (1992): Introduction: John Gumperz' Approach to Contextualization, in: P. Auer, A. di Luzio (Hrsg.): The Contextualization of Language. Amsterdam, Philadelphia: Benjamins: 1–37.

Peter Auer (2000): Die Linguistik auf dem Weg zur Kulturwissenschaft?, in: Freiburger Universitätsblätter 142: 55–68.

Peter Auer, Aldo di Luzio (Hrsg.) (1992): The Contextualization of Language. Amsterdam, Philadelphia: Benjamins.

John L. Austin (1977): Ein Plädoyer für Entschuldigungen, in: G. Meggle (Hrsg.): Analytische Handlungstheorie. Bd. 1: Handlungsbeschreibungen. Frankfurt/M.: Suhrkamp: 8–42.

Jacqueline Authier (1983): „In Gänsefüßchen reden" oder Nähe und Distanz des Subjekts zu seinem Diskurs, in: M. Geier, J. Authier (Hrsg.): Das Subjekt des Diskurses. Beiträge zur sprachlichen Bildung von Subjektivität und Intersubjektivität. Berlin: Argument-Verl.: 59–75.

Ruth Ayaß (1999): „Wer das verschweigt, handelt eigentlich in böser Absicht". Kategorische Formulierungen als kleine Formen moralischer Kommunikation, in: J. R. Bergmann, T. Luckmann (Hrsg.): Kommunikative Konstruktion von Moral, Bd. 1: Struktur und Dynamik der Formen moralischer Kommunikation. Opladen: Westdt. Verlag: 106–124.

9. Literaturverzeichnis

Andrea Bachmann-Stein (2004): Horoskope in der Presse. Ein Modell für holistische Textsortenanalysen und seine Anwendung. Frankfurt/M. u.a.: Lang.

Christa Baldauf (1997): Metapher und Kognition. Grundlagen einer neuen Theorie der Alltagsmetapher. Frankfurt/M. u.a.: Lang.

Petra Balsliemke (1999): „Der Kunde ist König!" Zur Verwendung von Phraseologismen in der Anzeigenwerbung, in: R. S. Baur, C. Chlosta, E. Piirainen (Hrsg.): Wörter in Bildern – Bilder in Wörtern. Beiträge zur Phraseologie und Sprichwortforschung aus dem Westfälischen Arbeitskreis. Baltmannsweiler: Schneider-Verlag Hohengehren: 19–46.

Bettina Baron (1998): „Freiwillige Selbstkontrolle" im Fachgespräch. Selbstkritik und Skopuseinschränkungen in Beiträgen von Wissenschaftlerinnen, in: Germanistische Linguistik 139–140: 175–199.

Manuela Baumgart (1992): Die Sprache der Anzeigenwerbung. Eine linguistische Analyse aktueller Werbeslogans. Heidelberg: Physica-Verlag.

Klaus Baumgärtner (1968): Linguistik und Konkreter Text, in: Konkrete Dichtung, Konkrete Kunst 68: 46–61.

Jürgen Baurmann, Dieter Cherubim, Helmut Rehbock (Hrsg.) (1981): Neben-Kommunikationen. Beobachtungen und Analysen zum nichtoffiziellen Schülerverhalten innerhalb und außerhalb des Unterrichts. Braunschweig: Westermann.

Magdalena Baus, Barbara Sandig (1985): Gesprächspsychotherapie und weibliches Selbstkonzept. Sozialpsychologische und linguistische Analyse am Beispiel eines Falles. Hildesheim u.a.: Olms.

Robert de Beaugrande (1997): New Foundations for a Science of Text and Discourse: Cognition, Communication, and the Freedom of Access to Knowledge and Society. Norwood, New Jersey: Ablex.

Robert de Beaugrande, Wolfgang U. Dressler (1981): Einführung in die Textlinguistik. Tübingen: Niemeyer.

Hans-Rainer Beck (2001): Politische Rede als Interaktionsgefüge: Der Fall Hitler. Tübingen: Niemeyer.

Eva D. Becker, Barbara Sandig (1998): „Ich war nicht, wie ich sein sollte!" Selbstbewertung und Perspektive in Autobiographien von Frauen seit dem 18. Jahrhundert, in: E. D. Becker, S. Großmann u.a.: Sofies Fächer. Wissenschaftlerinnen zu Frauenthemen. St. Ingbert: Röhrig: 75–130.

Sylvia Bendel (1998): Werbeanzeigen von 1622 – 1798. Entstehung und Entwicklung einer Textsorte. Tübingen: Niemeyer.

Jörg R. Bergmann (1981): Ethnomethodologische Konversationsanalyse, in: H. Steger, P. Schröder (Hrsg.): Dialogforschung. Jahrbuch 1980 des Instituts für deutsche Sprache. Düsseldorf: Schwann: 9–51.

Jörg R. Bergmann (1987): Klatsch. Zur Sozialform der diskreten Indiskretion. Berlin, New York: de Gruyter.

Jörg R. Bergmann (1994): Ethnomethodologische Konversationsanalyse, in: G. Fritz, F. Hundsnurscher (Hrsg.): Handbuch der Dialoganalyse. Tübingen: Niemeyer: 3–16.

Elmar Besch (1989): Wiederholung und Variation. Untersuchung ihrer stilistischen Funktionen in der deutschen Gegenwartssprache. Frankfurt/M. u.a.: Lang.

Anne Betten (1983): Zwei Männer reden über eine Frau. Dialogtechniken bei Strauß,

Dürrenmatt, Kroetz und Horváth als Beitrag zur Untersuchung von Gesprächsstilen, in: Germanistische Linguistik 5–6: 81.

Anne Betten (1998): Ist ‚Altersstil' in der Sprechsprache wissenschaftlich nachweisbar? Überlegungen zu Interviews mit 70- bis 100jährigen Emigranten, in: R. Fiehler, C. Thimm (Hrsg.): Sprache und Kommunikation im Alter. Opladen, Wiesbaden: Westdt. Verlag: 131–142.

Ulf Bichel (1980): Umgangssprache, in: H. P. Althaus, H. Henne, H. E. Wiegand (Hrsg.): Lexikon der germanistischen Linguistik. Tübingen: Niemeyer: 379–383.

Joachim Blum, Hans-Jürgen Bucher (1998): Die Zeitung: Ein Multimedium. Textdesign – ein Gestaltungskonzept für Text, Bild und Grafik. Konstanz: UVK Medien.

Peter Blumenthal (1983): Semantische Dichte. Assoziativität in Poesie und Werbesprache. Tübingen: Niemeyer.

Stojan Bračič (1992): Kommunikative Funktion der gegenwärtigen deutschen Umgangssprache, nachgewiesen an Reiseberichten aus der Presse, in: Linguistica XXX (Ljubljana): 101–149.

Stojan Bračič (1993): Kommunikative Funktion der gegenwärtigen deutschen Umgangssprache in Pressereiseerzählungen. Umgangssprache als Varietät in schriftlichen Texten. Frankfurt/M. u.a.: Lang.

Petra M. E. Braselmann (1981): Konnotation – Verstehen – Stil. Operationalisierung sprachlicher Wirkungsmechanismen, dargestellt an Lehnelementen im Werke Maurice Dekobras. Frankfurt/M. u.a.: Lang.

Petra M. E. Braselmann (1987): Stilistische Fehlleistungen im Schüleraufsatz, in: Forum Angewandte Linguistik 13: 135–137.

Peter Braun (1998): Annäherung an die Fußballsprache, in: Muttersprache 108, H. 2: 134–145.

Klaus Brinker (2000): Textfunktionale Analyse, in: K. Brinker, G. Antos, W. Heinemann, S.F. Sager (Hrsg.): Text- und Gesprächslinguistik. Ein internationales Handbuch zeitgenössischer Forschung, 1. Halbbd. Berlin, New York: de Gruyter: 175–186.

Klaus Brinker (2001): Linguistische Textanalyse. Eine Einführung in Grundbegriffe und Methoden, 5. Auflage. Berlin: Erich Schmidt.

Klaus Brinker, Gerd Antos, W. Heinemann, S. F. Sager (Hrsg.) (2000): Text- und Gesprächslinguistik. Ein internationales Handbuch zeitgenössischer Forschung, 1. Halbbd. Berlin, New York: de Gruyter.

Tobias Brückner, Christa Sauter (1984): Rückläufige Wortliste zum heutigen Deutsch, Bd. 1. Mannheim: Institut für deutsche Sprache.

Gisela Brünner (1997): Fachlichkeit, Muster und Stil in der beruflichen Kommunikation, in: M. Selting, B. Sandig (Hrsg.): Sprech- und Gesprächsstile. Berlin, New York: de Gruyter: 254–285.

Gisela Brünner, Elisabeth Gülich (2002): Verfahren der Veranschaulichung in der Experten-Laien-Kommunikation, in: G. Brünner, E. Gülich (Hrsg.): Krankheit verstehen. Interdisziplinäre Beiträge zur Sprache in Krankheitsdarstellungen. Bielefeld: Aisthesis: 17–93.

Hans-Jürgen Bucher (1986): Pressekommunikation: Grundstrukturen einer öffentlichen Form der Kommunikation aus linguistischer Sicht. Tübingen: Niemeyer.

9. Literaturverzeichnis

Hans Jürgen Bucher (1996): Textdesign – Zaubermittel der Verständlichkeit? Die Tageszeitung auf dem Weg zum interaktiven Medium, in: Forum Angewandte Linguistik 29: 31–59.

Hans Jürgen Bucher (1998): Vom Textdesign zum Hypertext. Gedruckte und elektronische Zeitungen als nicht-lineare Medien, in: W. Holly, B. U. Biere (Hrsg.): Medien im Wandel. Opladen, Wiesbaden: Westdt. Verlag: 63–102.

Karl Bühler (1965): Sprachtheorie. Die Darstellungsfunktion der Sprache, 2. Auflage. Stuttgart: Fischer.

Harald Burger (1998): Phraseologie. Eine Einführung am Beispiel des Deutschen. Berlin: Erich Schmidt.

Hartmut Büscher (1996): Emotionalität in Schlagzeilen der Boulevardpresse. Theoretische und empirische Studien zum emotionalen Wirkungspotential von Schlagzeilen der BILD-Zeitung im Assoziationsbereich „Tod". Frankfurt/M. u.a.: Lang.

Dietrich Busse, Wolfgang Teubert (1994): Ist Diskurs ein sprachwissenschaftliches Objekt? Zur Methodenfrage der historischen Semantik, in: D. Busse, F. Hermanns, W. Teubert (Hrsg.): Begriffsgeschichte und Diskursgeschichte. Methodenfragen und Forschungsergebnisse der historischen Semantik. Opladen: Westdt. Verlag: 10–28.

Hadumod Bußmann (Hrsg.) (2002): Lexikon der Sprachwissenschaft, 3. Auflage. Stuttgart: Kröner.

Ronald Carter, Walter Nash (1990): Seeing Through Language: A Guide to Styles of English Writing. Oxford, Cambridge: Blackwell.

Aaron V. Cicourel (1973): Basisregeln und normative Regeln im Prozeß des Aushandelns von Status und Rolle, in: Arbeitsgruppe Bielefelder Soziologen (Hrsg.): Alltagswissen, Interaktion und gesellschaftliche Wirklichkeit, Bd. 1. Reinbek: Rowohlt: 147–188.

Anna Ciliberti (1993): The personal and the cultural in interactive styles, in: Journal of Pragmatics 20: 1–25.

Herbert H. Clark, Thomas B. Carlson (1982): Hearers and Speech Acts, in: Language 58: 332–373.

Eugenio Coseriu (1980): Textlinguistik. Eine Einführung. Hrsg. und bearb. von Jörn Albrecht. Tübingen: Narr.

Florian Coulmas (1977): Rezeptives Sprachverhalten. Eine theoretische Studie über Faktoren des sprachlichen Verstehensprozesses. Hamburg: Buske.

Martine Dalmas (2001): Der Weisheit letzter Schluss... Zur Funktion des Schlusswortes in Rezensionen, in: E.-M. Jakobs, A. Rothkegel (Hrsg.): Perspektiven auf Stil. Tübingen: Niemeyer: 305–319.

Arnulf Deppermann, Thomas Spranz-Fogasy (2001): Aspekte und Merkmale der Gesprächssituation, in: K. Brinker, G. Antos, W. Heinemann, S. F. Sager (Hrsg.): Text- und Gesprächslinguistik. Ein internationales Handbuch zeitgenössischer Forschung. 2. Halbbd. Berlin, New York: de Gruyter: 1148–1161.

Deutsche Akademie für Sprache und Dichtung (Hrsg.) (1980/1981): Der öffentliche Sprachgebrauch, Bd. 1, 2. Stuttgart: Klett-Cotta.

Walther Dieckmann (1999): Sprachliche Ausdrucksformen wissenschaftlicher Autorität, in: J. Fohrmann, I. Kasten, E. Neuland (Hrsg.): Autorität der/in Sprache,

Literatur, Neuen Medien. Vorträge des Bonner Germanistentages 1997, Bd. 1. Bielefeld: Aisthesis: 17–40.

Gunther Dietz (1995): Titel wissenschaftlicher Texte. Tübingen: Narr.

Teun A. van Dijk (1977): Text and Context. Explorations in the Semantics and Pragmatics of Discourse. London: Longman.

Teun A. van Dijk (1997): Cognitive Context Models and Discourse, in: M. I. Stamenov (Hrsg.): Language structure, discourse and the access to consciousness. Amsterdam: Benjamins: 189–226.

Teun A. van Dijk, Walter Kintsch (1983): Strategies of Discourse Comprehension. New York: Academic Press.

Andrea Maria Dittgen (1989): Regeln für Abweichungen. Funktionale sprachspielerische Abweichungen in Zeitungsüberschriften, Werbeschlagzeilen, Werbeslogans, Wandsprüchen und Titeln. Frankfurt/M. u.a.: Lang.

Norbert Dittmar (1989): Soziolinguistischer Stilbegriff am Beispiel der Ethnographie einer Fußballmannschaft, in: Zeitschrift für Germanistik 10: 423–444.

Klaus Dockhorn (1968): Macht und Wirkung der Rhetorik. Vier Aufsätze zur Ideengeschichte der Vormoderne. Bad Homburg v. d. H.: Gehlen.

Christian Doelker (1999): Ein Bild ist mehr als ein Bild. Visuelle Kompetenz in der Multimedia-Gesellschaft, 2. Auflage. Stuttgart: Klett-Cotta.

Martina Drescher (1992): Verallgemeinerungen als Verfahren der Textkonstitution. Untersuchungen zu französischen Texten aus mündlicher und schriftlicher Kommunikation. Stuttgart: Steiner.

Martina Drescher (1997): Sprachliche Affektivität: Darstellung emotionaler Beteiligung am Beispiel von Gesprächen aus dem Französischen, Bielefeld: Habilitationsschrift.

Wolfgang U. Dressler (1989): Semiotische Parameter einer textlinguistischen Natürlichkeitstheorie. Wien: Verlag der österr. Akad. der Wiss.

Paul Drew, Marja-Leena Sorjonen (1997): Institutional Dialogue, in: T. A. van Dijk (Hrsg.): Discourse Studies. A Multidisciplinary Introduction, Bd. 2: Discourse as Social Interaction. London u.a.: Sage: 92–118.

Duden (1981): Das große Wörterbuch der deutschen Sprache in sechs Bänden. Bd. 6. Mannheim u.a.: Dudenverlag.

Dudenredaktion (Hrsg.) (1984): Grammatik der deutschen Gegenwartssprache. Mannheim u.a.: Dudenverlag.

Konrad Ehlich (1983): Denkweise und Schreibstil. Schwierigkeiten in Hegelschen Texten: Phorik, in: Germanistische Linguistik 3–4/ 81: 159–178.

Konrad Ehlich (1992): Scientific texts and deictic structures, in: D. Stein (Hrsg.): Cooperating with written texts. Berlin, New York: de Gruyter: 201–229.

Konrad Ehlich (Hrsg.) (1984): Erzählen in der Schule. Tübingen: Narr.

Konrad Ehlich, Jochen Rehbein (1977): Wissen, kommunikatives Handeln und die Schule, in: H. C. Goeppert (Hrsg.): Sprachverhalten im Unterricht: Zur Kommunikation von Lehrer und Schüler in der Unterrichtssituation. München: Fink: 36–114.

Konrad Ehlich, Jochen Rehbein (1986): Muster und Institution. Untersuchungen zur schulischen Kommunikation. Tübingen: Narr.

Ludwig M. Eichinger (1995): Wegweiser durch Textwelten. Wozu komplexe Substantive gut sind, in: R. Métrich, M. Vuillaume (Hrsg.): Rand und Band. Abgrenzung und Verknüpfung als Grundtendenzen des Deutschen. Festschrift für Eugène Faucher zum 60. Geburtstag. Tübingen: Narr: 169–182.

Nils Erik Enkvist (1978): Stylistics and Text Linguistics, in: W. U. Dressler (Hrsg.): Current Trends in Text Linguistics. Berlin, New York: de Gruyter: 174–190.

Nils Erik Enkvist (1981): Experiential iconism in text strategy, in: Text 1: 97–111.

Nils Erik Enkvist (1995): Style in Stylistics and in Text and Discourse Linguistics, in: Stylistyka IV: 24–32.

Hans-Werner Eroms (1986): Textlinguistik und Stiltheorie, in: A. Schöne (Hrsg.): Kontroversen, alte und neue. Akten des VII. Internationalen Germanisten-Kongresses Göttingen 1985, Bd. 3. Tübingen: Niemeyer: 10–21.

Hans-Werner Eroms (1996): Zum Zeitstil der vierziger Jahre im Walter Kempowskis ‚Echolot', in: U. Fix, G. Lerchner (Hrsg.): Stil und Stilwandel. Bernhard Sowinski zum 65. Geburtstag gewidmet. Franfurt/M. u.a.: Lang: 95–109.

Hans-Werner Eroms (2000): ‚Anschauung' und ‚Bildlichkeit' in der Bilderflut, in: U. Fix, H. Wellmann (Hrsg.): Bild im Text – Text und Bild. Heidelberg: Winter: 31–51.

Susan Ervin-Tripp (1972): On Sociolinguistic Rules: Alternation and Co-occurrence, in: J. J. Gumperz, D. Hymes (Hrsg.): Directions in Sociolinguistics. The Ethnography of Communication. New York: Holt, Rinehart & Winston: 213–250.

Marlene Faber (1994): Stilisierung und Collage. Sprachpragmatische Untersuchung zum dramatischen Werk von Botho Strauß. Frankfurt/M. u.a.: Lang.

Helmuth Feilke (1989): Funktionen verbaler Stereotype für die alltagssprachliche Wissensorganisation, in: C. Knobloch (Hrsg.): Kognition und Kommunikation. Beiträge zur Psychologie der Zeichenverwendung. Münster: Nodus: 137–155.

Helmuth Feilke (1996): Sprache als soziale Gestalt. Ausdruck, Prägung und die Ordnung der sprachlichen Typik. Frankfurt/M.: Suhrkamp.

Angelika Feine (1997): Mit Spritfressern in die Klimakatastrophe? Betrachtungen zu Mehrfachbenennungen in publizistischen Texten, in: C. Keßler, K.-E. Sommerfeldt (Hrsg.): Sprachsystem – Text – Stil. Festschrift für Georg Michel und Günter Starke zum 70. Geburtstag. Frankfurt/M. u. a.: Lang: 61–73.

Angelika Feine, Hans-Joachim Siebert (Hrsg.) (1996): Beiträge zur Text- und Stilanalyse. Frankfurt/M. u.a.: Lang.

Reinhard Fiehler (1990): Kommunikation und Emotion. Theoretische und empirische Untersuchungen zur Rolle von Emotionen in der verbalen Interaktion. Berlin, New York: de Gruyter.

Reinhard Fiehler (1993): Grenzfälle des Argumentierens: ‚Emotionalität statt Argumentation' oder ‚emotionales Argumentieren'?, in: Germanistische Linguistik 112–113: 149–174.

Reinhard Fiehler (1997): Kommunikation im Alter und ihre sprachwissenschaftliche Analyse. Gibt es einen Kommunikationsstil des Alters?, in: B. Sandig, M. Selting (Hrsg.): Sprech- und Gesprächsstile. Berlin, New York: de Gruyter: 345–370.

Reinhard Fiehler, Birgit Barden, Mechthild Elstermann, Barbara Kraft (2004): Eigenschaften gesprochener Sprache. Tübingen: Narr.

Alwin Fill (2003): Das Prinzip Spannung. Sprachwissenschaftliche Betrachtungen zu einem universalen Phänomen. Tübingen: Narr.

Charles Fillmore (1977): Scenes-and-frames semantics, in: A. Zampolli (Hrsg.): Linguistic structures processing. Amsterdam: North-Holland: 55–81.

Stanley Fish (1975): Literatur im Leser. Affektive Stilistik, in: R. Warning (Hrsg.): Rezeptionsästhetik. Theorie und Praxis. München: Fink: 196–227.

Herbert Fitzek, Wilhelm Salber (1996): Gestaltpsychologie. Geschichte und Praxis. Darmstadt: Wiss. Buchgesellsch.

Ulla Fix (1988): ‚Kommunikativ adäquat' – ‚stilistisch adäquat'. Zu Problemen, Kategorien und Kriterien der Redebewertung. Dissertation B. Leipzig: unveröff. Ms.

Ulla Fix (1990): Die Kategorie Stil als theoretisches Problem: Zur Einführung, in: U. Fix (Hrsg.): Beiträge zur Stiltheorie. Leipzig: Verlag Enzyklopädie: 7–18.

Ulla Fix (1991): Unikalität von Texten und Relativität von Stilmustern, in: Beiträge zur Erforschung der deutschen Sprache 10: 51–60.

Ulla Fix (1991a): Stilistische Analyse – immer ein Vergleich?, in: Germanistische Linguistik 106–107: 133–156.

Ulla Fix (1992): Stil als komplexes Zeichen im Wandel. Überlegungen zu einem erweiterten Stilbegriff, in: Zeitschrift für germanistische Linguistik 20: 193–209.

Ulla Fix (1993): Die „Gattung Grimm", Andersens Märchen „Das häßliche Entlein" und das „Märchen vom häßlichen Dieselein". Ein Textmustervergleich, in: H. Wellmann (Hrsg.): Grammatik, Wortschatz und Bauformen der Poesie in der stilistischen Analyse ausgewählter Texte. Heidelberg: Winter: 113–128.

Ulla Fix (1994): Die Beherrschung der Kommunikation durch die Formel. Politisch gebrauchte Formeln im offiziellen Sprachgebrauch der „Vorwende"-Zeit in der DDR. Strukturen und Funktionen, in: B. Sandig (Hrsg.): EUROPHRAS 92. Tendenzen der Phraseologieforschung. Bochum: Brockmeyer: 139–153.

Ulla Fix (1995): Zur Berechtigung, zu Problemen und Möglichkeiten der Stilforschung, in: G. Stickel (Hrsg.): Stilfragen. Berlin, New York: de Gruyter: 392–396.

Ulla Fix (1996): Text und KonTextstile. Stile in der Kommunikation als umfassende Semiose von Sprachlichem, Parasprachlichem und Außersprachlichem, in: U. Fix, G. Lerchner (Hrsg.): Stil und Stilwandel. Festschrift für Bernhard Sowinski zum 65. Geburtstag. Frankfurt/M. u.a.: Lang: 111–132.

Ulla Fix (1996a): Text- und Stilanalyse unter dem Aspekt der kommunikativen Ethik. Der Umgang mit den Griceschen Konversationsmaximen in dem Dialog „Das Ei" von Loriot, in: A. Feine, H.-J. Siebert (Hrsg.): Beiträge zur Text- und Stilanalyse. Frankfurt/M. u.a.: Lang: 53–67.

Ulla Fix (1996b): Gestalt und Gestalten. Von der Notwendigkeit der Gestaltkategorie für eine das Ästhetische berücksichtigende Stilistik, in: Zeitschrift für Sprachwissenschaft NF VI: 308–323.

Ulla Fix (1997): Kanon und Auflösung des Kanons. Typologische Intertextualität – ein postmodernes Stilmittel? Eine thesenhafte Darstellung, in: G. Antos, H. Tietz (Hrsg.): Die Zukunft der Textlinguistik. Traditionen, Transformationen, Trends. Tübingen: Niemeyer: 97–108.

Ulla Fix (1999): Textsorte – Textmuster – Textmustermischung. Konzept und Analysebeispiele, in: M.-H. Pérennec (Hrsg.): Textlinguistik. An- und Aussichten. Lyon: Institut d' Etudes Germaniques: 11–23.

Ulla Fix (2000): Aspekte der Intertextualität, in: K. Brinker, G. Antos, W. Heinemann, S. F. Sager (Hrsg.): Text- und Gesprächslinguistik. Ein internationales Handbuch zeitgenössischer Forschung. 1. Halbbd. Berlin, New York: de Gruyter: 449–457.

Ulla Fix (2001): Zugänge zu Stil als semiotisch komplexer Einheit. Thesen, Erläuterungen und Beispiele, in: E.-M. Jakobs, A. Rothkegel (Hrsg.): Perspektiven auf Stil. Tübingen: Niemeyer: 113–126.

Ulla Fix (2001a): Die Ästhetisierung des Alltags – am Beispiel seiner Texte, in: Zeitschrift für Germanistik NF XI: 36–53.

Ulla Fix (2001b): An-schauliche Wörter? Wörter im Dienste der ‚Bildhaftigkeit', ‚Bildlichkeit', ‚Bildkräftigkeit', ‚Sinnlichkeit', ‚Lebendigkeit', ‚Gegenständlichkeit' von Texten, in: I. Barz, U. Fix, G. Lerchner (Hrsg.): Das Wort in Text und Wörterbuch. Leipzig: Verlag der Sächsischen Akademie der Wissenschaften: 9–22.

Ulla Fix (2001c): Die Gedichte *satzanfang* und *Sprachvermögen. Sprechenkönnen. Sprichwenndukannst.* (Be)greifbare Beziehungen zwischen Linguistik und Literatur, in: A. Burkhardt, D. Cherubim (Hrsg.): Sprache im Leben der Zeit. Beiträge zur Theorie, Analyse und Kritik der deutschen Sprache in Vergangenheit und Gegenwart. Helmut Henne zum 65. Geburtstag. Tübingen: Niemeyer: 67–84.

Ulla Fix, Hannelore Poethe, Gabriele Yos (2001): Textlinguistik und Stilistik für Einsteiger. Ein Lehr- und Arbeitsbuch, unter Mitarbeit von Ruth Geier. Frankfurt/M. u.a.: Lang.

Ulla Fix, Stephan Habscheid, Josef Klein (Hrsg.) (2001): Zur Kulturspezifik von Textsorten. Tübingen: Stauffenburg.

Ulla Fix, Hans Wellmann (Hrsg.) (1997): Stile, Stilprägungen, Stilgeschichte. Über Epochen-, Gattungs- und Autorenstile. Sprachliche Analysen und didaktische Aspekte. Heidelberg: Winter.

Ulla Fix, Hans Wellmann (Hrsg.) (2000): Bild im Text – Text und Bild. Heidelberg: Winter.

Ulla Fix, Andreas Gardt, Joachim Knape (Hrsg.) (in Vorb.): Rhetorik und Stilistik. Ein internationales Handbuch. Berlin, New York: de Gruyter.

Wolfgang Fleischer, Georg Michel (1975): Stilistik der deutschen Sprache. Leipzig: Bibliographisches Institut.

Wolfgang Fleischer, Georg Michel, Günther Starke (1993): Stilistik der deutschen Gegenwartssprache. Frankfurt/M. u.a.: Lang.

Ad Foolen (1997): The expressive function of language: Towards a cognitive semantic approach, in: S. Niemeyer, R. Dirven (Hrsg.): The Language of Emotions. Conceptualisation, Expression and Theoretical Foundation. Amsterdam, Philadelphia: Benjamins: 15–31.

Roger Fowler (1991): Language in the News: Discourse and Ideology in the Press. London, New York: Routledge.

Dorothea Franck (1980): Grammatik und Konversation. Königstein/Ts.: Scriptor.

Dorothea Franck (1984): Stil und Interaktion, in: B. Spillner (Hrsg.): Methoden der Stilanalyse. Tübingen: Narr: 121–135.

Barbara Frank (1994): Die Textgestalt als Zeichen. Lateinische Handschriftentradition und die Verschriftlichung der romanischen Sprachen. Tübingen: Narr.

Eberhard Frey (1975): Stil und Leser. Theoretische und praktische Ansätze zur wissenschaftlichen Stilanalyse. Bern: Herbert Lang, Frankfurt/M.: Peter Lang.

Eberhard Frey (1980): Text und Stilrezeption. Empirische Grundlagenstudien zur Stilistik. Königstein/Ts.: Athenäum.

Wolfgang Frier (1983): Konvention und Abweichung. Zur pragmatischen Analyse literarischer Texte, in: Germanistische Linguistik 3–4/ 81, 127–157.

Burckhard Garbe (Hrsg.) (1987): Konkrete Poesie, Linguistik und Sprachunterricht. Hildesheim: Olms.

Andreas Gardt (in Vorb. 2005): Diskursanalyse. Aktueller theoretischer Ort und methodische Möglichkeiten (Ms.).

Harold Garfinkel (1973): Das Alltagswissen über soziale und innerhalb sozialer Strukturen, in: Arbeitsgruppe Bielefelder Soziologen (Hrsg.): Alltagswissen, Interaktion und gesellschaftliche Wirklichkeit. Reinbek: Rowohlt: 189–269.

Harold Garfinkel, Harvey Sacks (1976): Über formale Strukturen praktischer Handlungen, in: E. Weingarten, F. Sack, J. Schenkein (Hrsg.): Ethnomethodologie. Beiträge zu einer Soziologie des Alltagshandelns. Frankfurt/M.: Suhrkamp: 130–176.

Susi Geiger, Beate Henn-Memmesheimer (1998): Visuell-verbale Textgestaltung von Werbeanzeigen. Zur textlinguistischen Untersuchung multikodaler Kommunikationsformen, in: Kodikas/Code – Ars semeiotica 21, H. 1–2: 55–74.

Gérard Genette (1992): Paratexte. Das Buch vom Beiwerk des Buches. Frankfurt/M., New York: Campus.

Rosemarie Gläser (1986): A plea for phraseo-stylistics, in: D. Kastovsky, A. Szwedek (Hrsg.): Linguistics across historical and geographical boundaries, in honour of Jaček Fisiak on the occasion of his 50. birthday. Bd. 1. Berlin, New York: Mouton de Gruyter: 41–52.

Jutta Goheen (2001): Kulturelle Konnotation literarischer Stile: *Homo ludens* als poetische Repräsentation mittelalterlicher Memoria, in: E.-M. Jakobs, A. Rothkegel (Hrsg.): Perspektiven auf Stil. Tübingen: Niemeyer: 489–510.

Susanne Göpferich (1995): Textsorten in Naturwissenschaft und Technik. Pragmatische Typologie – Kontrastierung – Translation. Tübingen: Narr.

Alfred Götze, Walther Mitzka (Hrsg.) (1955): Trübners deutsches Wörterbuch, Bd. 6. Berlin: de Gruyter.

Ulrike Gräßel (1991): Sprachverhalten und Geschlecht. Eine empirische Studie zu geschlechtsspezifischem Sprachverhalten in Fernsehdiskussionen. Pfaffenweiler: Centaurus.

Carl F. Graumann (1993): Perspektivität in Kognition und Sprache, in: SPIEL 12, H. 4.2: 156–172.

Carl F. Graumann, Werner Kallmeyer (Hrsg.) (2002): Perspective and Perspectivation in Discourse. Amsterdam, Philadelphia: Benjamins.

Gertrud Gréciano (1995): Phraseologische Text(in)kohärenz, in: Cahiers d'Etudes Germaniques 27, 93–103.

Ina-Maria Greverus (1978): Kultur und Alltagswelt. Eine Einführung in Fragen der Kulturanthropologie. München: Beck.

Adi Grewenig (2000): Medienkompetenz im „Kommunikativen Haushalt" der Gesellschaft. Zur Inszenierung der Jahresrückblicke 1997, in: I. Kühn, M. Leh-

rer (Hrsg.): Deutsch in Europa, Muttersprache und Fremdsprache. Frankfurt/M. u.a.: Lang: 63–82.
Jacob Grimm, Wilhelm Grimm (1941): Deutsches Wörterbuch 10. Bd. II. Abt. II. Teil. Leipzig: Hirzel.
Norbert Groeben (1982): Leserpsychologie: Textverständnis – Textverständlichkeit. Münster: Aschendorff.
Sabine Gross (1994): Lesezeichen. Kognition, Medium und Materialität im Leseprozeß. Darmstadt: Wiss. Buchgesellsch.
Elisabeth Gülich (1981): Dialogkonstitution in institutioneller Kommunikation, in: P. Schröder, H. Steger (Hrsg.): Dialogforschung. Jahrbuch 1980 des Instituts für deutsche Sprache. Düsseldorf: Schwann: 418–456.
Elisabeth Gülich (1986): Textsorten in der Kommunikationspraxis, in: W. Kallmeyer (Hrsg.): Kommunikationstypologie. Handlungsmuster, Textsorten, Situationstypen. Jahrbuch 1985 des Instituts für deutsche Sprache. Düsseldorf: Schwann: 15–46.
Elisabeth Gülich (1997): Routineformeln und Formulierungsroutinen. Ein Beitrag zur Beschreibung ‚formelhafter Texte', in: F. J. Berens, R. Wimmer (Hrsg.): Wortbildung und Phraseologie. Tübingen: Narr: 131–175.
Elisabeth Gülich, Heiko Hausendorf (2000): Vertextungsmuster Narration, in: K. Brinker, G. Antos, W. Heinemann, S. F. Sager (Hrsg.): Text- und Gesprächslinguistik. Ein internationales Handbuch zeitgenössischer Forschung, 1. Halbbd. Berlin, New York: de Gruyter: 369–385.
Elisabeth Gülich, Wolfgang Raible (1975): Textsorten-Probleme, in: Linguistische Probleme der Textanalyse. Jahrbuch 1973 des Instituts für deutsche Sprache. Düsseldorf: Schwann: 144–197.
John J. Gumperz (1978): Sprache, soziales Wissen und interpersonale Beziehungen, in: U. Quasthoff (Hrsg.): Sprachstruktur, Sozialstruktur. Zur linguistischen Theoriebildung. Königstein/Ts.: Scriptor: 114–127.
Hartmut Günther (1988): Schriftliche Sprache – Strukturen geschriebener Wörter und ihre Verarbeitung beim Lesen. Tübingen: Niemeyer.
Susanne Günthner (1997): Stilisierungsverfahren in der Redewiedergabe – Die ‚Überlagerung von Stimmen' als Mittel der moralischen Verurteilung in Vorwurfsrekonstruktionen, in: B. Sandig, M. Selting (Hrsg.): Sprech- und Gesprächsstile. Berlin, New York: de Gruyter: 94–122.
Susanne Günthner (1999): Vorwürfe in der Alltagskommunikation, in: J. Bergmann, T. Luckmann (Hrsg.): Kommunikative Konstruktion von Moral, Bd. 1: Struktur und Dynamik der Formen moralischer Kommunikation. Opladen, Wiesbaden: Westdt. Verlag: 206–241.
Susanne Günthner (2000): Vorwurfsaktivitäten in der Alltagsinteraktion. Grammatische, prosodische, rhetorisch-stilistische und interaktive Verfahren bei der Konstitution kommunikativer Muster und Gattungen. Tübingen: Niemeyer.
Susanne Günthner, Gurly Schmidt (2002): Stilistische Verfahren in der Welt der Chat-Groups, in: I. Keim, W. Schütte (Hrsg.): Soziale Welten und kommunikative Stile. Festschrift für Werner Kallmeyer zum 60. Geburtstag. Tübingen: Narr: 315–337.

Stephan Habscheid (2000): ‚Medium' in der Pragmatik. Eine kritische Bestandsaufnahme, in: Deutsche Sprache 28: 126–143.

Stephan Habscheid, Ulla Fix (Hrsg.) (2003): Gruppenstile. Zur sprachlichen Inszenierung sozialer Zugehörigkeit. Frankfurt/M.: Lang.

Jörg Hagemann (1997): Reflexiver Sprachgebrauch. Diktumscharakterisierung aus Gricescher Sicht. Opladen, Wiesbaden: Westdt. Verlag.

Walter von Hahn (1983): Fachkommunikation. Entwicklung, linguistische Konzepte, betriebliche Beispiele. Berlin, New York: de Gruyter.

Gerlinde Hardt-Mautner (1992): *The Silent Salesman* oder: Die Verpackung als Werbeträger. Eine linguistisch-semiotische Annäherung, in: Fachsprache 14, H. 3–4: 98–110.

Gisela Harras (1983): Handlungssprache und Sprechhandlung. Eine Einführung in die handlungstheoretischen Grundlagen. Berlin, New York: de Gruyter.

Dietrich Hartmann (1987): Sprache, Raum und Perspektivität in Stadtbeschreibungen, in: P. Canisius (Hrsg.): Perspektivität in Sprache und Text. Bochum: Brockmeyer: 183–228.

Martin Hartung (1996): Ironische Äußerungen in privater Scherzkommunikation, in: H. Kotthoff (Hrsg.): Scherzkommunikation. Beiträge aus der empirischen Gesprächsforschung. Opladen: Westdt. Verlag: 109–143.

Wolfdietrich Hartung (1996): *wir könn'n darüber ruhig weitersprechen bis mittags wenn wir wollen*. Die Bearbeitung von Perspektiven-Divergenzen durch das Ausdrücken von Gereiztheit, in: W. Kallmeyer (Hrsg.): Gesprächsrhetorik: Rhetorische Verfahren im Gesprächsprozeß. Tübingen: Narr: 119–189.

Wolfdietrich Hartung (1997): Perspektive und Stil, in: C. Keßler, K.-E. Sommerfeldt (Hrsg.): Sprachsystem – Text – Stil. Festschrift für Georg Michel und Günter Starke zum 70. Geburtstag. Frankfurt/M. u.a.: Lang: 119–136.

Wolfdietrich Hartung (1998): Perspektiven-Differenzen als Verständigungsproblem, in: R. Fiehler (Hrsg.): Verständigungsprobleme und gestörte Kommunikation. Opladen, Wiesbaden: Westdt. Verlag: 63–79.

Roland Harweg (1993): Narrative Fachsprache. Ein Beitrag zur Fachtextlinguistik am Beispiel von Sportberichten, in: T. Bungarten (Hrsg.): Fachsprachentheorie, Bd. 2. Todstedt: Attikon: 848–879.

Franz Josef Hausmann (1989): Die Markierung im allgemeinen einsprachigen Wörterbuch: eine Übersicht, in: F. J. Hausmann, O. Reichmann, H. E. Wiegand, L. Zgusta (Hrsg.): Wörterbücher. Ein internationales Handbuch zur Lexikographie. Berlin, New York: de Gruyter: 649–657.

John Haynes (1989): Introducing Stylistics. London, Boston: Unwin Hyman.

Wolfgang Heinemann, Dieter Viehweger (1991): Textlinguistik. Eine Einführung. Tübingen: Niemeyer.

Christina Hellmann (1995): The Notion of Coherence in Discourse, in: G. Rickheit, C. Habel (Hrsg.): Focus and Coherence in Discourse Processing. Berlin, New York: de Gruyter: 190–202.

Peter Hellwig (1984): Titulus oder über den Zusammenhang von Titeln und Texten, in: Zeitschrift für germanistische Linguistik 12: 1–20.

Helmut Henne (1986): Jugend und ihre Sprache. Darstellung, Materialien, Kritik. Berlin, New York: de Gruyter.

Albert F. Herbig (1992): „Sie argumentieren doch scheinheilig!" Sprach- und sprechwissenschaftliche Aspekte einer Stilistik des Argumentierens. Frankfurt/M. u.a.: Lang.

Albert F. Herbig, Barbara Sandig (1994): „Das kann doch wohl nur ein Witz sein". Bewerten, Argumentieren und Emotionalisieren im Rahmen persuasiver Strategien, in: M. Moilanen, L. Tiittula (Hrsg.): Überredung in der Presse. Berlin, New York: de Gruyter: 59–88.

John Heritage (1984): Garfinkel and ethnomethodology. Cambridge: Polity Press.

Götz Hindelang (1978): Auffordern. Die Untertypen des Auffordens und ihre sprachlichen Realisierungsformen. Göppingen: Kümmerle.

Volker Hinnenkamp, Margret Selting (1989): Stil und Stilisierung. Arbeiten zur interpretativen Soziolinguistik. Tübingen: Niemeyer.

Ludger Hoffmann (1989): Über Thema und thematische Organisation, in: Linguistische Studien Reihe A, Arbeitsberichte 199, Akademie der Wissenschaften der DDR, ZISW: 209–223.

Ludger Hoffmann (1995): Gewichtung: ein funktionaler Zugang zur Grammatik, in: Der Deutschunterricht 47, Heft 4: 22–36.

Ludger Hoffmann (2000): Thema, Themenentfaltung, Makrostruktur, in: K. Brinker, G. Antos, W. Heinemann, S. F. Sager (Hrsg.): Text- und Gesprächslinguistik. Ein internationales Handbuch zeitgenössischer Forschung, 1. Halbbd. Berlin, New York: de Gruyter: 344–356.

Michael Hoffmann (1987): Zum pragmatischen und operationalen Aspekt der Textkategorie Stil, in: Zeitschrift für Phonetik, Sprachwissenschaft und Kommunikationsforschung 40: 68–81.

Michael Hoffmann (1996): Persuasive Denk- und Sprachstile, in: Zeitschrift für Germanistik NF VI: 293–307.

Michael Hoffmann (2002): Intertextualität im satirischen Zeichenprozess: Erscheinungsformen – Bedeutungsebenen – Interpretationsregeln, in: I. Pohl (Hrsg.): Prozesse der Bedeutungskonstruktion. Frankfurt/M. u.a.: Lang: 255–282.

Werner Holly (1990): Politikersprache. Inszenierungen und Rollenkonflikte im informellen Sprachhandeln eines Bundestagsabgeordneten. Berlin, New York: de Gruyter.

Werner Holly (1995): „Wie meine Tante Hulda, echt". Textoffenheit in der *Lindenstraße* als Produkt- und Rezeptionsphänomen, in: M. Jurga (Hrsg.): Lindenstraße. Produktion und Rezeption einer Erfolgsserie. Opladen: Westdt. Verlag: 117–136.

Werner Holly (2001): „Gehobener Stil" als sozialer Stil. „Das neue Notizbuch" von Johannes Gross als Textbeispiel, in: E.-M. Jakobs, A. Rothkegel (Hrsg.): Perspektiven auf Stil. Tübingen: Niemeyer: 423–441.

Werner Holly (2002): „Klare und normale Sprache" als sozialer Stil. Zu Elke Heidenreichs ‚Brigitte'-Kolumnen, in: I. Keim, W. Schütte (Hrsg.): Soziale Welten und kommunikative Stile. Festschrift für Werner Kallmeyer zum 60. Geburtstag. Berlin, New York: de Gruyter: 363–378.

Werner Holly, Peter Kühn, Ulrich Püschel (1984): Für einen „sinnvollen" Handlungsbegriff in der linguistischen Pragmatik, in: Zeitschrift für germanistische Linguistik 12: 275–312.

Werner Holly, Peter Kühn, Ulrich Püschel (1986): Politische Fernsehdiskussionen. Zur medienspezifischen Inszenierung von Propaganda als Diskussion. Tübingen: Niemeyer.

Susanne Holthuis (1993): Intertextualität. Aspekte einer rezeptionsorientierten Konzeption. Tübingen: Stauffenburg.

Wolfgang K. Hünig (2002): British and German Cartoons as Weapons in World War I. Invectives and Ideology of Political Cartoons, a Cognitive Linguistics Approach. Frankfurt/M. u.a.: Lang.

Werner Ingendahl (1988): Linguistische Vorarbeiten für eine pragmatische Stilistik. Ein Forschungsbereich zwischen Sprach- und Kulturwissenschaft, in: Muttersprache 98, H. 2: 108–120.

Werner Ingendahl (1991): Sprachliche Bildung im kulturellen Kontext. Einführung in die kulturwissenschaftliche Germanistik. Opladen: Westdt. Verlag.

Eva-Maria Jakobs (1999): Textvernetzung in den Wissenschaften. Zitat und Verweis als Ergebnis rezeptiven, reproduktiven und produktiven Handelns. Tübingen: Niemeyer.

Eva-Maria Jakobs, Annely Rothkegel (Hrsg.) (2001): Perspektiven auf Stil. Tübingen: Niemeyer.

Roman Jakobson (1976): Hölderlin, Klee, Brecht. Zur Wortkunst dreier Gedichte. Eingel. und hrsg. von Elmar Holenstein. Frankfurt/M.: Suhrkamp.

Nina Janich (1999): Werbesprache. Ein Arbeitsbuch. Tübingen: Narr.

Lothar Jegensdorf (1987): Analogiebildungen zu konkreter Poesie, in: B. Garbe (Hrsg.): Konkrete Poesie, Linguistik und Sprachunterricht. Hildesheim u.a.: Olms: 309–317.

André Jolles (1972): Einfache Formen. Legende, Sage, Mythe, Rätsel, Spruch, Kasus, Memorabile, Märchen, Witz, 4. Auflage. Tübingen: Niemeyer.

Oliver Jungen, Karl-Heinz Göttert (2004): Einführung in die Stilistik. München: Fink.

Martin Jurga (1998): Der Cliffhanger. Formen, Funktionen und Verwendungsweisen eines seriellen Inszenierungsbausteins, in: H. Willems, M. Jurga (Hrsg.): Inszenierungsgesellschaft. Opladen, Wiesbaden: Westdt. Verlag: 471–488.

Otmar Käge (1980): Motivation. Probleme des persuasiven Sprachgebrauchs, der Metapher und des Wortspiels. Göppingen: Kümmerle.

Friedrich Kainz (1954): Psychologie der Sprache. Grundlagen der allgemeinen Sprachpsychologie, Bd. 1. Stuttgart: Enke-Verlag.

Werner Kallmeyer (1994): Das Projekt „Kommunikation in der Stadt", in: W. Kallmeyer (Hrsg.): Kommunikation in der Stadt, Bd. 1. Berlin, New York: de Gruyter: 1–38.

Werner Kallmeyer (1995): Der kommunikative soziale Stil der „kleinen Leute" in der Filsbach, in: I. Keim (Hrsg.): Kommunikative Stilistik einer sozialen Welt „kleiner Leute" in der Mannheimer Innenstadt. Berlin, New York: de Gruyter: 506–523.

Werner Kallmeyer (2001): Perspektivenumkehrung als Element des emanzipatorischen Stils in Migrantengruppen, in: E.-M. Jakobs, A. Rothkegel (Hrsg.): Perspektiven auf Stil. Tübingen: Niemeyer: 401–422.

Werner Kallmeyer (Hrsg.) (1994/1995): Kommunikation in der Stadt, 4 Bde. Berlin, New York: de Gruyter.

Werner Kallmeyer (Hrsg.) (1996): Gesprächsrhetorik. Rhetorische Verfahren im Gesprächsprozess. Tübingen: Narr.

Werner Kallmeyer, Inken Keim (1996): Divergent Perspectives and Social Style in Conflict Talk, in: Folia Linguistica XXX, 3–4: 271–298.

Werner Kallmeyer, Wolfgang Klein, Reinhard Meyer-Hermann, Klaus Netzer, Hans-Joachim Siebert (1986): Lektürekolleg zur Textlinguistik, Bd. 1, 4. Auflage. Frankfurt/M.: Athenäum-Fischer Taschenbuch-Verlag.

Werner Kallmeyer, Fritz Schütze (1976): Konversationsanalyse, in: Studium Linguistik 1: 1–28.

Werner Kany (1992): Inoffizielle Personennamen: Bildung, Bedeutung und Funktion. Tübingen: Niemeyer.

Stalissa Katajewa (1996): Diminutiva, Derivation, Paronomasie und Periphrase als agitatorisch verwendete Mittel der Politiker-Abwertung. Einige Beispiele aus der deutschsprachigen kommunistischen Presse der 80-er Jahre, in: H. Diekmannshenke, J. Klein (Hrsg.): Wörter in der Politik. Analysen zur Lexemverwendung in der politischen Kommunikation. Opladen: Westdt. Verlag: 179–183.

Inken Keim (1993): Sprachvariation als konstitutives Merkmal eines sozialen Stils. Am Beispiel einer innerstädtischen Welt „Kleiner Leute", in: Der Deutschunterricht 45, H. 3: 44–57.

Inken Keim (1995): Sprachvariation und soziale Kategorisierung, in: I. Werlen (Hrsg.): Verbale Kommunikation in der Stadt. Tübingen: Narr: 159–174.

Inken Keim (1995a): Kommunikative Stilistik einer sozialen Welt „kleiner Leute" am Beispiel einer Gruppe älterer Frauen in der Mannheimer Innenstadt. (= W. Kallmeyer (Hrsg.): Kommunikation in der Stadt, Bd. 3). Berlin, New York: de Gruyter: 26–505.

Inken Keim (1997): Formelhaftes Sprechen als konstitutives Merkmal sozialen Stils, in: M. Selting, B. Sandig (Hrsg.): Sprech- und Gesprächsstile. Berlin, New York: de Gruyter: 318–344.

Inken Keim (2001): Die Powergirls – Aspekte des kommunikativen Stils einer Migrantengruppe aus Mannheim, in: E.-M. Jakobs, A. Rothkegel (Hrsg.): Perspektiven auf Stil. Tübingen: Niemeyer: 375–400.

Rudi Keller (1977): Kollokutionäre Akte, in: Germanistische Linguistik 1–2: 3–50.

Friedrich Keller-Bauer (1984): Metaphorisches Verstehen. Eine linguistische Rekonstruktion metaphorischer Kommunikation. Tübingen: Niemeyer.

Peter Christoph Kern (1994): Pathos. Vorläufige Überlegungen zu einer verpönten Kommunikationshaltung, in: H. Löffler, K. Jakob, B. Kelle (Hrsg.): Texttyp, Sprechergruppe, Kommunikationsbereich. Studien zur deutschen Sprache in Geschichte und Gegenwart. Festschrift für Hugo Steger zum 65. Geburtstag. Berlin, New York: de Gruyter: 396–411.

Christine Keßler (1995): Kohärenzbeziehungen im poetischen Text, in: I. Pohl (Hrsg.): Semantik von Satz und Text. Frankfurt/M. u.a.: Lang: 303–314.

Christine Keßler, Karl-Heinz Siehr (1998): „Gefallen geht über Verstehen" – kalkulierte Offenheit als semantische Strategie in Kontaktanzeigen, in: I. Pohl, J. Pohl (Hrsg.): Texte über Texte – interdisziplinäre Zugänge, Frankfurt/M. u.a.: Lang: 507–527.

Ruth Klappenbach, Wolfgang Steinitz (1976): Wörterbuch der deutschen Gegenwartssprache, Bd. 5. Berlin: Akademie-Verlag.

Dagmar Kleber (1996): Zu Strukturen und Funktionen referenzidentischer Wiederaufnahme in Texten unterschiedlicher Textsorten, in: A. Feine, H.-J. Siebert (Hrsg.): Beiträge zur Text- und Stilanalyse. Frankfurt/M. u.a.: Lang: 97–104.

Josef Klein (1991): Politische Textsorten, in: Germanistische Linguistik 106–107: 248–279.

Josef Klein (1996): Unterhaltung und Information: Kategorien und Sprechhandlungsebenen. Medienlinguistische Aspekte von TV-Akzeptanzanalysen mit dem Evaluationsrecorder, in: Forum Angewandte Linguistik 29: 107–119.

Josef Klein (1997): Kategorien der Unterhaltsamkeit. Grundlagen einer Theorie der Unterhaltung mit kritischem Rückgriff auf Grice, in: E. Rolf (Hrsg.): Pragmatik. Implikaturen und Sprechakte. Opladen: Westdt. Verlag: 176–188.

Josef Klein, Ulla Fix (Hrsg.) (1997): Textbeziehungen. Linguistische und literaturwissenschaftliche Beiträge zur Intertextualität. Tübingen: Stauffenburg.

Wolfgang Klein (1993): Ellipse, in: J. Jacobs, A. von Stechow, W. Sternefeld, T. Vennemann (Hrsg.): Syntax. Ein internationales Handbuch zeitgenössischer Forschung, 1. Halbbd. Berlin, New York: de Gruyter: 763–799.

Wolfgang Klein, Christiane von Stutterheim (1987): Quaestio und referentielle Bewegung in Erzählungen, in: Linguistische Berichte 109: 163–183.

Wolfgang Klein, Christiane von Stutterheim (1992): Textstruktur und referentielle Bewegung, in: LiLi: Zeitschrift für Literaturwissenschaft und Linguistik 22, H. 86: 67–92.

Rolf Kloepfer (1975): Poetik und Linguistik. Semiotische Instrumente. München: Fink.

Clemens Knobloch (1990): Zum Status und zur Geschichte des Textbegriffs. Eine Skizze, in: LiLi: Zeitschrift für Literaturwissenschaft und Linguistik 20, H. 77: 66–87.

Peter Koch, Wulf Oesterreicher (1985): Sprache der Nähe – Sprache der Distanz. Mündlichkeit und Schriftlichkeit im Spannungsfeld von Sprachtheorie und Sprachgeschichte, in: Romanisches Jahrbuch 36: 15–43.

Peter Koch, Wulf Oesterreicher (1994): Funktionale Aspekte der Schriftkultur, in: H. Günther, O. Ludwig (Hrsg.): Schrift und Schriftlichkeit. Berlin, New York: de Gruyter: 587–604.

Werner Koller (2001): Dank und Danksagung – eine Annäherung, in: E.-M. Jakobs, A. Rothkegel (Hrsg.): Perspektiven auf Stil. Tübingen: Niemeyer: 267–304.

Wilhelm Köller (2004): Perspektivität und Sprache. Zur Struktur von Objektivierungsformen in Bildern, im Denken und in der Sprache. Berlin, New York: de Gruyter.

Klaus-Peter Konerding (1999): Adjunkte und Informationsstruktur. Aspekte der Interdependenz von Lexik und Grammatik bei der thematischen Organisation von Texten, in: I. Warnke (Hrsg.): Schnittstelle Text: Diskurs. Frankfurt/M. u.a.: Lang: 149–162.

Helga Kotthoff (1989): Stilunterschiede in argumentativen Gesprächen oder zum Geselligkeitswert von Dissens, in: V. Hinnenkamp, M. Selting (Hrsg.): Stil und Stilisierung. Arbeiten zur interpretativen Soziolinguistik. Tübingen: Niemeyer: 187–202.

Helga Kotthoff (1991): Interaktionsstilistische Unterschiede im Gesprächsverhalten der Geschlechter, in: E. Neuland, H. Bleckwenn (Hrsg.): Stil – Stilistik – Stilisierung. Frankfurt/M. u.a.: Lang: 131–149.
Helga Kotthoff (1992): Die konversationelle Konstruktion von Ungleichheit in Fernsehgesprächen. Zur Produktion von kulturellem Geschlecht., in: S. Günthner, H. Kotthoff (Hrsg.): Die Geschlechter im Gespräch. Kommunikation in Institutionen. Stuttgart: Metzler: 251–285.
Helga Kotthoff (1993): Kommunikative Stile, Asymmetrie und „Doing Gender". Fallstudien zur Inszenierung von Expert(inn)entum in Gesprächen, in: Feministische Studien 2: 79–95.
Helga Kotthoff (1997): Erzählstile von mündlichen Witzen. Zur Erzielung von Komikeffekten durch Dialoginszenierungen und die Stilisierung sozialer Typen im Witz, in: M. Selting, B. Sandig (Hrsg.): Sprech- und Gesprächsstile. Berlin, New York: de Gruyter: 123–169.
Helga Kotthoff (1998): Spaß verstehen. Zur Pragmatik von konversationellem Humor. Tübingen: Niemeyer.
Helga Kotthoff (2002): Vorwort zu Kultur(en) im Gespräch, in: H. Kotthoff (Hrsg.): Kultur(en) im Gespräch. Tübingen: Narr: 7–22.
Ulrich Krafft (1997): Justine liest französisches Recht. Sprechstile in einer Vorlesung, in: M. Selting, B. Sandig (Hrsg.): Sprech- und Gesprächsstile. Berlin, New York: de Gruyter: 170–216.
Siegfried Krahl, Josef Kurz (1984): Kleines Wörterbuch der Stilkunde, 6. neubearb. Auflage. Leipzig: Bibliographisches Institut.
Sybille Krämer (1996): Sprache und Schrift oder: Ist Schrift verschriftete Sprache?, in: Zeitschrift für Germanistik 15: 92–112.
Wolf-Dieter Krause (2000): Kommunikationslinguistische Aspekte der Textsortenbestimmung, in: W.-D. Krause (Hrsg.): Textsorten: kommunikationslinguistische und konfrontative Aspekte. Frankfurt/M. u.a.: Lang: 34–67.
Gunther Kress, Theo van Leeuwen (1996): Reading images. The grammar of visual design. London, New York: Routledge.
Gunther Kress, Theo van Leeuwen (1998): Front Pages: (The Critical) Analysis of Newspaper Layout, in: A. Bell, P. Garrett (Hrsg.): Approaches to Media Discourse. Oxford: Blackwell: 186–219.
Werner Kroeber-Riel (1996): Bildkommunikation. Imagerystrategien für die Werbung. München: Franz Vahlen.
Christiane Krüger (1995): Journalistische Berichterstattung im Trend der Zeit. Stilstrategie und Textdesign des Nachrichtenmagazins FOCUS. Münster: Lit.
Ingrid Kühn (2000): „Die Vorrede könnte Blitzableiter sein". Variationen von Musterrealisierungen im gesellschaftlichen Kontext, in: I. Barz, U. Fix, M. Schröder, G. Schuppener (Hrsg.): Sprachgeschichte als Textsortengeschichte. Festschrift zum 65. Geburtstag von Gotthard Lerchner. Frankfurt/M. u.a.: Lang: 407–434.
Peter Kühn (1995): Mehrfachadressierung. Untersuchungen zur adressatenspezifischen Polyvalenz sprachlichen Handelns. Tübingen: Niemeyer.
Christoph Küper (1981): Ikonische Tendenzen in der Rhetorik, in: LiLi: Zeitschrift für Literaturwissenschaft und Linguistik, 11, H. 43/44: 144–163.

Christoph Küper (1993): Von der Sprache zur Literatur. Motiviertheit im sprachlichen und im poetischen Kode. Tübingen: Stauffenburg.

Heinz Küpper (1983): Umgangssprache und Werbung, in: H. Küpper (Hrsg.): Illustriertes Lexikon der deutschen Umgangssprache, Bd. 4. Stuttgart: Klett: 1212–1221.

Gerhard Kurz (1985): Zur Einführung: Stilfragen, in: Sprache und Literatur in Wissenschaft und Unterricht 55: 1–8.

William Labov (1972): The Transformation of Experience in Narrative Syntax, in: W. Labov (Hrsg.): Language in the Inner City. Studies in Black English Vernacular. Philadelphia: 354–396.

William Labov, Joshua Waletzky (1967): Narrative Analysis: Oral Versions of Personal Experience, in: J. Helm (Hrsg.): Essays on the Verbal and Visual Arts. Proceedings of the 1966 Annual Spring Meeting of the American Ethnological Society. Seattle: American Ethnological Society: 12–44.

Kathrin von der Lage-Müller (1995): Text und Tod. Eine handlungstheoretisch orientierte Textsortenbeschreibung am Beispiel der Todesanzeige in der deutschsprachigen Schweiz. Tübingen: Niemeyer.

George Lakoff (1987): Women, Fire and Dangerous Things. What Categories Reveal about the Mind. Chicago, London: Univ. of Chicago Press.

George Lakoff, Mark Johnson (1980): Metaphors We Live By. Chicago/London: Univ. of Chicago Press.

Johanna Lalouschek (1999): Tabuthema Brustkrebs? Die diskursive Konstruktion von medizinischer und kultureller Bedeutung in Gesundheitssendungen des Fernsehens, in: Psychotherapie und Sozialwissenschaft 1: 56–83.

Gudrun Langer (1995): Textkohärenz und Textspezifität. Textgrammatische Untersuchung zu den Gebrauchstextsorten Klappentext, Patienteninformation, Garantieerklärung und Kochrezept. Frankfurt/M. u.a.: Lang.

Inghard Langer, Friedemann Schultz von Thun, Reinhard Tausch (1974): Verständlichkeit in Schule, Verwaltung, Politik und Wissenschaft, mit einem Selbsttrainingsprogramm zum verständlichen Gestalten von Lehr- und Informationstexten. München, Basel: Reinhardt.

Stephan Langhoff (1980): Gestaltlinguistik. Eine ganzheitliche Beschreibung syntaktisch-semantischer Sprachfunktionen am Beispiel modaler Infinitivkonstruktionen des Deutschen und des Englischen. Frankfurt/M. u.a.: Lang.

Heinrich Lausberg (1990): Elemente der literarischen Rhetorik. Eine Einführung für Studierende der klassischen, romanischen, englischen und deutschen Philologie, 10. Auflage. München: Hueber.

Eva Lavric (1999): *folgender, obiger, letzter, besagter, fraglicher, selbiger, ebendieser* – Referenzsemantische Verschrobenheiten, in: Deutsche Sprache 27: 52–68.

Margarete Lehné (2002): Graphie in Werbeanzeigen. Formen und Funktionen graphostilistischer Besonderheiten. Saarbrücken: Magisterarbeit.

Wendy G. Lehnert (1980): The Role of Scripts in Understanding, in: D. Metzing (Hrsg.): Frame Conceptions and Text Understanding. Berlin: de Gruyter: 79–95.

Gotthard Lerchner (1981): Stilistisches und Stil. Ansätze für eine kommunikative Stiltheorie, in: Beiträge zur Erforschung der deutschen Sprache 1: 85–170.

Gotthard Lerchner (1995): Stilwandel, in: G. Stickel (Hrsg.): Stilfragen. Jahrbuch des Instituts für deutsche Sprache 1994. Berlin, New York: de Gruyter: 95–114.

Stephen C. Levinson (1983): Pragmatics. Cambridge u.a.: Cambridge University Press.
Stephen C. Levinson (1988): Conceptual Problems in the Study of Regional and Cultural Style, in: N. Dittmar, P. Schlobinski (Hrsg.): The Sociolinguistics of Urban Vernaculars. Case Studies and their Evaluation. Berlin, New York: de Gruyter: 161–190.
Wolf-Andreas Liebert (1992): Metaphernbereiche der deutschen Alltagssprache. Kognitive Linguistik und die Perspektiven einer Kognitiven Lexikographie. Frankfurt/M. u.a.: Lang.
Björn Lilienthal (1998): Hypertextartige Strukturen in der Regionalpresse und neue Möglichkeiten in der Gestaltung von Online-Zeitungen, in: Forum Angewandte Linguistik 34: 109–121.
Angelika Linke (1998): Sprache, Gesellschaft und Geschichte. Überlegungen zur symbolischen Funktion kommunikativer Praktiken der Distanz, in: Zeitschrift für Germanistische Linguistik 26: 135–154.
Angelika Linke, Markus Nussbaumer (2000): Rekurrenz, in: K. Brinker, G. Antos, W. Heinemann, S. F. Sager (Hrsg.): Text- und Gesprächslinguistik. Ein internationales Handbuch zeitgenössischer Forschung. Berlin, New York: de Gruyter: 305–315.
Angelika Linke, Markus Nussbaumer, Paul R. Portmann (2000): Studienbuch Linguistik, 4. Auflage. Tübingen: Niemeyer.
Heinrich Löffler (1994): Germanistische Soziolinguistik, 2. überarb. Auflage. Berlin: Erich Schmidt.
Andreas Lötscher (1987): Text und Thema. Studien zur thematischen Konstituenz von Texten. Tübingen: Niemeyer.
Andreas Lötscher (1991): Thematische Textorganisation in deskriptiven Texten als Selektions-/Linearisierungsproblem, in: Germanistische Linguistik 106–107: 73–106.
Thomas Luckmann (1986): Soziologische Grenzen des Stilbegriffs, in: H. U. Gumbrecht, K. L. Pfeiffer (Hrsg.): Stil. Geschichten und Funktionen eines kulturwissenschaftlichen Diskurselements. Frankfurt/M.: Suhrkamp: 612–618.
Klaus-Dieter Ludwig (1991): Markierungen im allgemeinen einsprachigen Wörterbuch des Deutschen. Ein Beitrag zur Metalexikologie. Tübingen: Niemeyer.
Klaus-Dieter Ludwig (1995): Stilkennzeichnungen und Stilbewertungen in deutschen Wörterbüchern der Gegenwart, in: G. Stickel (Hrsg.): Stilfragen. Berlin, New York: de Gruyter: 280–302.
Klaus-Dieter Ludwig (2002): Registerkonzepte: Ein Überblick, in: D. A. Cruse, F. Hundsnurscher, M. Job, P. R. Lutzeier (Hrsg.): Lexikologie. Ein internationales Handbuch zur Natur und Struktur von Wörtern und Wortschätzen. Berlin, New York: de Gruyter: 784–793.
Elisabeth Luge (1991): Perlokutionäre Effekte, in: Zeitschrift für germanistische Linguistik 19: 71–86.
Heinz-Helmut Lüger (1995): Pressesprache, 2. Auflage. Tübingen: Niemeyer.
Heinz-Helmut Lüger (1999): Satzwertige Phraseologismen. Eine pragmalinguistische Untersuchung. Wien: Edition Praesens.
Peter Rolf Lutzeier (1985): Lexikalische Semantik. Stuttgart: Metzler.

Utz Maas (1984): „Als der Geist der Gemeinschaft eine Sprache fand". Sprache im Nationalsozialismus. Versuch einer historischen Argumentationsanalyse. Opladen: Westdt. Verlag.

Judith Macheiner (1991): Das grammatische Varieté oder Die Kunst und das Vergnügen, deutsche Sätze zu bilden. Frankfurt/M.: Eichborn.

Wilma Mahler (1978): Der Labor- und Röntgenslang in medizinischen Praxen, in: Muttersprache 88: 1–18.

Martina Mangasser-Wahl (2000): Von der Prototypentheorie zur empirischen Semantik. Frankfurt/M. u.a.: Lang.

Raija Markkanen, Hartmut Schröder (1997): Hedging: A Challenge for Pragmatics and Discourse Analysis, in: R. Markkanen, H. Schröder (Hrsg.): Hedging and Discourse. Approaches to the Analyses of a Pragmatic Phenomenon in Academic Texts. Berlin, New York: de Gruyter: 3–18.

Matthias Marschall (1989): Von Hasenbraten und Lammkoteletten. Überlegungen zum Funktionieren schriftlicher Anweisungstexte, zum Beispiel Kochrezepte, in: E. Weigand, F. Hundsnurscher (Hrsg.): Dialoganalyse II, Referate der 2. Arbeitstagung Bochum 1988, Bd. 1. Tübingen: Niemeyer: 381–396.

Erich Mater (1983): Rückläufiges Wörterbuch der deutschen Gegenwartssprache, 4. Auflage. Oberursel am Taunus: Finken.

Joachim Matthes, Fritz Schütze (1973): Zur Einführung: Alltagswissen, Interaktion und gesellschaftliche Wirklichkeit, in: Arbeitsgruppe Bielefelder Soziologen (Hrsg.): Alltagswissen, Interaktion und gesellschaftliche Wirklichkeit. Reinbek bei Hamburg: Rowohlt: 11–53.

Willy Mayerthaler (1980): Morphologischer Ikonismus, in: Zeitschrift für Semiotik 2: 19–37.

Gabriele Michel (1985): Biographisches Erzählen – zwischen individuellem Erlebnis und kollektiver Geschichtentradition. Untersuchung typischer Erzählfiguren, ihrer sprachlichen Form und ihrer interaktiven und identitätskonstituierenden Funktion in Geschichten und Lebensgeschichten. Tübingen: Niemeyer.

Georg Michel (1987): Tätigkeitsorientierte Textstilistik, in: Linguistische Studien Reihe A, Arbeitsberichte 164, Akademie der Wissenschaften der DDR, ZISW: 58–68.

Georg Michel (1988): Aktuelle Probleme der Linguostilistik, in: Zeitschrift für Germanistik 9: 291–306.

Georg Michel (2001): Stilistische Textanalyse. Eine Einführung. Hrsg. von K.-H. Siehr und C. Keßler. Frankfurt/M. u.a.: Lang.

Georg Michel (2002): Gehobene Stilschichten, in: D. A. Cruse, F. Hundsnurscher, M. Job, P. R. Lutzeier (Hrsg.): Lexikologie. Ein internationales Handbuch zur Natur und Struktur von Wörtern und Wortschätzen, 1. Halbbd. Berlin, New York: de Gruyter: 794–798.

Sara Mills (1992): Knowing your place: a Marxist feminist stylistic analysis, in: M. J. Toolan (Hrsg.): Language. Text and Context. Essays in Stylistics. London, New York: Routledge: 185–205.

Sara Mills (1995): Feminist Stylistics. London, New York: Routledge.

Willi Minnerup (1989): Pressesprache und Machtergreifung am Beispiel der Berliner *Germania*, in: K. Ehlich (Hrsg.): Sprache im Faschismus. Frankfurt/M.: Suhrkamp: 198–236.

Dieter Möhn (1991): Instruktionstexte. Ein Problemfall bei der Textidentifikation, in: Germanistische Linguistik 106–107: 183–212.

Dieter Möhn (1998): Fachsprachen und Gruppensprachen, in: L. Hoffmann, H. Kalverkämper, H. E. Wiegand (Hrsg.): Fachsprachen. Ein internationales Handbuch zur Fachsprachenforschung und Terminologiewissenschaft, 1. Halbbd. Berlin, New York: de Gruyter: 168–181.

Dieter Möhn, Roland Pelka (1984): Fachsprachen. Eine Einführung. Tübingen: Niemeyer.

Georg Möller (1986): Praktische Stillehre, 5. Auflage, bearb. von Ulla Fix. Leipzig: Bibliograph. Institut.

Sylvia Moosmüller (1999): Frauenstimmen im dynamischen Prozess der Interaktion, in: J. Hofbauer, U. Doleschal, L. Damjynova (Hrsg.): Sosein – und anders: Geschlecht, Sprache und Identität. Frauen, Forschung und Wirtschaft. Frankfurt/M. u.a.: Lang: 77–93.

Georg Mörsdorf (2002): Sprachgeschichtliche Untersuchung von Werbeanzeigen aus dem ersten Drittel des 20. Jahrhunderts: Typographie. Saarbrücken: Wiss. Arbeit.

Manfred Muckenhaupt (1986): Text und Bild. Grundfragen der Beschreibung von Text-Bild-Kommunikation aus sprachwissenschaftlicher Sicht. Tübingen: Narr.

Andreas Paul Müller (1997): Inferiorität und Superiorität verbalen Verhaltens: Zu den ‚Rollenstilen' von Vorgesetzten und Angestellten, in: M. Selting, B. Sandig (Hrsg.): Sprech- und Gesprächsstile. Berlin, New York: de Gruyter: 217–253.

Eva Neuland (1987): Spiegelungen und Gegenspiegelungen. Anregungen für eine künftige Jugendsprachforschung, in: Zeitschrift für Germanistische Linguistik 15: 58–82.

Christiane Nord (1988): Textanalyse und Übersetzen. Theoretische Grundlagen, Methode und didaktische Anwendung einer übersetzungsrelevanten Textanalyse. Heidelberg: Groos.

Winfried Nöth (1985): Handbuch der Semiotik. Stuttgart: Metzler.

Winfried Nöth (1993): Iconicity of symmetries and asymmetries in syntactic coordination, in: C. Küper (Hrsg.): Von der Sprache zur Literatur: Motiviertheit im sprachlichen und poetischen Kode. Tübingen: Stauffenburg: 23–36.

Winfried Nöth (2000): Der Zusammenhang von Text und Bild, in: K. Brinker, G. Antos, W. Heinemann, S. F. Sager (Hrsg.): Text- und Gesprächslinguistik. Ein internationales Handbuch zeitgenössischer Forschung, 1. Halbbd. Berlin, New York: de Gruyter: 489–496.

Marlies Novottnick (1989): Jugend, Sprache und Medien. Untersuchungen von Rundfunksendungen für Jugendliche. Berlin, New York: de Gruyter.

Elke Nowak (1983): Sprache und Individualität. Die Bedeutung individueller Rede für die Sprachwissenschaft. Tübingen: Narr.

Markus Nussbaumer (1991): Was Texte sind und wie sie sein sollen. Ansätze zu einer sprachwissenschaftlichen Begründung eines Kriterienrasters zur Beurteilung von schriftlichen Schülertexten. Tübingen: Niemeyer.

Stephan Oberhauser (1993): „Nur noch 65.000 Tiefflugstunden". Eine linguistische Beschreibung des Handlungspotentials von hard news-Überschriften in deutschen Tageszeitungen. Frankfurt/M. u.a.: Lang.

Ursula Oomen (1983): Ironische Äußerungen: Syntax – Semantik – Pragmatik, in: Zeitschrift für germanistische Linguistik 11: 22–38.

Hanspeter Ortner (1996): Das sprachgeschichtliche Schicksal der pathetischen Sprech- und Schreibweise. Darf man, wenn man nicht Hölderlin heißt, „'s Maul nicht aufmachen"?, in: W. König, L. Ortner (Hrsg.): Sprachgeschichtliche Untersuchungen zum älteren und neueren Deutsch. Festschrift für Hans Wellmann zum 60. Geburtstag. Heidelberg: Winter: 213–245.

Alexander Carsten Ott (2001): Saarländischer Feldpostbrief und Deutscher Wehrmachtbericht. Eine linguistische Beschreibung zweier historischer Textmuster. Frankfurt/M. u.a.: Lang.

Svetlana M. Pankratowa (1997): Phraseologismen im Text, in: F. Simmler (Hrsg.): Textsorten und Textsortentraditionen. Bern u.a.: Lang: 195–204.

Ingwer Paul (1989): Ritual und Ritualizität. Die Stilisierung des Rituals durch den pastoralen Diskurs, in: V. Hinnenkamp, M. Selting (Hrsg.): Stil und Stilisierung. Arbeiten zur interpretativen Soziolinguistik. Tübingen: Niemeyer: 167–185.

Willie van Peer (1983): Poetischer Stil, Leserreaktion und Computereinsatz, in: Germanistische Linguistik 3–4/ 81: 191–208.

Willie van Peer (1989): Quantitative Studies of Style: A Critique and an Outlook, in: Computers and the Humanities 23: 301–307.

Willie van Peer (1993): Typographic foregrounding, in: Language and Literature 2: 49–61.

Willie van Peer (2001): Über den Ursprung des Stils, in: E.-M. Jakobs, A. Rothkegel (Hrsg.): Perspektiven auf Stil. Tübingen: Niemeyer: 35–52.

Willie van Peer, Mick H. Short (1989): Accident! Stylisticians Evaluate! Aims and Methods of stylistic Analysis, in: M. H. Short (Hrsg.): Reading, Analysing and Teaching Literature. London: Longman: 22–71.

Theodor Pelster (1966): Die politische Rede im Westen und Osten Deutschlands. Vergleichende Stiluntersuchung mit beigefügten Texten. Düsseldorf: Schwann.

Marie-Hélène Pérennec (1995): Plädoyer für eine linguistisch fundierte Stilistik, in: E. Faucher, R. Métrich, M. Vuillaume (Hrsg.): Signans und Signatum. Auf dem Weg zu einer semantischen Grammatik. Festschrift für Paul Valentin zum 60. Geburtstag. Tübingen: Narr: 439–451.

Marie-Hélène Pérennec (1995a): Polyphonie und Textinterpretation, in: Cahiers d'Etudes Germaniques 27: 125–136.

Pam Peters, Brian Taylor (2002): Low levels of style, in: D. A. Cruse, F. Hundsnurscher, M. Job, P. R. Lutzeier (Hrsg.): Lexikologie. Ein internationales Handbuch zur Natur und Struktur von Wörtern und Wortschätzen. Berlin, New York: de Gruyter: 799–804.

Herbert Pfeiffer (1985): Palindrome in der Werbung. Rückläufiges bei Handelsnamen, Warenzeichen, Werbetexten, in: Sprachwissenschaft 10: 53–58.

Rüdiger Pfeiffer-Rupp (1984): Graphostilistik, in: B. Spillner (Hrsg.): Methoden der Stilanalyse. Tübingen: Narr: 101–119.

Daniela Pirazzini (2002): Argumentative Textprofile. Eine textgrammatische Analyse mit Beispielen aus dem Spanischen und Italienischen. Saarbrücken: Habilitationsschrift.

Inge Pohl (1998): Zu persuasiven Potenzen pragmatischer Präsuppositionen in Wer-

betexten, in: M. Hoffmann, C. Keßler (Hrsg.): Beiträge zur Persuasionsforschung. Unter besonderer Berücksichtigung textlinguistischer und stilistischer Aspekte. Frankfurt/M. u.a.: Lang: 255–271.
Peter von Polenz (1980): Wie man über Sprache spricht. Über das Verhältnis zwischen wissenschaftlicher und natürlicher Beschreibungssprache in Sprachwissenschaft und Sprachlehre. Rede anläßlich der feierlichen Überreichung des Konrad-Duden-Preises der Stadt Mannheim durch den Herrn Oberbürgermeister am 5. März 1980. Mannheim: Bibliograph. Institut.
Peter von Polenz (1981): Über die Jargonisierung von Wissenschaftssprache und wider die Deagentivierung, in: T. Bungarten (Hrsg.): Wissenschaftssprache. München: Fink: 85–110.
Peter von Polenz (1988): Deutsche Satzsemantik. Grundbegriffe des Zwischen-den-Zeilen-Lesens, 2. durchges. Auflage. Berlin, New York: de Gruyter.
Peter von Polenz (1996): Die Ideologisierung der Schriftarten in Deutschland im 19. und 20. Jahrhundert, in: K. Böke, M. Jung, M. Wengeler (Hrsg.): Öffentlicher Sprachgebrauch. Praktische, theoretische und historische Perspektiven. Georg Stötzel zum 60. Geburtstag gewidmet. Opladen: Westdt. Verlag: 271–282.
Peter von Polenz (1999): Deutsche Sprachgeschichte vom Spätmittelalter bis zur Gegenwart, Bd. 3: 19. und 20. Jh. Berlin, New York: de Gruyter.
Karl R. Popper (1966): Logik der Forschung, 2. Auflage. Tübingen: Mohr.
Uwe Pörksen (2000): Visiotype. Die Welt der Zweiten Anschauung, in: U. Fix, H. Wellmann (Hrsg.): Bild im Text – Text und Bild. Heidelberg: Winter: 191–206.
Susanne Poro (1999): Beziehungsrelevanz in der beruflichen Kommunikation. Frankfurt/M. u.a.: Lang.
Roland Posner (1991): Kultur als Zeichensystem. Zur semiotischen Explikation kulturwissenschaftlicher Grundbegriffe, in: A. Assmann, D. Harth (Hrsg.): Kultur als Lebenswelt und Dokument. Frankfurt/M.: Fischer: 37–74.
Ulrich Püschel (1982): Die Bedeutung von Textsortenstilen, in: Zeitschrift für germanistische Linguistik 10: 28–37.
Ulrich Püschel (1983): Stilanalyse als Stilverstehen, in: Germanistische Linguistik 3-4/ 81: 97–126.
Ulrich Püschel (1985): Das Stilmuster „Abweichen". Sprachpragmatische Überlegungen zur Abweichungsstilistik, in: Sprache und Literatur in Wissenschaft und Unterricht 16: 9–24.
Ulrich Püschel (1987): GESTALTEN als zentrales Stilmuster, in: Forum Angewandte Linguistik 13: 143–145.
Ulrich Püschel (1991): Stilistik: Nicht Goldmarie – nicht Pechmarie. Ein Sammelbericht, in: Deutsche Sprache 19: 50–67.
Ulrich Püschel (1995): Stilpragmatik – Vom praktischen Umgang mit Stil, in: G. Stickel (Hrsg.): Stilfragen. Berlin, New York: de Gruyter: 303–328.
Ulrich Püschel (1996): Sprachstil – ein Thema für technische Redakteure?, in: H. P. Krings (Hrsg.): Wissenschaftliche Grundlagen der technischen Kommunikation. Tübingen: Narr: 307–338.
Ulrich Püschel (2000): Text und Stil, in: K. Brinker, G. Antos, W. Heinemann, S. F. Sager (Hrsg.): Text- und Gesprächslinguistik. Ein internationales Handbuch zeitgenössischer Forschung, 1. Halbbd. Berlin, New York: de Gruyter: 473–489.

Ulrich Püschel (2001): Stilistik – Theorie für die Praxis, in: A. Lehr, M. Kammerer, K.-P. Konerding, u.a. (Hrsg.): Sprache im Alltag. Beiträge zu neuen Perspektiven in der Linguistik. Herbert Ernst Wiegand zum 65. Geburtstag gewidmet. Berlin, New York: de Gruyter: 563–572.

Uta M. Quasthoff (1980): Erzählen in Gesprächen. Untersuchungen zu Struktur und Funktionen am Beispiel einer Kommunikationsform des Alltags. Tübingen: Narr.

Uta M. Quasthoff (1987): Dabei sein durch Sprache: Zur Rolle der Perspektive beim konversationellen Erzählen, in: P. Canisius (Hrsg.): Perspektivität in Sprache und Text. Bochum: Brockmeyer: 129–151.

Hans Ramge (1994): Auf der Suche nach der Evaluation in Zeitungskommentaren, in: M. Moilanen, L. Tiittula (Hrsg.): Überredung in der Presse. Texte, Strategien, Analysen. Berlin, New York: de Gruyter: 101–120.

Hans Ramge, Britt-Marie Schuster (1999): Kommunikative Funktionen des Zeitungskommentars, in: J.-F. Leonhard, H.-W. Ludwig, D. Schwarze, E. Straßner (Hrsg.): Medienwissenschaft. Ein Handbuch zur Entwicklung der Medien und Kommunikationsformen, 1. Teilbd. Berlin, New York: de Gruyter: 1702–1712.

Elisabeth Rauch (1992): Sprachrituale in institutionellen und institutionalisierten Text- und Gesprächssorten. Frankfurt/M. u.a.: Lang.

Jochen Rehbein (1983): Zur pragmatischen Rolle des „Stils", in: Germanistische Linguistik 3–4/ 81: 21–48.

Helmut Rehbock (1981): Nebenkommunikationen im unterricht: funktionen, wirkungen, wertungen, in: J. Baurmann, D. Cherubim, H. Rehbock (Hrsg.): Neben-Kommunikationen. Beobachtungen und Analysen zum nichtoffiziellen Schülerverhalten innerhalb und außerhalb des Unterrichts. Braunschweig: Westermann: 35–88.

Ludwig Reiners (1943): Stilkunst. Ein Lehrbuch deutscher Prosa. 1. Auflage; Sonderausgabe 1976. München: Beck.

Günther Richter (1978): Rhetorische Wirkungsforschung. Theoretische und methodologische Aspekte. Leipzig: Verl. Enzyklopädie.

Gert Rickheit, Ulrich Schade (2000): Kohärenz und Kohäsion, in: K. Brinker, G. Antos, W. Heinemann, S. F. Sager (Hrsg.): Text- und Gesprächslinguistik. Ein internationales Handbuch zeitgenössischer Forschung, 1. Halbbd. Berlin, New York: de Gruyter: 275–283.

Kai Riedemann (1988): Comic, Kontext, Kommunikation. Die Kontextabhängigkeit der visuellen Elemente im Comic Strip – exemplarisch untersucht an der Gag-Strip-Serie PEANUTS. Frankfurt/M. u.a.: Lang.

Elise Riesel (1964): Der Stil der deutschen Alltagsrede. Moskau: Verlag Hochschule.

Elise Riesel, Evgenija Schendels (1975): Deutsche Stilistik. Moskau: Verlag Hochschule.

Michael Riffaterre (1973): Strukturale Stilistik. München: List.

Martha Ripfel (1987): Was heißt Bewerten?, in: Deutsche Sprache 15: 151–177.

Eckard Rolf (1993): Die Funktionen der Gebrauchstextsorten. Berlin, New York: de Gruyter.

Ruth Römer (1968): Die Sprache der Anzeigenwerbung. Düsseldorf: Schwann.

Ruth Römer (1972): Pragmatische Dimension und sprachliche Wirkungen, in: Linguistische Berichte 18: 19–26.
Ruth Römer (1973): Weißer Schnee – rote Matrosen. Klassifizierung sprachlicher Wirkungen, in: M. W. Hellmann (Hrsg.): Zum öffentlichen Sprachgebrauch in der Bundesrepublik Deutschland und in der DDR. Methoden und Probleme seiner Erforschung; aus den Referaten einer Tagung. Düsseldorf: Schwann: 46–89.
Eleanor Rosch (1977): Human Categorization, in: N. Warren (Hrsg.): Studies in Cross-Cultural Psychology. London u.a.: Academic Press: 1–49.
Eleanor Rosch (1983): Prototype, Classification and logical Classification: The Two Systems, in: E. K. Scholnick (Hrsg.): New Trends in Conceptual Representation: Challenges to Piaget's Theory? Hillsdale, New York: Erlbaum: 73–86.
Eleanor Rosch, Carolyn B. Mervis (1975): Family Resemblances: Studies in the Internal Structure of Categories, in: Cognitive Psychology 7: 573–605.
John R. Ross (1980): Ikonismus in der Phraseologie. Der Ton macht die Bedeutung, in: Zeitschrift für Semiotik 2, H. 1–2: 39–56.
Elke Rößler (1997): Intertextualität in Zeitungstexten – ein rezeptionsorientierter Zugang, in: J. Klein, U. Fix (Hrsg.): Textbeziehungen. Linguistische und literaturwissenschaftliche Beiträge zur Intertextualität. Tübingen: Stauffenburg: 235–255.
Annely Rothkegel (1982): Sachinformierende Texte und ihre Attraktivmacher, in: K. Detering, W. Schmidt-Radefeldt, W. Sucharowski (Hrsg.): Sprache erkennen und verstehen. Akten des 16. Linguistischen Kolloquiums Kiel 1981. Tübingen: Niemeyer: 177–189.
Annely Rothkegel (1993): Textualisieren. Theorie und Computermodell der Textproduktion. Frankfurt/M. u.a.: Lang.
Annely Rothkegel (2000): Phraseme: Fenster zur Textkohärenz, in: G. Gréciano (Hrsg.): Micro- et Macrolexèmes et leur figement discursif. Actes du colloque international CNRS URA 1035, Langue – Discours – Cognition. Louvain, Paris: Peeters: 233–246.
Heribert Rück (1982): Textsyntaktische Unbestimmtheit und ihre Bedeutung für das Leseverhalten. Zur Frage der leeren, suspendierten und blockierten Verweisung in literarischen Texten, in: Kodikas/Code – Ars semeiotica 4/5: 39–50.
Heribert Rück (1984): Stilanalysen mit Hilfe des theoretischen Ansatzes von Michael Riffaterre, in: B. Spillner (Hrsg.): Methoden der Stilanalyse. Tübingen: Narr: 175–191.
Elisabeth Rudolph (1983): Argumentationsfiguren in der Wissenschaftssprache, in: R. Jongen, S. de Knop, P. H. Nelde, M.-P. Quix (Hrsg.): Sprache, Diskurs und Text. Akten des 17. Linguistischen Kolloquiums, Brüssel 1982, Bd. 1. Tübingen: Niemeyer: 191–201.
Harvey Sacks, Emanuel A. Schegloff, Gail Jefferson (1974): A simplest systematics for the organization of turn-taking in conversation, in: Language 50: 696–735.
Barbara Salberg-Steinhardt (1983): Die Schrift: Geschichte. Gestaltung. Anwendung. Ein Lern- und Lehrbuch für die Praxis. Köln: DuMont.
Ingrid Samel (2000): Einführung in die feministische Sprachwissenschaft, 2. überarb. und erw. Auflage. Berlin: Erich Schmidt.

Willy Sanders (1977): Linguistische Stilistik. Grundzüge der Stilanalyse sprachlicher Kommunikation. Göttingen: Vandenhoeck & Rupprecht.

Willy Sanders (1988): Stil und Spracheffizienz. Zugleich Anmerkungen zur heutigen Stilistik, in: J. Dyck, W. Jens, G. Ueding (Hrsg.): Rhetorik. Ein internationales Jahrbuch, Bd. 7: Rhetorik heute I. Tübingen: Niemeyer: 63–77.

Barbara Sandig (1971): Syntaktische Typologie der Schlagzeile. Möglichkeiten und Grenzen der Sprachökonomie im Zeitungsdeutsch. München: Hueber.

Barbara Sandig (1972): Bildzeitungstexte. Zur sprachlichen Gestaltung, in: A. Rucktäschel (Hrsg.): Sprache und Gesellschaft. München: Fink: 69–80.

Barbara Sandig (1978): Stilistik. Sprachpragmatische Grundlegung der Stilbeschreibung. Berlin, New York: de Gruyter.

Barbara Sandig (1979): Ausdrucksmöglichkeiten des Bewertens. Ein Beschreibungsrahmen im Zusammenhang eines fiktionalen Textes, in: Deutsche Sprache 7: 137–159.

Barbara Sandig (1981): Stilblüten als Mittel der Erforschung „stilistischer Kompetenz", in: Jahrbuch für Internationale Germanistik 13: 22–39.

Barbara Sandig (1983): Zwei Gruppen von Gesprächsstilen. Ichzentrierter versus duzentrierter Partnerbezug, in: Germanistische Linguistik 5–6/ 81: 149–197.

Barbara Sandig (1983a): Textsortenbeschreibung unter dem Gesichtspunkt einer linguistischen Pragmatik, in: Vereinigung der deutschen Hochschulgermanisten (Hrsg.): Textsorten und literarische Gattungen. Dokumentation des Germanistentages in Hamburg vom 1. – 4. April 1979. Berlin: Erich Schmidt: 93–102.

Barbara Sandig (1983b): Einleitung, in: Germanistische Linguistik 3–4/ 81: 5–19.

Barbara Sandig (1984): Wissen über Stil und Konsequenzen für die Stilistik, in: W. van Peer, J. Renkema (Hrsg.): Pragmatics and Stylistics. Leuven, Amersfort: Acco: 373–398.

Barbara Sandig (1984a): Ziele und Methoden einer pragmatischen Stilistik, in: B. Spillner (Hrsg.): Methoden der Stilanalyse. Tübingen: Narr: 137–161.

Barbara Sandig (1984b): Generelle Aspekte stilistischer Bedeutung oder: das „Chamäleon ,Stil'", in: Kwartalnik Neofilologiczny 31: 265–286.

Barbara Sandig (1986): Stilistik der deutschen Sprache. Berlin, New York: de Gruyter.

Barbara Sandig (1986a): Vom Nutzen der Textlinguistik für die Stilistik, in: A. Schöne (Hrsg.): Kontroversen, alte und neue, Akten des VII. Internat. Germanistenkongresses Göttingen 1985, Bd. 3. Tübingen: Niemeyer: 24–31.

Barbara Sandig (1987): Textwissen. Beschreibungsmöglichkeiten und Realisierungen von Textmustern am Beispiel der Richtigstellung, in: J. Engelkamp, K. Lorenz, B. Sandig (Hrsg.): Wissensrepräsentation und Wissensaustausch. Interdisziplinäres Kolloquium der Niederländischen Tage in Saarbrücken, April 1986. St. Ingbert: Röhrig: 115–155.

Barbara Sandig (1989): Stilistische Mustermischungen in der Gebrauchssprache, in: Zeitschrift für Germanistik 10: 133–150.

Barbara Sandig (1991): Literarische Mustermischungen: Formen und Funktionen, in: H.-G. Werner, E. Müske (Hrsg.): Strukturuntersuchung und Interpretation künstlerischer Texte. Interdisziplinäres Kolloquium an der Sektion Germanistik/Kunstwissenschaften an der Martin-Luther-Universität Halle-Wittenberg, Wissenschaftliche Beiträge der MLU Halle-Wittenberg. Halle: 128–151.

Barbara Sandig (1991a): Stilistische Handlungsmuster, in: W. Bahner, J. Schildt, D. Viehweger (Hrsg.): Proceedings of the Fourteenth International Congress of Linguists, Berlin/DDR, August 10 – August 15, 1987. Berlin: Akademie-Verlag: 2222–2225.

Barbara Sandig (1993): Zu einer Alltagsrhetorik des Bewertens: Negationsausdrücke und Negationsformeln, in: H. J. Heringer, G. Stötzel (Hrsg.): Sprachgeschichte und Sprachkritik. Festschrift für Peter von Polenz zum 65. Geburtstag. Berlin, New York: de Gruyter: 157–184.

Barbara Sandig (1994): Zu Konzeptualisierungen des Bewertens, anhand phraseologischer Einheiten, in: B. Sandig (Hrsg.): EUROPHRAS 92. Tendenzen der Phraseologieforschung. Bochum: Brockmeyer: 549–596.

Barbara Sandig (1995): Namen, Stil(e), Textsorten, in: E. Eichler, G. Hilty, H. Löffler, H. Steger, L. Zgusta (Hrsg.): Namenforschung: Ein internationales Handbuch zur Onomastik. Berlin, New York: de Gruyter: 541–551.

Barbara Sandig (1995a): Tendenzen der linguistischen Stilforschung, in: G. Stickel (Hrsg.): Stilfragen. Berlin, New York: de Gruyter: 27–61.

Barbara Sandig (1996): Sprachliche Perspektivierung und perspektivierende Stile, in: LiLi, Zeitschrift für Literaturwissenschaft und Linguistik 26, H. 102: 36–63.

Barbara Sandig (1996a): Stilwandel und ganzheitliche Analyse, in: U. Fix, G. Lerchner (Hrsg.): Stil und Stilwandel. Bernhard Sowinski zum 65. Geburtstag gewidmet. Frankfurt/M. u.a.: Lang: 359–394.

Barbara Sandig (1996b): Bewerten in (Autowerbe-)Texten, in: Zeitschrift für Germanistik NF VI: 272–292.

Barbara Sandig (1997): Formulieren und Textmuster. Am Beispiel von Wissenschaftstexten, in: E.-M. Jakobs, D. Knorr (Hrsg.): Schreiben in den Wissenschaften. Frankfurt/M. u.a.: Lang: 25–44.

Barbara Sandig (1997a): Stilauffassung und kreative Methoden der Stilaneignung, in: U. Fix, H. Wellmann (Hrsg.): Stile, Stilprägungen, Stilgeschichte. Über Epochen-, Gattungs- und Autorenstile. Sprachliche Analysen und didaktische Aspekte. Heidelberg: Winter: 261–268.

Barbara Sandig (2000): Text als prototypisches Konzept, in: M. Mangasser-Wahl (Hrsg.): Prototypentheorie in der Linguistik. Anwendungsbeispiele – Methodenreflexion – Perspektiven. Tübingen: Stauffenburg: 93–112.

Barbara Sandig (2000a): Textmerkmale und Sprache-Bild-Texte, in: U. Fix, H. Wellmann (Hrsg.): Bild im Text – Text und Bild. Heidelberg: Winter: 3–30.

Barbara Sandig (2000b): Zu einer Gesprächs-Grammatik: Prototypische elliptische Strukturen und ihre Funktionen in mündlichem Erzählen, in: Zeitschrift für germanistische Linguistik 28: 291–318.

Barbara Sandig (2001): Stil ist relational! Versuch eines kognitiven Zugangs, in: E.-M. Jakobs, A. Rothkegel (Hrsg.): Perspektiven auf Stil. Tübingen: Niemeyer: 19–31.

Barbara Sandig (2004): Bewertungstexte, in: J. Albrecht, H. Gerzymisch-Arbogast, D. Rothfuß-Bastian (Hrsg.): Übersetzen – Translation – Traduction. Neue Forschungsfragen in der Diskussion. Festschrift für Werner Koller. Tübingen: Narr: 185–201.

Barbara Sandig (in Vorb.): Kognitive Stilistik, in: U. Fix, A. Gardt, J. Knape (Hrsg.): Rhetorik und Stilistik. Ein internationales Handbuch. Berlin, New York: de Gruyter.

Barbara Sandig, Margret Selting (1997): Discourse styles, in: T. A. van Dijk (Hrsg.): Discourse Studies. A Multidisciplinary Introduction, Bd. 1: Discourse as Structure and Process. London u.a.: Sage: 138–156.

Nicole Sauer (1998): Werbung – wenn Worte wirken. Ein Konzept der Perlokution, entwickelt an Werbeanzeigen. Münster u.a.: Waxmann.

Claudia Schittek (1991): Die Sprach- und Erkenntnisformen der Rätsel. Stuttgart: M & P, Verlag für Wissenschaft und Forschung.

Brigitte Schlieben-Lange (1988): Text, in: U. Ammon, J. Dittmann, K. J. Mattheier (Hrsg.): Soziolinguistik. Ein internationales Handbuch zur Wissenschaft von Sprache und Gesellschaft, 2. Halbbd. Berlin, New York: de Gruyter: 1205–1215.

Peter Schlobinski, Gaby Kohl, Irmgard Ludewigt (1993): Jugendsprache. Fiktion und Wirklichkeit. Opladen: Westdt. Verlag.

Peter Schlobinski, Katja Alexandra Schmid (1996): Alles ist eine Frage des Stils. Zur sprachlichen Kommunikation in Jugendcliquen und -szenen, in: Muttersprache, 106, H. 3: 211–225.

Antje Schmidt (1998): Kommunikationsverhalten und Geschlecht. Rollenuntypische Gesprächsstile von Studentinnen. Opladen, Wiesbaden: Westdt. Verlag.

Hartmut Schmidt (1998): Traditionen des Formulierens: Apposition, Triade, Alliteration, Variation, in: H. Kämper, H. Schmidt (Hrsg.): Das 20. Jahrhundert. Sprachgeschichte – Zeitgeschichte. Berlin, New York: de Gruyter: 86–117.

Siegfried J. Schmidt (1973): Texttheorie. Probleme einer Linguistik der sprachlichen Kommunikation. München: Fink.

Wilhelm Schmidt (1971): Linguistische und philosophische Aspekte der Wirksamkeit politischer Rede, in: Zeitschrift für Phonetik, Sprachwissenschaft und Kommunikationsforschung 24: 301–316.

Reinhold Schmitt (1993): Kontextualisierung und Konversationsanalyse, in: Deutsche Sprache 21: 326–354.

Wolfgang Schnotz (1994): Aufbau von Wissensstrukturen. Untersuchungen zur Kohärenzbildung beim Wissenserwerb mit Texten. Weinheim: Beltz.

Wolfgang Schnotz (2000): Das Verstehen schriftlicher Texte als Prozess, in: K. Brinker, G. Antos, W. Heinemann, S. F. Sager (Hrsg.): Text- und Gesprächslinguistik. Ein internationales Handbuch zeitgenössischer Forschung, 1. Halbbd. Berlin, New York: de Gruyter: 497–506.

Hartmut Schröder (1993): Semiotische Aspekte multimedialer Texte, in: H. Schröder (Hrsg.): Fachtextpragmatik. Tübingen: Narr: 189–213.

Thomas Schröder (1998): Textstrukturen aus integrativer Sicht. Eine kritische Bestandsaufnahme zur Textstrukturendiskussion, in: Deutsche Sprache 26: 121–137.

Wilfried Schütte (1991): Scherzkommunikation unter Orchestermusikern. Interaktionsformen in einer Berufswelt. Tübingen: Narr.

Monika Schwarz (2000): Indirekte Anaphern in Texten. Studien zur domänengebundenen Referenz und Kohärenz im Deutschen. Tübingen: Niemeyer.

Johannes Schwitalla (1986): Sprach- und Redevielfalt in der Literatur und im Alltag. Ein Essay, in: Jahrbuch der Deutschdidaktik 1986. Tübingen: Narr: 123–148.

Johannes Schwitalla (1988): Die vielen Sprachen der Jugendlichen, in: N. Gutenberg (Hrsg.): Kann man Kommunikation lehren? Konzepte mündlicher Kommunikation und ihrer Vermittlung. Frankfurt/M.: Scriptor: 167–176.

Johannes Schwitalla (1991): Das Illustrieren – eine narrative Textsorte mit zwei Varianten, in: J. Dittmann, H. Kästner, J. Schwitalla (Hrsg.): Die Erscheinungsformen der deutschen Sprache: Literatursprache, Alltagssprache, Gruppensprache, Fachsprache. Eine Festschrift zum 60. Geburtstag von Hugo Steger. Berlin: Erich Schmidt: 189–204.

Johannes Schwitalla (1994): Vom Sektenprediger- zum Plaudererton. Bemerkungen zur Prosodie von Politikerreden vor und nach 1945, in: H. Löffler, K. Jakob, B. Kelle (Hrsg.): Texttyp, Sprechergruppe, Kommunikationsbereich. Studien zur deutschen Sprache in Geschichte und Gegenwart. Festschrift für Hugo Steger zum 65. Geburtstag. Berlin, New York: de Gruyter: 208–224.

Johannes Schwitalla (1995): Kommunikative Stilistik zweier sozialer Welten in Mannheim-Vogelstang. (= W. Kallmeyer (Hrsg.): Kommunikation in der Stadt, Teil 4). Berlin, New York: de Gruyter.

Johannes Schwitalla (1997): Gesprochenes Deutsch. Eine Einführung. Berlin: Erich Schmidt.

Margret Selting (1987): Verständigungsprobleme: eine empirische Analyse am Beispiel der Bürger-Verwaltungs-Kommunikation. Tübingen: Niemeyer.

Margret Selting (1989): Konstitution und Veränderung von Sprechstilen als Kontextualisierungsverfahren: Die Rolle von Sprachvariation und Prosodie, in: V. Hinnenkamp, M. Selting (Hrsg.): Stil und Stilisierung. Tübingen: Niemeyer: 203–225.

Margret Selting (1992): Intonation as a contextualization device: Case studies on the role of prosody, especially intonation, in contextualizing story telling in conversation, in: P. Auer, A. di Luzio (Hrsg.): The Contextualization of Language. Amsterdam, Philadelphia: Benjamins: 233–258.

Margret Selting (1994): Emphatic speech style – with special focus on the prosodic signalling of heigthened emotive involvement in conversation, in: Journal of Pragmatics 22: 375–408.

Margret Selting (1995): Sprechstile als Kontextualisierungshinweise, in: G. Stickel (Hrsg.): Stilfragen. Jahrbuch des Instituts für deutsche Sprache 1994. Berlin, New York: de Gruyter: 225–256.

Margret Selting (1997): Interaktionale Stilistik: Methodologische Aspekte der Analyse von Sprechstilen, in: M. Selting, B. Sandig (Hrsg.): Sprech- und Gesprächsstile. Berlin, New York: de Gruyter: 9–43.

Margret Selting (1997a): Sogenannte ‚Ellipsen' als interaktiv relevante Konstruktionen? Ein neuer Versuch über die Reichweite und Grenzen des Ellipsenbegriffs für die Analyse gesprochener Sprache in der konversationellen Interaktion, in: P. Schlobinski (Hrsg.): Syntax des gesprochenen Deutsch. Opladen: Westdt. Verlag: 117–155.

Margret Selting (2001): Stil – in interaktionaler Perspektive, in: E.-M. Jakobs, A. Rothkegel (Hrsg.): Perspektiven auf Stil. Tübingen: Niemeyer: 3–20.

Margret Selting, Volker Hinnenkamp (1989): Einleitung: Stil und Stilisierung in der interpretativen Soziolinguistik, in: V. Hinnenkamp, M. Selting (Hrsg.): Stil und Stilisierung. Arbeiten zur interpretativen Soziolinguistik. Tübingen: Niemeyer: 1–23.

Margret Selting, Barbara Sandig (Hrsg.) (1997): Sprech- und Gesprächsstile. Berlin, New York: de Gruyter.

Elena Semino, Jonathan Culpeper (2002): Foreword, in: E. Semino, J. Culpeper (Hrsg.): Cognitive Stylistics. Language and cognition in text analysis. Amsterdam, Philadelphia: Benjamins: IX-XVI.

Elena Semino, Jonathan Culpeper (Hrsg.) (2002): Cognitive Stylistics. Language and cognition in text analysis. Amsterdam, Philadelphia: Benjamins.

Mick H. Short (1993): Style: Definitions, in: R. E. Asher (Hrsg.): Encyclopedia of Language and Linguistics. Oxford u.a.: Pergamon Press: 4375–4378.

Peter Sieber (1998): Parlando in Texten. Zur Veränderung kommunikativer Grundmuster in der Schriftlichkeit. Tübingen: Niemeyer.

Edith Slembek (Ms.): Die ideale Stimme? Zur kulturspezifischen Wahrnehmung von Frauenstimmen.

Hans-Georg Soeffner (1986): Stil und Stilisierung. Punk oder die Überhöhung des Alltags, in: H.-U. Gumbrecht, K. L. Pfeiffer (Hrsg.): Stil. Geschichten und Funktionen eines kulturwissenschaftlichen Diskurselements. Frankfurt/M.: Suhrkamp: 317–341.

Karl Sornig (1976): Zum Sprechakt „Widersprechen". Am Beispiel parodistischer Gegentexte, in: Poetica 6 (Tokio): 81–110.

Bernhard Sowinski (1982): Deutsche Stilistik. Beobachtungen zur Sprachverwendung und Sprachgestaltung im Deutschen. Frankfurt/M.: Fischer.

Bernhard Sowinski (1998): Werbung. Tübingen: Niemeyer.

Kurt Spang (1994): Dreistillehre, in: G. Ueding (Hrsg.): Historisches Wörterbuch der Rhetorik, Bd. 2. Tübingen: Niemeyer: 921–972.

Bernd Spillner (1976): Empirische Verfahren in der Stilforschung, in: LiLi: Zeitschrift für Literaturwissenschaft und Linguistik 6, H. 22: 16–34.

Bernd Spillner (1979): Vom Leser zum Autor. Versuch einer linguistischen Analyse von Günter Eichs Gedicht „Strandgut", in: Jahrbuch für Internationale Germanistik XI: 148–153.

Bernd Spillner (1980): Stilforschung und Rhetorik im Rahmen der Angewandten Linguistik, in: W. Kühlwein, A. Raasch (Hrsg.): Angewandte Linguistik. Positionen – Wege – Perspektiven. Tübingen: Narr: 83–90.

Bernd Spillner (1982): Stilanalyse semiotisch komplexer Texte. Zum Verhältnis von sprachlicher und bildlicher Information in Werbeanzeigen, in: Kodikas/Code – Ars semeiotica 4/5: 91–106.

Bernd Spillner (1983): Stilistische Abwandlung von topisierter Rede, in: Germanistische Linguistik 3–4/ 81: 61–95.

Bernd Spillner (1984): Grundlagen der Phonostilistik und Phonästhetik, in: B. Spillner (Hrsg.): Methoden der Stilanalyse. Tübingen: Narr: 69–99.

Bernd Spillner (1987): Style and Register, in: U. Ammon, N. Dittmar, K. J. Mattheier (Hrsg.): Soziolinguistik. Ein internationales Handbuch zur Wissenschaft von Sprache und Gesellschaft, 1. Halbbd. Berlin, New York: de Gruyter: 273–285.

Bernd Spillner (1995): Stilsemiotik, in: G. Stickel (Hrsg.): Stilfragen. Berlin, New York: de Gruyter: 62–93.
Bernd Spillner (1996): Stilistik, in: H. L. Arnold, H. Detering (Hrsg.): Grundzüge der Literaturwissenschaft, 2. Auflage. München: dtv: 234–256.
Bernd Spillner (1997): Stilvergleich von Mehrfachübersetzungen ins Deutsche (ausgehend von Texten Dantes und Rimbauds), in: U. Fix, H. Wellmann (Hrsg.): Stile, Stilprägungen, Stilgeschichte: Über Epochen-, Gattungs- und Autorenstile. Sprachliche Analysen und didaktische Aspekte. Heidelberg: Winter: 207–230.
Bernd Spillner (Hrsg.) (1996): Stil in Fachsprachen. Frankfurt/M.: Lang.
Kaspar H. Spinner (2000): Epochenstil in Literatur und Malerei, in: U. Fix, H. Wellmann (Hrsg.): Bild im Text – Text und Bild. Heidelberg: Winter: 229–241.
Hansruedi Spörri (1993): Werbung und Topik. Textanalyse und Diskurskritik. Bern u.a.: Lang.
Gerard Steen (2002): Metaphor in Bob Dylan's „Hurricane". Genre, language, and style, in: E. Semino, J. Culpeper (Hrsg.): Cognitive Stylistics. Language and cognition in text analysis. Amsterdam, Philadelphia: Benjamins: 183–209.
Hugo Steger (1984): Bemerkungen zum Problem der Umgangssprachen, in: W. Besch, K. Hufeland, V. Schupp, P. Wiehl (Hrsg.): Festschrift für Siegfried Grosse zum 60. Geburtstag. Göppingen: Kümmerle: 251–278.
Gernot Stegert (1993): Filme rezensieren in Presse, Radio und Fernsehen. München: TR-Verlagsunion.
Martin Stegu (2000): Text oder Kontext: zur Rolle von Fotos in Tageszeitungen, in: U. Fix, H. Wellmann (Hrsg.): Bild im Text – Text und Bild. Heidelberg: Winter: 307–321.
Stephan Stein (1995): Formelhafte Sprache. Untersuchungen zu ihren pragmatischen und kognitiven Funktionen im gegenwärtigen Deutsch. Frankfurt/M. u.a.: Lang.
Wolfgang Steinig (1976): Soziolekt und soziale Rolle. Untersuchungen zu Bedingungen und Wirkungen von Sprachverhalten unterschiedlicher gesellschaftlicher Gruppen in verschiedenen sozialen Situationen. Düsseldorf: Schwann.
Wolf-Dieter Stempel (1976): Ironie als Sprechhandlung, in: W. Preisendanz, R. Warning (Hrsg.): Das Komische. München: Fink: 205–235.
Hartmut Stöckl (1997): Werbung in Wort und Bild. Textstil und Semiotik in englischsprachiger Anzeigenwerbung. Frankfurt/M. u.a.: Lang.
Hartmut Stöckl (2001): Texts with a view – Windows onto the world. Notes on the textuality of pictures, in: W. Thiele, A. Neubert, C. Todenhagen (Hrsg.): Text – Varieties – Translation. Tübingen: Stauffenburg: 81–107.
Hartmut Stöckl (2004): Die Sprache im Bild – Das Bild in der Sprache. Zur Verknüpfung von Sprache und Bild im massenmedialen Text. Berlin, New York: de Gruyter.
Peter Stockwell (2002): Miltonic texture and the feeling of reading, in: E. Semino, J. Culpeper (Hrsg.): Cognitive Stylistics. Language and cognition in text analysis. Amsterdam, Philadelphia: Benjamins: 73–94.
Birgit Stolt (1976): Hier bin ich! Wo bist du? Heiratsanzeigen und ihr Echo, analysiert aus sprachlicher und stilistischer Sicht. Mit einer soziologischen Untersuchung von Jan Trost. Kronberg/Ts.: Scriptor.

Birgit Stolt (1980): Bibelübersetzung – ihre philologische Genauigkeit und Verständlichkeit, in: Veröffentlichungen der Luther-Akademie Ratzeburg. Möglichkeiten und Grenzen einer Revision des Luthertextes, Bd. 1: 113–132.

Birgit Stolt (1982): Biblische Erzählweise vor und seit Luther – sakralsprachlich, volkssprachlich, umgangssprachlich?, in: Vestigia Bibliae 4: 179–192.

Birgit Stolt (1983): Die Entmythologisierung des Bibelstils. Oder: Der komplizierte Zusammenhang zwischen Sprachgeschichte und Gesellschaftsgeschichte, in: Germanistische Linguistik 3–4/ 81: 179–190.

Birgit Stolt (1984): Pragmatische Stilanalyse, in: B. Spillner (Hrsg.): Methoden der Stilanalyse. Tübingen: Narr: 163–173.

Birgit Stolt (1985): Textsortenstilistische Beobachtungen zur „Gattung Grimm", in: A. Stedje (Hrsg.): Die Brüder Grimm – Erbe und Rezeption. Vorträge des internationalen Grimm-Symposiums in Stockholm, den 6.–8.11.1984. Stockholm: Almqvist & Wiksell International: 17–27.

Birgit Stolt (1988): „Passen Sie mal auf: Folgendes:" Der ‚deutsche Doppelpunkt' als Textsignal, in: Deutsche Sprache 16: 1–16.

Birgit Stolt (1988a): Revisionen und Rückrevisionen des Luther-NT aus rhetorisch-stilistischer Sicht, in: Forum Angewandte Linguistik 14: 13–40.

Birgit Stolt (1999): Luthers Sprache in seinen Briefen an Käthe, in: M. Treu (Hrsg.): Katharina von Bora. Die Lutherin. Aufsätze anläßlich ihres 500. Geburtstages. Wittenberg: Stiftung der Luthergedenkstätten in Sachsen-Anhalt: 23–32.

Birgit Stolt (2001): Problematik der Übersetzung biblischer Erzählstrukturen, in: E.-M. Jakobs, A. Rothkegel (Hrsg.): Perspektiven auf Stil. Tübingen: Niemeyer: 479–488.

Angelika Storrer (1999): Kohärenz in Text und Hypertext, in: H. Lobin (Hrsg.): Text im digitalen Medium. Linguistische Aspekte von Textdesign, Texttechnologie und Hypertext Engineering. Opladen, Wiesbaden: Westdt. Verlag: 33–65.

Angelika Storrer (2000): Was ist „hyper" am Hypertext?, in: W. Kallmeyer (Hrsg.): Sprache und neue Medien. Berlin, New York: de Gruyter: 222–249.

Angelika Storrer (2001): Getippte Gespräche oder dialogische Texte? Zur kommunikationstheoretischen Einordnung der Chat-Kommunikation, in: A. Lehr, M. Kammerer, K.-P. Konerding u.a. (Hrsg.): Sprache im Alltag. Beiträge zu neuen Perspektiven der Linguistik. Herbert Ernst Wiegand zum 65. Geburtstag gewidmet. Berlin, New York: de Gruyter: 439–465.

Martin Sturm (1998): Mündliche Syntax im schriftlichen Text – ein Vorbild? = InLiSt H. 7, Oktober 1998. Konstanz, Potsdam, Freiburg.

Anette Stürmer, Stephan Oberhauser, Albert Herbig, Barbara Sandig (1997): Bewerten und Bewertungsinventar: Modellierung und computergestützte Rekonstruktionsmöglichkeiten, in: Deutsche Sprache 25: 272–288.

Christiane von Stutterheim (1997): Einige Prinzipien des Textaufbaus. Empirische Untersuchungen zur Produktion mündlicher Texte. Tübingen: Niemeyer.

Wilhelm E. Süskind (1965): Vom ABC zum Sprachkunstwerk. Eine deutsche Sprachlehre für Erwachsene. München: dtv.

Deborah Tannen (1979): What's in a Frame? Surface Evidence for Underlying Expectations, in: R. O. Freedle (Hrsg.): New Directions in Discourse Processing. Norwood, New Jersey: Ablex: 137–181.

Deborah Tannen (1984): Conversational Style: Analyzing Talk Among Friends. Norwood, New Jersey: Ablex.

Richard Thieberger (1983): Problematisierung des Begriffes „Text" als Anregung zu einer kritischen Überlegung, in: Germanistische Linguistik 3–4/ 81: 49–59.

Caja Thimm (1998): Partnerhypothesen, Handlungswahl und sprachliche Akkomodation, in: B. Henn-Memmesheimer (Hrsg.): Sprachliche Varianz als Ergebnis von Handlungswahl. Tübingen: Niemeyer: 49–63.

Liisa Tiittula (1995): Stile in interkulturellen Begegnungen, in: G. Stickel (Hrsg.): Stilfragen. Berlin, New York: de Gruyter: 198–224.

Liisa Tiittula (1997): Stile der Konfliktbearbeitung in Fernsehdiskussionen, in: M. Selting, B. Sandig (Hrsg.): Sprech- und Gesprächsstile. Berlin, New York: de Gruyter: 371–399.

Gábor Tolcsvai Nagy (1996): A Magyar nyelv Stilisztikája. Budapest: Nemzeti Tankönyvkiadó.

Gábor Tolcsvai Nagy (1998): Quantity and Style from a Cognitive Point of View, in: Journal of Quantitative Linguistics 5, H. 3: 232–239.

Gábor Tolcsvai Nagy (2005): A Cognitive Theory of Style. Frankfurt/M. u.a.: Lang.

Jürgen Trabant (1979): Vorüberlegungen zu einem wissenschaftlichen Sprechen über den Stil sprachlichen Handelns, in: R. Kloepfer (Hrsg.): Bildung und Ausbildung in der Romania, Bd. 1: Literaturgeschichte und Texttheorie. München: Fink: 569–593.

Gerhard Tschauder (1980): Vorbereitende Bemerkungen zu einer linguistischen Stiltheorie, in: G. Tschauder, E. Weigand (Hrsg.): Perspektive: textextern. Akten des 14. Linguistischen Kolloquiums Bochum 1979, Bd. 2. Tübingen: Niemeyer: 149–160.

Gerhard Tschauder (1987): Koreferenz, Textprogression und Substitutionsperspektive, in: P. Canisius (Hrsg.): Perspektivität in Sprache und Text. Bochum: Brockmeyer: 107–128.

Ralf Turtschi (1996): Praktische Typographie. Gestalten mit dem Personal Computer, 3. Auflage. Sulgen: Niggli.

Gert Ueding (1986): Rhetorik des Schreibens. Eine Einführung, 2. Auflage. Frankfurt/M.: Athenäum.

Gert Ueding, Bernd Steinbrink (1986): Grundriss der Rhetorik: Geschichte, Technik, Methode, 2. Auflage. Stuttgart: Metzler.

Susanne Uhmann (1989): Interviewstil: Konversationelle Eigenschaften eines sozialwissenschaftlichen Erhebungsinstruments, in: V. Hinnenkamp, M. Selting (Hrsg.): Stil und Stilisierung. Arbeiten zur interpretativen Soziolinguistik. Tübingen: Niemeyer: 125–165.

Veronika Ullmer-Ehrich (1979): Wohnraumbeschreibungen, in: LiLi, Zeitschrift für Literaturwissenschaft und Linguistik 9, H. 33: 59–83.

Friedrich Ungerer, Hans-Jörg Schmid (1996): An Introduction to Cognitive Linguistics. London, New York: Longman.

Martijn den Uyl (1983): A cognitive perspective on the text coherence, in: K. Ehlich, H. van Riemsdijk (Hrsg.): Connectedness in Sentence, Discourse and Text. Proceedings of the Tilburg Conference held on 25 and 26 January 1983. Tilburg: Univ.: 259–283.

Heinz Vater (1992): Einführung in die Textlinguistik. Struktur, Thema und Referenz in Texten. München: Fink.

Lars Vollert (1999): Rezeptions- und Funktionsebenen der Konkreten Poesie. Eine Untersuchung aus semiotischer, typographischer und linguistischer Perspektive. Dissertation: Würzburg.

Cornelia Voss (1999): Textgestaltung und Verfahren der Emotionalisierung der BILD-Zeitung. Frankfurt/M. u.a.: Lang.

Adolf Vukovich, Josef Krems (1990): Schemata der Wissensvermittlung. Zur kognitiven Wirkung stilistischer Formulierungsvarianten, in: K. Böhme-Dürr, J. Emig, N. M. Seel (Hrsg.): Wissensveränderung durch Medien. Theoretische Grundlagen und empirische Analysen. München u.a.: Saur: 55–71.

Mirjam Wagner (2000): Annäherungen an einen Alltagsbegriff. Wie wird ‚Anschaulichkeit' stilistisch greifbar?, in: U. Fix, H. Wellmann (Hrsg.): Bild im Text – Text und Bild. Heidelberg: Winter: 415–425.

Ulrich Wandruszka (1994): Zur Semiotik der Schlagzeile: Der Kommunikationsakt ‚Meldung', in: A. Sabban, C. Schmitt (Hrsg.): Sprachlicher Alltag. Linguistik – Rhetorik – Literaturwissenschaft. Festschrift für Wolf-Dieter Stempel. Tübingen: Niemeyer: 571–589.

Heinrich Weber (1993): „Würze in Kürze". Zur Technik des Tagesspruchs im „Schwäbischen Tagblatt", in: H. J. Heringer, G. Stötzel (Hrsg.): Sprachgeschichte und Sprachkritik. Festschrift für Peter von Polenz zum 65. Geburtstag. Berlin, New York: de Gruyter: 185–203.

Jean J. Weber (Hrsg.) (1996): The Stylistics Reader. From Jakobson to the Present. London u.a.: Arnold.

Stefan Weber (1995): Nachrichtenkonstruktion im Boulevardmedium. Die Wirklichkeit der „Kronen-Zeitung". Wien: Passagen Verlag.

Elmar Weingarten, Fritz Sack (1976): Ethnomethodologie. Die methodische Konstruktion der Realität, in: E. Weingarten, F. Sack, J. Schenkein (Hrsg.): Ethnomethodologie. Beiträge zu einer Soziologie des Alltagshandelns. Frankfurt/M.: Suhrkamp: 7–26.

Harald Weinrich (1993): Textgrammatik der deutschen Sprache. Mannheim u.a.: Dudenverlag.

Christina Weiss (1984): Seh-Texte. Zur Erweiterung des Textbegriffs in konkreten und nach-konkreten visuellen Texten. Zirndorf: Verlag für moderne Kunst.

Walter Weiss (1997): Epochale „Sprachfallen" und „Sprachfunken" in Goethes ‚Faust', in: U. Fix, H. Wellmann (Hrsg.): Stile, Stilprägungen, Stilgeschichte. Über Epochen-, Gattungs- und Autorenstile. Sprachliche Analysen und didaktische Aspekte. Heidelberg: Winter: 15–26.

Klaus Welke (2002): Deutsche Syntax funktional. Perspektiviertheit syntaktischer Strukturen. Tübingen: Stauffenburg.

Hans Wellmann (2000): Der Tagebuchstil Hugo von Hofmannsthals. Ein ‚Poster', in: U. Fix, H. Wellmann (Hrsg.): Bild im Text – Text im Bild. Heidelberg: Winter: 359–384.

Hans Wellmann (Hrsg.) (1993): Grammatik, Wortschatz und Bauformen der Poesie in der stilistischen Analyse ausgewählter Texte. Heidelberg: Winter.

Matthias Wermke (1997): Umgangssprachliches im standardsprachlichen Wörterbuch des Deutschen, in: G. Stickel (Hrsg.): Varietäten des Deutschen. Regional- und Umgangssprachen. Berlin, New York: de Gruyter: 221–245.

Ingeborg G. Weuthen (1988): Werbestile – zur Analyse und zum produktspezifischen Einsatz ganzheitlicher Gestaltungskonzepte. Köln: Fördergesellschaft Produkt-Marketing e. V.

Henry G. Widdowson (1992): Practical Stylistics: an Approach to Poetry. Oxford: Oxford Univ. Press.

Norbert Richard Wolf (2000): Texte als Bilder, in: U. Fix, H. Wellmann (Hrsg.): Bild im Text – Text und Bild. Heidelberg: Winter: 289–305.

Barbara Wotjak (1999): Zu textuellen Vernetzungen von Sprachwitzen, in: N. Fernandez Bravo, I. Behr, C. Rozier (Hrsg.): Phraseme und typisierte Rede. Tübingen: Stauffenburg: 51–62.

Lew Semjonowitsch Wygotskij (1971): Denken und Sprechen. Mit einer Einleitung von Thomas Luckmann. Frankfurt/M.: Fischer.

Lianmin Zhong (1995): Bewerten in literarischen Rezensionen: Linguistische Untersuchungen zu Bewertungshandlungstypen, Buchframe, Bewertungsmaßstäben und bewertenden Textstrukturen. Frankfurt/M. u.a.: Lang.

Gisela Zifonun, Ludger Hoffmann, Bruno Stecker u.a. (1997): Grammatik der deutschen Sprache, 3 Bde. Berlin, New York: de Gruyter.

Werner Zillig (1980): Textakte, in: G. Tschauder, E. Weigand (Hrsg.): Perspektive: textextern. Akten des 14. Linguistischen Kolloquiums Bochum 1979, Bd. 2. Tübingen: Niemeyer: 189–200.

Alexandra Zimmermann (1993): Von der Kunst des Lobens. Eine Analyse der Textsorte Laudatio. München: iudicium.

10. Sachregister

ABRUNDEN 75, 178ff., 437
ABWEICHEN 77, 149, 152ff., 234, 303
Adäquatheit 142
Adressatenberücksichtigung 14, 58ff., 114, 123, 167, 251, 300, 304, 307, 435, 470, 497
Ähnlichkeitsstruktur 101f., 109ff., 121, 123, 165, 167, 183, 404ff., 464, 507, 511
Analogie 176, 189, 207, 221, 247, 385, 401f., 410, 412, 460, 506
ANALOGISIEREN 386, 400ff.
angemessen 4, 23, 31, 36f., 41ff., 48, 50, 67, 90, 92, 101, 121, 171, 256, 279, 378, 396, 517
ANSCHAULICH (MACHEN) 245ff., 257, 475
ANSPIELEN 108, 507f.
Ästhetisches 9, 16, 32, 40ff., 65, 69f., 85, 125, 142, 184, 199, 201, 209f., 238, 245, 283f., 291, 496f., 514, 535ff.
ÄSTHETISIEREN 507
ATTRAKTIV MACHEN 109, 222, 508

BEWERTEN 103f., 138, 208, 243, 248ff., 282ff., 296, 404, 495ff.
bewerten 15, 29, 36ff., 55, 67, 139, 161ff., 210, 235, 243, 251ff., 259f., 322, 356, 359, 395, 401, 407, 424
Beziehungsgestaltung 14, 23, 26f., 33, 50, 58, 60, 83, 99, 116ff., 128, 132f., 162, 179, 254ff., 272, 281ff., 288, 307, 341, 353, 489f., 496ff., 502, 506ff., 514ff., 526ff., 537

delectare 40, 45
DIALOGISIEREN 82, 122, 207, 212ff., 230, 255, 311, 357, 428
Diskurs 17, 76, 88, 137, 254, 296, 335, 340, 344ff., 350, 370, 382, 398, 414, 508, 513, 521, 534
docere 45
Dreierstruktur 77, 139, 175, 182ff., 200, 210, 370, 391, 410f.
DURCHFÜHREN 9, 22, 149f., 487

Einstellung 5, 15ff., 22ff., 27ff., 33, 36ff., 43f., 46, 50, 73, 85, 98ff., 137, 152, 162, 166, 235, 250, 263, 267, 278, 290, 295, 300, 307, 322, 326, 345, 367, 374, 451, 490ff., 526, 537
EMOTIONALISIEREN 147f., 151, 166, 175, 211, 215, 234, 249, 256ff., 294, 300, 402, 497
Emphase 225, 233, 235ff., 257, 280
ERZÄHLEN 22, 247, 395
Erzählung 31, 62, 117, 154, 165, 180f., 198, 204, 208f., 211, 216, 224, 231, 243, 246, 252, 338f., 343, 350, 357ff., 375, 396, 404ff., 438, 470, 473

Figur 54, 70, 73f., 106, 167, 175, 191, 201ff., 223, 246, 331, 401, 404, 446, 466, 510
Figur und Grund 73, 167, 175, 191, 202ff., 283, 294
FORMULIEREN 150
Formulierungsmuster 489, 498ff., 514f.
FORTFÜHREN 65, 71, 151, 174, 371, 377, 387, 403

GENERALISIEREN 147, 223ff., 246, 271, 282f., 363
Gesprächsstil(e) 12, 89, 130, 248, 533
Gestalt 51ff., 63, 67, 69f., 122, 131, 143f., 148, 151, 153, 177ff., 203, 209, 217, 257, 261, 309, 319, 329, 394, 398, 411, 425, 432, 445, 453, 482f., 487ff., 496, 499, 502f., 533ff.
GESTALTEN 13, 22, 41, 50f., 54f., 60, 70f., 99, 117, 122ff., 132, 136, 143f., 151, 160, 180, 201ff., 215, 227f., 277f., 280, 319, 326, 344f., 363, 390, 401, 403, 427, 435, 440, 445, 448, 452, 459, 487f., 520, 528
Gestaltungsmittel 23, 84, 142ff., 534
Grund 53, 70, 73f., 83, 167, 175, 193, 202ff., 229, 277, 283, 293f., 299f., 304f., 323, 331, 333, 365, 378, 464, 466, 484, 510

Grundfunktion 19f., 37, 43, 45, 50, 142ff., 318, 325

Haltung → Einstellung
Handlungsmuster, stilistische 5, 69, 92, 99, 128, 131, 147ff., 153, 157, 164, 176, 207, 222f., 248f., 357, 489, 507f., 513
HERANTRAGEN 403
HERSTELLEN eines Zusammenhangs 234, 238ff., 381f.
HERVORHEBEN 147, 153, 160, 162, 205, 226ff., 242f., 249, 257, 259, 272, 356, 411, 528
Hintergrundbeschreibung 44, 62, 515

Ideologie 16, 32, 134, 273, 526f.
ikonisch 140, 189f., 196f., 246f., 392f., 443, 449, 452, 530ff.
Institution 12ff., 22, 33, 42, 50, 85f., 119, 127f., 252, 308, 416, 434, 489, 496ff., 508, 514, 537
Interaktionsmodalität 15, 58, 93, 96ff., 142, 157, 167, 184, 215, 237ff., 245, 252, 288, 295f., 299, 304, 307, 318, 322f., 331, 341, 347, 349, 356ff., 367, 382f., 401, 407, 415, 481, 484, 490ff., 537
Intertextualität 105ff., 160, 239, 254, 312, 344, 459, 517f.
Irreführung 30, 313, 333, 339ff., 354, 355ff., 473

Kanal 14f., 17, 20, 46, 50, 86, 90, 119ff., 308, 425ff., 435, 489, 496ff., 502, 508, 537
Kohärenz 121, 151, 165, 239, 265, 307, 312, 316, 318, 363ff., 367, 371ff., 451, 483ff.
Kohärenz, stilistische 403f., 411
Kohäsion 363ff.
Kohäsionshinweis 375ff., 407ff., 453, 466, 469, 472, 484
Kohäsion, stilistische 377, 381f.
KOMISIEREN 147, 284, 487, 503, 512f.
Kompetenz, stilistische 67, 143, 149, 533
KONTRASTIEREN 92, 94, 104, 139, 156, 166, 182, 193, 204, 206ff., 222, 227ff., 234, 241, 257, 259, 269ff., 274, 346, 382, 385, 391, 411

Lautverschriftung 77, 79, 158

Materialität 3, 5, 123, 212, 292, 307, 310ff., 390, 425ff., 442, 451f., 481ff., 522
Medium 15, 17, 20, 42, 50, 86, 105, 109, 119ff., 257, 307f., 327, 425, 470, 489, 495ff., 514ff.
Merkmal 54ff., 71ff., 86ff., 101, 114, 118, 125, 127, 140ff., 147ff., 225, 279ff., 297, 300, 307ff., 313, 316ff., 365, 387, 413, 426, 481f., 487ff., 513, 533, 537
Merkmalsbündel 54ff., 69ff., 117, 137, 142ff., 147ff., 164f., 209, 223, 229, 278f., 287, 292, 300, 307ff., 380, 425, 534ff.
Methode 7, 20, 30, 35f., 44, 55, 57ff., 85, 97, 116, 161, 186, 203, 277, 310, 338, 351, 440, 482f., 510, 515, 522, 525
movere 40, 45
Mündlichkeit / Schriftlichkeit 42, 83, 90, 120, 134, 212, 280, 289, 292, 300ff., 498, 514
Mustermischung 59, 69, 92, 106, 109, 152, 157, 164ff., 224f., 278, 289, 303ff., 322, 329ff., 347, 400f., 407, 432, 453, 478, 509ff., 522, 528
Musterwissen 58, 534

Natürlichkeit 186ff., 194, 200, 204, 214, 292, 473, 521, 530

ÖKONOMISCH DARSTELLEN 164ff.
Ortspragmatik 333, 397, 418ff.

Pathos 138, 166, 237, 294ff., 512
Persuasion 39, 58, 96, 99, 160f., 249, 273, 300, 403f., 432, 435, 453, 470
Potenzial, stilistisches 32, 314, 423
Präsupposition 25f., 99, 285f., 316, 397ff., 412ff., 484, 498

10. Sachregister

Prototyp 54, 69, 88f., 309ff., 413ff., 428, 436, 446, 503, 513ff., 521ff., 525, 535ff.

Referenz(ausdruck) 26, 104, 132, 158f., 187, 211, 216ff., 231, 242ff., 254f., 259, 267f., 282ff., 321, 324, 351ff., 366, 372, 377, 384, 475, 499
Referenzstil 125f.
REFERIEREN 216ff., 247
Rekurrenz 218, 294, 365, 367ff., 378ff., 389, 406
Rhetorik 1, 6, 40, 45, 85, 135, 202, 206, 213, 246, 343, 413, 426
Rhythmus 26, 55, 62, 66, 117, 180f., 188ff., 200f., 211, 235, 241f., 279, 341, 367, 369, 386, 392

Sachverhaltsdarstellung (Art der) 58ff., 80ff., 199, 209, 246, 389, 497, 508
sekundärthematisch 341f., 442, 446, 448, 482
Selbstdarstellung 14, 23, 33, 50, 53, 60, 66, 82, 118, 122, 126, 132ff., 152, 166, 252ff., 286, 298ff., 307, 320f., 435, 501, 508ff., 536f.
Sequenz / Sequenzierung 30, 65, 70, 94, 133, 139, 141, 162ff., 173ff., 182, 190ff., 218, 254, 274, 320, 340, 342ff., 354, 358, 363, 375, 395, 425, 452, 473ff., 498, 502, 528, 531
Sequenzmuster / Sequenzierungsmuster 176, 191ff., 202ff., 222f., 310, 473ff., 478ff., 489, 498, 514f., 522, 528
Sinn, stilistischer 17ff., 53, 67, 87, 132, 142, 167, 533
Situation, typische / Situationstyp 13, 33, 66, 86ff., 116, 119, 125ff., 144, 152, 157, 350
Situationalität 15, 28, 30, 57, 166, 171, 203, 260ff., 312, 316f., 333, 381, 388f., 397ff., 413ff., 460, 466, 482ff.
Spannung (erzeugen) 41, 139, 216, 234ff., 243ff., 254, 495, 505
Sprache-Bild-Text(e) 259, 314ff., 354, 407, 455, 460ff., 477

Sprechakt 28, 81, 115, 155, 159, 162, 187, 271, 296
Stilbeschreibung 1ff., 85
Stile, typisierte 10, 18, 23, 54, 60, 66, 75, 83, 87, 95, 144f., 222, 277ff., 507, 533f.
Stilebene(n) 10, 19, 60, 63, 72, 83, 164, 211, 257, 281, 289ff., 489, 500f., 512, 535
Stilgestalt(en) 51, 53, 57, 67, 69ff., 86f., 142f., 294, 451
Stilistik, holistische 2, 4, 145
Stilrezeption 29ff., 67, 115, 144, 147, 278
Stilstruktur 24, 51, 53ff., 64ff., 97, 145, 164, 307, 309
Stilstruktur, generelle 53ff., 307
Stilverwendung 21, 42, 278, 289, 536
Stilwahrnehmung 4, 53ff.

Textdesign 109, 125, 425, 477
Textmusterstil 57, 84, 155, 165, 277ff., 295, 316, 320, 375ff., 481, 487, 530
Textstilistik 4ff.
Textträger 5, 14ff., 150, 292, 308, 316, 318f., 323f., 332, 413ff., 425ff., 446, 449, 452, 473, 477, 484f., 489, 496, 498, 502, 508
Textverwendung 422, 536
Thema 3, 12, 17, 25, 30, 36, 39ff., 50, 59, 66, 83, 92ff., 147, 150f., 157, 159f., 163, 167, 176, 180, 185, 191ff., 197, 212ff., 223ff., 232, 237, 254, 257, 265, 287, 299, 335ff., 498, 500, 504ff., 528, 535, 537
Themenabhandlung, Art der 25, 42, 45
Themenentfaltung 55, 176, 191, 201, 218, 230, 260ff., 489, 501f.
Themenverwendung 224
Typen stilistischen Sinns 11ff., 17ff., 34, 50, 58, 60, 82f., 142f., 277, 534, 537
Typografie 5, 55, 58, 79, 109ff., 125, 138, 142, 150, 157, 167, 171f., 177, 180f., 199, 203, 206, 211, 214, 225, 229, 233, 277, 308, 320, 363, 390, 398, 402, 410, 424f., 427, 436, 438, 441, 445, 451, 470, 473, 478, 481ff., 506, 522, 529, 531

Umgangssprache 8, 65, 79, 125, 210f., 226, 228f., 232, 234, 237, 242f., 251, 259, 282, 288f., 291, 300ff., 397, 501, 513, 516, 521

Umgangsstandard 60, 65, 71, 79, 81ff., 127f., 130, 186, 213f., 225, 242, 257ff., 300, 304, 365, 397, 521

variatio 42, 221, 378, 383ff.
VARIIEREN 151f., 221, 234, 238, 250
VERDICHTEN 77, 83, 157ff., 203, 230, 246, 257, 303, 419
Verfahren 47, 55, 69, 91, 152ff., 177, 195, 216f., 225f., 231ff., 235ff., 242f., 245, 247ff., 260, 487, 491, 501ff., 505, 508ff., 534
Verständlichkeit 198, 204, 245, 274ff.
VERSTÄNDLICH MACHEN 248, 272ff.

Wendung, eine unerwartete (machen) 71, 91, 165, 203, 207, 223, 237, 241, 253, 268, 287, 295, 357f., 363, 478ff., 505ff.
WIEDERHOLEN 79, 151f., 234

Zeitpragmatik 141, 171, 254, 263, 308, 333, 351, 381, 388f., 398, 418ff.